孙儆（1867–1952）

南通市 通州年鉴 2017

TONGZHOU YEARBOOK

中共南通市通州区委员会
南通市通州区人民政府　主办

南通市通州区地方志编纂委员会办公室　编

方志出版社
Publishing House of Local Records

图书在版编目（CIP）数据

通州年鉴. 2017 / 南通市通州区地方志编纂委员会办公室编.
—北京：方志出版社，2017. 8
ISBN 978-7-5144-2521-5

Ⅰ.①通… Ⅱ.①南… Ⅲ.①通州区（南通）—2017—年鉴
Ⅳ. ①Z525.34

中国版本图书馆CIP数据核字（2017）第232120号

通州年鉴（2017）

编　　者：南通市通州区地方志编纂委员会办公室
责任编辑：范　静
出 版 人：冀祥德
出 版 者：方 志 出 版 社
地址　北京市朝阳区潘家园东里9号（国家方志馆4层）
邮编　100021
网址　http://www.fzph.org
发　　行：方志出版社发行中心
电话（010）67110500
经　　销：各地新华书店
印　　刷：南京四彩印刷有限公司
开　　本：889 × 1194　　1/16
印　　张：22.5
字　　数：856千字
版　　次：2017年10月第1版　　2017年10月第1次印刷
印　　数：0001 ~ 2000册
ISBN　978-7-5144-2521-5　　定价：188.00元

泛舟南山湖　（姜国生 摄）

各类主审

（排名以篇目先后为序）

阚新华　陈建华　张素江　施卫东　于海燕　曹顾涌　冯建军
周　冲　曹邢彬　沈智慧　张益峰　姜卫军　樊　珂　严卫华
何新华　邱天擎　施晓灵　曹江梅　王红琴　卫　清　黄春燕
易卫东　刘　俊　施金花　于　红　曹锦明　胡祝平　高宏彬
张晓飞　张新丽　李　忠　王建兵　丁华周　陈　凯　张为民
季　平　吴建均　樊　珂　王国华　成　军　徐　飞　曹　钺
卫志云　王晓燕　许　君　陈泉江　赵莉玲　钱　兵　葛卫民
王志逢　贾亚飞　胡映春　朱　华　朱晓明　曹群英　袁国明
陈宗林　刘玉贤　曹　辉　张建荣　徐琳琳　季　杰　于　燕
李智标　王　克　张　锐　朱富云　张启军　张慎军　朱卫东
顾庙新　周宇春　王　斐　许建春　赵　楠　蒋　跃　冯志飞
季步高　沈德军　季任春　王志冬　高亚军　徐亚红　宋　宇
邵　军　徐郁华　谢仁贵　丁　峰　顾晓光　倪政韬　张　录
曹亚萍　李　滨　袁雯雯　蒋亚洪　朱尚岩　李建荣　陈青松
曹星宇　朱　煜　李振宇　吴雪华　周国均　盛雅彬　戴中华
曹保国　杨启斌　宋红军　张黎明　顾志聪　许易峰　陈　杰
曹　劼　季海云　丁亚军　顾军峰　丁明新　丁　华　朱富云
顾晓虎　张剑冰　施锦荣　张宏杰　徐　蔚　黄雪忠　蒋　军
季　鹏　陈国祥　顾　峰　马迎霞　吴　熠　张　燕　曹锡刚
徐　明　季新建　马　锋　冯志娟　李　斌　杨　霞　蒋　跃

保密专审：蒋建伟

编辑说明 BIANJISHUOMING

一、《通州年鉴》以马克思列宁主义、毛泽东思想、邓小平理论、“三个代表”和科学发展观为指导，贯彻落实习近平总书记系列重要讲话精神和治国理政新理念新思想新战略，坚持辩证唯物主义和历史唯物主义的立场、观点和方法，求真务实，全面客观记述，资政存史育人。

二、《通州年鉴》是中共南通市通州区委员会、南通市通州区人民政府主办，南通市通州区地方志编纂委员会办公室编纂的综合性地方年鉴。自1997年起逐年出版。编纂出版《通州年鉴》旨在全面系统地记述南通市通州区政治、经济、文化、社会、生态等各方面基本面貌和发展情况，为各界人士了解通州、宣传通州、建设通州提供新颖、翔实、准确的地情资料和人文信息。

三、《通州年鉴（2017）》采用分类编辑法设置篇目，篇目下设分目，分目下设条目，条目为记述的基本形式。全书设特载、大事记、通州概览、中共通州区委员会、通州区人民代表大会常务委员会、通州区人民政府、政协通州区委员会、纪检监察、民主党派·工商联、社会团体、人民武装、法治、农业、工业、建筑业、邮政·通信、商贸·旅游、对外经济贸易、园区开发、金融、经济综合管理、教育、科学技术、文化·体育、城乡建设、卫生、社会生活、生态环境、镇·街道概况、人物、荣誉栏和附录。文件选编、重要文件目录索引、统计资料纳入“附录”中。

四、本年鉴收录时限为2016年1月1日至12月31日，个别事件（物）适当追溯或下延，以求向读者展现其始末原委。立目介绍人物分领导人物和逝世人物。“领导人物”收录2016年新进入区委、区人大、区政府、区政协班子的领导人员。“逝世人物”收录2016年逝世的曾在通州区（南通县）担任过领导职务的知名人士。荣誉栏收录2016年4月至2017年3月受到南通市委、市政府、军分区以上领导机关表彰的先进集体和先进模范人物。

五、本年鉴刊用的文稿由通州区各部门、各镇政府和有关企事业单位提供，由专人撰写，经领导审阅，事实、数据都经反复核对，撰稿人姓名加括号列在条目或分目之后（连续数个条目为同一作者撰稿，其姓名列在最后一个条目末），各单位主要审稿人姓名统一列在编纂机构和编审人员中。统计资料由通州区统计局提供。

六、本年鉴使用的各类数据，因一些镇和部门统计范围和口径不同稍有差别，凡属全区性数据，以区统计局（或《通州统计年鉴》）提供和公布的为准，统计局未作统计的数据，以主管部门提供的为准。

七、本年鉴设总目、目录、目录索引和英文简目，便于读者检索。

通州名人

孙 儆

孙儆(1867–1952)字谨臣，又字井澄，南通县金沙镇人。曾就读于江阴南菁书院；学成归里，设馆授童。后出任江苏宝山县县学训导。清光绪二十九年（1903年），赴省参加经济特科考试、中举。光绪三十三年任四川省教育公所学政。宣统元年(1909年）任四川青神县知事；翌年辞职归里。民国建立后为江苏省议会议员、副议长。热心地方教育事业，资助创办金沙第一初等小学，并以私资创建孙氏高等小学，又倡建金沙职业学校（后扩充为南通县立初级中学）等。民国3年(1914年）以江苏省副议长身份东渡日本考察。归来后，办游民工厂、育婴堂，辟公园，筑剧场，建“沧园”，自号“沧叟”。民国16年退出政界，专治学术，于书法颇有造诣。中年专治小篆、石鼓文,50岁起研究贞卜文字，晚年专治殷墟文。民国27年12月日军侵占金沙后，旅居沪上，以卖字为生。1952年病故。编著有《白门正续集》《补正凌次中〈礼经释例〉》《甲骨文集联》《续五山志稿》《金沙志稿》等。（引自《南通县志》人物传第1191页）

·封面人物简介·

11月27日，江苏省委常委、副省长杨岳到通州调研“三农”工作，实地走访部分镇村、企业和家庭农场。图为其在江苏景瑞农业科技发展有限公司调研　　（中国通州网 · 陈啸天 / 摄）

10月18日，中共中央组织部党员教育和干部测评中心巡视员、副主任雷光华一行到通州区调研党员教育培训工作。南通市委常委、通州区委书记宋乐伟陪同 （中国通州网 · 陈啸天／摄）

2月16日，中共南通市委书记陆志鹏，市委副书记、市长韩立明率有关部门负责人到通州区平潮镇，调研高铁新城南通西站站区、深南路跨九圩港大桥项目、长江路西延等综合交通枢纽载体和交通基础设施规划建设情况。南通市委常委、通州区委书记宋乐伟，通州区委副书记、区长陈永红陪同 （中国通州网 · 陈啸天／摄）

8月5日，中共南通市委书记陆志鹏，市委副书记、市长韩立明率队到通州区观摩重大项目建设情况，并给予充分肯定。南通市委常委、通州区委书记宋乐伟，通州区委副书记、区长陈永红分别汇报通州经济社会发展和项目建设情况
（中国通州网）

3月8日，中共南通市委副书记、市长韩立明围绕稳增长工作到通州调研，深入园区载体、项目工地、重点企业了解情况、协调问题、推动落实。南通市委常委、通州区委书记宋乐伟，通州区委副书记、区长陈永红陪同
（中国通州网）

5月27日，镇江市副市长、镇江高新区党工委书记詹立风率队到通州，考察南通高新区建设情况。南通市副市长徐新民，南通市委常委、通州区委书记宋乐伟接待并陪同考察　　（中国通州网）

3月29日，香港江苏社团总会“一带一路”南通考察团到通州参观考察区主力平台、重点企业、城市建设等。考察团由香港特别行政区联络办副主任仇鸿，全国政协委员、香港江苏社团总会荣誉会长方铿率领，南通市政协副主席殷雄，南通市委常委、通州区委书记宋乐伟，通州区委副书记、区长陈永红陪同

（中国通州网 · 陈啸天 / 摄）

10月11日，邳州市市委书记陈静，市委副书记、代市长唐健率邳州市党政代表团到通州考察。南通市委常委、通州区委书记宋乐伟陪同。图为代表团一行考察东源智能化产业基地

（中国通州网 · 陈啸天／摄）

4月6日，山东省微山县县委书记、县人大常委会主任程大志率微山县党政代表团到通州考察。南通市委常委、通州区委书记宋乐伟接待

（中国通州网）

2月26日，徐州市贾汪区区委书记曹志、区长李淑侠率党政代表团到通州参观考察。南通市委常委、通州区委书记宋乐伟，通州区委副书记、区长陈永红陪同（中国通州网）

9月23日，台湾工业总会理事长、金仁宝集团董事长许胜雄到通州考察投资环境和产业发展情况。南通市委常委、通州区委书记宋乐伟，通州区委副书记、区长陈永红会见并陪同考察（中国通州网）

7月26日，卡特彼勒集团全球副总裁、首席技术官韩瑰恩女士考察通州，南通市委常委、通州区委书记宋乐伟会见，双方就卡特彼勒项目在通州的发展作了深入交流。南通市商务局局长李玲参加会见

（中国通州网）

7月6日，瑞士森科遮阳系统公司总裁 Werner Held 一行访问通州，南通市委常委、通州区委书记宋乐伟亲切会见

（中国通州网 · 陈啸天 / 摄）

2016 年 7 月 26 日，中国共产党南通市通州区第十二次代表大会开幕（中国通州网）

宋乐伟代表中共南通市通州区第十一届委员会向大会作题为《践行新理念，开启新征程，为建设"强富美高"新通州而努力奋斗》的报告

（中国通州网）

2017 年 1 月 10 日，南通市通州区第十六届人民代表大会第一次会议开幕　（中国通州网 · 阜多敏 / 摄）

2017 年 1 月 9 日，中国人民政治协商会议南通市通州区第十三届委员会第一次会议开幕
（中国通州网 · 陈啸天 / 摄）

8月30日，南通市委常委、通州区委书记宋乐伟到南通家纺城调研。深入企业、村居、市场，了解家纺产业转型、企业运营、微供市场等发展情况，勉励企业集聚新业态、新产业，加快推动家纺城转型发展

（中国通州网 · 陈啸天 / 摄）

春节临近，南通市委常委、通州区委书记宋乐伟，通州区委副书记、区长陈永红等区四套班子领导进社区、走镇村，访贫问苦、为民解忧，给困难群众和建国前老党员等群体送去党和政府的温暖关怀和深情厚谊。2月3日，宋乐伟到平潮镇慰问困难群众

（中国通州网）

在第三十二个教师节来临之际，南通市委常委、通州区委书记宋乐伟，通州区委副书记、区长陈永红分别带队慰问部分学校一线教职员工，向他们致以节日的问候和崇高的敬意。9月8日，宋乐伟到实验小学金桥校区，向辛勤耕耘的教育工作者表示慰问

（中国通州网 · 陈啸天／摄）

八一前夕，通州区委副书记、区长陈永红专程走访慰问公安消防官兵

（区公安局／供稿）

11月12日，第十二届高层次人才创新创业洽谈会暨南通高新区江海智汇节开幕。400多位国家“千人计划”“万人计划”专家、国内重点院校和大院大所专家教授，以及创投风投机构的负责人出席江海智汇节的系列活动。中共南通市委书记陆志鹏，省科技厅厅长王秦，省经信委副主任秦雁，省产研院党委书记、副院长胡义东，南通市委常委、通州区委书记宋乐伟为开幕式揭幕（中国通州网·陈啸天/摄）

7月22日，2016华东国际通用航空展览会暨第二届华东通用航空产业论坛在通州区南通兴东国际机场开幕。30余架通用航空器、100多家企业参展。图为一男孩乘参展直升机近距离体验飞机魅力

（中国通州网·卑多敏/摄）

9月30日，通州区在烈士陵园庄严集会，举行公祭烈士活动，缅怀革命先烈，接受精神洗礼。区四套班子领导、区级机关各部门主要负责人，区四套班子老领导，驻通部队官兵代表，军队离退休老战士、老干部代表，革命烈属代表等百余人参加

（中国通州网 · 陈啸天／摄）

7月22日，第21届“通州之夜”广场文艺晚会开幕式暨“万紫千红映江海”通州区创建江苏省公共文化服务体系示范区建设成果专场汇报演出在南山湖拉开帷幕

（中国通州网 · 陈啸天／摄）

苏通长江大桥

（本图片源自互联网）

建设中的沪通长江大桥

（本图片源自互联网）

高速公路兴仁立交桥　（庄学雷/摄）

南通兴东国际机场 （庄学雷/摄）

新长铁路通州段　（庄学雷／摄）

通州公路　（庄学雷／摄）

通州航运　（方　嵘／摄）

落日余晖中的通州世纪大桥 （中国通州网）

通州城区风景 （中国通州网）

通州创新创业者的平台——江海圆梦谷 （中国通州网 · 皋多敏／摄）

通州世纪大桥桥头公园 （中国通州网 · 皋多敏／摄）

通州世纪公园南区——船文化公园
（中国通州网 · 皋多敏 / 摄）

通州世纪公园鲜花水岸广场鲜花盛开，游人纷至沓来，欣赏明媚的春光
（中国通州网 · 皋多敏 / 摄）

通州城东新区　（中国通州网 · 皋多敏 / 摄）

夜幕下的南山湖　（中国通州网 · 张亚锋 / 摄）

南山寺　（中国通州网 · 宋协培 / 摄）

南山湖——美丽湖畔欢乐跑 （中国通州网 · 叶冬梅/摄）

南山湖——湖光水色 （中国通州网 · 孔建峰/摄）

金沙街道万顷良田秋收忙
（中国通州网 · 卑多敏／摄）

金沙街道金北村机械化秋播
（中国通州网 · 卑多敏 倪晓燕／摄）

金沙街道明均家庭农场抢晴天抓雨隙移栽水稻。近年来通州区加快推进家庭农场建设，培育新型农业经营主体，促进现代农业发展，增强农村发展活力
（中国通州网 · 卑多敏／摄）

金沙街道万顷良田水稻机械化插秧
（中国通州网 · 卑多敏／摄）

通州区加快土地整治步伐，按照高效农业、规模农业发展思路进行路、渠、林、网等农田基础设施布设，提高土地产出效益，促进土地集聚利用，带动农业规模化生产发展。图为金沙街道城东万顷良田机手正驾驶农机平整土地

（中国通州网 · 卑多敏　倪晓燕 / 摄）

通州区现代农业发展样板——十总蔬菜基地

（中国通州网 · 卑多敏 / 摄）

通州区围绕特色重点，落实关键措施，推动农业技术向现代化、品种向高端化、方式向集约化转型。图为十总镇高效设施蔬菜种植基地

（中国通州网 · 卑多敏 / 摄）

金沙街道平桥镇村御润家庭农场，一对母女正采摘葡萄，体验农家收获的喜悦

（中国通州网 · 卑多敏　倪晓燕 / 摄）

总投资 50 亿元的华电通州热电联产项目工地

（中国通州网 · 卑多敏 / 摄）

南通高新区中航工业深南电路高端电子元器件项目桩基工程项目基地

（中国通州网 · 卑多敏 / 摄）

通州区加快推进企业智能化改造，以数控装备、工业机器人、智能仪器仪表等推广应用为重点，鼓励企业引进先进技术装备，提高劳动生产率和自动化水平，推动产业由制造向智造迈进，不断提升核心竞争力。图为德尔福连接器系统（南通）有限公司智能制造车间

（中国通州网 · 卑多敏 / 摄）

新江海动力进一步布局新能源领域，增加超级电容器、模组生产线，主攻薄膜直流支撑、突波吸收电容两大系列新产品，赢得新发展空间

（中国通州网 · 皋多敏/摄）

通州依托科技新城、科技之窗、科创大厦等创新载体，借助重点产业专家数据库，大力发展研发设计、创业孵化、技术转移、检验检测、知识产权、科技咨询等科技服务业态。图为科技之窗

（中国通州网 · 皋多敏/摄）

创斯达集团始终坚持科技创新，不断开发新产品。图为该集团新推出的智能终端设备在市场取得良好销售业绩

（中国通州网 · 陈啸天/摄）

中国压铸产业基地——雄邦压铸（南通）有限公司生产场景

（中国通州网 · 皋多敏/摄）

南通家纺城新天地家纺电商创业园将跨境贸易电子商务与本地区传统优势产业强强结合，充分挖掘家纺城的产业、物流、人才优势，由线下向线上延伸，由境内向境外拓展，将家纺产品销往世界各地，助推本地区传统特色产业转型升级，被评为“省级创业示范基地”

（中国通州网 · 卑多敏／摄）

打造微供市场，推动产业转型。图为南通家纺城微供市场

（中国通州网 · 卑多敏／摄）

东大、盛发、拓玉三大科技创业园是南通高新区的三大孵化器，吸引了许多高层次人才落户创业。图为拓玉科技创业园

（中国通州网 · 卑多敏／摄）

南通家纺城微供市场

（中国通州网·卑多敏　周澜涛/摄）

通州区积极推动家纺产业与互联网跨界融合发展，建设电子商务产业园、家纺研究院，逐渐形成研发创意+实体经济+电子商务+现代物流的新业态、新模式。图为南通家纺城盛世王朝家纺设计有限公司创意设计人员在设计花型

（中国通州网·卑多敏　周澜涛/摄）

通州开沙岛度假区以绿色、健康为主题，融合岛内丰富文化资源，建成中国乒乓球训练基地、中国乒协乒乓球运动学校、华能休闲园、典园山庄、秀岛山庄等一批以体育运动、休闲垂钓、果蔬采摘、美食文化、宗教人文为特色的景点，年游客逾 20 万人。图为游人在开沙岛典园垂钓

（中国通州网·卑多敏　马正祥/摄）

通州区着力美化人居环境，实施村居小游园建设工程，打造田园风光相融合的美丽乡村。图为蓝天白云，碧水绿树，景致迷人的十总镇十总居小游园（中国通州网 · 卑多敏 张红梅 / 摄）

通州区在全市率先引入人工湿地污水处理技术净化尾水，建成人工生态湿地一期工程。图为益民污水处理厂人工生态湿地，水面上莲花、芦苇、水葱间或其中；水面下，锦鲤嬉戏，宛若水上公园

（中国通州网 · 卑多敏 / 摄）

通州建成公共自行车站点 50 个、1200 个锁桩，投放 900 辆自行车，方便市民绿色出行。
（中国通州网 · 卑多敏 / 摄）

通州实行文明城市长效管理，城市形象不断提升。图为环卫工人在冲洗公交站台
（中国通州网 · 卑多敏 / 摄）

市民选“福”，憧憬希望
（中国通州网 · 卑多敏 / 摄）

市民踊跃购鲜花，为新春添彩
（中国通州网 · 卑多敏 / 摄）

石港镇渔湾水道
（中国通州网 · 五总卫生院 / 摄）

国庆长假，游人畅游石港渔湾水道
（中国通州网 · 卑多敏 / 摄）

如诗如画渔湾游。石港渔湾水道34道弯，穿越4个村落，经九圩港、五总河，流向大海，以其河曲、树繁、草茂、鸟多、水清、境幽和文脉等特色吸引游客

（中国通州网 · 卑多敏 郭 杰／摄）

南通高新区把安置房建设作为民生工程全力推进。图为建设中的金缘花苑C区

（中国通州网 · 卑多敏／摄）

十总镇南通智造链科技有限公司将传统服装制造业与互联网相结合，直接与消费者、批发商对接，提高销售成果

（中国通州网 · 卑多敏 花继东/摄）

童声里的中国
（中国通州网 · 曹 松 / 摄）

“童声里的中国”少儿艺术创研活动基地创意打造的首部音乐儿童剧《田梦儿》走进村头公益演出
（中国通州网 · 卑多敏 / 摄）

小学生秋游绿博园
（中国通州网 · 卑多敏 / 摄）

油菜花盛开的时节，放眼望去，田野一片金灿灿，透着诗情画意　（中国通州网 · 卑多敏／摄）

市民南山湖赏菊　（中国通州网 · 卑多敏／摄）

市民游南山湖公园，赏音乐喷泉美景 （中国通州网 · 卑多敏／摄）

绚彩南山 （中国通州网 · 马晓冬／摄）

通州各界群众齐聚区体育中心，共庆元宵佳节

（中国通州网 · 陈啸天／摄）

城乡张灯结彩，共庆元宵佳节

（中国通州网 · 卑多敏／摄）

幸福桥（南山湖公园）

（中国通州网）

水韵绿满新通州。图为五号横河太山河景观绿色公园

（中国通州网 · 卑多敏/摄）

通州区积极深化文明城市建设，加强水环境综合整治，改善城区水环境，实现河畅、水清、岸绿、景美的目标

（中国通州网 · 卑多敏/摄）

通州”湖泊”中觅食的鸟儿
（中国通州网）

未雨绸缪
（中国通州网）

乡村小河之秋 （中国通州网）

南通市在通州区南山湖举办首届菊花节（剪影）

（方　嵘/摄）

长江“四鲜”

（图片源自互联网）

鮰鱼

（鮰鱼亦称鮠鱼，俗称白戟。此鱼特点是吻圆突，口腹扁、体无鳞，大者长达一米。肉鲜美、鳔肥厚，清炖红烧均为鱼中名品）

刀鱼

（其状似刀而得名。此鱼具有肉质细腻鲜嫩，入口即化，但丝毛骨较多之特点。清明前大量上市。一过清明，其丝毛骨即变硬，价格下跌。）

银鱼

（鱼形细长，身透明，体光滑，长约一指。喜栖息于近海的长江口。此鱼细骨无鳞，色明莹如银，其味鲜美，深受食客青睐）

鲥鱼

（古称“鲙”。形秀而扁，似鲂而长，长约 70 厘米，银白色，腹部具棱鳞。一般三四龄成熟，春夏之交，溯江而上，主要产于南通的长江入海口。其味鲜美，宜不刮鳞清炖，为长江鱼类之极品。可惜近年濒临绝迹，其价昂贵。）

二甲蓝印花布

（图片源自中国通州网）

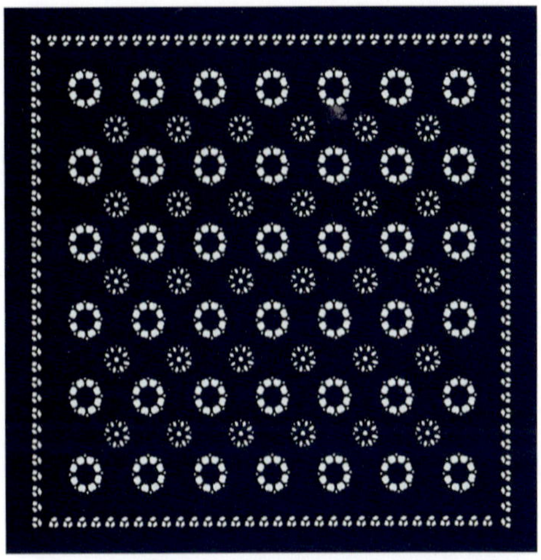

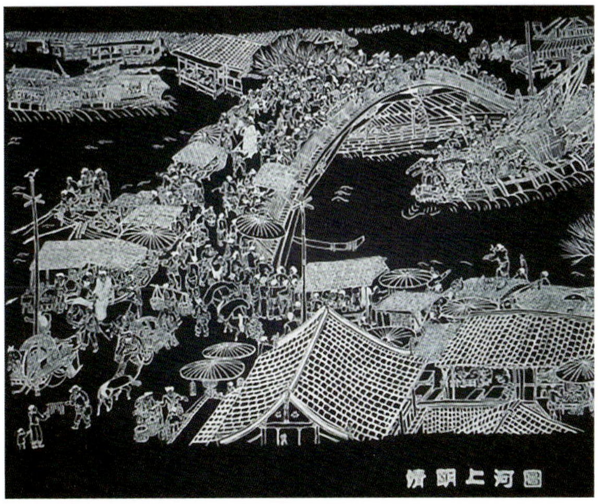

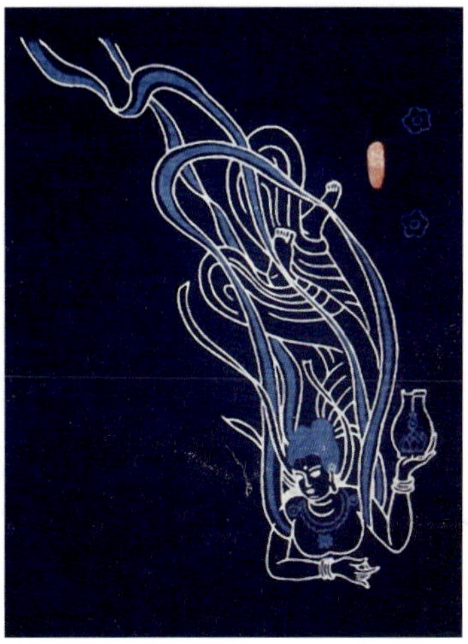

红木雕刻

（图片源自中国通州网）

刘桥板鹞

（图片源自中国通州网）

◎西亭脆饼

◎正场熏糕

◎骑岸金方月方柿

（本页图片源自互联网）

◎新中乳腐

◎平潮红糖京枣

◎石港窨糕

（本页图片源自互联网）

通州政协书画摄影作品

——之书法剪影

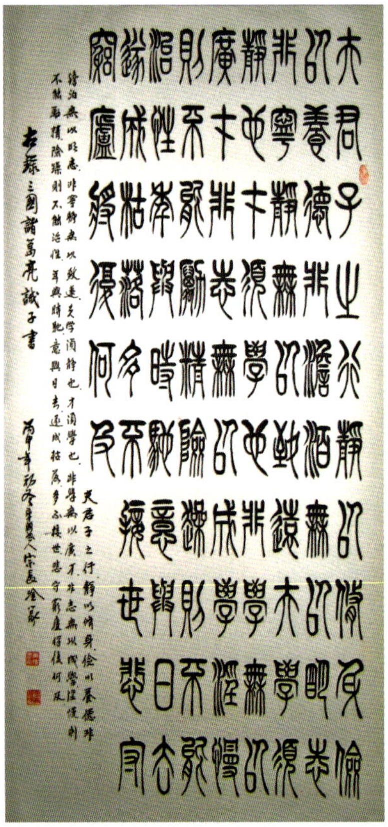

宗长淦 / 书

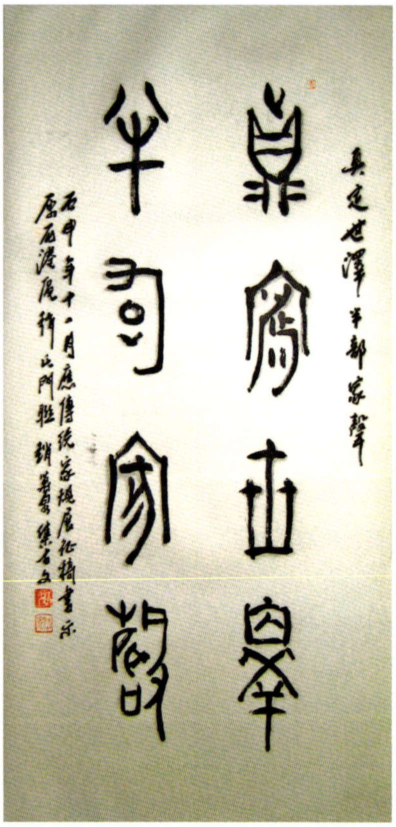

赵万泉 / 书

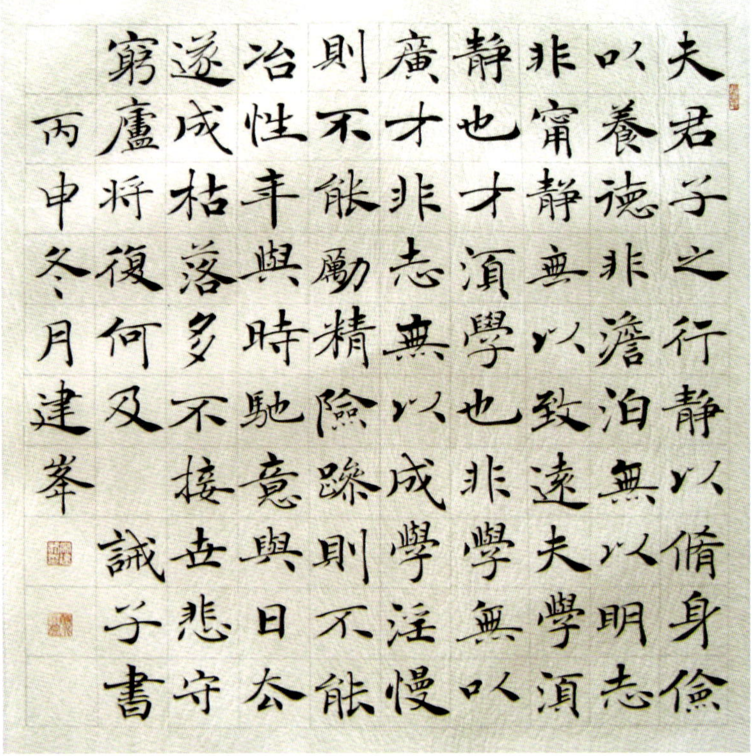

宋建峰 / 书

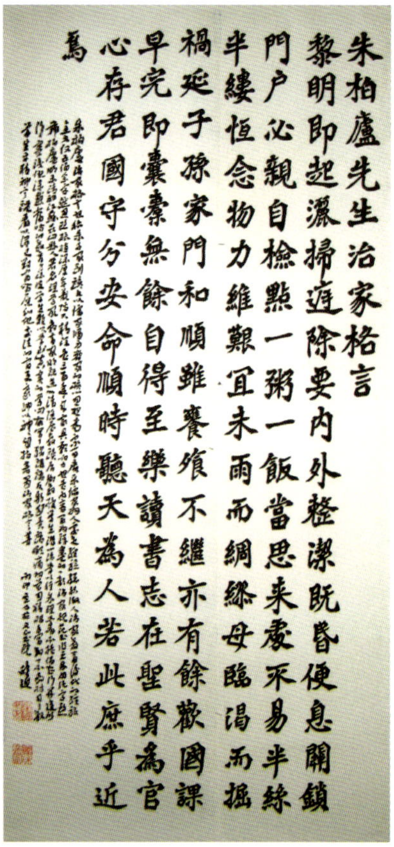

顾跃进 / 书

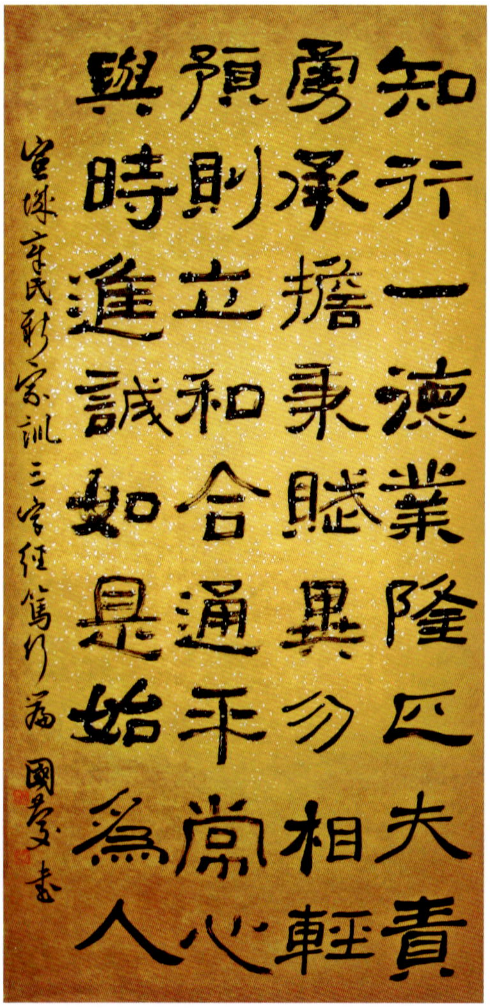

于国庆 / 书

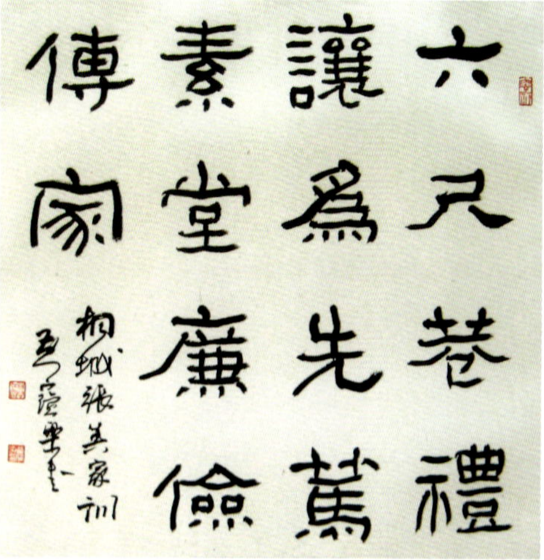

黄宝东 / 书

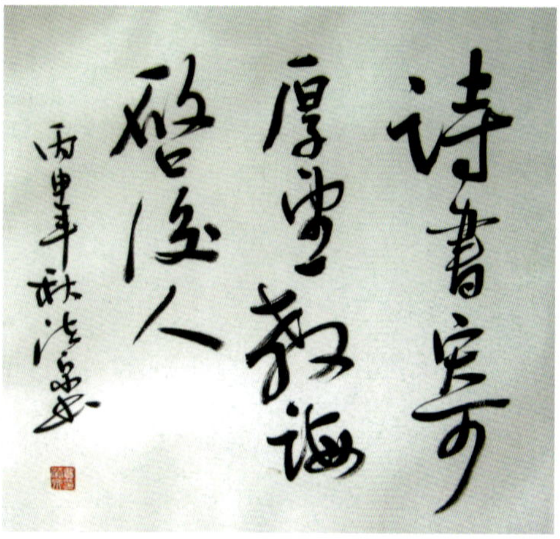

费法泉 / 书

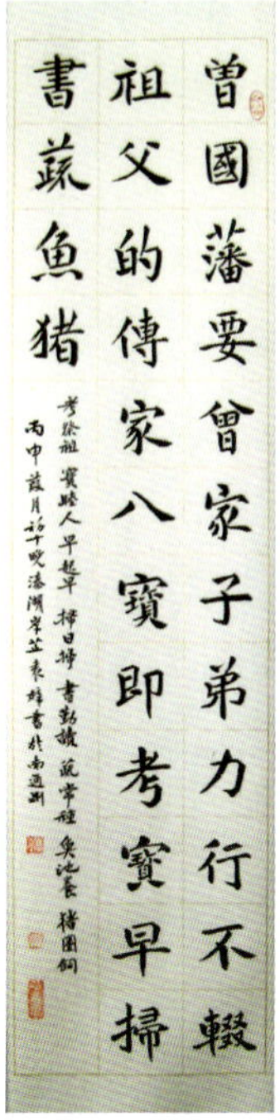

袁梓 / 书

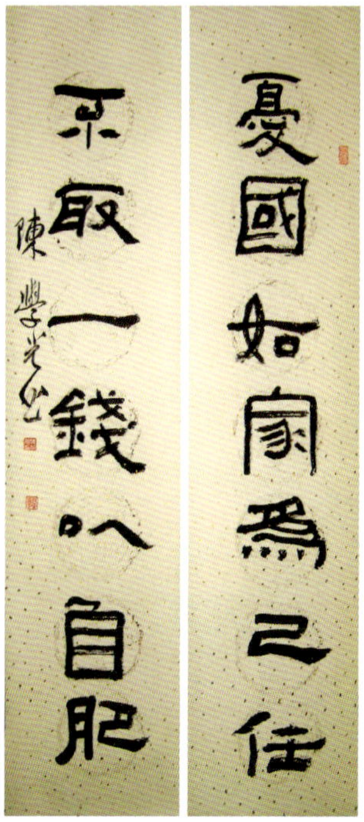

陈学光 / 书

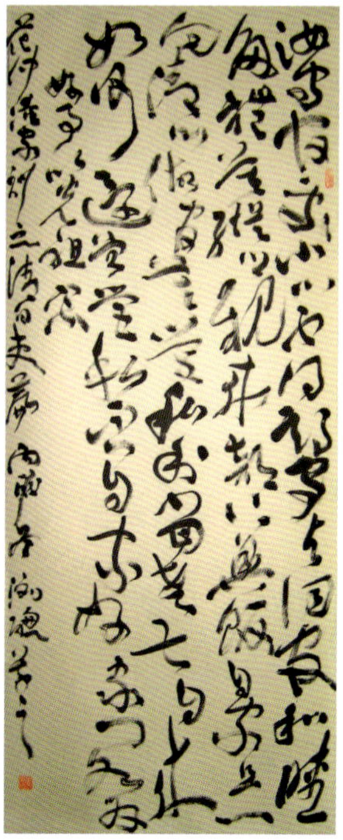

李浏聪 / 书

杨松 / 书

通州政协书画摄影作品

——之绘画剪影

朱荣昌/画

庄奂/画

杨林/画

陈卫平/画

马烈 / 画

钱栋梁 / 画

光荣 / 画

李进 / 画

通州政协书画摄影作品

——之摄影剪影

1 2 3 4 5

1 警民情深（捷飞/摄）
2 放飞梦想（捷飞/摄）
3 蓝韵（潘为公/摄）
4 南山之舟（庄学雷/摄）
5 清廉为镜鉴（张友奎/摄）

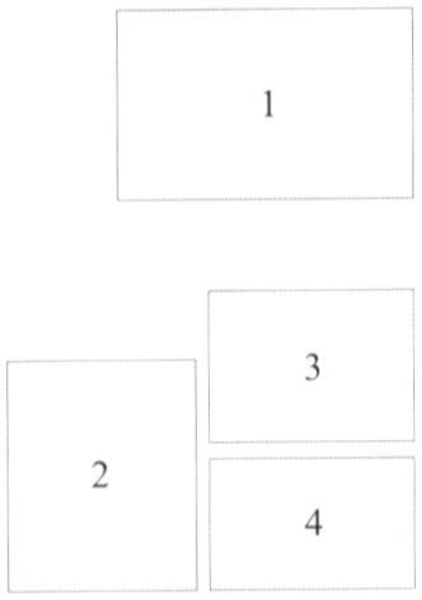

1 雀梅迎春 （张松年/摄）
2 岁月如歌 （曹松/摄）
3 祥云 （刘凯/摄）
4 忠孝园 （叶冬梅/摄）

（本页图片摄影编辑 方嵘）

2016南通市通州区第二届“文

一、十佳敬业奉献之星

沈长华　姜丽均　杨凌峰　陆建发　尹春雷　周婷婷　赵蓉蓉　方菊峰
盛继峰　张单飞

二、十佳孝老爱亲之星

刘文侠　周亚芹　刘金凤　沈淑平　花云霞　吴月梅　高　鲁　陈　敏
刘吉林　赵锦明

三、十佳见义勇为之星

曹竹飞　岳彩坤　杨建平　顾齐鸣　阚新权　时新华　王思涛　徐张元
严陈虎　丁　超

四、十佳诚实守信之星

陆维祖　邱祖达　薛瑄武　黄忠杰　许红梅　戴光周　张青怀　周　健
昝瑞林　蒋仇民

五、十佳助人为乐之星

徐雪峰　戴明剑　周继忠　茅庆祥　黄　翔　王　燕　沈建军　刘　俊
季　芬　孟凡奇

明百佳”精神文明先进典型名单

六、十佳慈善之星

周　健　冯树君　姜煜峰　陈星全　郁　鑫　施红英　张火宝　沈永华　吴卫兵　张振武

七、十佳师德之星

张晓宇　陈小平　朱永芳　潘亚锋　张洪飞　张洪娟　王　红　陈　彦　翟秦霞　陆王华

八、十佳医德之星

马云峰　吴亚萍　瞿向前　徐卢军　顾刘星　刘晓锋　李志铎　陆袁洲　刘丽秋　曹汉彬

九、十佳志愿服务之星

蔡志红　曹海芳　王　娜　孙建新　汤清华　宋奶奶爱心坊（金沙街道南山社区）　徐大哥工作室志愿服务队（区市场监督管理局）　螺丝钉志愿服务队（川姜镇）　星点爱心联盟（川姜镇）　五（2）雷锋中队（金沙小学）

十、十佳美德少年之星

潘　杨　赵王哲　徐　喆　张　熙　沈　阳　李　瑞　龚王艳　林　溪　邵胡彦　曹清扬

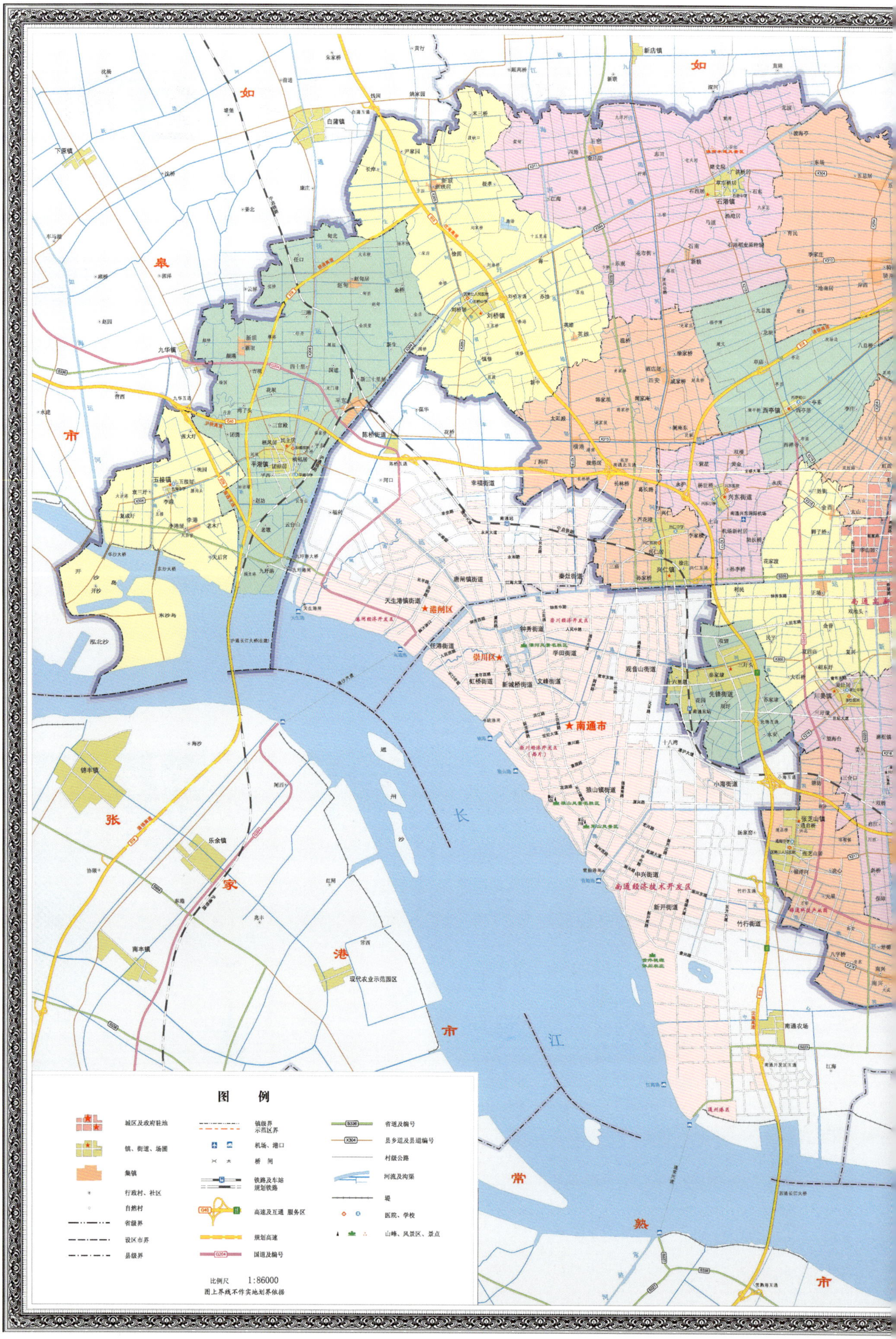
如
皋
市
张
家
港
市
常
熟
市
长
江
通
州
沙
★南通市
★港闸区
崇川区★
南通经济技术开发区
新店镇
白蒲镇
下原镇
九华镇
刘桥镇
石港镇
兴仁镇
兴东街道
张芝山镇
川姜镇
平潮镇
五接镇
陈桥街道
幸福街道
唐闸镇街道
天生港镇街道
秦灶街道
钟秀街道
学田街道
任港街道
观音山街道
虹桥街道
新城桥街道
文峰街道
狼山镇街道
小海街道
中兴街道
新开街道
竹行街道
先锋街道
开沙岛
东沙岛
泓北沙
锦丰镇
乐余镇
南丰镇
现代农业示范园区
南通农场
图　例
城区及政府驻地
镇、街道、场圃
集镇
行政村、社区
自然村
省级界
设区市界
县级界
镇级界
示范区界
机场、港口
桥　闸
铁路及车站
规划铁路
高速及互通　服务区
规划高速
国道及编号
省道及编号
县乡道及县道编号
村级公路
河流及沟渠
堤
医院、学校
山峰、风景区、景点
比例尺　1:86000
图上界线不作实地划界依据

南通市通州区政区图

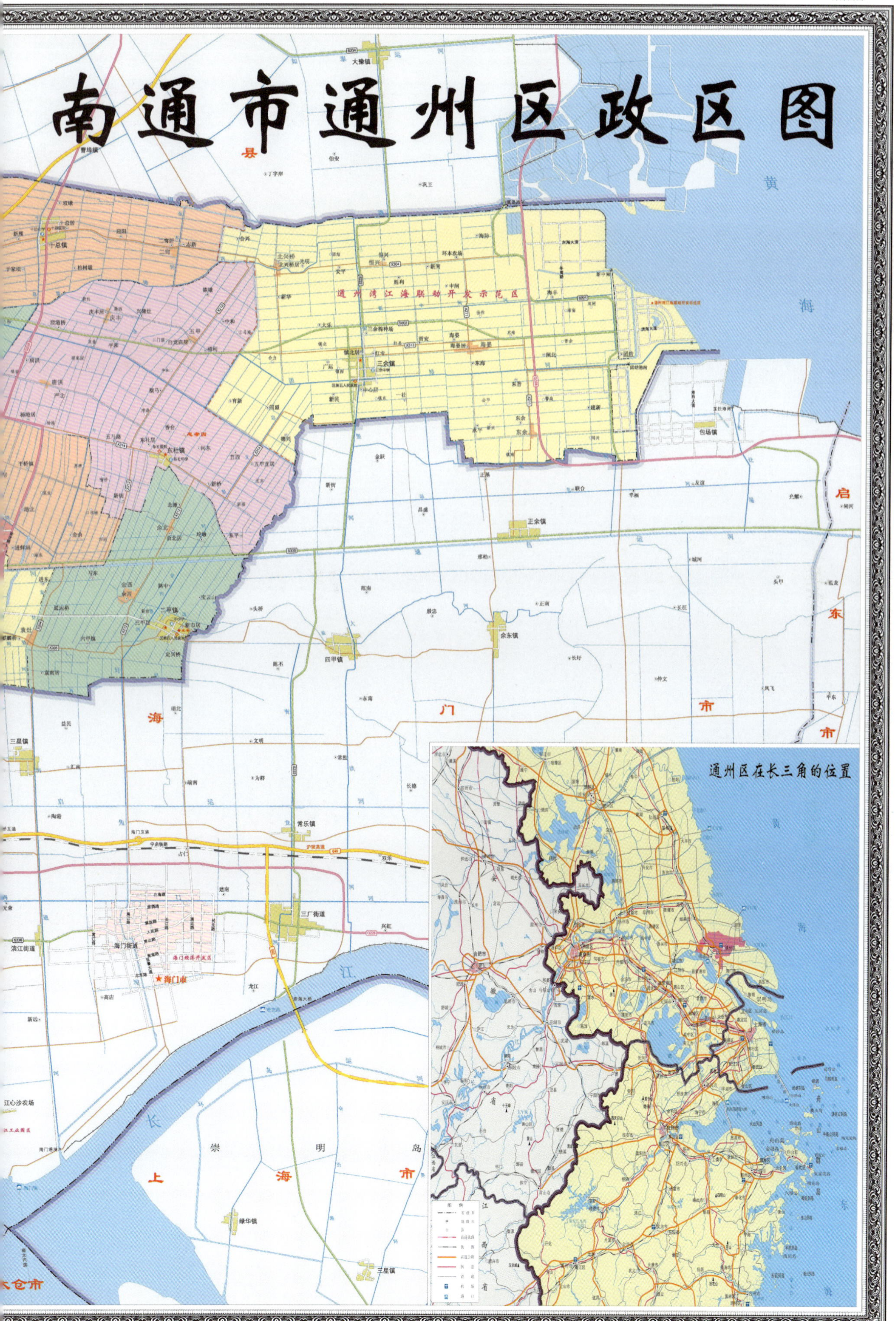

编制单位　江苏省基础地理信息中心　地图审图号　苏F（2016）3号

南通市通州区城区示意图

总　目

1　特　载

37　大事记

42　通州概览

68　中共通州区委员会

89　通州区人民代表大会常务委员会

93　通州区人民政府

107　政协通州区委员会

109　纪检监察

113　民主党派·工商联

118　社会团体

133　人民武装

137　法　治

147　农　业

152　工　业

156　建筑业

160　邮政·通信

162　商贸·旅游

167　对外经济贸易

169　园区开发

176　金　融

182　经济综合管理

197　教　育

213　科学技术

217　文化·体育

222　城乡建设

231　卫　生

239　社会生活

248　生态环境

250　镇·街道概况

267　人　物

272　荣誉栏

276　附　录

Main Contents

1 Special Record
37 Record of Major Events
42 Survey of Tongzhou
68 Tongzhou District Committee of CPC
89 Tongzhou District People's Congress Standing Committee
93 Tongzhou District People's Government
107 Tongzhou District Committee of CPPCC
109 Discipline Inspection an Supervision
113 Democratic Parties · Association of Industry and Commerce
118 Social Organizations
133 People's Armed Forced
137 Rule of Law
147 Agriculture
152 Industry
156 Architectural Industry
160 Postal Service and Signal Communication
162 Commercial · Travel
167 Foreign Economy and Trade
169 Development Zone
176 Banking · Insurance · Securities
182 Economic Comprehensive Administration
197 Education
213 Science and Technology
217 Culture · Sports
222 Urban and Rural Construction
231 Health
239 Social Life
248 Ecological Environment
250 The Survey of Towns And Streets
267 Figures
272 Honor Roll
276 Appendix

目　录
Contents

特　载

数字通州 …… 1

荣誉通州 …… 2

媒体聚焦通州(选辑) …… 2

创新转型　协同发展　统筹联动
通州:从"交汇点"迈向制高点 …… 2
天籁童声滋润纯真童心——"童声里的中国·成长的歌谣"颁奖典礼侧记 …… 3
智"汇"通州,高新产业跑出"加速度" …… 4
童声里,梦想飞扬 …… 5
外国友人"洋眼看江苏",走进"江海明珠"寻中国文化 …… 6

上级领导视察通州

陆志鹏、韩立明调研高铁新城南通西站 …… 7
陆志鹏调研通州推进供给侧结构性改革 …… 7
韩立明调研通州稳增长工作 …… 7
邹宁华到通州指导国务院激励政策落实工作 …… 7
高建华到通州调研统计法治宣传教育工作 …… 8
韩立明考察沪通铁路平东物流园和四方冷链项目 …… 8
徐鸣到通州慰问老党员和生活困难党员 …… 8
陆志鹏、韩立明到通州观摩重大项目建设情况 …… 8
韩立明到通州督查城建重点工程 …… 8
陆志鹏调研通州高标准农田建设 …… 9
陆桂华调研通州益民水处理人工湿地工程建设 …… 9
雷光华到通州调研党员教育培训工作 …… 9
罗一民到通州调研南通洲际绿博园 …… 9
杨岳调研通州"三农"工作 …… 10

知名人士考察通州

香港江苏社团总会考察通州 …… 11
李缜考察通州 …… 11
瑞士森科遮阳系统公司总裁访问通州 …… 11
浦黄忠考察通州航空产业发展 …… 12
Werner Held 访问通州 …… 12
韩瑰恩考察通州 …… 12
许胜雄考察通州投资环境和产业发展 …… 12
钟登华到通州考察联合办学 …… 13

区委、区政府重要会议报告

践行新理念　开启新征程　为建设"强富美高"新通州而努力奋斗
——宋乐伟在中国共产党南通市通州区第十二次代表大会上的报告(节选) …… 14
在中共南通市通州区委十二届二次全会上的讲话
宋乐伟 …… 22
政府工作报告
——陈永红在南通市通州区第十六届人民代表大会第一次会议上 …… 27

大　事　记

2016 年(1—12 月) …… 37

通 州 概 览

地理位置

概　况 …… 42

行政区划

政区沿革 …… 42
现行区划 …… 43

气　候

概　况 …… 43
重要天气和主要灾情 …… 44
2016年通州区主要气象要素情况表(表1) …… 44

经济体制改革

概　况 …… 45

国民经济和社会发展

综　合 …… 46
人口、居民生活和社会保障 …… 46
农林牧渔业 …… 46
水　利 …… 46
工业和建筑业 …… 47
固定资产投资 …… 47
服务业·旅游业 …… 47
开放型经济 …… 47
交通运输、邮电电信和电力业 …… 47
财政和金融 …… 47
科学技术 …… 48
教　育 …… 48
文化、卫生和体育 …… 48
城乡发展·生态环境 …… 48

招商引资

概　况 …… 49
招商引资推进大会 …… 49
产业项目集中开工 …… 49

资本运作

概　况 …… 49
通州区上市企业一览表(表2) …… 50
通州区新三板挂牌企业一览表(表3) …… 50
通州区四板挂牌企业一览表(表4) …… 50

精神文明创建活动

概　况 …… 51
公民思想道德建设 …… 51
文明城市长效管理 …… 51
基础性创建工作 …… 51
未成年人思想道德建设 …… 51
志愿者工作 …… 52

组织机构和领导人员名录

中共南通市通州区委员会 …… 52
南通市通州区人大常委会 …… 52
南通市通州区人民政府 …… 52
政协南通市通州区委员会 …… 52
中共南通市通州区纪律检查委员会 …… 52
区委工作部门及直属机构 …… 52
人大工作部门 …… 54
区政府工作部门及直属机构 …… 54
政协工作部门 …… 58
南通高新技术产业开发区 …… 58
锡通科技产业园 …… 59
石港科技产业园 …… 60
滨江新区 …… 60
南通家纺城 …… 60
空港产业园管委会 …… 60
通州区人民法院 …… 60
通州区人民检察院 …… 60
通州区人民武装部 …… 60
人民团体 …… 61
垂直及双重管理单位 …… 62
区经济实体单位 …… 63
街道党工委、镇党委、人大、政府、政协、纪委 …… 63
部分事业单位 …… 66

中共通州区委员会

综　述

概　况 …… 68

重要会议

“三严三实”专题民主生活会 …… 68
全区文明表彰暨作风建设大会 …… 69
全区党建暨农村工作会议 …… 69
全区组织工作暨镇领导班子换届工作会议 …… 70
中共南通市通州区委十一届十二次全体会议 …… 70
中共南通市通州区委十一届十三次全体会议 …… 70
中国共产党南通市通州区第十二次代表大会 …… 70
中共南通市通州区委十二届一次全体会议 …… 71
区委统战工作会议 …… 71
全区“两学一做”学习教育工作推进会 …… 71
全区领导干部会议 …… 71
中共南通市通州区委十二届二次全体会议 …… 72

调查研究

概　况 …… 72

组织工作

概　况 …… 72
“两学一做”学习教育 …… 73

有力有序做好换届工作 …… 73
坚持标准选好用好干部 …… 74
年轻公务员成长“雏鹰”计划 …… 74
“三位一体”干部管理制度体系 …… 74
“一卡一码一号一本”推进干部教育培训 …… 74
通州区第十二届高洽会 …… 74
推进融合党建工作新模式 …… 74
党员教育“一站三网”工作体系 …… 74

宣传工作

概　况 …… 74
媒体用稿量位居各县市区前列 …… 76
上万粉丝票选“通州最美乡镇” …… 76
“志愿服务365”行动 …… 76
全国首届“通州杯”曲艺小剧场新作展演 …… 76

统一战线工作

概　况 …… 77
贯彻落实中央、省、市委统战工作会议精神 …… 77
“凝心促改革，聚力促率先”主题活动 …… 77
合作共事 …… 77
经济统战 …… 77
党外人士培养工程 …… 77
海外统战 …… 77
南通市通州区党派服务中心成立 …… 77
南通市通州区留学人员联谊会成立 …… 78
区政协换届 …… 78
区工商联换届 …… 78
统战信息宣传 …… 78

农村工作

概　况 …… 78
现代农业发展 …… 78
农民专业合作组织建设 …… 78
农村集体“三资”管理 …… 78
村级集体经济发展 …… 79
农村土地承包管理 …… 79
农业保险 …… 79
精准扶贫 …… 79
市级中心镇建设 …… 79
产权市场建设 …… 79

政法工作

概　况 …… 80
政法保障作用 …… 80
平安通州建设 …… 80
法治通州建设 …… 80
政法队伍建设 …… 81
涉法涉诉信访 …… 81
司法救助工作 …… 81

机构编制工作

概　况 …… 81
相对集中行政许可权改革 …… 81
综合行政执法体制改革 …… 81
事业单位分类改革 …… 81
控编减编等日常监管工作 …… 82
事业单位登记管理 …… 82
事业单位信用信息体系建设 …… 82

机关党的建设

概　况 …… 82
第二届机关文化艺术节 …… 83
扎实开展“两学一做”学习教育活动 …… 83
区级机关党员轮训 …… 83
党员干部进社区服务活动 …… 83

老干部工作

概　况 …… 83
“一方隶属，多方管理”社区党建试点 …… 84
优良家风家训展示 …… 84
老干部结对服务项目建设“双百”工程 …… 84

对台(湾)工作

概　况 …… 84
上级台办领导到通州区调研 …… 85
台湾大型集团董事长许胜雄到通考察 …… 85

党史工作

概　况 …… 85
《史海浪花》(续编)出版发行 …… 85
区“学党史、听党话、争三好”主题教育活动 …… 85
“光辉的历程”展览 …… 85

党校工作

概　况 …… 85
流动党校 …… 85
党性教育进基层 …… 86
专题宣讲 …… 86
决策咨询 …… 86
2016年区委党校在省级以上刊物发表的科研成果(表5) …… 86

信息工作

概　况 …… 87
上报省市信息 …… 87
服务同级党委 …… 87

督查工作

概　况 …… 87
突出决策督查 …… 87
优化督查方式 …… 88
加强督查研判 …… 88

保密工作

概　况 …… 88
保密宣传教育 …… 88
推进三大管理 …… 88
保密工作检查 …… 88

通州区人民代表大会常务委员会

综　述

概　况 …… 89

重要会议

区第十五届人大第五次会议 …… 89
区第十五届人大常委会第二十九次至第三十九次会议 …… 89
区第十五届人大常委会第50次至第63次主任会议 …… 91

重要工作

组织区镇换届选举 …… 92
万名代表小康行 …… 92

通州区人民政府

综　述

概　况 …… 93

重要会议

区政府全体(扩大)会议 …… 94
区政府常务会议 …… 94
区长办公会议 …… 95

重大活动

为民办实事工程 …… 96
通州区获国务院督察表扬 …… 96
张謇杯·2016中国国际家用纺织产品设计大赛 …… 97
首届"通州杯"曲艺小剧场新作展演 …… 97
南通市第二十七届菊花展 …… 97
第28届省"教海探航"征文竞赛颁奖大会 …… 97
平潮区域医疗联合体试点 …… 97
交通惠民提升工程 …… 97
交通基础设施建设加快 …… 97
公共自行车系统二期工程 …… 97
通州"铁军"再创辉煌 …… 97

政府法制工作

规范性文件审查 …… 97
行政复议 …… 97
相对集中行政处罚权改革 …… 98

外事工作

概　况 …… 98
出国(境)管理 …… 98
对外交流 …… 98
外事服务 …… 98
涉外管理 …… 98

侨务工作

概　况 …… 98
侨务引智 …… 98
社区侨务 …… 98
维护侨益 …… 98

民族宗教工作

概　况 …… 99
少数民族典型培育 …… 99
违建寺观治理 …… 99
"星级宗教活动场所"创建 …… 99
区佛教协会换届 …… 99
"道风建设年"创建活动 …… 99
宗教慈善 …… 99
依法行政 …… 100

信访工作

概　况 …… 100
信访总量 …… 100
进京去省上访集中化解 …… 100
权益保障卡发放 …… 100

接待工作

概　况 …… 101
公务接待 …… 101

电子政务工作

概　况 …… 101
内容建设 …… 101
平台和网络防护建设 …… 101
"12345"市民服务热线 …… 101

地方志工作

概　况 …… 101
《通州年鉴(2013)》获全国二等奖 …… 101
《通州市志》获区社科优秀成果特等奖 …… 101
区情知识竞赛 …… 102

档案工作

概　况 …… 102
省 AAA 数字档案室建设 …… 102
通州区第三届档案夏令营活动 …… 102
“国际档案日”宣传周 …… 102
机关事业单位会计档案规范化 …… 102
智能库房建设 …… 102

行政审批工作

概　况 …… 102
创新“五联”审批新模式 …… 103
审批流程优化 …… 103
作风效能提升 …… 103

公共资源交易管理工作

概　况 …… 104
黑名单制度推行 …… 104
招投标改革试点 …… 104
“招标通”保证金管理系统 …… 104
镇级交易平台 …… 104
标后监督 …… 104

机关事务管理工作

概　况 …… 105
安全保障 …… 105
国有资产管理 …… 105
公务用车制度改革 …… 105
后勤服务 …… 105
机关财务服务 …… 106
公共机构节能管理 …… 106

政协通州区委员会

综　述

概　况 …… 107

重要会议

区政协十二届五次全体会议 …… 107
区政协十二届十八次至二十一次常委会议 …… 107

重要工作

关注改革发展 …… 108
聚焦民生热点 …… 108
促进团结民主 …… 108
强化自身建设 …… 108

纪检监察

综　述

概　况 …… 109
区纪委十一届六次全体(扩大)会议 …… 109

主要工作

落实“两个责任” …… 110
实践监督执纪“四种形态” …… 110
持续正风肃纪 …… 110
纠治群众身边“四风”和腐败问题 …… 110
保持遏制腐败高压态势 …… 110
严肃换届风气 …… 110
保障项目建设 …… 110
党风政风监督员队伍建设 …… 111
巡察工作 …… 111
“十百千万”廉洁宣教工程 …… 111
主题教育 …… 111
法规学习 …… 111
效能建设 …… 111
党员干部廉政信息监管 …… 111
执法监察 …… 111
“三联防工程” …… 112
违规吃请专项整治 …… 112
纪律检查体制改革 …… 112
派驻机构管理 …… 112
强化基层纪检组织安全办案能力 …… 112
纪检干部队伍建设 …… 112

民主党派 · 工商联

九三学社南通市通州区委员会

概　况 …… 113
组织换届 …… 113
参政成果 …… 113
课题调研 …… 113
社情民意工作 …… 113
支社活动 …… 114
服务社会 …… 114
社员成果 …… 114

中国农工民主党南通市通州支部

概　况 …… 114

"中医同行"服务 …… 114

中国民主促进会南通市通州区支部

概　况 …… 114
社会服务 …… 115
双岗建功 …… 115
参政成果 …… 115

中国民主建国会南通市通州区支部

概　况 …… 116
参政议政 …… 116
服务社会 …… 116

区工商业联合会

概　况 …… 116
非公经济人士教育培训 …… 116
利用政协平台参政议政 …… 116
参与招商引资和招才引智工作 …… 116
搭建平台促转型 …… 117
民间商会服务 …… 117
3 家企业进入全国民营企业 500 强 …… 117

社 会 团 体

区总工会

概　况 …… 118
第五届职工职业技能比武 …… 118
职工文化建设 …… 118
送文艺进企业 …… 118
劳模、先进评选宣传 …… 118
构建和谐劳动关系"三级共创"活动 …… 119
工会法律维权 …… 119
劳动保护和"安康杯"竞赛 …… 119
困难职工帮扶 …… 119
职工心理健康咨询服务 …… 119
工会组织自身建设 …… 119

共青团南通市通州区委员会

概　况 …… 119
基础团建工程 …… 119
青年电商创业工程 …… 120
公益品牌活动 …… 120
圆梦助学活动 …… 120

区妇女联合会

概　况 …… 120
村(社区)妇代会改建妇联 …… 120
召开区妇联十五届二次执委(扩大)会议 …… 120
妇女创业就业行动 …… 120
"最美"寻访评选活动 …… 120
妇儿维权系列活动 …… 121
"春蕾计划" …… 121
单亲贫困母亲救助项目 …… 121
"巾帼文明岗"争创活动 …… 121

区科学技术协会

概　况 …… 121
招才引智 …… 121
"院士专家通州行" …… 121
参与创客空间共建 …… 122
社区科普益民 …… 122
科普宣传周活动 …… 122
全国科普日活动 …… 122
"网上科协" …… 122
优秀科技人才举荐 …… 122

区文学艺术界联合会

概　况 …… 123
"童声里的中国·成长的歌谣"创作大赛颁奖仪式暨"童心·冬之旅"实践营活动 …… 123
音乐儿童剧《田梦儿》公益巡演 …… 123
音乐儿童剧《田梦儿》分享会 …… 123
"童声里的中国"品牌建设与提升专题研讨会 …… 123
少儿舞蹈《功夫熊猫》登陆央视少儿频道 …… 123
第六届"通州艺苑"文学艺术展示周活动 …… 123
"住建杯"主题摄影大赛 …… 123
"电信杯·发现通州美"手机摄影大赛 …… 124
"谐美通州"——优秀摄影作品展 …… 124
区文联下属 12 个协会换届 …… 124
通州区文联第十次代表大会召开 …… 124
第五届江苏省青少年音乐"小茉莉花奖"声乐大赛 …… 124
长篇系列少儿小说《滑板少年》研讨会 …… 124
学习贯彻习总书记在全国第十次文代会、第九次作代会上的重要讲话精神座谈会 …… 124
2016 年通州区文联会员部分发表、出版及获奖作品一览表(表 6) …… 125

区哲学社会科学界联合会

概　况 …… 129
区第三届社科优秀成果评奖 …… 129
应用课题研究 …… 129
第七届社科普及宣传周启动 …… 129
社科知识宣传普及 …… 129
人文社科知识竞赛 …… 130
社科理论骨干培训 …… 130

区归侨侨眷联合会

概　况…………………………………………… 130
走访慰问…………………………………………… 130
联谊活动…………………………………………… 130
联络联系…………………………………………… 130
侨法宣传…………………………………………… 130
基层侨联小组建设……………………………… 130
区侨联六届五次委员会………………………… 130

区红十字会

概　况…………………………………………… 130
基础工作…………………………………………… 131
应急救援…………………………………………… 131
人道救助…………………………………………… 131
应急救护培训……………………………………… 131
医疗服务“三进”活动 …………………………… 132
志愿服务…………………………………………… 132
志愿捐献工作……………………………………… 132
红十字公益宣传…………………………………… 132

人民武装

中国人民解放军通州区人武部

概　况…………………………………………… 133
政治工作…………………………………………… 133
战备训练…………………………………………… 133
国防动员…………………………………………… 133
安全管理…………………………………………… 133

中国人民武装警察部队通州区中队

概　况…………………………………………… 134
军事训练…………………………………………… 134
执勤和处置突发事件……………………………… 134
帮扶联建…………………………………………… 134

中国人民武装警察部队通州区消防大队

概　况…………………………………………… 134
消防监督与执法…………………………………… 134
消防基础建设……………………………………… 134
消防宣传教育……………………………………… 134
灭火救援…………………………………………… 135

滨海园区公安边防大队

概　况…………………………………………… 135
社会管理创新……………………………………… 135
执法执勤…………………………………………… 135
爱民固边…………………………………………… 135

拥政爱民

拥政爱民…………………………………………… 135

人民防空

概　况…………………………………………… 136
民防指挥通信……………………………………… 136
民防工程建设管理………………………………… 136
民防宣传教育……………………………………… 136

法　治

综合治理

概　况…………………………………………… 137
综治平安建设责任制落实………………………… 137
综治三级平台规范化建设………………………… 137
立体化治安防控体系建设………………………… 137
综治信息系统实战应用…………………………… 137
平安志愿者规范化建设…………………………… 138
矛盾纠纷多元化解工作…………………………… 138
社会治安重点地区排查整治……………………… 138

依法治区

概　况…………………………………………… 138
法治通州创建……………………………………… 138
依法治理实践……………………………………… 139
法治宣传教育……………………………………… 139

公　安

概　况…………………………………………… 140
苏、浙、沪第67次警务合作会议在通州召开 ……… 140
服务保障项目建设………………………………… 140
公安基层基础建设………………………………… 141
治安重点整治……………………………………… 141
人口管理…………………………………………… 141
出入境管理………………………………………… 141
省厅挂牌“1·12”网络诈骗案 …………………… 142
“1·25”贩卖毒品案 ……………………………… 142
姜灶“3·14”故意杀人案 ………………………… 142
金余“3·17”故意杀人案 ………………………… 142
马潭易购电商系统被非法破坏案………………… 142
平潮“4·29”雇凶杀人案 ………………………… 142
何某东被害案……………………………………… 142

检　察

概　况…………………………………………… 142
刑事检察…………………………………………… 142
未成年人检察工作………………………………… 142

职务犯罪查办…… 143
职务犯罪预防…… 143
刑事诉讼监督…… 143
民事行政检察…… 143
刑事执行检察…… 143
控告申诉检察…… 143

法　院

概　况…… 144
刑事审判…… 144
民商事审判…… 144
行政审判…… 144
执行工作…… 144
审判监督…… 145
推进司法改革…… 145
接受监督…… 145

司法行政

概　况…… 145
法治宣传教育…… 145
人民调解…… 145
社矫安帮工作…… 146
司法行政服务保障…… 146

农　业

现代高效农业

概　况…… 147
项目农业建设…… 147
国家现代农业园区建设…… 147
优势特色产业…… 147
休闲观光农业…… 147

种植业

概　况…… 147
部、省级高产高效示范片创建 …… 148
绿色防控示范基地和示范区建设…… 148
植保科研工作…… 148
高标准粮田项目验收与实施…… 148
测土配方施肥技术推广…… 148
种质资源普查…… 148
新型职业农民培育…… 148
江苏农业科技服务云平台客户端推广应用…… 148

养殖业

概　况…… 148
标准化规模养殖场建设…… 148
畜牧生产信息化建设…… 149
重大动物疫病防控…… 149
生猪屠宰行业清理整顿…… 149
动物卫生防疫监督…… 149
蚕　桑…… 149
渔业科技入户…… 149

林　业

概　况…… 149
生态廊道工程…… 150
通洋高速绿色通道景观…… 150
林业有害生物防治…… 150
林业碳汇监测…… 150
古树名木保护…… 150

农业机械化

概　况…… 150
农机购置补贴…… 150
农机化技术培训…… 150
秸秆机械化还田…… 150
“全托管”经营主体建设 …… 151
农机维修监管…… 151
农机安全教育…… 151
农业机械综合保险试点…… 151
农机专项整治…… 151

农业资源开发

概　况…… 151
高标准农田建设…… 151

工　业

综　述

概　况…… 152

工业投入

概　况…… 152
大唐冷热电项目落户…… 153
宜家环保木业车间获评省示范智能车间…… 153

技术创新

概　况…… 153

工业组织

概　况…… 153
张謇杯国际家纺设计大赛…… 153
工业生态改善…… 154
信用贯标…… 154
产业招商…… 154

智能装备暨船舶海工发展论坛…… 154
家纺产业暨现代物流业招商推介会…… 154
创斯达并购英、德两家企业…… 154
韩通重工中标温州瓯江口大桥钢沉箱项目…… 154
金太阳新品发布会…… 154
雄邦压铸建设智能车间…… 154

民营经济

概　况…… 154
园区建设…… 155

电力运行

概　况…… 155
工业用电…… 155
业扩报装容量…… 155

建筑业

综　述

概　况…… 156
推进建企"营改增"…… 156

建筑施工

概　况…… 156
11 家企业入围南通市建筑业"双三十强"…… 156
8 家企业入围省建筑业百强…… 156
7 家企业入围省建筑业"双百强"…… 156
3 家企业入围民营企业 500 强…… 157
6 家企业入围建筑业"双百强"…… 157
南通四建列"中国企业 500 强"…… 157
通州建总入围"中国承包商 80 强"…… 157

工程质量

概　况…… 157
获"鲁班奖"1 项…… 157
获"詹天佑奖"1 项…… 157
获"中国安装之星"1 项…… 157
1 项工程获"华东地区优质工程奖"…… 157
5 项工程获"白玉兰"奖…… 157

安全生产

概　况…… 157

科技教育

概　况…… 157
获得国家级 QC 奖 8 项…… 158
南通四建取得多项高水平研发成果…… 158
2016 年通州区重点建筑企业完成指标情况一览表
（表 7）…… 159

邮政·通信

邮　政

概　况…… 160
普惠金融服务…… 160
函件业务…… 160
电商业务…… 160
发投业务…… 160
集邮业务…… 160

电　信

概　况…… 161
网络建设…… 161
品牌服务…… 161

移动通信

概　况…… 161
网络建设…… 161
信息化服务…… 161

联　通

概　况…… 161
网络通信…… 161

商贸·旅游

综　述

概　况…… 162
市场秩序规范…… 162
酒类流通管理…… 162
茧丝绸监管…… 162
商务领域安全…… 162
活猪储备监管…… 162
西亭脆饼获省老字号创新扶持…… 163
顺丰速递获省扶持…… 163

粮油贸易

概　况…… 163
基础设施…… 163
粮食收购…… 163
"全托管"参与…… 163
"五放心"粮店建设…… 163
徐鸣巡查通州粮食工作…… 163

供销合作贸易

概　况…… 164

现代流通体系建设…… 164
南通中实农副产品物流中心建设…… 164
农超对接…… 164

烟草专卖

概　况…… 164
烟草专卖管理…… 164

石油购销

概　况…… 164

盐　业

概　况…… 164
盐业案件查处…… 165
盐业宣传…… 165
吴某出售工业盐被判刑…… 165

旅游业

概　况…… 165
南通洲际绿博园开园营业…… 165
开沙岛旅游度假区项目列入省重点旅游项目…… 166
紫罗兰家纺获评省级工业旅游点…… 166
绿洲皇冠度假村获评省三星级乡村旅游区…… 166
“洋眼看江苏——通州行”活动…… 166
石港首届旅游文化艺术节…… 166
旅游市场营销…… 166

对外经济贸易

综　述

概　况…… 167

对外贸易

概　况…… 167
韩通船舶进出口总额超1万亿美元…… 167
华夏飞机全国率先获批加工贸易试点…… 167
空港产业园跨境电商试点…… 167

利用外资

概　况…… 167
激励考核…… 167

外经合作

概　况…… 168
企业境外投资…… 168
资质企业…… 168

服务外包

概　况…… 168
新增8家服务外包企业…… 168
电子商务拓展…… 168

园 区 开 发

综　述

概　况…… 169

南通高新技术产业开发区

概　况…… 169
蓝博万项目签约…… 169
瑞士森科遮阳系统项目签约…… 169
江海圆梦谷建成国家级众创空间…… 170
旭东汽车零部件项目开工…… 170
南通高新区获“江苏省先进开发区”称号…… 170
南通高新区通过省级知识产权试点园区验收…… 170
南通高新区获“中国压铸产业基地”称号…… 170
通州万达广场项目开工…… 170
东源新能源充电桩及汽车零部件项目开工…… 170
航天(南通)军民融合产业创新促进中心项目签约…… 170
中科新材料产业园项目签约…… 171
南通高新区江海智汇节开幕…… 171
“钱学森论坛”在江海智汇园举行…… 171
南通高新区与美“东湾三谷”签订共建友好协议…… 171
南通高新区商会成立…… 171

锡通科技产业园

概　况…… 171
基础设施建设…… 172
项目建设…… 172
“艾伯勒科技”开工…… 172
“宝湾物流”开工…… 172

通州滨江新区

概　况…… 172
“图海机械”投产…… 172
残疾人计算机培训班…… 173

中国南通家纺城

概　况…… 173
微供市场…… 173
人才建设获示范单位称号…… 173

南通空港产业园

概　况…… 174
跨境贸易电子商务试点…… 174
“通用航空”展览会暨航空产业论坛…… 174

5 项目集中签约 …… 174
"龙浩航空"落户 …… 174

石港科技产业园

概 况 …… 175
富港路全线竣工通车 …… 175
标准厂房建设 …… 175
"万佛健身器材"开工 …… 175

金 融

银行业

中国人民银行通州支行
概 况 …… 176
落实货币政策 …… 176
维护金融稳定 …… 176
金融生态创建 …… 176
金融服务 …… 176
金融宣传 …… 177
外汇管理 …… 177
中国工商银行股份有限公司南通通州支行
概 况 …… 177
中国农业银行股份有限公司南通通州支行
概 况 …… 177
中国农业发展银行南通市通州支行
概 况 …… 177
中国银行股份有限公司南通通州支行
概 况 …… 177
中国建设银行股份有限公司南通通州支行
概 况 …… 177
服务地方 …… 177
交通银行股份有限公司南通通州支行
概 况 …… 178
江苏银行股份有限公司南通通州支行
概 况 …… 178
中国邮政储蓄银行股份有限公司南通市通州区支行
概 况 …… 178
中信银行股份有限公司南通通州支行
概 况 …… 178
招商银行股份有限公司南通通州支行
概 况 …… 178
兴业银行股份有限公司南通通州支行
概 况 …… 178
上海浦东发展银行股份有限公司南通通州支行
概 况 …… 179
中国民生银行股份有限公司南通家纺支行
概 况 …… 179
南通农村商业银行股份有限公司
概 况 …… 179
负债业务转型 …… 179
信贷结构优化 …… 179
新兴业务创新 …… 179
体制改革 …… 179
江苏张家港农村商业银行股份有限公司通州支行
概 况 …… 179
通州华商村镇银行股份有限公司
概 况 …… 180

保 险

中国人民财产保险股份有限公司通州支公司
概 况 …… 180
医疗责任险 …… 180
环境污染责任险 …… 180
诉讼财产保全责任险 …… 180
中国人寿保险股份有限公司通州支公司
概 况 …… 180
中国太平洋财产保险股份有限公司通州支公司
概 况 …… 180
车险 E 理赔 …… 180
中国平安财产保险股份有限公司通州支公司
概 况 …… 180
平安 3.0 时代新战略 …… 180

证 券

申银万国证券南通建设路营业部
概 况 …… 181
华泰证券南通通州人民路营业部
概 况 …… 181

经济综合管理

计划与投资

2016 年国民经济和社会发展计划执行情况 …… 182
固定资产投资及重大项目建设 …… 184

财 政

概 况 …… 184
财政收入 72.22 亿元 …… 184
服务经济 …… 185
财政改革 …… 185
财政管理 …… 185
财政监督 …… 185

国家税收

概 况 …… 186
依法治税 …… 186

服务发展……186
征管改革……186
纳税服务……186

地方税收

概　况……186
组织收入……187
征管改革……187
依法行政……187
纳税服务……188
队伍管理……188
特色工作……188

国土资源管理

概　况……188
耕地保护……188
土地保障……188
节约用地……189
土地执法监管……189
改革试点工作……189

物价管理

概　况……189
价格监测……189
收费监管……189
清费减负……189
水价改革……190
价格检查……190
平价商店……190
价格认定……190

工商行政管理

概　况……190
服务发展……190
综合监管……191
消费维权……191
市场监管文化……191

统　计

概　况……191
统计质量……191
工作规范……191
协调机制……192
统计职能……192
统计培训……192

审　计

概　况……192
预算资金审计……192
政府性投资项目……193
民生资金跟踪监督……193
领导干部经济责任审计……193

质量技术监督

概　况……193
质量监管……193
技术标准……193
特种设备……193
计量惠民惠企……194

食品药品监督管理

概　况……194
食品安全……194
稽查执法……194
食品药品安全信息化惠民工程……194
省级食品安全城市创建……194
药械安全……194
“双随机”抽查……195
化妆品安全……195

安全生产监督管理

概　况……195
安全生产培训教育……195
基层基础建设……195
隐患排查整改……195
安全生产专项整治……195
企业安全生产主体责任专项行动……196
安全生产执法……196
强化责任督查……196

教　育

综　述

概　况……197
全国中小学校责任督学挂牌督导创新区省级实地核查……198
区师生书画摄影展……198
实验小学加盟“中国好老师”……198
通州代表队获省“金钥匙”科技竞赛团体赛一等奖……198
通州中专成为“诚信教育基地”……199
江苏联合职业技术学院通州分院、通州开放大学成立……199
杨笑月省作文大赛夺冠……199
省“教海探航”征文竞赛颁奖大会……199
“江海天籁”中小学生合唱节比赛……199
王笑梅获江苏“最美教师”称号……199

区中小学校园足球百人技能竞赛…………………… 199
金沙中学晋级为四星级高中…………………………… 199
首届“童声里的中国 · 成长的歌谣”创作大赛颁奖…………………………………………………… 199
通州中专获全国文明风采大赛一等奖……………… 199

学前教育

概　况………………………………………………… 200
全市幼儿教师课程游戏化专题培训………………… 200
“希望的田野”幼教优课展示 ……………………… 200
幼儿教师普通话达标培训…………………………… 200
学前特级教师团队送教……………………………… 200

初等教育

概　况………………………………………………… 200
朱天玺获“全国优秀少先队员”称号 ……………… 200

中等教育

概　况………………………………………………… 200

职业技术教育

概　况………………………………………………… 200
省中职专业课教改研讨会暨通州中专“双场合一”教学观摩 …………………………………… 200
全省职教论坛………………………………………… 201
通州中专与加拿大威廉教育集团、加拿大 ACC 学院签订合作协议……………………………… 201
通州中专技能大赛创佳绩…………………………… 201

高等教育

概　况………………………………………………… 201

社区教育

概　况………………………………………………… 201
区社区教育工作会议………………………………… 201
通州区建成 2 个全国社区教育示范镇……………… 201

教师队伍

概　况………………………………………………… 201

教育研究

概　况………………………………………………… 201
区首届“学的课堂”主题研究节 …………………… 201
省中小学心理健康教育教师培训…………………… 201
全国名师工作室发展报告首发式暨现代诗歌教学名师辩课活动………………………………… 202

依法治教

概　况………………………………………………… 202

教育督导

概　况………………………………………………… 202
责任督学挂牌督导创新县(市、区) ………………… 202
通州区 2016 年各幼儿园基本情况一览表(表 8) …… 203
通州区 2016 年各小学基本情况一览表(表 9) …… 206
通州区 2016 年各初中基本情况一览表(表 10) …… 210
通州区 2016 年各高中基本情况一览表(表 11) …… 212
通州区 2016 年中等职业学校基本情况一览表(表 12) ……………………………………………… 212

科学技术

综　述

概　况………………………………………………… 213
2016 年通州区新认定高新企业名单(表 13) ……… 213

科技活动

概　况………………………………………………… 214
通州—北京科技招商推介会………………………… 214
南通 · 通州科技招商会……………………………… 214

科技计划实施

概　况………………………………………………… 214
3 项目列入省成果转化专项资金计划 ……………… 214
6 项目列入省重点研发计划 ………………………… 215

科技成果

概　况………………………………………………… 215
2016 年通州区部分科学技术进步获奖项目一览表(表 14) ……………………………………………… 215

防震减灾

概　况………………………………………………… 215

气象事业

概　况………………………………………………… 216
公共气象服务………………………………………… 216
气象灾害防御体系建设……………………………… 216
气象为农服务体系建设……………………………… 216
防雷减灾……………………………………………… 216
气象科普宣传………………………………………… 216

文化 · 体育

文化艺术

概　况………………………………………………… 217

“天耀江海幸福通州”歌舞演出 …………………… 218
首届“通州杯”曲艺小剧场新作展演 ……………… 218
文化馆总分馆建设……………………………… 218
农村公益电影放映……………………………… 218
“领读者”讲师团成立 ………………………… 218
两作品获全国曲艺优秀剧目金奖……………… 218

文化市场管理

概　况………………………………………… 218

版权管理

概　况………………………………………… 218

广播电视

概　况………………………………………… 218
节目改版……………………………………… 219
对外宣传……………………………………… 219
节目创优……………………………………… 219

记者站

概　况………………………………………… 219

体　育

概　况………………………………………… 219
群众体育……………………………………… 219
学校体育……………………………………… 219
省市级体育指导员培训……………………… 220
省第七届全民健身运动会门球大联赛暨门球比赛……………………………………… 220
2016 年通州籍运动员参加省级比赛成绩统计表（表 15） ……………………………… 220

城 乡 建 设

城镇规划

概　况………………………………………… 222
城区规划编制………………………………… 222
村镇规划编制………………………………… 222

城市建设

概　况………………………………………… 222
市政道路建设………………………………… 222
城区绿化建设………………………………… 222
市第二十七届菊花展在城东新区举办……… 223
城区水环境建设……………………………… 223
老旧小区改造………………………………… 223
亮化工程……………………………………… 223
村镇建设……………………………………… 223
供　水………………………………………… 223
燃气供应……………………………………… 224
城区污水处理………………………………… 224
建设市场管理………………………………… 224
省绿色建筑示范区创建……………………… 224

城市管理

概　况………………………………………… 224
镇村环境长效管理…………………………… 224
城管重点工程………………………………… 224
城市综合管理………………………………… 225

房地产业

概　况………………………………………… 225
房地产行业管理……………………………… 225
房地产市场…………………………………… 225
区第十三届房交会…………………………… 225
住房保障……………………………………… 225
物业管理……………………………………… 225
征迁安置……………………………………… 225

交　通

概　况………………………………………… 226
基础设施建设………………………………… 226
工程建设管理………………………………… 226
公路管理……………………………………… 226
航道管理……………………………………… 226
海事管理……………………………………… 226
运输管理……………………………………… 227
交通执法……………………………………… 227
安全管理……………………………………… 227
交通惠民……………………………………… 227
345 国道南通东绕城段通车 ………………… 228
金洲路公交智能调度中心建成……………… 228

水　利

概　况………………………………………… 228
农村河道整治………………………………… 229
农田水利建设………………………………… 229
重点水利工程………………………………… 229
防汛防旱……………………………………… 229
水资源管理…………………………………… 229
水利改革……………………………………… 229

供　电

概　况………………………………………… 229
电网建设……………………………………… 229
运行维护……………………………………… 229
电费回收……………………………………… 230

充电站建设…………………………………………… 230

卫　生

综　述

概　况…………………………………………………… 231

卫生改革

概　况…………………………………………………… 232
编制"十三五"卫生计生事业发展规划 ……………… 232
部分职责和内设机构调整………………………………… 232
卫生所机构设置和人员编制调整………………………… 232
区、镇两级妇幼保健和计划生育技术服务机构和
　职能优化整合…………………………………………… 232
医疗联合体建设…………………………………………… 232
公立医院医药价格综合改革……………………………… 232
基层医疗卫生机构提标改造……………………………… 232
区域卫生信息化Ⅰ期工程实施 ………………………… 232

农村卫生

概　况…………………………………………………… 232
6家单位获江苏省示范村卫生室称号 ………………… 233
增补村卫生室基本药物29个品规 …………………… 233
乡村医生人才队伍建设…………………………………… 233
村卫生室内涵建设………………………………………… 233
杨曙东获省"优秀基层医师"称号 …………………… 233

预防保健

概　况…………………………………………………… 233
国家城癌三期项目实施…………………………………… 233
社区医生高血压糖尿病规范用药知识竞赛……………… 233
美国疾控中心代表团现场调研结核病防治工作………… 233
心理健康咨询站达标验收………………………………… 234

妇幼卫生

概　况…………………………………………………… 234
农村妇女两癌检查项目…………………………………… 234
免费婚前医学检查………………………………………… 234
新生儿疾病免费筛查……………………………………… 234
免费孕前优生健康检查…………………………………… 234
妇幼卫生…………………………………………………… 235

卫生执法

概　况…………………………………………………… 235
传染病防治卫生监督……………………………………… 235
打击非法行医专项整治…………………………………… 235
放射卫生监督管理………………………………………… 235
公共场所卫生监督管理…………………………………… 235

医院管理

概　况…………………………………………………… 235
示范乡镇卫生院创建……………………………………… 235
优秀社区卫生服务中心创建……………………………… 235
基层中医馆建设…………………………………………… 235
平潮区域医疗联合体试点………………………………… 236
社会医疗机构监管………………………………………… 236
基层卫生岗位练兵技能竞赛……………………………… 236
短缺药品集中采购………………………………………… 236

医教科研

概　况…………………………………………………… 236
重点专科建设……………………………………………… 236
优秀人才培育……………………………………………… 236
医学教育培训……………………………………………… 236
卫生科技创新……………………………………………… 236

行风建设

概　况…………………………………………………… 237
组建监督队伍……………………………………………… 237
品牌创建…………………………………………………… 237
制度建设…………………………………………………… 237

爱国卫生

概　况…………………………………………………… 237
爱国卫生创建……………………………………………… 237
健康教育和健康促进……………………………………… 237
农村项目改厕……………………………………………… 238
病媒生物防制……………………………………………… 238
公共场所控烟……………………………………………… 238
2016年主要医疗卫生单位基本情况一览表
　（表16）………………………………………………… 238

社会生活

人　口

户籍人口…………………………………………………… 239
常住人口…………………………………………………… 239

人民生活

城乡居民收入……………………………………………… 239
城乡居民消费……………………………………………… 239

计划生育

概　况…………………………………………………… 240
流动人口计生服务………………………………………… 240
计划生育奖励扶助………………………………………… 240

关怀帮扶…… 240

人　事

概　况…… 240
人才载体建设…… 240
人才技能培养…… 240
人事管理…… 240
高校毕业生就业创业…… 241
2016 年被评为高级专业技术职称人员名录 …… 241

劳动就业

概　况…… 242
创业载体建设…… 242
援企稳岗…… 243
纠纷化解…… 243

社会保障

概　况…… 243
社会保障卡发放应用…… 243

民　政

概　况…… 243
基本救助…… 243
医疗救助…… 243
临时救助…… 243
敬老院达标升级…… 243
居家养老服务…… 243
困境儿童保障…… 244
困难残疾人补贴…… 244
慈善事业…… 244
双拥工作…… 244
优抚工作…… 244
退役安置…… 244
社区建设…… 244
村务治理…… 244
社会组织…… 244
社会事务…… 244

老龄工作

概　况…… 245
政府购买居家养老服务…… 245
居家呼叫服务…… 245

关心下一代工作

概　况…… 245
主题教育…… 245
校外教育辅导站建设…… 245
区级机关关工委…… 246
参与社会治理…… 246
组织建设…… 246

残疾人工作

概　况…… 246
第二十六次全国助残日活动…… 247
残疾儿童康复…… 247
重点康复项目…… 247
残疾人托养…… 247
残疾人文体…… 247
残疾人就业…… 247
残疾人证管理…… 247
残疾人权益维护…… 247

住房公积金管理

概　况…… 247

生 态 环 境

环境管理

概　况…… 248
环境质量…… 248
法制宣教…… 248
污染防治…… 248
环境监察…… 248
环境信访…… 249

环境监测

概　况…… 249

生态文明建设

生态红线管控…… 249

镇·街道概况

金沙街道

2016 年金沙街道主要经济社会指标(表 17) …… 250
项目建设…… 250
城乡建设…… 250
社会事业发展…… 250
社会治理…… 251
2016 年金沙街道行政村(社区)基本情况（表 18） …… 251

金新街道

2016 年金新街道主要经济社会指标(表 19) …… 251
维护稳定…… 252
社会事业…… 252

2016 年金新街道行政村(社区)基本情况(表 20) …… 252

兴东街道

2016 年兴东街道主要经济社会指标(表 21) …… 252
项目建设 …… 253
民生建设 …… 253
2016 年兴东街道行政村(社区)基本情况(表 22) …… 253

先锋街道

2016 年先锋街道主要经济社会指标(表 23) …… 253
绿博园试营业 …… 254
项目建设 …… 254
民生建设 …… 254
“中国色织名镇”通过复审 …… 254
2016 年先锋街道行政村(社区)基本情况(表 24) …… 254

西亭镇

2016 年西亭镇主要经济社会指标(表 25) …… 254
河道整治 …… 255
生态农业旅游发展 …… 255
“鑫手相连”志愿者服务队伍 …… 255
2016 年西亭镇行政村(社区)基本情况(表 26) …… 255

二甲镇

2016 年二甲镇主要经济社会指标(表 27) …… 255
高效农业 …… 256
项目建设 …… 256
民生建设 …… 256
古镇建设 …… 256
党建工作 …… 256
2016 年二甲镇行政村(社区)基本情况(表 28) …… 256

东社镇

2016 年东社镇主要经济社会指标(表 29) …… 257
现代农业发展 …… 257
工业经济增速 …… 257
旅游经济亮点频现 …… 257
生态建设步伐加快 …… 257
2016 年东社镇行政村(社区)基本情况(表 30) …… 257

十总镇

2016 年十总镇主要经济社会指标(表 31) …… 258
项目建设 …… 258
现代农业 …… 258
镇村建设 …… 258
2016 年十总镇行政村(社区)基本情况(表 32) …… 259

石港镇

2016 年石港镇主要经济社会指标(表 33) …… 259
特色镇区建设 …… 259
公共服务全面优化 …… 259
2016 年石港镇行政村(社区)基本情况(表 34) …… 260

刘桥镇

2016 年刘桥镇主要经济社会指标(表 35) …… 260
镇村环境面貌加速提升 …… 260
2016 年刘桥镇行政村(社区)基本情况(表 36) …… 260

平潮镇

2016 年平潮镇主要经济社会指标(表 37) …… 261
项目建设 …… 261
锡通过江通道公路接线工程开工 …… 261
“我们的中国梦 · 送欢笑到基层”走进平潮镇 …… 261
搬迁安置 …… 261
2016 年平潮镇行政村(社区)基本情况(表 38) …… 261

五接镇

2016 年五接镇主要经济社会指标(表 39) …… 262
大唐冷热电项目落户滨江新区 …… 262
南通市区至开沙岛公交开通 …… 262
江苏恒科新材料有限公司项目列入国家重点研发计划 …… 262
2016 年五接镇行政村(社区)基本情况(表 40) …… 263

兴仁镇

2016 年兴仁镇主要经济社会指标(表 41) …… 263
项目建设 …… 263
民生事业 …… 264
四方冷链上市 …… 264
2016 年兴仁镇行政村(社区)基本情况(表 42) …… 264

张芝山镇

2016 年张芝山镇主要经济社会指标(表 43) …… 264
载体建设 …… 265
城镇管理 …… 265
美丽乡村 …… 265
民生事业 …… 265
2016 年张芝山镇行政村(社区)基本情况(表 44) …… 265

川姜镇

2016 年川姜镇主要经济社会指标(表 45) …… 265
省农村电子商务示范镇 …… 266
2016 年川姜镇行政村(社区)基本情况(表 46) …… 266

人　　物

领导人物

韩菊芳 …… 267
虞越嵩 …… 267
李学义 …… 267
张兴国 …… 268
沈旭东 …… 268
徐林锋 …… 268
王　任 …… 269
陈　斌 …… 269
瞿云峰 …… 269
顾祖林 …… 270
樊小燕 …… 270
杨　彬 …… 270
陈　曦 …… 270
陈艳梅 …… 270

逝世人物

李　明 …… 271

荣誉栏

通州区受南通市以上党政军群机关表彰的先进集体一览表（表 47） …… 272
通州区受南通市以上党政军群机关表彰的先进人物一览表（表 48） …… 274

附　　录

文件选编

关于实施脱贫致富奔小康工程的意见 …… 276
关于印发《通州区推进领导干部能上能下实施办法（试行）》《通州区领导干部改革创新容错纠错实施办法（试行）》《通州区党政干部鼓励激励实施办法（试行）》的通知 …… 280
关于加快南通国家现代农业示范区通州核心区建设的实施意见 …… 285
通州区被征地农民社会保障实施细则（试行） …… 292

重要文件目录索引

中共通州区委员会 …… 293
通州区人民政府 …… 294
中共通州区委办公室 …… 294
通州区人民政府办公室 …… 296
通州区人大常委会 …… 298
政协通州区委员会 …… 298

统计资料

通州区国民经济与社会发展基本情况（表 49） …… 299
2016 年通州区各镇（街道）主要经济指标（表 50） …… 315

服务指南

通州区便民电话 …… 316
通州区公交线路 …… 317

索　　引

A、B …… 325
C、D …… 326
E、F、G …… 327
H、J …… 328
K …… 329
L、M、N …… 330
P、Q、R …… 331
S …… 332
T、W …… 333
X、Y …… 334
Z …… 335

特　载
Special Record

编　辑　冯金荣

数字通州

2016年主要指标

辖区总面积　1525.74平方公里
年末户籍人口　126.42万人
地区生产总值　1026.66亿元,增长9.3%
　　第一产业增加值　56.41亿元,增长1.0%
　　第二产业增加值　507.36亿元,增长9.0%
　　第三产业增加值　462.89亿元,增长10.7%
按户籍人口计,人均地区生产总值　8.99万元
农林牧渔业总产值(现价)　97.64亿元,增长4.7%
　　粮食产量　52.59万吨,下降2.4%
　　棉花产量　0.22万吨,下降65.2%
　　油料产量　8.92万吨,下降7.7%
农业机械总动力　50.20万千瓦,下降7.3%
规模工业总产值　2112.86亿元,增长7.7%
建筑业总产值　1440.56亿元,增长11.4%
固定资产投资额　681.49亿元,增长14.0%
社会消费品零售总额　341.12亿元,增长10.9%
自营进出口总额　37.33亿美元,增长4.2%
财政总收入
　　一般公共预算收入　72.22亿元,下降7.6%
年末各项存款余额　1420.34亿元,增长13.5%
年末各项贷款余额　748.88亿元,增长10.4%
城镇居民人均可支配收入　40741元,增长8.2%
农村居民人均可支配收入　19929元,增长8.5%

通州的一天

一、每天创造的财富
　　地区生产总值　28128万元
　　财政总收入
　　　其中:地方财政预算收入　1979万元
二、每天主要产品产量
　　粮食　1441吨
　　棉花　6吨
　　油料　98吨
　　肉类　173吨
　　生猪出栏　1433头
　　小麦粉　1638吨
　　啤酒　505千升
　　纱　405吨
　　布　204.11万米
　　服装　79.39万件
三、每天消费量
　　全社会用电量　1448万千瓦时
　　社会消费品零售总额　9346万元
　　农村居民每人生活消费支出　40元
　　城镇居民每日生活消费支出　65元
四、每天其他经济活动
　　旅客运输量　14301人次
　　货物运输量　33123吨

荣誉通州

通州区被国家环保部授予“国家生态区”称号
通州区荣膺首批 2016—2020 年度全国科普示范县(市、区)称号
通州区荣获 2016 长三角十大公共自行车推广典范城市称号
通州区人民广播电台荣获“全面十佳广播电台”称号
通州区荣获江苏省纺织服装产业集群基地称号
南通家纺城荣获省级品牌消费集聚区示范单位称号
南通家纺城微供市场荣获江苏纺织服装营销新渠道示范单位称号

媒体聚焦通州(选辑)

创新转型 协同发展 统筹联动 通州:从“交汇点”迈向制高点

南通市通州区地处“一带一路”与长江经济带、陆海统筹与江海联动等多重交汇点,在新常态下该有什么担当?区委书记宋乐伟说:“独特的区位和机遇优势倒逼通州在谋划‘十三五’时,要站得更高,望得更远,打造创新转型示范区、沪苏通协同发展前沿区、陆海统筹江海联动交汇区,真正从地理位置的‘交汇点’迈向产业发展的制高点,当好苏中‘两个率先’领头雁。”

集聚新动能,在创新转型中攀向新高端

不久前,第三批“江苏省重点企业研发机构”名单公布,金太阳家纺等 5 家通州企业入选。至此,该区先后有 14 家企业上榜。

“集聚创新动能,引领产业迈向新高端是通州转型发展主攻方向。”宋乐伟介绍,该区以南通高新区为主阵地,率先形成以创新为主要引领和支撑的经济体系和发展方式,打造长三角北翼最具发展动力之地。

“缺少资金,创业基金来扶持;需要人才,政府红娘送上门,这里的创新氛围让人来了就不想走。”几年前,留德硕士范平一带着新型环保建材发明成果“逛”到通州,不想这一逛就逛出一家新材料公司,其产品在全国首家通过公安部消防检测中心检测验证,目前实现销售超过 8000 万元。高层次人才和高新企业,成为引领通州产业追新攀高的主要动力源。目前,该区累计引进各类高层次人才 318 人,创办国家高新技术企业 143 家,是四年前的 4.6 倍。

传统产业也在脱胎换骨。“我们自己研发设计的一个花型,投放市场后最多的销售超过一个亿。”靠卖传统面料起家的金太阳集团董事长袁洪兵告诉记者,公司自己成立的家纺研究院,目前是全国家纺行业唯一的国家级设计中心,将打造成国内现代家纺行业龙头。

在通州家纺城,像这样的企业和团队创意设计机构就有 300 多家,集聚创新创意人才 3 万多。去年底,该区还整建制引进省纺织丝绸研究所,组建产业技术创新联盟,开启科技创新驱动传统产业转型升级新模式。去年,该区家纺销售额突破 600 多亿元,跻身全球三大现代家纺中心。

作为通州传统支柱产业的建筑和造船业,也分别组建产业研究院,开发的建筑新材料、新技术和绿色建筑等受到市场热捧,去年建筑业总产值突破 1500 亿元,累计获鲁班奖 52 项,3 家企业入选全国民营 500 强。

构建新平台,在协同共进中抢占新前沿

靠江靠海靠上海的通州,曾被大江挡住了向南的脚步。但随着苏通大桥的建成和沪通大桥的开工,一下子变身为接轨上海、融入苏南的两大桥头堡。

通州分别规划建设锡通科技产业园和滨江新区,站到

沪苏通跨江融合发展的最前沿。其中,位于苏通大桥桥头堡的锡通科技产业园,是南通和无锡跨江合作共建园区。目前已引进各类项目30多个,总投资60多亿元,成功获批省科技产业园。

"前来考察投资的很多,但不是谁都能踩上签约的红地毯。"滨江新区管委会主任高锦陈介绍,作为沪通大桥北桥头堡的滨江新区,高点布局开沙岛旅游度假区、船舶海工产业园、恒科纺织新材料产业园和铁路港口物流园等"一区三园",打造现代化高铁新城和桥港新区。目前,仅度假区在谈旅游项目就有20多个,投资超百亿元。

其实,沪通大桥还未动建,敏感的产业资本就已跨江而来。2012年1月,总部在吴江的恒力集团投资200亿元,在当时还是一片荒滩的滨江新区建设恒科纺织新材料产业园,其一期40万吨差别化涤纶长丝项目,投产两年来,应税销售超百亿元。

通州重点构建的南通高新区、滨江新区等六大新型园区,已成为接轨上海、融入苏南的前沿平台,先后吸引落户世界500强和"中字头""国字号"企业12家,10亿元以上重大项目21个。

开辟新路径,在统筹联动中打造交汇区

2015年12月15日,位于通州的南通空港产业园跨境贸易电子商务试点获批。意味着该区中小制造企业产品可以通过这一全新平台向海外直销,平均利润率可提高40%左右。

此前不久,南通家纺城列入国家"市场采购贸易方式"试点范围,家纺产品"就地通关,本地出口"成为现实。

如何把区位优势转化为创新开放的发展优势?"必须紧跟国际潮流,主动变换脚步。"宋乐伟介绍,该区专门出台引导政策,鼓励"走出去"从做生意向做企业、做投资、做产业等转型。

综艺集团转型进军海外光伏电站市场,目前已在美国、德国等地建设光伏电站60多座,半年时间就实现营业收入8400多万元。最近,该集团又在英属维尔京群岛阿尔法增资2亿美元,开拓新材料项目投资、投资管理、投资咨询服务等业务。不少企业还大踏步走向东盟、中东、中非等"一带一路"新兴市场,构建优进优出的开放新格局。通州御丰包装靠一根新型棉花包装捆扎带打入中亚市场,并在乌兹别克斯坦建立生产基地,产品辐射土库曼、塔吉克、哈萨克等6个中亚国家。

通州还鼓励有条件企业开展海外并购,在国际化竞争合作中强身健体。创斯达集团继前年成功收购德国Format公司,一跃成为全球第二大保险柜制造商后,去年又收购德国迈科90%的股权,通过两次海外并购,形成了20亿元的销售规模,其中并购的海外企业占半。不仅如此,该集团还实现了从单一生产机械化设备到生产大型机电、软件一体化等复杂高端设备的转型。

创新从新型交汇区"走出去",大大提升了通州产业发展国际化程度。目前,该区在境外创办企业60多家,投资总额达10.51亿美元。"十二五"期间累计利用外资12亿美元,完成对外贸易148.2亿美元。

(《新华日报》2016年1月3日头版)

天籁童声滋润纯真童心

——"童声里的中国·成长的歌谣"颁奖典礼侧记

2月18日,在"童声里的中国"这一少儿文化活动品牌的诞生地——南通市通州区,首届"童声里的中国·成长的歌谣"创作大赛举行了颁奖仪式。省委常委、宣传部部长王燕文出席仪式并为获奖者颁奖。

2006年以来,江苏举办了六届"童声里的中国"系列活动,从"唱支歌儿给党听"到"我的祖国我爱您",从"放飞中国梦"到"文明礼仪伴我行",推出了一批批充满时代气息、体现童真童趣、催人向上向善的优秀作品。去年8月至12月,省委宣传部、省文明办、省教育厅、团省委、省妇联联合举办首届"童声里的中国·成长的歌谣"创作大赛,立足江苏、面向全国,共征集来自海内外作品32039件,其中童谣28011首,校园歌曲4028首。共评选出学生组、成人组获奖童谣200首,最佳校园歌曲15首;同时,组委会推选产生优秀指导老师50名、优秀组织奖20个。

参赛作品来自全国各省、自治区、直辖市以及港澳台地区,并有美国、澳大利亚等多个国家的作者参与。最令人欣喜的是,孩子们用手中的笔抒写着对"爱、敬、诚、善"的理解,最小的作者只有3岁。

"小山溪乖宝宝,跑到山脚眯眯笑,它说大山是妈妈,来帮妈妈洗洗脚",童谣《小山溪》出自7岁的江西女孩陆天天之手,满脸稚气的天天和妈妈陆晓蕾来到了颁奖现场:"妈妈经常带我去温汤镇,每次去我都喜欢给妈妈洗脚。我看到山上的瀑布流到山脚,就像我给妈妈洗脚一样,于是就写了这首童谣。妈妈在外面工作很辛苦,回来还要照顾我。我不想让妈妈太累。"

澳门培正中学梅雨来同学的《姥姥过生日》获得学生组一等奖。这首儿歌是姥姥过70岁生日那天写的。"因为姥姥平时喜欢听歌、唱歌,她自己不太会上网,所以我经常帮她下载歌曲听。姥姥是水利工程人员,长年在野外,退休后又带我,特别辛苦。所以,我妈妈常告诉我,要让姥姥有个幸福的晚年。"

95岁高龄的知名儿童诗人圣野先生,也积极参加本次大赛,还获得了一等奖。他说:"我要做一个100岁的诗娃娃。"

优美的儿歌和童谣会给人带来一生的熏陶。1983年，中央人民广播电台少年儿童广播合唱团代表中国参加在菲律宾举办的第三届国际少年合唱节。就在这次合唱节上，《春天在哪里》这首歌被世界各国的孩子所喜爱。当年合唱团的两位成员朱宁和高平女士说，时至今日，每当唱起《春天在哪里》，总是可以感受到其中的快乐，得到真善美的熏陶，“让我们养成了开朗乐观的心态，有一颗不泯的童心。”

中国少年报原主编金本是大赛评委，他说，互联网时代文化比较多元，鱼龙混杂，文艺创作既要适应孩子们的需求，也要用清纯与健康的情操去引领。此次大赛，无论是大人还是孩子的作品都让他深受感动，他相信其中的不少作品都能广泛流传，伴随孩子们的成长。

此次大赛的获奖作品已由江苏少年儿童出版社出版，组委会将赠送7万册给全国31个省市区图书馆以及江苏全省中小学校。

来自全国各地的获奖者与嘉宾不仅参加了“童声里的中国·成长的歌谣”的颁奖典礼，还和当地青少年一起体验了丰富的“童心·冬之旅”实践营活动。

正值农历正月，少儿艺术创研基地内，元宵节主题活动、青少年科技创新成果展暖暖地充实着孩子们的冬天。随处可见的先进典型人物榜，讲述着当地道德模范、中国好人、美德少年们的故事。喜庆的灯笼和火红的窗花传递着传统节日的独特氛围。元宵佳节即将到来，“童心闹元宵”活动吸引着孩子们来猜灯谜、包元宵、捏面人等等。只见基地室内外悬挂了2000余条灯谜，灯谜传承人现场讲解如何制灯谜，猜灯谜的技巧方法，小朋友们都听得津津有味。记者了解到，全省各地在寒假中全面启动了“缤纷的冬日”系列活动，传承传统是其中一个突出主题。

在童心·创造展区，数十件优秀作品充分展现了青少年在生活中创造、在创造中生活的生动实践。文明礼仪测试系统、3D打印技术、球幕影院等体验项目，互动性强，大大激发了孩子们学科学、爱科学、用科学的浓厚兴趣。

“江苏省中小学生文明礼仪测试系统”引发了大家的兴趣。这个系统以量化考核方式对中小学生文明礼仪素养进行评价，测试内容主要依据《江苏省未成年人基本文明礼仪规范》，精心设计了文字、图片、动画等多种题型。几名学生在这里参与体验，答对的，便可得到“优雅之星”的纪念品。

看动画片《加油吧三二班》、体验3D打印、当文明小义工……在这美好的假日里，天籁童声滋润了纯真童心，丰富的活动放飞着多彩梦想！（《新华日报》2月19日A2头条）

智“汇”通州，高新产业跑出“加速度”

6年前，范平一留德归国来到南通，创办江苏德明新材料有限公司，开启在新型环保建材领域的“探险之旅”。现在，公司研发的“改性酚醛泡沫保温绝热材料”，与南通四建、通州建总等公司合作，成功应用于外墙保温系统，产值已突破亿元。

招才引智，南通马不停蹄，抛出了一个个科技“绣球”。

“十二五”以来，通州引进了像范平一这样的高层次人才460名，落户人才项目211个。创办了华夏航空、沃太能源、德明新材料、公爵新能源汽车等一批科技型、创新型企业。目前，已有35家人才初创企业的产品走向市场，累计实现销售7亿多元。

一个个人才项目的落户，并非偶然。为招来推动发展的“金凤凰”，南通高新区始终把人才发展放在更加突出的地位。“在建设加速时期，我们对各类高层次人才充满了渴求，这种渴求比以往任何时候都更加强烈和迫切。”南通市委常委、通州区委书记宋乐伟说。

如何帮助他们将科研成果转化为生产力，变成通州产业的一分子？通州先后出台了《关于进一步加强全区人才工作的意见》《新兴产业创业投资引导基金管理办法》《科技成果转化风险补偿专项资金暂行管理办法》等10多份政策文件，从资金扶持、融资贷款、生活配套等方面，增强人才政策比较优势和竞争优势。每年投入4000多万元设立人才开发专项资金，用于支持符合通州产业发展的海内外高层次领军人才、工程技术关键人才创业创新。2012年以来，全区共评审资助“510英才计划”6批次159个项目，资助金额1.24亿元，发放高层次人才生活津贴和购房补助1406.9万元。

“公司创办以来，通州区政府从人才、项目、科技、融资等方面都给予了大力支持，这是我们公司早生效益的重要原因。”这几天，江苏罗化新材料有限公司董事长罗雪方正在为即将在深圳举行的新产品发布会做准备。去年，该公司在通州区政府的帮助下获得上海中汇金1000万元的融资，并引进国家“千人计划”专家解荣军担任公司技术副总。今年南通高新区又为公司提供了6000平方米的标准化厂房，帮助公司解决生产线紧缺的问题。至目前，销售额已超过1000万元。

智“汇”通州，也让家纺、建筑、海工等这里传统的支柱产业重新焕发了活力。通过高洽会、创新创业大赛、“招才引智月”等活动，一批人才集结在现代家纺、智能建筑等领域创新创业，一部分已成为引领产业转型人才。一批“千人计划”专家，在新型纳米电极材料、工业智能装备、高分子新材料等领域取得突破，部分成果已得到推广应用。此外，南通高新区作为全区创新主力平台，积极引导各类资本投入创新平台建设，新建江海智汇园、江海圆梦谷、桑夏软件园等创新载体共55万平方米。

发展的快车道上，南通高新区正在实现人才裂变式地快速增长。

（《科技日报》11月24日A2头条）

童声里，梦想飞扬

——江苏推进“童声里的中国”系列少儿文化活动10周年纪实

今年秋季入学的北京大学历史系新生李祎雯、清华大学热能工程系新生丁姝妤，她俩都是江苏南通人，回忆起小学时代有意思的事情，两人不约而同地提到一个活动——“童声里的中国”，“当初参加这个活动时很开心，跟过节一样，因为可以唱新的儿歌，读有意思的童谣，自己还试着给树叶、花草、小猫和家人写童诗。在这个过程中，很多大道理自然而然就明白了”。

“童声里的中国”是江苏省南通市通州区文艺工作者在2006年倡议开展的一项新童谣创作推广活动。最初只是点上的尝试，后来，江苏在青少年中广泛开展诗教乐教，将之提升推广至全省“遍地开花”。童声飘过整10年。10年来，江苏省精心呵护“童声里的中国”，开展创作、评选、推广少儿歌曲、童谣、童诗及少儿电影、少儿戏剧等文艺活动，越来越扎实，越来越精彩，越来越受到少年儿童的喜爱和社会的好评，成为全国未成年人思想道德建设的一个品牌。

亲切生动，跟孩子的心灵同频率

优秀传统文化如何让孩子觉得生动亲切？社会主义核心价值观如何在青少年心灵落地生根？南通市通州区实验小学五年级一班学生瞿可集说：“我们也在学习记诵社会主义核心价值观，但感觉离我们太遥远了。”怎么办？“童声里的中国”着力在“童声”二字上下功夫。他们组织专家创作了一首少儿歌曲《中国是条富强船》：“中国是条富强船，民主、文明扬风帆，汽笛高奏和谐曲，自由、平等有护栏。公正是舵把航向，法治一路管安全，爱国、敬业生动力，诚信、友善一路欢！”

“自从学唱了这首歌，感觉就不一样了。你看，24个字就藏在歌词里边了。现在我就感觉跟社会主义核心价值观更亲近了。”瞿可集说。

因为独特的价值和魅力，童谣在江苏成了“宠儿”。镇江市开设“阳光娃”道德童谣体验馆，设置探秘馆、跳棋馆、说唱馆、拼图馆、闯关馆、创作馆六大功能区，让孩子们在游戏中接受文明礼仪养成教育。全市还建设了30多个“童谣说唱站”，扎根基层、全面覆盖，处处都能听到童声。

“我是一匹小斑马，斑纹闪闪权威大。来往车辆遇行人，我讲停下就停下。”在南京市龙江小学与交管部门共建的“少年儿童交通安全情境教育基地”，童谣与交通安全教育完美地结合在一起。孩子们一边唱着童谣，一边玩着趣味游戏，交通安全知识不知不觉就全学会了。

据介绍，10年来，“童声里的中国”系列少儿文化活动共征集海内外作品20多万件，涌现了众多充满时代气息、体现童真童趣、催人向上向善的优秀作品，结集出版20余部作品集，为孩子们的童年增添了快乐的记忆。

激发潜能，让孩子当主人

“新枝嫩叶菜园中，素蕾疏花画意浓。惊喜假期才几日，肩头挂满小灯笼！”南京市江宁区禄口小学有个“开心农场”，12岁的俞毅凡同学受到灵感催促，跑到菜地，专门给辣椒写下这样的诗句。

鼓励孩子站到前台，让他们成为真正的主人，是“童声里的中国”系列活动的宗旨之一。

淮安市积极开展“诗香校园”活动，各学校成立诗社、文学社，并创办诗刊，帮助孩子们提高诗歌写作能力。诗人李瑛读了盱眙县明祖陵希望小学学生的作品，欣然寄语：“谁说幼小的种子不能长成参天的大树！”

去年，江苏面向全国征集童诗。丹阳市云阳学校四八班的朱晗以一首《如果》参赛：“……如果我是一颗星星/我想钻进孩子的梦乡/和他们快乐地嬉戏……如果我是一缕清风/我想拂过妈妈的额头/抹平那些细细的波纹。”首都师范大学教授、儿童文学作家金波读到这首获得一等奖的作品，非常感慨：“孩子想象力之丰富大胆，永远是我们不可能全部窥探到的。”

让教学一线教师没有想到的是，通过童谣创作这扇“窗户”，老师及时“窥探”到了孩子内心的小秘密。南通市通州区实验小学教师张甲男读到一个孩子写的《影子》：“影子是我的好朋友，在我孤单的时候陪着我。有时候影子也不见了，只剩一个孤单的我。”她心里很沉重，觉得这个孩子需要心理疏导。通过谈心，她获知孩子的父母在外务工，玩伴又少，只能自己一个人待着。张甲男就经常跟她聊天，并建议和她一起修改这首童诗。于是，另一首《影子》诞生了：“影子是我的好朋友，悄没声儿地跟着我。有时高高瘦瘦，有时矮矮胖胖，变着魔术逗乐我。偷偷跟着太阳溜走了，悄悄随着月亮回来了。我就知道，影子舍不得我，永永远远陪着我。”

这样一改，孩子的笑脸回来了，孤单的情绪不见了，影子的陪伴变得温暖了，孩子也得到暗示——要成为自己情绪的主人。

呵护成长，筑牢孩子们的精神底色

2月18日，首届“童声里的中国·成长的歌谣”创作大赛在南通市通州区颁奖。来自澳门培正中学的梅雨来，以一首《姥姥过生日》获得学生组一等奖：“姥姥过生日，我要送个礼。不送米和油，不送金和玉。上网搜一搜，下载老歌曲。放给姥姥听,姥姥心欢喜。”在现场,梅雨来介绍,这首儿歌是在姥姥70岁生日时写的,“因为姥姥平时喜欢听歌、唱歌,她自己不太会上网,所以我经常帮她下载歌曲听。姥姥一辈子很辛苦,所以我要努力让她有个幸福的晚年”。在这样朴素的情感抒发中,传统的孝道得到了继承和升华。

“童声里的中国”系列少儿文化活动举办10年来,每一届都有明确的主题,包括“唱响荣辱观”新童谣创作推广活动、“祖国献您一首诗”儿童诗创作推广活动、“唱支歌儿给党听”儿童歌曲创作推广活动、“放飞中国梦”少儿文学艺术活动、“文明礼仪伴我行”童谣童歌征集推广活动。在这些活动中,隐含的主题词就是“中国”,即通过丰富多彩的活动内容和形式多样的活动载体,引导少年儿童讲好中国的故事,讲好中国文化的故事,讲好中国人的故事,潜移默化地打牢他们的精神底色,帮助他们系好人生的第一粒“扣子”。

11月19日,作为原创展演剧目中唯一的儿童剧作品,大型现代音乐儿童剧《田梦儿》亮相第三届江苏文化艺术节,获得圆满成功。近期,这部儿童剧在江苏大地四处“奔波”,南京市江浦实验小学、扬州市高邮实验小学东校区、常州市金坛区城西小学……这部催人泪下的、被誉为“中国梦”主题宣传教育生动教材的儿童剧,让百万学子在优美旋律和精彩故事中,体味到什么叫自立自强、什么叫孝道感恩、什么叫健康成长。

“‘童声里的中国’系列活动推出的不少作品,蕴含着纯真的情感,闪烁着灵感的火花,展现了少年儿童在社会主义核心价值观沐浴、文明礼仪养成、美德榜样引领中健康成长的精神风貌。童声唱童歌,童心写童谣,这不仅让孩子们获得了文学艺术的熏陶,更重要的是放飞了梦想、学会了感恩、懂得了分享、净化了心灵。”江苏省委常委、宣传部部长王燕文说。

短评

童声绘出最美心灵图画

“童子者,人之初也;童心者,心之初也。”童谣,则是孩子们“口自言,文自成”的心之初的自然表达。

童谣,这种不花钱的玩具,源于儿童生活,诵于儿童之口,传于儿童之间。“蒙以养正”,利用儿歌可以达到趣味与教育并重的效果。童心是一张白纸,可以画出最新最美的图画;好的童谣,就是一支最新最美的画笔。想象丰富,形神兼备,鲜活生动,朗朗上口,优秀的童谣,是启迪孩童懵懂心智的最初的一抹光亮,是点燃孩童想象空间的最初的一粒火种,是教会孩童认识世界的最初的一条路径,是引导孩童热爱生命、学会感恩的最先吹拂的一缕春风。

江苏推进的“童声里的中国”系列活动,当然远不止童谣一种,童谣、童歌、童诗、童剧、儿童故事、少儿电影……只要是孩子们喜闻乐见的,大人们就想方设法为他们提供展示的平台。十年磨一剑,“童声里的中国”,声起于南通,声扬于江苏,终于声遍于中国。童声里有大千世界,童声里有家国情怀,童声里有亲情友爱,童声里有凌霄之志。在江苏采访的几天里,眼前是孩子们稚嫩而自信的模样,耳畔环绕着清新嘹亮的童谣,这一切,不禁让人想起百年前梁启超先生的话:少年强,则国强。有少年如此,中国梦可期。

(《光明日报》2016年12月18日　头版头条并配发短评)

外国友人“洋眼看江苏”
走进“江海明珠”寻中国文化

中新网南京10月16日电(肖华)16日上午,来自美、法、德等国家的30多名外国友人,齐聚在南通洲际绿博园,共同参加“洋眼看江苏——通州行”活动,领略通州的自然风光,品味通州的风土人情,感受通州的独特魅力。

在通州期间,外国友人在世界珍奇植物园南通洲际绿博园内欣赏奇花美景,并前往全国最大的家纺市场南通家纺城感受通州独有的家纺文化,还参观了通州城市展览馆,了解通州历史文化、当代通州发展成就和未来通州发展蓝图,最后游览石港渔湾,领略美丽通州的乡村风情。

当日,外国友人们还观赏京剧、武术、书法表演,他们拿起毛笔,体验了中华书法,与通州小学生零距离接触。通过本次活动,他们不仅看到了通州,也更多地了解了江苏,了解了中国。大家纷纷拿起相机,在参观时记录下通州的自然与人文美景,在社交媒体中分享他们眼中的新江苏。

此次“洋眼看江苏”活动走进地处中国长江入海口北岸,南通市的下辖区通州区。通州区素有“江海明珠”的美称,经过多年的发展,正大步迈向高水平的全面小康社会。2015年,全区实现地区生产总值940亿元人民币,人均GDP突破1.3万美元,位居江苏全省前列。

(《中国新闻网》2016年10月16日)

(本栏目资料由杨梅提供)

上级领导视察通州

【陆志鹏、韩立明调研高铁新城南通西站】 2月16日，南通市委书记陆志鹏，市委副书记、市长韩立明到通州区平潮镇，调研高铁新城南通西站站区、深南路跨九圩港大桥项目、长江路西延等综合交通枢纽载体和交通基础设施规划建设情况。南通西站作为沪通铁路、通苏嘉城际以及盐通客专共用站，是现代化交通枢纽，承担着未来南通铁路客运重要的集散功能。站区规划用地35公顷，采用"立体分层、人车分流"设计模式。工程计划2017年开工，2019年建成。长江路西延工程东起高墩圩立交（与城北大道相接），向西跨九圩港船闸、水闸、提水泵站，最终在锡通高速互通立交桥前落地。全长3.6公里。工程竣工后，长江路与九圩港对岸的沿江公路，将通过高架桥同地面道路无缝对接。陆志鹏要求，要牢固树立大交通意识和大融合意识，推动通州西部与主城区加快对接，形成立体化区域交通枢纽格局，支撑区域经济社会发展。区委书记宋乐伟，区委副书记、区长陈永红陪同调研。（通讯员施伟办　记者印春湘）

【陆志鹏调研通州推进供给侧结构性改革】 3月2日，南通市委书记陆志鹏赴通州，就如何在新常态下大力推进供给侧结构性改革，集中精力抓项目促发展，努力实现2016年"开门红"和"十三五"良好开局进行调研。他强调，要突出抓项目、抓产业、抓园区、抓服务实体经济企业，推动发展好上又好、能快则快，为"迈上新台阶、建设新南通"多作贡献。在实地考察雄邦压铸（南通）有限公司、宜家家居工业集团南通工厂、南通新江海动力电子有限公司、江苏甬金金属科技有限公司、科技之窗和城东新区后，陆志鹏指出，这些年，通州融入主城区进程加快，一批大项目、好项目加快集聚，平台功能不断增强，城乡居民收入同步增长，很多指标走在全市前列，经济社会发展呈现出稳中有进、稳中有好态势。他强调，通州正处在加快发展阶段，区位优势、发展基础、发展机遇都很好，要坚持好上又好、能快则快原则，不断做大经济总量，提高质量和均量，在创新转型上更加主动，抢占先机，打造创新发展新高地；在项目建设上更有作为，把主要精力放到招引项目上，抓存量优化，抓技术改造，努力在招商引资上闯出一条新路来；在融入主城上更进一步，尽快完善通州与主城区、通州境内重大载体平台之间的快速通道体系建设，实现更加快速高效便捷的互联互通，做好添绿、治水两篇文章，在城市建设中高起点规划、高标准建设、高质量管理、高水平服务。市委常委、秘书长黄巍东，区委书记宋乐伟，区委副书记、区长陈永红陪同。

（通讯员施伟办　记者李舒舒）

【韩立明调研通州稳增长工作】 3月8日，市委副书记、市长韩立明围绕稳增长工作到通州区调研，她深入园区载体、项目工地、重点企业了解情况、协调问题、推动落实。她指出，针对2016年严峻复杂的经济形势，要按照中央、省和市委部署要求，一着不让稳增长、调结构、惠民生、防风险，始终把项目作为"生命线"，发挥企业主体作用，务实化解难题、保障要素、优化服务、落实政策，确保实现"十三五"发展开好局、起好步。

重大项目、骨干企业是稳增长的支撑，也是她此次调研重点。每到一处，她都关切询问投资方还有什么困难，对当地政务服务满意不满意。她要求，对每一个在建项目都要全过程、跟踪式做好服务。通州热电联产、深南电路是央企在通州的投资项目，预计10月竣工投产。韩立明要求继续加大与央企对接力度，导入更多的优质资源，集聚产业发展。聚恒工业园是南通高新区特色"区中园"，目前已有9个项目进驻。韩立明考察了鲜一汽配等项目进展情况后，要求排出重点行业、重点地区，政企联动开展以商引商、产业链招商，完善上下游产业链。

转型升级既是现实需要，也是稳增长、促发展的持久动力。韩立明对此十分关心。南通东源电力智能设备有限公司是省智能电网重点项目产业基地，近年来集团布局新能源板块，新上新能源充电桩项目，赢得新的发展空间。德尔福连接器系统（南通）有限公司立足高端制造，先后投入1000多万元用于智能装备升级，降低人工，提高效率。韩立明称赞"德尔福"企业虽小，技术含量高，勉励两家企业抓住"中国制造2025"机遇，加快向智能制造方向转型。要找准切入点引进领军团队和龙头企业，加大公共研发平台建设力度，让更多的科技成果在通州实现产业化。

最后，韩立明到东社镇开心田园生态农场，和农场主曹荣夫妇亲切座谈，了解农场发展状况，分析薄弱环节，探寻家庭农场发展之路。开心农场大力推进"互联网＋"生产模式，建立可视化物联网系统，2015年销售200多万元，网销占30%以上。韩立明说，要坚持走具有特色的农业现代化路子，探索经营新模式，更好发挥家庭农场等新型农业经营主体对农村发展、农民增收的带动作用。要搭平台、给政策，营造更好的环境，帮助家庭农场实现转型发展。区委书记宋乐伟，区委副书记、区长陈永红陪同。

（通讯员施伟办　记者李舒舒）

【邹宁华到通州指导国务院激励政策落实工作】 3月22日，省政府办公厅副主任、督查室主任邹宁华率省发改委、财政厅、国土厅等部门负责人到通州区，就国务院督查激励政策对接落实情况进行指导。2月25日，国务院办公厅发布《关于对落实有关政策措施成效较明显地区予以激励支持的通知》。2016年，给予通州等全国20个市（州）和20个县（市、区）"免督查"待遇，并在专项建设基金、中央预算内投资沉淀资金、专项转移支付沉淀资金、发行企业债券

"直通车"、新增建设用地计划指标等六个方面给予激励措施。邹宁华要求,通州要继续按照党中央、国务院的总体部署,主动适应和引领经济发展新常态,充分放大激励政策红利,更加主动创造性开展工作,推动重大稳增长工程尽快实施、重大改革政策尽快落地、重大民生举措尽快见效,努力为全省经济发展做出更大贡献。省市区各相关部门要明确责任主体,强化工作指导,确保各项激励政策措施无缝对接、落实到位。区委书记宋乐伟,区委副书记、区长陈永红参加。

(通讯员施伟办　记者顾艳)

【高建华到通州调研统计法治宣传教育工作】 5月5日,国家统计局党组成员、纪检组长高建华一行到通州,就统计法治宣传教育工作进行专题调研。他高度评价通州区统计法治宣传教育工作。表示,通州"多形式、广内容、深层次、大力度"开展统计法律法规知识宣传和教育培训,全区上下依法统计能力和水平不断提高,氛围不断浓厚,宣传教育成效显著。面对新形势新要求,统计法治宣传要深入了解统计法律法规,切实抓好和大数据有机结合,更加善于利用大数据来提高统计数据质量,使之全面、真实、及时、客观,切实为党委政府决策提供可靠依据,从而提高整个社会法治化水平。要紧密结合经济发展新常态和统计改革创新的新要求,加快提高依法统计水平,争取取得更大成绩,为全国统计工作提供更多好经验、好做法。区委书记宋乐伟出席座谈会并作情况介绍。(通讯员施伟办　记者李舒舒)

【韩立明考察沪通铁路平东物流园和四方冷链项目】 6月16日,市委副书记、市长韩立明率队到通州区沪通铁路平东物流园、四方冷链等重大项目进行现场推进,了解项目进展,要求相关部门认真帮助解决项目在拆迁用地、资金保障、审批建设等方面的突出问题,推进项目加快建设。平东物流园作为高铁新城的重要配套设施,综合利用沪通铁路和宁启复线铁路网,以及通扬运河三级航道,发挥铁路、水路联运的优势,规划建成一个集产业流、资金流、人才流、信息流、技术流等于一体的服务功能区。韩立明要求迅速拿出规划方案,启动水、电、路等配套工程建设,推动货场设计立项报批,加快项目进度。南通四方冷链装备股份有限公司产销一片红火,为扩大产能,公司将建设新厂房用于冷链装备、罐式集装箱扩产及冷链装备技术中心的建设。她实地调研项目进展,了解项目供地、并联审批等情况,勉励企业尽快开工建设,成为全市新的经济增长点。

韩立明强调,对新开工项目,要加强组织和协调,对照序时计划尽快完成前期工作,确保早日开工建设。要加强对问题的协调会办,开列"清单"、滚动"消号",落实挂钩服务机制,分级分类进行化解,全力以赴保障重大项目顺利推进。市领导单晓鸣、顾诺之,区委副书记、区长陈永红参加。

(通讯员瞿镇辅　记者李舒舒)

【徐鸣到通州慰问老党员和生活困难党员】 6月22日,省委常委、副省长徐鸣到通州看望、慰问建国前老党员和生活困难党员,送上党的关怀和组织的温暖。指出,老党员在不同时期为党和国家做出积极贡献,是宝贵财富。各级党组织要关心老党员和困难党员的生活,切实帮助他们解决实际困难和问题。省委组织部副部长盛克勤,市委书记陆志鹏,市委副书记、秘书长黄巍东,市委常委、组织部部长张兆江,区委书记宋乐伟,区委常委、组织部部长桑建美参加活动。(通讯员施伟办　记者李舒舒)

【陆志鹏、韩立明到通州观摩重大项目建设情况】 8月5日,市委书记陆志鹏,市委副书记、市长韩立明率队到通州区观摩重大项目建设情况,给予了充分肯定。2016年以来,通州区持续开展招商引资和项目建设突破年活动,实行挂图作战和制造业项目预审制度,健全"旬协调、月会办、季点评"工作机制,项目建设取得新突破。上半年,全区新签约亿元以上内资和千万美元以上外资项目136个,领证116个,新开工亿元以上项目47个,累计完成投资额38.10亿元。

中国华电集团总投资50亿元建设的华电热电联产项目已进入设备调试阶段。一期年底前投产运营,可实现年供热321万吉焦以上,年发电量约27.94亿千瓦时,年减排二氧化碳54.60万吨。该项目是华电集团进入南通的首个项目,对增加城市供热能力、促进绿色发展具有重要意义。陆志鹏认真听取项目进展,询问投产事宜,了解后继规划。他肯定该项目契合供给侧结构性改革要求,希望项目方再接再厉加快推进,通州要进一步做好服务工作,推动项目早运营、快见效。

总投资2亿美元的丽智电子施工现场一派火热场面,项目主体厂房已经封顶,正进行内外墙砌筑,8月末厂房竣工部分设备即可进场。陆志鹏得知产品技术处于世界领先水平,全部达产后年销售可达30亿元后给予了高度评价,希望项目方加快推进速度,加大研发能力和市场开发力度,引领带动地区产业升级。

随后,陆志鹏、韩立明一行到博沃汽车电子项目现场。该项目总投资1.20亿元,建筑面积1.80万平方米,正在进行设备安装调试,上半年已完成投资7000万元。陆志鹏认真了解电子转向锁、智能接线盒等产品工艺和前景,称赞企业自主研发的电池管理系统、无钥匙进入系统技术先进,具有行业领先水平。他鼓励企业发挥好科研优势,坚定信心做大做强,致力打造国内同行业标杆,取得更大成就。区委书记宋乐伟,区委副书记、区长陈永红分别汇报通州经济社会发展和项目建设情况。(通讯员施伟办　记者李舒舒)

【韩立明到通州督查城建重点工程】 8月30日,市委副书记、市长韩立明率队到通州就市区城建重点工程推进情况开展督查。她强调,各项城建工程要按照市委全会部署,抢抓施工黄金期,紧盯时间节点,加快实施进度,让广大市民早日得到实实在在的益处。区委书记宋乐伟参加。

市政道路一头连着发展,一头关系市民出行。机场路作为南通市区快速路网的重要组成部分,正在进行方案设计。韩立明说，要加快前期工作，促进项目早日开工，尽快改善兴东国际机场周边交通条件和沿线环境，推动机场及空港产业发展。

作为交通重点工程，南通火车西站建设有序推进，正在实施下沉式广场桩基施工，连接火车西站与主城区的快速路互通工程也已启动建设。韩立明详细了解工程方案设计和进展情况，一一询问推进中遇到的难点。她指出，市、区两级要健全重点工程协调联动机制，采取多种途径化解问题，保障项目高效有序推进；要动员广大市民关心参与重点城建工程建设，充分凝聚全社会支持城市发展的正能量。

（通讯员施伟办）

【**陆志鹏调研通州高标准农田建设**】 9月7日，市委书记陆志鹏到通州调研高标准农田建设情况。他强调，高标准农田建设意义重大，要统一布局、成片推进、高标准规划、高质量建设，形成一批田成方、渠相连、旱能灌、涝能排的高标准农田，推动农业增产、农民增收、农村发展，夯实现代农业发展基础。

陆志鹏先后察看十总镇于家坝村2015年农业综合开发高标准农田建设项目区、十总镇季庄村2016年市级都市农业高标准农田建设项目区和刘桥镇苏池村2016年农业综合开发高标准农田建设项目。他深入田间地头，察看建成项目的田块、路渠、桥涵、绿化等情况，与镇村干部详细交谈，了解在建项目的进展以及新增耕地、土地流转等情况，询问推进过程中存在的困难和问题。

陆志鹏指出，高标准农田建设是农业工作的重中之重，有利于改善农田基本生产条件，提升农业生产水平，提高土地产出率，增加村集体和农民收入，是多方受益的好事，地方党委政府要像抓项目建设一样，切实抓好高标准农田建设。要加强统筹协调，按照集中连片、旱涝保收、稳产高产、生态友好的要求，统一布局、成片推进、高标准规划建设，确保建一片成一片，补齐农业基础设施短板，夯实农业发展基础。他希望各地积极引导专业大户、家庭农场、农民合作社和农业龙头企业等新型农业经营主体流转土地、承包经营，村组织也要积极参与，保障农民利益，提高建设效益，推动多方得益。同时要求在规划建设中统筹考虑绿化、美化，引导动员农民多栽树，推动农村环境的持续改善。区委书记宋乐伟参加。

（通讯员施伟办 记者李舒舒）

【**陆桂华调研通州益民水处理人工湿地工程建设**】 10月16日，水利部副部长陆桂华到通州调研区益民水处理有限公司人工湿地工程建设，并予以高度评价。他表示，人工湿地工程在净化水质、涵养水源、维护生态等方面走出一条新路，希望通州总结好经验做法，为生态环境建设做出新的更大贡献。人在桥上走，鱼游荷叶间。举目望去，占地8.2公顷的人工湿地流水潺潺，绿意葱茏。这项工程于2015年11月建成运行，总投资4000万元，以净化水质为主，景观为辅，规模档次在苏中苏北地区首屈一指。

陆桂华沿湿地进水表流区向前行进，观赏景观并不时了解工程建设情况。湿地选用芦苇、水葱、睡莲等草本和花卉植物，发挥截留吸附作用，去除率达20%左右，尾水达地表三类水排放标准。陆桂华表示："这个点子很好，操作性也很强，短时间就起到较好效果，值得大力推广。"整个湿地景观移步异景、鸟语花香。得知一年间所栽植的植物全部成活，放养的200尾锦鲤壮大到两万尾之多，陆桂华高兴地说："要发挥好湿地这一水生生态系统的作用，提升景观品质；要认真总结湿地工程的经验，改善人居环境，提升整个区域生态环境建设水平。"同时，希望通州区进一步推动节能降耗，践行绿色发展理念，为营造更良好的生态、更宜居的城市多做贡献。市委常委、区委书记宋乐伟陪同调研。

（通讯员施伟办 记者李舒舒）

【**雷光华到通州调研党员教育培训工作**】 10月18日，中组部党员教育和干部测评中心巡视员、副主任雷光华一行到通州区调研党员教育培训工作。他首先到二甲镇党员服务中心，仔细询问农村党员党费缴纳、基层党组织开展活动等情况，称赞服务中心贴近农村实际，起到服务基层党员的作用。二甲镇党委率先构建以镇党委为主导、12个村（居）党总支为主体、52个二级党支部为纽带、197个党小组为主角、723个党员中心户（群众示范户）为延伸的"五位一体"党建惠民联动工作体系；率先推行"互联网+党建"模式，建立"党群服务E平台"，开通"二甲正能量"微信公众号，"二甲发布"短信平台和二甲微信交流群等，切实加强党的基层组织建设。雷光华对此表示肯定："党员教育培训也要与时俱进，利用网络和移动终端的形式也是'五位一体'体系的延伸与扩充，要加强管理、有效整合、因需施教，提升教育效果，凝聚向心力。"在区城管系统党员干部勤廉教育基地，雷光华肯定党员教育培训中的创新精神，他说，创新方式是党员教育培训的关键，城管系统善于运用各项载体，重温入党誓词、与入党介绍人座谈等教育形式令人印象深刻，效果也好。"通州区党员教育培训工作理念新、办法多、措施实、效果好，各项创新应用特色鲜明、亮点纷呈，值得借鉴推广。"调研中，雷光华高度评价通州区党员教育工作，要求以"两学一做"学习教育为契机，结合实际、突出重点，不断创新活动载体，教育广大党员干部做"四讲四有"的合格党员，为落实"四个全面"战略布局，更好地服务群众发挥应有的作用。市委常委、区委书记宋乐伟陪同调研。

（通讯员施伟办 记者李舒舒）

【**罗一民到通州调研南通洲际绿博园**】 10月25日，省政协副主席罗一民率调研组到通州区南通洲际绿博园调研产业科技创新情况。他详细了解园区规划、发展情况。绿博园占地26公顷，投资近3亿元，2012年6月开工建设。2016年初开放以来，已吸纳各地游客50多万人次。园内沙生植物馆尽显异域风情，热带水果谷汇集南国风韵，名花雨林馆再现南美亚马逊热带雨林的秘境，梯田花海如彩虹环绕，配以梅山、樱花谷、荷花池等特色景观小品点缀其中，植物世界的神秘梦幻珍奇美艳和背后知识的博大精深被展现得淋漓尽致。10月，园区被命名为“江苏省科普教育基地”。园区二期工程已规划完毕，将建设水生植物馆和阿凡达梦幻公园，打造南通地标性生态旅游项目。罗一民对项目表示肯定，他希望园区在持续加大绿地、植物维护的同时，不断完善功能，精雕细刻，提升景观建设档次，打响生态品牌，有效展示绿博园良好形象，扩大对外影响力，积极打造成为通州城市建设的一张崭新的生态名片。市政协主席王德忠，市委常委、区委书记宋乐伟陪同。

（通讯员施伟办　记者周优优）

【杨岳调研通州“三农”工作】 11月27日，省委常委、副省长杨岳到通州调研“三农”工作。他实地走访部分镇村、企业和家庭农场，强调要认真贯彻省第十三次党代会精神，围绕“两聚一高”新目标，转变农业发展方式，以高标准农田建设为抓手，不断创新举措促进农民增收，着力提高农业农村发展水平。

高标准农田建设是改善农业基础设施、促进现代农业发展、推动农民致富的重要抓手。十总镇采用“整村推进、连片开发、先行流转、统一发包”模式建设高标准农田，建成万亩蔬菜基地，增加农田面积，改善耕地质量，村集体和农民都得到实惠。杨岳对此给予高度评价，他说，高标准农田的建设提升了农业综合生产能力，改善了农村基础设施建设，也富裕了一方群众。希望通州抓住高标准农田建设这个“龙头”，补齐农业基础设施短板，夯实农业发展基础。

在“淘宝镇”川姜镇，杨岳走访微商供货集聚区南通家纺城微供市场，在“梦幻之城”“chance”等家纺微店，和“店小二”亲切交谈，询问品牌定位、销售情况，勉励商户不断创新，做好家纺产业与移动电子商务融合发展文章。在江苏景瑞农业科技发展有限公司，他详细了解企业基地建设、品牌培育情况，肯定该企业用物联网连接种植端和消费端的做法。“现代化农村就应该是这个模样！”在开心田园生态农场，他称赞曹荣、孙春梅夫妇开展差异化种植养殖、农产品互联网营销、带动农民致富等做法，希望曹荣、孙春梅加强运营管理，发展好这一农业新模式，探索好农村电商发展新路径。他希望通州进一步认真贯彻落实省党代会精神，积极应对“三农”工作中的新问题、新挑战，把促进农民增收工作放在更加突出的位置，持续强农、惠农、富农，努力实现农业现代化。市委副书记张兆江，市委常委、常务副市长单晓鸣，市委常委、区委书记宋乐伟，区委副书记、区长陈永红陪同。

（通讯员施伟办　记者李舒舒）

（本栏目根据中国通州网相关报道编辑整理）

◆2016中国十大新闻（之一）◆

“两学一做”学习教育全面展开

2月，中共中央办公厅发出通知，在全体党员中开展“学党章党规、学系列讲话，做合格党员”学习教育，着力解决党员队伍在思想、组织、作风、纪律等方面存在的问题，努力使广大党员进一步增强政治意识、大局意识、核心意识、看齐意识，坚定理想信念、保持对党忠诚、树立清风正气、勇于担当作为，充分发挥先锋模范作用。这是推动党内教育从“关键少数”向广大党员拓展、从集中性教育向经常性教育延伸的重要举措。（引自《新华网》）

知名人士考察通州

【香港江苏社团总会考察通州】 3月29日，香港江苏社团总会"一带一路"南通考察团到通州就主力平台、重点企业、城市建设等参观考察。考察团由香港特别行政区联络办副主任仇鸿，全国政协委员、香港江苏社团总会荣誉会长方铿率领，市政协副主席殷雄，区委书记宋乐伟，区委副书记、区长陈永红陪同。

香港江苏社团总会成立于2015年，以爱国爱港、坚持"一国两制"、维护香港社会繁荣稳定、扩大香港与江苏贸易交流及加强经济合作等为方针。考察团先后到南通高新区、南通家纺城、城东新区参观考察。雄邦压铸主要生产铝合金汽车零部件，广泛应用于奔驰、宝马等品牌汽车。近年来，公司致力于新能源汽车零部件的自主研发，并与特斯拉等新能源汽车开展紧密合作。考察团在了解了企业研发和销售情况后，认为雄邦压铸是高端制造业的典范，对带动地区制造业转型有重要作用，希望进一步加深交流力度。

在南通家纺城江苏金太阳纺织科技有限公司，琳琅满目、色彩各异的纺织面料吸引考察团成员目光。在其研发的面料中，有的柔软亲肤，有的防螨抑菌，还有的具有防辐射和改善微循环的功能。考察团表示，金太阳有优秀的研发团队，它的发展代表着现代家纺的发展方向。

考察团还参观了城东新区南山湖公园、城市展览馆等。他们表示，通州良好的投资氛围，高素质的人才队伍以及宜居的城市环境，给他们留下深刻印象。希望通过此次考察，更大力度拓宽双方交流渠道，努力寻求在更大范围内合作，实现共赢发展。（通讯员施伟办　记者李舒舒）

【李缜考察通州】 4月5日，区委书记宋乐伟、区长陈永红在行政中心第一接待厅会见了国轩集团、国轩高科董事长李缜一行。

国轩集团创始于1992年，拥有国轩高科、国轩置业等10多个全资子公司。国轩高科主要从事新型锂电子电池及其材料的研发、生产、销售，拥有核心技术知识产权。公司有专业研发队伍500多人，拥有动力电池四大关键核心技术，申报600多项国家专利，在新材料研究和新工艺处理技术等方面处于行业前列。此次国轩高科将与东源电器合作，实施充电桩、车载充电器等新能源项目。宋乐伟对李缜一行表示欢迎，并介绍通州新能源产业发展情况。他说，通州工业基础雄厚，人才优势明显，区位优势突出，产业集群发展势头强劲。近年来，通州积极布局新能源产业发展，以国家高新区为主平台，涌现出一批有代表性的新能源企业，其中以雄邦压铸、德尔福连接器为代表的一批企业已参与新能源汽车研发制造，以沃太能源为代表的一批企业在储能领域发展迅速，这些都为新能源项目提供了产业基础和支撑。宋乐伟表示，国轩高科是国内新能源的标杆和领军企业，与东源电器强强联手将为通州带来新的发展机遇。希望国轩高科引进更多新能源项目落户，推动本土新能源产业提档发展。通州也将一如既往地做好服务工作，实现互利共赢。

李缜从生产、技术、市场等方面详细介绍国轩高科的发展情况，他说，随着新能源产业的发展和企业技术的不断创新，国轩高科到2020年将实现新能源电池年产50万套的规模，产值达300亿元。此次与东源电器合作是公司发展的重要一步，通州有良好的产业基础，新能源产业集聚优势明显，国轩高科有信心、有决心把新项目发展好，并力争在通州设立新能源研究院，培养产业人才，推动产业集聚发展。（通讯员施伟办　记者李舒舒）

【瑞士森科遮阳系统公司总裁访问通州】 4月11日，区委书记宋乐伟在行政中心第一接待厅会见瑞士森科遮阳系统公司总裁Werner Held一行。瑞士森科遮阳系统公司创建于1881年，拥有世界上最先进的铝合金百叶帘的研究、开发和生产技术，其高端特种户外铝合金百叶帘的销售总额位居世界第一。作为欧洲遮阳行业中的第一家公司，在瑞士、法国和德国分别有生产工厂，年销售额30亿元。是年1月18日，瑞士森科遮阳系统项目签约落户南通高新区，总投资2000万元，引进多台全球先进的百叶帘生产加工设备、高科技生产流水线及欧洲原装进口的材料配件，进行外遮阳系统的组装加工，拟建成瑞士森科全球第四家、亚太区第一家工厂，达产后年纳税销售1亿元。宋乐伟对Werner Held一行的到来表示欢迎。他说，近年来，通州建筑业以建筑产业研究院为引领，以高等级资质企业为支撑，加快推进科技创新，推动产业结构调整，形成建筑业强势板块，建筑业水平处于全省领先地位，为新型建筑研发企业和配套企业的发展提供肥沃土壤。瑞士森科遮阳系统公司一直是欧洲节能环保产品生产的领导者，在通州投资建设生产工厂，将有助于推动建筑企业转型升级，加快建筑产业结构调整，延伸建筑业配套产业链，推动绿色智能建筑产业发展壮大。他希望瑞士森科依托通州区建筑业发展态势，不断完善技术研发水平，促进产品提档升级，生产适合中国人使用的节能产品，扩大产品在中国及亚太区域的影响力。表示将一如既往地关注和支持瑞士森科遮阳系统项目的发展，继续提供高效优质的服务，帮助企业做好产品推广工作，促使企业在中国有更加广阔的市场和美好的未来。

Werner Held说，通州的投资环境非常优良，希望该项目成为瑞士森科遮阳系统公司在中国一次成功的投资。他说，瑞士森科的遮阳帘通过太阳能驱动，不需要额外的电力装置，因此达到更加节约能源和节省建筑成本的目的，很适合中国市场需求。企业将深化遮阳系统研发，提高中国人产品体验的满意度，扩大产品知名度和市场占有率，带动通州制造业向新能源、低碳、绿色产业迈进。

（通讯员施伟办　记者顾艳）

【浦黄忠考察通州航空产业发展】 4月13日，南京航空航天大学无人机研究院院长浦黄忠一行到通州区考察航空产业发展情况。区委书记宋乐伟接待考察团。浦黄忠首先考察南通华夏飞机工程技术股份有限公司。华夏飞机工程是国内最大、也是国内技术能力最强的公务机维修和改装企业，为客户提供飞机定检维修、公务机内饰改装和翻新、航线维修、老旧飞机部附件循环再造及航材支持、CCAR－147培训等多种业务。2015年10月，公司成功登陆新三板。在三翼航空科技有限公司，伴随着"嗡嗡"的响声，一架环境监测无人飞行器和一架大载重无人飞行器腾空而起。在空中，环境监测无人飞行器的摄像头执行起PM2.5检测功能，大载重无人飞行器在高处将随身携带的救生圈降落到指定位置。这一无人飞行器试飞画面让浦黄忠啧啧称赞。三翼航空是一家专业从事无人飞行器研发与产业化的科技公司，研究发明的飞行器能满足应急救灾、环境监测、警务通勤等多个领域的需求，在国内民用无人飞行器领域占有一席之地。

宋乐伟表示，近年来，通州依托南通机场，积极规划建设空港产业园，临空产业区、空港物流区、航空产学研服务区及生活配套服务区的发展框架逐步成型；大力发展航空产业，形成以空港物流、飞机维修配套服务、临空型先进制造业、通用航空基地为重点的产业发展格局。他说，希望浦黄忠等专家为空港产业园及通州航空产业发展积极献智献策，多想思路、多谋办法，帮助通州科学制定、完善园区规划和产业布局，促进通州航空产业更好更快发展。

浦黄忠一行还参观了科技新城、南山湖公园、城市展览馆等地。

在座谈会上，浦黄忠一行就航空市场运营、维修保障、航材保障、通用机场建设等方面进行探讨，为通州航空产业的未来发展提供清晰的思路。他认为，南通空港产业园区位优势得天独厚，空域条件良好，非常适合航空产业落户发展。建议通州航空产业应当定位市场、错位发展，以总装为龙头，以航空新材料为核心，以关键零部件为重点，以关联服务运营为保障，以空天信息技术应用为拓展，打造航空产业优势板块，推动通州航空产业加快融入长三角地区航空产业链。

（通讯员施伟办　记者顾艳）

【Werner Held访问通州】 7月6日，区委书记宋乐伟在行政中心第一接待厅会见瑞士森科遮阳系统公司总裁Werner Held一行。这是Werner Held先生第二次来访，宋乐伟对Werner Held一行的到来表示欢迎。Werner Held对瑞士森科南通工厂能够顺利推进，得益于通州区给予的宝贵支持，非常感谢。他说，瑞士森科的外遮阳系统使用太阳能驱动，不需要额外的电力装置，可节约能源30%～40%，同时产品符合美学标准，能契合建筑物外表达到美观的效果，相信在中国能有一个可观的前景。Werner Held表示，将以瑞士森科工厂为纽带，进一步拓展希能维尔德与通州的交流合作，尽全力促成两地结为友好城市，促进优势互补，实现共同发展。

（通讯员施伟办　记者顾艳）

【韩瑰恩考察通州】 7月26日，区委书记宋乐伟在行政中心第一接待厅会见了卡特彼勒集团全球副总裁、首席技术官韩瑰恩女士，双方就卡特彼勒项目在通州的发展作深入交流。卡特彼勒公司是全球最大的土方工程机械和建筑机械生产商，2015年集团总收入达470亿元，名列世界五百强第194位。卡特彼勒（通州）有限公司于2012年落户锡通园，总投资9900万美元，由卡特彼勒亚太区试验场和大型轮式装载机工厂组成。项目主要进行工程机械及相关产品性能测试，提供工程机械操作培训和相关的展示活动，以及相关产品和零部件的研发、设计、制造、装配和销售等。2015年实现产值2.37亿元。

宋乐伟对韩瑰恩的到来表示热烈欢迎。他说，在全球工程机械行业持续低迷的大背景下，卡特彼勒不断提升自身研发能力，持续开发新的市场，始终走在全球工程领域企业前列。通州非常重视与卡特彼勒的合作发展，希望公司能继续加大通州项目合作力度，在巩固发展原有试验场和装载机工厂的基础上，大力开辟核心产品新项目，不断拓展新的发展空间。通州将一如既往地支持卡特彼勒（通州）公司的建设发展，为企业生产经营提供优良服务、创造良好环境，实现双方更紧密的合作。

韩瑰恩介绍了卡特彼勒集团技术研发、生产等情况。她说，卡特彼勒拥有3000多名工程师，不断开发具有市场竞争力的产品，每年申请专利超过1500个。尽管工程机械领域形势严峻，凭借创新研发，有信心克服眼前的困难。卡特彼勒将根据国际经济形势，及时调整市场策略，扩大开发，推陈出新，努力把卡特彼勒在通州的事业发展得更好。

（通讯员施伟办　记者李舒舒）

【许胜雄考察通州投资环境和产业发展】 9月23日，台湾工业总会理事长、金仁宝集团董事长许胜雄到通州考察投资环境和产业发展情况。区委书记宋乐伟，区委副书记、区长陈永红会见并陪同。金仁宝集团是台湾大型电子集团，业务涵盖消费性电子、通讯、电脑、卫星电信服务等领域，在全球10个国家拥有90多家工厂，在笔记型电脑行业处于领导地位。总投资2亿美元的丽智电子项目落户南通高新区，建设中的项目主体已封顶，正在进行二次结构施工，预计2017年初可进行试生产。许胜雄亲赴现场了解施工进展，对项目建设表示满意，要求在注重质量的同时加快建设进度。宋乐伟表示，通州将始终关注并持续加大服务力度，推进项目早日竣工投产。

会见中，宋乐伟向客人介绍通州区位优势、产业特色等情况。他说，通州滨江临海靠上海，虽然发展起步较慢，但后发优势明显。尤其是近年来通州抢抓改革发展机遇，加快引进世界龙头企业，逐步形成基础扎实的智能制造产业，发展出配套齐全的电子信息产业，培育出家纺电商、微商等新业态新产业。依托高新区等主力发展平台，新能源汽车、新储能等新兴产业也蓬勃兴起，为承接沪、粤等地区的台商产业转移奠定了良好基础。他希望通过丽智电子在通州的落户，充分发挥标杆和引领作用，引进更多台湾电子企业落户，通州将一如既往服务好、支持好台商创业，实现整个区域的协调发展。

许胜雄称赞通州区投资环境，并对如何招引台商企业提出建议。他说，通州有着良好的经济基础、产业水平、交通条件，要充分发挥靠近上海的优势，主动出击、寻找商机，培养人才、服务企业，紧抓台商转移项目契机，招引龙头企业落户，助推整个产业链在当地生根。金仁宝集团也将更多地推介各类资源，支持通州承接相关产业布局，实现共赢发展。

（通讯员施伟办　记者李舒舒）

【钟登华到通州考察联合办学】　10月10日，天津大学校长钟登华率团到通州，就联合办学进行深入考察对接。市委常委、区委书记宋乐伟，市政府副市长朱晋出席。

天津大学是中国第一所现代大学，在建筑、船舶、海洋工程等诸多领域具有国际领先的科研优势。2015年6月，天津大学联同美国密歇根大学，分别与南通高新区及江苏通创现代建筑产业技术研究院签署合作备忘录，决定四方共建可持续建筑环境合作科研中心，助推通州建筑产业加快发展，达到国内领先水平。

宋乐伟陪同参观科技之窗、拟建大学选址，介绍通州科技创新、政产学研合作等情况。在座谈会上，双方就联合办学的产业研究方向、师资力量配备、运作体制机制等进行了深入细致的研讨交流。区委副书记、区长陈永红，南通高新区管委会主任周跃华等参加。

（通讯员施伟办　记者李舒舒）

（本栏目根据中国通州网相关报道编辑整理）

◆2016 中国十大新闻（之二）◆

庆祝建党95周年不忘初心继续前进

7月1日，庆祝中国共产党成立95周年大会在京隆重举行。习近平总书记号召全党同志不忘初心、继续前进。95年接续奋斗，党带领全国各族人民取得伟大成就，迎来中华民族伟大复兴的光明前景。面向未来，必须坚持中国特色社会主义道路自信、理论自信、制度自信、文化自信，勇于变革、勇于创新，永不僵化、永不停滞，在历史性“赶考”中交出新的更加优异的答卷。

（引自《新华网》）

区委、区政府重要会议报告

践行新理念 开启新征程
为建设“强富美高”新通州而努力奋斗

——在中国共产党南通市通州区第十二次代表大会上的报告(节选)

(2016年7月26日)

宋乐伟

过去五年的工作和体会

区第十一次党代会以来,我们深入贯彻落实党的十八大、十八届二中、三中、四中、五中全会精神和省市委决策部署,主动适应经济发展新常态,积极应对各种风险挑战,团结带领全区人民统筹推进经济建设、政治建设、文化建设、社会建设、生态文明建设和党的建设,完成了“十二五”规划确定的主要目标,全面小康社会建设取得新的重大成果。

过去五年,我们突出创新转型、提质增效,综合实力实现大跨越。经济总量持续攀升。地区生产总值突破940亿元,一般公共预算收入突破80亿元,分别是“十一五”期末的1.85倍和2.38倍。项目建设亮点纷呈。恒科新材料、甬金科技、宜家工业、供销产业园等重大项目竣工投产,深南电路、华电热电、万达广场等项目成功落户,累计实施10亿元以上制造业和5亿元以上服务业项目52个,新引进世界500强和“中字头”“国字号”企业13家,固定资产投资年均增长18.2%,总量保持全市领先。创新驱动成效显著。南通高新区晋升国家级,科技新城建设加快推进,新建创新载体超百万平方米。组建家纺、建筑、船舶海工三大产业研究院,建成全国第二家知识产权快速维权中心,江海圆梦谷、中国创纺e站分别被认定为国家级和省级众创空间。全区高新技术企业达143家,引进高层次创新创业人才356名,其中国家“千人计划”等顶尖人才45名,全社会研发投入占比达2.5%,荣获全省人才工作先进区称号,被列为省创新型试点区、国家知识产权强县工程试点区,蝉联全国科技进步先进区。产业结构加快升级。三次产业结构演进为5.8∶50.7∶43.5。特色发展现代农业,南通国家现代农业示范区通州核心区和国家农业科技园区通州示范区加快建设,培育各类新型农业经营主体715家,高标准农田占比达68%,农业现代化水平苏中第一。优先发展先进制造业,高新技术产业产值、新兴产业产值年均分别增长21.8%和31.6%,创成国家新型工业化产业示范基地、全国产业集群区域品牌建设试点地区。建筑业施工总产值突破1500亿元,新获鲁班奖11项、累计52项。大力发展现代服务业,电子商务、创意设计、现代物流等新业态发展迅速,建成省级旅游度假区1家、省市级服务业集聚区7家,服务业增加值占比较“十一五”期末提高9.7个百分点。深入实施“品牌强区”战略,中国驰名商标和“三名”商标总数均居全市第一。

过去五年,我们突出统筹协调、扬长补短,发展格局实现大转变。区域格局更加合理。实施新一轮行政区划调整,将18个镇调整为11个镇和4个街道。拉开城市发展框架,建成区面积拓展到“十一五”期末的1.7倍,融入主城步伐不断加快。与此同时,全力推进高铁新城规划建设,进一步推动区域协调发展。交通格局日趋完善。公铁水空等贯通内外的交通设施建设快速推进,骨干道路成环成网、互联互通。集干线铁路、城际铁路、高速公路等功能于一体的沪通长江大桥开工建设,兴东机场获批一类开放口岸、开通国际航线。先锋互通、通洋高速投入使用。G345南通东绕城中段、G228通州绕城、龙盛大道、南通人民路东延、青年路东延等建成通车,形成了对接主城“八横四纵”的道路框架。新建农村公路1018公里,农村公交实现“村村通”。城乡格局不断优化。高起点编制城乡空间发展战略规划,强势推进中心城区西进南拓,城东新区、银河新区有序开发,市民中心、体育中心、城市展览馆、南山湖公园等投入使用,文明城市常态化管理水平不断提高,城市功能品质持续提升。新型城镇化和城乡发展一体化进程加快,常住人口城镇化率五年提高7.5个百分点。始终把生态文明建设摆在重要位置,深入实施国务院发布的大气、水、土壤污染防治行动计划,不断完善规划、制度保障、考核等体系,环境质量明显改善,2015年全区大气PM2.5平均浓度比2013年下降21.8%。深入开展生态创建,实现生态镇全覆盖,被授予国家生态区称号。狠抓环境治理,持续推进生态文明建设重点工程,累计整治钢丝绳企业37家、淘汰燃煤锅炉146台、新增污水管网387公里,益民污水处理厂迁扩建工程、溯天污水处理厂投入运行;新增绿化面积11.27万亩、城市绿地538公顷,林木覆盖率、城市绿化覆盖率分别达24.9%和39.3%。引江区域供水实现全覆盖,全区人民普遍喝上优质安全长江水。农村河道整治成效显著，打造了一批生态河道和水美乡村。

过去五年，我们突出深化改革、扩大开放，动力活力实现大释放。大力推进深化改革。开展相对集中行政许可权改革试点，成立行政审批局，创新“多图联审”“多评合一”等机制，重塑审批流程，审批事项削减37.5%；提升“接、放、管”水平，向重点镇区园下放权力245项。加快推进基本农田优化布局、同一乡镇范围内村庄建设用地布局调整、城镇低效用地再开发等改革试点，完成土地利用规划中期修编，被评为全省国土资源节约集约模范区。建设“一街一港一中心”金融集聚区，成立全市首家创投中心，入驻创投机构39家；更大力度推进政银企合作，支持企业开展直接融资，新增上市挂牌企业7家、累计13家，总数全市第一。积极推进“双置换”，稳步开展农村土地承包经营权确权登记颁证，圆满完成农村产权交易市场建设省级试点，率先实现区镇两级交易网络全覆盖。努力推动深度开发。规划布局六大园区，深化区镇合一，推动特色发展，南通高新区被评为全省先进开发区，锡通科技产业园获批苏南苏中合作共建园区和省科技产业园，滨江新区开沙岛、横港沙加速联动开发，南通家纺城创成国家外贸转型升级专业型示范基地，空港产业园、石港科技产业园步入发展快车道，主力平台对全区经济贡献率超60%。奋力拓展开放空间。跨境贸易电子商务试点获批，市场采购贸易方式试点、海关特殊监管平台创建加快推进，累计完成到账外资14.25亿美元、进出口总额162亿美元、境外中方协议投资10.65亿美元。

过去五年，我们突出民生优先、共建共享，人民生活实现大改善。居民收入较快增长。累计新增城镇就业创业5万人，城镇登记失业率控制在3%以内。农村人均年纯收入5000元以下低收入人口全部脱贫。城乡居民收入达3.76万元和1.84万元，分别是“十一五”期末的1.7倍和1.8倍，居民储蓄存款余额全市第一。社会保障更加有力。各类社会保险持续扩面提标，企业职工、城乡居民月人均养老金均达“十一五”期末的1.64倍，率先启动新农合大病保险和补充保险，筹资标准达“十一五”期末的4.38倍；6.1万名被征地农民进保。城乡低保等困难群体基本生活保障标准逐年提高，南山颐养中心高标准建成，居家养老服务实现社区全覆盖。住房保障体系不断完善，新增公共租赁住房5536套(间)，新建廉租房460套，各类棚户区改造6499户，竣工交付安置房695.19万平方米，完成农村危旧房改造3613户。社会事业协调并进。顺利完成新一轮教育布局调整，新建中小学校13所，全面完成普通高中资源整合，28所幼儿园创成省优质园；江苏联合职业技术学院通州分院和通州开放大学挂牌成立，通州中专二期建设全面启动；持续推进校舍安全、教育信息化等工程，教育总投入累计达129亿元，超过去15年总和，建成全国首批义务教育发展基本均衡区。成功举办中国羽超联赛等一系列重大体育赛事，全民健身工程实现全覆盖。深化公立医院改革，巩固完善基本药物制度；加快医疗机构创等升级，区人民医院进入三级医院行列；探索分级诊疗就医模式，实施平潮医疗联合体试点，新(扩)建医院12所，全面完成199个村卫生室标准化建设，三级医疗卫生体系更加完善。深入实施文化惠民“十百千万”工程，文化设施建设、文化产业发展和文艺精品创作成果丰硕，建成省级公共文化服务示范区。全民科学素质不断提高，被命名为全国科普示范区。社会发展水平评价指数连年全市第一。社会大局和谐稳定。深化法治通州、平安通州建设，全面依法治区做出新部署，法治建设群众满意度全省领先，省级现代社区治理创新实验区建设扎实推进，跻身全国“六五”普法先进行列。严格落实信访维稳、安全生产和食品安全责任制，积极稳妥化解经济、社会等领域的矛盾和风险，社会大局保持和谐稳定，被评为省平安区。

过去五年，我们突出党要管党、从严治党，党建工作实现大提升。始终把抓好党建作为最大政绩，出台推动全面从严治党迈上新台阶的意见及相关配套制度，我区被命名为全市党建工作先进单位。从严加强思想教育。党的群众路线教育实践活动成效明显，长效化机制不断健全；“三严三实”专题教育扎实开展；“两学一做”学习教育全面向基层延伸。认真落实意识形态工作责任制，不断完善大宣传工作格局，创新社会宣传新模式，舆论引导水平显著提升。深入推进学习型党组织建设，区委被评为全省首届学习型党组织建设工作先进单位。社会主义核心价值观广为弘扬，群众性精神文明创建富有成效，涌现出一批全国文明典型和宋英、周福如等“中国好人”。“童声里的中国”唱响全国，中央文明办推广经验做法。从严抓好干部队伍。严格落实《干部选拔任用工作条例》及市“2+8”配套制度，坚持“20字”好干部标准，积极推行“一线工作法”，选人用人导向更加鲜明。大力推动干部轮岗交流，实施优秀年轻干部“5311”培养计划，队伍结构持续优化、活力显著增强。从严夯实基层基础。探索建立“五位一体”党建惠民联动工作体系并在全市推广，深化“一十百千万”等活动，制定基层党组织书记抓党建“10+X”责任清单，创新书记抓党建“双述双评双考”制度。圆满完成镇党委换届工作。组织开展“寻找最美党员”活动，凝聚正能量，引领新风尚。深入开展“星级党建示范点”创建，强化薄弱村(社区)党组织精准帮扶、动态整顿，战斗堡垒得到不断巩固。从严优化政治生态。坚持把纪律和规矩挺在前面，中央八项规定和省市区委十项规定精神刚性执行。严格落实党风廉政建设“两个责任”，扎实推进纪律检查体制改革，积极开展督导巡察，纪委派驻机构实现统一管理。推行主要领导“四个不直接分管”制度，加强“三重一大”事项监督和领导干部经济责任审计，不断深化权力公开透明运行。持续加大查案执纪力度，旗帜鲜明惩治腐败，着力营造了风清气正的发展环境。与此同时，人大、政协深入调查研究，积极建言献策，实施有效监督，有力推动了工作落实。人武、统战、群团、老干部、关心下一代等各项工作都取得了新成绩。

五年来，我们经受了重重考验，克服了种种困难，取得了可喜成绩。这是省委和市委坚强领导的结果，是历届班子继往开来、接力奋斗的结果,是全区上下团结一心、奋力拼搏的结果。在此,我代表区委,向全区党员干部群众和社会各界人士表示衷心的感谢和崇高的敬意!

五年攻坚克难、砥砺奋进,取得的成绩来之不易,积累的经验弥足珍贵,我们深深体会到:

*必须抢抓机遇、发挥优势,与时俱进谋发展。*五年来,区委认真落实中央和省市委部署要求,抢抓多重国家战略叠加机遇,发挥陆海统筹、江海联动交汇的独特优势,创造性地开展工作。党的十八大之后,坚决贯彻十八大和习近平总书记系列重要讲话特别是视察江苏重要讲话精神,及时调整完善工作思路,扎实推进五大行动,强基础、谋长远、求突破,发展活力不断增强,发展质效显著提升。今年2月,我区作为全省惟一典型,受到国务院督查通报表扬。实践证明,只要把中央的路线方针政策、省市委的重大决策部署与通州实际紧密结合,抢抓机遇、积极作为,就能赢得发展的主动、实现发展的跨越。

*必须求真务实、狠抓落实,开拓进取不懈怠。*五年来,区委坚持高点定位、自加压力,建立了一整套行之有效的目标导向、压力传递和激励考评机制。通过实行项目建设挂图作战、会办督办,定期组织集中签约、联合开工,引导各镇区园(街道)始终把注意力聚焦在抓项目促发展上,形成了你追我赶、攀高比强的生动局面;通过特色重点工作"年初报、年中述、年末评",推动各部门始终把着力点集中在强效能比服务上,保障了工作高效推进。实践证明,只要将自我加压定目标、创新机制抓推进、真抓实干促落实三者有机结合,就能变挑战为契机,化压力为动力,不断开辟发展的广阔空间。

*必须以人为本、执政为民,矢志不渝惠民生。*五年来,区委始终围绕全面建成小康社会目标,以群众呼声为第一信号、以群众满意为第一标准,认真落实"七个更"要求,连续多年出台民生实事"1号文件",并加大投入、督促推进,重点办成群众急需的实事百余项,小康综合得分苏中领先。群众得实惠多了,参与和支持改革发展的热情更高了,幸福感归属感更强了。实践证明,只要牢记党的宗旨,始终心系百姓,时刻关注民生,全面达小康、建设新通州就会有广泛的群众基础。

*必须总揽全局、协调各方,凝心聚力干事业。*五年来,区委注重发挥领导核心作用,正确处理改革发展稳定关系,统筹抓好经济社会发展的大事要事,扎实推进经济建设、城乡建设、生态环境、安全生产、社会稳定等重点工作;积极支持人大、政府、政协工作,增强区级领导班子整体合力,促进科学民主依法决策,全区上下进一步形成了政通人和、心齐气顺、风正劲足的良好氛围。实践证明,只要切实加强和改善党的领导,把一切积极因素调动起来,把上上下下的智慧和力量凝聚起来,就能形成和衷共济干事业的强大合力。

在充分肯定成绩的同时,我们也清醒看到发展中存在的差距和不足,主要是:经济结构性矛盾依然突出,创新能力还不够强,新旧增长动力转换尚未完成;经济下行压力仍然较大,部分企业生产经营困难;城乡居民持续增收难度加大,基本公共服务还不能充分满足群众需求;区域发展不够均衡,资源约束趋紧,生态环境需要进一步改善;制约发展的体制机制障碍仍然存在,社会建设和治理面临新情况新问题;干部作风、能力建设和党员先锋模范作用有待进一步加强,全面从严治党还要付出更大的努力。对此,我们必须高度重视,采取有效措施,切实加以解决。

今后五年发展的思路和举措

站在新的历史起点,开启新的奋斗征程,我们必须充分认识到:今后五年,通州有条件发展得更好更快一些。全球治理体系和经济格局面临调整重构,我国"四个全面"战略布局协调推进,江苏加快建设"一中心一基地",南通正全力打造"经济中心、交通枢纽、创新之都、花园城市"。尤其是近年来我区一批科技含量高、带动能力强的重大项目快速推进,各类创新资源要素加速集聚,这都为我们提升能级、更快更好发展带来了机遇。全区上下一定要以强烈的责任感和紧迫感,顺势而为、乘势而上,再创一个新的黄金发展期。今后五年,通州有必要发展得更好更快一些。我们仍处在成长的中后期和转型的初期,今后几年实现爬坡过坎,向更高阶段迈进,就必然要有速度和规模的支撑、质量和效益的引领。尤其是在当前经济下行压力依然较大的情况下,我们必须奋力爬成长之坡、爬增长之坡,过转型之坎、过质量效益之坎,才能进一步做大总量、提高均量、改善质量,实现更好更快发展。今后五年,通州有责任发展得更好更快一些。我们已进入全面建成小康社会决胜阶段,要更有针对性地抓重点、攻难点、补短板,推动覆盖的领域全面、覆盖的人口全面、覆盖的区域全面,绝不以平均数掩盖大多数,绝不以数字达标代替群众感受,继续扎扎实实提高全面小康建设的质量和水平,奋力推动通州走在苏中新一轮发展前列。这是历史赋予的重大使命和责任,我们要不失时机推动发展更好更快一些,才能不辜负省市委的期望,不辜负人民群众的期盼。

今后五年全区工作的指导思想是:高举中国特色社会主义伟大旗帜,全面贯彻党的十八大和十八届三中、四中、五中全会精神,以马克思列宁主义、毛泽东思想、邓小平理论、"三个代表"重要思想、科学发展观为指导,深入贯彻习近平总书记系列重要讲话特别是视察江苏重要讲话精神,统筹推进经济建设、政治建设、文化建设、社会建设、生态文明建设"五位一体"总体布局,协调推进全面建成小康社会、全面深化改革、全面依法治国、全面从严治党"四个全面"战略布局,自觉践行创新、协调、绿色、开放、共享的发展理念,深入落实"五个迈上新台阶"重点任务,突出好上又好、能快则快,全力以赴稳增长、抓创新、调结构,毫不动摇促改革、重法治、惠民生,坚定不移强基础、谋长远、求突破,加快形成引领经济发展新常态的体制机制和发展方式,着力打造创新转型示范区、陆海统筹江海联动交汇区、沪苏通协同发展前沿区、生态和谐宜居区,为建设经济强、百姓富、环境美、社会文明程度高的新通州而努力奋斗。

围绕上述指导思想,今后五年,我们必须昂扬斗志,奋发作为，努力让“强富美高”新通州展现出令人鼓舞的现实模样：

——争当“三大示范”，让通州的经济实力更强。争当创新驱动的示范，以南通高新区为主阵地，建载体、聚资源、强主体，力争到2020年全区主要创新指标苏中领先，融入苏南国家自主创新示范区步伐不断加快，形成较为完善的区域特色创新体系和体制机制。争当转型升级的示范，以先进制造业和现代服务业为主攻点，在高端化、特色化、集群化上下功夫，力争到2020年形成两个千亿级、6个百亿级特色产业板块，新兴产业占比达40%，服务业占比超制造业。争当开发开放的示范，以六大平台提档升级为主抓手，加快形成全方位开放新格局，开放型经济在全省位次稳中有升。经济综合实力大幅提升，力争到2020年地区生产总值突破1600亿元，一般公共预算收入突破130亿元，努力把通州建成长三角北翼活力之地。

——提升“三大水平”，让通州的百姓生活更富。提升居民收入水平，中等收入人口比重上升，收入差距缩小，完成新一轮脱贫任务，提前实现城乡居民人均收入比2010年翻一番。提升公共服务水平，实现区域教育总体现代化，现代医疗卫生体系建设取得重大进展，建成比较完善的养老服务体系，推动住有所居向住有宜居迈进，总体实现城乡基本公共服务均等化。提升社会保障水平，有序推进城乡医疗、养老、就业、社会救助等保障制度一体化，持续扩面提标，逐步缩小与主城区差距，推动由基本保障型向福利普惠型转变，努力把通州建成长三角北翼幸福之地。

——打响“三大品牌”，让通州的城乡环境更美。打响“水韵通州”品牌，中心城区沿河重点地段景观带基本建成，农村河道整治成果巩固提升，展现“河畅、水清、岸绿、景美”的独特风貌。打响“绿满通州”品牌，大力实施“建绿、扩绿、补绿、透绿”工程，建成一批生态公园、景观绿廊、城乡游园，形成绿地、林地、湿地融合贯通的生动局面，力争到2020年林木覆盖率超25%、城镇绿化覆盖率达40%，成为南通花园城市的“绿色生态门户”。打响“畅游通州”品牌，重点旅游板块功能显著提升，乡村民俗游、运动休闲游、自驾游特色彰显，实现吃住行、游购娱一体发展，力争到2020年建成4A级以上景区两家、年接待人次超500万，努力把通州建成长三角北翼魅力之地。

——构筑“三大高地”，让通州的文明程度更高。构筑思想文化高地，中国特色社会主义和中国梦宣传教育扎实开展，社会主义核心价值观深入践行，三级公共文化服务体系日益完善，产业发展、品牌创树、队伍建设齐头并进，力争到2020年建成江海特色文化强区。构筑道德风尚高地，群众性精神文明创建持续深化，文明城市建设常态推进，“通州好人”不断涌现，向上向善蔚然成风。构筑法治建设高地，人民民主更加健全，法治政府基本建成，法治建设满意度和公众安全感继续位居省市前列，努力把通州建成长三角北翼和谐之地。

实现这样的目标，今后五年必须突出抓好五大发展举措。

（一）以项目建设为龙头，着力培育经济增长新动能。咬定目标不动摇，狠抓项目不放松，厚植实体经济发展优势，推动经济发展迈上新台阶。

猛攻有效投资。始终把项目建设作为主业，聚神聚力聚焦抓招商抓技改抓推进，切实优化投资结构、提升投资效率。强化招商选资。突出产业导向，以高新技术产业、新兴产业和服务业新业态为重点，强化全产业链招商，着力引进一批强链、补链和建链、造链项目，加快培育优势特色产业集群。紧盯重点区域，聚焦北上广深等热点城市和欧美、日韩、港台等国家（地区），积极开展定向招商、驻点招商和委托招商，力争在重大外资项目、央企合作项目等方面实现新突破。加强招商队伍建设，优化管理考核机制，切实提升专业招商水平。强化技术改造。深入实施企业制造装备升级和互联网化提升计划，支持企业开展以信息化、智能化、绿色化为重点的技术改造，着力建设一批智能车间和智能工厂，确保工业技改投资、设备投资占工业投资比重均超过65%，加快实现“通州制造”向“通州智造”的转变。强化高效推进。牢固树立扁平化、高效化的理念，优化区领导挂钩联系等制度，持续开展“夺红旗、亮黄牌”竞赛活动，凝聚项目推进合力。实行挂图作战，优化“旬协调、月会办、季点评”机制，突出抓好省市级重大项目，力争每年新开工超亿元产业项目60个以上，固定资产投资、产业投资均保持两位数增长。

突出创新驱动。主动对接省产业科技创新中心和市长三角特色产业科技创新基地建设，加快实现发展动力转换。大力建设创新载体。更高标准、更宽视野推进科技新城建设，提升科技之窗、江海圆梦谷等载体运作水平，着力引进一批标志性、高端化的创新项目，全力打造创新集聚区。深化与中科院等大院大所合作，鼓励发展创业服务、企业孵化、综合性检验检测等创新促进机构，着力完善创新创业生态链。实施知识产权战略，健全知识产权运用和保护机制，加快建设国家知识产权示范区。大力培育创新主体。深入实施创新型企业培育计划，弘扬“工匠精神”，推动企业向“专、精、特、新”转变，不断壮大创新型企业集群，确保到2020年高新技术企业总数突破300家。深入推进协同创新，促进“政产学研用金介”高度集成融合，加强产业技术创新战略联盟建设，进一步提升企业研发机构运行质量和水平，全面增强企业自主创新能力。大力引育创新人才。坚持把人才作为竞争之本、创新之要，深入实施“510英才计划”引进工程、名优人才培养工程和创业“新四军”培育工程，统筹推进六支人才队伍建设，着力培育集聚高层次产业领军人才、高技能人才、创新型人才和企业家团队。

加快转型步伐。围绕南通“3+3+N”产业体系，大力调优产业结构，推动由中低端向中高端迈进，不断提升产业核心竞争力。做强先进制造业。全面落实《中国制造2025通州行动纲要》，做优做强高端纺织、现代建筑、船舶海工及配套装备等特色支柱产业，推动向产业链和价值链高端领域攀升。大力培育新兴产业，汽车零部件产业重点发展精密压铸、连接器、汽车电子等领域，增强产业配套能力；新能源及新能源汽车产业重点在储能装备、新型电池等领域实现突破,推动零部件配套向整车设计制造延伸拓展;航空产业加快引进航空新材料、飞机零部件等龙头型项目,着力建设长三角地区飞机维修改装基地、航空物流枢纽中心和通用航空运营中心;智能装备产业以工业机器人整机化生产制造为核心,努力突破高档伺服系统、机械臂、智能数控输送系统等关键共性技术及部件;生物医药产业以生物材料与组织工程为方向,整合集聚领军人才和项目,打造生物工程研发转化基地。做大现代服务业。积极培育服务外包、商务服务、信息服务三大产业集群,加快建设科技服务、电子商务、现代物流、金融服务四大产业集聚区,促进服务业优质高效发展。大力推动制造业服务化,鼓励制造业企业积极向研发设计、物流营销、融资租赁、工程服务等领域拓展,加快实现由生产型制造向服务型制造的转变。大力实施"文化+"战略,培育壮大文化产业,着力打造新兴文化产业发展平台。做优现代农业。以南通国家现代农业示范区通州核心区建设为抓手,大力培育新型农业经营主体,加强农业基础设施和高标准农田建设,提升农业物质装备和技术水平,稳定农业发展。深化农业产业结构调整,推动农村一二三产业融合发展,积极发展农产品电子商务、观光休闲农业、开放型农业,推进农村土地承包经营权确权登记等各项改革,促进农业增效、农民增收,加快农业现代化步伐。

持续深化改革。以经济体制改革为重点,协调推进经济、政治、文化、社会、生态文明体制改革和党的建设制度改革,确保到2020年完成全面深化改革各项任务。打好供给侧结构性改革攻坚战。更好地分类施策、精准施策,有力、有度、有效落实好"三去一降一补"重点任务,切实提高全要素生产率。去产能,注重运用倒逼的方法,通过要素市场化配置改革,提升技术、节地、环保、能耗等标准,推动优胜劣汰。去库存,加大棚改安置和住房保障货币化力度,把去化周期控制在合理范围。去杠杆,加快金融集聚区建设,大力引进各类金融机构,鼓励更多企业上市、发债;深化投融资体制改革,吸引更多社会投资投向优化结构、培育新动能、基础设施建设、改善民生等方面,不断激发市场主体投资热情;高度关注重点行业企业资金困难、互联互保等问题,坚决守住不发生区域性系统性风险的底线。降成本,落实好中央和省市区已出台的减税降费等各项政策,通过深化审批制度改革降低制度性交易成本,加强对重点行业和特困企业精准支持,稳定预期、提振信心。补短板,既拉长补齐面上的明显短板,更注重抓里子、抓细节,确保取得实实在在的成效。深入推进简政放权。巩固扩大相对集中行政许可权改革试点和商事制度改革成果,进一步完善"五联"审批新模式,营造更加宽松的市场经营和投资环境。推进综合行政执法体制改革,推动力量整合和重心下移,加快从以事前审批为主向以事中事后监管和服务为主转变。深化财政预算管理、绩效管理等领域改革,积极构建现代财政体系。建立健全政府向社会力量购买服务机制,加大向社会组织转移职能力度,不断提升行政效能。深化陆海统筹发展综合改革。以南通加快市场配置陆海资源要素改革为契机,主动对接陆海统筹发展土地利用规划和功能片区土地利用总体规划,深入推进基本农田优化布局、同一乡镇范围内村庄建设用地布局调整、城镇低效用地再开发等改革试点,完善土地储备制度和市场调节机制,强化建设用地供后监管,切实提升节约集约用地水平。

(二)*以品质提升为核心,着力构建城乡发展新形态。*坚持把城乡发展放在长三角城市群的大格局下谋划和定位,以更新的理念、更大的视野优化区域空间布局,推动全域一体发展,努力打造靓丽宜居的通州新城。

突出规划引领管控。尊重城市发展规律,在南通城市总体规划的指导下,深化城乡发展规划布局研究,提高城市设计水平,增强规划对城乡建设的引导和约束作用。积极推进"多规合一",推动综合交通、地下空间等专项规划有机结合,衔接好中心城区与镇村等规划,统筹好"地、水、绿、文、美、产、居"等多种要素功能。切实维护规划的权威性、严肃性和连续性,确保一张蓝图绘到底。

优化中心城区开发。坚定不移南进西拓,科学把握开发节奏,合理构建功能单元,推进组团式发展,加快从功能型向生态型、管理型向服务型转变。城东新区着力完善功能配套,梯次推进商业开发,加速集聚人气商气;着力彰显环境品质,不断提升绿化和景观水平,建成集运动健身、居住休闲、绿地氧吧为一体的现代精致新城。高新区南区全力推进"一河两岸"示范段工程,尽快展现"城依水、水抱城、水城一体"的特色格局,扮靓城区门户;加快新世纪大道南段、鹏程大道两侧城市开发,不断完善创新创业、商贸楼宇等功能,成为"双创新高地、南部新中心"。银河新区进一步整合资源,在发展特色商业、现代服务业等方面下功夫,推动人口、产业、公共设施等加快集聚,不断提升承载能力和发展活力。老城区加快综合改造、有机更新,积极推进老商业街区、城乡结合部等区域整体功能和环境提升,持续完善停车场、公共自行车等服务设施布局,推动人居空间更加优质化。以"海绵城市""智慧通州"为抓手,推进城市地下管网改造,开展综合管廊规划建设,完善信息通信基础设施,补齐城市功能短板。突出市容、交通、安全等重点,加强城市管理,优化治理服务,提升精细化法治化管理水平。注重文化内涵挖掘,将江海文化元素嵌入广场、公园、场馆等公共空间,让传统文化与现代文明交相辉映。

全力打造新型镇村。发挥城镇在城乡一体化和区域协调发展中的节点纽带作用,深化镇村规划布局调整,积极探索农民就地城镇化、服务社区化、生活市民化的有效路径,推动城镇化进入以提高质量和内涵为主的转型发展新阶段,力争到2020年城镇化率达全市平均水平。建设高铁新城。坚持交通引领,加快南通西站核心区、平东物流园和"三横三纵"快速路网建设,科学布局商务区、生活配套区和公共服务区,增强综合承载能力,打造区域交通枢纽和城市副中心。建设特色城镇。进一步明晰镇(街道)发展的方向定位,分类采取区镇合一、一区多园、园镇共建等多种模式推进特色化发展,打造各具强项、各展优势的产业强镇、生态美镇和文化名镇，培育一批特色小镇。深化市级中心镇开发，注重老镇区存量盘活，推动协同发展。建设美丽乡村。按照“布局美、环境美、建筑美、生活美”的要求，深化“五位一体”长效管理，有效整合乡村游、田园游等资源，打造一批美丽乡村示范点。统筹推进农村新型社区建设，引导农村住宅有序集聚。加强农村集体“三资”管理，加快富民强村步伐，增强村级经济的造血功能和发展活力。推动基础设施、公共服务资源等向农村延伸覆盖，提升基本公共服务均等化水平。

构建综合交通体系。策应南通建设重要区域性综合交通枢纽（节点城市），加快形成江海河联运、公铁水空协调发展的现代综合交通体系。构建对外大交通。全力推进沪通铁路、宁启铁路二期、盐通客专等工程，深化通苏嘉城际、北沿江高铁等项目前期工作，努力建设重要的铁路枢纽。推进通扬运河航道改线等工程，提升河道航运功能。加快实施锡通高速，推动南通二环高速规划建设，完善高速路网体系。推动兴东机场扩容升级，争取成为上海国际航空枢纽多机场体系重要成员机场。无缝联接主城区。加快实施江海大道、机场大道等快速化工程，主动对接南通轨道交通建设，超前谋划配套设施。强化重要交通节点联网对接，注重交通运输方式集成衔接，构建便捷化快速化的换乘体系。畅通区域内循环。大力实施区域道路联网工程，推进G345南通北绕城、S336改造、S226、S602等工程建设，形成“十二横十纵”公路干线，进一步织密区域道路网络。启动中心城区道路快速化工程，推动农路提档升级，优化城乡公交线路，提升公交服务水平。

（三）以绿色生态为引领，着力展现美丽通州新面貌。围绕南通建设花园城市的目标，坚持绿色发展，严守生态红线，巩固提升大气、水、土壤污染防治成果，促进经济与生态建设良性互动，打造美丽通州。

优化生态空间。落实主体功能区规划，建立全区重要生态功能区，突出抓好生态空间管控与保护，推动产业从限制、禁止开发区域有序转移。加强生态保护与修复，以环南通周边镇（街道）为重点，大力实施生态绿化工程，高起点规划、高效率推进先锋生态休闲区建设，加快开沙岛、进鲜港、渔湾水道等的深度开发，推动城乡节点和重要路段景观提档升级，争创生态园林城市，建设环绕主城的生态涵养区。

推进绿色发展。突出生产方式绿色化，实施更严格的环境准入标准、污染物排放标准、产品能耗限额标准，落实能源和水资源消耗、建设用地等总量和强度双控行动。按照产业发展生态化、生态经济产业化的要求，改造提升传统产业，控制重点行业碳排放，加快淘汰落后产能。优先发展绿色能源等节能环保产业，推进企业循环式生产、产业循环式组合、园区循环式改造。突出生活方式绿色化，引导全社会树立生态文明理念，培育大众厉行节约、低碳生活的习惯。

提升环境质量。推进天蓝工程，深入开展工业废气、机动车尾气、城市扬尘等综合治理，加强秸秆综合利用，推广使用清洁能源、新能源汽车，加快充电桩规划建设。推进水清工程，全面疏通四人水系，完善中心城区封闭圈，展现“五水润通州”的格局。保护和利用好饮用水源、地表水、长江水资源，完善“双水源”体系建设，提高水功能区达标率。加大区域性污染治理力度，统筹实施污水处理系统建设，提高镇级污水和村居生活污水处置能力，积极探索达标尾水排放新途径。持续开展农村河道整治，建设水美乡村。推进土净工程，加强污染场地修复，强化危险化学品、危险废物管理，实施农业面源污染防治，推动种养业废弃物无害化处置、资源化利用。

健全制度体系。扎实推进生态文明体制改革，健全生态环境监管、生态保护补偿等制度，完善生态文明建设问责办法，切实把“党政同责、一岗双责、失职追责”落到实处。严格执行环境信息发布和重大项目公示、听证制度，实施项目环评、稳评、安评等规范程序。实行环境监管网格化管理，加大区域联合执法力度，强化环保执法司法联动机制，依法严厉打击环境违法行为。

（四）以开发开放为路径，着力增创区域竞争新优势。主动融入国家对外开放总体战略，构筑全方位开放新格局，打造开放型经济新高地。

融入国家总布局。积极对接“一带一路”建设，推进与沿线国家和地区在基础设施建设、经贸产业、服务贸易、人文交流等领域的合作，积极开拓中亚、南亚、西亚等新兴市场，不断深化与韩国、日本、香港、台湾等国家和地区的经贸交流，打造国际合作园区。依托长江黄金水道优势，主动融入长江经济带建设，加快优化沿江产业布局，加强与沿线城市的联系合作，努力成为长江经济带发展战略中的重要节点。紧抓沪苏通融合发展的重大机遇，主动承接辐射转移，深化园区合作共建，深度融入长三角经济圈。

构筑发展主平台。打造区域核心极。以南通高新区为主体，推动南通家纺城、空港产业园与之相向融合发展，形成“一体两翼”发展格局。南通高新区积极推进体制机制、运营模式创新，在“高”和“新”上再发力，更好地集聚高端人才、高端技术和高端产业，力争到2020年创成国家创新型特色园区、跻身国家级高新区50强。南通家纺城围绕产业转型升级，大力培育电子商务、创意设计等新业态，加快特色产业园建设，积极打造世界家纺名城。空港产业园放大航空口岸开放优势，加快推进保税物流中心（B型）和航空自贸区申报建设，着力打造特色鲜明的航空产业集聚区。打造跨江双前沿。依托苏通大桥、沪通大桥两大过江通道，全面拉开锡通科技产业园和滨江新区开发框架，使之成为接轨上海、融入苏南的两大前沿门户。锡通科技产业园坚持以先进制造业为主导，加快产城融合步伐，努力成为苏南苏中合作共建园区的典范。滨江新区充分发挥区位优势，利用岸线资源，加快发展枢纽经济，努力成为南通优江拓海的重要载体。打造北部强引擎。石港科技产业园进一步完善园区基础设施，统筹推进“四区”联动，加快形成产业特色和集聚效应，成为带动北部发展的强引擎。

提升开放竞争力。完善国际化、法治化、便利化营商环境,更加注重引进高端项目、先进技术、管理经验和高素质人才,提高引资引智引技质量。转变外贸发展方式,大力推进市场采购贸易、跨境电子商务、外贸综合服务企业等新型贸易方式,全面实施单一窗口和通关一体化,提高传统优势出口产品科技含量和附加值,扩大高新技术、高附加值、自主品牌商品和服务出口比重。创新“走出去”方式,鼓励和引导优势企业开展跨国兼并重组,收购国外企业和研发机构、延揽人才。推行“建工厂+建市场”模式,更好地集聚资源要素,培育一批具有区域影响力的本土跨国企业。

(五)以群众满意为导向,着力促进民生福祉新改善。坚持以人民为中心的发展思想,始终围绕“七个更”的目标要求,加快补齐民生领域短板,让通州的发展更有“温度”,让老百姓的幸福更有“质感”。

多渠道促进富民增收。深入推进居民收入倍增计划,深化收入分配制度改革,推动城乡居民持续增收。更大力度促进就业创业。坚持就业优先战略,重点突出困难群众、农民工、退役军人等特殊群体,不断化解结构性就业矛盾,努力实现更高水平的充分就业。深入实施全民创业工程,加大创业平台搭建力度,健全“四位一体”创业帮扶机制,进一步放大创业带动就业的倍增效应,努力形成大众创业万众创新的浓厚氛围。更实举措强化社会保障。建立健全社会保险待遇确定和正常调整机制,强化制度衔接,缩小城乡、不同群体之间待遇水平差距。积极推进全民参保,抓好被征地农民保障工作。健全住房保障体系,加快危旧住房、老旧住宅小区和城中村改造。更加精准开展脱贫帮扶。严格按照新一轮标准,大力实施低收入农户和经济薄弱村脱贫致富奔小康工程,强化低保政策和扶贫政策有机衔接,实现相对贫困人口应保尽保。高度关注因病、因灾、因残、失独等群体,不断健全覆盖城乡的救助体系,支持福利和慈善事业发展,确保“一个不少、一户不落”共同迈入全面小康社会。

高水平提升公共服务。坚持以标准化推动均等化,全面推进各项社会事业协调发展。加快发展教育事业。以布局优化为抓手,以内涵建设为重点,深化教育领域综合改革,着力打造教育现代化示范区。加大普惠性幼儿园建设力度,推进义务教育学校标准化建设和普通高中特色化发展。创新发展职业教育,积极发展高等教育。加强师资队伍特别是乡村教师队伍建设,健全教师管理和激励机制。着力打造健康通州。深化医药卫生体制改革,巩固完善基本药物制度,实行医疗、医保、医药联动,加快构建现代医疗卫生体系。建成区级公立综合医院,探索建立现代医院管理制度。推动医疗机构创等升级,强化镇村卫生机构标准化建设、一体化管理,加强乡村医生队伍建设,建成更高水平覆盖城乡居民的公共卫生服务体系。坚持计划生育基本国策,促进人口长期均衡发展,全面提升妇幼健康服务水平。深入开展全民健身运动,不断完善公共体育服务体系。加快培育健康和养老服务产业,加强南山颐养中心运行管理,提升居家养老、特困供养服务水平,不断完善社会化养老服务体系。完善文化服务体系。实施文化惠民工程,加快打造城市“15分钟文化圈”、农村“十里文化圈”。广泛开展全民阅读活动,加快建设“书香通州”。持续做深做透“童声里的中国”等特色品牌,不断推出精品力作。实施文化传承工程,加强特色文化保护利用,不断提升江海文化影响力、凝聚力。统筹做好哲学社会科学、科普、统计、史志、档案等工作。

全方位推进依法治区。坚定不移走中国特色社会主义法治道路,深化法治通州、平安通州建设,全力保障社会和谐稳定。提高法治满意度。深入推进依法行政,坚持严格规范公正文明执法,着力构建权责统一、运行高效的依法行政体制。推进以审判为中心的诉讼制度改革,强化人权司法保障,切实维护司法权威。加强法治文化建设,扎实开展“七五”普法工作,不断完善社会信用体系。推进社会依法治理,完善社会治理组织机制,深化系列平安法治创建活动,加强综治法治信息系统建设。提高公众安全感。大力推进综治基层基础建设,加强实有人口和网络社会的服务管理。强化司法行政公共服务平台建设,健全覆盖城乡居民的公共法律服务体系。加强公共安全体系建设,打造社会治安防控体系升级版,严格落实安全生产责任和管理制度,提升突发公共事件应急处置能力,切实维护人民群众生命财产安全。全力创建省级、国家级食品安全城市,确保“舌尖上的安全”。提高社会和谐度。推广“政社互动”等基层社会治理新模式,培育和规范发展社会组织,逐步实现社区网格化服务管理全覆盖。全面推行群众依法逐级走访权益保障卡制度,积极推进诉访分离。健全“三调联动”工作体系,加强大调解综合平台建设,完善社会矛盾排查预警机制和调处化解综合机制,提升预防化解社会矛盾实效。

全面加强和改善党的领导

实现今后五年奋斗目标,核心在党,关键在党员干部。要坚决贯彻中央关于全面从严治党的各项要求,以落实管党治党责任为重点,以加强党的执政能力建设、先进性和纯洁性建设为主线,扎实推进“两学一做”学习教育,不断提高党的建设科学化水平,为建设“强富美高”新通州提供坚强保证。

坚持思想建党和制度治党同步深化。强化宣传引领。把学习习近平总书记系列重要讲话作为长期政治任务,加强党委(党组)中心组学习制度化、规范化建设,全面推行读原著、学原文、悟原理,开展党的创新理论成果传播行动,引导党员干部不忘初心、锤炼党性、坚定信念,挺直“精神脊梁”。不断加强和改进宣传思想工作,培育践行社会主义核心价值观,严格落实意识形态工作责任制,有针对性地做好舆论引导,更好唱响主旋律、汇聚正能量。强化统筹谋划。各级党组织要加强对经济社会发展的领导,在把控方向、谋划全局、解决难题上下功夫。健全党委研究经济社会发展战略、定期分析经济形势、研究重大方针政策等工作机制,坚持民主集中制,对“三重一大”等事项集中讨论决策,推动党委领导经济社会发展规范化程序化。积极支持人大、政府、政协履职尽责,充分发挥人民武装、群团组织、统一战线等的作用,凝聚加快发展的强大合力。强化制度约束。按照务实管用的原则,体现纪严于法的要求,不断深化党的建设制度改革,完善管党治党制度体系。抓好制度执行,坚持谁制定谁督促落实,确保有人抓、有人管;加大监督检查、跟踪问效力度,及时纠正有令不行、有禁不止的行为,真正做到用制度管权管事管人。

*坚持严格选拔和严管干部同频共振。*导向鲜明选用干部。严格落实"20 字"好干部标准,进一步树牢"德才兼备、以德为先,重视基层、崇尚实干,注重实绩、群众公认"的用人导向,推动一批政治强、业务精、敢担当、作风正的优秀干部脱颖而出,充实进各级领导班子。同时,健全有利于科学发展的目标体系、考核办法、奖惩机制,促进干部担当作为、干事创业。积极稳妥推进干部能上能下,形成能者上、庸者下、劣者汰的有效机制。注重一线培养干部。加大年轻干部培养选拔力度,深入实施"5311"培养计划,继续选派年轻干部到招商、项目、城建、维稳、村居一线锻炼成长,实现常态化培养、合理化配备、制度化运行,确保干部队伍结构合理、梯次跟进。加强公务员、事业人员、高层次后备人才和大学生村官队伍宏观管理,推进机关、基层科级以下公务员互挂锻炼和优秀大学生村官跟班锻炼。大力推进干部教育培训,推动各级干部时刻保持本领恐慌的危机感,加强实践历练,加快知识更新,切实提高领导科学发展、驾驭复杂局面、做好群众工作的能力。从严从实管理干部。落实好省委从严管理干部"五个要"若干规定,健全完善干部管理监督体系,严格执行领导干部个人有关事项报告、提醒、函询和诫勉制度,加强对干部八小时之外的监督,发现问题及时纠正。同时,满腔热忱地关心关爱干部,健全正向激励机制,构建容错纠错机制,旗帜鲜明地为勤勉工作、勇于开拓、不谋私利的干部撑腰鼓劲,最大限度保护和调动干部锐意改革、大胆创新、干事创业的积极性。

*坚持强基固本和服务群众同促互进。*压实管党治党责任。大力推进"融合式"党建,全面推行党委(党工委、党组)定期议党和专题议党制度,深化基层党组织书记抓党建"10 + X"责任体系建设,落实党员领导干部抓党建"一岗双责",完善基层党建工作"述评考"制度,推动各级党组织更加自觉地承担起管党治党的政治责任。夯实基层组织基础。坚持政治功能和服务功能"两手抓、两手硬",深化拓展"五位一体"党建惠民联动工作体系和"五个一线"教育引导群众工作法,强化在服务中教育引导群众工作。持续加强"星级基层党建示范点"创建,建立健全循环整顿、常态帮扶薄弱基层党组织工作机制,不断增强凝聚力战斗力。优化基层骨干队伍。完善村(社区)党组织书记选拔培养、激励保障等制度,继续选派机关优秀党员干部到村(社区)担任"第一书记",进一步选优配强基层党组织带头人。加强党员队伍管理,引导基层党员增强党的意识,更好发挥先锋模范作用。提升基层服务水平。继续推动人往基层走、钱往基层投、政策往基层倾斜,指导不同类型党组织探索差别化、特色化服务方式。完善党员干部直接联系群众制度,持续深化"百千万"工程,更好打通联系服务群众的"最后一公里"。

*坚持正风肃纪和严惩腐败同向发力。*落实"两个责任"。各级党组织要把落实党风廉政建设主体责任作为应尽之责,真抓真管、严抓严管;纪检监察机关要认真履行监督责任,始终聚焦主业主责,把查处侵害群众利益的不正之风和腐败问题作为主要任务。认真落实巡察、"一案双查"和责任倒查等制度,对管党治党重视不到位、履职不尽责、造成不良影响的严肃追责。深入贯彻《廉洁自律准则》和《纪律处分条例》,严肃党的政治纪律和政治规矩,强化全体党员的政治意识、大局意识、核心意识、看齐意识,争创"三清"示范区。持续改进作风。切实巩固群众路线教育实践等一系列活动成果,持之以恒抓好"四风"问题整改,坚决防止反弹回潮。深化机关作风建设,教育引导广大党员干部坚守"三严三实",在干事创业中彰显能力,在攻坚克难中展示魄力,在党性锤炼中增强定力,自觉做到心中有党、心中有民、心中有责、心中有戒。严格落实《中国共产党问责条例》,真正用问责倒逼作风转变、倒逼责任落实。从严惩治腐败。始终保持严惩腐败的高压态势,重点查处十八大后不收敛不收手、八项规定出台后顶风违纪问题,以反腐败和抓作风建设的实际成效取信于民,努力营造风清气正、政通人和的良好环境。

(引自南通市通州党政信息网 www. tzdz. gov)

在中共南通市通州区委十二届二次全会上的讲话(节选)

(2016年12月30日)

宋乐伟

一、"十三五"发展开局良好

今年是"十三五"开局之年,又是区委换届之年。我们深入贯彻习近平总书记系列重要讲话精神,认真落实中央和省市委决策部署,统筹推进各方面工作,实现了良好开局。预计(下同)全年完成地区生产总值1025亿元,同比(下同)增长9.5%。突出提质提效,奋力迈出转型升级新步伐。开展招商引资竞赛,实行季度"夺红旗、亮黄牌",优化"旬协调、月会办、季点评"机制,全年累计签约项目223个,新开工亿元以上产业项目75个,实际到账外资3.45亿美元,固定资产投资增长12%。推进创新载体建设,江海智汇园开园,圆满举办首届江海智汇节和国家级智库——钱学森论坛。大力培育创新主体,新认定高新技术企业50家。出台"21条"人才新政,新引进高层次双创人才72名。特色主导产业加快提升,相关做法获国务院督查通报表扬。建筑业新获鲁班奖1项,施工总产值突破1600亿元。新能源、新材料等板块集聚效应不断增强,新兴产业产值占比提高两个百分点。启动高标准农田三年建设行动,建成8万亩,创历年新高。开发开放深度推进,南通高新区获评全省先进开发区,锡通科技产业园接轨上海成效初显,滨江新区加快"桥港岛"联动开发,南通家纺城创成省首批生产性服务业集聚示范区,空港产业园、石港科技产业园项目加速集聚,主力平台功能不断提升;市场采购贸易方式、跨境贸易电子商务试点稳步发展,空港保税物流中心(B型)创建加快推进。突出宜居宜业,大力彰显城乡发展新面貌。编制完成镇村布局、公共交通等专项规划,城乡空间结构不断优化。G345全线贯通,世纪大道东延工程进入扫尾阶段,实现与主城区深度接轨。积极推进"三城同创"重点工程,城区功能配套不断完善,城乡功能品质持续提升,顺利通过全国文明城市年度考核测评。狠抓中央环保督察交办事项整改,认真落实省"两减六治三提升"专项行动,强化网格化监管,被授予国家生态区称号。农村环境长效管理引向深入,河道整治完成三年计划任务的80%。突出共建共享,着力推动民生福祉新提升。扎实办好10大类31项民生实事项目,财政用于民生的支出比重提高到82%。新增城镇就业8902人,城乡居民收入分别增长8.1%和8.8%。稳妥推进城乡居民基本医疗保险整合并轨,各项社会保险覆盖率均达98%以上。启动实施新一轮脱贫致富奔小康工程。万名代表小康行取得阶段性成效。创成省四星级高中1所,新(扩)建小学3所、幼儿园10所,通州中专二期开工建设。深入实施文化惠民工程,公共文化服务体系不断完善。新(扩)建卫生院11家,医疗卫生资源布局进一步优化。南山颐养中心即将投入运营,7家农村敬老院实现达标升级。全民健身深入推进,入选省体育综合改革试点区。突出从严从实,全力开创党的建设新局面。扎实推进"两学一做"学习教育,我区被命名为全市党建工作先进单位。率先开展"理论传基层、认知零距离"活动,实现党的创新理论宣讲全覆盖,荣获全省基层党员冬训工作先进集体称号。积极践行社会主义核心价值观,选树"文明百佳"等各类典型,"童声里的中国"品牌影响力持续放大,中央文明办推广经验做法。按照上级统一部署,精心组织并圆满完成区镇两级党委和村(社区)"两委"换届。探索建立能上能下、容错纠错、鼓励激励"三位一体"干部管理制度体系,有效激发队伍活力。党风廉政建设和反腐败斗争深入开展,督导巡察常态推进,党风政风明显好转。与此同时,人大、政协深入调查研究,积极建言献策,实施有效监督;人武、统战、群团、老干部、关心下一代等各项工作取得新成效。

在实际工作中,我们着重把握了以下三个方面:

(一)*更强定力贯彻中央和省市委决策部署*。坚持把学习习近平总书记系列重要讲话精神作为重大政治任务,把握核心要义,指导工作实践。区委常委会认真学习总书记"七一"重要讲话精神,推动党员干部始终牢记"不忘初心、继续前进"。结合筹备召开区党代会,进一步深化对区情和发展阶段的认识,在此基础上科学决策,绘就了通州未来五年发展的蓝图。十八届六中全会闭幕后,我们迅速掀起学习热潮,广大党员干部更加自觉地在思想上政治上行动上同以习近平同志为核心的党中央保持高度一致。学习贯彻中,我们把学习六中全会精神与落实省市党代会精神有机结合,调整完善工作思路,深化拓展发展举措,真正让上级部署要求在通州落地生根。

(二)*更加精准推进各项改革任务落地见效*。聚焦供给侧结构性改革,有力有效落实五大重点任务,整治了一批产能落后、重污染企业,淘汰印染产能2000万米、钢丝绳产能4.46万吨;商品房销售面积增长103%,去化周期有效缩短;新增上市挂牌企业4家,总数全市第一;降低企业各类成本18.8亿元;在基础设施等重点领域加快补齐短板,完成投资近50亿元。深化行政审批制度改革,创新"五联"审批模式,得到中央编办肯定。综合行政执法体制改革稳步开展。土地确权登记颁证工作加快推进,农村产权交易市场改革成效明显。基本农田优化布局、城镇低效用地再开发等改革试点顺利推进，节约集约用地水平持续提升。

（三）更实举措营造和谐稳定的社会环境。围绕平安通州建设，创新升级立体化现代化社会治安防控体系，圆满完成G20峰会等重要时段维稳工作，获评省平安区。不断完善社会矛盾纠纷多元化解机制，加强信访法治化建设，全区信访形势平稳有序。扎实推进法治通州建设，出台五年实施规划，强化领导责任制落实，跻身全国“六五”普法先进单位行列，“七五”普法开局良好。高度重视安全生产，强化“党政同责、一岗双责”，扎实推进食品安全城市创建，社会大局和谐稳定。

在肯定成绩的同时，我们也清醒看到发展中还面临不少困难和挑战，主要是：经济下行压力依然较大，投资结构有待优化，出口形势依然严峻，经济增长内生动力不足；部分企业经营困难，财政收支矛盾突出，居民增收难度加大，环境保护和治理任务艰巨，社会稳定压力增加；少数党员干部敢于担当、主动作为不够，干事创业的精气神还需进一步提振。对此，我们要坚持问题导向，切实加以解决。

二、明年工作总体安排

明年是党的十九大召开之年，是供给侧结构性改革的深化之年，是全面落实省市区党代会部署的开局之年，也是人大、政府、政协的换届之年。明年工作的指导思想是，深入贯彻习近平总书记系列重要讲话精神，按照中央、省经济工作会议和市委全会部署要求，坚持稳中求进工作总基调，自觉践行新发展理念，以提高发展质量和效益为中心，以推进供给侧结构性改革为主线，以跨江融合接轨上海为抓手，统筹做好稳增长、促转型、抓改革、惠民生、优生态、防风险各项工作，更严更实加强党的建设，促进经济平稳健康发展和社会和谐稳定，以优异成绩迎接党的十九大胜利召开。

明年全区经济社会发展主要预期目标是，地区生产总值增长8.5%左右，一般公共预算收入同口径增长6%左右，固定资产投资增长10%左右，全社会研发投入占地区生产总值比重达2.6%以上，社会消费品零售总额增长10%左右，城镇登记失业率控制在3%以内，城乡居民收入增长与经济增长基本同步。明年经济增长预期目标虽然调低了一点，但对经济转型升级、生态环境保护等方面的要求更高了，需要在结构调整、提质增效上用功发力。

做好明年工作，要注意把握好以下三点：一是坚持稳中求进总基调。“稳”是主基调、是大局，“进”是目的、是指向。要紧紧抓住稳定大局、不断进取这个根本点，积极应对错综复杂的宏观大环境，持续营造日趋向好的小环境，稳中求进、进中求好，确保经济平稳运行，在好的前提下力争快一些；确保社会和谐稳定，在稳的基础上力求好一些。二是围绕“两聚一高”抓落实。按照省市区党代会确定的目标任务，把创新摆在发展全局的核心位置，扎实抓好创新载体打造、创新资源集聚和特色产业培育，加快形成以创新为引领的经济体系和发展方式。把富民贯穿全部工作的始终，创新增收举措，推进创业就业，逐步提高基本公共服务供给水平。同时，按照南通建设上海“北大门”的最新定位，把跨江融合接轨上海作为落实“两聚一高”的有力抓手，全力打造接轨上海融入苏南的前沿阵地。三是保持真抓实干好劲头。坚持工作重心下沉，扑下身子到经济社会发展一线，到招商引资、项目建设、化解矛盾一线，把最应干、必须干、能够干好的事情抓在手上、干在实处，以敢于担当的勇气攻坚克难。重点工作、重大项目要建立完善组织推进机制，确保一抓到底，形成求真务实的鲜明导向。

关于明年工作，这里重点讲七个方面。

（一）以项目建设为龙头，夯实实体经济基石。坚持聚焦聚神聚力抓招商攻项目，切实优化投资结构、提高投资效益，加快壮大实体经济，不断积累支撑经济行稳致远的后劲。持续强攻有效投入。大力推进产业链招商，深化对重点产业发展的评估和研究，瞄准北上广深、欧美日韩港台等重点区域，着力招引一批旗舰型、创新型的大项目、好项目，力争全年利用外资3亿美元以上，引进和实施超20亿元重大产业项目8个以上。优化项目推进机制，深化区领导挂钩联系制度，优化“旬协调、月会办、季点评”机制，实行重点产业项目挂图作战，全年新开工超亿元产业项目80个以上。完善项目考核办法，突出有效投入的转化，强化对产业项目竣工和净增规上企业考核，引导项目既“开花”又“结果”，全年新增规上企业60家。提升企业发展质效。对重点企业运行情况定期摸排分析，帮助企业找出供需失衡的原因，开出调整供给结构、提升供给质量的良方。以智能化、信息化为重点，支持企业开展大规模技术改造，全年实施超千万元技改项目100个以上，创成省市级智能车间4家。大力实施创新型企业培育计划，鼓励优势企业与科研院校建立重点实验室、企业技术中心等研发机构，不断提升企业研发能力和创新水平，全年认定高新技术企业30家以上。实施品牌质量强区战略，引导企业发扬“工匠精神”，争创名牌名标，不断提升核心竞争力。着力解决好金融支持实体经济问题，推进转贷基金及融资性担保公司建设，支持信贷抵质押方式创新，进一步畅通企业融资渠道、降低企业过桥成本、化解企业资金链风险。强化经济运行监测和分析研判，研究落实对不良资金、企业联保互保等风险的防控措施，及早应对、果断处置，确保不发生区域性系统性风险。创新设立企业家接待日、座谈会等制度，持续提振企业家坚守实业、发展实业的信心。

（二）以创新转型为核心，加快发展动力转换。把发展的基点放在创新上，进一步完善区域创新体系，加快推动产业转型升级。强化创新驱动。围绕南通建设创新之都，深入对接省市和上海科创中心建设，加快培育一批具有爆发力和引领力的创新型增长点。更大力度优载体。以南通高新区为主阵地，主动借力南通中央创新区建设，着力推进体制机制、运营模式创新，深化与天津大学、美国密歇根大学、省产业技术研究院等大院大所合作，更好地集聚高端人才、高端技术和高端产业，加快争先进位，力争早日建成国家创新型特色园区。更高标准筑平台。江海智汇园要精选优质创新创业项目入驻，重点推进建筑科研中心、亚太文化创意园、中航军民融合产业创新促进中心等平台建设；江海圆梦谷要着力引进先进TMT智慧产业，加快建设互联网应用技术研究院，两大载体全年新引进创新创业项目50个以上。更宽领域聚资源。瞄准上海张江、未来岛等高科技园区，充分发挥"市+区"人才新政叠加优势，确保全年新引进高层次创新创业人才30名，其中"千人计划"等顶尖人才5名以上。主动对接上海国际金融中心，着力引进金融服务外包、金融专业服务等新型金融业态，积极争取外资金融机构在我区设立分支或办事机构，为产业转型、经济发展提供有力支撑。做强特色产业。围绕南通"3+3+N"产业体系，聚焦先进制造业和现代服务业两大重点，全力培育特色产业集群。先进制造业重点推进沃德储能研究院、新江海超级电容等龙头项目，加快培育新型储能装备及材料产业；依托雄邦压铸、旭东汽配、深南电路、展华电子等企业，做强新能源汽车轻量化及关键零部件产业；以创斯达、四方冷链、宏德机电等行业小巨人为支撑，做优智能装备产业，力争新兴产业占比提高两个百分点。现代服务业以省市级服务业集聚区为重点，培育壮大电子商务、现代物流、文化创意等生产性服务业，加快推进生活性服务业重点项目建设，服务业增加值占比提高1个百分点。大力培育数字经济、创意经济、分享经济等新产业，推动新技术、新业态、新模式茁壮成长。

（三）以深化改革为主线，不断增强发展活力。巩固扩大供给侧结构性改革成果，不断深化重点领域和关键环节改革，力争取得更大突破。深入推进"三去一降一补"。坚定不移地"去"。注重用市场、法治的办法，有效化解过剩产能，加快淘汰不符合产业导向、安全生产条件和环保要求的落后产能。坚持去库存与稳房价并重，逐步提高货币化安置比例，有效引导和释放居民购房需求，促进房地产市场平稳健康发展。支持企业直接融资，推动海星电子、金太阳等企业上市挂牌。深化投融资体制改革，积极推进PPP模式，推动政府与社会资本合作共赢。实实在在地"降"。落实好降成本各项措施，推动企业降本增效，全年为企业降成本20亿元。持续给力地"补"。加快推进基础设施、民生保障、公共服务、生态环境、脱贫攻坚、现代农业等领域的补短板工作，既补硬短板也补软短板，既补发展短板也补制度短板，不断提高经济社会发展的协调性、均衡性。积极推进农业供给侧结构性改革。坚持以绿色化、品牌化和信息化为方向，加快农业结构调整，大力发展休闲农业、农村电子商务，扎实推动国家现代农业示范区通州核心区建设。深入推进高标准农田建设，确保新建7万亩。认真落实"三权分置"实施意见，全面完成农村土地承包经营权确权登记颁证工作，依法有序推进农村土地流转，培育新型农业经营主体，提升适度规模经营水平。推动关键性改革取得突破。深化行政管理体制改革。巩固提升相对集中行政许可权改革成果，持续深化"放管服"改革，进一步完善"五联"审批模式，探索设立"中介超市"，加快建立健全"互联网+政务服务"体系，全力推动行政审批标准化、扁平化、便利化。深化综合行政执法体制改革。进一步推动力量整合和重心下移，不断完善事中事后监管服务体系。建立健全政府向社会力量购买服务机制，加大向社会组织转移职能力度，不断提升行政效能。深化陆海统筹发展改革。进一步加强规划对接，在基本农田优化布局、同一乡镇范围内村庄建设用地布局调整等方面取得更大实效。

（四）以接轨上海为抓手，拓展开发开放空间。把上海作为推动开发开放的"第一窗口"，深化对接，深度融合，促进各类要素加快集聚，增创区域发展新优势。精准对接上海。建立推进机制。组建专门工作机构，加强与省市联动，研究解决对接服务上海的重大事项。制定实施意见和考核办法，推动目标化管理、项目化推进、责任化落实。遴选一批协调能力强、业务水平高的优秀中青年干部到上海挂职锻炼，争取上海产业园区、高校、科研机构人员到通州挂职。拓宽交流平台。充分挖掘在沪的各类资源，加强与研究机构、行业协会、高等学院、科研院所等常态化的沟通交流，加强重大课题研究，加大形势研判指导，精心策划开展招商、科技、人才等一系列专题对接活动，构建多层次、宽领域的沟通联系渠道。把准对接重点。深入研究"上海2040"，抓住上海重点发展七大战略性空间板块和产业外迁、沪企减量的有利机遇，着力引进一批高质量的产业项目。加强园区、平台的对接合作，通过建立区中园、合作共建创新平台等途径，切实提升载体建设水平。深化对接上海建筑市场，扩大工程领域，推动工程总承包，提升产业现代化水平和市场占有率。放大"景瑞农业"等品牌效应，提升农产品进沪比例和质量。整合旅游资源，做强乡村民俗游、运动休闲游，实现吃住行、游购娱一体发展，成为上海市民休闲旅游的"后花园"。打造优势载体。推动六大园区转型升级。引导各园区在功能配套上做"加法"、在支柱产业定位上做"减法"、在行政化上做"除法"，实现做大与做强并重、增强创新能力与配套能力并重、硬件建设与软件建设并重，确保对全区经济贡献率不断提升。用好建好新的载体平台。借力国家和省市各类博览会、交易会、展会、论坛，积极宣传推荐通州，集聚发展资源要素。突出办好江海智汇节，着力打造投资环境的"放大器"、优质资源的"强磁场"。更高水平运作好画稿交易会、"童声里的中国"等重大活动平台，持续扩大影响力。提升开放水平。加快推进空港保税物流中心（B型）建设，深化市场采购贸易方式和跨境贸易电子商务试点，推动对外贸易平稳增长。引导纺织、服装、建筑等优势产业在外建立国际产能合作基地，鼓励优势企业参与境外经贸合作区建设、承揽国际工程、实施海外并购，增强全球资源配置能力。

（五）以品质提升为内涵，推动城乡一体发展。按照"三城同创"的部署要求，大力推进绿满通州、水韵通州、畅游通州建设，着力提升城乡功能品质，努力打造靓丽宜居的通州新城。转变城市发展方式。推动向内涵型转变。主动对接南通城市总体规划修编，深化城乡发展规划布局研究，积极推进"多规合一"，统筹资源配置。加快城东新区、高新区南区、银河新区发展步伐，不断完善教育医疗、文体休闲等基础设施，合理布局商贸楼宇、创新创业等功能配套，加速集聚人气商气。加快实施12个老旧小区和3个背街后巷改造工程，编制城区海绵城市专项规划，推进地下管网改造和综合管廊建设，补齐城市功能短板。推动向生态型转变。实施竖石河等7项沿河综合景观工程，尽快展现“城依水、水抱城、水城一体”的特色格局。做好朝霞东路等11条道路两侧绿化，实施新园路西侧等4个地块“空转绿”工程，全年新增城市绿地47公顷，新增绿化面积1万亩。推动向服务型转变。加快数字城管向智慧城管转型，整合优化城市管理资源，不断提升精细化法治化管理水平。新建澜沧江路两侧停车场，新投放公共自行车400辆，优化公交线网，逐步解决城区行车难、停车难问题。加快建设新型镇村。培育特色城镇。坚持以人的城镇化为核心，分类推进城镇发展。市级中心镇要坚持强产业、优环境、聚人气齐头并进，切实增强区域发展承载力和辐射力。其他镇（街道）要因地制宜，明确提升重点，优化镇区环境，努力打造现代化小城镇。关注被撤并乡镇老镇区优化发展，确保各项公共服务有效延伸。特色小镇是企业为主体、市场化运作、边界明晰的创新创业空间。要按照产业特而强、功能聚而合、形态精而美、制度活而新的内涵要求，用好各级鼓励政策，因地制宜规划建设特色小镇。建好美丽乡村。完善乡村建设管理“一张图”，全面推动基础设施、公共资源、服务配套加快向农村延伸覆盖。强化重点难点攻坚，全面完成农村河道整治，打造一批水美乡村。构建综合交通体系。抢抓高速铁路、轨道交通建设窗口期，加快推进沪通铁路、宁启铁路二期、盐通客专等工程，配合推进南通西站及配套路网、轨道交通建设，深化北沿江高铁、通苏嘉城际铁路等项目前期工作，着力打造铁路交通枢纽。全力推进通扬运河航道改线、新江海河航道整治等工程，做好锡通高速、宁通高速南通段扩容等工程的保障工作。坚持交通引领，加快高铁新城建设。实施沪通空港物流项目，促进“两地三场”资源有效配置。全力实施江海大道、机场大道等快速化工程，推进G345南通东绕城连接线、S226等骨干道路建设，实现无缝连接主城区。

（六）*以改善民生为根本，切实增进百姓福祉*。始终坚持以人民为中心的发展思想，把关注点从GDP转到百姓生活上来，认真办好10大类民生实事，让广大群众有实实在在的获得感。把富民的步子迈得更大。积极落实“七大群体激励计划”，完善富民工作体制机制，让居民的“口袋”鼓起来。通过开发公益性社区就业岗位、启动全民技能培训等途径，推动群众在相对充分就业中实现持续增收。更大力度推进大众创业万众创新，健全“四位一体”创业帮扶机制，做大做强各类示范基地，持续繁荣草根经济，新增自主创业1200人。深入实施“全民参保登记计划”，扎实做好被征地农民社会保障工作，加快推进城乡居民基本医保制度并轨衔接，逐步缩小城乡和不同群体之间待遇水平差距。大力实施脱贫致富奔小康工程，强化落实各项精准帮扶措施，建档立卡低收入人口脱贫率达到55%以上。推进万名代表小康行活动常态化。大力发展慈善公益事业，加大各种形式的社会救助力度，努力实现兜底性保障全覆盖。把惠民的实事办得更好。统筹好各级各类教育现代化建设，新（扩）建中小学4所、幼儿园6所，促进教育资源优质均衡发展。加快通州中专二期建设，力争创成省现代化示范职业院校。深入实施“十百千万”文化惠民工程，推动文化产业提质升级，不断丰富群众文化生活。加快推进区级公立医院规划建设，继续实施镇卫生院新（改扩）建工程，强化镇村卫生机构一体化管理，推进区域医疗联合体发展，持续优化资源配置。提升南山颐养中心市场化运作水平，完善社会化养老服务体系。高标准办好开沙岛国际体育旅游节，促进公共体育服务标准化、均等化建设，着力打造健康通州。把安民的环境做得更优。大力推进法治通州建设，推动依法行政、公正司法等重点工作落实，力争建成省法治建设示范区。扎实开展“七五”普法，弘扬法治文化，不断提高全民法治意识和道德自觉。深化社会治理创新，加强区镇村三级综治中心规范化建设，不断巩固社会治理基层基础。健全社会稳定风险评估机制，注重从源头预防化解各类矛盾纠纷，推动信访积案化解。深化平安创建，完善立体化现代化社会治安防控体系，提升平安通州建设水平。严格落实安全生产责任制，强化食品药品安全监管，确保社会大局和谐稳定。

（七）*以生态保护为重点，着力打造美丽通州*。坚持把补齐生态短板摆在更加突出的位置，以“两减六治三提升”专项行动为抓手，深入实施生态文明重点工程，持续优化生态环境质量。启动环南通生态涵养区建设。以环主城周边镇（街道）为重点，扩大生态绿量，拓展环境容量，着力构建环绕主城的生态保护屏障和可持续发展的重要支撑。统筹好涵养与发展、当前与长远、生态建设与资金平衡的关系，加快开沙岛旅游度假区的深度开发，推进进鲜港湿地公园等一批重点工程建设，提升沿江沿河沿路沿城景观档次、生态水平，力争通过五年左右努力，打造绿地林地湿地融合贯通、生产生活生态相得益彰的特色功能区。整治突出问题。打好治气、治水、治土三大攻坚战，解决好群众身边的环境问题。围绕PM2.5平均浓度持续下降目标，完成10蒸吨以下燃煤锅炉淘汰改造，强化秸秆综合利用和禁烧。全面推行河长制，实施重点断面水质和水功能区达标整治。持续开展钢丝绳、印染等重点行业污染整治，加快转型升级步伐。大力推进益民污水处理厂二分厂提标扩容、欣源污水处理厂二期扩建和集镇污水管网建设，建成一批村庄生活污水治理项目。有序推进生活垃圾分类管理，规范处置建筑渣土。加强污染场地修复，强化危化品、危险废物管理，实施农业面源污染防治，推动种养业废弃物无害化处置、资源化利用。健全长效机制。深入开展生态文明宣传教育，提升全民生态文明素养。建立健全生态环境损害赔偿、排污权有偿使用和交易等制度，深化环境保护领域行政执法体制改革，强化网格化监管，加大联合执法力度，依法严厉打击环境违法行为。

三、以六中全会精神为指引深入推进全面从严治党

十八届六中全会就新形势下加强党的建设作出新的重大部署，全区各级党组织要结合“两学一做”学习教育，深入学习好宣传好贯彻好全会精神，力求学深学透、融会贯通。要认真落实市全面从严治党“1+3”文件，切实强化管党治党责任，探索融合党建新路径，推动党建工作持续走在全市前列。同时，充分发挥党委总揽全局、协调各方的领导核心作用，认真组织好人大、政府、政协换届工作，最广泛动员方方面面力量，最大限度调动一切积极因素，凝聚起高水平全面建成小康社会的强大合力。

（一）抓好思想建党这个源头。持续推动党员干部深入学习习近平总书记系列重要讲话精神，突出加强理想信念教育和党性锤炼，切实增强“四个意识”。全面落实意识形态工作责任制，提高舆论引导能力和水平，牢牢掌握主动权。强化以中心组学习为龙头的学习型党组织建设，切实用好“理论传基层、认知零距离”等活动载体。深入践行社会主义核心价值观，大力选树“身边好人”，深化拓展群众性精神文明创建，以过硬成果迎接全国文明城市“大考”。同时，坚持一手抓制度完善、一手抓制度执行，真正用制度管人管权管事，使思想建党和制度治党相互贯通、相互促进。

（二）严格规范党内政治生活。认真执行中央《准则》要求，严守政治规矩，优化党内政治生态。坚持和完善民主集中制，严格执行领导班子议事决策规则，“三重一大”等事项必须集体讨论决定。党委（党组）书记要带头发扬党内民主，善于集中正确意见。认真开好领导班子民主生活会，用好批评和自我批评这个有力武器，建立健全保证民主生活会质量的长效机制。落实基层党组织“三会一课”、主题党日、警示教育等制度，完善党员定期评议基层党组织领导班子、党员党性定期分析、谈心谈话和民主评议等制度，提高党内组织生活质量。

（三）切实加强党内监督。严格执行《党内监督条例》，强化自上而下的组织监督，改进自下而上的民主监督，发挥同级相互监督作用，不断增强自我净化、自我完善、自我革新、自我提高的能力。坚持把纪律和规矩挺在前面，用好监督执纪“四种形态”。各级党组织和领导干部要自觉接受监督，习惯在监督下开展工作，做到有权必有责、有责要担当。同时，自觉接受人大、政协、民主党派、群众和舆论等方面的监督，织紧织密监督之网。

（四）打造一流干部队伍。坚持“20字”好干部标准，坚持事业为上，以更宽的视野不拘一格选贤任能，重点关注作风正派、勇于任事、锐意进取的干部，让为民务实清廉的干部得到褒奖和重用。加强领导班子和领导干部综合研判，强化换届后各级领导班子建设，切实提高整体功能和决策水平。大力推行“一线工作法”，引导更多优秀干部到基层一线和急难险重岗位积极作为、磨砺成才。深入实施年轻干部“5311”培养计划，不断优化干部队伍结构。坚持从严规范约束、监督管理，构建全面从严、全面覆盖的干部管理监督体系。落实好“三位一体”实施办法，鼓励开拓创新、担当负责，大力营造想干事、能干事、干成事的浓厚氛围。

（五）强化基层组织建设。围绕构建“1+N”融合党建工作体系，有效落实党员领导干部抓党建“一岗双责”制度，不断压实党建工作责任。坚持以经济薄弱村为重点，选优配强基层党组织书记，常态化整顿软弱涣散基层党组织，不断提升村（社区）党组织统筹党建资源和社会资源能力。拓展“五位一体”党建惠民联动工作体系，深化基层服务型党组织创建。完善“五个一线”教育引导群众工作法，深入推进在职党员进社区活动，健全党员干部直接联系服务群众机制。提高党员发展质量，从严加强日常管理，推动更好发挥先锋模范作用。

（六）锲而不舍推进正风反腐。持之以恒抓好作风建设，巩固拓展党内集中教育成果，引导广大党员干部强定力、善创造、敢担当、重落实、守规矩。持续整治不作为、乱作为，激励党员干部在服务企业、服务群众、服务基层中争先创优。严格执行中央八项规定精神和省市区委十项规定，推动党风政风持续好转。实施党风廉政建设责任清单项目化管理，坚持“一案双查”，压实党委主体责任和纪委监督责任。加强权力运行监督制约，加大督导巡察力度，从源头上预防和减少腐败。坚持有腐必反、有贪必肃，严肃查处违反党的纪律行为和腐败问题，查纠侵害群众利益的不正之风，努力争创“三清”示范区。

（引自南通市通州党政信息网 www.tzdz.gov）

政府工作报告

——2017年1月10日在通州区第十六届人民代表大会第一次会议上(节选)

区长　陈永红

本届政府工作回顾

本届政府任期以来的五年,是宏观经济形势更为复杂、区域竞争更趋激烈的五年。五年来,我们在以习近平同志为核心的党中央坚强领导下,全面贯彻党的十八大和十八届三中、四中、五中、六中全会精神,认真落实省市和区委的各项决策部署,团结依靠全区人民,奋力拼搏、奋勇争先,经受住各种困难挑战和风险考验,创造了通州历史上又一个快速发展的黄金期,全区呈现出经济发展、社会进步、政通人和的良好局面。

五年来,我们坚持发展为先,既抓总量速度,更抓质量效益,经济实力在转型升级中迈上新台阶

经济质态显著跃升。面对经济下行压力,我们科学研判、沉着应对、主动作为,成效明显。2016年,地区生产总值突破千亿元,是2011年的1.7倍;完成一般公共预算收入72.2亿元;固定资产投资670亿元,保持全市第一;规模以上工业总产值跨过2000亿元大关。实施创新驱动战略,建成江海圆梦谷等国家级众创空间,成功举办首届江海智汇节和国家级智库钱学森论坛。全国首家家纺知识产权快速维权中心和家纺、船舶海工、建筑三大产业研究院相继落成。高新技术企业达159家,全市第一。全社会研发投入占GDP比重为2.55%,高新产业产值、新兴产业产值占比分别比2011年提高12.1和18.7个百分点。五年引进省"双创计划"项目22个,入选市"江海英才计划"项目76个,新增金融机构19家,20家企业登陆资本市场。列全国中小城市综合实力百强区[1]第28名。

产业结构持续优化。突出调高、调优、调强,三次产业结构由7.3∶56.7∶36演进为5.4∶49.6∶45。家纺产业创成国家新型工业化产业示范基地,"互联网+家纺"模式获国务院大督查表扬。高端装备制造、新一代信息技术、新材料、新能源及新能源汽车、汽车配件五大优势产业产值占比60%以上。建筑业总产值突破1600亿元,"鲁班奖"总数53项,全国领先。建成省、市级服务业集聚区7家,入选淘宝村[2]11家,新增4A级物流企业9家。建成绿博园、金土地等特色旅游景点14个,开沙岛跻身省级旅游度假区。农业现代化水平大幅提升,培育新型农业经营主体979个,适度规模经营比重达35%,新增高标准农田31.9万亩,全部高标准农田占比达76.8%,蝉联省发展现代高效农业成效显著区。

开放步伐不断加快。大力发展开放型经济,形成六大园区齐头并进的对外开放新格局。南通高新区晋升国家级,汽车配件、新一代信息技术等特色产业板块加速崛起,获评全省先进开发区;锡通科技产业园获批省级苏南苏中合作共建园区;南通家纺城成为全国唯一家纺研发设计产业化基地;空港产业园集聚华夏工程、尊翔航空、顺丰速运、圆通速递等优质临空项目;滨江新区加快"桥港岛"联动开发,临江产业布局全面形成;石港科技产业园基础设施逐步完善,产业集聚步伐加快。坚定不移推进招商引资和项目建设,五年引进华电热电、甬金金属等重大产业项目46个,总投资632亿元;实际利用外资14.8亿美元,瑞典宜家、美国德尔福、安费诺等5家世界500强企业落户投产。完成境外投资6.1亿美元。市场采购贸易方式国家试点、省跨境贸易电子商务试点稳步推进,2016年实现外贸进出口总额36.3亿美元,比2011年增长47.8%,创成国家外贸转型升级专业型示范基地。

五年来,我们坚持品质为要,既抓融入主城,更抓城乡统筹,城市建设在功能完善中展现新面貌

空间格局全面拉开。以大交通建设推动城市空间拓展、布局优化,兴东机场建成国际机场,沪通长江大桥开工建设,宁启动车开通运行,先锋互通、通洋高速投入使用,实现所有镇区15分钟内上高速公路。建成对接南通主城"八横四纵[3]"道路框架,新增国省干线公路150公里。中心城区西进南拓步伐加快,建成区面积拓展至"十一五"期末的1.7倍。高铁新城规划建设全面启动。平稳实施行政区划调整,高起点编制城乡空间发展战略规划,形成"一主一副两园六极[4]"的城乡体系。新一轮城镇总体规划实现全覆盖。新型城镇化和城乡一体化进程加快,常住人口城镇化率达到59%,五年提高7.3个百分点。

城市品质有效提升。城市展览馆、市民中心、体育中心建成开放,南山湖公园、"一河两岸"世纪公园等成为市民休闲好去处。新增城市绿地446.5公顷,实现市民出门300米见绿、500米见园。新建改造城区道路136.5公里,中心城区人均道路面积增长30%。实施水环境治理工程37项、雨污分流管网改造348公里,基本消除淹水片区。更加重视城市空间色彩应用、地下空间利用,编制各类专项规划15个,城市家具街景有序更新。城东新区碧桂园、万达广场等项目成功入驻,人气商气加快集聚。银河商务区配套功能逐步完善。改造提升老小区118个,住宅小区物业管理实现全覆盖。改革城管体制,实施重心下移,扩充数字城管,建成城区公共自行车服务系统,创成省优秀管理城市,文明城市长效管理实现常态化。

生态环境加快改善。坚持"生态立区"理念，创成国家生态区。新建交通绿廊180公里，新增造林9.7万亩，林木覆盖率达25.2%。有效治理大气环境，PM2.5浓度比2013年下降31.8%，空气质量优良率达74.2%。强化水污染防治，新增污水管网336公里，城镇污水集中处理率达57.8%，益民污水处理厂迁扩建工程、溯天污水处理厂建成投运。扎实开展三大污染行业专项整治行动，全区电镀企业全部关停，钢丝绳企业污染物排放全面纳入规范化管理，完成印染企业清洁化改造44家，建成欣源印染污泥处置中心。下大力气整治农村河道，建成水美乡镇2个、水美村庄19个、生态河道60公里。强化"五位一体"管理，农村环境面貌大幅改善。五接镇开沙村获"中国最美村镇"称号。

五年来，我们坚持民生为重，既抓提标扩面，更抓补短扶弱，社会事业在共建共享中取得新进步

公共服务全面优化。教育累计投入114亿元，现代化水平稳步提升。完成普通高中整合，通州高级中学新校区建成启用，4所普通高中全部达到四星级。江苏联合职业技术学院通州分院挂牌。新(迁)建中小学校13所、幼儿园18所，建成全国首批义务教育发展基本均衡区。强化政府办医职能，乡镇基层医院全部由政府举办。区人民医院纳入三级医院管理。新(扩)建医院11所，全面完成199个村卫生室标准化建设。稳步实施基本药物制度，切实减轻群众医药负担。整合完善食品药品监管体系，率先建成信息化监管平台。实施文化惠民工程，新建图书馆、文博中心、妇女儿童活动中心等公共文化服务设施19万平方米，64件作品在全国获奖，被命名为全国文化先进区。全民健身工程实现全覆盖，跻身省首批公共体育服务体系示范区。

保障水平稳步提高。实施就业促进政策，新增就业4.5万人，城镇登记失业率控制在3%以内。城乡居民人均可支配收入年均分别增长9.5%和10.6%。实施社保扩面提标和"一卡通"工程[5]，五大保险参保率98%以上，城乡居保基础养老金和企业退休人员养老金分别为2011年的1.9倍、1.6倍。5.2万名被征地农民进保。"9073"养老服务格局[6]基本形成，建成苏中一流的南山颐养中心。住房保障体系不断完善，公租房、廉租房建设惠及1.9万户，改造棚户区住房1.1万套、农村危房6500户，竣工交付安置房873万平方米。

社会大局和谐稳定。深化平安通州建设，实施公共安全智能化工程，全区万人刑事案件发案率持续下降，群众安全感逐年攀升，蝉联省社会治安综合治理平安区。在全省率先建成区镇村三级法律顾问体系，跻身全国"六五"普法先进行列。健全大调解组织网络，成立16个行业(领域)纠纷调处专业机构，推动矛盾纠纷源头化解。全力抓好安全生产，完成基层安监所标准化建设，投入2000多万元更新消防装备，开展安全生产大宣讲2300场，受教育人次超20万，实施常态化、推磨式安全生产大检查，全区安全生产形势总体平稳。

五年来，我们坚持服务为本，既抓规矩规范，更抓担当落实，自身建设在职能转变中得到新加强

作风效能加快转变。优化整合部门职能，组建区经信委、卫计委、市场监督管理局、服务业发展局。深化行政审批制度改革，成立行政审批局，审批时限整体压缩50%以上。强化工作管理和组织，坚持"长计划、短安排"，完善"月初交办、月中督办、月底反馈"重点工作推进机制，创新"一表式""滚动式"项目推进办法，政府各项重点工作有效落实。强化责任担当、突出为民导向，全力办好每年10件民生实事项目。坚持以上率下、一线推进、集体研究、合力攻坚，高效完成土地例行督查整改、秸秆禁烧、控违拆违等重点难点工作，政府驾驭复杂局面的能力不断提升。

依法行政扎实推进。坚持民主决策，邀请人大代表、政协委员、专家学者、法律顾问、市民代表列席区政府全体会议、常务会议和区规划委员会会议。深化行政执法体制改革，启动"双随机一公开[7]"试点，组建七支综合执法大队。加大环保、安监等领域执法力度，依法关停污染企业132家，182处三级以上重大事故隐患均整改到位。全面推进行政权力网上公开透明运行，所有办件实现全程监控。深入推进政务公开，累计主动公开政府信息5.1万项。自觉接受人大法律监督、工作监督和政协民主监督，认真办好人大代表建议、政协提案。发挥"公众监督""12345市民服务热线"等平台作用，广泛接受社会监督。

廉政建设持续加强。扎实开展党的群众路线教育实践活动、"三严三实"专题教育和"两学一做"学习教育。全面落实党风廉政建设"两个责任"，履行"一岗双责"。严格执行主要领导"四个不直接分管[8]"制度，强化"三重一大[9]"事项监管。针对公共资源交易、标后监管、工程变更等关键环节，完善管理办法，不断扎紧制度笼子。严格落实中央"八项规定"、省市区委"十项规定"精神，完成行政机关公务用车制度改革，严控"三公"经费支出。坚决抵制和纠正各类不正之风，严肃查处违纪违法案件，廉洁政府形象进一步巩固。

与此同时，积极支持群团组织发挥作用。全区民族宗教、双拥优抚、应急管理、统计、档案、气象、地方志以及慈善、红十字、关心下一代等工作取得新业绩。

各位代表，回顾本届政府工作，我们深感成绩来之不易，这一切归功于市委、市政府和区委的正确领导，得益于历届领导班子打下的良好基础，离不开区人大、区政协的监督支持，凝聚着全区人民的智慧和汗水。在此，我谨代表区人民政府，向广大干部群众，向人大代表、政协委员，向各民主党派、工商联、无党派人士和离退休老同志，向驻通部队、武警官兵，向所有关心和支持通州发展的各界人士、海内外朋友，表示衷心的感谢和崇高的敬意！

在看到成绩的同时，我们也清醒地认识到发展中的困难和问题。主要是：能够支撑发展的产业项目数量不多、体量偏小；经济结构性矛盾依然突出，创新载体、人才作用还有待充分发挥，企业创新水平还不高，一些企业面临困难；城乡、区域发展不够均衡，基本公共服务与群众的实际需求还存在一定差距；受宏观经济形势影响，群众收入增速放缓，获得感还不强；生态环境需要进一步改善；社会文明程度还不够高；干部的担当意识、攻坚能力还要进一步增强。对此，我们将高度重视，在今后工作中切实加以解决。

今后五年的目标任务

今后五年，是新一届政府全面履职的五年，也是通州抢抓机遇、跨越发展的五年，政府工作的总体要求是：高举中国特色社会主义伟大旗帜，深入贯彻习近平总书记系列重要讲话和省市区党代会精神，自觉践行五大发展新理念，积极引领经济发展新常态，紧紧围绕"五位一体"总体布局和"四个全面"战略布局，紧盯高水平全面建成小康社会目标，坚持稳中求进总基调，落实项目引领、接轨上海、创新驱动、富民增收四大任务，全力做好稳增长、促转型、抓改革、惠民生、优生态、防风险各项工作，加快"四区[10]"建设步伐，打造"强富美高"新通州。

今后五年，我们必须紧紧围绕南通发展"四大战略定位[11]"，昂扬斗志，敢于担当，奋力拼搏，努力在五个方面更有作为：

——*争当南通经济中心建设排头兵*。通州面积人口、经济体量都位居南通前列，南通打造长三角北翼经济中心，通州有责任、有信心贡献更多的力量。我们要发挥靠江靠海靠上海的独特优势，强化"跨江合作、接轨上海"，加强与上海、苏南在产业、创新资源、旅游、市场、交通等方面的对接，努力在融合、特色发展方面走在全市前列，成为南通建设上海"北大门"的关键节点。力争到2021年，地区生产总值突破1500亿元，规模工业产值突破3500亿元，建成长三角北翼先进制造业基地和现代物流基地。

——*争当南通交通枢纽建设主阵地*。通州三面环绕南通中心城区，是南通区域性综合交通枢纽建设的最大受益者。我们要主动融入长三角一体化发展和南通大交通建设，全力保障对接过境高铁、高速、轨道交通、疏港通道以及空港建设，强化与南通中心城区、长三角地区及国内外发达地区的互联互通，加大区内交通投入和组织力度，全面构建现代交通体系，以更加突出的交通优势奠定发展优势。

——*争当南通创新之都建设领头羊*。通州拥有国家级高新区和近百万平方米各类创新载体，创新基础扎实、优势较为突出。我们要积极策应南通中央创新区建设，充分发挥国家级创新平台作用，加快构建以南通高新区为核心、科技园区为载体、创新型企业为主体的创新网络，努力营造全市最适宜创新创业的生态环境，促进人才、科技、金融等要素碰撞、聚合、裂变，快速提升城市创新"浓度"，成为南通具有爆发力和引领力的又一创新极、增长极。

——*争当南通花园城市建设先行军*。通州地域空间大、生态基础好，只有将通州的生态环境保护好、建设好，南通花园城市建设才有强大的保障。我们要全方位加强环境保护和生态提升，更加重视文脉传承和特色塑造，加快推进"三城同创[12]"，努力构筑"水韵通州、绿满通州、畅游通州"三大品牌，打造环南通主城区绿色生态门户和自然屏障。确保PM2.5浓度降幅、空气质量优良天数、地表水优良比例等主要环境指标好于全省平均水平，节能减排完成省市下达目标。

——*争当南通民生幸福建设新标杆*。始终坚持以人民为中心的发展思想，把保障和改善民生作为工作导向，积极回应人民群众的新关切、新需求。更加关注居民收入，着力完善富民增收体制机制，落实七大群体增收激励计划[13]，力争到2021年，城乡居民可支配收入分别达6万元和3万元。突出解决"看病、上学、养老"三大焦点问题，加快基本公共服务标准化、均等化步伐。法治通州、平安通州建设和城市文明程度持续走在全省前列，群众对全面小康社会的满意度全市领先。

2017年工作安排

2017年是新一届政府开局之年，是高水平全面建成小康社会的关键一年，做好今年的工作，具有十分重要的意义。今年经济社会发展的主要预期目标是：地区生产总值增长8.5%左右，一般公共预算收入同口径增长6%左右，固定资产投资增长10%左右，外贸进出口实现增长，城乡居民人均可支配收入增长与经济增长同步，城镇登记失业率控制在3%以内，全社会研发投入占比2.6%以上，万元地区生产总值能耗降幅和主要污染物减排完成市下达任务。

为完成上述目标，我们要着重抓好以下六个方面工作：

一、加快实体经济发展，促进增量扩张存量优化

突出接轨上海，全力以赴抓招商、攻项目、强企业，切实提升经济工作组织和服务效能，增强实体经济整体竞争力。

深化对接服务上海。坚持把融入、服务、配套上海作为主攻方向，深化对接，深度融合，促进各类要素双向流通，增创区域发展新优势。成立接轨上海专门工作机构，制定落实"接轨上海三年行动计划"。开展"上海投资促进周""上海企业通州行"系列活动，主动承接先进产业、高端要素辐射，推动重点领域、重点项目取得突破。镇区园（街道）加强对沪交流合作，每个主力平台对接1～2个上海产业园区，加快南通高新区中科新材料产业园、锡通未来岛科创园等共建园区落户建设，吸引产业项目成批转移。加快推动家纺、建筑、现代农业等优势产业拓展上海市场，促进沪通产业、企业深度协作，提升上海市场占有率及享誉度。

强化招商引资项目建设。完善区镇两级招商工作体系，充分发挥招商云平台作用，健全信息收集、项目管理、绩效考核机制，切实提升招商组织化程度。强化以商引商、驻点招商、产业链招商。全年力争新签约亿元以上项目100个、20亿元以上的重大产业项目8个，实际利用外资3亿美元以上。紧盯项目签约、开工、投产等关键节点，强化"旬协调、月会办、季点评"推进机制，切实提升项目服务效能。全面梳理重大项目信息库，全力推进丽智电子、旭东汽配等重大项目竣工投产，推进新江海超级电容、奥特佳新能源、斯澳生物等重点项目开工建设。全年实施省市级重大项目16个，新开工亿元以上重点项目80个以上。六大主力平台经济贡献率达80%。

深入推进供给侧结构性改革。强化大企业培育，推动优势企业增资扩股、兼并重组，推动金太阳纺织、海星电子等企业上市，力争新增规模以上企业60家。鼓励企业加大技改投入，确保实施超千万元技改项目100个以上，建成智能示范车间5个。强化金融服务支撑，定期组织政银企对接活动，力争新增小微企业贷款20亿元。发挥产业基金、担保基金引导作用，撬动更多社会资本投向实体经济。认真落实国家、省降本减负政策，帮助企业减少税费负担、融资成本。严格把握环保、能耗等准入关，坚决淘汰落后产能，严防严打“地条钢[14]”制售。推进外贸综合服务平台建设，加快空港保税物流园区（B型）申报，深化市场采购贸易方式国家试点、省跨境贸易电子商务试点工作，实现外贸进出口总额36.6亿美元。

优化经济发展环境。建立企业家座谈会制度，落实企业服务代表制、领导干部挂钩联系制，突出“一企一策”、分类帮扶，为企业提供精准高效服务。巩固提升行政审批权相对集中改革成果，进一步完善“五联”审批模式[15]，加快建立健全“互联网+政务服务”体系，全力推动行政审批标准化、扁平化、便利化。推进基本农田布局优化、同一乡镇范围内村庄建设用地布局调整，优先保障优质产业项目用地。加强经济运行预警监测，探索建立企业发展绩效评价系统，为腾笼换鸟、优化存量提供有效支撑。

二、加快特色产业培育，促进产业集聚结构调整

以构建现代产业新体系为目标，坚持有所为、有所不为，聚焦最有条件、最具优势的领域，加快形成具有通州特色的产业集群。

培育制造业特色板块。全面落实《中国制造2025通州实施纲要》，对接南通“3+3+N”产业体系[16]，以重点园区为载体，高起点谋划打造两个千亿级、六个百亿级特色产业板块。南通高新区提升智能装备、汽车配件、新型储能装备及材料、电子信息产业能级；锡通科技产业园优化产业规划布局，大力发展装备制造、新材料、电子信息等优势产业；滨江新区立足船舶海工、纺织新材料等产业，加快资产盘活，实施兼并重组，形成新的增长点；南通家纺城推动家纺产业扩链升级和生产工艺革新，提升产业核心竞争力；空港产业园加快引进航空新材料、飞机零部件等产业龙头型项目，着力建设长三角飞机维修改装基地；石港科技产业园加快培育自动化设备、机械制造等特色产业。

大力发展服务业新业态。依托江海智汇园、江海圆梦谷等载体，加快集聚科技服务企业，引进科技服务平台3家以上。家纺城以“互联网+”为契机，大力发展微供市场，加快家纺制造服务化步伐。强化政策支持，力争新引进金融机构2家、企业总部1家，新增主题楼宇2家。加快发展现代物流业，积极推进平东物流园、顺丰二期、宝湾物流、中通快递等重点项目建设。着力培育文化、体育、健康、养老、教育培训等“幸福产业[17]”，不断释放潜在消费需求，社会消费品零售总额突破370亿元。新增应税销售超千万服务业企业50家，服务业投资额和应税销售均增长12%以上。

加快建筑业现代化步伐。依托江苏通创建筑研究院，加强建筑新材料、新技术、新工艺的集成应用，加快打造建筑产业现代化示范基地。支持南通四建、通州建总、南通新华等龙头企业深耕主业、拓展周边，重点在轨道交通、智能化、绿色节能等领域寻求更大突破。大力推进企业资质升级，新增一级资质企业3家、二级资质企业5家。加大市场开拓力度，努力巩固优势市场，充分挖掘新兴市场、境外市场，力争建筑业产值突破1700亿元。争创“鲁班奖”等国家级建筑奖项2项以上，扩大“通州铁军”品牌影响力。

做靓畅游通州旅游品牌。按照“全域布局、全景覆盖、全局联动、全业融合、全民参与”的思路，编制通州全域旅游规划，推动景点旅游向全域旅游转变。加快绿博园二期森林公园建设，形成品牌和规模效应；开沙岛旅游度假区着力推动江韵风情街、途居房车露营地等旅游项目建设，精心筹办开沙岛国际体育旅游节，打响体育旅游品牌；石港渔湾水乡坚持特色发展，加快民宿、温泉和生态水乡建设；进鲜港乡村旅游集聚区拓展农业观光、农耕体验，花海项目建成开放。强化旅游精品路线策划推广，全年力争接待游客超360万人次，实现旅游总收入45亿元。

三、加快实施创新战略，促进动能转换发展提速

充分发挥创新对发展的催化作用，进一步完善区域创新体系，加快发展动能转换，努力实现更高质量和效益的发展。

突出企业创新主体。推动创新链、产业链有机融合，支持企业与国内外知名高校、研究院所挂钩合作，实施产学研合作50项，3个项目列入省重大科技成果转化资金计划。提升企业自主创新能力，推动全区大中型企业研发机构建设全覆盖，建成市级以上工程技术研究中心10家，通过省级认定“首台套[18]”装备3个以上。实施科技型企业梯队培育计划，认定高新技术企业30家。深入实施知识产权战略，培育知识产权优势企业50家以上，全社会万人发明专利拥有量达到22.5件，创建国家知识产权示范区。

大力推进招才引智。充分发挥“市+区”人才新政叠加优势，着力营造尊重人才、鼓励创新、宽容失败的社会氛围。实施人才发展三年行动计划，强化职能部门与创新载体协调联动，全年引进高层次创新创业人才（团队）50名（个）、项目30个、高技能人才3200名。建立驻沪人才工作站，探索形成“上海孵化，通州转化”的人才工作机制。优化人才项目考核，完善人才项目竞争、退出机制，力促10个项目实现产业化。促进人才、科技、金融互动融合，新引进创投、风投机构3家以上，积极争取省市科技型中小企业创业引导资金，力争“苏科贷”总额达2亿元。

激发万众创新活力。鼓励市场主体探索新业态、新模式，让千千万万的“微行为”，汇聚成创新创业的“众力量”。推动新世纪大道众创集聚区走低成本、便利化、全要素、开放式之路。鼓励有条件的镇区园（街道）试点改造闲置厂房，为创业者提供低门槛创新创业空间。着力培育众包、众扶、众筹平台，支持分享经济发展，打造更有活力的创新创业生态系统。放大大学生创业基金效应，吸引更多青年和大学生返乡创业，让创新创业在通州蔚然成风。

四、加快花园城市建设，促进城市转型形象提升

紧扣“宜居宜业富有魅力的花园城市”的战略定位，推动城市由外延型向内涵型、功能型向生态型、管理型向服务型转变，实现以城带乡、城乡协调发展。

彰显城市内涵魅力。加快海绵城市、智慧城市、生态城市规划建设，推动城市精明增长、紧凑发展。突出城市色彩、空间形态、本土特色等重点，加强规划把控，提升城市个性颜值。推动老城有机更新，继续实施老小区、市政路网、背街后巷改造，完成重点路段家具提升和楼宇亮化。推进新区有序开发，着力打造南山湖壹号、万达广场等城市新地标。加快高铁新城配套功能建设，打造南通西部城市副中心。启动江海大道东延快速化改造，实施G345南通东绕城北接线等道路工程，全力保障机场大道、南通西站、宁启二期、沪通长江大桥等重点工程建设，主动对接北沿江高铁、南通二环高速、轨道交通等重大基础设施前期研究。

持续改善生态环境。实施通吕运河、竖石河、运盐河西段等绿化景观工程，开工建设进鲜港湿地公园、定海湖生态涵养区，形成城市生态“内核”。完成G15、G40绿色通道提升工程，积极打造开沙岛等郊野公园，启动南通二环高速、通扬运河改线沿途景观带研究，扮靓城市生态“外环”。继续实施城区控源截污扩面工程，完善雨污排放系统，启动运盐河中段综合整治，开展南山湖周边水系、八角亭河等水生态治理，彰显城市水韵特色。深入开展“两减六治三提升[19]”专项行动，严格控制区域排污总量，铁腕整治环境突出问题，推动生态环境持续改善。

提升城市服务水平。实施正德路、希望路北延等道路建设工程，打通“断头路”，理顺“微循环”。优化城市交通环境，加快停车设施建设，加强秩序管理，严查交通违法行为。规范城区市容环卫秩序，严格城管综合执法，建成美食广场，切实解决城市占道经营、乱停乱放等顽疾。实施住宅小区物业管理提升工程。倡导绿色生活方式，增加投放公共自行车400辆。试点推广生活垃圾分类收集处置。增强社区服务功能，推动“政社互动”和社区“减负增效”，促进社区回归自治和服务本位。

推进特色镇村建设。深化镇村规划布局调整，实现镇区控规、村庄规划全覆盖。市级中心镇完善功能配套，加快开发开放，逐步构建初具规模的城市形态。切实加强环南通周边集镇环境秩序管理。开展特色街区、村庄规划，推进新型社区发展，引领美丽乡村建设。继续实施农村公路、危桥改造、公交优化等工程，促进城乡基础设施均衡发展。深入推进农村环境“五位一体”长效管理，完成农村河道整治三年行动计划，实施重点河道沿线绿化，全面推行“河长制[20]”，建设生态美好家园。

五、加快富民强村步伐，促进农业增效农民增收

坚持把增加农民收入作为富民增收的主攻方向，推进农业供给侧结构性改革，挖掘农业增效潜力，开辟农民增收新途径。

推动农业提质增效。以建设南通国家现代农业示范区通州核心区为目标，加快现代农业产业园区、农产品加工集中区建设，新（扩）建规模以上农业项目120个。加大绿色优质农产品供给，推动八大优势产业[21]调优品种、提高品质、提升品牌，新增设施农业1万亩，建成现代农业标准园4个，新增农业“三品[22]”50个。促进农业与二、三产业融合发展，新增投入千万元以上农产品加工（物流）项目20个，出口企业2家。建成粮食烘干中心（点）30个以上。积极培育新型农业经营主体，发展多种形式适度规模经营，新增家庭农场40家、“全托管”组织100家、市级以上龙头企业4家。创新农村金融服务，扩大土地经营权抵押贷款规模。拓宽政策性农业保险领域，增强农业抵御风险能力。

壮大农村集体经济。建成高标准农田7万亩，支持村集体通过溢出土地租赁、土地流转服务，增加稳定性收入。扶持村集体发展设施大棚、产地市场等农业设施，鼓励创办物业管理、村庄保洁等市场化服务实体，实行公益性岗位向村集体劳务合作社倾斜。整合镇村资源、资金，投资建设标准厂房、农贸市场等集体物业项目，推动村集体抱团联合发展。加快经济薄弱村扶持项目建设，探索建立村集体经济发展基金，激发村集体经济发展动力，确保70%以上村集体年收入超50万元。

拓宽农民增收渠道。把创业富民作为最大潜力，健全农民创业服务体系，支持农民自主创业、转移就业。加强农业领军人才培养，完成职业农民培训3500人，大力推广节本增效技术，挖掘农业创业增收潜力。大力发展农村电子商务、休闲农业、乡村旅游和特色乡村经济，形成农民收入新的增长点。健全土地流转定价和风险防控机制，保障农民土地流转收益。推进农村集体产权制度改革，深化土地股份合作社、富民合作社试点，拓展农民财产性收入渠道。深入实施脱贫致富奔小康工程，强化低保政策和扶贫政策有机衔接，精准落实产业扶贫、健康扶贫、结对帮扶、保障兜底等措施，确保建档立卡低收入农户脱贫率55%以上。

六、加快社会事业发展，促进共建共享民生改善

坚持把人民对美好生活的向往作为奋斗目标，持续加大民生事业投入，推动民生改善与经济发展良性互动，让人民群众有更多获得感和幸福感。

提升教育发展水平。加快推进教育现代化建设，优化教育资源配置，新（扩）建南山湖小学、银河小学、新坝小学和金东新城学校、东社学校等义务教育学校。推进高中课程改革，加强学科基地建设，促进普通高中优质特色发展。发展“订单式”职业教育，加快通州中专二期工程建设。加快学前教育改革示范区建设，新建幼儿园6所，创建省优质园2所。实施教育装备信息化工程，加快数字化校园建设，实现智能校园安保系统全覆盖。加强师资队伍建设，提升教育教学质量。

完善现代医疗体系。深化公立医院综合改革，完成新的区级公立医院规划设计。建成启用区六院、七院和先锋、川姜、兴仁、十总等卫生院，启动区三院异地新建。推动1家中心卫生院建成二级医院，85%以上的镇卫生院达到省示范卫生院标准。强化卫生人才队伍建设，柔性引进重点专科人才60名，加强乡村医生培养管理。加快实施智慧卫

生工程，推动医疗信息互通共享。积极对接上海优质医疗资源，建立与沪上名院、名医合作机制，让老百姓在家门口享受到更优质的诊疗服务。

繁荣文化体育事业。扎实推进“十百千万”文化惠民工程，办好“江海文化艺术节”“古沙读书节”“通州之夜”等品牌文化活动。提高公共文化场馆利用效率，引导文化资源向基层倾斜，丰富文艺精品创作，提升公共文化服务水平。倡导全民阅读，积极开展科普活动，提高群众科学文化素质。优化区体育中心运营管理，加强农村体育设施建设，新建镇级体育公园2个。新增15所学校体育场地向社会开放。

健全社会保障体系。落实就业创业激励政策，缓解结构性就业供需矛盾。实施“全民参保登记计划[23]”，稳步实施社保扩面提标，推进社会保险全覆盖。积极稳妥推进城乡居民基本医疗保险并轨衔接，合理提高筹资标准和报销比例。逐步提高被征地农民保障水平。做好困难群体、低收入人口等群体保障工作。强化住房保障，探索建立市场化、多元化安居保障模式。完善政府购买服务制度，夯实居家养老基础，南山颐养中心投入运营，加快构建“9064”养老服务格局。

共建平安社会环境。不断完善立体化、信息化社会治安防控体系，提升“平安通州”建设层次和水平。严格落实安全生产责任制，常态化开展安全生产大检查，加大隐患整改和监管执法力度，实施重点行业领域专项治理，坚决遏制安全生产事故发生。实施食品药品监管信息化二期工程，构建食品安全追溯体系，创成国家食品安全城市。完善矛盾纠纷多元化解机制。强化突发事件应急体系建设，加快建成消防应急指挥中心，增强防灾减灾救灾能力，不断提升公共安全水平。

加强政府自身建设

新的形势对政府工作提出了新的更高要求。我们将紧紧围绕为民、务实、法治、清廉四个目标，进一步加强政府自身建设。

打造为民政府。坚持问政于民、问计于民，集中民智、集思广益，从群众实践中总结经验、指导发展。全力办好10件32项民生实事，切实解决好群众最关心、最直接、最现实的重点问题。进一步发挥“公众监督”“12345市民服务热线”栏目作用，认真倾听民情民意，及时回应群众期盼。加强和改进信访工作，注重从源头预防化解各类矛盾，推进信访积案化解，力求在同群众对话中赢得理解、在帮群众解决困难中赢得支持。

打造务实政府。大力弘扬求真务实作风，倡导政府系统干部讲真话、办实事，脚踏实地、苦干实干。健全激励和容错纠错机制，旗帜鲜明地为担当者担当、为创新者撑腰。积极创新政府管理方式，形成目标路径清晰、任务分工明确的精细化组织机制。紧盯五年目标、“十三五”规划、年度计划的实施，加强政务督查、效能监察和绩效评价，做到责任有主体、实施有监督、结果有考核。坚持守土有责，强化行政问责，坚决纠正和严肃查处推诿扯皮、行政不作为、慢作为和乱作为，确保政令畅通，提高行政效能。

打造法治政府。把依法行政贯穿政府决策、执行、监督的全过程，推进政府信息公开。完善行政决策的程序规则，重大决策必须经过公众参与、专家论证、风险评估、合法性审查和集体研究。坚持重大事项报告制度，主动推进政府信息公开，严格按照法定权限和程序行使权力、履行职责，注重运用法律手段解决发展中的矛盾问题。进一步深化行政执法体制改革，落实行政执法责任制。认真执行行政诉讼案件出庭应诉制度。坚决执行区人大及其常委会的各项决议，自觉接受人大法律监督、工作监督和政协民主监督、社会公众监督。

打造清廉政府。加强惩防体系建设，深入落实党风廉政建设“两个责任”、中央“八项规定”和省市区委“十项规定”精神，切实履行政府廉政承诺。加强队伍建设，引导领导干部树立正确的是非观、工作观、家庭观。加大经济责任审计问责力度，强化项目资金与工程建设监督，进一步规范公共资源交易，提升财政资金使用绩效。牢固树立过“紧日子”思想，严控一般性行政支出。严肃查处各类违纪违法案件，坚决纠正损害群众利益的不正之风，以清正廉洁的政府形象取信于民。

各位代表，做好今后五年特别是今年工作，任务艰巨，使命光荣。让我们在市委、市政府和区委的坚强领导下，在区人大、区政协的监督支持下，进一步提振精神、凝心聚力，干在实处、走在前列，为高水平全面建成小康社会做出新的更大贡献！

附件1

《政府工作报告》有关词语释义

1. 全国中小城市综合实力百强区：2005年起，中国城市经济学会中小城市经济发展委员会和中小城市发展战略研究院、中国中小城市科学发展指数研究课题组等单位，对全国361个县级市、1568个县、662个市辖区和2万余个建制镇进行跟踪研究，每年发布研究成果。

2. 淘宝村：由阿里巴巴集团旗下的研究院每年评测发布，经营场所在农村地区，以行政村为单元，全村电子商务年交易额达到1000万元以上，活跃网店数量达到100家以上或活跃网店数量达到当地家庭户数的10%以上的村被称为淘宝村。通州目前共有11个，分别是：川姜镇川北村、川南村、姜川村、磨框镇村、三合口村、双桥村、义成村、志浩村、志南村，金沙街道新村社区，张芝山镇塘坊村。

3. 八横四纵：八横：南通世纪大道东延、南通青年路东延、南通人民路东延、南通钟秀路东延、江海大道、龙盛大道、南通长江北路西延、204国道通州段；四纵：228国道通州绕城段、345国道南通东绕城、225省道通州段(通富路北延)、通刘公路。

4. 一主一副两园六极：“一主”即通州中心城区。“一副"即滨江高铁新城，包括平潮镇和五接镇。"两园"即锡通科技产业园和石港科技产业园。"六极"即先锋、兴仁、二甲、刘桥、东社、十总。

5. 社保一卡通工程：社保卡、就诊卡和银行卡三合一，方便参保者随时随地查询自己的权益记录，方便、快捷地享受社会保障服务。

6. 9073养老服务格局：90%的老年人采取以家庭为基础的居家养老；7%的老年人依托社区的养老服务中心，提供日间照料；3%的老年人通过机构养老予以保障。

7. 双随机一公开：国务院办公厅于2015年8月出台《关于推广随机抽查规范事中事后监管的通知》，要求全面推行"双随机、一公开"监管，即随机抽取检查对象、随机选派执法检查人员，检查情况和查处结果及时向社会公开。

8. 四个不直接分管：主要领导不直接分管财务、干部人事、工程建设、物资采购等。

9. 三重一大：重大事项决策、重要干部任免、重要项目安排、大额资金的使用，必须经集体讨论做出决定。

10. 四区：区"十三五"规划提出，建设创新转型示范区、陆海统筹江海联动交汇区、沪苏通协同发展前沿区、生态和谐宜居区。

11. 四大战略定位：南通市第十二次党代会提出，今后一个时期，南通城市发展的战略定位是：长三角北翼经济中心、重要区域性综合交通枢纽、具有区域影响力的创新之都、宜居宜业富有魅力的花园城市。

12. 三城同创：南通市第十二次党代会提出，开展花园城市、国家生态园林城市和国家森林城市创建，实施增绿、清水、畅通、便民四大行动。

13. 七大群体增收激励计划：国务院印发《关于激发重点群体活力带动城乡居民增收的实施意见》，部署对技能人才、新型职业农民、科研人员、小微创业者、企业经营管理人员、基层干部队伍、有劳动能力的困难群体等七类重点群体实施激励计划，带动城乡居民实现总体增收。

14. 地条钢：用中频炉把废钢铁熔化，再倒入简易铸铁模具内冷却而成，抗拉强度等不符合国家标准，大部分产品存在脆断的情况，质量存在严重隐患，属于国家坚决淘汰的落后产能。

15. "五联"审批模式：区行政审批局与13个相关部门建立了审批合作共同体，创新推出施工图纸"网上联审"、企业设立"证照联办"、技术评估"并行联审"、现场踏勘"一车联动"、项目竣工"联合验收"等五联审批方式。

16. "3+3+N"产业体系：2016年4月13日南通市委、市政府出台《关于加快推进项目建设的意见》，提出建立"3+3+N"产业体系。第一个"3"是高端纺织、船舶海工和电子信息三大重点支柱产业；第二个"3"是智能装备、新材料、新能源和新能源汽车三大重点新兴产业；"N"是指符合产业发展导向、有利于发挥自身优势的若干产业。

17. 幸福产业：国务院办公厅《关于进一步扩大旅游文化体育健康养老教育培训等领域消费的意见》（国办发〔2016〕85号）首次提出幸福产业概念，主要指文化、体育、健康、养老、旅游等产业。

18. 首台套：是指经过创新，其品种、规格或技术参数等有重大突破，经省级及以上质量技术监督部门检测的，具有知识产权但尚未取得市场业绩的首批次装备、系统和核心部件。

19. 两减六治三提升：2016年12月9日，江苏省委、省政府召开"两减六治三提升"专项行动动员会。"两减"指减少煤炭消费总量和减少落后化工产能；"六治"指入江入海河流整治、治城市生活垃圾、治黑臭河道、治畜禽养殖污染、治挥发性有机物、治环境隐患；"三提升"指提升生态保护水平、环境经济政策调控水平、环境执法监管水平。

20. 河长制：2016年11月28日，中共中央办公厅、国务院办公厅印发了《关于全面推行河长制的意见》。明确由各级党政领导担任"河长"，负责组织领导相应河湖的管理和保护工作，包括水资源保护、水域岸线管理、水污染防治、水环境治理等，牵头组织对突出问题进行清理整治，协调处理重大问题。

21. 八大优势产业：优质稻米、优质油菜、设施蔬菜、时令瓜果、出口蔬菜、优质山羊、特色水产、休闲观光。

22. 三品：无公害农产品、绿色食品和有机农产品。

23. 全民参保登记计划：人社部于2014年5月27日出台《关于实施"全民参保登记计划"的通知》，提出要"依据社会保险法等法律法规规定，以社会保险全覆盖为目标，通过信息比对、入户调查、数据集中管理和动态更新等措施，对各类群体参加社会保险情况进行记录、核查和规范管理，从而推进职工和城乡居民全面、持续参保"。

附件2

2016年政府为民办实事项目完成情况

一、教育发展方面

1. 新增石港镇石南和兴仁镇韬奋2所普惠性幼儿园，新开工建设金沙小学附属、西亭镇龙坝、五接镇中心、川姜镇大地4所幼儿园；异地新建张芝山小学，新建银河新区小学、南山湖小学，实施家纺城小学三期工程。

石港石南、川姜大地、兴仁韬奋3所幼儿园已竣工，金小附属、西亭龙坝、五接中心3所幼儿园已开工建设。张芝山小学和家纺城小学三期工程主体已完工，银河新区小学已完成主体工程招标公告，南山湖小学配电房、临时围墙已完成并通过验收。

2. 实施中小学教育装备提升工程。全区中小学装备按照省Ⅰ类标准进行建设；实施南通市现代化创建工程，90%以上义务教育学校通过南通市现代化学校验收。

已完成。有63所学校通过义务教育学校现代化创建工程验收，占比92.6%。

3. 实施通州中专二期工程建设。

红线范围内建筑已全部拆除，河道桥梁已完成招标，第一批建筑完成编标，正进行概算送审。

4. 实施教育信息化工程，全面完成数字化校园基础设施建设。

已完成计算机、电子白板、电子书包和录播教室的施工安装,两平台和监控项目正在实施中。

二、医疗卫生方面

5. 异地新建十总镇骑岸卫生院。

前期工作全部完成,施工队伍已进场施工。

6. 实施卫生信息化工程(2016年度)。

与省健康信息平台开展交换数据,完成卫生信息平台省三级标准测评;新部署31家数字化卫生院和所属卫生室;完善居民家庭健康档案,完成传染病自动报告功能升级。

7. 为2.5万名农村妇女免费进行"两癌"筛查;为5000对新婚对象进行婚前医学检查;为7500名新生儿进行疾病筛查(听力、苯丙酮尿症、甲低症);为符合政策的计划怀孕夫妇免费提供孕前检查及优生指导,目标人群约6000人,覆盖率90%以上。

已完成。

三、生态治理方面

8. 实施农村河道整治三年行动计划(2016年度),对全区500条等级河道及非等级重要河道进行系统整治,全面落实河道长效管护机制。

已完成。共疏浚河道606条,整坡1517公里,拆除坝头坝埂1369处,建设桥(涵)721座。

9. 实施覆盖拉网式农村环境综合整治项目。2016年在全区16个村居实施农村污水处理项目设施建设。

在16个村居实施了19个污水处理设施建设项目。

10. 对全区重点行业30家企业实施清洁化改造。

完成44家印染企业的清洁化改造,主要实施了废水处理设施加盖、废气集中收集处理、定型机和刷毛机改造、污泥废气集中处理等。

11. 开工建设益民污水处理厂二分厂提标扩容工程。

已完成前期准备工作,待土地规划调整到位后即可开工建设。

12. 淘汰6台10蒸吨/小时及以下燃煤锅炉。

已完成。共淘汰200台。

四、社会保障方面

13. 对19家敬老院进行消防安全改造,对7家敬老院进行提档升级,按照"三有三能六达标"要求购置所需设备。

19家敬老院中已完成改造14家,正在改造3家,兴东街道敬老院改造方案正在审核中;张芝山敬老院拟新建。7家敬老院提档升级已完成。

14. 为200名城乡低保、特困供养人员中的失能、半失能人员配置康复辅助器具。

已完成。

15. 为纳入城镇职工及居民基本医疗保险、新型农村合作医疗范围的1300名城乡贫困精神残疾人提供免费基本用药。为全区150名14周岁以下残疾儿童提供免费康复训练。

已完成。

16. 提高新农合筹资标准,人均标准提高到700元(含大病保险50元),参合率达99%以上。

参合标准和参合率均已实现目标。

五、就业培训方面

17. 新增扶持创业人数1200人,扶持农村劳动力自主创业370人,创业培训人数490人。

完成新增扶持创业人数1392人,扶持农村劳动力自主创业624人,创业培训人数1136人。

18. 培育新型职业农民3000人。

完成培训3781人。

六、交通出行方面

19. 新(改)建镇村主干道100公里,改造农桥25座4000平方米。

已完成。

20. 优化公交线网。更新投放10辆新能源公交车,新辟城区公交208路,优化公交283、363路,加密100路公交班次,开工建设金东新城、锡通科技产业园2个公交回车场。

公交线网优化已完成。金东新城公交回车场建设正在办理土地挂拍手续,锡通科技产业园公交回车场建设正在进行招投标。

21. 建成青岛北路智能公交调度中心,推进"掌上公交"便民服务;实施公交一卡通工程。

已建成。

22. 实施公共自行车服务系统二期工程。设置站点20个、锁桩400个、投放300辆公共自行车。

已完成。全区现有站点50个、锁桩1200个、自行车900辆,日均使用1964辆(次),年减少碳排放量约80吨。

七、人居环境方面

23. 继续提升城区水环境。实施南山湖水街西侧连接沟水生态治理工程,对十六总港、二号横河(珠江路—新通掘路)进行综合整治。

南山湖水街生态治理和十六总港整治工程已完成,二号横河整治工程因药师佛文化园建设,待规划部门统一制订该区域规划方案后再实施。

24. 对城区13个老小区进行改造。

根据住户意见,调整了实施方案,共完成11个老小区改造。

25. 建设市民广场停车场。

因周边居民担心对现有房屋安全产生影响,故暂缓实施。

八、文化体育方面

26. 实施"十百千万"文化惠民工程。建成40个村级文化广场,组织200场文艺演出,举办1000场文化活动,培训10000名基层文艺爱好者。

已完成。

27. 全区新建文化分馆3个,图书分馆2个,新增图书20000册,建设基层综合文化服务中心示范点12个。

已完成。

28. 为南山湖公园、体育中心、拆迁安置区及新建绿地配备体育健身器材；开放体育中心健身房；改建4片笼式足球场；开展科学健身进社区活动100场。

已完成。

九、公共安全方面

29. 实施食品药品安全信息化惠民工程。建设“一中心两平台”，即区食品药品安全信息指挥管理中心，食品药品远程监管平台和安全信用平台。开发掌上食药安全便民服务手机APP客户端。

已建成并运行。

30. 实施智慧交通平安出行惠民工程。在全区红绿灯路口设置电子警察、监控、智能灯控等设施，为道路畅通、安全出行和压降各类交通事故提供有效保障。

后端机房建设已完成，前端道路卡口建设正在实施中。

十、法治惠民方面

31. 实施“公共法律服务”惠民工程。推进村居（社区）法律服务全覆盖；启动“七五”普法基层法治文化示范阵地建设“530工程”；实施法律援助“十百千万”工程。

已完成。

附件3

2017年政府为民办实事项目

一、教育发展方面

1. 新建金东新城初中和小学，扩建新坝小学和东社学校；新建五一路、金东新城、华山、碧桂园、洞庭湖路、刘桥镇镇南6所幼儿园；实施川港中学、杨港初中、金沙中学和姜灶小学4所学校校舍消险改造工程。

2. 继续实施教育装备提升工程和教育信息化工程。更新部分学校计算机、电子白板、体育器材、实验设备等，建设26所中学安防系统，建设教育云平台。

3. 继续实施通州中专二期工程建设。

4. 改建金沙小学等9所学校运动场地，15所学校运动场地向社会开放。

5. 为全区中小学生及幼儿免费提供意外伤害补充保险。

二、医疗卫生方面

6. 完成新区级公立医院的规划设计。

7. 建成十总镇骑岸卫生院。

8. 为2.5万名农村妇女免费进行“两癌”筛查；为4500对新婚对象进行婚前医学检查；为6500名新生儿进行疾病筛查（听力、苯丙酮尿症、甲低症）；为符合政策的计划怀孕夫妇免费提供孕前检查及优生指导，目标人群约3300对。

三、生态治理方面

9. 疏浚整治农村河道250千米，土方185万立方米，拆除坝头坝埂990处，整坡299千米，新建桥梁120座，新建涵洞450座。

10. 在13个村居实施生活污水收集处理工程，因地制宜建设分散型生活污水处理设施及配套管网。

11. 对八角亭河、十四总港—纵一河实施综合整治工程，水域面积22000平方米；对南山湖水域进行水生态治理，水域面积256800平方米。

12. 启动实施进鲜港湖建设。

13. 实施益民污水处理厂二分厂提标扩容及扩建工程。

四、交通出行方面

14. 新（改）建镇村主干道100公里，改造农桥4000平方米；提升和完善县道安全生命防护工程，实施兴仁、平潮、川姜、张芝山和先锋镇村道路安全生命防护工程650公里。

15. 更新60路公交车12辆，推广“掌上公交”，优化城区公交线网；建设金东新城公交回车场。

16. 实施公共自行车服务系统三期工程。投放公共自行车400辆，设置站点30个、锁桩600个。

五、人居环境方面

17. 对城区11个老小区进行改造，为城区40个老小区新安装监控设施。

18. 建设通州美食广场，建筑面积9565平方米。

19. 提高管道天然气覆盖面，铺设管道100公里，逐步将管道延伸至镇（区）。

20. 建设育才（澜沧江路西侧）停车场，占地面积约12000平方米。

21. 实施竖石河东侧、九总河—南郊河、中心横河东段景观绿化工程。

六、社会保障方面

22. 南山颐养中心投入运营。

23. 建设“残疾人之家”，按照省“七有”规范化建设标准，建设10家残疾人综合服务机构；为3000名重点优抚对象实施免费体检，为300名生活困难对象配发康复生活辅助器具。

24. 提高城乡居民医保筹资标准，人均标准分别提高到1000元（学生未成年人650元）和850元，参合率达99%以上。

七、创业扶贫方面

25. 新增扶持创业人数1200人，扶持农村劳动力自主创业450人，创业培训人数550人。

26. 为全区建档立卡低收入农户缴纳居民基本医疗保险和大病保险个人筹资部分、免除一事一议筹资筹劳、免除子女上普通高中的学杂费。

八、文化体育方面

27. 实施“十百千万”文化惠民工程。建成40个村级文体广场，组织100场文艺演出，完善141个基层综合文化服务中心，举办1000场文体活动，培训10000名基层文艺爱好者。

28. 新建兴仁、石港2个农村体育公园，提升先锋农村体育公园功能，新建4个村级多功能运动场。

九、公共安全方面

29. 新建通州区应急救援中心。主要包括消防特勤站、“119”调度指挥中心、应急物资储备库、消防教育馆和应急救援模拟训练基地。

30. 实施智慧市场闪付工程。在集贸市场推广银行卡快捷支付，至少建成1家智慧市场。

31. 实施食品药品安全信息化惠民二期工程。推进“一网三体系”建设，即市场监管信息网、远程监控体系、检验检测体系、预警应急体系。

十、法治惠民方面

32. 实施“法律服务惠民”工程。建设1个区级、3个镇级、15个村（社区）级法治游园；规范区、镇、村三级人民调解组织建设，解决矛盾纠纷，构建和谐社会。

（资料提供　顾　鹏）

◆2016中国十大新闻（之三）◆

成功主办二十国集团杭州峰会

9月4日至5日，二十国集团领导人第十一次峰会在杭州成功举行，国家主席习近平主持峰会。这是近年来中国主办的级别最高、规模最大、影响最深的国际峰会。作为主席国，中方围绕“构建创新、活力、联动、包容的世界经济”主题，提出一整套理念、主张和方案，得到与会各方一致认同，推动峰会形成一系列重要成果，在二十国集团发展史上留下深刻的中国印记。

（引自《新华网》）

大 事 记

Record of Major Events

编辑 陈 菊

1月

7日 通州区召开区级机关部门特色重点工作完成情况年度评议会,对全区73家机关部门进行现场评议。

9日 总投资1亿美元的江苏蓝博万金属制品项目正式签约落户南通高新技术产业开发区。

13日 通州区第十五届人民代表大会第五次会议在区行政中心开幕。区长陈永红代表区第十五届人民政府作工作报告。区人民政府《关于编制〈南通市通州区国民经济和社会发展第十三个五年规划纲要〉草案的说明》《南通市通州区2015年国民经济和社会发展计划执行情况与2016年国民经济和社会发展计划(草案)的报告》及《南通市通州区2015年财政预算执行情况与2016年财政预算(草案)的报告》,以书面的形式提请大会审议。

19日 曼屹峰高效储能科技项目正式签约落户南通高新技术产业开发区。该项目由台湾博罗冠业电子有限公司投资,主要从事高分子储能材料和导电涂层碳箔的专业生产。

31日 江苏联合职业技术学院通州分院、通州开放大学揭牌仪式在通州中专举行。

2月

1日 通州区召开招商引资项目建设动员暨经济发展贡献百强企业表彰大会。

△ 通州区召开水利工作暨河道整治阶段总结会议,总结2015年度水利工作及河道整治工作实施情况,部署2016年水利和河道整治工作。

3日 南通市县(市)区公安局长会议在通州区召开。市委常委、政法委书记曹斌出席会议并讲话。

4日 《2015年国务院大督查情况通报》正式发布,通州因实施"互联网+"行动计划成效显著,作为全省唯一典型,和全国20个市(州)、20个县(市、区)一同受到表扬激励。

14日 通州区召开全区文明表彰暨作风建设大会,表彰先进、学习典型,凝心聚力、鼓劲加油,动员全区上下在"十三五"开局之年,进一步强化责任、狠抓落实,以作风建设新常态推动通州发展新跨越。

16日 南通市委书记陆志鹏,市委副书记、市长韩立明带领有关部门负责人到平潮镇,调研高铁新城南通西站站区、深南路跨九圩港大桥项目、长江路西延等综合交通枢纽载体和交通基础设施规划建设情况。

18日 通州区第十五届人大常委会举行第51次主任会议。会议研究区人大常委会2016年工作要点及其实施计划(草案)等。

△ 首届"童声里的中国·成长的歌谣"创作大赛颁奖仪式暨"童心·冬之旅"实践营活动在通州区举行。

19日 第八届江海民俗文化节暨古沙灯谜节的元宵联欢大戏——"天耀江海 幸福通州"大型歌舞演出在区体育中心举行。

△ 苏州海关、南通海关在区行政中心签署关于跨境贸易电子商务出口邮件监管备忘录,同意在两地海关之间开展跨境电子商务出口邮件监管联系配合业务。

25日 通州区第十五届人大常委会举行第三十次会议。会议听取区委常委、副区长刘克勇所作的《关于推进我区学前教育加快发展的议案办理工作方案的报告》等。

26日 徐州市贾汪区党政代表团在贾汪区区委书记曹志、区长李淑侠的率领下,到通州区参观考察。

△ 通州区召开党建暨农村工作会议。

3月

2日 南通市委书记陆志鹏到通州,就如何在新常态下大力推进供给侧结构性改革,集中精力抓项目促发展,努力实现2016年"开门红"和"十三五"良好开局进行调研。

4 日　南通市委常委秦厚德到通州区调研高标准农田建设。

8 日　南通市政协主席王德忠率队到通州区开展“加强要素配置，做强做优做大中心城市”协商专题调研。

△　南通市委副书记、市长韩立明围绕稳增长工作到通州区调研。

9 日　通州区召开宣传思想文化工作会议。区委书记宋乐伟对宣传思想文化工作作出批示，要求深入推进社会主义核心价值观建设，加快建成以江海文化为特色的文化强区，奋力推动通州区宣传思想文化工作迈上新台阶。

21 日　通州区举行一季度项目联合开工活动。旭东汽配、众福金属等 18 个项目联合开工，涉及汽车配件、电子信息、智能装备等多个产业，总投资 57.6 亿元。

22 日　江苏省政府办公厅副主任、督查室主任邹宁华率省发改委、财政厅、国土厅等部门到通州区，就国务院督查激励政策对接落实情况进行指导。

23 日　通州区第十五届人大常委会举行第 52 次主任会议。会议听取区教育局关于全区职业教育发展情况的报告等。

28 日　艾伯勒科技项目在锡通科技产业园举行开工奠基仪式。

29 日　香港江苏社团总会“一带一路”南通考察团到通州，就通州区主力平台、重点企业、城市建设等参观考察。

4 月

6 日　徐州市铜山区委书记、徐州高新区党工委书记毕于瑞，区长、徐州高新区管委会主任刘广民率党政代表团到通州区考察。

△　山东省微山县县委书记、县人大常委会主任程大志率微山县党政代表团到通州区考察。

7 日　通州区召开国土资源工作会议。

9 日　通州区在深圳举办 2016 通州金融招商推介会，6 家金融机构现场签约。

11 日　全区组织工作暨领导班子换届工作会议召开，贯彻落实中央和省市委要求，部署推进 2016 年组织工作，重点对镇领导班子换届工作作安排。

12 日　南通市委常委秦厚德到通州区调研，充分肯定通州区农村工作。

13 日　南京航空航天大学无人机研究院院长浦黄忠一行到通州区，对通州区航空产业发展情况进行考察。

15 日　南通市党建工作先进单位考核组到通州，对通州区 2013—2015 年度的党建工作情况进行考核、评估，并充分肯定通州区党建相关工作。

19 日　中共南通市通州区委十一届十二次全体会议在区行政中心举行。会议审议召开中国共产党南通市通州区第十二次代表大会的有关事宜。

22 日　正值第 21 个“世界读书日”到来之际，通州区第五届“古沙读书节”开幕式在区文博中心南广场举行。

23 日　首届“通州杯”曲艺小剧场新作展演活动开幕式在全国曲艺小剧场艺术指导委员会通州基地举行。

25 日　通州区在区行政中心召开基层慈善组织建设动员大会，要求全面推进基层慈善组织建设，着力形成区镇村三级慈善工作网络，推动慈善事业向大众化、全民化发展，更好地保障和改善民生。

27 日　通州区第十五届人大常委会举行第 53 次主任会议。会议听取区人大常委会评议工作领导组关于评议区政府部门工作情况的报告等。

△　通州区第十五届人大常委会召开第三十一次会议。会议听取和审议区人大常委会评议工作领导组关于评议区政府部门工作情况的报告等。

△　通州区“理论传基层，认知零距离”党的理论创新成果传播行动启动仪式在区文博中心小剧场举行。

28 日　南通市委常委、纪委书记庄中秋率队到通州区，督查安全生产工作。

29 日　通州区召开劳模代表座谈会，号召全区上下大力弘扬劳模精神，以勤奋劳动成就梦想、以诚实劳动铸就辉煌、以创造劳动续写荣光，在建设“强富美高”新通州的征程中创造出无愧于时代的光辉业绩。

5 月

5 日　国家统计局党组成员、纪检组长高建华一行到通州，专题调研通州区统计法治宣传教育工作。

△　通州区召开 2016 年度生态文明建设暨大气污染防治工作会议。

6 日　江苏省委书记罗志军到南通调研。他强调，要深入贯彻落实习近平总书记视察江苏重要讲话精神，以新发展理念引领江苏沿海地区发展，着力推进供给侧结构性改革，落实好“十三五”规划确定的各项目标任务，为建设“强富美高”新江苏做出更大贡献。

11 日　南通市人大常委会常务副主任陈斌一行到通州调研“万名代表小康行”主题实践活动实施情况，充分肯定通州区活动开展成效。

13 日　澳大利亚维多利亚州企业家江苏驻点交流项目的客商代表到通州区进行洽谈交流。

18 日　南通市委常委、宣传部部长章树山一行到通州区调研文明城市长效化管理工作。

23 日　通州区召开夏季秸秆综合利用和禁烧工作动员会。

25 日　通州区第十五届人大常委会举行第 54 次主任会议。会议听取区农委关于《中华人民共和国农产品质量安全法》贯彻实施情况的报告。

27 日　镇江市副市长、镇江高新区党工委书记詹立风率队到通州区，考察南通高新区建设情况。

25 日—28 日　通州区按照中央和省委、市委的统一安排部署，11 个镇党委相继召开党员代表大会，选举产生新一届镇党委、纪委领导班子成员和出席区第十二次党代会代表,全区镇党委换届工作圆满完成。

6 月

2 日　南通市人大常委会党组书记黄利金、市委常委黄爱军、市政府副市长单晓鸣,率南通市发改、经信、旅游局等部门到通州,就项目建设工作和农业旅游项目纳入服务业项目考核进行调研。

△　南通市委常委、宣传部部长章树山到通州区调研基层党建工作。

△　南通市委常委秦厚德率队到通州区调研三夏工作情况。

21 日　通州区第十五届人大常委会举行第 56 次主任会议。会议听取区人民检察院关于民事行政检察工作情况的报告。

△　南通市副市长徐新民率市经信委、科技局、安监局、质监局负责人到通州区,就工业、科技指标"双过半",工业企业达标排放百日整治攻坚以及危化品专项整治等有关情况进行调研。

22 日　江苏省委常委、副省长徐鸣到通州,亲切看望、慰问建国前老党员和生活困难党员,送上党的关怀和组织的温暖。

24 日　通州区第十五届人大常委会召开第三十二次会议。会议听取区委常委、常务副区长陈斌所作的关于《在全区公民中开展法治宣传教育的第七个五年规划》的编制情况报告等。

27 日　通州区文学艺术界联合会第十次代表大会在区行政中心举行,来自全区各艺术领域的 286 名代表欢聚一堂,回顾总结第九次文代会以来的工作,共商繁荣文艺事业发展大计。

28 日　通州区举行第八批保障性住房实物配租公开抽签活动,20 户住房困难家庭通过公开抽签,圆了多年安居梦。

30 日　通州区召开纪念建党 95 周年大会暨"两学一做"学习教育专题党课。

7 月

11 日　金沙中学晋级为四星级普通高中。

14 日　位于江海圆梦谷的江苏濠汉信息公司与南通大学合作成立产学研合作基地。

18 日　童声里的中国·第五届江苏省青少年音乐"小茉莉花奖"声乐大赛颁奖音乐会在区市民中心的"童声里的中国"少儿艺术创研活动基地举行。

19 日　南通市委政法委书记姜永华率队到通州区调研政法工作。

20 日　南通市委常委、副市长王剑锋到南通高新区调研项目建设。

△　中共南通市通州区委十一届十三次全体会议在区行政中心举行。会议审议召开区第十二次党代表大会的有关事宜。

21 日　通州区第十五届人大常委会举行第三十三次会议。会议听取有关人事任免事项。

△　通州区第十五届人大常委会举行第 57 次主任会议。会议听取区政府关于重大产业项目推进情况的报告等。

22 日　第 21 届"通州之夜"广场文艺晚会开幕式暨"万紫千红映江海"通州区创建江苏省公共文化服务体系示范区建设成果专场汇报演出在南山湖畔拉开帷幕。区委副书记、区长陈永红,区委常委、宣传部部长胡卫东共同启动第 21 届"通州之夜"广场文艺晚会开幕球。

26 日　中国共产党南通市通州区第十二次代表大会在区行政中心开幕。宋乐伟作中共通州区第十一届委员会报告,韩菊芳作中共通州区纪律检查委员会工作报告。

28 日　中国共产党南通市通州区第十二届委员会举行第一次全体会议。会议通过中共南通市通州区纪律检查委员会第一次全体会议选举产生的区纪委常委、书记、副书记。选举结果分别报中共南通市委、南通市纪委审批。会议通过区委常委、书记、副书记选举办法。会议以无记名投票的方式,差额选举产生中共南通市通州区第十二届委员会常务委员 11 名;等额选举产生中共南通市通州区第十二届委员会书记 1 名,副书记 2 名。选举结果报中共南通市委审批。

29 日　通州区第十五届人大常委会举行第 58 次主任会议。会议听取有关人事任免事项等。

△　通州区第十五届人大常委会举行第三十四次会议。会议听取区委副书记、区长陈永红所作的关于提请虞越嵩任职的议案和其他人事任免事项等。

8 月

5 日　南通市委书记陆志鹏,市委副书记、市长韩立明一行率队到通州区观摩重大项目建设情况。

8 日　通州区召开村(社区)党组织换届工作动员会,全面推开村(社区)党组织换届工作,至 9 月底基本结束。

10 日　南通市基层慈善组织建设经验交流会在通州区召开。

△　通州区委召开统战工作会议,贯彻落实中央和省市委统战工作会议。

12 日　江苏省红十字会副会长徐国林一行到通州,调研基层红十字会工作。

16 日　海门市委书记陈勇,市委副书记、市长杨曹明率海门市党政代表团到通州考察。

19 日　通州区第十五届人大常委会举行第 59 次主任会议。会议听取区农工办关于《中华人民共和国农民专业合作社法》贯彻实施情况的报告等。

23 日　通州区免费公共 Wi－Fi"i－tongzhou"全面正式上线。市民和游客可在区市民中心、城市展览馆、体育中心、南山湖广场、市民广场、人民公园等11处重点区域和66个公交站台享受免费上网服务。

24日 通州区在深圳举办2016通州(深圳)电子商务推介会,8个电子商务项目现场签约。

28日 通州区举行三季度项目联合开工活动。国轩高科东源新能源充电桩及汽车零部件等30个项目联合开工,涉及新型储能、智能装备、新材料等多个领域,总投资达51.2亿元。

30日 南通市委副书记、市长韩立明率队到通州就市区城建重点工程推进情况开展督查。

9月

1日 南通市委常委秦厚德率队到通州区调研高标准农田建设工作。

5日 通州区第十五届人大常委会举行第三十五次会议。会议听取和审议区委常委、常务副区长虞越嵩所作的关于2016年上半年国民经济和社会发展计划执行情况与下半年工作打算的报告等。

6日 通州区召开"两学一做"学习教育工作推进会暨"江海先锋在身边"先进事迹报告会,学习贯彻中央、省市委"两学一做"学习教育相关会议精神,研究部署下一阶段任务。

7日 南通市委书记陆志鹏到通州调研高标准农田建设情况。

9日 第8届中国西部文化产业博览会开幕之际,通州区在西安举办文化产业招商推介会,扩大交流与合作。

13日 航天(南通)军民融合产业创新促进中心在通州区签约落户。

△ 通州籍残疾运动员顾小飞摘得里约残奥会卧式举重银牌,成为南通历史上首位蝉联残奥会银牌的运动员。

19日 通州区召开全区扶贫开发暨机关干部结对帮扶动员会。

21日 南通市政协副主席殷雄一行到通州区,专题调研"用好两孩政策,改善人口结构"工作。

22日 南通市食品安全事故(Ⅲ级)应急演练在通州区体育馆展开。

23日 台湾工业总会理事长、金仁宝集团董事长许胜雄到通州考察投资环境和产业发展情况。

29日 通州区第十五届人大常委会举行第60次主任会议。会议听取区人民法院关于审判公开工作情况的报告等。

30日 通州区第十五届人大常委会举行第三十六次会议。会议听取和审议关于区镇两级人大换届选举工作的实施方案等。

30日—10月3日 通州区第十三届房地产交易会在区体育中心成功举办,本届房交会共成交商品房209套,成交额1.87亿元。

10月

10日 天津大学校长钟登华率团到通州,就联合办学进行深入考察对接。

11日 邳州市委书记陈静,市委副书记、代市长唐健率邳州市党政代表团到通州区考察。

14日 "一带一路"纺织交易联盟倡议大会在通州举行。山东魏桥、江西金源、浙江广宇等350多家国内纺织企业以及来自印度、越南、巴基斯坦等10多家国外知名纺织企业应邀参会。

△ 通州区举行楼宇经济招商会,苏菲儿(香港)、绍润纺织、蓝智新材料等8家企业现场签约,另有102家企业达成入驻意向。

16日 "洋眼看江苏·通州行"活动在通州区先锋街道南通洲际绿博园启动,来自世界各地20多个国家和地区的30余名外国人,在通州观赏旅游景点,体验生态文化,彰显通州魅力。

△ 水利部副部长陆桂华一行到通州,调研区益民水处理有限公司人工湿地工程建设,并予以高度评价。

18日 张謇杯·2016中国国际家用纺织产品设计大赛获奖作品颁奖暨第九届中国(川姜)家纺画稿交易会在南通家纺城开幕。

△ 中组部党员教育和干部测评中心巡视员、副主任雷光华一行到通州区调研党员教育培训工作。

21日 以全国政协委员、工业和信息化部原副部长、中国移动通信集团公司原董事长奚国华为首的全国政协视察团,到通州区调研无障碍环境建设运行情况。

25日 第27届南通菊花展布展在南山湖公园开幕,展期持续至11月底。

△ 江苏省政协副主席罗一民率调研组到位于先锋镇的南通洲际绿博园调研产业科技创新情况。

28日 旭浩数码打印设备项目正式签约落户南通高新区。

31日 一期投资2亿元的途居南通开沙岛房车露营地项目成功签约。

△ 通州区第十五届人大常委会举行第三十七次会议。会议听取和审议副区长樊小燕所作的区人民政府关于农村河道整治工作进展情况的报告等。

△ 通州区第十五届人大常委会举行第61次主任会议。会议研究区人大常委会关于通州区与瑞士希能维尔德市建立友好城市的决定(草案)等。

11月

6日 第28届江苏省"教海探航"征文竞赛颁奖大会暨全国名师课堂教学观摩研讨活动在通州高级中学举行。

9日 南通市深化县级市场监管体制改革工作推进会在通州区召开。

11 日　总投资 20 亿元的中科新材料产业园项目正式签约落户南通高新区。

12 日　第十二届高层次人才创新创业洽谈会暨南通高新区江海智汇节开幕。400 多位国家“千人计划”“万人计划”专家、国内重点院校和大院大所专家教授，以及创投风投机构的负责人出席江海智汇节的系列活动。

△　第五期“钱学森论坛”在南通高新区江海智汇园举行。该国家级论坛首次在江苏举办。

19 日　南通高新区和美国北加州东湾三谷地区硅谷国际签订友好科技园区协议。

27 日　江苏省委常委、副省长杨岳到通州调研“三农”工作。

30 日　区第十五届人大常委会举行第三十八次会议。会议听取和审议区人大常委会副主任曹国平所作的召开区第十六届人大第一次会议的有关事项的报告等。

△　通州区第十五届人大常委会举行第 62 次主任会议。会议研究召开区第十六届人大第一次会议的筹备工作等。

12 月

19 日　通州区召开区选举委员会会议，审核确认区第十六届人大代表选举结果。

20 日　南通市委书记陆志鹏带领检查考核组，对通州区协调推进“四个全面”战略布局、落实党风廉政建设责任制，以及书记抓基层党建、干部选拔任用工作情况进行检查考核，同时对市管领导班子和领导干部进行年度考核。

26 日　通州区工商业联合会（总商会）第十一次会员代表大会在区行政中心举行。

30 日　通州区第十五届人大常委会举行第 63 次主任会议。会议研究召开区第十六届人大第一次会议有关事项等。

△　通州区第十五届人大常委会举行第三十九次会议，听取和审议召开区第十六届人大第一次会议有关事项等。

△　中国共产党南通市通州区第十二届委员会第二次全体会议在通州举行。全会认真贯彻落实党的十八届六中全会和中央经济工作会议、省第十三次党代会和省经济工作会议、市第十二次党代会和市委十二届二次全会、区第十二次党代会精神，总结 2016 年工作，部署 2017 年任务。

◆通州名菜选介◆

黄焖金丝龟　桃花园美食舫名菜，名厨徐勇制作。选用当地野生金丝龟，取其肝、肠、肉，将龟肠打洗净，扎在龟肝上，龟壳龟板吊好高汤，辅以银杏果，佐料考究，不用酱油，原汤黄焖而成，原汁原味。其制作工艺精细，火候要求严格，特点是口感鲜香肥嫩。因其主辅料都入药，此道菜既是营养大补菜，又有药用价值。

通州概览

Survey of Tongzhou

编　辑　冯金荣

地理位置

【概　况】 南通市通州区位于长江三角洲北翼。南起北纬31°52′的张芝山镇竖积洪村，北至北纬32°15′的刘桥镇米三桥村，南北间最大直线距离50公里；西起东经120°41′的五接开沙岛，东至东经121°25′的南通滨海园区北侧，东西间最大直线距离85公里。东临黄海，海岸线长15.97公里；西部地区南濒长江，江岸线长10.77公里；西南与崇川区相接，东南与海门市为邻，北与如东县毗连，西北与如皋市接壤；总面积1525.74平方公里，其中陆地面积1351.50平方公里、江海水域174.24平方公里。全区横宽纵窄，土地平坦，耕层深厚，适耕性强。地势西北部较高，东南部和沿江、近海垦区较低。高程一般在3.80～4.50米，近海最低处为2.20米。交通便捷，新长铁路（支线）和宁通、盐通、通启高速公路穿境而过，通扬、通吕、通启运河和九圩港、遥望港、新江海河等大型骨干河道纵横交错，南端连接苏通长江公路大桥。建设中的沪通长江大桥将把通州融入上海一小时经济圈。南通兴东国际机场位于兴东街道，已开通南通至北京、天津、广州、沈阳、深圳、青岛、厦门、武汉、成都、大连、温州、郑州、南京、长沙、重庆、南昌、昆明、福州、兰州、泉州、海口、贵阳、南宁、桂林和韩国首尔、济州岛，日本大阪、名古屋，泰国曼谷及中国台湾等城市航线。

（方　嵘）

行政区划

【政区沿革】 通州境域，初为长江口海域中的沙洲，南北朝中期出水。南北朝后有人定居，煮盐为业。唐为盐亭场，设防务机构。唐末沙洲涨接大陆，即凿河运盐，开通至扬州的航道，并筑坝圩、培土壤、植麦黍，逐步改变单一从事盐业生产的局面。五代初称静海镇。后周显德五年(958)设通州，因东北有大海通辽海诸夷、西南有长江连吴越楚蜀、内运渠道达齐鲁燕冀，故而得名。静海镇改称县，隶属通州。

宋仁宗天圣元年(1023)改通州为崇州，又名崇川，属淮南东路；明道二年(1033)仍称通州；徽宗政和七年(1117)改为静海郡，不久复名通州，属扬州。元世祖至元十五年(1278)升为通州路；至元二十一年复为通州，属扬州路，隶江北淮东道廉访司。

明洪武元年(1368)废静海县，通州直管静海本土，领海门、崇明两县，属扬州府；洪武九年划崇明县归苏州府，通州仅领海门一县。嘉靖年间(1522—1566)，通州除州城外，分6乡6场。清顺治二年(1645)属江南省扬州府；康熙六年(1667)起属江苏省扬州府；康熙十一年，因江岸坍没，海门废县为乡，并入通州。

清雍正二年(1724)，通州升为直隶州；宣统元年(1909)，设3市区、10镇区、8乡区；宣统二年，市区、镇区改为市，乡区改为乡。

中华民国元年(1912)5月，废州，改称南通县，属江苏省；全县仍设13市、8乡，民国9年增设三余乡。民国18年(1929)，市乡合并为18个区，区下设镇、乡、闾、邻；民国23年(1934)又并为13个区，区下设镇、乡、保、甲。

1949年2月2日，南通县全境解放，原县城及港闸等地划出另置南通市，实行城乡分治。南通县政府移驻金沙镇，隶属南通行政公署管辖。同年10月，全县设12个区159个乡。1956年2月和1957年10月两次并区并乡后，全县为8个区47个乡和3个县属镇、2个区属镇。1958年3月，撤销区建制，设通海、通中、通东、通北、通西5个片。1958年成立38个人民公社，实行政社合一，公社下设大队，大队下设生产队；后公社范围逐步调小，至1982年全县有61个公社、5个县属镇。1961年9月，恢复8个区建制；1966年增设十总区。

1983年，实行市管县体制，隶属南通市管辖。同年，政社分设，公社改为乡，大队改为村，生产队改为村民小组，年末，全县为9个区、60个乡、5个县属镇、1个海洋渔业公司。1984年5月，实行镇管村体制，全县设14个镇、43个乡，以后各乡先后改建为镇。1987年2月，撤销区委、区公所，按原行政区域设9个区工委和指导组。1991年1月，陈桥、幸福、秦灶、新开3乡1镇和小海镇的6个村划归南通市区后，县境面积为1637平方公里，人口145万有余。1992年末，全县为17个镇、32个乡、1个海洋渔港管理委员会、36个居民委员会、884个村。

1993年2月，南通县撤销改设通州市。

1996年4月机构改革中，9个区工委、指导组撤销。2000年全市行政区划再次调整，原49个乡镇撤并为26个。2001年4月，观音山、小海、竹行3镇和市良种场、种畜场划归南通市区，通州市行政区域内的南通农场（省属）和东方红农场（省属）也划入南通市区范围。2002年末，全市辖23个建制镇，3个街道办事处，376个行政村，52个社区，5个农场。2005年，新设北兴桥、三门闸、五接、李港、海晏5个社区居民委员会，全市有23个建制镇，4个街道办事处，376个行政村，57个社区，5个农场，总面积1351平方公里，总人口126.25万人。2006年，石港镇金庄村并入金庄社区，刘桥镇凤仙村并入刘桥社区；三余镇设立五甲苴社区。年末，全市有23个建制镇，4个街道办事处，374个行政村，58个社区，5个农场。总面积1351平方公里，总人口125.64万人。2007年2月，经省政府批准，北兴桥镇、海晏镇与三余镇合并设立新的三余镇；新联镇与刘桥镇合并设立新的刘桥镇。同年，撤销石港镇石西村和渔湾村，设立渔湾、石西社区居民委员会。年末，全市共设20个建制镇，4个街道办事处，372个行政村，60个社区，5个农场。2008年2月3日，经省政府批准，川港镇与姜灶镇合并设立川姜镇。同时，原川港镇所辖八字桥、安东、南兴、大成、保通、通海、竖积洪、培德村整建制划归张芝山镇管辖；原姜灶镇所辖董家埭、利民、周照港、正场、民平村整建制划归先锋镇管辖。2月21日，全市进行村（社区）合并调整，原376个行政村、58个社区合并调整为207个行政村、63个社区。12月，撤销三余镇团结社区居民委员会，建立滨海工业区团结社区居民委员会。年末，全市共设19个建制镇，1个省级经济开发区，4个街道办事处，207个行政村，63个社区，5个农场。总面积1525.74平方公里，其中陆地面积1351.50平方公里。年末，耕地面积7.35万公顷，户籍总人口124.27万人。2009年3月和4月，苏通大桥工业区、通州滨海工业区分别更名为"苏通大桥科技产业园"和"通州滨海新区"。

2009年7月2日，撤销通州市，设立南通市通州区。年末，全区共设19个建制镇，1个省级经济开发区，4个街道办事处，207个行政村，63个社区，5个农场。耕地面积7.06万公顷，户籍总人口124.16万人。2010年末，全区耕地面积7.02万公顷，户籍总人口124.64万人。2011年9月30日，经省人民政府批准，通州经济技术开发区更名为"南通高新技术产业开发区"。年末，全区设19个镇，1个高新技术产业开发区，4个街道办事处，207个行政村，63个社区，5个农场。耕地面积7.02万公顷，户籍总人口125.25万人。2012年3月20日，南通市人民政府决定（通政发〔2012〕31号），通州滨海新区、三余镇由南通滨海园区代管，行政区域仍隶属通州区。年末，全区设19个镇，1个高新技术产业开发区，4个街道办事处，207个村，63个社区，5个农场，户籍总人口125.73万人。2013年1月10日，区人民政府批准，南通高新技术产业开发区增设碧华、金霞社区；4月15日，二甲镇余西社区居民委员会更名为余西村民委员会。12月，国务院批准南通高新技术产业开发区升级为国家高新技术产业开发区。锡通科技产业园、通州滨江新区、中国南通家纺城、南通空港产业园、石港科技产业园初具规模。年末，全区设19个镇，1个国家高新技术产业开发区，4个街道办事处，208个行政村，64个社区，5个农场。户籍总人口126.27万人。2014年4月9日，区人民政府批准，金沙镇增设天霞、天熹、天晖、天虹社区。年末，全区设19个镇，1个国家高新技术产业开发区，4个街道办事处，208个行政村，68个社区，5个农场。户籍总人口126.27万人。

2015年2月24日，江苏省人民政府批准，撤销金沙镇，以原金沙镇东市等14个社区和进鲜港等9个行政村区域，设立金沙街道办事处。以原金沙镇金南等10个社区和三姓街等10个行政村区域和原先锋镇利民等3个行政村，二甲镇进东、麒麟桥村，川姜镇双池头等6个行政村区域，设立金新街道办事处。撤销先锋镇，以原先锋镇三圩头等8个行政村区域，设立先锋街道办事处。撤销兴东镇，以原兴东镇行政区域设立兴东街道办事处。撤销平潮镇、平东镇，原平潮镇行政区域与原平东镇行政区域合并，设立新的平潮镇。撤销十总镇、骑岸镇，原骑岸镇行政区域与原十总镇行政区域合并，设立新的十总镇。撤销东社镇、五甲镇，原五甲镇行政区域与原东社镇行政区域合并，设立新的东社镇。撤销兴仁镇、四安镇，原兴仁镇行政区域与原四安镇徐家桥等6个行政村和酒店社区合并，设立新的兴仁镇。原四安镇九总渡、龙坝村划归西亭镇管辖。年末，全区设四4个街道办事处，12个镇，一个国家级高新技术产业开发区，208个行政村，68个社区居民委员会，5个农场。户籍总人口126.59万人。

（方　嵘）

【现行区划】 2016年末，全区设4个街道办事处，12个镇，1个国家级高新技术产业开发区，208个行政村，68个社区居民委员会，5个农场。户籍总人口126.42万人。

（陆治平）

气　候

【概　况】 2016年通州区气候特点：与常年相比（1981—2010年，下同），年平均气温偏高，高温日数（日最高气温≥35.0℃，下同）比上年多6天，降水总量异常偏多，日照正常。年平均气温16.6℃，比常年高1.0℃，比上年高0.6℃。

年极端最高气温38.8℃（7月26日），比上年高1.2℃；年极端最低气温－9.7℃（1月24日），比上年低5.3℃。年降水总量1999.4毫米，比常年多898.5毫米。年日照时数1767.8小时，比常年少148.3小时。

冬季（2015年12月—2016年2月） 季平均气温5.2℃，比常年同期高0.8℃，季极端最低气温为－9.7℃（1月24日）。季降水量158.2毫米，比常年同期偏多近2成，且各月降水分布不均，其中12月比常年偏多近6成，2月比常年偏少近5成。季日照时数401.0小时，与常年同期持平，其中2月比常年偏多近4成。

春季（2016年3—5月） 季平均气温15.3℃，比常年同期高1.2℃，4月月平均气温较常年显著偏高，季极端最低气温－1.6℃（3月11日），季极端最高气温29.5℃（5月25日）。季降水量322.9毫米，比常年同期偏多近4成，且各月分布不均，其中3月比常年偏少近6成，4、5月均比常年偏多近9成。季日照时数456.8小时，与常年同期相近，其中5月比常年偏少近2成。

夏季（2016年6—8月） 季平均气温27.2℃，比常年同期高1.0℃，季极端最高气温38.8℃（7月26日）。季降水量848.5毫米，比常年同期偏多近6成，其中6月和7月分别比常年偏多1.4倍和1.2倍，8月比常年偏少近9成。季日照时数539.9小时，与常年同期持平。

秋季（2016年9—11月） 季平均气温18.4℃，比常年同期高0.7℃，季极端最高气温33.8℃（9月3日），季极端最低气温－0.5℃（11月24日）。季降水量702.0毫米，近常年同期的3倍，且各月较常年均偏多，其中9月和10月分别比常年偏多1.5倍和5.4倍，11月比常年偏多近4成。季日照时数350.0小时，比常年同期偏少近3成，其中10月显著偏少，仅为常年的三分之一，11月比常年偏少近2成。

【重要天气和主要灾情】 梅雨 本年度通州区6月19日起入梅（平均入梅日为6月20日），正常。7月20日出梅（平均出梅日为7月13日），偏晚。梅期长31天（常年24天）。梅期降水量662.8毫米，是常年（243.1毫米）的2.7倍，暴雨日（日降雨量≥50毫米，下同）5天，无高温日。

台风 全年有5个台风影响通州区，与常年相比正常，分别为“尼伯特”“莫兰蒂”“鲇鱼”“莎莉嘉”和“海马”，主要受台风外围环流影响，均未出现灾情。

暴雨 全年通州区出现10次暴雨过程。其中6月27日夜间—7月5日凌晨出现多次强降水，降雨量普遍超过130毫米，最大降水量215.8毫米（刘桥镇），刘桥镇、金沙街道、高新区各有1户厕所倒塌，金沙街道1户居民因电线短路引起火灾，2间民房被烧；全区农作物受灾面积3.12万公顷，成灾面积2006公顷，畜禽养殖户死亡家禽300只，直接经济损失1925万元。

强对流（强雷电、雷暴大风、龙卷风） 全年通州区出现19个雷暴日。其中7月6日下午张芝山镇出现时间短、强度弱的龙卷风，受灾51户，86间房屋屋顶严重受损，54间一般受损，2间附属房屋倒塌，近4公顷大棚受损，2名老人受伤，财产损失约50余万元。7月27日下午，通州区出现短时强降水和雷暴大风，80余户房屋被掀受损，10余辆汽车被高空坠物砸坏，多处树木被刮倒，多家厂房彩钢瓦被掀，受伤1人，部分农作物受损，部分农田短时受淹。

高温 全年最高气温≥35℃的高温日16天，7月20日—30日连续高温天气。

寒潮 全年通州区出现4次寒潮过程，分别是：1月22—24日、2月13—15日、11月21—23日、12月13—15日，其中1月22—24日的强冷空气给全区带来零下10度左右的极端低温。

连阴雨 10月，通州区出现连续阴雨天气，降水量异常偏多，月雨日20天，最长连续降水日数11天，致使田间积水，对秋收秋种造成一定影响。

雾 全年通州区出现雾日47天。 （周 琦）

2016通州区主要气象要素情况表

表1

指 标	全年	1月	2月	3月	4月	5月	6月	7月	8月	9月	10月	11月	12月
平均气温（℃）	16.6	3.2	5.9	10.0	16.1	19.8	23.8	28.8	28.9	24.0	19.3	11.9	7.6
距平（℃）	1.0	0.1	1.2	1.5	1.9	0.1	0.1	1.1	1.6	0.7	1.4	0.1	2.1
异常情况	偏高	正常	正常	偏高	显著偏高	正常	正常	正常	偏高	正常	偏高	正常	显著偏高
降水量（mm）	1999.4	60.2	25.2	34.6	130.1	158.2	435.0	399.6	13.9	268.3	358.6	75.2	40.6
距平（%）	82	10	－48	－57	92	85	139	120	－91	150	537	42	26
异常情况	异常偏多	正常	偏少	显著偏少	异常偏多	异常偏多	异常偏多	异常偏多	异常偏少	异常偏多	异常偏多	显著偏多	偏多
日照时数	1767.8	106.1	177.5	160.0	151.9	144.9	95.9	160.1	283.9	173.7	55.1	121.2	137.5
距平（小时）	－148.3	－23.5	53.8	13.6	－11.7	－42.3	－49	－24.5	78	2	－112.3	－24.2	－8.2
异常情况	正常	正常	偏多	正常	正常	偏少	偏少	偏少	偏多	正常	显著偏少	偏少	正常

（周 琦）

经济体制改革

【概　况】 2016年,全区坚持将推进供给侧结构性改革作为深化经济体制改革、加快经济转型升级的重要任务,制定《2016年度通州区落实省供给侧结构性改革“1+5”政策意见主要举措分解表》,明确改革总体要求、主要任务及组织保障,深化行政审批、综合执法、农村产权交易等改革,推动社会经济持续健康发展。

供给侧结构性改革。主要任务是:一是围绕调结构,推进去产能。下大力坚决淘汰落后产能。全年淘汰10蒸吨/小时及以下燃煤(或高污染燃料)锅炉209台、印染落后产能2000万米、钢丝绳产能4.46万吨,关停12家电镀企业(生产线)。二是围绕稳市场,推进去库存。深化户籍制度改革,鼓励农民进城购房。全区销售商品房(商业、办公用房)9556套,面积124.59万平方米,比上年增长103.0%。三是围绕防风险,推进去杠杆。区“创业投资中心”入驻南通中新力合科技金融服务有限公司、江苏天天富余金融信息服务有限公司、南通科投金融信息服务有限公司和南通金玖锐信创业投资基金、南通百森投资管理有限公司、江苏南通沿海新兴产业基金等19家创业投资机构及18家私募基金。新增上市挂牌企业4家(他们是:“四方冷链”5月19日在上交所挂牌,“准信自动化”“辰星药业”“思维福特”分别于7月28日、10月28日、11月30日在新三板挂牌),总数全市第一。年末,全区累计8家企业在主板、中小板和海外上市,6家企业在“新三板”挂牌,24家企业跻身资本市场,融资额和上市企业总数南通市第一。四是围绕提效益,推进降成本。设立行政审批局,深化行政审批制度改革,创新“五联”审批模式(即施工图纸“网上联审”、企业设立“证照联办”、技术评估“并行联审”、现场踏勘“一车联动”、项目竣工“联合验收”),有效减少企业办税成本和财务成本。该模式得到中央编办肯定。同时,设立科技创新担保基金,健全担保风险补偿机制,成立“苏科贷”“通科贷”,降低融资成本。降低失业保险费率、扩大稳岗补贴享

第三届跨境贸易电子商务发展论坛

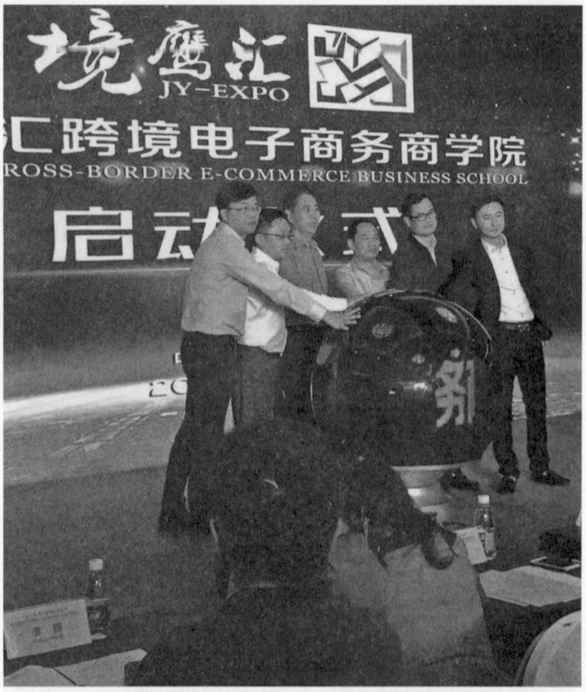

跨境电商——“境鹰汇”商学院启动

受范围,降低企业用工成本。动员企业获准直购电资格,降低企业用能成本。五是围绕增后劲,推进补短板。在现代服务业、现代农业、基础设施等重点领域加快补齐短板,完成投资近50亿元。南通高新技术产业开发区科技服务业集聚区被评为国家级科技服务试点园区,中国南通家纺城电子商务产业园成功举办京东、飞牛网等平台家纺类目招商会和第三届跨境贸易电子商务发展论坛。通州区金土地生态园被列入首批“江苏省五星级乡村旅游区创建单位”名单,白鹭湖庄园成为省四星级乡村旅游区,完成绿博园一期景区配套设施建设。新建扩建规模农业项目127个,通州台创园核心园、十总高效设施产业园、通州农产品加工集中区、通州开沙岛沿江休闲核心区积极创建国家级现代农业示范区。食品药品安全信息化(“一中心两平台”,即区食品药品安全信息指挥管理中心,食品药品远程监管平台和安全信用平台。开发掌上食药安全便民服务手机APP客户端)、医学检查(为2.5万名农村妇女免费进行“两癌”筛查,为5000对新婚对象进行婚前医学检查,为7500名新生儿进行听力、苯丙酮尿症、甲低症疾病筛查、智能公交调度中心(建成青岛北路智能公交调度中心,推进“掌上公交”便民服务,实施公交一卡通工程)建设完成年度目标任务。

综合行政执法体制改革。以整合规范执法主体,相对集中行政处罚权以及与之相配套的行政强制权(简称“行政处罚权”),推动执法重心下移,优化执法力量配置,完善执法制度体系和创新执法监管方式为主要内容,全面推进部

门内部、跨部门跨行业和区域性综合行政执法改革。计划通过两年左右的时间,解决多头执法、多层执法和重复执法等突出问题,进一步提高执法效率和监管水平,加快建设权责统一、权威高效的行政执法体制。

土地确权登记颁证。确权登记颁证工作涉及14个镇(街道)175个行政村,6204个村民小组,承包户247371户,承包地4.37万公顷。至年末,已有6167个村民小组完成外业测量,占村民小组总数的99.4%,其中6087个村民小组完成审核公示,占完成外业测量数的98.7%,231979户完成签字确认,占总承包户的93.78%,已颁证农户203741户,有156个村通过区级初验收。

农村产权交易市场改革。各镇(街道)成立产权交易服务中心并正式投入运行,经营品种包括:土地经营权、集体资产、设施设备、涉农项目及其他。是年,全区完成交易752笔,交易额3.83亿元。区委农工办荣获"2016年度全省农村产权交易市场建设先进集体"。

同时,基本农田优化布局、城镇低效用地再开发等改革试点顺利推进,节约集约用地水平持续提升。 (杨宇光)

国民经济和社会发展

【综　合】 2016年,全区实现地区生产总值1026.66亿元,按可比价计算,比上年(下同)增长9.3%。按常住人口、户籍人口计算的人均地区生产总值分别为8.99万元和8.12万元,按当年人民币兑美元平均汇率折算分别是1.35万美元和1.22万美元。分产业看,第一产业增加值56.41亿元,增长1.0%;第二产业增加值507.36亿元,增长9.0%;第三产业增加值462.89亿元,增长10.7%。

三次产业结构比例由上年的5.8∶50.7∶43.5调整为5.5∶49.4∶45.1,第三产业增加值占地区生产总值的比重提高1.6个百分点。全年实现高新技术产业产值1004.02亿元,增长14.8%,占规模以上工业总产值比重47.5%,提高1.3个百分点。

全区城镇新增就业0.89万人,农村劳动力新增转移就业0.43万人,年末城镇登记失业率1.88%。全年新增私营企业2802户,注册资本184.44亿元;新注册个体工商户8894户,注册资金9.01亿元。民营规模工业总产值占全部规模工业总产值的比重为67.6%,民间投资占全部固定资产投资的比重为79.2%。

【人口、居民生活和社会保障】 2016年末,全区户籍人口126.42万人,比上年(下同)下降1.32‰。全年出生9289人,出生率7.34‰,出生婴儿性别比(以女性为1)为1.07∶1;死亡人口10922人,死亡率8.63‰;自然增长率-1.29‰。

根据城乡一体化住户抽样调查,全年全区居民人均可支配收入29668元,增长9.6%。按常住地分,城镇居民人均可支配收入40741元,增加3095元,增长8.2%。农村居民人均可支配收入19929元,增加1568元,增长8.5%。城乡居民收入比(以农村居民为1)为2.04∶1。

全区居民人均消费支出18749元,增长8.9%。其中人均食品烟酒消费支出5818元,增长8.5%;人均衣着消费支出1238元,增长5.6%;人均居住消费支出2996元,增长4.3%;人均生活用品及服务消费支出1024元,增长10.9%;人均交通通信消费支出2615元,增长14.8%;人均教育文化娱乐消费支出3423元,增长11.0%;人均医疗保健支出1072元,增长6.3%;人均其他用品和服务消费支出563元,增长8.4%。

全区城镇企业职工基本养老保险、城乡基本医疗保险、工伤保险、生育保险、失业保险参保人数分别为14.66万人、101.77万人、14.0万人、12.30万人和9.62万人;城乡居民社会养老保险参保人数21.89万人,领取养老金人数28.43万人,续保率95.4%。城镇企业职工基本养老保险、城乡基本医疗保险、失业保险参保率98.0%以上。

城乡低保标准分别为每人每月620元、530元,分别比上年(下同)提高10元和70元。农村五保分散供养标准提高至每人每年8400元,提高1260元。城市"三无"人员分散供养标准提高至每人每月1450元,提高250元。集中和散居孤儿基本生活养育标准分别提至每人每年21800元、13200元,提高1640元和1200元。全年共发放各类生活救助款9751.35万元,为6960名重病患者支付医疗救助金1903.80万元。全区共建立15个镇(区、园、街道)慈善分会,242个村(居)慈善工作站。全年,区慈善基金会募集善款4826.48万元,发放善款811.89万元。

【农林牧渔业】 全区实现农林牧渔业(现价)总产值97.64亿元,比上年(下同)增加4.41亿元,增长4.7%。全年粮食播种面积8.02万公顷,增长0.4%,单产每公6555公斤,下降2.9%,粮食总产量52.59万吨,下降2.4%;油料作物播种面积2.73万公顷,下降7.3%,单产每公顷3270公斤,下降0.5%,油料总产量8.92万吨,下降7.7%;棉花播种面积1760公顷,下降66.1%,单产每公顷1275公斤,增长2.4%,棉花总产量0.22万吨,下降65.2%。生猪出栏52.30万头,下降3.6%;猪肉产量3.96万吨,下降3.4%;家禽出栏1100.81万羽,下降7.4%;山羊出栏27.60万只,下降16.2%。水产品产量3.58万吨,增长1.2%,其中淡水养殖产量3.04万吨,增长2.1%;内河捕捞产量0.54万吨,下降6.8%。

全区农业机械总投入10671万元,其中农民投入7986万元。年末,农业机械总动力50.20万千瓦。农机化经营总收入6.38亿元,增加2683万元,其中跨区作业收入1.08亿元。农业综合机械化水平86.4%。

【水　利】 2016年,通州区继续实施农村河道整治三年行动计划。全年共疏浚农村河道606条(段),清淤土方341万立方米,拆除坝头坝埂1369条,新建桥涵721座,打捞沉船279条，整理河坡1517公里，绿化河坡390.6公顷，建设生态河道20公里，实施生态廊道水环境治理8公里，打造1个“水美乡镇”、9个“水美村庄”。

【工业和建筑业】 2016年，全区工业增加值424.85亿元，按可比价计算，增长9.7%。规模以上工业企业实现总产值2112.86亿元，增长7.7%。其中，高新技术产业产值1004.02亿元，增长10.8%；新兴产业产值770.34亿元，增长11.8%。九类行业共实现产值2101.70亿元，增长7.6%。其中纺织服装业559.32亿元，增长6.3%；机械业411.98亿元，增长12.0%；轻工食品业232.67亿元，增长6.3%；化工医药业117.31亿元，增长8.5%；电子信息业495.38亿元，增长11.5%；冶金业95.35亿元，增长9.1%；建材业79.60亿元，下降0.2%；船舶业107.20亿元，下降9.6%；电力能源业2.89亿元，下降5.0%。

全年规模以上工业企业实现主营业务收入2111.85亿元，增长9.8%；利润总额149.93亿元，增长9.4%；财务费用14.58亿元，下降5.9%；亏损企业亏损额2.16亿元，下降9.9%；平均资产负债率47.8%，下降2.1个百分点。

全年建筑业增加值82.51亿元，按可比价计算，增长5.9%。全年完成建筑业总产值1440.56亿元，增长11.4%；建筑施工面积14712.57万平方米，增长22.7%；竣工面积4010.73万平方米，增长35.6%。

【固定资产投资】 全年完成固定资产投资681.49亿元，增长14.0%。其中一、二、三产业分别完成3.72亿元、369.59亿元、308.19亿元；第一产业下降26.6%，第二、第三产业分别增长9.1%、21.4%。三次产业投资结构比例由上年的0.8∶56.7∶42.5调整为0.5∶54.2∶45.3。完成工业技改投资247.90亿元，下降8.7%，占工业投资的比重为67.1%。完成基础设施投资104.40亿元，增长26.7%，占服务业投资总额的33.9%，完成房地产开发投资30.50亿元，下降52.7%。全区各类在建房屋施工面积399.01万平方米，下降24.0%；各类房屋新开工面积44.05万平方米，下降43.3%；各类房屋竣工面积109.99万平方米，下降9.7%。

【服务业·旅游业】 2016年，全区实现社会消费品零售总额341.12亿元，增长10.9%。其中批发零售业实现零售额314.82亿元，增长10.7%；住宿和餐饮业实现零售额26.31亿元，增长13.2%。规模以上服务业企业实现营业收入132.53亿元，增长17.1%。

各类房屋（含安置房）销售面积132.72万平方米，增长16.1%，其中住宅销售面积125.46万平方米，增长22.6%。年末，全区商品房现房待售面积85.99万平方米，下降14.8%，比上年末减少14.99万平方米；全区商品房去化周期9.7个月，比上年末缩短8.6个月。

年末，全区拥有国家AAA级景区2家，国家AA级景区2家，省四星级乡村旅游区3家，省三星级乡村旅游区4家，省工业旅游区（点）3家，全国工业旅游示范点1家。全年实现旅游总收入43.23亿元，增长17.8%，接待旅游总人数342.87万人次，增长15.0%。

【开放型经济】 2016年，全区实现进出口总额37.33亿美元，增长4.2%。其中出口总额33.69亿美元，增长6.7%；进口总额3.64亿美元，下降14.5%。全年贸易顺差30.05亿美元，扩大2.73亿美元。

实际到账外资2.44亿美元，新批外商投资项目47个，新批协议注册外资8.09亿美元。全区境外投资注册新设立企业11家，境外中方协议投资总额2.41亿美元，下降19.0%。

全年新签对外承包劳务合同额2662万美元，下降67.6%；完成对外承包劳务营业额5509万美元，下降59.6%；新派劳务人员389人，下降61.6%；年末在外劳务人员329人，下降49.7%。

【交通运输、邮政电信和电力业】 2016年，全区公路客运总量478万人次，下降8.4%；公路货运总量1063万吨，增长2.8%；水路货运量146万吨，增长2.8%。年末，全区公路总里程3486公里，其中高速公路88公里、一级公路161公里、二级公路353公里、三级公路209公里、四级公路2675公里。全区镇村公交开通率100%。

全区汽车保有量21.37万辆，增长16.7%；私家车拥有量19.33万辆，增长16.7%。

全年完成邮政业务收入2.05亿元，增长12.8%；全年收寄国际、国内函件73.81万件，下降56.7%；国际、国内包件1.33万件，下降36.7%；投送特快专递59.45万件，增长6.9%；发送各类报刊杂志1823.33万份，增长9.6%；年末邮政储蓄余额136.11亿元，增长13.6%。

全区年末本地固定电话用户26.0万户，移动电话用户126.01万户，其中4G手机用户67.34万户。固定宽带接入用户42.64万户。

全年用电量52.87亿千瓦时，增长5.7%。第一产业用电量0.76亿千瓦时，增长15.6%；第二产业用电量39.05亿千瓦时，增长2.7%，其中工业用电量38.32亿千瓦时，增长3.8%；第三产业用电量4.54亿千瓦时，增长19.3%。城乡居民生活用电量8.52亿千瓦时，增长13.5%。

【财政和金融】 全年实现一般公共预算收入72.22亿元，下降7.6%，其中税收收入56.32亿元，下降15.9%。税收收入中：国内增值税（不含改征增值税）10.82亿元，增长59.2%；营业税18.07亿元，下降52.7%；企业所得税（40%部分）7.36亿元，增长19.8%；个人所得税（40%部分）2.22亿元，下降11.0%；城市维护建设税3.16亿元，下降21.8%；房产税1.91亿元，增长8.0%。

全年一般公共预算支出85.75亿元，下降3.5%。其中用于公共安全、教育、社会保障与就业、医疗卫生、农林水、住房保障等民生方面的财政支出为61.64亿元，占一般公共预算支出的64.8%。

全区金融机构本外币存款余额1420.34亿元，比年初增加168.79亿元，增长13.5%。其中城乡居民储蓄存款859.89亿元，比年初增加56.53亿元，增长7.0%。本外币贷款余额748.88亿元，比年初新增投放70.83亿元，增长10.4%。其中短期贷款余额334.69亿元，下降10.4%；中长期贷款余额358.27亿元，增长41.9%。

【科学技术】 2016年，全区认定高新技术企业50家，新增省级高新技术产品118只，17项科技成果获南通市科技进步奖，专利申请总量5357件，专利授权总量4005件。全区万人发明专利拥有量21.83件。年末，全区共有高新技术企业159家，省级企业院士工作站7家，省级重点企业研发机构13家，国家级科技企业孵化器1家、国家级众创空间1家，省级众创空间1家，省级科技企业孵化器2家，省级众创集聚区1个，省级工程技术研究中心56家。

【教　育】 2016年，全区拥有幼儿园60所，小学43所，初中25所，高中4所，职业学校3所，特殊学校1所。幼儿园在园在托幼儿26572人，小学在校学生49215人，初中在校学生22473人，高中在校学生10273人，各类中等职业教育在校学生4403人，特殊学校在校学生193人。全区幼儿入园率97.7%，小学入学率100%，小学毕业率100%，初中毕业生升学率99.7%，毕业率100%。全区专任教师高一级学历占比分别为：高中研究生率9.7%，初中本科率98.5%、职中本科率98.5%、小学本科率84.3%和幼儿园大专率93.7%。是年，全区10所学校通过义务教育现代化学校验收。年末，通过验收的学校增至63所，占所有义务教育学校数的92.6%。

【文化、卫生和体育】 2016年末，全区拥有档案馆2个，共保存档案19.75万卷、38.79万件，其中向社会开放档案11.09万卷，区档案馆馆藏档案数字化副本共1499万页。全年查档利用0.5万人次，调卷0.48万卷，出具档案证明1.3万份。全区拥有广播电视台1个，广播电视站19个，数字电视用户27.84万户。年末，共有表演团体2个、剧场1个、公共图书馆1个、文化馆1个、文化站15个。全年文艺作品获国家级奖项12个，省级奖18个，市级奖12个。

全区有医疗卫生机构439个，其中医院、镇卫生院和社区卫生服务中心38个，社区卫生服务站和村卫生室255个。全区执业医师和执业助理医师2376人，注册护士2377人。全区拥有医疗标准床位5741张。全年诊疗病人497.91万人次，出院病人16.44万人次。

是年，区体育中心场馆单日开放时长15小时，累计接待市民健身258万人次。全年举办国家级赛事6项次、省级赛事8项次、其他各类单项比赛及全民健身活动501次，参加活动160万人次。全区有社会体育指导员4680人，其中一级指导员38人，二级指导员1045人，三级指导员3579人。在南通市级以上比赛中获奖牌57枚，增长1.8%。

【城乡发展·生态环境】 2016年，全区新增绿地面积44.20公顷，城市绿化覆盖率42.3%；日转供水能力45万吨，水质综合指标合格率100%；燃气普及率、用水普及率100%。全年新增道路照明灯5100盏，新增城市照明总功率439千瓦。

全年淘汰并用清洁能源替代209台10蒸吨/小时及以下燃煤锅炉，淘汰黄标车329辆，清洁化改造印染企业45家。全年细颗粒物(PM2.5)日均值45微克/立方米，空气质量优良天数比例为74.2%。近五年，规模以上工业万元产值能耗总体呈持续下降趋势。2012年至2016年，万元产值能耗分别为0.0499、0.0484、0.0486、0.0470和0.0430吨标准煤。

是年，全区发生交通事故189起，死亡138人，受伤82人，直接经济损失55万元。发生火灾385起，死亡2人，受伤2人，直接财产损失1050万元。

（注：1. 公报中发布的2016年数据为初步统计数。部分数据因四舍五入的原因，存在着与分项合计不等的情况。2. 地区生产总值及其分类项目增长速度按可比价计算，为实际增长速度；其他指标除特别说明外，按现价计算，为名义增长速度。3. 高新技术产业产值根据江苏省科技厅和江苏省统计局联合下发的《关于发布〈江苏省高新技术产业统计分类目录〉(2012修订版)的通知》(苏科高〔2012〕332号)进行统计，包括航空航天制造业、电子计算机及办公设备制造业、电子及通讯设备制造业、医药制造业、仪器仪表制造业、智能装备制造业、新材料制造业和新能源制造业。4. 新兴产业包括新能源制造业、新材料制造业、生物技术和新医药制造业、智能装备制造业、节能环保制造业和海洋工程装备制造业。5. 2012年四季度起，国家统计局实施了城乡一体化住户调查改革，统一了城乡居民收入名称、分类和统计标准，在全国统一选取了16万户城乡居民家庭，直接开展调查。在此基础上，计算了城乡可比的新口径全体居民人均可支配收入以及分城乡居民人均可支配收入。耐用消费品拥有量为城乡一体化改革后的调查数据，与以前年份不可比。6. 规模以上工业统计范围为年主营业务收入2000万元及以上的工业企业。7. 建筑业统计范围为有资质的建筑业企业。8. 固定资产投资统计范围为计划总投资500万元及以上建设项目，房地产投资统计范围为房地产开发经营企业。9. 社会消费品零售总额统计中限额以上单位是指年主营业务收入2000万元及以上的批发业企业(单位)、500万元及以上的零售业企业(单位)、200万元及以上的住宿和餐饮业企业(单位)。10. 本公报中，农委、农机、水利、交通、旅游、科技、教育、文化、体育、住建、环保、人社、民政等相关内容不包含原三余镇数据。

数据来源：本公报中城镇新增就业、登记失业率、社会保障数据来自人力资源和社会保障局；财政数据来自财政局;金融信贷数据来自人民银行;用电量来自供电公司;公路运输数据来自交通运输局;电话用户、移动互联网等数据来自电信、移动、联通公司;城市污水处理、建城区绿地率、城建数据来自住房和城乡建设局;货物进出口、外商直接投资、对外直接投资、对外劳务合作等数据来自商务局;户籍人口、民用汽车、交通事故数据来自公安局;邮政业务数据来自邮政局;旅游数据来自服务业发展局;最低生活保障数据来自民政局;教育数据来自教育局;科技、专利等数据来自科技局;艺术表演团体、公共图书馆、文化馆等数据来自文广新局;档案数据来自档案局;广播电视数据来自电视台和广电网络公司;体育数据来自体育局;医疗卫生数据来自卫计委;环境监测数据来自环保局;河道整治等数据来自水利局;农业机械数据来自农机局;水产品产量来自农委;私营企业数据来自行政审批局;火灾数据来自消防大队;城乡居民收支等数据来自通州调查队;其他数据均来自区统计局。) （黄 凯）

招商引资

【概 况】 2016年,南通市通州区通过深入开展招商引资竞赛活动,实行季度"夺红旗、亮黄牌",完善区镇两级招商工作体系,组建专职招商队伍,开发应用招商云平台,健全信息收集、项目管理、绩效考核机制,强化以商引商、驻点招商、产业招商,招商引资工作有了新进展。各镇(区、园、街道)、产业主管部门围绕重点产业、重点区域,加大"走出去、请进来"招商力度,先后赴日本、韩国、中国台湾和北京、上海、广州、深圳等地开展专题招商推介活动,组织精准招商小分队开展各类招商活动140多次。

是年,全区共签约项目232个,其中亿元以上项目148个,千万美元以上项目35个,属于重大内资项目6个,重大外资项目5个。领证项目189个,其中亿元以上项目110个,千万美元以上项目22个,属于重大内资项目3个,重大外资项目2个。在谈项目177个,其中亿元以上项目99个,千万美元以上项目15个,属于重大内资项目7个,重大外资项目3个。 （杨海容）

【招商引资推进大会】 3月22日,通州区召开招商引资推进大会,对招商引资工作进行再动员、再落实、再推进。会议强调,紧抓关键、务实举措,确保招商引资取得新突破。一要强队伍。招商人员要有一股子钻劲、一股子拼劲、一股子韧劲,用真心诚意感动客商、用发展优势吸引客商、用周到服务留住客商,不断提高项目引进的成功率。二要强服务。加快完善"招商链",构建以平台招商为主体,综合经济部门产业招商为配合,"飞地招商"为补充的招商新链条;加快打通"要素链",围绕土地这个关键,千方百计扩增量、增流量、活存量,最大限度为重大产业项目预留用地空间;加快优化"生态链",倡导"以企为尊,马上就办"的理念,大胆亲商、主动帮商,让服务更具时效、更有温度,让企业家、投资者更有获得感。三要强考核。优化考核机制,突出分组差别化、过程化考核,着力考出差距、考出名次、考出先进;强化督查机制,杜绝弄虚作假,提高招商实效。

全区招商引资推进大会会场

（引自通州党政信息网,通讯员施伟办 记者李舒舒）

【产业项目集中开工】 12月29日,中国通州网报道,12月,全区23个产业项目集中开工。其中有:总投资60亿元的大唐南通冷热电三联供示范项目,总投资20亿元的艾伯勒斜拉索项目;总投资10.90亿元的万达广场局部四层竣工。 （方 志）

资本运作

【概 况】 2016年,南通市通州区发展和改革委员会抢抓国家推进多层次资本市场建设机遇,加大资本运作力度,积极推进企业上市挂牌工作,拓展企业直接融资渠道,有效降低企业融资成本。一是分解落实责任。将上市和新三板工作列入镇、区、园工作目标考核,要求各镇、区、园指定专人,配合金融办全力推进上市挂牌工作,通过考核激发工作动力。二是政策引导扶持。畅通上市问题协调绿色通道,及时兑现市、区政府上市扶持政策。是年,向3家新三板挂牌企业奖励补助290.30万元。三是积极培训宣传。根据最新资本市场政策变化,组织各镇(街道)、高新区和各园区分管领导、上市和新三板后备企业负责人共60人,赴上海财经大学集中一周开展资本市场知识培训,邀请金融专家、券商讲解当前中国经济新常态、全球金融形势、企业资本战略及新三板挂牌实务、改革，提升企业家的资本市场理论水平。深入平潮、兴仁、川姜、东社等镇走访、调研、宣传和培训，进一步激发企业挂牌上市热情，将企业上市、新三板挂牌重点后备企业库扩充到60多家。四是加强对接交流。定期组织梯队企业与券商等中介机构面对面交流。组织新三板挂牌企业在深圳金融招商活动会上开展路演活动，提高企业知名度；积极与多家知名券商等中介机构对接交流，促进企业上市挂牌进度。

5月19日，南通四方冷链装备股份有限公司正式在上交所挂牌，首次募集资金5亿元。年末，全区上市企业8家。同时，新增报会待审企业1家、上市辅导期企业1家。

下半年，有3家企业在新三板挂牌。分别是：7月28日，江苏准信自动化科技股份有限公司；10月28日，江苏辰星药业股份有限公司；11月30日，江苏思维福特机械科技股份有限公司。至年末，全区有新三板挂牌企业8家。

在四板市场上，新增企业挂牌1家，累计四板市场挂牌企业10家。

至年末，全区资本市场上市挂牌企业总数26家，位居南通市县市区前列。

通州区上市企业一览表

表2

序号	企业名称	上市地	所属镇区园	上市时间	股票代码
1	江苏综艺股份有限公司	主板	兴东街道	1996年	600770
2	国轩高科股份有限公司（东源电器）	中小板	十总镇	2006年	002074
3	多维科技控股公司	新加坡	高新区	2007年	CZ4
4	奥特佳新能源科技股份有限公司（金飞达）	中小板	高新区	2008年	002239
5	南通江海电容器股份有限公司	中小板	平潮镇	2010年	002484
6	亚洲新能源集团有限公司	新加坡	平潮镇	2010年	5DW
7	江苏通达动力科技股份有限公司	中小板	兴仁镇	2011年	002576
8	南通四方冷链装备股份有限公司	主板	兴仁镇	2016年	603339

通州区新三板挂牌企业一览表

表3

序号	企业名称	所属镇区园	挂牌时间	股票代码
1	江苏达海智能系统股份有限公司	高新区	2014年	831120
2	南通市通州区恒晟农村小额贷款股份有限公司	兴东街道	2014年	831723
3	南通华盛高聚物科技股份有限公司	南通家纺城（川姜镇）	2015年	833583
4	南通华隆微电子股份有限公司	兴东街道	2015年	833642
5	南通华夏飞机工程技术股份有限公司	兴东街道	2015年	834310
6	江苏准信自动化科技股份有限公司	石港镇	2016年	838002
7	江苏辰星药业股份有限公司	高新区	2016年	839738
8	江苏思维福特机械科技股份有限公司	兴仁镇	2016年	870324

通州区四板挂牌企业一览表

表4

序号	企业名称	挂牌地	所属镇区园	挂牌时间
1	江苏睿博信息科技有限公司	江苏股权交易中心	金沙街道	2014年
2	江苏美琪威电子科技有限公司	江苏股权交易中心	金沙街道	2014年
3	南通君光影视传媒投资有限公司	江苏股权交易中心	金沙街道	2014年

续表 4

序号	企业名称	挂牌地	所属镇区园	挂牌时间
4	南通尔创纺织科技有限公司	上海股权托管交易中心	川姜镇	2014 年
5	南通洛妃纺织品有限公司	上海股权托管交易中心	川姜镇	2014 年
6	南通恒大科技创业有限公司	上海股权托管交易中心	高新区	2014 年
7	江苏通洲博创建材科技有限公司	上海股权托管交易中心	石港镇	2015 年
8	奋斗哥投资管理南通有限公司	上海股权托管交易中心	川姜镇	2015 年
9	江苏情趣人生纺织服饰股份有限公司	上海股权托管交易中心	川姜镇	2015 年
10	南通微纺电子商务有限公司	江苏股权交易中心	川姜镇	2016 年

（刘永华　王建锋）

精神文明创建活动

【概　况】 2016 年，通州区高举中国特色社会主义伟大旗帜，全面贯彻落实党的十八大和十八届三中、四中、五中、六中全会精神，以培育和践行社会主义核心价值观为主线，不断深化文明城市长效管理，大力推进公民思想道德建设和诚信、志愿服务两大制度化建设，全面提升未成年人思想道德水平，为助推全区道德风尚高地建设打下牢固的思想基础。

【公民思想道德建设】 2016 年，通州区充分运用传统媒体和新兴媒体，广泛进行社会主义核心价值观公益广告宣传；通过多种行之有效措施，加大公共场所宣传核心价值观工作力度；创新典型宣传形式，组建文明典型宣讲团，深入各地各单位道德讲堂，讲述自己的事迹，以身边事迹感动身边人。是年，继续组织开展“我推荐我评议”身边好人活动，张锋、王平分别当选本年度“中国好人”和“江苏好人”。同时，组织开展第二届“文明百佳”评选表彰活动，并从中推荐一批事迹突出的典型参与南通市“文明百佳”评选。深入开展道德讲堂活动。大力推进诚信制度化建设，广泛开展诚信经营创建活动。全区有 101 家诚信企业、982 家诚信经营示范店和 10 家诚信商会组织受到南通市表彰，同时向南通市推荐 42 家诚信企业和 431 家诚信经营示范店参评，完成诚信经营创建工作任务。依托中国通州网建立区行政许可和行政处罚等信用信息公示平台，对 41 家单位的行政许可和行政处罚信息进行公示。建立严重失信黑名单归集发布机制，及时曝光失信被执行人，全年共曝光失信被执行人 2450 人。

【文明城市长效管理】 2016 年，通州区制定《市区城市长效管理现场考核目录及操作办法》，继续强化“日巡查、周督查、月考核”机制及考核通报、媒体曝光、领导约谈等制度，促进各项工作的落细、落小、落实。组织开展文明交通、农贸市场及其周边环境、居民小区等专项整治行动。进一步发挥重点责任部门和专业职能部门的作用，区成立 19 个专业工作组，建立重大难点问题协调解决机制，逐步解决群众反映大、整治难、工作不落实、经常反复的问题。分别在区电视台、《通州日报》、党政信息网等媒体上开辟专题专栏，大力宣传文明城市长效管理工作成效，曝光影响城市形象的不文明行为，促进市民文明意识提高。区创建文明城市工作领导小组办公室每月将南通市市区城市长效管理工作考核情况结合通州区实际进行分解、汇总，并在《通州日报》、党政信息网上刊登，促进各职能部门落实整改，最终以较好的成绩通过省复查。

【基础性创建工作】 2016 年，通州区完成 2013—2015 年度省级文明单位、文明村镇、文明社区、文明校园推荐评选工作，全区新增 18 个典型进入省级文明创建先进行列。同时，突出“爱、敬、诚、善”主题，积极推进文明社区创建活动，围绕全国文明城市测评对社区的要求，广泛开展有效的创建达标工作，不断美化小区环境，丰富居民生活，提升市民素质。深化美丽乡村、美丽农家创建活动，组织开展第二届“美丽乡村示范村”和“美丽家庭示范户”评选表彰活动，全区共评选出 10 个美丽乡村示范村和 100 户美丽家庭示范户。广泛开展文明校园、文明家庭创建活动，全年共评选出 20 户“五好文明家庭标兵户”。周福如家庭荣获“江苏省首届文明家庭”称号。

【未成年人思想道德建设】 2016 年，通州区举办首届“童声里的中国·成长的歌谣”创作大赛颁奖仪式和大型现代音乐儿童剧《田梦儿》分享会。《田梦儿》在省内外巡演 300 余场，观众超 30 万人次，被评为“第八届上海优秀儿童剧”。成功举办“童声里的中国”第五届江苏省青少年音乐“小茉莉花奖”声乐大赛及颁奖仪式。本土作家张剑彬写的少儿长篇系列小说《滑板少年》正式出版并在南京举办作品研讨会。“童声里的中国”品牌经验已被中央文明办在全国推广。中央电视台《新闻联播》《光明日报》头版刊播其经验做法。深入推进“八礼四仪”养成教育，在川港小学召开成长仪式观摩活动暨文明礼仪养成教育现场推进会。继续以“我的中国梦”为主题，开展“我们的节日”系列活动。组织好市、区两级美德少年和“三好标兵”评选表彰活动。深入推进心理健康教育，高质量、高标准异地重建区未成年人成长指导中心。加强乡村学校少年宫建设和管理，对受到中央和省级彩票公益金扶持的乡村学校少年宫进行全面督查，有力促进全区乡村学校少年宫建设工作。

【志愿者工作】 2016年，通州区以“志愿服务365”行动为主题推进志愿服务制度化建设，主要是为营造文明有序的公共环境、关爱帮扶困难人群提供多样化专业服务，在公共场所和城乡社区集中展开，实现“月月有主题，周周有安排，天天有行动”。基层各级志愿服务站充分发挥党员主导和群众主体作用，以“党员干部进社区”为平台，逐渐摸索“党工+社工+义工”的精准服务模式，开展“童年同行”关爱困境儿童、“幸福来敲门”关爱困境老人、“共享阳光”关爱残疾人等志愿服务活动。建立专家志愿者库，吸引专家志愿者参加志愿服务活动，全年各类专家免费培训800余小时。同时，相继开展“弘扬新时期雷锋精神，共建强富美高新通州”志愿服务集中行动、“社会妈妈”招募、“报童爱心义卖”等公益活动，参与志愿者达1000余人次。通过努力，全区有注册志愿者13.20万人，占城镇常住人口的20%左右；注册志愿者参与活动率为83.0%，平均服务时长30.6小时。 （丁 莉）

组织机构和领导人员名录

中共南通市通州区委员会

7月，召开区第十二届党代会，并进行换届选举

书　　记：宋乐伟
副 书 记：陈永红　李　玲（6月免，女）　凌建华（5月免）
　　　　　桑建美（7月当选，9月免，女）
常　　委：宋乐伟　陈永红　李　玲（6月免，女）
　　　　　凌建华（5月免）　桑建美（9月免，女）
　　　　　陈　斌（7月届满，不再提名）
　　　　　陈艳梅（7月届满，不再提名，女）
　　　　　韩菊芳（6月任，女）　虞越嵩
　　　　　汪水明（5月免）　瞿云峰（7月届满，不再提名）
　　　　　葛卫民　胡卫东　刘克勇（4月挂职期满）
　　　　　达哇旦周（2月挂职期满）　李学义（7月当选）
　　　　　张兴国（7月当选）
　　　　　沈旭东（5月任，挂职，6月任）
　　　　　徐林锋（7月当选）　王　任（12月任，挂职，女）

南通市通州区人大常委会

主　　任：明汉清（9月辞）
副 主 任：曹国平　昝圣达　吴晓晖　朱卫民
党组书记：明汉清（7月免）　陈　斌（7月任）
党组副书记：曹国平　瞿云峰（7月任）

南通市通州区人民政府

区　　长：陈永红
副 区 长：陈　斌（常务，7月辞）　陈艳梅（7月辞，女）
　　　　　虞越嵩（常务，7月当选）
　　　　　刘克勇（4月挂职期满）　刘　洪　李学义
　　　　　顾　坚（7月辞）　张兴国　陈伟平
　　　　　徐林锋（7月辞）　李儒斌（8月挂职期满）
　　　　　樊小燕（7月当选，女）　杨　彬（7月当选）
　　　　　陈　曦（9月当选，挂职）
党组书记：陈永红
党组副书记：陈　斌（7月免）　虞越嵩（7月任）

政协南通市通州区委员会

主　　席：宋乐伟
副 主 席：施　辉（10月辞）　王沈康（12月辞）　葛　涛
　　　　　季　平　顾建军
党组书记：施　辉（7月免）　陈艳梅（7月任，女）
秘 书 长：韩　建
副秘书长：吴宇平

中共南通市通州区纪律检查委员会

7月，进行换届选举。

书　　记：虞越嵩（兼，6月免）　韩菊芳（6月兼任，女）
副 书 记：包良均　陈泽华（7月届满，不再提名）
　　　　　张刘华（7月当选）
常　　委：虞越嵩（6月免）　韩菊芳（6月任，女）　包良均
　　　　　陈泽华（7月届满，不再提名）　张刘华
　　　　　李功涛（7月届满，不再提名）　赵建峰　张为民
　　　　　钱　澄（7月当选，女）　王　强（7月当选）

区委工作部门及直属机构

办公室
主　　任：刘学军（11月免）　徐林锋（11月兼任）
副 主 任：沈智慧　冯永华（11月免）　严　巍
　　　　　吴　昊（10月任）
研究室
主　　任：沈智慧
副 主 任：吴　昊（10月免）　季　良
督查室
主　　任：何　静（女）

组织部

部　　长:桑建美(兼,6月免,女)

沈旭东(6月兼任)

副 部 长:钱国宾(常务)　姜卫国　陈　超

部务委员:曹莉萍(12月免,女)　唐　锋

组织员办公室

主　　任:徐　华(10月免)

区级机关工作委员会

书　　记:姜卫国(兼)

副 书 记:季　煜(主持日常工作)　施晓灵(女)

纪委书记:杨金华(10月任)

新经济新社会组织工作委员会

书　　记:姜卫国(兼)

副 书 记:顾慧辉(女)

人才工作办公室

主　　任:钱国宾(兼)

副 主 任:曹邢彬　葛　锋　郝国建(9月挂职期满)

叶　敏(9月挂职)

宣传部

部　　长:胡卫东(兼)

副 部 长:陈益明(常务)　曹荣琪　陈建华

姜卫军(5月任)

精神文明建设指导委员会办公室

主　　任:陈益明(兼)

副 主 任:周　冲

统战部

部　　长:沈旭东(6月兼任)　顾建军(6月免,兼)

副 部 长:樊　珂　易天明(12月免)

曹莉萍(12月任,女)

政法委员会

书　　记:瞿云峰(7月免,兼)　李学义(7月兼任)

副 书 记:顾　坚(7月免,兼)　杨　彬(7月兼任)

何新华　张　显　朱晓明

政治处主任:杜爱华(女)

社会信息管理办公室

主　　任:

社会管理综合治理委员会办公室

主　　任:张　显(兼)

副 主 任:邱建华

依法治区领导小组办公室

主　　任:瞿云峰(7月免,兼)　李学义(7月兼任)

副 主 任:

国家安全办公室

主　　任:何新华(兼)

副 主 任:朱永宁

610办公室

主　　任:夏季兵(兼)

副 主 任:陆卫东　王晓梅(女)

机构编制委员会办公室

主　　任:钱国宾

副 主 任:邱天擎　陆卫华

农村工作办公室

主　　任:姜子国(6月免)　林　峰(6月任)

副 主 任:曹　辉(5月免)　严卫华(女)　季水华

主任助理:袁国林

纪检组长:戴剑锋

区人民政府农村工作办公室

主　　任:姜子国(6月免,兼)　林　峰(6月兼任)

机要局(国家密码管理局)

局　　长:蒋建伟

副 局 长:顾晓明　康建锋

保密委员会办公室(国家保密工作局)

主任(局长):蒋建伟(兼)

台湾工作办公室(区人民政府台湾事务办公室)

主　　任:冯永华(11月免,兼)

副 主 任:王红琴(主持日常工作,女)

老干部局

局　　长:陈　超

副 局 长:王建云(4月免,主持日常工作,女)

曹江梅(4月任,女)　施向东

党校

校　　长:凌建华(6月免,兼)

桑建美(7月兼任,11月免,女)

副 校 长:许煜曦(常务)　耿　燕(女)　胡永洲

行政学校

校　　长:陈　斌(7月免,兼)　虞越嵩(7月兼任)

副 校 长:许煜曦　耿　燕(女)　莫建娥(兼,女)

胡永洲

机关事务管理局

局　　长:崔红星

副 局 长:江　毅　曹　军　丁华周　张晓军(11月任)

党组书记:崔红星

接待办公室

主　　任:崔晓东(9月免)　高宏彬(9月任)

副 主 任:朱朝霞(2月任,女)

党史工作办公室

主　　任:王　飞

副 主 任:阚新华　卫　清

区地方志编纂委员会办公室

主　　任:王　飞(兼)

档案局(档案馆)

局长(馆长):张新丽(女)

副 局 长:张　强　谢国志

人大工作部门

办公室

主　　任:单雄清

副 主 任:张菊兰(兼,女)　徐茂军(1月任)

研究室

主　　任:张菊兰(女)

副 主 任:徐建锋

老干部服务科

科　　长:王祝达

信访督办科

科　　长:徐茂军(1月免)

财政经济工作委员会

主　　任:金　剑

副 主 任:张蔚华(12月免)

内务司法工作委员会

主　　任:耿曹均(4月免)　石裕超(4月任)

副 主 任:朱亚琴(女)

人事代表工作委员会

主　　任:姜兆军

副 主 任:王晓霞(女)

环境资源城乡建设工作委员会

主　　任:蔡行一(4月免)

副 主 任:丁俊荣

农业和农村工作委员会

主　　任:袁学义(9月免)

副 主 任:徐雪松

教科文卫工作委员会

主　　任:陈旭初

副 主 任:吴伯军

民宗侨台工作委员会

主　　任:徐　雷

副 主 任:

区政府工作部门及直属机构

办公室

主　　任:包云祥

副 主 任:高宏彬(9月免)　朱国兴　钱晓新
钱道锋　施晓辉　李　锋　李　锐

党组书记:包云祥

法制办公室

主　　任:包云祥(兼)

副 主 任:

外事侨务办公室

主　　任:包云祥(兼)

副 主 任:于　红(女)

人民防空办公室

主　　任:包云祥(兼)

副 主 任:

主任助理:胡映春

督查室

主　　任:吴兴林

根据通编〔2016〕24号文件《关于设立区人民政府研究室的通知》通知,设立南通市通州区人民政府研究室。

研究室

主　　任:刘　俊(11月任)

发展和改革委员会

主　　任:李均华

副 主 任:张颖倩(女)　孙振坚　季玉华(女)
冯建军

党委书记:李均华

纪委书记:丁明体

政府金融工作办公室

主　　任:李均华(兼)

物价局

局　　长:李均华(兼)

副 局 长:张乃文　严　斌

重点项目个管理建设办公室

主　　任:王　燕(5月免,女)　吴晓涛(11月任)

经济和信息化委员会

11月,根据《中国共产党党组工作条例(试行)》撤销中共南通市通州区经济和信息化委员会委员会,设立南通市通州区经济和信息化委员会党组。

主　　任:黄春玉

副 主 任:花建山　徐琳琳　施卫东
王　燕(5月任,女)

党组书记:黄春玉(11月任)

纪检组长:季　然(11月任,女)

党委书记:黄春玉
纪委书记:季　然(女)
中小企业局
局　　长:黄春玉(兼)

教育局
局　　长:张进荣
副 局 长:严鼎生　钱国华　刘　新　胡清华
党委书记:张进荣
党委副书记:严鼎生
纪委书记:严蔚民

科学技术局
局　　长:王钰华(女)
副 局 长:蔡志兵　黄东晓　姚晓兰(2月任,女)
方昌健(9月挂职期满)
王建南(9月任,挂职,女)
党组书记:王钰华(女)
纪检组长:金俊杰
知识产权局
局　　长:王钰华(兼,女)

公安局
局　　长:顾　坚(7月免,兼)　杨　彬(7月兼任)
副 局 长:夏季兵　王荣华　葛秀清　张　伟
王志清　王　东
政　　委:倪　军
副 政 委:曹群英(女)
党委书记:顾　坚(7月免,兼)　杨　彬(7月兼任)
党委副书记:倪　军　夏季兵
纪委书记:严卫星(10月任)
督 察 长:顾　坚(7月免,兼)　杨　彬(7月兼任)

监察局
局　　长:包良均
副 局 长:李功涛　章　婷(女)　赵建峰(11月任)

民政局
局　　长:季　亚
副 局 长:施锦荣　周玉君　徐建国　金小红(女)
党组书记:季　亚
纪检组长:谢　智

司法局
局　　长:刘玉贤
副 局 长:姜　平　姜志亮　曹茂龙(1月任)
党组书记:刘玉贤
纪检组长:丁义刚

财政局
局　　长:张正杰(5月通州区纪委对其立案调查)
周　鉴(6月任)
副 局 长:张　芳(女)　吴雪华　张单华(12月免)
吴巧俏(女)
党组书记:张正杰(5月通州区纪委对其立案调查)
周　鉴(6月任)
党组副书记:姜　华
纪检组长:张晓玲(女)

人力资源和社会保障局
局　　长:张剑冰
副 局 长:莫建娥(女)　施雪平　曹　玮
包　坚(10月免)　吴卫东
徐　华(10月任)　余剑武(9月挂职期满)
方昌健(9月任,挂职)
党委书记:张剑冰
党委副书记:莫建娥(女)
纪委书记:朱剑锋

环境保护局
局　　长:丁建荣
副 局 长:蒋　军　邱少波　曹锡江
袁晓娟(1月任,女)
党组书记:丁建荣
纪检组长:陆　锋
南通高新区分局
局　　长:朱宝剑
副 局 长:
锡通科技产业园分局
局　　长:邵勇军

住房和城乡建设局
局　　长:周　鉴(6月免)　丁亚军(6月任)
副 局 长:黄索宇(11月免)　李晓东　俞政权　蔡世杰
总工程师:丁舜锋
党委书记:周　鉴(6月免)　丁亚军(6月任)
纪委书记:葛　俊

城市管理局
局　　长:周建清
副 局 长:顾军峰　王玉华
党组书记:周建清
纪检组长:张慧超
城市管理行政执法局
局　　长:周建清(兼)

交通运输局
局　　长:丁明新

副 局 长:金志锋　宋国彬　张　明
　　　　花云霞(10月任,女)
党委书记:丁明新
纪委书记:周　佾
港口管理局
局　　长:丁明新(兼)
铁路办公室
主　　任:丁明新(兼)

农业委员会

11月,根据《中国共产党党组工作条例(试行)》撤销中共南通市通州区农业委员会委员会,设立南通市通州区农业委员会党组。

主　　任:季　勇(5月免)　曹　辉(5月任)
副 主 任:陈祖建　季国军　张宏杰　王国强
党组书记:曹　辉(11月任)
纪检组长:曾雪美(11月任,女)
党委书记:季　勇(5月免)　曹　辉(5月任)
纪委书记:曾雪美(女)
海洋与渔业局
局　　长:季　勇(5月免)　曹　辉(5月任)
副 局 长:高创新(12月通州区人民法院对其判刑)

水利局

11月,根据《中国共产党党组工作条例(试行)》撤销中共南通市通州区水利局委员会,设立南通市通州区水利局党组。

局　　长:丁　华
副 局 长:倪建东　胡栋林　朱德礼
局长助理:方　杏(女)
党组书记:丁　华(11月任)
纪检组长:张　帆(11月任)
党委书记:丁　华
纪委书记:张　帆

商务局

局　　长:金泽林
副 局 长:朱德胜　李向阳　顾彬斌(1月任)
　　　　张启军(5月任)
党委书记:金泽林
纪委书记:顾　华
粮食局
局　　长:金泽林(兼)
副 局 长:朱国安

文化广电新闻出版局

11月,根据《中国共产党党组工作条例(试行)》撤销中共南通市通州区文化广电新闻出版局委员会,设立南通市通州区文化广电新闻出版局党组。

局　　长:许易峰
副 局 长:张贺林　葛红玲(女)　丁　燕(女)
党组书记:许易峰(11月任)
纪检组长:吕志坚(11月任)
党委书记:许易峰
纪委书记:吕志坚

卫生和计划生育委员会

主　　任:张武军
副 主 任:王颖麒　张　毅　刘伟圣　钱素兵
　　　　刘永杰　张启军(5月免)
党组书记:张武军
纪检组长:卞玉梅(女)

审计局

局　　长:沈凯军
副 局 长:顾　霞(女)　蔡玉新　陈　霞(5月免,女)
党组书记:沈凯军
纪检组长:王佳蓓(女)

体育局

局　　长:严鼎生(兼)
副 局 长:曹　劼
局长助理:陈　克

统计局

局　　长:张　勤(女)
副 局 长:曹　剑(女)　于海燕
党组书记:张颖倩(兼,女)
纪检组长:季甫荣

安全生产监督管理局

局　　长:姚　忠
副 局 长:黄建飞(11月免)　陈　飞　杨　进
　　　　宋红军
党组书记:姚　忠
纪检组长:徐茂忠

市场监督管理局

局　　长:曹　勇
副 局 长:沈　豪　倪　林　张红梅(女)　易　建
　　　　彭德新　刘庆华
党组书记:曹　勇
党组成员:曹　龑(副科职)
　　　　杨建华(副科级,5月免)
纪检组长:陆　辉

服务业发展局

局　　长:秦瑞作

副 局 长:周宇春　高　燕(女)

旅游局

局　　长:秦瑞作

信访局

局　　长:石裕超(4 月免)　丁华斌(4 月任)

副 局 长:丁华斌　胡祝平　顾亚明(1 月免)
朱向陌(1 月任)　孙建新(11 月任)

党组书记:石裕超(4 月免)　丁华斌(4 月任)

党组副书记:丁华斌

民族宗教局

局　　长:瞿　勇

副 局 长:龚伟杰

党组书记:瞿　勇

行政审批局

局　　长:李　忠

副 局 长:陈　卓(女)　葛振军　王铁峰　张志林

党组书记:钱国宾(兼)

党组副书记:李　忠

纪检组长:马秀荣

4 月,根据《关于南通市通州区相对集中行政许可权改革试点实施意见》(通发〔2015〕29 号)文件精神,区行政审批局与区政务服务中心一套班子、两块牌子。撤销中共南通市通州区政务服务中心委员会。

政务服务中心

主　　任:李　忠(4 月任)

副 主 任:李　忠　陈　卓(4 月任,女)
葛振军(4 月任)　王铁峰(4 月任)
张志林

党委书记:

纪委书记:马秀荣(4 月免)

广播电视台

台　　长:陈建华

副 台 长:陈　杰　丁晓峰　王云峰(1 月任)
曹　军(1 月任)

台长助理:王云峰

党组书记:陈建华

纪检组长:崔　平

新闻信息传播中心

主　　任:

副 主 任:丁晓峰(兼)

主任助理:曹　军(1 月免)

地震局

局　　长:

副 局 长:顾志聪

公共资源交易管理办公室

主　　任:陶　洋

副 主 任:丛春明　司红林

党组书记:陶　洋

纪检组长:袁卫东

乒乓球运动学校(中国乒乓球通州训练基地)

校　　长:王寿兵

副 校 长:

主　　任:王寿兵

副 主 任:徐建伟

政府投资项目工程建设中心

主　　任:张友奎

副 主 任:李　弢(12 月免,女)　张蔚华(12 月任)
姜　健

总工程师:吴晓东

社会矛盾纠纷调处中心

主　　任:刘玉贤

副 主 任:冯跃如　姜　莉(女)

教育督导室

主　　任:王新荣(2 月免)

副 主 任:章锦华(10 月免)

沿海开发办公室

主　　任:

副 主 任:王林源　徐　卓(1 月免)

数字化城管监督指挥中心

主　　任:

建筑工程管理局

局　　长:陆建兵

副 局 长:朱国成(11 月免)　季　杰
曹云峰(5 月任)

党委书记:陆建兵

纪委书记:姜亚东(10 月免)　张东华(10 月任)

农业机械管理局

11 月,根据《中国共产党党组工作条例(试行)》撤销中共南通市通州区农业机械管理局委员会,设立南通市通州区农业机械管理局党组。

局　　长:吴建均

副 局 长:陈树清(6 月免)　张达世　姚　冰(女)

党委书记:陈树清(6 月免)

党组书记:

农业资源开发局

局　　长:陈国华
副 局 长:张建荣　陆跃斌
局长助理:黄剑兰(8 月通州区纪委对其立案调查,女)
党组书记:陈国华

电子政务管理中心

主　　任:张晓飞
副 主 任:包晓炜
政府网站管理中心
主　　任:张晓飞(兼)
省政府远程通信网通州工作站
站　　长:张晓飞(兼)

招商局

局　　长:金泽林(兼)
副 局 长:顾彬斌(1 月免)
曹顾涌(1 月任,主持日常工作)　秦　锋

政府国有资产监督管理办公室

主　　任:姜　华
副 主 任:

企业公有资产管理办公室

主　　任:花建山(兼)
副 主 任:丁淑娥(2 月免,女)　于建华

市政公用事业管理中心

主　　任:丁舜锋(1 月任)
副 主 任:花云霞(10 月免,女)　陆　明
城区水环境建设管理处
主　　任:
副 主 任:黄宝乐

房屋动迁管理办公室

主　　任:姚　斌
副 主 任:王　昕　方伶俐(女)
姜铮莉(5 月任,女)

园林绿化管理中心

主　　任:金建峰

事业单位登记管理局

局　　长:

公共资源交易中心

主　　任:王建兵

教师发展中心

主　　任:陈汉兵(1 月任)

政协工作部门

办公室

主　　任:吴宇平
副 主 任:杨　峰　陈　凯
老干部服务科
科　　长:沈　杰

提案委员会

主　　任:孙锦华
副 主 任:

学习、文史委员会

主　　任:钱　俊
副 主 任:陈益明(兼)　王海峰

经济科技委员会

主　　任:黄剑豪
副 主 任:施季平

文教卫体委员会

主　　任:袁卫平
副 主 任:

城乡建设、社会法制委员会

主　　任:陈锦新
副 主 任:王　琳(女)

人口资源环境委员会

主　　任:陈汝林
副 主 任:邹宪章

港澳台侨委员会

主　　任:
副 主 任:杨　峰

南通高新技术产业开发区

党工委书记:
党工委副书记:汪水明(5 月免)　周跃华(5 月任)
张兴国(7 月任)　钱国宾(12 月任)
管委会主任:周跃华(5 月任)
管委会副主任:汪水明(5 月免,主持日常工作,正处职)
张兴国(7 月任)　曹建新　叶　辉
徐　健　诸培国(12 月免)
高锦陈(12 月任)

纪工委书记:刁玉芬(女)

4月,根据《关于设立南通高新区人大工作委员会的通知》通编〔2016〕23号文件精神,设立南通高新技术产业开发区人大工作委员会。

人大工委主任:于　燕(4月任,女)

人大联络处主任:于　燕(4月免,女)

政协工委副主任:于　燕(女)

监察室

主　　任:于季华

副 主 任:刘　瑾(女)

审计室

主　　任:于季华

办公室

主　　任:李焱明

副 主 任:王　斐

党群工作局

局　　长:袁利忠

副 局 长:

经济发展局

局　　长:

副 局 长:顾圣亮(4月任)　昝建斌

科学技术局

局　　长:邱　智

副 局 长:吴小昊　姜一春(女)　曹文田(9月任,挂职)

招商局

局　　长:陈东兵

副 局 长:张建新(1月免)　蒋林华(1月任)

规划建设局

局　　长:

副 局 长:蔡劲松(1月免)　张新林　华　璇(女)

综合执法局

局　　长:卞建平(1月免)

副 局 长;吴成梓

安全生产监督管理局

局　　长:

副 局 长:费　平

政法和社会建设局

局　　长:王霄峰

副 局 长:葛建华

行政审批局

局　　长:蔡劲松(1月任)

副 主 任:管宏页(1月任,女)

行政服务中心

主　　任:蔡劲松(1月任)

副 主 任:顾圣亮(4月免)

财政局

局　　长:倪燕飞(女)

副 局 长:季　彬

公有资产管理办公室

局　　长:倪燕飞(女)

人武部

部　　长:

副 部 长:陈　炎

科技新城管委会

主　　任:姜小国

副 主 任:张永琪　龚志军　姜锦华(女)　周鸣鸣(9挂职期满)　胡　岳(9月任,挂职)

房屋征收管理办公室

主　　任:葛震宇(4月任)

副 主 任:葛震宇　徐敬国

空港产业园管委会

主　　任:曹建新

副 主 任:王晓亮(常务)

投资建设服务中心

主　　任:张永琪

副 主 任:李　仲(女)

人才服务中心

主　　任:张建新(1月任)

副 主 任:张建新(主持日常工作)

锡通科技产业园

党工委书记:李　玲(6月免,兼,女)　瞿云峰(12月任)

管委会副书记:

管委会副主任:廖文华(4月免)　诸培国(12月任)　顾永林(12月任)　蔡新明(12月任)

办公室

主　　任:邵　菊(女)

副 主 任:许建春　李菊梅(女)

经济科技发展局

局　　长:周国栋

副 局 长:杨建华(5月任)　徐庆利(8月挂职期满)　邹　祺(9月任,挂职一年)

规划建设局

局　　长:叶天竹

副 局 长:黄建明(2月免)

社会建设管理局

局　　长:曹　锐

副 局 长:赵春慧　曹　敏(女)　顾　冲

财政局

局　　长:陈　刚

副 局 长:夏　云(女)

招商局

局　　长:

副 局 长:陈　冰(12月任,女)　钱金国(12月任)

综合执法局

局　　长:成建荣

副 局 长:邵勇军(1 月免) 张海峰

安全生产监督管理局

局 长:丁志岗

便民服务中心

主 任:

副 主 任:刘永华(主持日常工作) 顾学德 陆伟丽(7 月免,女)

房屋征收管理办公室

主 任:

副 主 任:张继华 倪梓程

监察审计室

主 任:

副 主 任:井 卫(5 月免) 郭志坚

招商中心主任:卞进圣(5 月任)

国土分局锡通科技产业园办事处主任:王翕金

石港科技产业园

党工委书记:凌建华(7 月免,兼) 沈旭东(9 月任,兼)

党工委副书记:龚 卫 陈 兵 吴广进(5 月免) 陈建烽(1 月任,12 月免)

管委会主任:龚 卫

管委会常务副主任: 陈 兵

管委会副主任:葛建中(12 月免) 单志建(12 月免) 王福祥(12 月免) 陈建烽(1 月免) 顾本勇(12 月免) 脉 勇(8 月挂职期满) 赵丽利(9 月任,挂职一年,女)

纪工委书记:吴德水

党工委委员:葛建中(12 月免) 单志建(12 月免) 王福祥(12 月免) 陈建烽(1 月免) 顾本勇(12 月免) 吴德水 陆雪峰 季小雄 陈海林

滨江新区

党工委书记:瞿云峰(兼)

党工委副书记:高锦陈 王 勇 李 斌

管委会主任:高锦陈

管委会副主任:王 勇(常务) 张钱华(1 月免) 王锦明(10 月免) 沈小锋(12 月免) 姚云飞(12 月免) 纪建峰(12 月免) 徐美云(女) 王 泽(8 月挂职期满) 徐裕来(9 月任,挂职一年)

纪工委书记:朱小祥

党工委委员:沈小锋 黄亚南 赵 楠 孙志凤 吴锦云(女) 李 钢

开沙岛旅游度假区

党工委书记:瞿云峰(兼)

管委会主任:高锦陈(兼)

南通家纺城

党工委书记:桑建美(11 月免,兼,女)

党工委副书记:邵爱军 张卫忠

管委会主任:邵爱军

管委会副主任:张卫忠 陈超平(1 月免) 吴红星 王建南(9 月任,挂职一年)

党工委委员:郭志坚 周 丹(女) 张新荣 卑圣君(5 月免) 施亚兴(女)

管委会委员:韩建华 郭 华(12 月免) 吴红星 陈 前(12 月免) 张卫华

家纺知识产权快速维权中心

副 主 任:秦 兵(1 月免) 周 英(1 月任,女) 蒋 跃(1 月任)

空港产业园管委会

主 任:曹建新

副 主 任:王晓亮(常务) 王昊宇(8 月挂职期满) 聂华丽(9 月任,挂职一年,女)

通州区人民法院

院 长:刘碧波(6 月免)

副 院 长:陈 炎(7 月任,代院长) 张建平 俞继进(10 月免) 张月淑(女) 施为民

专职委员:姜 华 季 忠

党组书记:刘碧波(7 月免) 陈 炎(7 月任)

党组副书记:张建平

纪检组长:丁建国

政治处主任:陈宗林

执行局局长:喻峰新

通州区人民检察院

检 察 长:黄凯东

副检察长:王 栋 曹卫星 袁国明 左仰东

专职委员:张建兵 潘杏杏(女)

党组书记:黄凯东

反贪污贿赂局局长:王益锋

反渎职侵权局局长:张徐华

政治处主任:王立新

纪检组长:陆 斌

通州区人民武装部

部 长:杨红卫(7 月免)

政 委:葛卫民

副 部 长:曹永平
党委第一书记:宋乐伟
党委书记:葛卫民
党委副书记:杨红卫(7月免)
纪委书记:曹永平

人民团体

总工会

主　　席:张淑萍(女)
副 主 席:徐　飞　孙清建(4月任)
党组书记:张淑萍(女)

团委

书　　记:叶佳佳(女)
副 书 记:曹　铖　钱　亮(女)
党组书记:叶佳佳(女)

妇联

主　　席:朱汉云(10月免,女)　卫志云(10月任,女)
副 主 席:王晓燕(女)　陈爱华(女)
党组书记:朱汉云(10月免,女)　卫志云(10月任,女)

科协

主　　席:赵国明
副 主 席:张亚新　李国新　黄东晓(兼)
陈　卓(兼,女)　张宏杰(兼)　刘永杰(兼)
党组书记:赵国明

社科联

主　　席:曹荣琪
副 主 席:陈泉江　沈智慧(兼)　张菊兰(兼,女)
李　锋(兼)　钱　俊(兼)　胡永洲(兼)
季玉华(兼,女)　施卫东(兼)
吴雪华(兼)　钱国华(兼)

文联

主　　席:许　君(6月任,女)
副 主 席:许　君(女)

侨联

主　　席:许　斌(兼)
副 主 席:赵莉玲(主持日常工作,女)　黄　荣(兼)
蒋　忠(兼)　杨晓婷(兼,女)

工商联

12月26日,召开南通市通州区工商业联合会(总商会)第十一次代表大会,并进行换届选举。

主　　席:王沈康(12月届满,不再提名,兼)
张　勤(12月当选,兼,女)
副 主 席:易天明(常务,12月届满,不再提名)
曹莉萍(常务,12月当选,女)　成　军
耿裕华(不驻会)　陆　军(不驻会)
徐国华(不驻会,12月届满,不再提名)
谢一峰(不驻会,12月届满,不再提名)
俞建辉(不驻会)　姜煜峰(不驻会)
沙明军(不驻会,12月当选)
赵　峰(不驻会,12月当选)
林志勇(不驻会,12月当选)
卢立铛(不驻会,12月当选)
周　觅(不驻会,12月当选)
党组书记:易天明(12月免)　曹莉萍(12月任,女)

总商会

名誉会长:昝圣达(12月届满,不再提名,兼)
易　昕(12月届满,不再提名,兼)
孙益源(12月届满,不再提名,兼)
刘伯香(12月届满,不再提名,兼)
张建石(12月届满,不再提名,兼)
会　　长:王沈康(12月届满,不再提名,兼)
张　勤(12月当选,兼,女)
副 会 长:易天明(常务,12月届满,不再提名)
曹莉萍(常务,12月当选,女)　成　军
耿裕华(不驻会,12月当选)
陆　军(不驻会,12月当选)
俞建辉(不驻会,12月当选)
姜煜峰(不驻会,12月当选)
沙明军(不驻会,12月当选)
赵　峰(不驻会,12月当选)
林志勇(不驻会,12月当选)
卢立铛(不驻会,12月当选)
周　觅(不驻会,12月当选)
魏　进(不驻会,12月当选)
易杰祥(不驻会,12月当选)
袁洪兵(不驻会,12月当选)
严季新(不驻会,12月当选)
张春华(不驻会,12月当选)
朱国清(不驻会,12月当选)
周　健(不驻会,12月当选)
丁　健(不驻会,12月当选)
王建春(不驻会,12月当选)
范平一(不驻会,12月当选)
秘 书 长:成　军(兼)

红十字会

名誉会长:宋乐伟(兼)　陈永红(兼)
凌建华(6月免,兼)　李学义(兼)
会　　长:刘克勇(6月免,兼)

副 会 长:钱 兵(常务) 陈建芳(女)
陈益明(兼) 张武军(兼) 张进荣(兼)
张正杰(5月通州区纪委对其立案调查,兼)
周 鉴(6月兼任) 倪 军(兼)
钱国宾(兼) 季 亚(兼)
党组书记:钱 兵

残联

理 事 长:徐 蔚
副理事长:吕 英(女)
党组书记:徐 蔚

法学会

会 长:瞿云峰(7月免,兼)
桑建美(7月兼任,11月免,女)
李学义(7月兼任)
副 会 长:何新华(兼) 耿曹均(4月免,兼)
陈锦新(兼) 包良均(兼) 陆建兵(兼)
张建平(兼) 王 栋(兼) 王荣华(兼)
李 锐(兼) 包 坚(兼) 胡永洲(兼)
刘玉贤(兼)
专职副会长:季海华

贸促会

会 长:
副 会 长:孙晓俊(9月免)

垂直及双重管理单位

中国人民银行通州支行(国家外汇管理局通州支局)

行长、局长:季步高
副 行 长:曹建平
党组书记:季步高
纪检组长、总稽核:季 芳(女)

中国工商银行股份有限公司南通通州支行

行 长:周治平(1月任)
副 行 长:姚嘉宁 沈德军(1月任) 季 英(女)
党委书记:周治平(1月任)
党委副书记:姚嘉宁
纪委书记:姚嘉宁

中国农业银行股份有限公司南通通州支行

行 长:宋曙明
副 行 长:金鸿均 邱晓勇 陆肖华(6月免)
陈爱锋 季任春(6月任)
党委书记:宋曙明
纪委书记:陆肖华(6月免)

中国建设银行股份有限公司南通通州支行

行 长:陈家忠(8月免) 赵启山(8月任)
副 行 长:马 军(8月任) 张 奕(女)
刘晓玉(8月免,女) 高 峰(8月免)
朱鹏祥(8月免)
风险经理:朱鹏祥(8月免)
党委书记:陈家忠(8月免) 赵启山(8月任)

中国银行股份有限公司南通通州支行

行 长:张金国
副 行 长:喻新安 朱 炜(9月任) 王春林(11月任)
赵玲玲(9月免,女) 姜理铭(9月免)
副 书 记:季 强

中国农业发展银行南通市通州支行

行 长:王志冬
副 行 长:毛 展(1月任) 茅 丹(1月任,女)
支 书:王志冬

中国人民财产保险股份有限公司通州支公司

经 理:曹星宇
副 经 理:王建南 李劲松
支 书:曹星宇

中国人寿保险股份有限公司通州支公司

总 经 理:朱 煜(9月任)
副总经理:朱剑波(9月免,主持工作) 庄建新
孙新明
总经理助理:张晶宇(女)
支 书:朱 煜(9月任)
副 支 书:朱剑波(9月免)

南通农村商业银行

董 事 长:佘 俊
行 长:王晖东
监 事 长:沈峰山
副 行 长:金 泳 刘海山 邵伟俊
黄 倩(6月任,女)
党委书记:佘 俊
纪委书记:吴 斌

南通市国土资源局通州分局

局 长:俞 华
副 局 长:卢 俊 顾为民 张卫东
党组书记:俞 华
纪检组长:季云忠

南通市规划管理局通州分局

局 长:陆 成

副 局 长:朱雪平(女) 黄建明(2月任)
总规划师:邹秦川
党组书记:陆 成

国家税务局
局 长:钱 宏
副 局 长:张圣军 周国均 陆 琰(女)
党组书记:钱 宏
纪检组长:黄聚奇

地方税务局
局 长:袁利兵
副 局 长:秦丽华 杨贤琳(女) 周志均(3月任)
党组书记:袁利兵
纪检组长:顾 辉

邮政局
总 经 理:施 卫
副总经理:韩玉梅(女) 冯建松
党委书记:施 卫
纪委书记:韩玉梅(女)

中国电信股份有限公司通州分公司(电信局)
总经理(局长):李智标
副总经理(副局长):程 炜 刘 建
党委书记:李智标
纪委书记:程 炜

南通市供电公司通州营业部
总 经 理:严 锋
副总经理:杨晓春 袁志杰(1月任)
谢宏杰(1月任) 洪 叶
总支书记:杨晓春
总支副书记:严 锋

气象局
局 长:张素江
副 局 长:吉慧明

南通市烟草公司通州分公司(烟草专卖局)
经理、局长:张志斐
副 经 理:李铁强
副 局 长:朱卫东

盐务管理局(盐业公司)
局长、经理:
副局长、副经理:周庙新(主持日常工作) 陈小华
党组书记:

新华书店
执行董事:单守耘(女)
经 理:成煜林
副 经 理:钱 华 成煜林
支 书:单守耘(女)

区经济实体单位

供销合作总社
主 任:张慎军
副 主 任:陈志军 陈卫军 曹 雪
党委书记:张慎军

街道党工委、镇党委、人大、政府、政协、纪委

金沙街道
书 记:葛红俊(女)
副 书 记:孙伟俊 杨洪杰 凌 健(挂职)
人大工委主任:曹红军(11月免) 杨洪杰(11月任)
主 任:孙伟俊
副 主 任:何 俊 季 华 施永兵 陆志方
蔡小芳(5月任,女) 方昌健(9月任,挂职一年)
纪工委书记:王 展
组织委员:曹江梅(5月免,女) 陈晓红(5月任,女)
宣传委员:蔡小芳(5月免,女) 曹 鹏(5月任)
统战委员:蔡小芳(5月免,女) 管海燕(12月任,女)
政法委员:陈 亮
党工委委员、人武部部长:陆云华
党工委委员:瞿前进(5月免)

金新街道
党工委书记:
主 任:王霄峰
副 书 记:王霄峰 陈国祥 顾亚明(1月任)
邓永定(挂职)
办事处副主任:金 健 张晓维 徐刘波 葛建华
纪工委书记:赵晓云(5月任,女)
人武部部长:陈 炎
党工委委员:樊朝伟

兴东街道
书 记:王晓亮
副 书 记:陈 雨 邢建均(11月免)
陈 前(11月任) 童士忠(6月挂职期满)
人大工委主任:王美云(6月免,女) 邢建均(11月任)
主 任:陈 雨
副 主 任:娄 光 姚晓兰(2月免,女) 张可嘉
沙 宁(12月免) 顾 峰(2月任,女)
丁宏林(12月任)

纪工委书记:喻晓康
组织委员:
宣传委员:徐玉红(女)
统战委员:顾　峰(1月免,女)　王秉坤(12月任)
政法委员:吴向晖
党工委委员、人武部部长:张豪华
党工委委员:娄　光(12月免)

先锋街道
书　　记:张加华
副书记:严　勇　马迎霞(女)　季新建　徐新兵(挂职)
人大工委主任:包汉彬
主　　任:严　勇
副主任:李昕辉　施晓健(女)　丁金澄　顾云海
邹　祺(9月任,挂职一年)
纪工委书记:葛　昊
组织委员:
宣传委员:
统战委员:马秦芳(女)
政法委员:朱　勇(女)
党工委委员、人武部部长:张乃胜
党工委委员:李昕辉

西亭镇(5月,镇党委期满换届)
书　　记:邱志珺(女)
副书记:陈晓飞　道宗明(12月免)　张国强(12月任)
人大副主席:郭世均(12月免)
人大主席:道宗明(12月提名)
镇　　长:陈晓飞
副镇长:张国强(12月免)　黄继华　陈　华
徐浩兵　王冬明(5月提名,7月当选)
政协工委副主任:王冬明(5月免)
纪委书记:徐　健
组织委员:徐祥忠(1月免)　吴　熠(5月任)
宣传委员:顾　婷(5月任,女)
统战委员:王冬明(5月免)　朱泽华(5月任)
政法委员:施金花(女)
党委委员、人武部部长:黄　军

二甲镇(5月,镇党委期满换届)
书　　记:张连清
副书记:倪健忠　曹　康(1月免)　吴鹏云
人大主席:张连清(1月免,兼)　曹　康(1月任)
人大副主席:陈　平(1月免)
镇　　长:倪健忠
副镇长:王　健(12月免)　季玉梅(12月免,女)
高　峰　徐林冲(5月提名,7月当选)
季　琳(12月提名,女)　吴其春(12月提名)
政协工委副主任:顾红燕(女)
纪委书记:赵晓云(5月免,女)　张　琴(5月任选,女)
组织委员:曹　鹏(5月免)　蒋　波(5月任)
宣传委员:季　琳(女)
统战委员:顾红燕(女)
政法委员:吴其春
党委委员、人武部部长:瞿　杰
党委委员:王　健(5月免)　王桂英(5月免,女)

东社镇(5月,镇党委期满换届)
书　　记:吴进华
副书记:匡咏梅(女)　赵建新(5月免)　曹锡刚
赵　狄(6月挂职期满)
人大主席:陶文龙
镇　　长:匡咏梅(女)
副镇长:何汉江(12月免)　高　荣　瞿仪晨
朱春华(5月免)　徐林冲(5月免)
王　冬(5月提名,7月当选)
卞晓娟(12月提名,女)
纪委书记:王　忻(5月免)　曹　锋(5月任)
组织委员:王　冬(5月免)　陈　熹(5月任)
宣传委员:陈　熹(5月免)　袁　飞(5月任)
统战委员:张小娟(5月免,女)　张启国(5月任)
政法委员:卞晓娟(女)
党委委员、人武部部长:朱汉斌
党委委员:徐林冲(5月免)

十总镇(5月,镇党委期满换届)
书　　记:丁亚军(6月免)　陈亚铭(9月任)
副书记:陈亚铭(9月免)　王淑平(女)
郝国建(9月任,挂职一年)
人大主席:朱汉成(12月免)　王淑平(12月提名,女)
镇　　长:陈亚铭(12月免)　陈建烽(12月提名)
副镇长:曹　峰(12月免)　李国强(5月免)
殷跃飞　张树新　张元鸿
朱异玲(5月提名,7月当选,女)
纪委书记:邱玲艳(女)
组织委员:朱异玲(5月免,女)　花继东(5月任)
宣传委员:花继东(5月免)　吴卫荣(5月任)
统战委员:卫庆玉(女)
政法委员:朱徐峰
人武部部长:陈一峰
党委委员:曹　峰(5月免)　李国强(5月免)
杨鹏飞(5月免)

石港镇(5月,镇党委期满换届)
书　　记:龚　卫
副书记:陈　兵　吴广进(5月免)
陈建烽(1月任,12月免)
顾本勇(12月任)

人大主席:潘桂华(5 月免)
吴广进(5 月提名,7 月当选)
镇　　长: 陈　兵
副 镇 长:葛建中(12 月免)　单志建(12 月免)
王福祥(12 月免)
李国强(5 月提名,7 月当选)
陈建烽(1 月免)
顾本勇(1 月当选,12 月免)
沈裕龙(12 月提名)　陈海林(12 月提名)
杨　磊(12 月提名)
政协工委副主任:季小雄
纪委书记:吴德水
组织委员:范燚燚(5 月任,女)
宣传委员:郭　杰(5 月任)
统战委员:季小雄
政法委员:陈海林(5 月任)
党委委员、人武部部长:陆雪峰
党委委员:葛建中(5 月免)
陈海明(12 月任,挂职两年)

刘桥镇(5 月,镇党委期满换届)
书　　记:林　峰(6 月免)　顾　灏(9 月任)
副 书 记:顾　灏(9 月免)　孙清建(5 月免)
冯永华(12 月任)　马　锋
李　钰(6 月挂职期满)
张林毅(12 月任,挂职两年)
人大主席:陈　凯(12 月免)　高建华(12 月提名)
镇　　长: 顾　灏(12 月免)　冯永华(12 月提名)
副 镇 长:高　健　魏建章(12 月免)
朱建芹(12 月免,女)　吴志祥
陈巧云(女)　曹春玉(12 月提名,女)
政协工委副主任:汤　旭(5 月免)
纪委书记:姜春雷
组织委员:王　霏(女)
宣传委员:刘淑芬(女)
统战委员:汤　旭(5 月免)　曹春玉(5 月任)
政法委员:陆　建(5 月任)
党委委员、人武部部长:刘　新
党委委员:朱建芹(5 月免,女)

平潮镇(5 月,镇党委期满换届)
书　　记:顾永林
副 书 记:李卫华　孙曙彦(5 月免,女)
冯志娟(1 月任)　夏　伟(5 月任)
顾钱康(挂职)
叶　敏(9 月任,挂职一年)
人大主席:顾永林(1 月免,兼)　刘　焱(1 月任,女)
人大副主席:冯志娟(1 月免,女)　帅剑锋(12 月提名)
镇　　长:李卫华
副 镇 长:刘　焱(1 月免,女)　高建华(12 月免)
夏育华　程金锋　夏　伟(5 月免)
浦晓东　葛鉴洲(5 月提名,7 月当选)
黄　炜(12 月提名,女)
祁昌海(12 月提名)
政协工委主任:孙曙彦(6 月免,兼,女)
纪委书记:任红云(女)
组织委员:黄　炜(女)
宣传委员:施晨飞
统战委员:李国建
政法委员:孟镇勋
党委委员、人武部部长:江　敏(5 月免)
黄国祥(5 月任)
党委委员:刘　焱(1 月免,女)　高建华(5 月免)
张　辉(5 月免)
陶婷婷(12 月任,挂职两年)

五接镇(5 月,镇党委期满换届)
书　　记:高锦陈
副 书 记:王　勇　李　斌
人大主席:张斌林(12 月免)　李　斌(12 月提名)
镇　　长:王　勇
副 镇 长:沈小锋(12 月免)　姚云飞(12 月免)
纪建峰(5 月提名,7 月当选,12 月免)
徐美云(5 月提名,7 月当选,女)
孙志凤(5 月提名,7 月当选)
丁　杨(12 月提名)　赵　楠(12 月提名)
政协工委副主任:孙志凤(5 月免)
纪委书记:朱小祥
组织委员:黄亚南
宣传委员:赵　楠(5 月任)
统战委员:孙志凤(5 月免)　张晓伟(5 月任)
政法委员:吴锦云(5 月任,女)
党委委员、人武部部长:李　钢
党委委员:沈小锋(5 月免)

兴仁镇(5 月,镇党委期满换届)
书　　记:沈新宇
副 书 记:胡劲武　王迎兵(5 月免)
卫志云(10 月免,女)　蔡卫中(5 月免)
人大主席:顾元华(12 月免)　蔡卫中(12 月提名)
人大副主席:帅剑锋(12 月免)
镇　　长:胡劲武
副 镇 长:蔡文国(12 月免)　孙建华(12 月免)
顾　倬(12 月免)　蒋金忠(12 月免)
郭　华(12 月提名)　陈小兵(12 月提名)
马建芳(女)　何　莹
余剑武(8 月挂职期满)

纪委书记:姜美娟(女)
组织委员:杨 霞(女)
宣传委员:曹元元(5月任)
统战委员:张国民
政法委员:朱泽华(5月免) 黄建锋(5月任)
党委委员、人武部部长:钱建军
党委委员:顾 倬(5月免) 宋静峰(挂职)

张芝山镇(5月,镇党委期满换届)
书 记:诸培国(5月任,兼)
副 书 记:曹 锐 邵 菊(5月任,女)
查锡雄(11月挂职期满)
人大主席:吴 兵(12月免) 吴建国(12月提名)
镇 长:曹 锐
副 镇 长:倪梓程(12月提名)
曹 敏(12月提名,女)
纪建峰(12月提名) 陈永刚(12月提名)
纪委书记:郭志坚(5月任)
组织委员:李菊梅(5月任,女)
宣传委员:许建春(5月任)
统战委员:蔡 亮(5月任)
政法委员:顾学德(5月免) 顾 冲(5月任)
人武部部长:顾 冲(兼)

川姜镇(5月,镇党委期满换届)
书 记:邵爱军
副 书 记:张卫忠 陈超平(1月免) 吴红星
顾建峰(挂职) 石星恺(6月挂职期满)
人大主席:邵爱军(1月免,兼) 陈超平(1月任)
人大副主席:周 英(1月免,女)
镇 长:张卫忠
副 镇 长:韩建华(12月免) 郭 华(12月免)
陈 前(11月免) 沙 宁(12月提名)
张卫华 张新荣(5月提名,7月任)
周 丹(12月提名)
政协工委副主任:张新荣(5月免)
纪委书记:郭志坚
组织委员:周 丹(女) 宣传委员:施亚兴(女)
统战委员:张新荣(5月免) 陆迎辉(5月任,女)
政法委员:戴晓晨(5月任)
党委委员、人武部部长:卑圣君(5月免)
李小辉(5月任)

部分事业单位

江苏省通州高级中学
校 长:季仲平
副 校 长:许 斌 秦志强 张圣兵
党委书记:曹光明
党委副书记:季仲平 许 斌
纪委书记:翟新民(6月任)

江苏省通州中等专业学校(江苏广播电视大学通州学院)
校 长:邢 斌
副 校 长:张裕涛(11月免) 张劲松 葛 坚
顾 强 姜汉荣
党委书记:张 建
党委副书记:邢 斌 胡栋均
纪委书记:胡栋均

金沙中学
校 长:李 达
副 校 长:羌达勋 黄学恭 薛 军 孙 钢
党委书记:李 达

江苏省西亭高级中学
校 长:严少标(11月免) 瞿国华(11月任)
副 校 长:瞿国华 朱新星 缪国林 徐训荣
党委书记:瞿国华
纪委书记:任益南

二甲中学
校 长:季洁华(局任,副科)
副 校 长:柴淑艳(女) 徐东林(局任)
党总支书记:季洁华

二窎中学
校 长:姜建军(局任)
副 校 长:张永峰(局任) 张旭(局任)
徐建平(局任) 李健(局任)
党总支书记:姜建军

石港中学
校 长:丁 建
副 校 长:金郁峰 顾建华 黄 新
党总支书记:丁 建

刘桥中学
校 长:王新彦
副 校 长:张建明 高 峰 陈 炎 张燕飞(局任)
党总支书记:王新彦

江苏省平潮高级中学
校 长:羌建中
副 校 长:冯建兵 朱学锋 金均全(11月免)
孙振建 邵 良(11月任)
党委书记:羌建中
纪委书记:邵 良(11月免)

兴仁中学

校　　长:包春华(局任)

副 校 长:戴红玲(女)　李文彬(局任)

杨小峰(局任)

党支部书记:包春华

姜灶中学

校　　长:薛　彬

副 校 长:张剑峰　薛新华　王能龙

党总支书记:薛　彬

通海中学

校　　长:刘　谨

副 校 长:黄惠超

党支部书记:刘　谨

农业综合技术学校

校　　长:李发新

副 校 长:戴　锋　季春雷

党支部书记:李发新

南通市通州卫生职工中等专业学校

校　　长:瞿宝祥

副 校 长:李　建

党支部书记:

党支部副书记:瞿宝祥

人民医院

董 事 长:易　昕

院　　长:陈　建

副 院 长:施　庆　徐　洪　赵　云　郭　云(女)

党委书记:陈　建

党委副书记:施　庆

纪委书记:施　庆

中医院

董事长、院长:曹　杰

副 院 长:曹亦军　秦晓纲(1月任)

党委书记:曹　杰

纪委书记:秦晓纲(1月免)　李春芳(1月任,女)

疾病预防控制中心

主　　任:刘伟圣(1月免,兼)　仇星煜(1月任)

卫生监督所

所　　长:王国清(5月任)

国家统计局通州调查队

队　　长:葛建刚

副 队 长:严春燕(女)

王能标(10月任,挂职)

地产发展中心

主　　任:

土地储备中心

主　　任:刘旭峰

生产力促进中心

主　　任:

会计核算中心

主　　任:

地方海事处

主　　任:王新全

运输管理处

主　　任:张宏勋

党员干部现代化远程教育办公室

主　　任:

人才服务中心

主　　任:顾建华

干部信息中心

主　　任:吴　健(5月任)

对外交流服务中心

主　　任:

城管执法大队

大 队 长:朱春华(4月任)

教 导 员:顾　斌

互联网新闻中心

主　　任:韩立新

安全生产督查大队

大 队 长:施洪春

综合检验检测中心

根据通编〔2015〕78号文件《关于印发南通市通州区综合检验检测中心主要职责内设机构和人员编制规定的通知》通知,设立南通市通州区综合检验检测中心。

主　　任:赵　辉(5月任)

(徐　钰)

中共通州区委员会

Tongzhou District Committee of CPC

编　辑　阚新华

综　　述

【概　况】 2016年，全区上下深入贯彻习近平总书记系列重要讲话精神，认真落实中央和省市委决策部署，统筹推进各方面工作，实现了“十三五”良好开局。全区地区生产总值1026.66亿元，同比增长9.3%；一般公共预算收入达到72.22亿元。

突出提质提效，奋力迈出转型升级新步伐。开展招商引资竞赛，全年累计签约项目223个，新开工亿元以上产业项目75个，实际到账外资3.45亿美元，固定资产投资增长14%。推进创新载体建设，江海智汇园开园，圆满举办首届江海智汇节和国家级智库——钱学森论坛。特色主导产业加快提升，相关做法获国务院督查通报表扬。新能源、新材料等新兴产业产值占比提高两个百分点。启动高标准农田三年建设行动，建成5333公顷，创历年新高。开发开放深度推进，南通高新区获评全省先进开发区；市场采购贸易方式、跨境贸易电子商务试点稳步发展。聚焦供给侧结构性改革，有力有效落实五大重点任务，整治了一批产能落后、重污染企业，淘汰印染产能2000万米、钢丝绳产能4.46万吨；商品房销售面积增长103%，去化周期有效缩短；新增上市挂牌企业4家，总数全市第一；降低企业各类成本18.8亿元；在基础设施等重点领域加快补齐短板，完成投资近50亿元。

突出宜居宜业，大力彰显城乡发展新面貌。编制完成镇村布局、公共交通等专项规划，城乡空间结构不断优化。G345全线贯通，世纪大道东延工程进入扫尾阶段，实现与主城区深度接轨。积极推进“三城同创”重点工程，城区功能配套不断完善，城乡功能品质持续提升，顺利通过全国文明城市年度考核测评。狠抓中央环保督察交办事项整改，认真落实省“两减六治三提升”专项行动，强化网格化监管，被授予“国家生态区”称号。农村环境长效管理引向深入，河道整治完成三年计划任务的80%。

突出共建共享，着力推动民生福祉新提升。扎实办好10大类31项民生实事项目，财政用于民生的支出比重提高到82%。新增城镇就业9141人，城乡居民收入分别增长8.2%和8.5%。稳妥推进城乡居民基本医疗保险整合并轨，各项社会保险覆盖率均达98%以上。启动实施新一轮脱贫致富奔小康工程。万名代表小康行取得阶段性成效。创成省四星级高中1所，新（扩）建小学3所、幼儿园10所，通州中专二期开工建设。深入实施文化惠民工程，公共文化服务体系不断完善。新（扩）建卫生院11家，医疗卫生资源布局进一步优化。南山颐养中心即将投入运营，7家农村敬老院实现达标升级。全民健身深入推进，入选省体育综合改革试点区。

突出从严从实，全力开创党的建设新局面。扎实推进“两学一做”学习教育，通州区被命名为全市党建工作先进单位。率先开展“理论传基层、认知零距离”活动，实现党的创新理论宣讲全覆盖，荣获全省“基层党员冬训工作先进集体”称号。积极践行社会主义核心价值观，选树“文明百佳”等各类典型，“童声里的中国”品牌影响力持续放大，中央文明办推广经验做法。按照上级统一部署，精心组织并圆满完成区镇两级党委和村（社区）“两委”换届。探索建立能上能下、容错纠错、鼓励激励“三位一体”干部管理制度体系，有效激发队伍活力。党风廉政建设和反腐败斗争深入开展，督导巡察常态推进，党风政风明显好转。与此同时，人大、政协深入调查研究，积极建言献策，实施有效监督；人武、统战、群团、老干部、关心下一代等各项工作取得新成效。（钱云鹏）

重要会议

【“三严三实”专题民主生活会】 1月8日，区委常委班子召开专题民主生活会，围绕“三严三实”要求，紧密结合个人作风建设实际，深入查找自身存在的问题和不足，剖析思想根源，明确努力方向，努力推动形成积极向上、干事创业、风清气正的政治生态，扎实推进改革发展稳定各项工作。市委常委秦厚德参会指导并讲话。区委书记宋乐伟主持会议。会上，宋乐伟代表区委常委班子进行了对照检查，并作了自我剖析，带头开展批评与自我批评。陈永红、李玲、凌建华、桑建美、陈斌、陈艳梅、虞越嵩、汪水明、瞿云峰、葛卫民、胡卫东、刘克勇、达哇旦周等常委同志逐一作对照检查，并接受班子其他成员直截了当又坦诚中肯的批评。市纪委副书记王小红参加会议，区领导明汉清、施辉列席会议。

【全区文明表彰暨作风建设大会】 2月14日，区委、区政府召开全区文明表彰暨作风建设大会，表彰先进、学习典型，凝心聚力、鼓劲加油，动员全区上下在“十三五”开局之年，进一步强化责任、狠抓落实，以作风建设新常态推动通州发展新跨越。区委书记宋乐伟出席会议并作讲话。会议认为2015年，全区广大党员干部在履职尽责、攻坚克难中，进一步锤炼了作风，提振了精气神。各级各部门服务的主动性更强了，自觉服务发展、基层和群众，有力保障了各项目标任务的完成。落实的执行力更高了，聚焦中心、紧扣目标、争创特色，努力做到一个声音喊到底、一根竿子插到底。干部的精气神更足了，各级干部发扬特别讲团结、特别肯吃苦、特别能战斗的优良品格，奋勇争先取得突破，大事难事敢抓敢管，履职尽责锤炼作风，展现了过硬的作风，塑造了良好的形象。面对发展的新目标新任务、作风建设的新形势新要求，会议强调，要进一步强化“责任”。党员干部有共同的责任。当前，全区上下最重要的责任就是要落实好新发展理念，肩负起建设“强富美高”新通州这个共同的历史使命。不同岗位有不同的责任。在通州发展的舞台上，都是“责任人”，没有“局外人”。区四套班子、镇区园（街道）、各部门、广大党员干部都要牢记身上的责任，在建设“强富美高”新通州的征程中干在实处、走在前列。就如何落实作风建设责任，会议强调要抓住三个方面：一是敢于担当，担当彰显责任。二是主动作为，作为诠释责任。三是奋勇争先，争先升华责任。会议最后强调，要强化“三个从严”，让“责任”真正落到实处。一是选人用人要从严，更大力度推行“一线工作法”，在一线培养、考察、选拔干部，打造一支想干事、会干事、干成事、不出事的好队伍。二是考核督查要从严，考核设计更科学、督查过程更严格、结果运用更充分，使考核真正体现“五大发展理念”的具体要求，体现“四个区”的发展路径，体现“三个年”活动的拓展深化。三是正风肃纪要从严。坚持“两手抓”，继续以零容忍的态度和决心，保持惩治腐败高压态势。同时，始终以坚持坚持再坚持的定力和韧劲，突出动真碰硬、突出持续发力、突出常态长效，把作风建设一抓到底。区委副书记、区长陈永红主持会议，并就贯彻落实会议精神提出要求。区委副书记凌建华宣读了表彰决定。明汉清、李玲、桑建美、陈斌、陈艳梅、虞越嵩、汪水明、瞿云峰、葛卫民、胡卫东、施辉等区领导参加了会议。二甲镇、平潮镇、区公管办、区行政审批局主要负责同志作表态发言。

【全区党建暨农村工作会议】 2月26日，区委、区政府召开全区党建暨农村工作会议。区委书记宋乐伟出席会议并讲话。会议肯定2015年全区党建工作成绩。认为过去的一年，全区上下积极应对挑战，全力攻坚克难，各级党组织深入开展“三严三实”专题教育，扎实推进省委巡视组反馈意见整改落实，统筹推进宣传、组织、纪检监察、统战等各项工作，形成了党的建设与经济社会建设协调发展、齐头并进的生动局面，为全区经济社会发展凝聚了合力，贡献了力量。会议强调，要落实从严治党新要求，推动党的建设迈上新台阶。在“凝神聚力”上下功夫，以开展“两学一做”学习教育为契机，强化理想信念的引领，强化发展共识的凝聚，强化文明风尚的培育，不断提升党建工作科学化水平；在“选优管好”上下功夫，围绕提升全区干部队伍的整体活力和战斗力，着重把好“选用关”，抓好“培养链”，织好“监督网”，打造一支能干事、会干事、干好事的干部队伍；在“强基固本”上下功夫，发挥好基层党组织的“核心”作用，基层党组织书记的“带头”作用及基层党员的“模范”作用，努力打造坚强有力的战斗堡垒；在“清风正气”上下功夫，全面加强纪律建设，严格落实管党治党责任，强化党内监督，着力解决群众身边的不正之风和腐败问题，推动党风廉政建设和反腐败斗争不断取得新成效。要强化组织领导，凝聚党建工作新合力。进一步强化履职尽责，各级党组织要牢固树立“党要管党”的责任意识，特别是“一把手”要履行好管党之责，形成一级抓一级、层层抓落实的责任体系，实现党建工作和经济社会协调并进、统筹发展；进一步强化争先创优，继续坚持把创特色、树品牌贯穿于党建工作的各个方面，使党建工作更加科学规范、富有特色、充满活力；进一步强化惠农为民，继续坚持资源下沉、重心下移，把党的路线方针政策宣传到村、把思想政治工作开展到户、把惠民政策落实到人。

会议指出2015年，通州区“三农”工作取得长足发展，农业发展质态更优，农村改革深入推进，镇村环境持续提升，民生事业不断改善，在全市“三农”工作综合考核中继续位居前列，形成了新亮点，树立了新品牌。就做好今年“三农”工作，会议强调要做好“强富美高”四篇文章：一要做好“农业强”的文章；二要做好“农民富”的文章；三要做好“农村美”的文章；四要做好“文明程度高”的文章。会议要求，各级党委要加强对“三农”工作的领导，把握好农村改革的方向和节奏，谋划好农业农村发展的思路和方法，落实好党在农村的各项方针和政策；要继续以深化改革为突破点，进一步提升通州现代农业的影响力。要增强服务意识，不断提升服务基层、服务群众的效率和效果。会议希望村支书要保持忠诚之心，时刻不忘党的宗旨、不忘肩上的担子，不辜负组织的重托和群众的期盼；要牢记为民之责，善谋富民之策，善办利民之事，切实帮助群众解决实际困难；要永葆清廉之身，始终尊崇法纪、严以律己、守住底线、凡事出于公心，真正做到为民务实清廉。区委副书记、区长陈永红主持会议，并就贯彻落实好会议精神提出要求。会上，区农委、区法院、石港镇、十总镇等4家单位作了表态发言。

区领导明汉清、李玲、凌建华、陈斌、陈艳梅、虞越嵩、汪水明、瞿云峰、葛卫民、施辉在主席台就座。

【全区组织工作暨镇领导班子换届工作会议】 4月11日，区委召开全区组织工作暨领导班子换届工作会议，贯彻落实中央和省市委要求，部署推进2016年组织工作，重点对镇领导班子换届工作作安排。区委书记宋乐伟参会并作讲话。会议充分肯定了去年以来全区组织工作。认为全区组织系统认真贯彻中央和省市区委决策部署，围绕全面从严治党主线，精心组织“三严三实”专题教育，持续深化干部队伍作风建设，培养造就了高素质干部队伍；拓展延伸“五位一体”党建惠民工作体系，建立健全了教育引导群众各项工作制度；不断完善人才工作政策措施，扎实推进了各类人才队伍建设。就做好2016年组织工作以及镇领导班子换届工作，会议强调：一要坚持谋全局抓关键，不断提高组织工作保障服务水平。二要坚持高标准严要求，稳妥有序做好集中换届工作。三要坚持严责任促落实，着力强化对党建和组织工作的领导。区委常委、组织部部长桑建美主持会议并作工作部署。区领导凌建华、虞越嵩参加会议。与会人员观看了专题警示教育片《镜鉴》。

【中共南通市通州区委十一届十二次全体会议】 4月19日，中共南通市通州区委十一届十二次全体会议在区行政中心举行。会议审议了召开中国共产党南通市通州区第十二次代表大会的有关事宜。区委书记宋乐伟主持会议。本次全会应到区委委员29人，候补委员4人；实到区委委员23人，候补委员3人。区纪委委员列席了会议。会议认为，五年来，通州区委认真贯彻落实党的十八大及十八届二中、三中、四中、五中全会精神，以邓小平理论、三个代表重要思想和科学发展观为指导，深入贯彻落实习近平总书记系列重要讲话精神，主动适应经济发展新常态，积极应对各种风险挑战，统筹推进经济建设、政治建设、文化建设、社会建设、生态文明建设和党的建设，强基础、谋长远、求突破，胜利完成了“十二五”规划规定的主要目标，全面小康社会取得新的重要成果，创造了通州发展又一个黄金期。根据党章和省市委的要求和部署，通州区将于2016年7月召开区第十二次党代表大会，选举产生新一届区委、区纪委和出席南通市第十二次党代会的代表。区委副书记凌建华就召开中国共产党南通市通州区第十二次代表大会有关事项进行了说明。会议审议通过了《中国共产党南通市通州区第十一届委员会第十二次全体会议关于召开中国共产党南通市通州区第十二次代表大会的决议》。

【中共南通市通州区委十一届十三次全体会议】 7月20日，中共南通市通州区委十一届十三次全体会议在区行政中心举行。会议审议了召开区第十二次党代表大会的有关事宜。区委书记宋乐伟主持会议。区委副书记、区长陈永红，区委常委桑建美、韩菊芳、陈斌、虞越嵩、瞿云峰、葛卫民、胡卫东、沈旭东出席会议并在主席台就座。区委委员、区委候补委员出席会议，区纪委委员列席会议。会议听取了关于区第十二次党代会筹备工作情况的报告；讨论通过了区第十二次党代会召开的具体时间和日程安排；听取了关于十一届区委向区十二次党代会工作报告起草情况的说明，并审议通过报告；听取了关于区纪律检查委员会向区第十二次党代会工作报告起草情况的说明，并审议通过报告；听取和通过了关于区第十二次党代会代表资格审查情况的报告；讨论通过了区第十二次党代会选举办法（草案）；通过了中共南通市通州区第十二届委员会、中共南通市通州区纪律检查委员会委员候选人预备人选建议名单；讨论、票决确定了通州区出席中共南通市第十二次代表大会候选人预备人选名单；讨论通过了区第十二次党代会有关组织机构成员建议名单。会议强调，全区上下要以更饱满的热情、更扎实的举措统筹做好当前各项工作，以实际行动迎接区第十二次党代会的胜利召开。

【中国共产党南通市通州区第十二次代表大会】 7月26日—28日，中国共产党南通市通州区第十二次代表大会在区行政中心举行。全区各条战线的352名正式代表出席大会。会议听取、审议宋乐伟代表中共南通市通州区第十一届委员会所作的题为《践行新理念，开启新征程，为建设“强富美高”新通州而努力奋斗》的报告和韩菊芳代表中共南通市通州区纪律检查委员会向大会所作的工作报告，并形成决议。会议以无记名投票方式选举产生了中共南通市通州区第十二届区委委员和区纪委委员；选举产生了区委候补委员及出席南通市第十二次党代会代表。大会充分肯定了中共通州区第十一届委员会五年来的工作。大会认为，区第十一次党代会以来，全区上下深入贯彻落实党的十八大、十八届二中、三中、四中、五中全会精神和省市委决策部署，主动适应经济发展新常态，积极应对各种风险挑战，突出创新转型、提质增效，综合实力实现大跨越；突出统筹协调、扬长补短，发展格局实现大转变；突出深化改革、扩大开放，动力活力实现大释放；突出民生优先、共建共享，人民生活实现大改善；突出党要管党、从严治党，党建工作实现大提升，圆满完成了区第十一次党代表大会提出的各项任务。大会对十一届区委的工作表示满意。大会指出，今后五年，全区上下必须昂扬斗志，奋发作为，争当创新驱动、转型升级、开发开放“三大示范”，让通州的经济实力更强；提升居民收入、公共服务、社会保障“三大水平”，让通州的百姓生活更富；打响水韵通州、绿满通州、畅游通州“三大品牌”，让通州的城乡环境更美；构筑思想文化、道德风尚、法治建设“三大高地”，让通州的文明程度更高，努力使“强富美高”新通州展现出令人鼓舞的现实模样。大会号召，全区各级党组织和广大党员干部群众要更加紧密地团结在以习近平同志为核心的党中央周围，在省委和市委的坚强领导下，以敢为人先的魄力、敢谋新篇的勇气、敢于担当的作风，勠力同心、励精图治、埋头苦干，为建设经济强、百姓富、环境美、社会文明程度高的新通州而不懈奋斗。大会充分肯定了区纪律检查委员会的工作。大会要求，全区各级纪检监察组织和纪检监察干部要以邓小平理论、“三个代表”重要思想、科学发展观为指导，深入学习贯彻习近平总书记系列重要讲话特别是视察江苏重要讲话精神，紧紧围绕区第十二次党代会提出的宏伟目标，认真履行全面从严治党监督责任，切实加强党的纪律建设，持之以恒改进作风，坚定不移惩治腐败，深化纪律检查体制改革，打造纪检监察铁军队伍，全面提升党风廉政建设和反腐败工作水平，为建设“强富美高”新通州提供坚强纪律保证。

【中共南通市通州区委十二届一次全体会议】 7月28日，中国共产党南通市通州区第十二届委员会举行第一次全体会议。会议由宋乐伟主持。区委委员、候补委员出席会议，区纪委委员列席会议。会议通过了中共南通市通州区纪律检查委员会第一次全体会议选举产生的区纪委常委、书记、副书记；通过了区委常委、书记、副书记选举办法。会议以无记名投票的方式，差额选举产生了中共南通市通州区第十二届委员会常务委员11名；等额选举产生了中共南通市通州区第十二届委员会书记1名，副书记2名。会议结束前，宋乐伟发表了讲话。

【区委统战工作会议】 8月10日，区委召开统战工作会议，贯彻落实中央和省市委统战工作会议，回顾总结近年来全区统战工作，研究部署当前和今后一个时期统战工作任务。区委书记宋乐伟参加会议并讲话。会议充分肯定了近年来通州区统战工作取得的成绩，并就做好当前和今后一个时期的统战工作提出要求。会议要求，把准重点和难点，不断提升统战工作的针对性、实效性。一要画好“同心圆”，充分发挥民主党派和无党派人士的积极作用。建立健全知情和反馈机制、民主监督机制，支持民主党派、无党派人士参政议政、建言献策。二要建好“智囊团”，切实抓好党外知识分子工作。要做好引导和服务工作，鼓励支持党外知识分子在项目建设、创新转型、深化改革、城市建设、民生改善等方面建言献策、贡献力量。三要抓好“主力军”，加强非公经济人士工作。要加强服务沟通，破解发展难题，增强非公有制经济自主创新能力，推动企业转型升级。四要奏好“和谐曲”，扎实做好民族宗教工作。会议强调，要强化组织和领导，大力推进统战工作规范化、科学化。要强化领导，进一步加深对统战工作重要性的认识，真正把统战工作纳入理论学习范畴。要形成合力，打破传统思维，增强统战意识，加强联系协作，共同推动全区统战工作。要夯实基础，完善区镇村三级统战工作机制，确保基层统战工作有人管、事情有人做。区委副书记桑建美主持会议。会议表彰了一批全区统战工作先进集体和先进个人。区委常委、组织部部长、统战部部长沈旭东宣读表彰决定。区领导明汉清、施辉、樊小燕、顾建军参加会议。区委组织部、先锋街道、卫计委、工商联相关负责人作交流发言。

【全区“两学一做”学习教育工作推进会】 9月6日，区委召开“两学一做”学习教育工作推进会暨“江海先锋在身边”先进事迹报告会，学习贯彻中央、省市委“两学一做”学习教育相关会议精神，研究部署下一阶段任务。区委书记宋乐伟参加会议并讲话。会议指出，要把学在深处、做到实处贯穿始终。继续打牢“学”这个基础，原原本本学，联系实际学，拓展维度学，真正把讲话精神转化为提升党性修养和思想境界的强大动力。注重围绕“查”这个前提，注重自我反思，强化组织评议，听取群众声音，主动深入基层一线查找问题。牢牢把握“做”这个关键，始终坚持项目建设不懈怠，始终坚持实干为民不动摇，始终坚持从严治党不放松，引导广大党员干部在“强富美高”新通州建设中发挥先锋模范作用。会议要求，把经常性教育作为重要抓手。要突出“全面全部”，从严加强管理，使每个基层党组织都行动起来。要着眼“常态长效”，刚性落实制度，扎实推动党的思想政治建设。要聚焦“实用实效”，夯实基层基础，不断深化党建工作创新工程。要坚持“创新创优”，发挥组织作用，成为党在基层的坚强战斗堡垒。会议强调，要把责任和压力拓展传递到位。要全面压实工作责任，各级党组织要把学习教育作为今年党建工作的龙头任务，尽好责，抓到位。“一把手”要自觉承担起“第一责任人”职责，落实好“职责任务清单”。要全面强化严督实导，加强调查研究，分析工作推进中存在的问题，拿出实质性的指导意见。要全面浓厚舆论氛围，充分发挥各类媒体优势，及时总结推广全区各条战线在学习教育中的先进经验、先进典型，为学习教育深入推进营造良好舆论氛围。区领导桑建美、韩菊芳、胡卫东参加会议。区委常委、组织部部长、统战部部长沈旭东主持会议。会上，石港镇、区市场监督管理局、通州高级中学、广东鸿图南通压铸有限公司负责同志作交流发言。在随后举行的“江海先锋在身边”先进事迹报告会上，南通市委宣讲团讲述了徐超、孙春梅等五位典型人物事迹。

【全区领导干部会议】 11月24日，区委召开全区领导干部会议，传达贯彻省第十三次党代会精神，安排部署当前重点工作。市委常委、区委书记宋乐伟主持会议并强调，要紧扣“两聚一高”总体部署，深入推进跨江融合、接轨上海，学习好、贯彻好、落实好省党代会精神，为建设“强富美高”新通州而努力奋斗。会上，宋乐伟传达了省第十三次党代会精神。会议强调，当前，要把学习好、贯彻好、落实好省党代会精神作为一项重要政治任务。一要学深悟透，进一步坚定通州发展的信心。全区各级党组织要认真组织学习和贯彻，迅速把全区上下的思想和行动统一到省委的决策部署上来。要融会贯通学，把学习贯彻省党代会精神与学习贯彻党的十八届六中全会精神以及市、区党代会精神有机结合起来，理解基本内涵，吃透精神实质。要联系实际学，把学习贯彻省党代会精神与扎实做好本地区本部门工作紧密结合起来，用报告精神指导实践、推动工作。要精心组织学，结合正在开展的“两学一做”学习教育、即将开展的党员冬训，有计划、分层次地开展学习培训，推动广大党员干部真正把省党代会精神学深悟透。二要紧扣“两聚一高”主题，进一步明晰通州发展的重点。聚力创新、引领转型方面，按照李强书记“向创新聚力、以创新开路”的要求，全力做好创新平台建设、创新资源集聚、特色产业打造三项重点工作，切实提升经济发展质量和效益。聚焦富民、增进福祉方面，进一步完善多元长效增收机制，在创业就业、产业富民、保障帮扶等工作上狠下功夫，补齐通州全面小康建设的短板。跨江融合、接轨上海上面，要发挥通州独特的交通区位优势，切实增强危机感和紧迫感，健全工作机制，深化研究上海，强化产业载体对接，使通州真正成为南通接轨上海的前沿。三要推动管党治党落地生根，进一步强化通州发展的保障。严肃党内政治生活，坚持把坚定理想信念作为首要任务，牢固树立“四个意识”特别是核心意识、看齐意识，自觉维护以习近平同志为核心的党中央权威。加强党内监督，强化自上而下的组织监督，改进自下而上的民主监督，发挥同级相互监督作用，构建起上下贯通、条块结合的党内监督工作网络。压实管党治党责任，牢固树立“抓好党建是最大政绩”理念，增强政治敏锐性，强化责任担当。区四套班子领导出席会议。

【中共南通市通州区委十二届二次全体会议】 12月30日，中共南通市通州区委十二届二次全体会议在区行政中心召开。区委常委会主持会议。宋乐伟、陈永红、韩菊芳、虞越嵩、葛卫民、胡卫东、李学义、沈旭东、徐林锋在主席台就座。区委委员、候补委员出席会议。区纪委委员；不是区委委员的区人大、政府、政协负责同志及各镇区园（街道）、各部门、人民团体、有关重点企业的主要负责同志等列席会议。市委常委、区委书记宋乐伟代表区委常委会作工作报告。会议回顾总结了全年工作。认为2016年是“十三五”开局之年，又是区委换届之年。全区上下深入贯彻习近平总书记系列重要讲话精神，认真落实中央和省市委决策部署，统筹推进各方面工作，实现了良好开局。具体表现为：突出提质提效，奋力迈出转型升级新步伐；突出宜居宜业，大力彰显城乡发展新面貌；突出共建共享，着力推动民生福祉新提升；突出从严从实，全力开创党的建设新局面。在实际工作中，着重把握了三个方面：更强定力贯彻中央和省市委决策部署、更加精准推进各项改革任务落地见效、更实举措营造和谐稳定的社会环境。会议强调，2017年是党的十九大召开之年，是供给侧结构性改革的深化之年，是全面落实省市区党代会部署的开局之年，也是人大、政府、政协的换届之年。全区工作的指导思想是：深入贯彻习近平总书记系列重要讲话精神，按照中央、省经济工作会议和市委全会部署要求，坚持稳中求进工作总基调，自觉践行新发展理念，以提高发展质量和效益为中心，以推进供给侧结构性改革为主线，以跨江融合接轨上海为抓手，统筹做好稳增长、促转型、抓改革、惠民生、优生态、防风险各项工作，更严更实加强党的建设，促进经济平稳健康发展和社会和谐稳定，以优异成绩迎接党的十九大胜利召开。同时，在实际工作中注意把握坚持稳中求进总基调、围绕“两聚一高”抓落实以及保持真抓实干好劲头。会议要求，2017年要重点抓好七个方面的工作。一要以项目建设为龙头，持续强攻有效投入、提升企业发展质效，夯实实体经济基石。二要以创新转型为核心，强化创新驱动、做强特色产业，加快发展动力转换。三要以深化改革为主线，深入推进“三去一降一补”、推动关键性改革取得突破，不断增强发展活力。四要以接轨上海为抓手，精准对接上海、打造优势载体、提升开放水平，拓展开发开放空间。五要以品质提升为内涵，转变城市发展方式、加快建设新型镇村、构建综合交通体系，推动城乡一体发展。六要以改善民生为根本，把富民的步子迈得更大、把惠民的实事办得更好、把安民的环境做得更优，切实增进百姓福祉。七要以生态保护为重点，启动环南通生态涵养区建设、整治突出问题、健全长效机制，着力打造美丽通州。会议指出，十八届六中全会就新形势下加强党的建设作出新的重大部署，全区各级党组织要结合“两学一做”学习教育，深入学习好宣传好贯彻好全会精神，力求学深学透、融会贯通。要抓好思想建党这个源头，严格规范党内政治生活，切实加强党内监督，打造一流干部队伍，强化基层组织建设，锲而不舍推进正风反腐，推动党建工作持续走在全市前列。会议号召，全区上下在市委的坚强领导下，不忘初心、砥砺奋进，攻坚克难、开拓创新，在高水平全面建成小康社会上迈出坚实步伐，以优异成绩喜迎党的十九大胜利召开。与会人员分组进行了认真热烈的讨论。全会审议通过了全会《决议》。会议书面传达了省经济工作会议及市委全会精神。（邓志强）

调查研究

【概　况】 2016年，区委办公室（研究室）紧扣全区经济社会发展大局，抓住牵动全局的重点、热点、难点问题，深入调查研究，在重大决策、关键问题上为区委献计献策。围绕市“三城同创”、接轨上海、转型发展的新要求，服务区委主要领导开展好建设环南通生态涵养区的调研，形成了《推进城市转型　加快建设环南通生态涵养区的调研与思考》的调研文章。围绕贯彻落实省市区党代会精神、谋划好2017年工作，配合区四套班子领导开展相关专题调研，形成了汇集经济建设、创新转型、改革开放、社会民生、党的建设等多方面共25篇调研文章的成果汇编。同时，针对区委重点工作，撰写《关于通州区发展壮大机器人产业的思考与建议》《加快打造特色小镇　助推区域转型发展》等调研报告8篇，为区委领导科学决策提供重要依据。（李楼进）

组织工作

【概　况】 2016年，通州区委组织部坚持围绕中心、服务大局，稳中求进、改革创新，求真务实、狠抓落实，统筹推进干部、人才和基层党建等各项工作，扎实推进全区“两学一做”学习教育，圆满完成区镇村三级党组织换届工作，多项工作得到省市领导批示肯定，被评为“江苏省人才工作成绩突出县（市、区）”，荣获“全市党建工作先进单位”称号。

强化政治责任，严格干部管理。突出从严要求，选好用好管好干部。从严选拔干部。规范干部选任5大环节37个步骤，完成9个批次262名领导的干部人事调整工作。实施年轻干部“5311”培养计划，选派3名年轻干部到上海园区挂职、23名年轻干部担任驻村“第一书记”，抽调200多名干部到项目一线实践。从严管理干部。出台《通州区从严从实管理干部实施办法》，在全市率先建立领导干部能上能下、容错纠错、鼓励激励“三位一体”制度体系，鼓励干部干事创业、担当作为。组织662人次报告个人有关事项，对18名领导干部进行“三责联审”。建立公务员职务职级并行日常晋升制度，完成102人职级晋升审核。从严教育干部。组织71名新任科级干部接受革命传统教育。精心举办年轻干部等8期主体班次、招商引资等34期专题班次，累计参训2000余人次，选派79名干部参加上级各类调训。

突出大抓基层，加强基层组织。精心组织开展“两学一做”学习教育，深入实施基层党建“六大工程”，推动基层党建全面过硬。落实管党责任。坚持层级化落实党建责任，探索推行区委定期议党和专题议党“135”制度，以上率下大抓基层党建。持续深化基层党委（党工委、党组）书记抓党建“10+X”责任机制。加强组织覆盖。围绕“六强六过硬”要求，深化“五位一体”党建惠民联动工作体系。拓展活动载体。持续深化“五个一线”和“三讲三理”工作法，不断强化基层党组织的政治引领功能。推进融合党建，多层面、广角度推动不同领域党的基层组织统筹共建，促进基层党建在理念、资源、优势上的融合与互动。

创新体制机制，加速人才集聚。加快建设长三角北翼高新技术产业人才示范高地，人才对经济社会发展的智力支撑持续增强。紧扣产业特色聚才。制定出台人才创新创业发展若干意见，提升人才竞争比较优势。举办高洽会、江海智汇节、国家级钱学森论坛、创新创业大赛等活动招才引智。全年新增创新创业项目33个，引进国家“千人计划”等顶尖人才9人，入选省“双创人才”4人、“双创博士”5人。围绕行业需求育才。实施技能人才培养工程，入选省级以上技术能手16人，37个人才项目获区“510英才计划”资助，21个项目获市“江海英才计划”资助，新入选省“333工程”9人，市“226工程”58人。组织评选通州区英才贡献奖，促进本土各类优秀人才脱颖而出。搭建特色平台服务人才。举办3期“人才+金融”合作对接会，40多家人才企业与商业银行、风投机构开展对接，促成投融资6000多万元，相关做法在全省开发区人才工作交流会上作经验交流。

坚持从严治部，打造过硬队伍。深化“四比双争”活动，以“争创红旗科室、争当岗位标兵”主题活动为载体抓好部门自身建设。抓学习，强能力素质。举办组工干部专题培训，切实提升组织工作水平。建立每月集中学习制度，全年组织各类专题学习14次。改作风，树良好形象。扎实开展“两学一做”学习教育，围绕“做四讲四有合格组工干部”开展专题交流，通过对标找差，争当让组织放心、让干部群众信任的合格组工干部。严管理，聚工作合力。把党风廉政建设“两个责任”落到实处，定期通报各级纪检监察部门关于违反党规党纪的处理情况。强化以制度管人管事管权，努力打造模范部门。

【“两学一做”学习教育】 把“两学一做”学习教育作为今年党建工作的龙头任务，通过层层传导，压紧压实“两学一做”学习教育，相关做法先后7次被省、市“两学一做”《通报》推介。一是以上率下压实责任。抓好领导干部“关键少数”，制定《一把手职责任务清单》，将组织推进学习教育的八项职责和带头参加学习教育的八项任务逐一落实到位。区委常委会率先制订学习计划，区委常委带头排定个人学习表，区委中心组先后开展4次专题集中学习和专题研讨。强化各级党组织书记责任意识，带头讲党课，带头学习讨论，带头解决自身问题。二是分类分层精准发力。编印《“两学一做”学习教育分类操作指南》，分领域开展“党课走基层”活动，组建理论宣讲团到基层宣讲300余场，参学党员超过1.5万人。围绕“五查摆五强化”“七查摆七强化”不同要求，引导党员校准思想之标、调整行为之舵、绷紧作风之弦。鼓励33个省市区监测点在学习教育中先行先试、创出特色。三是创新载体突出实效。大力实施党员“双育工程”，举办农村党员、新党员培训示范班，注重强化党员身份意识。创新开展“双亮双争”活动，充分发挥党员先锋模范作用。深入开展“寻找最美共产党员”活动，在全区纪念建党95周年大会上对10名“最美共产党员”进行表彰，并把他们的先进事迹汇编成册，在《时代先锋》党建栏目、各远程教育站点进行广泛宣传。

【有力有序做好换届工作】 以高度的政治责任感，严格执行换届政策，严肃换届工作纪律，顺利推进换届工作。一是坚持党管干部原则，选出忠诚干净有担当的好干部。在人选推荐提名环节，注重听取区委班子成员、镇党委书记意见，落实党委书记、纪委书记“双签字”要求。在人选考察阶段，认真把好人选的政治关、作风关、能力关、廉洁关，严防干部“带病提拔”。在党代表方面，坚持把人选政治素质放在首位；在人大代表方面，坚持联合提名和选民推荐、联合审查与分类审查、自我承诺与考察核实“三结合”；在政协委员协商提名工作方面，严格按照要求进行推荐提名。全区选举产生的352名区党代表、388名区人大代表及协商产生的305名区政协委员全部符合有关结构要求。二是坚持正确用人导向，配出结构优功能强的好班子。换届前，对每个班子进行综合分析研判；换届中，认真履行民主推荐、民主测评、征求意见和组织考察程序。镇党委换届后，22名镇党政正职在年龄、经历、专长等方面实现优势互补；配备35岁左右年轻干部30人，占班子成员总数的22%。

村(社区)党组织换届后,委员平均年龄比上届下降2.1岁,1/3的委员达到本科及以上学历。三是坚持严肃换届纪律,营造风清气正的政治生态。严格落实"凡提四必"等刚性规定,开展"三级约谈",从严压实责任。组织开展多层面、高频次的专题学习、警示教育,做到"九严禁"换届纪律宣传教育全覆盖、无盲区。建立"综合督导、信息收集、舆情处置"工作机制,保持风气监督的高压态势。建立换届风气监督督导组,包镇到组,严督实导,确保通州区换届自始至终风清气正。

【坚持标准选好用好干部】 贯彻落实《干部任用条例》及"2+8"配套制度文件要求,着力提高选人用人科学化水平。认真做好干部选拔全程纪实,确保坚持程序一个不少、履行程序一步不错,全年完成9个批次262名领导的干部人事调整工作。建立日常调研了解、年度综合考核与任职深度考察各有侧重、相互支撑的考核办法,先后对15个区级机关部门和11个镇开展综合分析研判,对39名干部进行任职试用期满考察,多渠道、多角度把干部情况摸深摸实摸透。着力培养选拔年轻干部,实施年轻干部"5311"培养计划,分类分层开展年轻干部专题培训,选派3名优秀年轻干部到上海园区挂职锻炼、23名年轻干部担任驻村"第一书记",从区级机关部门、镇区园街道抽调200多名干部到项目建设一线实践。

【年轻公务员成长"雏鹰"计划】 出台《关于进一步加强新录用公务员培养的意见》,强化新录用公务员初任培训和思想政治、职业道德等培训。推行导师帮带、驻村锻炼、轮岗见习制度,指导开展实践工作。搭设"上挂下派"实践平台,选派27名年轻公务员到项目建设、城乡建设、安全生产、信访维稳一线挂职一年,安排58名新录用公务员到村(社区)一线担任助理三个月。规范开展区级机关公开遴选,加强对全区公务员队伍流动的宏观管理,遴选18名乡镇公务员进入区级机关,逐步建立基层年轻公务员培养选拔机制。

【"三位一体"干部管理制度体系】 针对干部队伍中出现的"不作为、不敢为、不愿为"等问题倾向,在全市率先制定《通州区推进领导干部能上能下实施办法(试行)》《通州区领导干部改革创新容错纠错实施办法(试行)》和《通州区党政干部鼓励激励实施办法(试行)》,建立能上能下、容错纠错、鼓励激励"三位一体"的干部管理制度体系,在大力整治为官不为、调整不适宜担任现职干部的同时,旗帜鲜明地为敢于担当的干部担当,为敢于负责的干部负责,推动广大干部干事创业、担当作为。

【"一卡一码一号一本"推进干部教育培训】 创新干部教育培训方式,以"一卡一码一号一本"推行精准化教育培训模式,有效提升干部教育培训质量。通过为科级领导干部发放"干部教育培训卡"、配套"个人终身学习编号""二维信息编码",量身打造学习培训动态档案。定期对参学情况进行分析汇总,年底对学习情况进行存档管理。通过动态分析相关情况,有针对性地调训与任用干部,提高干部供给质量,努力实现培训内容设计、培训对象选调、培训效果评估的精准化。

【通州区第十二届高洽会】 11月11日—13日,通州区成功举办第十二届高洽会暨江海智汇节活动。活动以"才聚江海　智汇通州"为主题,主要安排有开幕式、钱学森论坛、一赛两展、两会五专场等系列活动。活动期间,5名院士到会交流,400多位国家"千人计划""万人计划"专家、高校院所教授以及创投风投机构负责人出席活动,38个合作项目成功签约,其中总投资20亿元的中科新材料产业园项目正式签约落户南通高新区。

【推进融合党建工作新模式】 坚持"谋发展是第一要务,抓党建是最大政绩"理念,探索以"目标管理融合、工作运行融合、考核评估融合"为主要内容的融合党建新路径,形成"1+N"的融合党建工作体系,推进党的建设与经济社会发展深度融合。以目标管理融合为引领,实行党的建设与经济社会发展目标同谋划、同制定、同考核。以工作运行融合为重点,在组织融入上,坚持"经济社会发展到哪里,党组织就建到哪里"。在载体融入上,深入开展"科技园区党旗红,创业创新争先锋"活动,常态实施"百千万"工程,推动党的建设与项目建设、创新转型、社会治理、民生改善等中心工作融为一体。

【党员教育"一站三网"工作体系】 针对新形势下村域范围大、流动党员多、党员集中教育难等新问题,以"新媒体"为着力点,推动现代信息技术与党员教育工作深度融合,构建"一站三网"党员教育工作体系,即建强远教工作站点、延展网络阵地、集聚网络资源、整合网络功能。强化组织策动,把握当前媒体融合发展的大趋势,将挖掘本地教育素材与新媒体扁平化传播有机结合,增强教育实效性。注重分类分层,利用新媒体"小巧轻盈"的特点,针对不同党员群体设计不同的学习载体,鼓励普通党员主动参与学习教育,该做法得到中组部、省委党建办领导充分肯定。(望　悦)

宣传工作

【概　况】 2016年,全区宣传思想文化战线,认真贯彻党的十八大和十八届三中、四中、五中、六中全会精神,深入学习贯彻习近平总书记系列重要讲话精神,围绕"四个全面"战略布局,紧扣中心工作,服务发展大局,创新工作思路,扎实推进落实,较好地完成了各项既定工作任务,为谱写通州强富美高新篇章提供了思想保证、精神力量、道德滋养和文化条件。

文峰大世界分两批组织全体员工听取大宣讲

理论武装全覆盖。2016 年，通州区作为全市唯一一家“理论传基层　认知零距离”党的创新理论传播基地试点单位，把开展“理论传基层　认知零距离”活动作为党的理论创新成果传播通俗化、大众化的有效载体，实现理论宣讲全覆盖，全年共宣讲 1200 余场，受众达 15 万余人次。紧密围绕中心工作，开展了安全大宣讲“六进”活动（进企业、进工地、进校园、进机关、进社区、进交通）。除了到基层一线宣讲外，还积极探索搭建网络平台，开展网上宣讲，通过官方微博、微信等进行联动，实现线上线下即时互动。此外，还努力在提高中心组学习科学化规范化水平上下功夫。聚焦重大理论、重大实践，抓实专题式集中学习，针对最新指示、最新要求，抓实随机式跟进学习，注重紧扣转型、紧贴岗位，抓实自主式读书学习，注重严格制度约束、同频共振，抓实各地各单位中心组深学细研，有力推动了全社会大兴学习之风。在创新党员干部冬训教育上下功夫，积极融入“互联网 +”元素，打造智慧冬训理念；融入“家”元素，创设流动党员之家；融入“创客”元素，鼓励创业创新；融入“文艺”元素，丰富冬训形式；融入“好人”元素，传播正能量；融入“连心”元素，密切党群鱼水关系，使持续 30 多年的冬训工作始终保持新鲜活力。通州区再获“全省冬训工作先进集体”称号，金沙街道和川姜镇获评“全省冬训工作示范乡（镇、街道）”，二甲镇张连清被评为“全省冬训工作先进个人”。金沙街道党工委获评“2014—2015 年度全省学习型党组织建设工作先进单位”。

舆论引导强有力。积极策划，主动发声，大力宣传通州区“十三五”开局的积极探索，宣传“强富美高”新通州建设的创新实践，宣传党风政风新气象，凝心聚力，加油鼓劲，营造发展实干的浓厚氛围。对外宣传效果显著。策划了“寻梦通州”媒体集中采访活动，借助华东航空飞机展、洋眼看江苏通州行、第十二届高洽会暨江海智汇节等重大活动，做好通州区的宣传和对外推介工作，形成了一波又一波对外宣传的高潮。协调推动通州区新闻发布工作，完善新闻发布制度，组织新闻发言人业务培训，全年共组织了 15 场新闻发布会。网上舆论有效引导。组织开展丰富多彩的网络文化活动，倡导网民参与网络文化创造，传播网络文明新风尚。着力完善网络舆情预警、研判、引导、应急处置体制机制，建立了区网络舆情应对管理工作领导小组会商制度，规范网络舆情应对管理工作流程，推行舆情处置考核季通报制度，强化舆情管理网络发言人、网评员、网络文明志愿者三级队伍的责任意识。媒体建设扎实推进。进一步完善了广播电视台运行机制体制，制定下发了《全区传统媒体与新兴媒体融合发展实施意见》，围绕三年发展目标，有序推进媒体融合，媒体实力进一步增强。通州广播电台获得第三届全国十佳电台，南通州新闻网站已经筹建并运行。组建了网络正面宣传联盟，构筑了可覆盖 10 万 ~ 15 万网民的网上正面宣传矩阵，做大做强网上正面思想舆论。二甲镇《二甲党群服务 e 平台　探索新媒体视域下基层宣传新模式》获全省新媒体运用创新奖。

道德建设常态化。注重将社会主义核心价值观融入群众日常生活和精神文明创建活动，在坚持以人为本中提升价值认同，着力培育群众实践能力尤其是自觉践行能力。先进典型创评机制逐步完善。将各类文明新风典型培育选树工作，纳入区委对各地、各单位党建工作考核内容。在全区开展文明百佳推荐评选工作，在报纸、电视上开设专版、专栏，对“文明百佳”典型人物进行宣传，遴选 7 名典型代表组成文明百佳宣讲团，深入道德讲堂，讲述自己的事迹，以身边事感动身边人。全区学好人、敬好人、做好人蔚然成风，王平、张锋分别当选 2016 年度“江苏好人”和“中国好人”，王笑梅被评为江苏“最美教师”，徐艾明被评为全国“最美中学生”。全区新增 18 家文明典型进入 2013—2015 年度江苏省文明单位（校园）、文明村镇、文明社区行列。诚信建设工作制度化落实有力。深入开展道德领域专项治理，广泛开展诚信经营创建活动。全年共推荐了 431 家诚信示范店、42 家诚信企业和南山湖金沙滩诚信餐饮一条街申报南通市诚信经营创建，圆满完成了三年创建任务。制定了全区诚信建设制度化实施意见，建立了全区失信曝光和联合奖惩制度。依托中国通州网建立了区行政许可和行政处罚等信用信息公示平台，对全区 41 家单位的行政许可和行政处罚信息进行公示。全区 2016 年共曝光失信被执行人 56 人。未成年人品牌影响力持续放大。2 月，首届“童声里的中国·成长的歌谣”创作大赛颁奖仪式暨“童心冬之旅”实践营活动在童声基地举行。基地创作的现代音乐儿童剧《田梦儿》已在省内外巡演 400 余场，观众超 40 万人次，获评第八届上海优秀儿童剧。基地推出的长篇系列少儿小说《滑板少年》在南京召开研讨会。工作经验《江苏加强诗教乐教唱响“童声里的中国”》在今年中央文明办未成年人思想道德建设工作简报刊发推广。文明城市管理长效常态。继续强化"日巡查、周督查、月考核"的考核机制以及考核通报、媒体曝光、领导约谈的推进机制，促进各项工作落细、落小、落实。组织开展文明交通、农贸市场、居民小区等专项治理行动，调整完善了19个专业工作组，建立了重点难点问题协调解决机制，推动了文明城市长效管理工作不断迈上新台阶。

文化发展更繁荣。2016年全区新增图书馆分馆2个，文化馆分馆3个，图书20000册，建设2个镇（街道）综合性文化服务中心示范点，12个村（社区）综合性文化服务中心示范点，46个村（社区）综合性文化服务中心，建成40个村级文化广场，培训10000名基层文艺爱好者。扶持文化产业发展，推进文化业态创新。建立了全区文化产业发展联席会议制度，制定"十三五"文化产业发展规划，对具有显著示范效应和产业带动作用的重大项目、重点园区和企业，制定专门政策，予以重点扶持。2016年，通州区10个文化产业项目被列为南通市文化产业重点项目。8月，组织百余作品参加2016年第三届"紫金奖"江苏文化创意设计大赛和2016中国南通文化创意设计大赛，其中通州蓝印花布作品获全省银奖（金奖空缺），通州区委宣传部荣获优秀组织奖。9月，在西安举办文化产业招商推介会，科技新城、滨江新区、中国南通家纺城、石港科技产业园、金沙街道5个区文化产业重点平台进行了项目推介，12个项目现场签订了投资意向书。11月，在厦门文化产业招商推介会上，又有2个项目成功签约。组织各类文化生产，丰富群众的精神文化生活。开展惠民文艺演出，圆满举办了全国首届"通州杯"曲艺小剧场新作展演，精心组织了"通州之夜"广场文艺演出、"欢乐江海行"送戏下乡、文化七下乡大巡游、古沙舞台周周演、全区文艺团队调演等文化惠民活动1000场，举办第三届公共文化服务展示月活动250多场，惠民20多万人次。"童声的中国"系列活动被江苏省表彰为首批群众文化"百千万"工程优秀文化活动品牌，金沙街道"幸福金沙"文化志愿者服务队被评为江苏省首批群众文化"百千万"工程优秀群文团队。加强文化遗产的传承和保护。推进16支通州民舞的恢复呈现和记忆丛书《通州民舞》的编撰工作。组织做好第六届"非遗文化周"系列活动，推出国家级非遗项目"童子戏"折子戏专场演出，非遗保护项目西亭脆饼、石港腐乳、正场薰糕等传统手工技艺展现场展示等活动。

【媒体用稿量位居各县市区前列】 2016年，全区在中央电视台、中央人民广播电台等国家级媒体用稿6篇（条），其中央视《新闻联播》1条，《光明日报》头版头条1篇；在省级主流媒体用稿114篇（条），其中《新华日报》用稿7篇，江苏省电视台用稿30条，江苏省电台用稿77条；《南通日报》头版用稿77篇（其中头条20篇），南通电台用稿86条，通州在南通市级主流媒体的用稿量位居各县市区前列。

【上万粉丝票选"通州最美乡镇"】 通州区委宣传部在官方微信平台"通州发布"组织开展"寻找通州最美乡镇"微信展示投票活动，对全区15个镇（区、街道）以文字加图片的形式，进行全方位的展示，活动得到广大网友的积极响应与参与，一个月中网络投票达到7.5万人次，访问量达到65万人次。2月29日，活动圆满结束，颇具特色的古镇二甲和凤凰宝地石港，分别获得网友投出的1.7万票和1.4万票，当选"通州最美乡镇"。

【"志愿服务365"行动】 以"志愿服务365"行动为主题，推进志愿服务制度化发展，实现"月月有主题，周周有安排，天天有行动"。利用"互联网+"实施线上志愿服务队伍管理，实现了网上项目发布、志愿者招募、时长记录。突出志愿服务项目化，开展了"童年同行"关爱困境儿童、"幸福来敲门"关爱困境老人、"共享阳光"关爱残疾人等志愿服务活动。同时，建立了专家志愿者库，聘请专家志愿者参加系列志愿服务活动，不断提升志愿服务的质量水平。

【全国首届"通州杯"曲艺小剧场新作展演】 4月23日—25日，由中国曲协、江苏省文联主办，中国文联曲艺艺术中心、全国曲艺小剧场艺术指导委员会、江苏省曲协、江苏省南通市文广新局及南通市文联、南通市通州区政府承办的全国首届"通州杯"曲艺小剧场新作展演活动在通州举行。此次活动从全国20多个省市区征集到曲艺作品160余件，最终有32个优秀节目参加此次展演，由来自全国各地的80多位演员分3场进行了演出。这次活动是通州首次承办的全国性曲艺类作品展演。

（邵丹丹）

全国曲艺小剧场新作展演通州作品《审舅舅》

统一战线工作

【概 况】 2016年,通州区以贯彻落实省市区委统战工作会议精神为主线,着力加强党外代表人士队伍建设;增进同心共识,着力加强新阶层人士统战工作;凝心聚力促发展,着力加强统战社团建设。围绕中心工作,强势推进重点工作,圆满完成全年目标任务,取得显著成效。

【贯彻落实中央、省、市委统战工作会议精神】 中央、省、市委统战工作会议相继召开之后,区委统战部及时组织学习领会会议精神,并及时向区委汇报,积极筹备召开区委统战工作会议。8月10日上午,区委召开统战工作会议,宋乐伟书记到会并讲话。会议下发了《中共通州区委关于加强新形势下统一战线工作的实施意见》,表彰了10家统战工作先进集体和17个优秀个人。会后,统战部牵头制定关于贯彻通州区委《关于加强新形势下统一战线工作的实施意见》的责任分工方案,统筹协调推进各项目标任务。区委将统战工作纳入基层党建工作考核,纳入宣传工作计划,纳入干部培训的重要内容。

【"凝心促改革,聚力促率先"主题活动】 鼓励民主党派、工商联和无党派人士积极调查研究,反映社情民意,共收集各类建议意见75条。发挥民主党派、知联会优势,支持他们开展"牵手系列活动""励志文化进校园""中医同行·送医下乡""困境儿童帮扶救助"等社会服务活动,设立"九三专家服务站""扶残助残服务站",为近千名基层群众开展免费诊疗和技术指导,为70名残疾儿童和101个贫困残疾家庭送去关爱和温暖。在推进基层慈善组织建设过程中,全区非公经济人士积极参与,捐助金额占捐助总额的80%以上。东北商会把每年的5月20日确定为商会无偿献血日,已连续5年组织会员开展义务献血,累计达46100毫升;区浙江商会组织会员企业开展健康体检,为贫困学生捐款5000元,向敬老院捐献190条毛毯。

【合作共事】 2016年末,全区共有民建、民进、农工党、九三学社4个民主党派基层组织。民主党派成员159名,其中,民盟盟员18名,民建会员22名,民进会员29名,农工党党员20名,九三学社社员70名。6月28日,组织召开区知识分子联谊会二届二次理事会,增补4名会员,补选1名副会长,对秘书处的部分负责人作出调整。进一步发挥区各民主党派和知联会优势,通过组织学习区"十三五"规划、通报区第十二次党代会精神、征求对区人大政协换届人事安排的意见等形式,扩大民主党派、党外人士知政参政范围;通过坚持和完善党派工作例会、情况通报、座谈交流等制度机制,加强民主党派、党外人士教育引导;通过印发调研参考课题、开展调研成果评选,鼓励和支持民主党派、党外人士加强调查研究,提升参政能力。全年完成供给侧结构性改革、公共卫生医疗、城乡环境治理和推进制造业转型升级等52个课题调研任务。

【经济统战】 着力搭建商会资源服务平台。通过各级商会组织"走出去"和"请进来"民间商务交流,服务行业发展。加大招商引资力度,区总商会与澳洲江苏总商会建立了友好商会。5月12日,澳大利亚企业家代表团受邀来我区参观考察,并与多方达成合作意向,共同签署"通州—澳大利亚国际科技成果转化中心"协议。积极推动新业态、新领域的商会建设,筹建成立通州区众创商会、深圳通州商会。抓实行业商会换届,加强商会党建工作,进一步扩大商会队伍,提高商会组织水平。区总商会邀请中国人民银行通州支行行长季步高作了"共谋发展 转型升级——中小企业如何最大限度获得金融资源"专题讲座、浙江商会邀请专家为会员企业作《风险管控能力、善于发现、把握历史性投资机遇、获取超预期回报》专题讲座,提升中小企业金融把握能力;建筑房地产商会邀请区人民检察院反贪局对300多家企业法人进行预防职务犯罪、渎职罪专题讲座。围绕非公经济"两个健康"目标和"四信"教育主题,会同区人社局、工商联成功举办两期新生代非公经济人士培训班,两批共100多名年轻一代非公经济人士赴井冈山、瑞金进行为期一周的集中培训。

【党外人士培养工程】 在全区党外干部中开展"政治素养好、自身学习好、工作业绩好、服务社会好、形象修养好"主题教育实践活动。4月份,召开党外干部"创一流业绩,树党外干部良好形象"主题活动推进会,邀请南通市经济和信息化委员会陆建新副主任,结合自身工作学习经历,给党外干部作专题报告。党外代表人士实职安排有新进展,今年已提拔党外干部5名,交流2名。组织开展区人大代表候选人初步建议人选中党外人选联合审查。与通州电视台合作,推进第二轮"党外代表人士风采录"典型人物宣传,对10名党外代表人士进行了采访报道,进一步加强对党外代表人士典型事迹的宣传报道。

【海外统战】 深入开展海外乡亲调查登记工作,完善信息数据库,了解和掌握了一批海外新生力量。在旅港乡亲中建立"通州老乡"微信群,为加强对外联系和服务搭建平台。成功举办旅港乡亲联谊暨招商推介活动,全国人大代表杨耀忠,省政协委员曹元石等近50名旅港乡亲参加活动,现场签署3个投资合作项目。加强海外人士及侨团交流交往,切实做好回乡接待、项目考察和排忧解难等服务工作,全年共接待24批、160人次侨界人士。

【南通市通州区党派服务中心成立】 2月14日,为加强民主党派联系服务工作,更好地发挥民主党派的职能作用,经通州区机构编制委员会研究批复(通编〔2016〕15号),同意设立南通市通州区党派服务中心,为公益一类事业单位,相当于股级建制。核定人员编制3名,设主任1名。经费类型为区财政全额拨款。同时收回原核定给九三学社的2名事业编制。

【南通市通州区留学人员联谊会成立】 通过调查登记，共发展64名会员。6月29日，召开通州区留学人员联谊会成立大会。会议通过了联谊会《章程》，设立了理事会，聘请刘佳炎为名誉会长，选举李仲为会长，王用林等为副会长，罗雪方为秘书长，喻迎春等为副秘书长。

【区政协换届】 依据市委换届工作精神，会同区委组织部研究制定《关于通州区政协换届人事安排的意见》，经区委常委会研究后批转。11月9日，召开区政协换届工作会议，部署区政协换届人事安排工作；各界别牵头单位、各镇区园街道、各单位、各部门按照分配的名额进行广泛推荐；区委组织部对推荐的初步建议人选，按照身份、结构、比例等要求进行审核，提出党内区政协委员初步人选名单。区委统战部与相关单位反复协商，对其中的民主党派成员、非公经济人士与区各民主党派、工商联协商后，提出党外区政协委员初步人选名单。拟继续提名的委员听取区政协党组意见；根据要求，由区纪委（监察局）、区公安局、区卫计委、区审计局、区安监局、区信访局等22家部门对区政协委员初步人选进行联合审查。人选为非公有制经济人士的，进行了综合评价。严格考察并公示一年内没有进行组织考察的人选。区委组织部、统战部根据考察情况，形成党内、党外政协委员建议名单；受区委委托召开各民主党派、工商联、无党派人士和群众团体负责人参加的民主协商会，充分协商，进一步征求政协党组等有关方面的意见。在反复协商、调整的基础上，由区委组织部报区委审定，经区政协主席会议协商，形成305名委员人选建议名单，经区政协第十二届二十一次常委会议协商确定。其中，党内委员119名，占39%；党外委员186名，占61%；女委员82名，占26.9%，以上各项比例均符合上级关于政协委员人事安排的要求。继续提名的委员137名，占总数的44.9%；具有大专以上文化程度的委员281名，占92.1%，其中，大学文化程度的委员183名，研究生以上文化程度的委员51名。

【区工商联换届】 召开部务会研究制定《区工商联换届工作实施方案》，成立工作领导小组，细化工作实施步骤；转发市委统战部等部门关于加强和改进非公有制经济代表人士综合评价工作的通知，联合区委组织部、区工商联等15家单位对全区非公经济代表人士开展综合评价；汇总第十一届工商联（总商会）主席（会长）、副主席（副会长）、常委、执委候选人初步人选，向市委统战部汇报同意后，报区委常委会审定；起草换届选举大会各类文件，完成会务保障工作。

【统战信息宣传】 全年报送统战信息、宣传稿件271篇。其中，《构建统战工作新格局，开创统战工作新局面》在《挚友》上发表；被《南通日报》《南通统一战线》等媒体平台录用的稿件30篇；在其他媒体、平台上发布的稿件240余篇。2016年末，卫飞燕、喻迎春2名同志受中央统战部宣传办表彰。

（杨　平）

农村工作

【概　况】 2016年是"十三五"开局之年。通州区认真贯彻落实省、市农业农村工作会议精神，以特色重点工作为抓手，统筹推进"三农"工作，取得新成效，实现良好开局。

【现代农业发展】 全区新建扩建规模农业项目123个，新增投入量16.3亿元。一是招商引资成效显著。成功举办浙江台州现代农业项目招商推介会，组团参加了南通市组织的福建漳州农业项目招商推介会。完成签约项目6个，领证项目3个。二是设施农业保持快速发展态势。新增设施种植项目35个，其中500亩以上钢架大棚项目25个。三是农产品加工项目呈现新亮点。瑞隆蔬果鲜食加工项目竣工投产，绿萌食品蔬菜速冻加工、包福记农产品加工、立广食品加工等项目投资规模大，建成投产后，将有效提升通州农产品加工产业规模。2016年全区新增投入1000万元农产品加工（仓储）项目20个，投入量达6.1亿元。

【农民专业合作组织建设】 紧紧围绕"规范、创新、提升"要求，以建立农民合作社名录库为抓手，着力加强合作社规范化建设，积极开展农民综合社和民宿合作社试点工作，努力创建典型示范社。根据《江苏省建立农民专业合作社名录实施办法》，通过合作社申请、镇推荐初审、区审核确认公示，全区138家农民合作社进入省名录库。强化对合作社理事长、会计、辅导员的培训，首次与高校合作，在扬州大学举办了合作社规范化培训班，采取集中培训、现场观摩、外出考察等形式，全年累计培训管理人员500多人次，业务骨干1000多人次。推进合作社改革，完成3家综合社试点（石港镇马道村、十总镇渡海亭村、志新村）和1家民宿合作社试点（金景民宿合作社）。

【农村集体"三资"管理】 一是强化村会计人员管理。会同区财政局联合下发《关于加强村会计人员管理的意见》。落实村会计持证上岗制度，建立健全选拔任用机制；落实培训制度，规范会计人员持证上岗管理。组织部分镇不具备会计从业资格的村会计人员和镇代理记账员参加了为期19天的培训。举办了全区村集体经济组织会计培训班。组织全区镇农经负责人和村会计，学习农村"三资"管理相关制度、财政支农专项资金的管理及农村财务审计等。二是强化村级集体资金管理。规范村集体经济组织银行存款账户管理。要求各镇农经管理部门只能在金融机构开设一个基本存款账户。将所有代管的村集体资金存入基本存款账户,实行一个账户进出。定期开展财务互查。每两个月组织全区各镇开展一次村集体资金专户的财务互查活动,加强村集体资金管理。互查活动做到有通知、有记录、有结果。继续实行白条专项治理机制。对发现的白条,采取零容忍办法,发现一起查处一起,并追究相关人员的责任。三是强化三资信息网建设。结合部分镇区划调整,对"三资"管理软件进行全面整理和升级。指导各镇按南通市统一要求,从2016年开始规范做好村级固定资产计提折旧工作。充分发挥软件的管理和监管功能,督促各地将大额支出凭证、固定资产照片及经济合同等规范扫描上网,启用资金审批流程。

【村级集体经济发展】 围绕"村营收入村村达30万,50%村达50万,30%村达70万"的工作目标,指导各村依托区位优势发展物业经济,依托资源优势发展特色经济,依托合作组织发展服务经济,村村制定了发展方案,指导各镇(区、园、街道)将村级集体收入尽早、足额和规范入账。2016年,全区217个村,村村实现30万元以上,67%的村50万元以上,41%的村70万元以上,超额完成任务。

【农村土地承包管理】 按照"六步走"工作法和确权登记"四原则"精神,科学制定工作方案,举办业务培训,发放宣传资料,严格按程序组织好测绘、土地管理平台运行、经营权证书印刷、第三方验收、档案材料招投标等工作。加快工作进程,强势推进土地确权颁证。通过定期公布进度、全面督查、定点帮扶、开展约谈、简报通报,全区确权登记工作取得实质性进展。测绘单位能认真按合同搞好测绘工作;土地管理信息平台已建立并试运行;土地承包经营权证书和档案盒印制完成。全区已有6167个村民小组完成外业测量,占总任务的99.4%,6119个村民小组完成了审核公示,占总组数的98.63%,209166户完成签字确认,占总任务的84.45%,第三方验收已进场施工,已打证颁证农户121109户,156个村通过了南通市抽查考核。

【农业保险】 一是稳步推进种植业保险,农业保险面提高。全年完成五大传统种植业保险2184.37万元,是年初下达任务的107.5%,保险覆盖面达到97%,基本做到应保尽保。二是全力推进高效农业保险,高效占比再创新高。全年完成高效农业保险3336.66万元,比上年增加了58万元,占比达到60.44%,比上年提高了3.28个百分点。三是扎实推进稻麦附加险,提升种植业保障水平。全年完成稻麦附加险57.15万元,比上年增加39.24万元,增长219.1%,提升了粮食生产新型经营主体的抗风险能力。四是全面落实备用金制度,缩短保险理赔周期。高效农业保险理赔周期由40多天缩短到12个工作日。五是全面提升服务质量,有效保障投保户利益。灾害发生后,区农险办第一时间启动应急预案,集中组织人员、车辆奔赴现场勘查,快速制定理赔方案,及时赔付到位。全年共支付理赔款3241.68万元,是投保户自缴保费1439.6万元的2.3倍,有效地保障了投保户的利益。

【精准扶贫】 以农村人均年收入低于7000元的农户、13个市级经济薄弱村为主要帮扶对象,以到2020年确保低收入人口人均纯收入达到7000元以上,13个经济薄弱村年集体经营性收入达到50万元以上为目标,实施精准扶贫。一是对低收入农户建档立卡,摸准基数。经审核公示,全区确定建档立卡低收入农户6868户12634人。二是加强调研,出台政策。制定出台《通州区关于实施脱贫致富奔小康工程的意见》《关于在全区开展机关干部与建档立卡低收入农户结对帮扶活动的通知》和《关于通州区扶持经济薄弱村发展集体经济的实施方案》等文件,指导各地强力推进扶贫工作。三是落实政策,精准扶贫。先后为低收入农户免除居民基本医疗保险和大病保险131.99万元,免除一事一议筹资筹劳,改善104户建档立卡低收入农户住房条件,免除83名低收入家庭高中段学生学杂费,提高低保、五保户的保障水平,农村居民最低生活保障提高至每人每月530元。组织全区2579名机关干部以"一帮一"或"多帮一"的方式与一般贫困户进行结对。指导相关镇(区、园、街道)制定经济薄弱村市级扶贫项目,召开项目论证会,确保扶持项目有序推进。2016年,通州区28%的低收入农户实现脱贫,经济薄弱村扶持项目正加紧实施,精准扶贫工作取得实质性成效。

【市级中心镇建设】 一是项目建设力度加大。平潮、石港、二甲3个镇地方公共财政预算收入平均增长7.2%。新开工亿元项目石港镇9个,二甲镇3个,平潮镇7个。二是镇区建设不断完善。石港镇启动2.5公里护城河两岸风貌提升工程,优化镇区交通路网,高标准推进镇区物业管理。二甲镇建成香光寺公园绿地、新市居小游园。平潮镇动迁规模大,南通西站站台区、锡通高速北接线等累计搬迁超过20万平方米。三是民生工程有序推进。石港镇推进民办幼儿园回购工作,第六人民医院异地新建工程进展顺利。二甲镇不断发展适度的普惠政策,率先试点镇村慈善工作站建设。平潮镇平潮幼儿园主体竣工,拆迁安置有序推进。

【产权市场建设】 依托镇级公共资源交易中心组建镇级农村产权交易服务中心,形成省、市、区、镇四级联网的农村产权交易平台。不断优化农村产权交易流程,根据交易品种和交易规则,确定了拟定方案、民主决策、严格审查、发布公告、组织实施、签订合同和建档立卷"七步工作法",做到所有环节公开公示、步步留痕,确保农村产权交易公开化、规范化和制度化。2016年,全区通过省级平台共完成产权交易720笔,交易总金额3.29亿元。其中,土地流转交易565笔,累计面积2.46万亩,交易额2.37亿元;集体资产交易58笔,交易额467万元。 (陈妍池)

政 法 工 作

【概　况】 2016年，通州区政法系统以“两学一做”学习教育活动为契机，围绕全区发展大局，强化服务意识、创新服务举措，保持社会大局稳定，通州区被评为全国“六五”普法先进单位、省平安县（市、区）。

【政法保障作用】 圆满完成G20峰会、十八届六中全会及省、市党代会期间维稳保障任务，在重要敏感时段实现进京非访零登记目标。为全区20个市级重大项目、140余个新增投资超亿元企业量身定制6方面19条服务保障措施，解决项目建设困难90余起。严厉打击破坏市场经济秩序犯罪，办理侵犯知识产权犯罪案件14件29人，办理破坏金融管理秩序犯罪案件17件20人。依法实施企业破产重组，共审结海浪玻璃、中瑾投资等破产案件5件，正在审理华融和生、明德重工、中瑾置业、南通一居、居梦莱、吉星管业6件，处置变现企业资产2.76亿元。

【平安通州建设】 升级立体防控体系。完善技防、人防、物防、网防“四防覆盖”立体化治安防控体系，新增重点区域高清瞭望系统10套，配备警用无人机4架，连接市区22条公路全部建成双向高清卡口，全区技防镇、技防小区、技防村（社区）达标率分别为100%、93.8%、100%；配备专职保安1321名，招募平安志愿者45727名，15个镇（街道）全部建成特勤中队，社区见警率位居全市第一方阵。严打治安违法犯罪。大力开展“盗抢骗”“食药环”“黄赌毒”等犯罪专项打击行动，“八类”案件破案率95.3%，9起命案全部侦破，未发生有影响重大案（事）件。加强重点群体服务管理。强化流动人口和特殊人群服务管理，开展社区矫正人员“矫治回归”、易肇事肇祸精神病人“救治管护”专项行动，新建“陈静工作室”成为全市检察机关“心起点”青少年心理成长基地。力推基层基础建设。区镇村三级“综治中心”、区镇两级“法治工作中心”全面挂牌运行，村级全部设立“综治法治工作室”，区调处中心全面进驻区综治中心办公，11家镇级、86家村级综治中心自评达省一级标准，社区网格化管理全面推开。综治、法治信息系统电脑、手机账号应开尽开，报送数据124万多条，推动涉稳模块实战应用。注重预防化解社会矛盾。强化社会矛盾纠纷源头预防，坚持定期滚动排查、抓小抓苗头。深化“一综多专”调处机构建设，今年重点推进医患纠纷调处机构、川姜家纺城调处工作室两大品牌。全区共受理调处矛盾纠纷7023起，调处成功6611起，调处成功率94%。努力维护群众合法权益。积极畅通群众诉求渠道，深入推进“群众依法逐级走访权益保障监督卡”制度，大力推行“阳光信访”系统，系统全年录入交办信访事项1608件，办结率99%。稳步推进信访积案化解，全年化解积案88件，化解率达67.2%。确保政治社会大局稳定。切实履行维稳第一责任，强化各级各部门主管责任、属地责任双落实，全区越级上访同比批次下降28%、人次下降17%，特别是进京非访同比下降80.7%。

【法治通州建设】 强化组织推进。明确目标导向。协助完成将法治建设纳入全区“十三五”发展规划、列入党政目标管理和领导干部考核绩效体系相关工作。提请区委将法治建设融入区十二次党代会工作报告。部署推动落实。召开全区法治信息系统建设推进会、全区政法工作会议等专题主题会议，出台年度法治建设工作要点、《江苏省法治县（市、区）考核任务分解方案》等工作文件，组织层层签订领导责任书，开展综治法治、法治文化阵地建设专项督查，推动工作落实。协调多方合力。积极构建法治建设齐抓共管大格局，协调沟通区人大、区政协、区委工作部门将法治建设相关工作列入年度工作要点或活动安排，主动履行“法治”职责。建设法治政府。认真落实重大决策合法性审查、稳定风险评估等刚性程序，区镇村三级实现法律顾问全覆盖，266个民生重大事项决策全部纳入稳评，稳评工作绩效居全市首位。深化行政审批制度改革，将13个部门85个事项集中至区行政审批局统一办理，90%审批在窗口可直接办结，在全市较早实现“联合审批”。加强执法规范化建设，稳步推进城市管理、市场监管、环境保护等领域综合执法体制改革，完成二甲、平潮等中心镇行政管理体制改革。助推公正司法。严格落实上级司法体制改革相关任务、事项，强化对政法干警执法执纪监管，对重点案件进行集中评查，对基层政法单位开展专项督察。区人民检察院完善检察为民服务中心建设，健全提前介入引导侦查工作机制，大力推进民事行政案件同级监督，并推出案管监督“王丽工作法”。区人民法院启用新立案大厅和便民大厅，设立“导诉岗”“导诉员”“法律志愿者服务岗”，深化“司法为民村居行”品牌活动，加大涉民生案件执行力度。区公安局对受（立）案阶段做出具体规定，建成基层派出所执法管理室，制定执法办案主办责任制及积分考核制管理办法，实现全方位监督。弘扬法治文化。扩大普法队伍，充实调整“区法治文化专家组”成员，成立通州普法志愿者大队。分类普法对象，抓好领导干部这个“关键少数”和青少年阶段这个“关键时期”。拓展普法阵地，启动法治文化示范阵地建设“530工程”，列入政府为民办实事项目，每年投入100万元，推动5个镇和30个村（社区）实现法治文化阵地建设提档升级。开展普法实践，组织“普法村村行”主题宣传活动，提升公共法律服务水平，深化村居法律顾问工程。规范基层基础。下发法治基层基础工作规范化建设指导意见，召开全区专题会议赴如皋实地参观、现场推进，开展法治基层基础建设专项督查，逐镇（街道）上门指导。规范区、镇（街道）、村居法治工作组织及办公场所、公共服务平台建设，明确不同类型法治文化阵地的建设标准。积极打造全区法治建设示范村(居)—金新街道碧堂庙社区,牵头协调教育局、经信委、卫计委推进法治学校、企业、医院创建。是年,区、镇(街道)两级法治工作中心全部建成,村级法治工作室建成率85%,规模以上企业平安法治创建办覆盖率60%。

【政法队伍建设】 强化思想政治建设。认真开展"两学一做"学习教育活动,丰富学教形式,组织开展"演讲比赛"、专题大讨论、心得体会交流和参观警示教育基地,提高学习教育成效。坚持"学为基础、做为关键",瞄准合格共产党员标准,始终突出问题导向,边学边思,边学边做,边学边改,在学做中不断提升政法队伍执法为民能力水平。强化执法执纪监管。抓案件评查,集中评查54件重点报备案件,及时通报评查情况,提出整改要求,有力促进司法公正。抓明察暗访,对政法部门及50多个基层政法单位执法、司法和内部管理情况进行全面督察,对存在问题及时通报并予以整改。抓执法执纪问责,紧密结合司法体制改革要求,进一步建立健全监督制约机制,扎实开展"5.10"思廉日和廉政专题教育月活动,开展家风家规心得体会交流,增强廉洁从政意识。提升综合素质。坚持全员大培训,采取集中轮训、以会代训、重点送训、岗位练兵等形式,全面提升业务技能,特别是围绕员额制改革,激发政法干警自我加压意识,进一步提升司法保障能力。激发队伍活力。坚持典型引路,发挥先进示范效应,利用《平安法治通州》电视栏目和"法治通州"网站,集中宣传先进典型事迹,充分展示政法队伍新形象,不断激发队伍活力,推动政法工作持续创新发展。

【涉法涉诉信访】 严格落实诉访分离导入衔接机制。成立区涉法涉诉信访改革工作领导小组和区涉法涉诉信访联合接访中心,出台《通州区涉法涉诉信访联合接访中心运行机制》,由政法部门抽调6名同志轮流进驻中心,引导涉法涉诉信访当事人依法理性解决其诉求。是年,共接待来访1173件。推进律师参与化解和代理涉法涉诉信访案件。选派30名律师(其中律师12名、法律工作者18名),7名律师在检察院开展预约接访和定期接访活动;5名律师、18名法律工作者进驻区法院"法律志愿者服务岗",轮流在岗值班,进行公益性、无偿性、自愿性法律咨询服务、诉讼引导,协助法院做好群众释法说理、息诉罢访工作。是年,共接待来访群众223人次、通过法律释明劝回当事人37人、为当事人代书申请执行书、诉状52份。

【司法救助工作】 启动司法救助程序,通过经济救助解决信访群众、弱势群体实际困难,运用柔性平和方式化解矛盾冲突,是年,经区委政法委审批司法救助案例71起,发放救助经费61.07万元。通过司法救助工作及时开展,消除当事人在案件执行上对政府和司法部门不满、对立情绪,维护社会和谐稳定。 (杨　慧)

机构编制工作

【概　况】 2016年,区编办认真贯彻落实党的十八届三中、四中、五中、六中和区委十二次党代会精神,持续推进"422"工程,即狠抓四项改革:深化行政审批制度、试行综合执法体制、完善中心镇行政管理体制、推进事业单位分类,突出两个管理:严格控编减编、事业单位登记管理创新,强化两个基础:学习调研出效、信息报道出彩,机构编制各项工作实现新发展。至2016年底,全区设置行政机构84家,事业单位448家。核定行政编制3421名,事业编制14799名。在编行政人员3323人,事业单位在编人员14189人。

【相对集中行政许可权改革】 优化资源整合,精简审批流程。集中许可事项。首批集中市场准入、投资建设两大领域的所有行政许可及其关联事项,将区发展改革委、经济信息化委等13个部门的85个事项集中至区行政审批局统一办理。划转人员关系。按照"编随事转、人随编走"的原则和"财政供养人员只减不增"的要求,将涉改部门39名工作人员的人事关系统一划转至区行政审批局。优化审批流程。全面推行"一审一核、审核合一"制,单个事项的审批环节由改革前3~5个减至1~3个,90%的审批在窗口可直接办结。项目投资及建设工程审批环节由原104个减至24个。市场准入审批时间总体压缩30天。精简审批材料。将申请材料相近、审批环节相同的审批事项进行简化整合,共减少重复提交材料235份。其中,《建筑工程施工许可证》核发材料由原14个减少为6个。《商品房预售许可证》核发材料由原先28个减少为11个。归并窗口设置。设立市场准入、评价立项、工程建设三个综合"一窗式"受理窗口,企业只需到"一窗式"受理窗口提交材料,区行政审批局审批科室之间进行同步推送。

【综合行政执法体制改革】 按照市政府在农林水利、市场监管、城市建设管理、社会事业、环境保护、交通运输等领域设置5~7支综合性执法队伍的要求,研究拟订《通州区在相关领域开展相对集中行政处罚权工作方案》。推进环保领域综合执法。整合大气、噪声、固体废物、核与辐射、水等环保执法职责。按照执法重心下移,执法力量下沉的要求,组建6个区域性环保分局,承担区域范围内的环保综合执法工作。深化市场监管体制改革。在"三合一"的基础上,将商务、粮食等执法职责整合并入市场监督管理部门,真正实现"一个部门管市场"。

【事业单位分类改革】 出台小散和职能相近事业单位整合方案。继续加大对小散事业单位的整合力度,对农委、住建、水利、城管等部门所属事业单位进行主要职责、人员编制等事项进行梳理并开展调研工作。根据事业单位的实际情况，在主管部门拿出初步方案的基础上，经讨论研究，形成具体整合实施意见。同时，重点对区农委、区住建等部门所属事业单位职责任务已经完成、设置较为分散、机构编制规模较小、不实际运行、职能明显相近或交叉的事业单位，采取“撤销、归并、转改、保留”的方法，进行撤并整合。优化整合妇幼保健和计生服务机构职能。认真贯彻落实中央及省相关文件精神，结合实际，开展区、镇两级妇幼保健和计划生育技术服务机构和职能优化整合工作，确保妇幼保健与计划生育工作同步加强。

【控编减编等日常监管工作】 根据区编委关于印发《南通市通州区控编减编具体工作举措》的通知精神，对全区事业单位现有编制情况按照目前编制数、实有人数、空编数、编制控制数（以2014年底统计数为基数，冻结其50%空余编制，近三年来新设立的机构酌情控制）、目前可用编制数等事项分类进行梳理统计，在此基础上研究拟订全区事业单位控编减编方案，以确保2017年底前将控编减编工作完成到位。

【事业单位登记管理】 事业单位登记首次“三证合一”、年度报告公示全覆盖。深入贯彻落实中央、省、市关于完成事业单位统一社会信用代码赋码工作的要求，加大简政放权力度，加强事业单位监管，减轻事业单位负担，区编办加强宣传、倒排工期、专人负责，圆满完成全区462家事业单位统一社会信用代码制度改革工作，所有应该换发新版事业单位法人证书的事业单位全部换发新证，首次实现事业单位登记“三证合一”“一证一码”。同时，按期完成事业单位法人年度报告公示，实现年度报告公示率100%。对80多家机关、编办直接管理机构编制的群众团体组织开展统一社会信用代码赋码工作，发放新的统一社会信用代码证。

【事业单位信用信息体系建设】 依托全区行政许可和行政处罚信用信息公示系统，将全区所有事业单位在事业单位登记管理部门进行的设立、变更、注销等登记事项按照统一模板格式进行采集、编制、归集、公示，并通过信用信息公示平台进行公示，进一步拓展网上公示渠道，建立健全事业单位信用信息档案，实现信用信息资源共享，为构筑诚实守信的经济社会环境奠定基础。 （尹 琪）

机关党的建设

【概 况】 2016年，区委区级机关工委以落实全面从严治党要求为主线，以深入贯彻《中国共产党党和国家机关基层组织工作条例》和深入推进机关作风建设为重点，坚持机关党组织政治属性和服务功能“两手抓”，扎实开展“两学一做”学习教育，深化拓展“三好一争”“三解三促”“三优一满意”主题实践活动，持续推进学习型、规范型、服务型、创新型、廉洁型“五型”机关党组织建设，不断提高机关党的建设科学化水平，努力为实现“十三五”良好开局，建设“强富美高”新通州提供思想组织保证。

强化理想信念，抓素质提升。通过邀请专家讲座、领导授课等方式，开展党的十八届五中、六中全会、习近平总书记“七一”重要讲话和省委十二届十二次全会、区委十一届十二次全会精神集中辅导，组织机关党组织开展《习近平用典》《党章知识选粹》《做合格党员》微视频学习观看活动。结合“4·23”世界读书日，广泛开展读书活动，努力把爱读书、读好书、善读书融入到机关党员干部的学习工作生活之中，推进“书香机关”建设。5月，在区委党校举办3期区级机关党员轮训班，区级机关300名在职党员参加了培训。6月，与区委党史办联合举办“爱我中华、兴我通州”有奖知识竞赛活动，7月，举办“我为党旗添光彩”诗歌朗诵会，8月，举办“当好主力军、建功十三五”区级机关职工学习“十三五”规划知识竞赛，10月，举办“我学习、我践行，我担当、我服务”微型党课比赛，引导机关党组织和党员干部自觉增强政治意识、大局意识、核心意识、看齐意识，牢固树立创新、协调、绿色、开放、共享“五大发展理念”，敢于担当、主动作为、奋勇争先，真正以思想认识的领先推动改革发展的率先。综合运用通州机关建设网、QQ、微信公众平台、手机APP等新媒体，组织机关党员学习政治理论、党建知识，对机关党务工作者开展机关党建工作业务辅导和实务培训。向区级机关各级党组织和部门党组（委）负责人赠阅并组织学习《学习习近平同志关于机关党建重要论述（修订本）》和《中国共产党党和国家机关基层组织工作条例》，进一步提升机关党员领导干部的思想政治素质和政策理论水平，提升机关党务工作者的业务水平和实践能力。举办“在职党员干部统一服务日”活动，组织区级机关3000多名在职机关党员干部深入所在社区，参加政策法规宣传、环境卫生整治、法律咨询援助、扶贫帮困助残等40多项志愿服务活动，为社区居民办实事、做好事、解难事。2016年以提质增效为重点，强势推动“党员干部进社区服务”活动，全年区级机关党员干部共参加社区志愿服务活动13693人（次），在社会上产生了较好的反响。

强化政治担当，抓主业主责。建立区级机关党建工作责任体系，以制度推动管党责任落实。健全区级机关党组织书记述职评议考核制度，1月份召开机关党组织书记抓党建工作述职评议会议，印发2015年度《通州区级机关党建工作情况》，通过现场述职、公开评议，推动真述实评。完善机关党建联创区工作制度，按照“规模适度、有利管理，优势互补、扩大交流，合理搭配、互助提高”的原则，将区级机关部门（单位）党组织调整划分为新的8个党建联创区。3月份召开联创区牵头单位工作会议，对加强机关党建联创区工作进行专题部署。建立联创区定期活动制度，各联创区通过开展现场观摩、交流互评等方式，形成以点带面、互促共进、联动发展的工作格局。深入开展有场所、有标志、有队伍、有活动、有制度，思路好、服务好、队伍好、制度好、保障好、评价好“五有六好”机关党组织标准化建设，不断提升党组织凝聚力和战斗力。把机关党组织按期换届作为落实依规治党要求、加强基层组织建设的重要工作，加强对机关党组织换届选举工作的指导，及时做好机关党组织换届选举及党组织书记、副书记调整的审核和审批工作。严格按照程序做好党员发展工作，召开发展党员工作情况交流会，现场解决机关党组织在发展党员工作中存在的问题。加强对机关党组织发展党员工作的指导，2016年工委所属党组织共发展党员21名。做好区行政审批局和区广播电视台党组织设置及党员组织关系整体划转工作，完成国税系统基层单位党员组织关系理顺工作。按照区委统一部署，依法依规做好工委所属党组织选举产生中国共产党南通市通州区第十二次代表大会代表工作，做好机关部门区第十六届人大代表选举工作。加强党员队伍建设，深化党员组织关系排查，规范党员日常管理，督促党员履行义务，积极参加党组织活动，增强党员意识和责任意识。对4名与党组织长期失联的党员进行了处置，净化了党员队伍。

强化作风改进，抓纪律规矩。6月—10月，举办“新理念·新作为·新业绩”第二届机关文化艺术节。8月，举办“讲责任、勇担当、比作为”主题演讲比赛，大力倡导敢于担当、主动作为、奋勇争先的机关形象。9月，举办“江风海韵党旗红”机关文艺进社区活动，在与社区居民联欢活动中，展示形象、凝聚人心、促进和谐。深化拓展读好书、做好事、当好干部、争创先进“三好一争”主题实践活动。会同区献血办、文明办发出“庆七一·献热血”我为党旗添光辉倡议，并组织机关干部开展献血活动。10月，组织机关事业单位干部职工开展“慈善一日捐”活动。常态化开展“三解三促”活动，积极为挂钩村居做好事、办实事、解难事，组织工委全体在职干部到刘桥镇长岸村与贫困农户开展结对帮扶活动，实现一对一精准扶贫。

【第二届机关文化艺术节】 2016年，为庆祝建党95周年，举办“新理念·新作为·新业绩”第二届机关文化艺术节，内容涵盖区级机关第二届文化艺术节开幕式暨“党在我心中”经典红歌大合唱、“我为党旗添光彩”诗歌朗诵会、“江风海韵党旗红”机关文艺进社区、“讲责任、勇担当、比作为”主题演讲比赛、“学党章、守纪律、讲规矩”知识竞赛、“我学习、我践行、我服务”微型党课比赛暨区级机关第二届文化艺术节闭幕式。

【扎实开展“两学一做”学习教育活动】 5月，印发《关于在区级机关全体党员中开展“学党章党规、学系列讲话，做合格党员”学习教育的实施方案》的通知，对区级机关党组织“两学一做”活动进行专题部署。以开展机关党员轮训为契机，工委领导为全体参训党员做“两学一做”专题讲座。在通州机关建设网开辟“躬行两学一做，彰显先锋本色”专栏，开展“两学一做”相关政策解读和业务辅导，发布机关党组织“两学一做”活动信息。工委所属8个基层党组织被确定为区“两学一做”学习教育工作监测点。创设《机关党建“三看三比”观摩互评》《讲责任、勇担当、比作为——“两学一做”学习教育示范行》两个创新创优项目并抓好跟进落实。建立区级机关党组织“统一活动日”制度，将每月25日作为机关党组织“统一活动日”，集中开展党性教育、志愿服务、特色活动等，促进机关党内政治生活和组织生活严起来、实起来。在“七一”前夕，开展区级机关先进基层党组织、优秀共产党员、优秀党务工作者评选活动。

【区级机关党员轮训】 5月，举办三期机关党员轮训班，区级机关300名普通党员分三批参加了培训。培训内容包括《中国共产党章程》《中国共产党廉洁自律准则》《中国共产党纪律处分条例》等党内纪律法规，党的十八届五中全会和习近平总书记系列重要讲话精神，社会主义核心价值观理论，中共党史知识等。培训期间，向全体参训党员赠送党徽、《党章》《条例》《准则》合订本。

【党员干部进社区服务活动】 继续在区级机关事业单位组织开展“党员干部进社区服务”活动，引导党员干部八小时内岗位建功比作为，八小时外志愿服务作表率。2016年，19个城市社区开展志愿服务活动458次，区级机关、事业单位近3000名党员干部参加以党建工作指导、政策法规宣传、环境卫生整治、法律咨询援助、扶贫帮困助残、文明新风普及、文体活动组织、民情信息收集、小区治安巡逻等为主要内容的志愿服务活动13693人（次），在社会上产生了一定的反响。

（吴　凤）

老干部工作

【概　况】 2016年，全区老干部工作以学习贯彻习近平总书记系列重要讲话精神、中办国办〔2016〕3号文件和全国老干部工作“双先”表彰大会精神为统领，以为党的事业增添正能量为主线，扎实开展“两学一做”学习教育，紧紧围绕全区中心工作，全力抓好落实，老干部工作转型发展、科学发展取得实效。

深化老干部党建工作。全区坚持重要会议请老同志参加、重大事项决策征求老同志意见、定期通报情况等工作制度。组织老干部专职副组长、老干部党支部书记开展专题培训，邀请专家为老干部作专题辅导中办国办3号文、习近平总书记系列讲话精神；开展老干部党组织和党员情况专题调研，全面掌握全区老干部党组织建设情况，及时调整充实各老干部党组织班子成员；2个老干部党组织、3名老干部被南通市委组织部、老干部局表彰为“最美老干部”集体和个人；1个老干部党组织、12名老同志被通州区委分别表彰为优秀基层党组织、优秀共产党员;3名老同志被授予区“十佳最美共产党员”称号。五接镇老干部党总支连续三年成为全区五星级党组织。

加强老干部教育引导。在全区老干部中深入开展“两学一做”学习教育。创新载体开展“老少同心,共学党史党章”系列活动,进一步强化党员宗旨意识和规矩意识。全区各镇(区、园、街道)各单位多层面开展“我看从严治党新气象”专题讨论活动,增强老干部党员的凝聚力和战斗力。在坚持集中学习制度的基础上,推动老干部党组织建立微信群,推送相关学习资料。围绕“增添正能量”“学习系列讲话”上党课,开展“送教送学到家门”等活动,实现学习教育全覆盖。组织老干部宣讲团深入社区、学校,开展纪念建党95周年系列宣讲活动100余场;老校长陆子森受邀在南通电台直播宣讲《新四军在南通》。

精准释放老干部正能量。扎实开展主题实践活动。广大老同志围绕区委区政府确定的中心工作,共撰写建言献策报告50余篇,一事一建言300余条;组织老农技专家与家庭农场、种养殖大户结对帮扶,助推传统农业转型升级;3000余名老同志参与“五位一体”环境长效管理、秸秆禁烧等工作。老干部代表参加“万名代表小康行”,参与策划、拍摄慈善宣传片《小镇大爱》《大爱无疆》,积极捐款60余万元,精准扶持700余户贫困户。

落实服务管理保障措施。认真做好中组部有关提高离休干部护理费政策的落实工作,巩固完善离休干部“三个保障机制”,确保老干部应有的待遇及时足额到位;坚持领导带头、分级负责,做好重要节日走访慰问老干部工作;着力做好老干部健康体检工作;各单位相继建立党内关怀制度,通过建立老干部互助帮困组织,促进老干部解困帮扶工作落到实处。不少单位建立老干部服务热线,及时为老干部排忧解难;利用微信公众号平台,向老干部及时推送重大文体活动和养生保健知识。更加注重文化养老,以纪念建党95周年和红军长征胜利80周年为主线,举办灯谜竞猜、乒乓球比赛、书画摄影展、图片展、文艺会演等10余场活动。

老干部工作队伍能力建设。进一步深化“三严三实”要求,按照“四讲四有”标准,进一步增强为老干部服务的政治责任感和使命感。坚持开展业务培训,提升老干部工作者综合素质;坚持每月办公评议会制度,强化工作责任,推进工作落实;坚持深入基层调研,了解实情,解决问题。爱岗敬业、用心用情做好老干部工作的氛围愈加浓烈。老干部局连续三年被表彰为区级机关目标管理绩效考核先进集体。

【“一方隶属,多方管理”社区党建试点】 高度重视社区离退休干部“一方隶属,多方管理”党建试点工作。通过全面动员,调研指导,在金沙街道试点成立虹南社区离退休干部党支部,为56名居住在社区范围内的离退休党员干部搭建了“四就近”服务平台。设置物业监督、关爱辅导、网吧监督、民事调解等服务岗位,建立了环境整治、关心下一代多支老干部志愿服务团队,先后组织开展家风家训道德讲堂、联建共创、党性教育、社区环境整治督查、结对帮扶困难儿童、书画比赛等系列活动,试点工作取得阶段性成效。

【优良家风家训展示】 为深入开展“两学一做”学习教育,通州区在全区离退休干部中组织开展“优良家风家训征集展示”活动,广泛弘扬家风家训文化,传播向上向善正能量,在全区离退休干部中营造家风好、党风正、政风清的良好氛围。活动征集到老同志的家风家训120余条,评选出优良家风家训10条。

【老干部结对服务项目建设“双百”工程】 按照区委第十二次党代会确定的目标要求,深入推进老干部结对服务项目建设“双百”工程。积极动员全区老同志,挂钩服务一百个项目,力所能及地做好服务项目建设工作。共有30余名老同志挂钩服务企业技术创新,推进企业转型升级;60余名老同志协助做好拆迁群众工作,帮助企业协调工商、税务、规划建设等部门的沟通工作;20余名老同志提供产销信息,帮助企业强化党建工作,开展安全培训,助推企业运行健康,得到企业认可。 (陈雪莲)

对台(湾)工作

【概　况】 2016年,通州区委台办坚持党的“和平统一,一国两制”基本方针,以“做好台湾人民工作”为主线,找准对台工作与地方经济建设的结合点,把推动两岸关系和和平发展作为工作的主方向,把做好对台经贸、交流合作作为工作的主抓手,围绕年初制定的重点工作,认真做好两岸交流交往,切实搞好入岛交流活动,打好“乡情牌”“友情牌”“亲情牌”,采取“请进来、走出去”的方针,扎实工作,开拓奋进,全力开创全区对台工作的新局面。

2016年,区台办牢牢把握新常态下对台工作新要求,积极“走出去、请进来”,围绕“对台招商大突破”这个中心主动作为。走出去招商。先后组织了2批11人次因公考察团、17批33人次企业商务考察团赴台。宋乐伟书记率南通高新区考察团赴台在台湾拜访了许胜雄、张平沼等知名企业家,推进了展华电子、丽智电子等重点台资项目。应台湾多泰实业、精英电脑等公司的邀请,锡通科技产业园管委会副主任诸培国带队一行5人,开展了为期一周的台湾经贸拜访活动。锡通科技产业园招商考察团分别在台北、台中和花莲三地召开了企业家恳谈会,拜访了老朋友,结识了新朋友,掌握了一些潜在投资信息。其中,台湾德渊科技公司萧董事长率其广州和无锡公司的负责人于5月9日对园区进行考察,协商投资协议事宜。通过深入交流,园区已与部分商会、中介机构初步达成委托招商合作意向。

2016年，区台办组织接待来通州参观考察的台商4批100余人次。3月中旬台湾文创团队到南通家纺城学习考察，宝缦、蓝丝羽等企业的创新能力，台资企业东帝兴的成功案例，微商、网店的新兴销售模式都给文创团留下了深刻印象。9月11日台湾新北市五股区里长团一行13人到通州区进行实地考察观摩。11月14日，台湾丰达科技股份有限公司董事长蔡丰赐先生一行又一次来到通州作了深入考察，该公司准备投资5亿~10亿元的汽车零部件项目，并已与高新区进行了多轮洽谈。

区台办通过精心组织，对原来的区台属台胞联谊会进行换届。通过区台谊会这个平台，灵活组织了一些走访慰问、联谊工作，直接听取台商意见，采纳合理化建议，切实帮助台商台属解决实际问题。获悉台谊会成员石备战的南通宏石家居用品有限公司拟新成立研发中心和展示中心，区台办及时推荐给科技新城，目前该项目正在洽谈推进。

通州区委台办积极探索宣传新模式，拓展对台宣传新局面。台湾《旺报》专题报道了南通的经济发展，区台办借此契机安排专人与通州日报记者共同撰写《通州：演绎创新创业新精彩》，在《旺报》上专题介绍了近年来通州区的建设发展变化及人文风情。

【上级台办领导到通州区调研】 6月16日，省委台办调研处处长李海波到台资企业东帝兴集团实地调研，听取台商意见建议，并鼓励企业不断做强做大，更好地为本地经济建设发展争做贡献。7月12日全国台企联秘书长程金中，驻会副秘书长郑荣文、南通台协会会长刘璟芳到南通绿博园实地参观，程秘书长对南通绿博园给予高度评价并表示会带更多台商来通州，力争为通州吸引台资牵线搭桥。

【台湾大型集团董事长许胜雄到通考察】 9月23日，台湾工业总会理事长、金仁宝集团董事长许胜雄到通州考察投资环境和产业发展情况。金仁宝集团是台湾大型电子集团，该集团总投资2亿美元的丽智电子项目主体封顶，正在进行二次结构施工，预计2017年初可进行试生产。

（张伟光）

党史工作

【概　况】 2016年，通州区全面落实全国党史工作会议及省、市党史工作部署，围绕以史鉴今、资政育人两项任务，扎实推进党史资料征编和宣传教育、党史纪念活动等工作。深化社会主义革命和建设时期党史专题研究，为党史“三卷本”编写作准备，编写《中共南通市通州区执政纪事(2014)》。参与组织中国共产党成立95周年、红军长征胜利80周年等重大党史事件纪念活动。配合上海新四军研究会，拍摄新四军战例片“谢家渡战斗”。加大红色资源宣传推介力度，在南通市理治小学开展党史进校园活动，更好地发挥爱国主义教育示范基地作用。对全区革命遗址及纪念设施复核，保护和利用好革命遗址及纪念设施。

【《史海浪花》(续编)出版发行】 10月，《史海浪花》(续编)出版发行，由中共南通市通州区委副书记桑建美作序。该书共计22.3万字，集结原通州区党史办主任王兴相等同志40余篇佳作，分为名人春秋、张謇思想与文化、史志拾贝、工作文稿与研究等部分。全书视角独特，科学严谨，洋溢着对通州的热爱，对革命前辈和先贤的敬重，是一部了解通州、展现通州的新教材。

【区“学党史、听党话、争三好”主题教育活动】 5月10日，全区“学党史、听党话、争三好”主题教育实践活动在二甲镇南通市理治小学开展。区委党史办协同区关心下一代工作委员会、南通市新四军研究会通州分会以及区教育局等相关部门代表，共100余人参加。活动中，参观党史学习教育基地和“朱理治纪念室”“知红军、爱红军，学党史、跟党走”主题教育展板，观摩理治小学党史讲座和党史知识竞赛，并召开现场推进会。

【“光辉的历程”展览】 6月，为纪念中国共产党建党95周年，区委党史办、区档案局、区关工委联合制作“光辉的历程——庆祝中国共产党建党95周年”宣传板，在区档案馆内展览。展板共28块，收集整理图片200余幅，共计3万多字，图文并茂地详细介绍中共南通县委(市委、区委)活动。

（杨王军）

党校工作

【概　况】 2016年，区委党校坚持党校姓党原则，突出党的理论教育和党性教育主课地位，围绕服务发展大局，积极发挥理论武装主阵地作用，各项工作成绩显著。全年举办主体培训班14期，培训1655人。具体包括党员发展对象培训班3期，每期4天、共421人；招商引资专题培训班1期，249人；区级机关党员轮训班3期，每期3天、共325人；年轻公务员培训班2期，每期5天、共120人；军队转业干部安置前适应性培训班1期，19人；中学生党的基本知识培训班1期，128人；初任公务员培训班1期，12天、153人；事业人员初聘培训班1期，5天、90人；农村新党员教育示范培训班1期，3天、150人。全年发表理论文章31篇，其中省级以上25篇。

【流动党校】 分别组织教师赴合肥、呼和浩特、南京等建筑工地进行现场教学，参训人数为470人次。通过征求企

流动党校内蒙古现场教学点

业意见，开设相关专题，突出理论性和实用性，增强教学针对性和吸引力。

【党性教育进基层】 立足党校主业，着力拓宽办学渠道，主动送教上门，扩大党性教育受教面。分别与滨江新区、二甲镇、十总镇、先锋街道、市场监督管理局、卫计委系统联合举办理论教育培训班共7个，培训人数1.2万人。

【专题宣讲】 组织教师撰写党的十八届五中、六中全会精神、"两学一做"学习教育、"七一"讲话精神、职业道德等专题宣讲稿，到机关、镇（区、园、街道）、社区开展宣讲活动共计100多场，听众超2万人。

【决策咨询】 围绕区委、区政府中心工作，密切关注和把握经济社会发展的重点和热点问题，加强前瞻性、对策性研究，提高资政的针对性和可操作性，撰写调研文章10篇，并编印成《参阅资料》10篇，送区四套班子领导及部门和镇（街道）党政主要领导作决策参考，区委主要领导对其中5篇调研报告作了批示。1项科研成果获全省党校系统三等奖，1项决策成果收录于江苏人民出版社出版的《江苏调查2014—2015》一书中。1篇调研报告获市社科联评比三等奖，在南通市党校系统第九届科研评奖中（五年一评），被评为先进集体，个人获科研成果三等奖2项、调研决策咨询成果三等奖1项。在区第三届哲学社会科学优秀成果评奖中，获一等奖1项，二、三等奖各2项，在区2016年度经济与社会发展重点应用研究课题评奖中，获一、二等奖各1项，三等奖2项。

（黄春燕）

2016年区委党校在省级以上刊物发表的科研成果

表5

作者姓名	成果标题	类别	刊物、出版社
胡永洲	用众创汇聚新常态下的发展新动能	论文	南通日报 2016.1.5　A3版
	基层社会治理也需要"工匠精神"	论文	南通日报 2016.3.22　A4版
	新形势下提高国有企业党建工作科学化水平的思考	论文	苏东论坛　2016.1
	培育现代职业农民　推进农业供给侧改革	论文	云南农村经济　2016.3
	党校校长要强化使命担当	论文	江苏党校报 2016.1.
陈锦昌	关于发展县域现代服务业的思考	论文	苏东论坛　2016.1
	县域加快发展现代服务业行动的思考	论文	辽宁行政学院学报　2016.5
张　华	通州发展互联网平台经济的对策思考	调研	苏东论坛　2016.3
张洁云	领导干部要做践行"三严三实"的楷模	论文	黑龙江省社会主义学院学报　2015.3
	基层干部要学会自我调适	论文	人民日报、人民论坛微信公众号　2016.6.18
张　梅	加快通州区农村电子商务发展的调查与思考	调研	云南农村经济　2016.2
	"互联网+"背景下农村电子商务发展策略	论文	甘肃农业　2016.18
杨　曼	"论十三五"规划建议的"六大原则"	论文	苏东论坛　2016.1
	"为官不为"的现象、成因及治理对策	论文	前进　2016.5
	"两学一做"学习教育要把握四个统一	论文	福州党校学报　2016.3
	关于通州智能制造的调查与思考	调研	中共合肥市委党校学报　2016.4

续表 5

作者姓名	成果标题	类别	刊物、出版社
杨 玲	"三严三实"专题教育:制度治党和思想建党紧密结合的重要契机	论文	苏东论坛 2015.4
	论以创新创业推动南通家纺产业转型升级	调研	苏东论坛 2016.1
刘 蕊	全面从严治党对党的理论发展的重要意义	论文	吉林省社会主义学院学报 2016.4
	城镇化进程中失地农民问题探析	论文	黑龙江省社会主义学院学报 2015.4
	通州物流产业发展路径分析	调研	苏东论坛 2016.3
赵秦卫	义务教育优质均衡发展的实践与探索——以南通市通州区为例	调研	产业与科技论坛 2016.14
	提升机关党的作风建设效能的思考	论文	山东青年 2016.6
张洋洋	用习近平同志关于党的历史的重要论述推进全面从严治党	论文	决策与信息 2016.9
倪林峰	关于全面从严治党的思考	论文	苏东论坛 2016.3

信息工作

【概 况】 2016 年,区委办信息科在努力做好"三服务"的同时,紧紧围绕区委中心工作,围绕经济社会发展的重点难点,从加强信息工作规范化建设入手,自我加压,奋勇创新,努力提高信息工作质量水平,为领导决策发挥了积极作用,在省市信息工作评比中均名列前茅。

【上报省市信息】 2016 年,面对信息工作的新要求,努力掌握信息报送新流程,认真探索总结信息录用新规律,拓展信息得分新领域,区委办在年度"马拉松"式的信息工作中取得了优异成绩。精心制作并上报信息 1400 余篇,其中,省委刊物采用 147 条,《上海疫苗管理模式值得借鉴学习》等 13 篇信息得到多位省委领导的 19 次批示,信息录用总量与省委领导批示总量均获历史性突破。注重信息的深度开发,如《基层对"两会"正风反腐有三盼》《基层反映科技型中小企业"一带一路"国家落地存在三个难题》被省委刊物录用。围绕省市中心工作积极进行反馈,如《南通市通州区积极对接落实国务院六项激励政策》被省委《江苏信息》录用;围绕区内一段时期的工作重点进行反馈,如《通州区推进互联网+做法受国务院通报表扬》《春季用工需求平稳呈现三个新动向》等被省委《快报》录用;围绕群众关心的难点、热点问题进行报送,如《大学生村官群体思想动态发生新变化》《生育险和基本医疗保险合并三个问题亟待明确》等一批社情民意类信息均被省委《快报》刊物采用。围绕省委主要领导关心的问题积极报送相关信息,如报送的《浙江、深圳出台升级版人才新政》获省委主要领导重要批示;积极为省级建设建言献策,如《上海疫苗管理模式调查:"问题疫苗"为何进不了上海》等多条信息均获省委主要领导批示。

【服务同级党委】 2016 年,内刊编辑以《要情快递》为载体,始终坚持政治导向、突出信息质量,采取主题策划、开辟专栏、系列综述、重点约稿等形式,围绕大局反映情况,力求当好领导的"千里眼""顺风耳"。全年共编辑《要情快递》251 期 500 余篇内部材料,其中区委主要领导批示 5 件次,为领导掌握实情、科学决策提供了参考。此外,根据省市委会议精神,将重要紧急信息列入报送重点,切实加大重要紧急信息监测力度,建立重要紧急信息一线联系制度,全年共处理重要紧急信息 200 余件次,区委主要领导批示 20 余件次,真正实现重大突发事件和紧急敏感情况重要信息"第一手情况""第一道研判""第一时间报送"的目标,确保各类突发事件和矛盾得到了及时妥善解决。 (章灵芝)

督查工作

【概 况】 2016 年,区委督查室围绕区委中心工作和决策部署,紧盯重大决策、优化方式方法、加强分析研判,有计划、有重点、有针对性地开展各项督查工作,推动党委政府决策落到实处。

【突出决策督查】 围绕区委重大决策和重要部署,全力推进工作完成和问题解决。按照区委十一届十一次全会精神,进行全区重点工作目标任务分解立项,对 59 项重点工作定期跟踪督查,共编制《通州督查专报》12 期,为区委领导全面准确地了解经济、城乡、生态、民生等多方面工作动态,科学指导工作,统揽全区工作发挥了一定作用。对常委会议定事项中的 20 项推进落实类工作进行跟踪督查,督促党委阶段性决策部署落实到位。紧跟区委重要活动、重大会议、专题调研等工作部署,对项目建设和招商引资工作、为民办实事工程、中央环保督察组交办环境信访问题、土地承包经营权确权登记颁证等98件交办事项进行了定期跟进和督查上报,对发现的问题及时提出整改意见,有力地促进了全区重点工作的推进。共办理市领导批件22件,市级部门其他查办件9件;办理“区委书记信箱”来信102件,书记批示信访件95件,办结率为100%;承办政协提案20件,回复率、满意率均为100%。

【优化督查方式】 紧贴工作实际,不断改进完善《通州督查专报》报送模式,将全区重点工作分解成经济和城乡、生态、民生综合两大专题,进一步凸显党委督查的科学性和实效性。为有效体现阶段性进展又避免重复交叉,对承办的区委主要领导所有批示交办事项的办理报送制度进行优化,调整为重点事项半月报、紧急事项即时报相结合模式,切实提高了工作效率。同时,对全区项目建设、中央环保督察迎查、政协提案办理、第十二届高洽会筹备情况等重点事项开展了多轮实地督查,持续推进工作落实。

【加强督查研判】 充分彰显督查的提前谋划和事先监督职能,牵头对2016年度区委重点目标任务、区十二次党代会报告、李强书记江苏调研关注事项等重点任务进行立项分解,先后以区委及区委办名义在全区范围内印发,推动目标细化和责任落实。加强对重点决策事项的分析研判,强化深入基层一线,全力推进工作开展。根据《全区项目建设常态化督查工作方案》总体要求,每月对区内5个镇、区、园、街道、4个部门招商引资和项目建设任务的推进落实情况开展全面督查。为使督查更具针对性、实效性,对9家目标督查单位进行逐个梳理及逐一现场察看,找出问题、分析原因、研究对策,做到问题不解决不放过,目标不达成不停息,力促党委各项决策部署落到实处。 (丁 亮)

保 密 工 作

【概 况】 2016年,通州区以学习习近平总书记1月14日关于保密工作的重要讲话精神为统领,以贯彻《中共中央关于加强新形势下保密工作的决定》为主线,主动适应保密工作转型升级,扎实开展基础能力建设,持续推进“三大管理”,促进通州区保密工作再上台阶,圆满完成保密工作“保安全、促发展”的使命。

【保密宣传教育】 以高度的政治责任感,把学习贯彻总书记1月14日重要讲话精神作为重要政治任务放在首位,专题研究、做出安排,把总书记讲话传达到位;启动“七五”保密法制宣传工作,推动社会化保密法制宣传教育活动;下发《红色往事——镌刻在党旗上的保密故事》一书,并做好《保密工作》《保密科学技术》杂志的学刊用刊工作;结合“两学一做”,把保密教育纳入到党校、干部培训的教育内容,继续发挥保密宣传教育阵地的作用。针对军转干部、各单位文书、办公室主任、新录用人员分别开展培训,确保一线保密工作人员熟练掌握应知应会的业务知识与技能。积极派员参加上级部门组织的涉密信息系统三员培训与全国性保密展览等活动,开阔保密干部眼界,提升专业素养。

【推进三大管理】 推进日常保密管理。在全区树立“保密工作无小事”的思想观念,督促各部门正式发文建立保密工作领导机构,同时也指导帮助各单位完善保密工作多项制度。规范定密流程,要求各单位对派生的国家秘密按照原机关、单位所确定的密级和保密期限确定,不得随意变动,确保定密准确,防止对国家秘密漏定、错定。推进网络保密管理。指导各单位保障足额的工作经费,将保密柜、涉密计算机、工作秘密机、专用存储介质等必要的硬件设备必须按要求配备到位。不定期开展技术检查,利用搜索引擎、关键字检索对全区机关单位门户网站进行梳理排查,督促各单位加强对本单位网站管理,规范信息公开发布程序,做到“守土有责”。确保“上网不涉密,涉密不上网”成为日常工作中一条铁的纪律。推进涉密人员管理。按中组部、国家保密局等八部门关于加强涉密人员保密管理的有关文件要求,组织开展本辖区内各机关、单位的涉密岗位和涉密人员拟定工作。要求各单位根据工作实际,配备相应的专、兼职保密人员,明确密级文件管理、信息公开保密审查、计算机设备管理等业务的岗位负责人,细化分工,责任到人,并与相关人员签订《保密承诺书》。强化自查自评工作。组织学习《机关、单位保密自查自评规则》,确保各级领导干部、涉密人员,尤其是保密干部对《规则》设置的14个方面的内容全面了解,熟练掌握;构建常态化自查自评工作机制。确保自查自评工作形成制度,经常、持续做下去,督促各单位年度内至少开展一次全面的自查自评;重视结果运用,将自查自评结果纳入各单位年底考评和考核内容,明确相关责任追究和奖惩,强化保密自查自评结果的激励导向功能。

【保密工作检查】 5月,开展区级机关、单位互联网门户网站等保密检查,对通州区机关、单位开设使用的门户网站、政务微博、微信公众号、互联网办公自动化系统(OA),互联网政务邮箱进行全面排查,确保通州区互联网门户网站的安全。高考前夕对区招办、通州中学、金郊初中、金沙中学等单位反复检查,确保责任落实到人;规范高考考务工作及有关计算机及移动存储介质管理与使用;确保涉密场所封闭独立、安全可控,配备的设施设备齐全,符合安全保密要求,圆满完成了高考保障任务。9月上旬,联合区公安局、电子政务管理中心等部门,抽调骨干力量成立联合检查小组对全区机关单位进行了自查自评工作保密督查,共抽查重点涉密单位及部分镇(区、园、街道)共13家,计算机设备78台。10月18日根据区委保密委工作安排及保密检查结果,区委保密委召开了全区保密工作情况通报暨业务培训会,召集区级机关部门分管领导、办公室主任(秘书科科长)文书,各镇(区、园、街道)分管领导、党委秘书(办公室主任)、文书参加了会议,区委常委徐林锋同志高度重视,亲自到会对全区保密工作提了要求。 (吉 良)

通州区人民代表大会常务委员会

Tongzhou District People's Congress Standing Committee

编辑 马钰

综述

【概 况】 2016年，区人大常委会共召开常委会会议11次、主任会议14次，听取和审议"一府两院"专项工作报告17项，作出决议、决定20项，依法任免国家机关工作人员39人（次），办理议案1件、建议250件，备案审查规范性文件3件，备案司法案件90件，编发常委会《会报》10期、《通州人大》5期，接待群众来访19人（次），受理群众来信43件。常委会听取审议计划和预算执行情况、财政决算、审计、重大项目建设等报告，听取审议《农民专业合作社法》《农产品质量安全法》贯彻实施情况的报告，听取审议《环境保护法》贯彻实施情况、农村河道整治工作进展情况的报告，听取审议《在全区公民中开展法制宣传教育第七个五年规划》、民事行政检察工作情况、审判公开工作情况的报告。听取审议区政府关于议案办理工作方案、议案办理情况的报告，通过实地考察、座谈交流等方式，加大对区第十五届人大第五次会议议案办理工作的监督力度。组织开展以"四类代表助推八项工程"为内容的"万名代表小康行"主题实践活动。加强基层人大工作联系与指导，完成区镇两级人大代表选举任务。是年，区人大常委会被评为南通市人大工作先进单位。

重要会议

【区第十五届人大第五次会议】 1月12—15日在区行政中心举行。出席会议的区人大代表应到376人，实到346人，因事因病请假30人。区委、区政府、区政协以及区有关部门负责人列席会议。会议先后听取区人民政府区长陈永红所作的通州区人民政府工作报告、区人大常委会主任明汉清所作的通州区人大常委会工作报告、区人民法院院长刘碧波所作的通州区人民法院工作报告、区人民检察院检察长黄凯东所作的通州区人民检察院工作报告，审查《南通市通州区国民经济和社会发展第十三个五个规划纲要（草案）》《通州区2015年国民经济社会发展计划执行情况和2016年国民经济社会发展计划（草案）》《通州区2015年财政预算执行情况和2016年财政预算（草案）》。会议经过审议，通过以上报告，并作出相应决议。会议通过设立通州区第十五届人民代表大会法制委员会和财政经济委员会的决定以及组成人员名单的决定。会议期间，陈旭初等代表联名提出的《关于推进我区学前教育加快发展的议案》被列为大会议案，交由区人民政府办理，并授权区人大常委会对办理情况进行跟踪督办。代表们在会议期间提出的250件建议、批评和意见，分别交区人民政府和有关部门研究办理，在大会闭会后6个月内办理完毕并答复代表。

【区第十五届人大常委会第二十九次至第三十九次会议】
1月13日，区第十五届人大常委会第二十九次会议在区行政中心举行。会议听取区人大常委会副主任吴晓晖所作的关于补选南通市第十四届人民代表大会代表的说明，以无计名投票方式，选举陆志鹏为南通市第十四届人民代表大会代表。

3月31日，区第十五届人大常委会第三十次会议在区行政中心举行。会议听取和审议区人民政府副区长刘克勇所作的关于推进通州区学前教育加快发展议案办理工作方案的报告；听取和审议区人大常委会2016年工作要点（草案），以电子表决方式，通过该工作要点；听取和审议区人大常委会主任明汉清所作的关于提请任命徐茂军职务的议案、区人民政府副区长刘克勇受区长陈永红委托所作的关于提请郁新任职的议案、区人民法院院长刘碧波所作的关于提请任免李逸飞等人职务的报告，以电子表决方式，决定任命郁新为南通市通州区人民政府副区长、徐茂军为南通市通州区人大常委会办公室副主任、李逸飞为南通市通州区人民法院行政审判庭庭长、王坚为南通市通州区人民法院审判监督庭庭长、王冬为南通市通州区人民法院民事审判第一庭庭长、何毓飞为南通市通州区人民法院立案庭庭长、俞妙琴为南通市通州区人民法院张芝山人民法庭副庭长、朱卫红为南通市通州区人民法院兴仁法庭副庭长，免去姜华南通市通州区人民法院张芝山人民法庭庭长职务、季忠南通市通州区人民法院高新技术产业开发区人民法庭庭长职务、李逸飞南通市通州区人民法院民事审判第一庭庭长职务、王坚南通市通州区人民法院立案庭庭长职务、王冬南通市通州区人民法院三余人民法庭庭长职务、何毓飞南通市通州区人民法院行政审判庭庭长职务、俞妙琴南通市通州区人民法院民事审判第二庭副庭长职务，免去朱誉、季亚平、施正康、司益龙、张翅飞南通市通州区人民法院审判员职务。区人大常委会主任明汉清颁发任命书，被任命人员进行集体宪法宣誓。会议以电子表决方式，通过南通市通州区人民代表大会常务委员会关于同意程灿辞去南通市通州区人民代表大会常务委员会委员职务的决定。

4月27日，区第十五届人大常委会第三十一次会议在区行政中心举行。会议听取和审议区人大常委会办公室主任单雄清所作的关于组织区人大代表评议区政府部门工作情况的报告、区人民政府常务副区长陈斌所作的2016年区政府融资计划的报告；听取和审议区人大常委会主任明汉清所作的关于提请任免石裕超等人职务的议案、关于提请任免于燕职务的议案，区人民政府常务副区长陈斌受区长陈永红委托所作的关于提请石裕超职务免职的议案。会议以电子表决方式，决定免去耿曹均南通市通州区人大常委会内务司法工作委员会主任职务、蔡行一南通市通州区人大常委会环境资源城市建设工作委员会主任职务、于燕南通高新技术产业开发区人大联络处主任职务、石裕超南通市通州区信访局局长职务；任命石裕超为南通市通州区人大常委会内务司法工作委员会主任、于燕南通高新技术产业开发区人大工作委员会主任。

6月24日，区第十五届人大常委会第三十二次会议在区行政中心举行。会议听取和审议区人民政府常务副区长陈斌所作的关于在全区公民中开展法治宣传教育的第七个五年规划（2016—2020年）编制情况的报告、区人民政府副区长李学义所作的关于《环境保护法》贯彻实施情况的报告；听取和审议区人民政府常务副区长陈斌受区长陈永红委托所作的关于提请丁华斌任职的议案、关于提请曹辉职务任免的议案和关于提请张正杰免职的议案，审议刘克勇、耿曹均、蔡行一、张正杰的辞职报告。会议以电子表决方式，通过南通市通州区人民代表大会常务委员会关于同意刘克勇辞去南通市通州区人民政府副区长职务的决定、关于同意张正杰辞去南通市通州区人民代表大会代表职务的决定、关于同意耿曹均辞去南通市通州区人民代表大会常务委员会委员职务的决定、关于同意蔡行一辞去南通市通州区人民代表大会常务委员会委员职务的决定；免去张正杰南通市通州区财政局局长职务、季勇南通市通州区农业委员会主任职务；任命曹辉为南通市通州区农业委员会主任、丁华斌为南通市通州区信访局局长。

7月21日，区第十五届人大常委会第三十三次会议在区行政中心举行。会议听取和审议区人民政府常务副区长陈斌受区长陈永红委托所作的关于提请樊小燕等人职务任免的议案、关于提请杨彬等人职务任免的议案和关于提请周鉴等人职务任免的议案；听取和审议区人大常委会主任明汉清所作的关于提请任命陈炎职务并决定其为南通市通州区人民法院代理院长的议案；审议顾坚、刘碧波的辞职报告。会议以电子表决方式，通过南通市通州区人民代表大会常务委员会关于同意顾坚辞去南通市通州区人民政府副区长的决定、南通市通州区人民代表大会常务委员会关于同意刘碧波辞去南通市通州区人民法院院长的决定；决定免去顾坚南通市通州区公安局局长职务、周鉴南通市通州区住房和城乡建设局局长职务；决定任命樊小燕为南通市通州区人民政府副区长，杨彬为南通市通州区人民政府副区长、公安局局长，周鉴为南通市通州区财政局局长，丁亚军为南通市通州区住房和城乡建设局局长；任命陈炎为南通市通州区人民法院副院长，通过南通市通州区人民代表大会常务委员会关于陈炎为南通市通州区人民法院代理院长的决定。

7月29日，区第十五届人大常委会第三十四次会议在区行政中心举行。会议听取和审议区人民政府区长陈永红所作的关于提请虞越嵩任职的议案，审议区人民政府副区长陈斌、陈艳梅、徐林锋的辞职报告。会议以电子表决方式，通过南通市通州区人民代表大会常务委员会关于同意陈斌辞去南通市通州区人民政府副区长职务的决定、关于同意陈艳梅辞去南通市通州区人民政府副区长职务的决定、关于同意徐林锋辞去南通市通州区人民政府副区长职务的决定；决定任命虞越嵩为南通市通州区人民政府副区长。

9月5日，区第十五届人大常委会第三十五次会议在区行政中心举行。会议听取和审议区人民政府常务副区长虞越嵩所作的关于2016年上半年国民经济和社会发展计划执行情况与下半年工作打算的报告、区财政局副局长张芳受区人民政府委托所作的关于2016年上半年全区财政预算执行情况和下半年工作打算的报告、区审计局局长沈凯军受区人民政府委托所作的关于2015年区级财政预算执行和其他财政收支情况的审计工作报告、区财政局副局长张芳受区人民政府委托所作的关于通州区2015年财政决算（草案）的报告；听取和审议区人大常委会主任明汉清所作的关于提请免去王美云职务的议案和区人民检察院检察长黄凯东所作的关于提请任命王益锋法律职务的报告。会议以电子表决方式，任命王益锋为南通市通州区人民检察院检察委员会委员；免去王美云南通市通州区人大常委会兴东街道工作委员会主任职务，通过南通市通州区人民代表大会常务委员会关于同意王美云辞去南通市通州区人民代表大会常务委员会委员职务的决定。

9月30日，区第十五届人大常委会第三十六次会议在区行政中心举行。会议听取和审议区人大常委会副主任吴晓晖所作的关于区镇两级人大换届选举工作实施方案的报告、关于区第十六届人大代表名额分配方案（草案）的说明，以电子表决方式，通过关于全区区镇两级人民代表大会换届选举问题的决定、通州区第十六届人大代表名额分配方案、关于各镇新一届人民代表大会代表名额的决定；听取和审议通过区人大常委会主任明汉清所作的关于提请任命区选举委员会组成人员的议案、关于提请任命各镇选举委员会组成人员的议案；听取和审议区人民政府常务副区长虞越嵩受区长陈永红委托所作的关于提请陈曦任职的议案，审议区人民政府副区长李儒斌的辞职报告，以电子表决方式，通过南通市通州区人民代表大会常务委员会关于同意李儒斌辞去南通市通州区人民政府副区长职务的决定，决定任命陈曦为南通市通州区人民政府副区长。

10 月 31 日，区第十五届人大常委会第三十七次会议在区行政中心举行。会议听取和审议区人民政府关于农村河道整治工作进展情况的报告、区政府常务副区长虞越嵩所作的关于区十五届人大五次会议议案和代表建议办理情况的报告、关于提请与瑞士希能维尔德市建立友好城市的议案，以电子表决方式，通过区人大常委会关于通州区与瑞士希能维尔德市建立友好城市的决定；听取和审议区人大常委会副主任曹国平受主任明汉清委托所作关于提请免去袁学义职务的议案，审议区人大常委会主任明汉清、委员袁学义的辞职报告，以电子表决方式，决定免去袁学义南通市通州区人大常委会农业和农村工作委员会主任职务，通过南通市通州区人民代表大会常务委员会关于同意袁学义辞去南通市通州区人民代表大会常务委员会委员职务的决定、关于同意明汉清辞去南通市通州区人民代表大会常务委员会主任职务的决定。

11 月 30 日，区第十五届人大常委会第三十八次会议在区行政中心举行。会议听取区人大常委会副主任曹国平所作的关于南通市通州区第十六届人民代表大会第一次会议筹备工作的报告，以电子表决方式，通过关于召开南通市通州区第十六届人民代表大会第一次会议的决定；听取和审议区人民政府常务副区长虞越嵩所作的关于 2015 年区级预算执行和其他财政收支审计中发现的主要问题整改情况的报告、区财政局局长周鉴受区人民政府委托所作的区人民政府关于调整 2016 年财政收支预算的报告，以电子表决方式，通过南通市通州区人民代表大会常务委员会关于批准南通市通州区人民政府调整 2016 年财政收支预算的决议；听取和审议区人大常委会副主任曹国平所作的关于提请任免杨洪杰等人职务的议案和区人民法院副院长张建平所作的关于提请任免陈炎等人职务的报告，以电子表决方式，决定免去曹红军南通市通州区人大常委会金沙街道工作委员会主任职务，任命杨洪杰为南通市通州区人大常委会金沙街道工作委员会主任、邢建均为南通市通州区人大常委会兴东街道工作委员会主任；决定免去俞继进南通市通州区人民法院副院长、审判委员会委员职务，免去潘树峰南通市通州区人民法院立案庭副庭长职务，免去朱爱华南通市通州区人民法院审判员职务，任命陈炎为南通市通州区人民法院审判委员会委员、审判员，潘树峰为南通市通州区人民法院民事审判第二庭副庭长，张尤、季俊华、施鹏勇、管中、管丽君、薛卫晶为南通市通州区人民法院审判员。

12 月 30 日，区第十五届人大常委会第三十九次会议在区行政中心举行。会议听取和审议区人大常委会副主任曹国平所作的关于召开区第十六届人大第一次会议筹备工作情况的报告、区人大常委会研究室负责人所作的关于区人大常委会工作报告起草情况的说明，以电子表决方式，通过区人大常委会工作报告（草案）；听取和审议区人大常委会副主任曹国平所作的关于区第十六届人大第一次会议有关建议事项的说明，以电子表决方式，通过区第十六届人大第一次会议议程（草案）、日程（草案），主席团和秘书长、常务主席、执行主席轮值建议名单，预算审查委员会、议案审查委员会组成人员建议名单，副秘书长和秘书处各组正、副组长建议名单，各代表团正、副团长和代表队正、副队长建议名单，列席人员范围和人数的建议意见，区第十六届人大第一次会议关于议案截止时间的决定（草案）、区第十六届人大第一次会议关于代表十人以上联名提出候选人截止时间的决定（草案）；听取和审议通过区人大常委会副主任吴晓晖所作的区第十五届人大常委会代表资格审查委员会关于区第十六届人大代表资格审查情况的报告。

【区第十五届人大常委会第五十次至第六十三次主任会议】 1 月 13 日，区第十五届人大常委会第五十次主任会议在区行政中心举行。会议听取区委组织部关于补选 1 名南通市第十四届人民代表大会代表的有关事项。

2 月 18 日，区第十五届人大常委会第五十一次主任会议在区行政中心举行。会议研究区人大常委会 2016 年工作要点及其实施计划和 2016 年区人大代表小组活动建议内容。

3 月 23 日，区第十五届人大常委会第五十二次主任会议在区行政中心举行。会议听取区教育局关于全区职业教育发展情况的报告。

4 月 27 日，区第十五届人大常委会第五十三次主任会议在区行政中心举行。会议讨论区人大常委会评议工作领导组关于评议区政府部门工作情况的报告。

5 月 25 日，区第十五届人大常委会第五十四次主任会议在区行政中心举行。会议听取区农委关于《农产品质量安全法》贯彻实施情况的报告。

5 月 30 日，区第十五届人大常委会第五十五次主任会议在区行政中心举行。会议听取张正杰辞去区人大代表职务的情况。

6 月 21 日，区第十五届人大常委会第五十六次主任会议在区行政中心举行。会议听取区人民检察院关于民事行政检察工作情况的报告。

7 月 21 日，区第十五届人大常委会第五十七主任会议在区行政中心举行。会议听取区发改委关于重大产业项目推进情况的报告、区住建局关于《江苏省物业管理条例》贯彻实施情况的报告。

7月29日，区第十五届人大常委会第五十八次主任会议在区行政中心举行。会议听取区委组织部有关人事任免事项。

8月19日，区第十五届人大常委会第五十九次主任会议在区行政中心举行。会议听取区农工办关于《农民专业合作社法》贯彻实施情况的报告。

9月29日，区第十五届人大常委会第六十次主任会议在区行政中心举行。会议听取区人民法院关于审判公开工作情况的报告、通州区区镇两级人大换届选举工作的实施方案、通州区第十六届人大代表名额分配方案（草案），研究换届选举有关决定（草案）以及区镇两级选举委员会建议名单。

10月31日，区第十五届人大常委会第六十一次主任会议在区行政中心举行。会议听取区人民政府关于提请与瑞士希能维尔德市建立友好城市的议案（草案）。

11月31日，区第十五届人大常委会第六十二次主任会议在区行政中心举行。会议研究区人大常委会关于召开区第十六届人民代表大会第一次会议的决定（草案）。

12月30日，区第十五届人大常委会第六十三次主任会议在区行政中心举行。研究区人大常委会关于召开区第十六届人民代表大会第一次会议的有关事项，讨论“万名代表小康行”主题实践活动先进典型推荐方案。

重要工作

【组织区镇换届选举】 2016年，区人大常委会圆满完成区镇两级人大代表选举任务。9月，提出关于做好区镇两级人大换届选举工作的意见，召开常委会，作出换届选举工作的决定，提出代表名额具体分配方案，建立选举工作机构；10月，召开全区换届选举工作会议，作出工作部署；11月，协商确定正式代表候选人，召开代表候选人与选民见面会；12月，投票选举，各选区均一次投票选举成功。全区共选出新一届区人大代表388名、镇人大代表687人。

【万名代表小康行】 2016年，区人大常委会从强化认识定目标、紧盯指标补短板、科学分类用所长、活动开展抓关键、典型示范强推进、完善举措建常态等六大方面，认真组织全区1435名五级人大代表扎实开展以“四类代表助推八项工程”为主要内容的“万名代表小康行”活动。围绕民生实事“三张清单”和环保“啄木鸟”两大主题活动，充分发挥代表主体作用，深入基层，联系选民，助力小康，解决群众关注的突出问题。

（杨志明）

◆通州名菜选介◆

天目湖鱼头 银泉大酒家名菜。原料采自江苏溧阳天目湖区，天然无污染。鱼个大、头宽、鱼眼清澈，肉质细嫩。鱼头配以红枣、银耳、蘑菇等砂锅烩之，香味可口，营养丰富，浓而不腻，不失湖鲜原味。

通州区人民政府

Tongzhou District People 's Government

编　辑　张晓芹

综　　述

【概　况】 2016 年，通州区面对复杂严峻的宏观经济形势，科学研判、沉着应对、主动作为，成效明显。实现地区生产总值 1026.66 亿元，增长 9.3%；固定资产投资 681.49 亿元，增长 14.0%；规模以上工业总产值突破 2000 亿元。

经济质态显著跃升。实施创新驱动战略，江海智汇园、江海圆梦谷建成投用，全社会研发投入占 GDP 比重为 2.55%，新认定高新技术企业 50 家，总数 159 家，高新产业产值占比提高 2 个百分点。引进高层次双创人才 72 名、创新创业项目 33 个，其中顶尖人才项目 6 个，21 人入选江海英才计划。新增主板上市企业 1 家、新三板挂牌企业 3 家，全区有创投机构 41 家，管理资金规模 48.50 亿元。

项目建设持续发力。深入开展招商引资项目建设突破年活动。进一步完善招商工作体系、优化招商活动组织、拓展招商工作实效。建成 250 人的专职招商团队，实现招商队伍、招商实绩"同步翻番"。全年签约产业项目 223 个，总投资 287.70 亿元，实际利用外资 3 亿美元，大唐冷热电等 20 亿元以上项目落户。突出产业、载体接轨上海，锡通科技产业园上海未来岛科创园、高新区中科建产业园等共建园区成功签约。紧紧围绕市产业项目考核指挥棒，狠抓新开工亿元以上产业项目，全年新开工亿元以上产业项目 108 个，完成投资 126 亿元。

产业结构不断优化。突出调高、调优、调强，推动产业转型、结构调整，"互联网 + 家纺"模式获国务院督查表扬，建筑业总产值 1440.56 亿元，新增"鲁班奖"1 项，总数 53 项，全国领先。新兴产业产值占比提高 0.9 个百分点。电子商务、科技金融、文化创意、现代物流等服务业新业态发展迅速，7 家省市级服务业集聚区实现营业收入 750 亿元。农业现代化水平大幅提升，新增家庭农场 76 家、全托管组织 114 个，新建、扩建规模以上农业项目 123 个，新建高标准农田 5333 公顷，总数 4.50 万公顷。

空间格局全面拉开。抢抓南通建设区域性综合交通枢纽机遇，全力保障沪通大桥、沪通铁路、火车西站、机场大道等重大交通设施建设，推动交通优势向发展优势转变。不断完善对接南通主城道路框架，G345 全线贯通，南通世纪大道东延进入扫尾阶段。高铁新城规划建设全面启动。优化完善城乡空间结构，高标准完成全区镇村布局规划和城区控制性详细规划动态调整，实施平潮、兴仁、十总、东社等镇总体规划修编以及道路、供水等专项规划。

城市品质有效提升。超前谋划、主动融入全市"三城同创"、花园城市建设，进鲜港湿地公园示范段已开工，定海湖生态公园、绿博园二期启动动迁工作。新增城镇公共绿地 66.45 公顷，实现市民出门 300 米见绿、500 米见园目标。新建、改造银河路中段、朝霞路东延等市政道路 14 条。完善地下管网建设，基本消除淹水片区。更加重视城市空间色彩应用、地下空间利用，城市家具、街景有序更新。银河新区配套功能更加完善。城东新区万达广场等项目成功入驻。改造提升老小区 14 个，住宅小区物业管理实现全覆盖。实施城管重心下移，文明城市长效管理实现常态化。

生态环境加快改善。全力推进环境信访突出区域整治，持续开展钢丝绳、电镀、印染等行业专项治理，严格管控大气环境，PM2.5 浓度下降 7.6%。完成通刘公路、北一环北延等道路绿化工程 32.4 公里，新增绿化面积 181 万平方米、造林 420 公顷，林木覆盖率 25.3%。做靓"水韵通州"品牌，扎实推进城乡水环境治理，新建城镇污水管网 46.5 公里，南山湖等城区水环境整治基本完成。深入实施农村河道整治计划，拆除坝头坝埂 1369 座，整坡 1417 公里。

公共服务全面优化。全力实施年度 10 项 31 件为民办实事项目，全区民生类支出 73.60 亿元，增长 9.0%，其中教育、医疗卫生等支出分别增长 4.7% 和 10.5%。新(扩)建 10 所幼儿园，张芝山小学主体封顶，家纺城小学三期竣工。强化政府办医职能，五接卫生院异地新建工程投入运行，9 家医疗机构新建及改造工程进展顺利。基本实现群众"小病不出村、一般疾病不出镇、大病基本不出区”目标。整合完善食品药品监管体系，建成信息化监管平台。实施文化惠民工程，建成示范性文体广场40个。全民健身工程实现全覆盖，创成省体育综合改革试点区。

保障水平稳步提高。实施就业促进政策，新增就业9141人，年末城镇登记失业率1.88%。城乡居民人均可支配收入分别增长8.2%和8.5%。社会保险扩面提标，实施社保“一卡通”工程，保险参保率98%以上。深化完善“9073”养老服务体系，南山颐养中心规模、设施达到苏中苏北一流水平，即将投入运营。强化住房保障，建成4170套，超额完成省下达指标。

社会大局和谐稳定。深化平安通州建设，强化立体化治安防控，蝉联全省社会治安综合治理平安区。全省率先建成区镇村三级法律顾问网络，跻身全国“六五”普法先进行列。健全大调解组织网络，成立16个行业（领域）纠纷调处专业机构，推动矛盾纠纷源头化解。铁腕抓牢安全生产，积极开展安全生产大宣讲，常态化开展安全生产大检查，排查各类安全隐患1.25万处，立案调查373家，依法停业整顿企业11家，安全生产形势总体平稳。（马 丹）

重要会议

【区政府全体（扩大）会议】 2016年，通州区人民政府召开全体（扩大）会议1次。2月23日，区政府全体（扩大）会议举行。区委副书记、区长陈永红要求政府系统各部门、各单位认真贯彻落实省市机关作风建设会议、市区系列会议精神，转变作风、提升效能，进一步明确目标、找准路径、优化组织，推动全年各项目标任务顺利完成。陈永红指出，2016年是“十三五”开局之年，做好全年工作具有特殊意义。他要求，要坚定目标必成的信念，打好经济工作翻身仗。一要毫不动摇抓牢项目建设。二要多措并举助力企业发展。三要更大力度推进创新驱动。四要集中精力加快结构调整。五要不折不扣办好民生实事。在稳增长、调结构、抓创新、惠民生的同时，还要直面矛盾，严防经济下滑、“去产能”阵痛、非正规金融、安全稳定四个方面风险，努力营造全区和谐稳定的发展环境。要强化务实高效的作风，凝聚狠抓落实精气神；要守住拒腐防变底线，塑造廉洁政府新形象。

【区政府常务会议】 2016年，区政府共召开常务会议12次，发会议纪要12期。1月30日，第55次政府常务会议，学习习近平总书记、李克强总理关于安全生产工作的重要指示精神，听取当前全区安全生产工作情况汇报、当前全区信访形势分析及工作建议，专题研究加快南通国家现代农业示范区通州核心区建设实施意见及南通神辉置业有限公司、南通富通城市建设有限公司、南通鼎通交通工程有限公司、江苏禹和水利工程建设有限公司实体化运行改革方案。2月27日，第56次政府常务会议，专题研究年度镇（区、园、街道）目标管理绩效考核实施意见、配套实施办法及主要经济指标任务分解；全区动迁安置政策调整完善方案和自来水价格调整方案。3月26日，第57次政府常务会议，专题研究南通市通州区被征地农民社会保障实施细则（试行）、区生态文明建设重点工程项目计划、通州南山颐养中心运营管理招标方案。5月4日，第58次政府常务会议，学习中纪委机关、中央组织部《关于加强换届风气监督的通知》，听取全区安全生产工作情况、全区信访维稳工作情况汇报，专题研究区广播电视台运行体制机制实施意见，进一步强调政府系统党风廉政建设工作。6月3日，第59次政府常务会议，学习国务院安委会办公室关于印发《标本兼治遏制重特大事故工作指南》的通知，专题研究促进服务业提升发展的若干政策意见（试行）、促进旅游业加快发展的政策意见（试行）、进一步加快旅游产业发展的意见和通州区企业上市暨新三板挂牌工作实施方案。7月2日，第60次政府常务会议，传达市委书记陆志鹏、市政府市长韩立明关于认真应对雷暴、雷雨大风等强对流天气的批示精神，听取全区主要经济指标双过半、招商引资、项目建设情况汇报、建设用地复垦整理及耕地占补平衡项目实施工作进展情况汇报、上半年全区消防安全形势分析评估报告，专题研究加快建筑产业现代化促进建筑业转型升级的实施意见、加强集约发展提高资源利用率的若干政策意见、调整通州区乒乓球运动学校与中国乒乓球通州训练基地机构设置和管理体制的建议方案、通州区社会救助标准提标方案。9月3日，第61次政府常务会议，听取当前全区安全生产工作情况汇报、全区信访维稳情况汇报，专题研究开展房屋建筑和市政基础设施工程招投标改革试点工作方案、成立通州区实验小学教育集团的意见、《南通市通州区城乡居民社会养老保险暂行办法》的补充意见、宁启铁路（一期）通州段整体绿化工程实施方案、促进建筑企业发展壮大激励政策。9月29日，第62次政府常务会议，听取区政府系统党风廉政建设有关情况汇报，专题研究关于通州中专二期建设工程经费的请示、进一步促进全区房地产市场消费的意见、与瑞士希能维尔德市缔结友好城市关系的情况汇报。10月26日，第63次政府常务会议，专题研究南通市通州区党政机关办公用房管理暂行办法、通州区第十二届高层次人才创新创业洽谈会暨南通高新区江海智汇节活动方案、促进人才创新创业发展的若干意见。11月18日，第64次政府常务会议，专题研究2017年全区城建重点工程计划、南通市通州区农业水价综合改革实施方案。12月7日，第65次政府常务会议，部署当前有关重点工作，专题研究2017年政府为民办实事项目、南通市通州区2017年度城乡居民医疗保险实施意见、深化行政执法体制改革全面推进综合行政执法的实施意见、行政中心视频监控系统升级改造的方案、南通市通州区城区机动车辆停放服务收费管理暂行办法、政府投资工程资金支付安排的预案。12月30日，第66次政府常务会议，通报《省委办公厅、省政府办公厅关于做好2017年元旦春节期间有关工作的通知》中的有关要求，专题研究2017年政府工作报告（讨论稿）、2016年财政预算执行情况和2017年财政预算（草案）报告（送审稿）、2016年国民经济和社会发展计划执行情况与2017年国民经济和社会发展计划（草案）的报告（送审稿）、通州区农村河道绿化实施办法（暂行）、通州区2017年水利建设与管理意见。

【区长办公会议】 2016年，区政府共召开区长办公会议17次，发会议纪要17期。1月9日，第1次区长办公会议，听取广电台网分离二期资产评估情况汇报，专题研究防范和处置非法集资工作的若干措施、通州区政府投资项目工程变更管理实施细则、完善征迁招标和管理办法的建议方案、区法院关于将执行指挥中心与高新区法庭审判用房合并建设的请示、建议核准提高民警加班补贴标准的请示、区应急救援指挥中心建设方案、区惠通投资有限责任公司投资南通紫荆华通母基金的请示、区疾控中心房屋改造工程实施方案等事宜。1月30日，第2次区长办公会议，书面交流区政府2月份重点工作安排，专题研究造林绿化工作实施方案，购买消防装备器材的请示，中瑾置业，南通一居拖欠工程款及农民工工资的处理方案，区一馆两中心、第六人民医院、通州高中、育才中学及G345国道南通东绕城西四标等工程提前支付工程款的请示，神辉公司建设的万顷良田等地块安置房春节前支付工程款的请示，发起设立"一带一路"江苏沿海新兴产业投资基金之发起人协议，区卫生计生委办公场所新址改造方案、提高全区部分优抚对象等人员抚恤和生活补助标准的建议方案等事宜。2月27日，第3次区长办公会议，书面交流区政府3月份重点工作安排，专题研究推进工业大企业应税销售稳增长激励政策建议、城东新区CD15地块商业综合体项目招商实施方案、启动城东新区南山湖小学建设的请示、通州区城镇园林绿化工作实施方案、将通掘路部分路段改造列入城建计划的请示、加快推进跨境电子商务发展扶持政策意见、成立南通跨境电子商务有限责任公司的建议方案、南通市通州区区级行政审批责任追究暂行办法等事宜。3月5日，第4次区长办公会议，专题研究全区招商引资竞赛活动办法、继续开展创建"无访村（居）""无访镇（区、园、街道）"活动的实施方案、通州区耕地占补平衡补充耕地项目的实施办法，听取关于实施城乡建设用地增减挂钩项目有关情况的报告等事宜。3月26日，第5次区长办公会议，书面交流区政府4月份重点工作安排，专题研究高标准农田建设工作方案、进一步做好农业生产"全托管"工作的意见、通州区高清视频会议系统建设方案、村庄小游园建设实施方案、覆盖拉网式农村环境综合整治项目方案、直接委托上海市城市规划设计研究院、上海合成规划建筑设计有限公司编制通州区平潮镇镇区城市设计的请示等事宜。4月16日，第6次区长办公会议，听取区全面推开"营改增"试点工作情况的汇报，专题研究金融工作考核奖励办法（试行）、进一步加强建筑垃圾（工程渣土）管理工作的意见、全区建筑垃圾（工程渣土）专项整治"百日行动"方案、确定区惠通投资有限责任公司年度投资计划的请示、重点部门争取上级扶持资金计划、申请拨付《南通日报》年度通州经济社会发展宣传战略合作经费的请示、中瑾置业（南通一居）破产资产接盘处置的建议方案等事宜。5月4日，第7次区长办公会议，书面交流区政府5月份重点工作安排，专题研究南通市通州区城市建设指挥部城建重点工程施工保障督查考核办法、城市建设指挥部重点工程建设业主目标责任制考核办法、年度深化行政审批制度改革工作要点、区级国有公司绩效薪酬考核办法、区级融资主管部门考核办法、区小型水利工程运行管理体制改革实施办法、秸秆禁烧和综合利用工作意见等事宜。5月21日，第8次区长办公会议，集中学习《习近平总书记在中央纪委六次全会上关于"坚定不移推进全面从严治党"的讲话》，专题研究对接《省有关部门和单位2016年度支持苏中发展的重点任务》情况说明、建立相对集中行政许可权事项行政审批与监管协调联动工作机制的通知、南通市通州区第二期学前教育五年行动计划、明确全区公办幼儿园非在编人员工资待遇的指导意见、南通市通州区普惠性民办幼儿园认定管理实施细则（试行）、区汽车综合性能检测站整合方案、调整通州区城镇土地使用税税额标准及土地等级范围的请示等事宜。6月3日，第9次区长办公会议，书面交流区政府6月份重点工作安排，专题研究增加南山寺藏经楼和市场监管局办公楼景观亮化工程项目的请示等事宜。6月18日，第10次区长办公会议，专题研究南通跨境贸易电子商务公共服务平台项目建设的请示、通州区外贸稳增长的激励措施建议、要求调整金东新城A区商业街建设主体的请示、拨付国际商城住宅楼加固工程专项资金的请示、支付惠通公司土地补偿款的请示、天香苑安置房（西区）合同款支付相关事宜的请示、给予江苏恒科新材料有限公司财政补助资金的请示、引进外资进行旅游配套基础设施建设的请示等事宜。7月2日，第11次区长办公会议，书面交流区政府7月份重点工作安排，专题研究延续中国家纺产业网及中国通州家纺指数项目外包服务协议的请示、请求拨付华东国际通用航空展览会资金的请示等事宜。7月23日，第12次区长办公会议，通报区政府部分领导班子成员的临时工作分工，专题研究通州区区级民居征迁安置专项资金包干使用管理办法、推进"先照后证"改革后加强事中事后监管的实施意见、建立双随机抽查机制加强事中事后监管的实施意见、请求区政府对二甲镇光明路东段进行翻修的请示、支付南山湖壹号城市综合体地标性建筑第三笔奖励金的请示、运用PPP模式建设S336锡通段和欧洲工业园二期标准厂房等政府投资项目的请示、南通高新区工业项目建设工程规费收取有关事宜的请示，听取区实验幼儿园本部及金桥分园秋季招生办法的汇报等事宜。8月13日，第13次区长办公会议，听取区交通运输局和先锋街道工程变更未履行审批手续调查情况汇报，专题研究通州区互联网金融专项整治工作实施方案、请求区政府同意兴仁镇河西新区通富佳苑二期多层和小高层安置房结算送审的请示等事宜。9月3日，第14次区长办公会议，书面交流区政府9月份重点工作安排，专题研究通州区生猪屠宰行业清理整顿工作实施方案、通州区城东新区 CD23、CD7 及金色成品西侧三个地块招商方案等事宜。10 月 26 日，第 15 次区长办公会议，通报区政府部分领导班子成员的工作分工，书面交流区政府 11 月份重点工作安排，听取年度规划卫星遥感监测图斑情况汇报及处理建议、北山饭店地块补办出让的相关情况，专题研究强化城区停车秩序管理工作的实施方案、调整富都国际大酒店周边有关地块挂牌起始价的请示等事宜。11 月 18 日，第 16 次区长办公会议，听取区相关部门和镇（区、园、街道）部分工程变更未履行审批手续调查情况的汇报、相关园区 2017 年基础设施投资计划，专题研究加强公共资源交易管理措施调整的方案、南通市通州区困难残疾人生活补贴和重度残疾人护理补贴制度实施方案、2015 年度退役士兵安置实施方案、区畜禽禁养、限养区布局调整方案、设立“通农银贷款周转资金池”平台的实施方案、兴东机场大道所涉苗木补偿费用的请示等事宜。12 月 7 日，第 17 次区长办公会议，书面交流区政府 12 月份重点工作安排，专题研究追加通扬运河改线工程可行性研究费用的请示等事宜。（顾鹏 马丹 陈洁）

重大活动

【为民办实事工程】 2016 年，在广泛征求社会各界建议意见的基础上，确定十方面政府为民办实事工程。一是教育发展方面。石港石南、川姜大地、兴仁韬奋 3 所幼儿园已竣工，金小附属、西亭龙坝、五接中心 3 所幼儿园开工建设；张芝山小学和家纺城小学三期工程主体完工，银河新区小学完成主体工程招标公告，南山湖小学配电房、临时围墙完成并通过验收。中小学教育装备提升工程完成，有 63 所学校通过义务教育学校现代化创建工程验收，占 92.6%。通州中专二期工程建设红线范围内建筑全部拆除，河道桥梁完成招标，第一批建筑完成编标，正进行概算送审。教育信息化工程完成计算机、电子白板、电子书包和录播教室的施工安装，两平台和监控项目在实施中。二是医疗卫生方面。异地新建十总镇骑岸卫生院前期工作全部完成，进入施工阶段。实施卫生信息化工程，与省健康信息平台开展数据交换，完成卫生信息平台省三级标准测评；新部署 31 家数字化卫生院和所属卫生室；完善居民家庭健康档案，完成传染病自动报告功能升级。为 2.5 万名农村妇女免费进行“两癌”筛查；为 5000 对新婚对象进行婚前医学检查；为 7500 名新生儿进行（听力、苯丙酮尿症、甲低症）疾病筛查；为符合政策的计划怀孕夫妇免费提供孕前检查及优生指导。三是生态治理方面。实施农村河道整治三年行动计划，疏浚河道 606 条，整坡 1517 公里，拆除坝头坝埂 1369 处，建设桥（涵）721 座。实施覆盖拉网式农村环境综合整治项目，在 16 个村居实施 19 个污水处理设施建设项目。完成 44 家印染企业的清洁化改造，主要实施废水处理设施加盖、废气集中收集处理、定型机和刷毛机改造、污泥废气集中处理等。益民污水处理厂二分厂提标扩容工程建设已完成前期准备工作，待土地规划调整到位后即可开工建设。淘汰 200 台 10 蒸吨/小时及以下燃煤锅炉。四是社会保障方面。14 家敬老院完成消防安全改造，3 家正在改造，兴东街道敬老院改造方案正在审核中，张芝山敬老院拟新建，7 家敬老院提档升级完成。为 200 名城乡低保、特困供养人员中的失能、半失能人员配置康复辅助器具。为纳入城镇职工及居民基本医疗保险、新型农村合作医疗范围的 1300 名城乡贫困精神残疾人提供免费基本用药。为全区 150 名 14 周岁以下残疾儿童提供免费康复训练。提高新农合筹资标准，人均标准提高到 700 元（含大病保险 50 元），参合率 99% 以上。五是就业培训方面。完成新增扶持创业人数 1392 人，扶持农村劳动力自主创业 624 人，创业培训 1136 人。培育新型职业农民 3781 人。六是交通出行方面。新（改）建镇村主干道 100 公里，改造农桥 25 座 4000 平方米。公交线网优化完成。金东新城公交回车场建设正在办理土地挂拍手续，锡通科技产业园公交回车场建设正在进行招投标。建成青岛北路智能公交调度中心，推进“掌上公交”便民服务，实施公交一卡通工程。实施公共自行车服务系统二期工程，全区现有站点 50 个、锁桩 1200 个、自行车 900 辆，日均使用 1964 辆（次），年减少碳排放量约 80 吨。七是人居环境方面。继续提升城区水环境，南山湖水街生态治理和十六总港整治工程完成，二号横河整治工程因药师佛文化园建设，待规划部门统一制订方案后再实施。完成城区 11 个老小区改造。八是文化体育方面。实施“十百千万”文化惠民工程。建成 40 个村级文化广场，组织 200 场文艺演出，举办 1000 场文化活动，培训 10000 名基层文艺爱好者。全区新建文化分馆 3 个，图书分馆 2 个，新增图书 20000 册，建设基层综合文化服务中心示范点 12 个。为南山湖公园、体育中心、拆迁安置区及新建绿地配备体育健身器材；开放体育中心健身房；改建 4 片笼式足球场；开展科学健身进社区活动 100 场。九是公共安全方面。实施食品药品安全信息化惠民工程。建成“一中心两平台”，即区食品药品安全信息指挥管理中心，食品药品远程监管平台和安全信用平台。开发掌上食药安全便民服务手机 APP 客户端。实施智慧交通平安出行惠民工程，完成后端机房建设，前端道路卡口建设正在实施中。十是法治惠民方面。实施“公共法律服务”惠民工程。推进村居（社区）法律服务全覆盖；启动“七五”普法基层法治文化示范阵地建设“530 工程”；实施法律援助“十百千万”工程。（马丹）

【通州区获国务院督察表扬】 2 月，国务院办公厅发布《关于对落实有关政策措施成效较明显地区予以激励支持的通知》，给予通州等全国 20 个市（州）和 20 个县（市、区）“免督查”待遇，并在专项建设基金、中央预算内投资沉淀资金、专项转移支付沉淀资金、发行企业债券“直通车”、新增

建设用地计划指标等六个方面给予激励。通州区是江苏省唯一被国务院表扬的县(区)。 (黄乐乐)

【张謇杯·2016中国国际家用纺织产品设计大赛】 3月,张謇杯·2016中国国际家用纺织产品设计大赛启动。历经4个多月的作品投稿阶段,共收到来自美国、英国、韩国等10个国家和地区的790套7500多件产品,其中线下比赛"梦幻都市风"作品340套,经过线上线下双评、专家评委评审推荐、百人团评委现场评比,最终有3件作品获产品设计金奖,6件作品获产品设计银奖,9件作品获产品设计铜奖;3件作品获中国家纺品牌产品流行风尚奖,3件作品获中国家纺品牌文化概念奖;15件作品获中国家纺好设计奖及3个单项奖(好设计功能奖、好设计工艺奖、好设计文化奖)。 (昝智强)

【首届"通州杯"曲艺小剧场新作展演】 4月23—25日,全国首届"通州杯"曲艺小剧场新作展演在通州区举行。从全国20多个省市区征集到曲艺作品160余件,最终有32个优秀节目参演,由来自全国各地的80多位演员分3场进行演出。通州创作的小戏小品《审舅舅》《村支书的星期天》《拜见岳母》3个节目入围。此次活动系通州区首次承办的全国性曲艺类作品展演,有力提升了全区小戏小品在全国曲艺界的影响力。 (张雪兵)

【南通市第二十七届菊花展】 10月25日至11月30日,南通市第27届"菊映南山·魅力通城"菊花展在通州区城东新区南山湖公园举办。布设的景点"通州花海"被南通市住建局授予室外造景艺术景点金奖第一名。 (张雪兵)

【第28届省"教海探航"征文竞赛颁奖大会】 11月6日,第28届江苏省"教海探航"征文竞赛颁奖大会暨全国名师课堂教学观摩研讨活动在通州高级中学举行。省教育厅厅长沈健,市委常委、区委书记宋乐伟出席颁奖活动并为获奖代表颁奖。来自省内外的1000多名中小学教师共聚一堂,共同见证这一盛典。"教海探航"征文活动是江苏省教研品牌,举办28年来累计吸引数十万教师的参与,共有6000多人获奖,400多名特级教师脱颖而出,为全省教师专业成长搭建广阔舞台。本届"教海探航"征文活动汇集省内外论文30000篇,经评选,六大类个人、集体和团队奖957个,其中通州获奖123个。 (张雪兵)

【平潮区域医疗联合体试点】 2016年,通州区平潮区域医疗联合体试点工作稳步推进。按照试点方案,该区域医疗联合体实行"五统一"管理,定期召开理事会成员、质量考核小组等会议,分析研究推进中的存在问题,采取有力措施加以改进。区八院、镇卫生院定期指派医生分别到镇、村医疗机构坐诊。根据基层首诊、分级诊疗、急慢分治、双向转诊的要求,区八院畅通转诊绿色通道,凭双向转诊单免收挂号费,优先安排就诊、检查、交费、取药,优先安排住院,对基层单位转诊患者无特殊情况不做重复检查,实行"一单通"等资源共享。是年,医联体卫生院、村卫生室上转区八院病人2851人次,村卫生室上转卫生院病人680人次,区八院下转至社区康复治疗病人480人次。 (张雪兵)

【交通惠民提升工程】 2016年,通州区大力实施公交优先发展战略,打造公交"蓝天工程"。新租赁20辆纯电动公交车,清洁能源车占比升至45.6%。加大公交站场建设,建成金洲路公交智能调度安全监控中心,公交"一卡通""掌上公交"等信息化服务正在努力推进中。

【交通基础设施建设加快】 2016年,345国道南通东绕城公路全线贯通,南通世纪大道东延、江平路基本建成,通州对接主城区形成"八横四纵"道路框架。完成道路绿化工程和兴仁收费站景观绿化约322万平方米,提升城市绿色形象。

【公共自行车系统二期工程】 2016年,通州区公共自行车系统二期工程新增20个站点、400个锁柱、投放自行车300辆,并于5月底竣工投入运行,解决了市民出行"最后一公里"难题。截至12月末,开卡总数1.05万张,市民使用总量达99.56万人次。

【通州"铁军"再创辉煌】 2016年,通州区3家建筑企业(南通四建集团有限公司、通州建总集团有限公司、南通新华集团有限公司,分别列第226位、241位、388位)入围中国民营企业500强,6家建筑企业(南通四建、通州建总、南通新华、通州四建、南通英雄建设、通州二建)入围中国建筑业"双百强"企业,南通四建集团有限公司列"中国企业500强"第355位,通州建总集团有限公司连续13年荣登"中国承包商80强"榜单。 (周小清)

政府法制工作

【规范性文件审查】 2016年,区人民政府法制办公室组织起草及审核规范性文件4件,经区政府颁布实施。

1.《通州区国有土地上房屋征收补偿评估技术细则》

2.《通州区城区国有土地上房屋征收相关补助标准规定》

3.《通州区企业拆迁与补偿办法》

4.《通州区城区机动车辆停放服务收费管理暂行办法》

【行政复议】 2016年,区人民政府法制办加强行政复议工作,坚持案件集体会商制,健全行政复议机关与审判机关定期交流机制。为应对新的复议应诉形势,积极履行行政复议职责,推动行政复议工作规范化建设,努力发挥行政复议在化解行政争议中的主渠道作用。坚持依法受理、高效审理,规范办案程序、完善工作制度、创新工作方法,不断提高行政复议的办案质量和工作效率。是年,区人民政府收到行政复议案件95件,立案受理77件,维持37件,驳回17件,终止9件,撤销8件、确认违法6件。

【相对集中行政处罚权改革】 2016年,区人民政府法制办协同编办做好相对集中行政处罚权改革工作。在与人民群众日常生产生活关系密切、多头重复交叉执法问题比较突出、专业技术要求适宜的农林农机、市场监管、城市建设管理、文化体育等领域进行相对集中行政处罚权改革,逐步减少执法部门和执法队伍,组建综合执法队伍,推进跨部门、跨行业的综合执法。通过整合部门间相同、相近的执法职能、归并执法机构、统一执法力量、减少执法部门,提高执法效率,推动全区经济社会的协调可持续发展。 (邱 晶)

外事工作

【概 况】 2016年,通州区外事侨务办公室按照地方外事"为中央整体外交服务,认真做好出国(境)管理、对外交流和外事服务工作,为地方经济建设服务"的根本宗旨,充分发挥自身职能作用,积极开拓外事工作新领域,努力为通州经济和社会建设服务。

【出国(境)管理】 2016年,区外侨办继续认真贯彻落实中办〔2008〕9号《关于进一步加强因公出国(境)管理的若干规定》文件及省市有关文件精神,严格执行年度出访计划,严格控制因公出国(境)团组数量和规模,落实事前公示、事后公开和出访报告报送制度。同时,对2015年之前的党政干部因公出国团组(2014年4批18人次、2015年9批27人次)进行自查。全年共审批出国(境)团组20个50人次,其中党政干部出访9批20人次。

【对外交流】 2016年,区外侨办积极为区领导和机关、企业因公出国(境)工作提供优质服务。主要出访有:通州区委书记宋乐伟率领的赴日本、韩国经贸团;通州区委副书记、区长陈永红率领的赴日本、韩国招商团;通州区人大常委会主任明汉清率领的赴俄罗斯、捷克经贸团。通过组团出访,增强对外友好交流,促进通州对外开放,推进招商引资、项目落户工作,提高通州及企业在国际上的知名度和影响力。

【外事服务】 为了助推通州区传统产业转型升级,使通州区企业能"走得出,走得顺,请得进",区外侨办对企业因公出国(境)及邀请客商来华敞开渠道,在简化手续、优化服务、加强管理等方面采取一系列措施。2016年,共办理审批企业人员出访18人次,审批企业邀请客商入境266人次,为通州区外向型经济的健康发展提供有力保证。同时区外侨办还积极做好APEC商务卡申办工作,为企业申请APEC商务旅行卡20张,其中颁发7张,总计办理187张。

【涉外管理】 针对涉外事件政治性、政策性强的特点,坚持"统一领导、归口管理、分级负责、协调配合"的原则,按照《通州区涉外突发事件应急预案》的要求,进一步建立健全涉外突发事件应急机制,更好地做好涉外事件的预警和防范,科学指导协调有关部门及时妥善处理各类涉外突发事件。 (徐 娟)

侨务工作

【概 况】 2016年,通州区外侨办以习近平总书记一系列重要讲话精神为指导,深入贯彻落实科学发展观,充分发挥侨务工作在经济建设和社会发展中的独特优势,紧扣区委区政府的中心工作,认真做好护侨暖侨、以侨引侨工作。

【侨务引智】 充分发挥外侨资源的独特优势,主动融入人才强区战略,向通州区海内外侨界人士大力宣传南通市"江海英才引进计划"和通州区"510"人才引进计划及投资环境,突出对海外高层次人才的感情投入和服务引导。2016年5月,推荐招商局和高新区等六大重点园区与参加"海外知名侨商南通行"的30多位海外知名侨商深入洽谈对接,并建立长期的交流合作机制。9月,区外侨办主动与省外办联系,推荐通州区赴南京参加"江苏与澳大利亚维多利亚州城市合作联盟对话会"。精心组织相关园区和20多家企业参加"南通—瑞士精英企业家对接洽谈会"和"南通—荷兰合作恳谈会",积极助推全区外向型经济的发展。

【社区侨务】 6月,南通市政协调研华侨村,将华侨村的建设提上日程,华侨村从具有侨乡特色的规划入手,整合侨商资源,注重绿色发展,突出侨村亮点,扩大华侨村的凝聚力和影响力。充分利用社区"侨之家"和"侨法宣传角",促进双向服务,大力开展各种形式的侨法宣传和便侨、利侨活动。

【维护侨益】 当好侨胞"娘家人",切实维护侨胞合法权益。坚持以法护侨,主动耐心接待,提高为侨服务质量,做侨的知情人、贴心人和代言人。2016年共接受华人、华侨、归侨、侨眷来信来访11批次。调处有关建房、生活困难、子女就学、迁坟祭祖等诸多事项,办理"三侨"子女享受中、高考优惠政策4人。全年接待华人、华侨3批10人次,接待海外社团2批5人次,积极宣传党的侨务方针政策,宣传侨法,宣传通州,促进侨胞反哺家乡。 (徐 娟)

民族宗教工作

【概　况】 2016年，通州区民族宗教事务局坚持用中国特色社会主义民族宗教理论统领民族宗教工作，紧紧围绕全区中心重点工作，稳中求进，扎实推进民族团结进步事业，确保宗教领域和谐稳定，为建设"强富美高"新通州营造良好的社会氛围。是年，通州区共有34个少数民族3708人，其中侗族1098人。有佛教、道教、基督教三大宗教，建有23座寺庙、2座道观、6个基督教堂（活动点），信教人数分别为佛教5万、道教0.15万、基督教0.5万。区民宗局被区委、区政府评为平安建设工作先进集体。

江苏省民委（局）主任李国华调研东社慈云禅寺

【少数民族典型培育】 2016年实现全区243个村（居）少数民族之家全覆盖，建立和完善少数民族人员学习制度、联系走访制度、工作台账制度、双向服务制度，把常住少数民族3708人、流动少数民族1417人全部纳入管理和服务渠道。坚持宣传少数民族勤劳致富、创业致富典型，通过典型引导，进一步推动全区少数民族群众勤劳致富。先后培育通州吉茂纺织用品、水燕红家纺、宝旭家纺等少数民族群众领办、创办企业15家，在全市位居前列。积极推动"大众创业、万众创新"，配套省级少数民族扶贫资金25万元，以点带面，鼓励和支持少数民族群众投资创业，鼓励企业吸收少数民族群众就业。

【违建寺观治理】 2016年，区民族宗教事务局开展农村违建寺观治理工作，督促各镇（区、园、街道）组建违建寺观巡查工作组，明确工作措施，定期对辖区内违建寺观开展检查，确保掌握第一手资料，遇到反弹苗头及时处置，稳妥化解。组织明查暗访三次，由四个区督查推进组对全区97处改作他用的42处违建寺观进行抽查，全部合格38处，合格率91%，另有4处轻微反弹的按要求整改到位，整个督查情况在全区进行通报。制定《通州区违建寺观治理长效管理办法》，并要求各镇（区、园、街道）结合实际制定实施方案，对未完成任务的镇（区、园、街道）继续推进，全区15个有任务的镇（区、园、街道）有12家全面完成任务，197处违建寺观完成整治180处，与未完成的相关单位进行沟通，进一步明确处置方式和时间节点。

【"星级宗教活动场所"创建】 2016年，区民族宗教事务局协调、指导举办基督教姜灶教堂夏令营活动、圣光堂黄长老升座仪式、觉正长老99寿辰、觉正长老圆寂法会、慈云寺妙果法师升座庆典、广慧寺海泉圆寂法会等大型宗教活动，与各场所签订《落实安全生产主体责任承诺书》，联合消防部门开展两轮消防安全大检查，安全隐患全部整改到位。鼓励和支持宗教场所加强场所建设，区政府先后为先锋灵峰寺和张芝山天主教堂减免部分建设规费，并增拨宗教场所管理专项经费。南山寺、香光寺、慈云寺被南通市民宗局认定为四星级宗教活动场所，普昭寺、普缘寺被认定为三星级宗教活动场所。11月5日，省民委（宗教局）主任李国华在东社慈云寺调研时，对通州区宗教场所建设成果予以充分肯定。

【区佛教协会换届】 7月29日，区佛教协会第五次代表会议在南山寺召开，会议讨论通过《南通市通州区佛教协会章程》（修订版），选举产生新一届理事会和领导班子，耀来当选新一届区佛教协会会长。会议召开前，区民宗局会同区委统战部、镇（区、园、街道）党（工）委对新一届区佛协理事会班子成员进行考察，并征求宗教界人士、信教群众代表意见，积极稳妥化解有关矛盾，确保成功换届。

【"道风建设年"创建活动】 以4月8日南通市道风建设动员会议精神为指导，敦促宗教团体制定工作方案，召开创建推进会，开展交流学习活动。区佛教协会于5月21—22日组织部分场所负责人前往苏州寒山寺、灵岩山寺、重元寺参观学习，交流道风建设经验。创建活动中，五甲白龙寺、平东弥勒寺、西亭西禅寺等在建工程突出"质量第一、安全第一"主题，南山寺、香光寺等窗口场所突出"人民满意"主题，在所有场所突出"履约守信"主题，采取多种形式弘扬诚信美德，普及文明知识，帮助信教群众树立诚实守信观念，进一步提升全体从业人员的文明素质和法制意识。

【宗教慈善】 6月28日，区佛教协会在南山寺举行祈福超度法会，为遭受6·23盐城龙卷风通州首届宗教慈善音乐会冰雹特大灾害的灾民募捐善款，祈愿逝者安息，生者安泰，现场募集救灾捐款12.6万元，通过市佛协转往灾区。传统节日前夕，香光寺、慈云寺、江心寺等场所负责人主动慰问当地困难家庭和学生，带去美好祝福。9月23日，区

通州区首届宗教慈善音乐会

民宗局联合区文广新局、区佛教协会在文博小剧场举办首届通州佛教慈善音乐会，现场演出集佛教艺术表演、书画、音乐等节目，并开展书画作品义卖募捐，所得善款全部用于捐助贫困学生家庭。

【依法行政】 抓好学习培训，通过组织参加南通市“政法大讲堂”专题讲座、全市民族宗教依法行政培训班、区佛教协会参学等学习活动，多角度拓展干部视野，提升执法队伍整体素质。做好行政权力“双公示”工作，全面梳理依法行政权力清单，制定《通州区民族宗教系统县级权力清单及办事指南》《通州区民族宗教领域通过法定途径处理信访投诉请求清单》，进一步明确责权范围。依法办理行政审批事项，2016 年办理民族成份更改 5 件、享受政策照顾（中考、高考）考生审核 75 件。及时稳妥处置信访纠纷和人民意见，共接收处置 2 起信访案件和 1 起群访事件，调处回民拉面店经营纠纷 3 起，答复 12345 热线来电 2 件，回复代表意见和委员提案各 1 件，矛盾纠纷全部化解到位。协调引导成立通州穆斯林清真小组，把穆斯林管理工作纳入依法有序轨道，协调教育部门安排回民子女就近入学。做好政协委员提名考察工作，考察并公示 7 名拟提名对象。开展安全隐患和不稳定因素排查，查出安全隐患 2 个，迅速协同有关单位和镇区做好相关当事人的思想沟通工作，确保 G20 杭州峰会召开期间宗教领域社会稳定。 （周建勇）

信 访 工 作

【概　况】 2016 年，通州区信访工作以“创建一流队伍、完善一流体制、实现一流质效”为目标，深入推进信访工作制度改革，加强信访法治化建设，立足解决问题，着力健全机制，强化责任落实，全力打造“阳光信访”“责任信访”和“法治信访”，确保全年越级上访全面控减，进京非访明显下降，为建设“强富美高”新通州营造和谐稳定的社会环境。先后完成全国、省、市“两会”、省委巡视组来通、江海国际博览会、省高考招生政策调整、G20 峰会、十八届六中全会等期间的信访维稳工作任务。

【信访总量】 2016 年，通州区共受理群众来信来访 1801 件次，其中来信 621 件，上升（比上年，下同）14%，来访 1180 批 3987 人次，批次下降 11%；发生越级上访 154 批 1650 人次，其中进京上访 88 批 151 人次，赴省上访 33 批 90 人次，去市集访 33 批 1409 人次；区领导共接待信访群众 215 批 896 人次，化解信访问题 137 件；交办突出信访问题 131 件，化解 88 件，化解率达 67.2%；受理信访事项复查申请 137 件，其中立案受理形成复查意见 21 件，复查维持率达 100%。

【进京去省上访集中化解】 2016 年，为全面压降进京去省上访态势，推动全区信访秩序持续好转，根据南通市部署要求，在全区部署开展进京去省上访集中化解行动。成立专项行动组织机构，加大工作力度，细化工作措施。集中化解行动实施区领导挂钩包干负责，对省市交办的信访事项全部落实区党政领导包案和镇（区、园、街道）“一把手”责任，按照“五个一”（一名包案领导、一个工作班子、一套化解方案、一套稳控方案、一份会议纪要）的工作要求，完善受理、化解、稳控责任体系，确保活动有成效。省市交办的 16 件进京到省上访事项，结案化解 14 件，化解率 88%。

【权益保障卡发放】 2016 年，通州区深入推进群众依法逐级走访权益保障监督卡制度，做好法定途径分类处理信访诉求工作，将信访工作纳入法治化轨道，努力提高信访工作实效性。广泛宣传，营造氛围。通过《通州大众》媒体、电子显示屏、宣传手册等形式大力宣传《信访条例》及权益保障卡使用办法等，增强基层干部和信访群众对“权益保障卡”制度的信任感，保证工作的顺利实施和有效运行。各镇（区、园、街道）实行制度上墙，运用橱窗展板、宣传手册等形式扩大熟悉度和知晓度。责任分解，程序规范。对办理程序责任全面分解，明确来访登记、接谈填卡、受理录入、规范办理等各个环节的具体要求和责任人，按照接待—甄别—发卡—登录—反馈的运作方式操作。用好指导，确保实效。全区派出 4 个工作组定点定向督查指导，及时交流各地推进工作进展情况，捆绑考核，确保推进有力。共发放权益保障卡 145 张，并同步录入阳光信访系统；大力推行“互联网＋信访”，在局域网上开发网上信访功能；全区 30 家职能部门出台法定处理诉求项目 641 项，依法定途径处理信访诉求全面展开。 （曹月青）

接待工作

【概　况】 2016年，通州区接待办圆满完成中国关工委主任、全国人大常委会原副委员长顾秀莲，中央军委深化国防和军队改革领导小组专家咨询小组组长、原总参谋长助理杨志琦将军，中央人民政府驻香港联络办副主任仇鸿等领导来通视察的接待任务。接待徐州市贾汪区、扬州市邗江区、邳州市等省内相关县市区及陕西淳化、山东微山、福建惠安等省相关县市区的考察团队。成功保障澳大利亚企业家社团、法国欧瑞泽基金、香港江苏社团总会、象屿集团、国轩高科等招商活动的接待工作。参与策划实施"一带一路"纺织交易联盟倡议大会、"洋眼看江苏"通州行、张謇杯·2016中国国际家用纺织产品设计大赛、江苏省第28届"教海探航"征文颁奖、通州区第十二届高洽会暨南通高新区江海智汇节等大型活动。

【公务接待】 2016年，完成接待任务182批3350人次。其中，中央及省部级领导14批170人次，外省县市宾客34批次410人次，省内(含省厅委办及院校新闻单位)宾客109批1720人次，军队宾客4批60人次，外宾5批100人次，大型团队15批1100人次。　（朱朝霞）

电子政务工作

【概　况】 2016年，通州区电子政务管理中心对照年度目标任务，尽职尽责、求真务实，在政府信息公开、网站建设管理、政府信息化建设等方面取得一定成绩。政府网站内容保障工作在南通市取得第一，政务公开工作在南通市督查中受到表扬，"12345"市民热线广泛征集市民建议受到好评。

【内容建设】 2016年，"中国通州网"丰富报道方式，不断提升信息内容品质，逐步建成权威的信息渠道，规范采编流程。在区第十二次党代会、两会、全区作风建设大会等重大会议上，综合运用图文视频直播、报告图解、网站专题等手段，多途径、多角度、深层次宣传区委、区政府的重大决策部署。"中国通州网"大力报导南通市第27届菊花展新闻发布会、张謇杯·2016中国国际家用纺织产品设计大赛获奖作品颁奖暨第九届中国(川姜)家纺画稿交易会新闻发布会、通州区第十二届高层次人才创新创业洽谈会新闻发布会的相关内容，体现网站的传播力和影响力。积极吸收优秀政务网站建设理念，重新布局设计网站首页，优化网站页面呈现效果，不断提升网友访问体验满意度。

【平台和网络防护建设】 2016年，通州区电子政务管理中心以优化协同办公、建设政务云平台系统、完善电子监察为重点，进一步提升电子政务工作程序化、规范化、透明化水平。通过对平台的数据库必要优化，定期重建索引，优化程序代码，定期做好检查清理。利用行政审批系统开发的机会，提出整体优化解决方案，保证行权系统正常运行。依据国办15号文件精神和省、市相关文件要求，制定《通州区政府网站日常运维监测实施办法》，做好政府网站普查各项工作。注重网站群的整体安全防护，发现问题及时提醒修补，并落实技术防护措施，严把服务器和网络入口安全，保障站群系统安全稳定运行。加强机房的管理和维护，做好网络日常运行维护和管理，确保网络稳定运行。

【"12345"市民服务热线】 2016年，"12345"市民服务热线服务效率和质量显著提高。全年受理各类群众诉求100569件，其中热线受理97999件，公众监督受理2181件，区长信箱受理266件，日均受理276件，当场解答市民来电80051件，即时办复率提高6.7%，派发工单20518件，办结率98.94%，回访满意率98.73%。确保群众诉求"事事有回音，件件有答复"。区电子政务管理中心把联动单位回访工作作为提升办件质量的重要抓手，通过召开培训会、每月通报、每周点评、每日联系等措施，督促联动单位重视并认真开展回访工作。针对市民诉求量逐年递增的新情况，与供水、供电、消防、公安、城管等部门建立应急事项联动机制，保证常年每天24小时值班解决市民诉求事项。

（季　璟）

地方志工作

【概　况】 2016年，通州区坚持依法修志，推进地方志事业发展。出版发行《通州年鉴(2016)》，全书95.2万字，设34个篇目，229个分目，1000多个条目，正文照片67张。指导部门修志，《通州工会志》已出版，《通州老龄志》进入出版阶段。

【《通州年鉴(2013)》获全国二等奖】 7月，《通州年鉴(2013)》在全国地方志优秀成果(年鉴类)评审中荣获县区级综合年鉴二等奖。《通州年鉴》1997年创刊，每年编辑一卷。《通州年鉴(2013)》为第17卷，设篇目34个，分目231个，条目1000余个，随文图片74幅，计91.6万余字，全面、准确地记录2012年度通州区政治、经济、文化、社会生活等方面的新成就、新发展、新经验，是各级党政机关、研究机构以及社会各界人士了解通州、研究通州的重要工具书。

【《通州市志》获区社科优秀成果特等奖】 7月，《通州市志(1993—2009)》获区第三届哲学社会科学优秀成果特等奖。《通州市志》为《南通县志》的续志，记述时限上起1993年1月，下限至2009年7月通州撤市设区。全志33篇、196章、777节，资料翔实丰富，篇目科学合理，系统记载了通州市人文历史、地理环境、政治经济、社会文化等内容，是一部存史资政、惠今泽后的地方历史文献。

【区情知识竞赛】 6月—8月，区地方志办公室与区级机关工委联合开展“爱我中华、兴我通州”区情知识竞赛活动。竞赛内容涉及通州历史、地理、政治、经济、社会、人文等方面的知识，共60题。参赛对象主要为各镇区园、区级机关各部门各单位党组织以及社会各界人士。经评选，区公安局等9个单位获优秀组织奖，75人分获一、二、三等奖。 （陈　菊）

档案工作

【概　况】 2016年，通州区档案局着力转变档案事业发展方式，不断拓展档案工作为社会各项事业服务新领域，充分发挥档案工作“资政、惠民、育人”作用，圆满完成年度各项目标任务。2月，被江苏省档案局表彰为全省档案系统先进集体，8月，被表彰为全省档案宣传工作先进集体。

拓展活动平台，扩大档案社会影响。2016年，区档案局(馆)依托爱国主义教育基地平台开展形式多样、内容丰富的宣传活动。与区委党史办联合举办通州区第三届档案夏令营活动，活动成效显著。开展“国际档案日”系列宣传周活动。围绕“档案与民生”主题，先后开展“档案与民生”征文、市民中心广场大型宣传咨询，送档案文化进校园活动，通过短信、微信平台开展“档案与民生”宣传普及活动。与区委党史办、区关工委联合举办庆祝中国共产党建党95周年大型专题图文展览“光辉的历程”活动，陈列展览28个版面、6个大模块。

扩大档案征集范围，发挥档案作用。为更好地构建具有地方特色的馆藏资料，2016年，区档案馆扩大征集范围，转变征集方式，共征集到记账达人马祖煌的《家庭账本》19本，参加央视《经济大调查》节目光盘2张，撤县建市庆典照片65张、《江苏语言资源资料汇编》19册，首次接收区电视台的声像档案286盒，区卫计委计生档案14076件，接收撤并部门、镇的纸质文书档案及对应电子档案9个全宗8000余件。将馆藏印章档案和录像档案进行数字化，按实物档案数字化的要求，对馆藏印章进行多角度拍摄，并建立目录、图片一一对应的印章档案专题数据库。对接收进馆的录像带采取多次倒带、转录等措施进行格式转换和刻盘，形成声像档案光盘，馆藏数字化数量达1080万页。开展“零距离、零障碍、零投诉”档案利用服务，全年查档利用4000余人次，调卷4200余卷，出具档案证明3000余份，真正发挥档案信息资源服务社会大众的作用。

【省AAA数字档案室建设】 2016年，通州区档案局按照“全国有影响、省内有位置、南通争第一”的目标定位，大力推进档案信息化建设，将全区所有镇(区、园、街道)档案室建成省AAA数字档案室作为年度重点特色工作。先后举办3次专项业务培训班，多次召开座谈分析会，明确具体要求，及时了解、掌握各镇创建过程中存在的问题和不足，运用典型引路法，选择档案工作基础较好且档案信息化工作开展较早的镇进行试点，11月底，全区15家镇(区、园、街道)档案室创建全部通过省3A数字档案室验收。

【通州区第三届档案夏令营活动】 7月21日，通州区档案局与区委党史办联合举办通州区第三届档案夏令营活动。活动主题为：走进档案，了解党史，认识通州。暑假中的中、小学生通过参观《光辉的历程》、党史陈列展、城市展览馆、档案文化主题展、智能化档案库房、检索民生档案信息，参加有奖档案、党史知识竞赛，更好地了解档案文化承载的历史内涵，增强和激发他们爱国、爱党、爱家乡情怀，从小培养档案意识。

【“国际档案日”宣传周】 6月9日—15日，通州区档案局围绕“档案与民生”主题在全区开展“国际档案日”宣传周活动。通过举办社会征文、市民中心广场大型宣传咨询、送档案文化进校园活动，利用短信、微信平台进行宣传普及活动，向全社会弘扬档案工作在服务中心、服务民生、服务文化建设方面取得的新业绩、新成效，充分展示档案“存凭、留史、资政、育人”的特殊价值，展现档案工作“记录历史、传承文明、服务社会、造福人民”的重要作用。

【机关事业单位会计档案规范化】 2016年，区档案局、区财政局以1月1日起正式实施财政部、国家档案局(第79号令)新修订的《会计档案管理办法》为契机，共同推进机关事业单位会计档案规范化管理。共同制定《通州区机关事业单位会计档案规范化管理实施方案》，有计划、有步骤地实施会计档案规范化管理全覆盖，6月中旬对全区机关、事业单位会计进行会计档案专题业务培训，10月召开机关会计档案现场会，11月进行全面检查，记录和反映单位经济业务的会计档案规范化管理程度得到极大提升。

【智能库房建设】 2016年，通州区档案局将智能库房建设作为重要的工作目标，建设前期，区档案局对库房管理系统建设进行大量的调查和研究，确定建设方案，全局馆人员深入库房采集档号信息，6月完成电子标签的制作，12月前全面完成民生档案库房电子标签的粘贴、档案的装盒工作，建成民生档案库房管理系统，为实体档案的安全管理提供有力保障。 （赵冬梅）

行政审批工作

【概　况】 2016年，通州区行政审批局(政务服务中心)进一步加强政务服务体系建设，深化推进行政审批制度改革,提升行政服务水平,提高行政审批效率,不断巩固“三集中、三到位”工作成果,积极为企业、群众提供优质、快捷、高效服务。6月3日,通州区人民政府办公室下发通政办发〔2016〕54号《区政府办公室关于印发南通市通州区行政审批局主要职责内设机构和人员编制规定的通知》,明确通州区行政审批局设立8个内设机构:办公室、人事教育科、政策法规科、审批协调科、监督检查科、市场准入科、项目投资科、工程建设科。机关行政编制为27名。领导职数为:局长(主任)1名,副局长(副主任)4名;首席审批员3名(按副科级配备)。另按有关规定设置区纪委派驻区行政审批局纪检组,核定纪检组长职数1名。同时撤销区纪委派驻区政务服务中心纪检组。正副科长(主任)17名,其中正科长(主任)12名(含监察室主任1名,审批专员3名),副科长5名。)保留南通市通州区政务服务信息中心机构设置,为公益一类事业单位,相当于股级建制,隶属于区行政审批局。核定区政务服务信息中心事业编制18名。设主任1名,副主任2名。通州区编制委员会下发了通编〔2016〕34号《关于同意成立区联合图审服务中心和区联合评价服务中心的批复》,同意成立南通市通州区联合图审服务中心、南通市通州区联合评价服务中心,均为公益一类事业单位,相当股级建制,隶属于区行政审批局。两个中心各核定人员编制5名,各设主任1名。经费类型为区财政全额拨款。中心各窗口共受理并办理各类行政审批、许可、服务事项167.63万件。其中工行办件量为12.4万件、财政局办件量为9087件、气象局办件量为124件、不动产交易中心办件量为9.06万件、规划分局办件量为340件、建管局办件量为213件、城管局办件量为1042件、国税局办件量为26.89万件、地税局办件量为34.87万件、交通运输局办件量为1.58万件、农委办件量为166件、公安局(治安)办件量为12.61万件、公安局(出入境)办件量3.2万件、消防大队办件量为219件、水利局办件量为22件、烟草局办件量为1528件、民政局办件量为2994件、公积金中心办件量为1.99万件、价格认证中心办件量为693件、人社局(就业中心)办件量为7.37万件、人社局(医保中心)办件量为17.9万件、人社局(人才中心)办件量为7960件、审图中心办件量为370件、人社局(企保中心)办件量为9.37万件、人社局办件量为4118件、联通公司办件量为5357件、移动公司办件量为1932件、公交公司办件量为1.62万件、电信公司办件量为1611件、自来水公司办件量为8.11万件、华润燃气办件量为5.84万件、农村产权交易中心办件量为200件、有线电视办件量为4209件、新农合办件量为7153件、审批局办件量为9.88万件。

【创新“五联”审批新模式】 2016年,行政审批局围绕相对集中行政许可权改革试点工作要求,创新审批方式,组建相关工作机构,制定完善“五联”工作机制,优化审批流程,减少审批环节,提高审批效率。“五联”审批新模式得到中央编办、省、市审改办的充分肯定。企业设立实行“证照联办”。按照“分类受理、一岗多能、流程再造、证照同发”的要求,整合窗口设置,加强业务培训,实现外资、商务、安监、文广类事项的许可证与营业执照在一个窗口同步发证。全面推行“一审一核”“审核合一”制,单个事项的审批环节减至1—3个,确保90%的审批在窗口直接办结。实行“证照联办”以来,同步发放证、照426批次1256份,有效推动市场准入效能新提升。技术评估实行“联合评价”。按照“统一咨询、统一收件、同步评估、统一发件”的服务模式,行政审批局指导企业准备相关材料,细致分析每个审批前置条件要求,让企业少走弯路。研究行政审批过程“一长四多”问题的解决途径,进一步规范影响审批效率的中介机构服务行为,延伸审批服务触角,加快审批服务速度,评估评价环节的总体时间比改革前压缩65%以上。施工图设计实行“联合审查”。开发建设“通州区建设工程施工图联合审查信息平台”,将“五图”实行网上联合审查。积极破解审图资质“瓶颈”,引进南通唯一一级资质图审中心和人防审查机构进驻。该信息平台自4月上线运行以来,共受理图审项目130个,图审效率得到极大提高,图审初审时限由过去的90天以上缩短至10天以内,成为南通地区第一家推行“互联网+审图”模式的县(市、区),为面上改革试点提供经验。现场审核实行“联合踏勘”。对于同一市场主体、多个许可事项或在同一地段的多个市场主体,需要现场踏勘的事项,采用归口管理、专人负责、一车出动、全面体检的方式,不同事项的现场踏勘,实行一车联动,充分整合人员、事项,提高行政效率,节约行政成本。实行“联合踏勘”以来,共对530多个许可项目联合现场踏勘,到现场1450余人次。项目竣工实行“联合验收”。打破过去建设单位逐个申报、分批接待验收的繁琐流程,对环评、能评竣工验收实行联合高效验收,建设单位递交联合验收申请及相关验收资料,由“联验窗口”组织各参验单位统一受理,并牵头各参验单位统一时间同步开展现场验收,依据各自职责,在规定时间内提出验收意见,出具验收结果文件。联合高效验收既让企业“少跑腿”,又为建设项目早日投产达效赢得宝贵时间。

【审批流程优化】 2016年,按照“流程最优、环节最少、时间最短、服务最佳”的要求,通州区行政审批局大力探索审批方式创新和突破,努力推动行政审批“一图贯全程”,实现由“一长四多”向“一短四少”转变(时间由长变短,盖章、材料、缴费、行政成本由多变少),促进行政效能的再提高和审批服务水平的再提升。平均单个事项的审批环节由审批局成立前的3~5个减至现在的1~3个,项目投资及建设工程审批环节由原104个减至24个。通过改革创新的“减、放、调、并”等途径,使相关审批化零为整,编制高效审批40~60天全流程试点方案模式,实现审批再提速。

【作风效能提升】 2016年,通州区行政审批局加强政务服务作风建设,努力提升政务服务效能,围绕开展“阳光审批、E站服务”效能服务品牌建设为主线,紧扣窗口服务单位特点,重点围绕优化办事流程、改进服务方式、提升服务质量、提高办事效率开展创建活动，着力打造体现行政审批、政务服务特色的效能品牌，坚持公正廉洁审批，文明高效服务。继续组织开展“红旗窗口”“服务之星”等各项评比竞赛主题活动，充分激发全体人员的争先创优热情，有效提升作风效能。深化窗口规范建设。加强窗口审批的规范化建设，进一步落实审批规范制度，通过规范化建设促进审批质量的提高。整合服务项目，树立“大窗口、大服务”的理念，结合行政许可职责，对承诺服务内容、审批事项、审批程序和办结时限进行梳理和整合，及时更新公示内容，为广大投资者提供便捷服务。深化窗口效能建设。进一步贯彻落实首问负责制、一次性告知制、服务公示制、过错责任追究制等窗口工作制度，坚持做到“一口清、一次明”。建立重大事项跟踪服务机制，进一步加强与重点企业的沟通，做到资料齐全马上办、资料不全指导办、时间紧迫加班办。针对审批过程中出现的问题及时跟进，予以协调，妥善处置，为重大项目提供便捷、快速、高效的“绿色通道”。深化窗口作风建设。在规范化基础上，进一步强化作风效能建设，以规范促效能，把为企业解难题、促发展作为重点工作来抓，实现“服务过程零障碍、服务方式零距离、服务质量零缺陷、服务效能零投诉”。深化“两学一做”学习教育，增强岗位人员廉洁自律、勤政为民的公仆意识，严守各项制度，严格规范自身的行政服务行为，打造一支政治合格、作风过硬、业务精湛、服务一流的行政审批队伍。

（苏晓容）

公共资源交易管理工作

【概　况】 2016 年，区公管办紧紧围绕区委区政府工作部署，结合全省建设工程招投标改革试点工作，全力打造“依法透明、廉洁高效”阳光交易环境。全年完成交易项目 4448 项，交易额 46.92 亿元，节约资金 10.40 亿元，节约率 18.1%。其中：区级完成交易项目 2240 项，工程类交易项目 895 项，交易额 35.73 亿元，节约资金 8.75 亿元，节约率 19.66%；采购类交易项目 1345 项，交易额 9.17 亿元，节约资金 1.32 亿元，节约率 12.5%。镇级完成交易项目 2208 项，交易额 2.02 亿元，节约资金 3287.30 万元，节约率 14.0%。

【黑名单制度推行】 8 月，为进一步规范公共资源交易行为，维护公共资源交易市场公平竞争秩序，建立健全公共资源交易诚信体系，促进公共资源交易各方主体依法依规交易，制定出台《公共资源交易不良行为和黑名单制度管理办法》，坚决惩戒失信行为，并暂停其投标资格。2016 年度，已有 6 家单位被列入不良行为单位及黑名单。

评标区监督员现场评标

【招投标改革试点】 10 月，通州区被省住建局列为第二批“全省工程招投标改革试点单位”，正式开展房屋建筑和市政基础设施工程招标投标改革试点工作，确定 18 条改革措施，重点是扩大招标人自主权；优化招标程序、降低招标成本、提高工作效率；加大信息公开，推进招投标诚信建设；创新监管，规范招投标行为。

【“招标通”保证金管理系统】 针对以往招投标过程中企业通过现金、银行汇票、保函等方式缴纳投标保证金存在少数违法借用、挂靠资质的行为的现象，10 月起，通州区正式启用江苏国泰新点软件有限公司、中国银行股份有限公司南通通州支行、通州区公共资源管理中心共同研发的“招标通”投标保证金软件平台。“招标通”设有投标保证金网上缴纳、虚拟子账户项目管理、基本账户核对、自动退还等功能，与银行连接采用专线方式，避免数据泄露的风险。同时，按标段动态设立投标保证金子账户，投标保证金由投标企业汇入子账户后，可以按照标段进行管理，实现对投标保证金分标段、分时间、分批、分次、分账户退还。系统提升了保密等级、简化了业务流程、降低了工作成本、遏制了借挂资质行为。

【镇级交易平台】 2016 年，出台《关于镇级公共资源交易服务中心规范化建设实施方案》（通公管办〔2016〕16 号），推动镇级公共资源交易项目统一进场、集中交易。组织对镇级交易服务中心规范化建设进行考核评定，评定一类中心 6 个［石港科技产业园（石港镇）、平潮镇、滨江新区（五接镇）、西亭镇、十总镇、金沙街道］、二类中心 8 个［兴仁镇、二甲镇、刘桥镇、东社镇、中国南通家纺城（川姜镇）、锡通科技产业园（张芝山镇）、先锋街道、兴东街道］。

【标后监督】 2016 年，通州区标后管理办公室充分发挥组织协调功能，联合住建、建管、财政、审计、水利及交通等部门开展 12 次标后监管联合执法检查，对全区 95 个政府投

标后现场勘察

资在建工程和5批次政府采购项目进行专项检查,发现整改问题79个。先后编发标后监管简报十二期,通报信息60条。加大违法违规行为的处罚力度,共处罚投标企业9家,罚款20.91万元,向公安机关移送案件2件。

(张珊珊)

机关事务管理工作

【概　况】 2016年,通州区机关事务管理局把提高服务保障水平作为出发点和落脚点,切实转变服务理念、不断加强队伍建设,扎实推进各项后勤服务保障工作高效开展。

【安全保障】 2016年,通州区机关事务管理局以安全管理工作为重点,进一步加强对消防、食品、秩序、设施设备等方面的安全要求,定期组织安全检查,及时发现、排查安全隐患;加强行政中心、市民中心车辆秩序管理,认真审核换发车辆通行证,做好内、外部车辆分流工作;加强安全、消防监控管理,提高人防技防水平,提升保安队员职业资格证书持证率,对设施设备存在问题及时进行整改,更换行政中心灭火器、水龙带;做好人员上访管理,全年处置上访453批4205人次。

【国有资产管理】 2016年,区机关事务管理局以办公用房清理为突破口,提高资产管理能力。开展办公用房清理"回头看"。清查统计区级机关、镇区园街道办公用房清理腾退情况;开展科级以上领导干部办公用房自查登记;制定行政中心办公用房整改方案并组织实施。区级机关、镇区园街道腾退、调整办公用房3482.26平方米;全区529名副科职以上干部开展办公用房自查登记。制定长效管理机制,按照统筹管理、分级负责、严格规范的思路做好办公用房管理,制定《南通市通州区党政机关办公用房管理暂行办法》,不断完善办公用房统一管理工作机制,明确管理要求,落实管理责任,整合房产资源;加强监督检查,按照"谁使用谁负责"原则,督查超标准使用办公用房行为。合理调配办公用房,做好区级机关、事业单位房产底数统计,推进办公用房管理"五统一"。积极整合房产资源,做好办公用房调配工作,共调整、分配办公用房3000余平方米。

【公务用车制度改革】 2016年,区机关事务管理局做好公务用车制度改革工作。审核发放公务交通补贴,会同区委组织部、编办、人社局、财政局按照人员性质、职务职级,认真审核全区94家参改单位4703人的公务交通补贴。二是做好车改取消车辆的评估、拍卖工作。全区车改取消车辆共计331辆。根据各参改单位的实际用车需求和车辆状况,调剂划拨车辆71辆、解体报废71辆、公开拍卖189辆。6月30日,区公务用车制度改革取消车辆拍卖会在市民中心小剧场举行。总评估额为332.88万元的189辆公车全部成交,成交总额为602.85万元,溢价269.97万元。做好车辆集中统一管理平台建设工作。制定下发《南通市通州区公务用车集中管理办法》,组建公车管理科和机关车辆管理中心,以用车申请、派车调度、卫星定位、车辆信息报送等功能为核心,建设车辆管理系统。车辆集中统一管理平台运行平稳有序。做好保留公务用车管理。节假日和非工作期间公车实行集中停放和使用报备制度,要求所有保留公务用车,除值班车辆外,非工作时间一律实施封存。要求各参改单位严格对照机要通信、应急用车使用口径规范出行管理,建立健全公务用车审批制度,凡公务出行均应履行审批手续,填报《公务用车使用申请表》,并建立用车台账。

【后勤服务】 2016年,区机关事务管理局大力推进食堂管理规范化和会务服务标准化。加强成本核算,通过实行每日成本支出及收入情况通报制,加强对食堂物资的采购、入库、领用等环节的监管;提高菜品质量,通过开展伙食质量满意度评价,不断优化菜谱、创新菜品,受到机关干部的好评;开展食堂外包服务招标工作,广泛调研、征求意见,为新一年度餐饮服务做好保障;全年合计服务就餐人员21万人次。以做好区"两会"、十二次党代会会务服务保障为核心,进一步提高会场布置要求、提升服务标准、规范服务流程、加大培训力度,对服务人员进行调整优化,提升整体素质,建立"会前准备、会中服务、会场卫生、音控服务、总体质量"监督体系;加大对老旧设施设备的更新改造,及时更换话筒和音控设备。全年共保障会议900多场次,与会人员6万余人次。

【机关财务服务】 2016年，区机关事务管理局认真做好统管30家单位的经费结报、财务记账、报表编制等日常性工作，按要求做好预算编制、预算执行、经费分析工作；做好财务公开，接受财务监督，定期向各单位公布经费预算的收支及执行情况，在财务网站上提供工资、费用支出明细、预算指标、项目支出明细、个人就餐卡消费明细等数据；在工作中严格执行财务制度，遵守财经纪律。并认真落实政府采购制度、重大支出申报制度，切实加强财务管理工作，为机关各单位的正常运转提供财务保障。

【公共机构节能管理】 2016年，区机关事务管理局抓好公共机构节能管理工作。明确目标责任，强化考核评价，以"六大绿色行动""六大节能工程"为指南，将能源消费审计、示范单位评价、建筑节能改造、能耗分项计量作为重点，科学规划"十三五"工作，修订《南通市通州区公共机构能源资源消费统计实施方案》，制定《南通市通州区公共机构节约能源资源"十三五"规划(草案)》，扎实推进全区公共机构节能工作。宣传节能知识，提高节能意识，以"节能领跑、绿色发展"为主题，在全区范围内开展公共机构节能宣传周活动，采取多种形式普及节能常识，加强宣传教育，开展"全国低碳日"活动，组织参观全市第三届公共机构节能节水技术产品展示会，推广节能节水新技术，培养节能行为习惯。引进节能产品，探索技改新路，开展节能成果调研活动，对新型节能产品作大量探索研究，做好节能技改的支撑和引导。对行政中心照明灯具进行更新，有效降低能耗。

(王鑫刚)

◆通州名菜选介◆

红烧河豚鱼 孙雪涛烹制。主料：洗漂净的河豚鱼肉、皮、肝。调料：葱、姜、盐、味精、老抽王、豆油(取净油)。先将鱼肝下料煎炒待用，再用生抽与鱼肉、皮入锅五成火绷面即捞起，豆油加热，放入葱、姜、河豚鱼肉、皮、肝，放酒去腥，放盐、味精、老抽煮烧半小时，待皮烂、汁收后起锅即可食用。其味鲜美，鱼皮要翻后卷起才能入口，食后回味无穷。

政协通州区委员会

Tongzhou District Committee of CPPCC

编 辑 杨王军

综 述

【概 况】 2016年,区政协紧扣区委部署,把握团结民主两大主题,主动适应经济发展新常态,围绕改革发展大局,认真履行职能,为全区经济社会发展贡献力量。围绕制造业转型升级、推动大众创业万众创新、健康通州、建筑业转型升级、学前教育改革示范区建设等专题积极建言献策,主动作为,牵线搭桥促成项目落户。发挥政协工作优势,全方位、宽领域、多层次地开展协商活动,利用提案、调研视察、社情民意、走访等形式,体察民意、化解民忧。做好维稳和增进团结工作,通过与民主党派协商共事、扩大联谊交往等,增强凝聚力和影响力。聚焦服务基层,加强队伍建设,以开展"两学一做"学习教育活动为契机,搭建学习平台,活跃委组活动,改进制度建设和机关作风,区政协工作科学化水平得到提升。

重要会议

【区政协十二届五次全体会议】 1月11日—14日,区政协十二届委员会第五次会议在区行政中心举行,由区十二届政协委员会常务委员会主持并召集。区委、人大、政府和区纪委、人武部、法院、检察院领导,历届四套班子老领导,区机关部门、单位负责人,镇(区、园、街道)统战委员及省、市政协委员和有关特邀人士应邀出席。会议听取和讨论区委书记宋乐伟的重要讲话,听取和审议施辉所作的常委会工作报告和王沈康所作的提案工作报告。会议期间,委员通过协商讨论、提交提案和反映社情民意信息等形式,围绕区重点工作及人民群众普遍关心的热点、难点问题献计献策,部分委员作大会发言。与会委员列席区十五届人大五次会议,听取并讨论区长陈永红所作的政府工作报告和其他有关报告。审议通过《中国人民政治协商会议南通市通州区第十二届委员会第五次会议决议》,听取提案审查报告。会议表彰2015年度承办政协提案先进单位、先进个人、优秀提案、政协工作先进集体和优秀个人。

【区政协十二届十八次至二十一次常委会议】 3月29日,区政协召开十二届十八次常委会议,同时作为政协委员活动日,会议听取省社会科学院副院长、省经济学会副会长吴先满作"供给侧结构性改革"专题讲座。会议指出,全区要围绕供给侧改革五大任务,结合通州产业实际,关闭淘汰落后产能,加大科技创新力度,激活企业主体活力,通过对战略新兴产业、先进制造业和现代服务业培植,促进通州经济提质增效升级。区政协副主席季平主持会议。

6月23日,区政协召开十二届十九次常委会议,专题协商"立足创新升级,推进'通州制造'迈向'通州智造'"课题。5个调研组围绕做大做强制造业、淘汰落后产能、推动"两化融合"、产业结构调整、科学招商引智等内容作交流。会议协商通过《关于"立足创新升级,推动通州制造'迈向'通州智造'"的建议案》。区政协副主席葛涛主持会议,副区长李儒斌出席会议并讲话。

9月29日,区政协召开十二届二十次常委会议,民主评议区市场监督管理局工作。会议听取农工党通州支部、区工商联、民建通州支部、九三学社通州区委员会就提升食品药品安全水平、提升监管力度、查处食药领域案件等专题所作的调研报告。会议听取并协商通过《区政协关于对区市场监督管理局工作情况民主评议的意见》。区政协副主席王沈康主持会议,副区长刘洪参加会议并讲话。

12月28日,区政协召开十二届二十一次常委会议,区委常委、常务副区长虞越嵩作区人民政府关于办理委员提案情况通报。区委常委、组织部部长、统战部部长沈旭东作有关人事变动情况说明。会议听取区政协十三届一次会议"两个工作报告"起草说明和区十三届政协委员建议名单

区政协十二届二十一次常委会议

说明。会议协商通过区十三届政协委员名单、召开区政协十三届一次会议的决定以及区政协十三届一次会议大会秘书处各组负责人建议名单。区政协副主席顾建军主持会议。

重要工作

【关注改革发展】 关注全区改革发展,认真履行职能,为推动经济社会发展出谋划策。探索转型升级路径。把“推进‘通州制造’迈向‘通州智造’”课题作为协商议政重点,形成调研报告,在此基础上召开区政协十二届十九次常委会议,形成建议案。围绕强化招商引资等课题进行考察,提出意见建议,把“优化发展环境,推动‘大众创业、万众创新’”作为季度协商重点课题,重点在激发主体活力、推进载体建设、优化市场环境、拓宽融资渠道、找准主要抓手方面出主意,想办法。建言改革发展。以“供给侧结构性改革”为主题举办“委员活动日”,组织党派、团体、界别及基层工委,围绕全力助推项目建设等课题开展调查研究,形成调研成果。

【聚焦民生热点】 运用调研、考察、提案、社情民意等手段,为改革发展和民生改善履职尽责。提案工作聚焦民情。强化政协主席会议集体督办、区领导现场督办、专委会对口督办等多项提案办理制度;开展提案办理“回头看”,完善跟踪协商以推进重点提案办理落实;会同“两办”督查室召开提案办理督查推进会,开展提案会商活动,提案评价体系由“面对面”改为“背对背”,推行提案办理二次评价制度,去除提案办理“被满意”;试行提案办理清单制和集中评议办理“大户”机制。传递社情民意。利用座谈协商、委组活动、来信走访等途径,全年共收集社情民意120多条,编辑《社情民意专辑》8期,区委、区政府领导每期必阅,即阅即批,其中完善城市展览馆布展内容、加强社会组织培育、推进学前教育发展等建议得到采纳吸收。民主评议食药安全防控。对区市场监管局开展民主评议,就体系化检测、食品质量风险防控、“三位一体”检测体系建立、省级食品药品信息化惠民工程创建等内容进行视察调研。关注弱势群体。围绕完善特困群体帮扶体系、推进学前教育改革发展示范区建设等作为季度协商重点课题,形成协商报告并反馈至区委、区政府,助力决策。开展调研和考察。将健康通州建设作为协商调研重点,通过专题调研和考察等形式推动工作,就提升群众生活品质、加强水环境治理、建设绿色通州等课题进行考察调研,为解决热点民生问题献计。开展走访活动。结合走访基层工委及企业家委员活动,对政协委员及实体经济发展情况开展调研,收集企业界意见和呼声,发挥联系广泛、渠道畅通的政协优势。

【促进团结民主】 充分利用政协职能,重点做好维稳和增进团结工作。发挥党派团体作用。为各民主党派、工商联、无党派和社会各界人士创造协商空间,优化议政条件;组织专委会、基层工委与各党派团体,围绕农业种养殖保险、公共资源交易平台建设、民营医疗机构建设、装配式建筑业发展等多个课题开展调研;邀请各党派团体、各阶层人士参与提案督办、行风监督、民主评议、对口协商等咨政监督活动。开展联谊交往。开展对外交往,组织好全市秘书长联席会议,协助对市政协学习文史委交办的资料进行收集整理,参加长三角地区十三县(市、区)政协工作研讨会。推进文史工作规范化。发挥宣传推介通州和存史、资政、团结、育人作用,编辑完成《通州记忆》。《謇园》内刊精心采编、按时发行,区张謇研究会围绕“张謇的地方自治与社会治理、张謇商业服务业发展思想”等专题开展学术研讨,积极参加全市学者座谈及征文比赛,打响通州“张謇”品牌。全力服务基层。参与挂钩镇项目建设、党员干部进社区、基层贫困户帮扶、“三解三促”、信访包案等重点工作。加强重点信访人员思想疏导,帮助化解矛盾;加强与民族宗教人士、“三胞”眷属和新社会阶层等群体联系沟通;开展新生代非公经济人士调查登记、学习培训等工作,发挥政协统一战线作用。

【强化自身建设】 把以开展“两学一做”专题教育活动为契机,坚持强素质、树形象,夯实政协工作基础。多形式学习。区政协开展“两学一做”专题教育活动,取得好成绩;组织委员参加情况通报会、专题报告会、工作座谈会、委员学习日等活动;组织机关人员及工委联络组赴井冈山开展革命传统学习培训;听取专家讲座和全区经济社会发展情况通报,接受党风廉政教育;制定《委员学习安排意见》,编发《学习资料》4期,充实政协网站内容。丰富委组活动。加强主席会议对界别工作领导,优化委组结构,专委会、基层工委、联络组开展视察调研、建言献策、对口联系等活动。严格执行各项纪律。认真学习贯彻中国共产党廉洁自律准则和纪律处分条例,严格执行中央“八项规定”和省市区委“十项规定”,精简各类会议文件,弘扬政协机关勤政节俭优良作风。抓机关作风建设。参与文明城市创建、党员干部进社区等活动,开展学习型、活力型、节约型、和谐型机关建设,倡导讲政治、勇担当、善协作、守纪律的好风气。

(孙崇兰)

纪检监察

Discipline Inspection an Supervision

编　辑　阚新华

综　　述

【概　况】 2016年,全区各级纪检监察组织全面履行党章赋予的职责,全力抓好重点任务落实。坚持全面、从严,对全区各级党组织以清单明责为抓手,建立常态化监督模式,对履职不到位的严肃追究责任。督促执行“九严禁”规定,对党代表人选和拟提拔任用人选及换届提名人选进行廉洁审核把关。认真实践监督执纪“四种形态”,落实纪法分开、纪在法前、纪比法严的要求,注重抓早抓小,用纪律管住大多数。完善反腐败协调小组工作制度,严格按照四类标准分类处置问题线索。完善纪律审查工作机制,围绕安全文明建章立制,加强和改进案件审理工作,严格用党章党规党纪衡量违纪行为。锲而不舍加强作风建设,持之以恒纠治“四风”问题。着力解决群众身边不正之风和腐败问题,坚决维护群众切身利益。以“三清示范区”建设为引领,构建不敢腐不能腐不想腐的有效机制。推进“十百千万”廉洁宣教工程,组织全区党员干部集中观看《永远在路上》、任前廉政知识测试以及党纪党规在线测试,举办“通州之夜”专场廉政演出。推进行政权力网上公开透明运行,组织电子监察督查督办。制定巡察工作实施意见,完成对区农委、区农资局、金沙中学、区自来水公司、通州卫校、江苏有线通州分公司等单位的巡察工作。围绕贯彻《党内监督条例》、领导干部谈心谈话等建章立制。开展“两学一做”学习教育,交流心得体会。制定镇区园(街道)纪委(纪工委)书记、派驻纪检组组长等三个提名考察办法,规范镇区园(街道)纪委(纪工委)书记分工,建立基层纪检组织负责人履职五项规定。采取“一案一授权”和进点封闭办案方式,杜绝跑风漏气、严防“灯下黑”。

【区纪委十一届六次全体(扩大)会议】 2月26日下午,中共南通市通州区第十一届纪律检查委员会举行第六次全体(扩大)会议。会议深入贯彻十八大和十八届三中、四中、五中全会精神,认真学习习近平总书记重要讲话和上级纪委全会精神,研究部署2016年我区党风廉政建设和反腐败工作。

区委常委、区纪委书记虞越嵩作了题为《忠诚履行执纪监督问责职责,为建设强富美高新通州营造风清气正环境》的工作报告。报告对2015年全区党风廉政建设和反腐败工作进行总结,对2016年工作任务进行研究部署。通州区委书记宋乐伟同志到会并讲话。全会要求全区党风廉政建设和反腐败工作要全面贯彻党的十八大和十八届三中、四中、五中全会精神,深入贯彻习近平总书记系列重要讲话特别是视察江苏时重要讲话精神,按照中央、省、市纪委全会部署要求,保持坚强政治定力,坚持全面从严治党,以党章为根本遵循,以党纪为基本准绳,加强党的纪律建设,忠诚履行执纪监督问责职责,深化纪律检

区纪委十一届六次全会

查体制改革，健全制度规定，强化党内监督，持之以恒改进作风，坚定不移惩治腐败，切实维护群众利益，积极构建不敢腐不能腐不想腐的体制机制，为建设“强富美高”新通州营造风清气正环境。

出席会议的有区纪委委员15人，列席会议的有各镇区园纪（工）委书记，区委各部委办、区各委办局、垂直管理部门（单位）、区各直属单位分管负责同志（纪委书记、纪检组长），区管企事业单位纪委书记，区纪委、监察局各室（中心）主任。

主要工作

【落实“两个责任”】 以清单明责为抓手，根据区委《关于落实党风廉政建设党委主体责任、纪委监督责任的实施意见（试行）》明确的8项监督责任和上级要求，细化纪委监督责任清单。协助区委并帮助人大、政府、政协党组及班子成员制定主体责任清单。印发《关于进一步强化党风廉政建设“两个责任”的工作方案》，组织各级党组织和纪检组织项目化推进“两个责任”落实，形成区、镇（区直部门）、村（基层站所）三级责任网络。开展全面督查，组织6个检查组对55个区级部门、14个镇区园（街道）及其部分下属单位落实“两个责任”情况开展现场督查，发现各类薄弱环节和问题191个，提出整改建议79条，对存在问题较多的16个单位开展“回头看”。协助区委组织区委常委、党员副区长带队检查党风廉政建设“两个责任”落实情况，13个检查组共发现问题25个，提出整改建议38条。进一步加强检查考核，对照“两个责任”清单，对全区各级党组织开展季度专项全覆盖督查，协助区委开展落实“两个责任”年度检查考核，发现问题191个，提出意见112条，发出通报推动整改落实。对履职不到位的严肃追究责任，全年问责11人，倒逼“两个责任”在基层扎根。

【实践监督执纪“四种形态”】 落实纪法分开、纪在法前、纪比法严的要求，注重抓早抓小，用纪律管住大多数。完善反腐败协调小组工作制度，与组织部、公安局、检察院、财政局、审计局会商工作，合力推进惩治和预防腐败各项任务。健全信访举报归口受理、问题线索集中管理和案件研究分析机制，严格按照四类标准分类处置，实现问题线索“零暂存”。制定“四种形态”实践运用规则，推动工作规范化、制度化。针对信访举报和日常工作中掌握的情况，实施谈话函询39件、信访监督40件，既一针见血指出问题，又推心置腹体现关爱，促进“咬耳扯袖、红脸出汗”常态化；注重抓早抓小，给予党纪轻处分387人，占89.8%；严肃处理不收敛、不收手的严重违规违纪党员干部，给予党纪重处分44人，占10.2%。坚持零容忍惩治腐败，全区查处违纪违法案件440件，党纪政纪处分431人，其中科级干部35人，涉嫌犯罪移送司法机关7人。完善纪律审查工作机制，围绕安全文明建章立制，加快审查节奏，提高审查效率。加强和改进案件审理工作，严格用党章党规党纪衡量违纪行为。

【持续正风肃纪】 抓常抓细抓实，持之以恒纠正“四风”。对八项规定精神落实和效能建设情况开展常态化查访，推进作风效能建设向基层延伸覆盖。紧盯假期节点，在元旦春节、五一端午等重要节日前，下发《通知》严明纪律，通过多种途径发信号、打招呼、提要求，派出明查暗访组14个，开展查访活动53次，纪律处分4人，510账户新增139.8万元。强化效能监督，先后开展7轮专项督查，暗访党员干部“在岗、在行、在状态”情况，发出效能建设通报6期，曝光问题121个，督促77家单位限期整改到位。组织对区12345市民服务热线事项办理情况专项督查，督促部门妥善解决群众疑难诉求。严格问责，对明查暗访发现的作风建设问题线索展开调查立案16人；37人因违反八项规定精神或“四风”问题受到纪律处分，发出专题通报2期，曝光问题7个16人次。完善作风效能监督结果运用，印发《2016年度全区作风效能建设考评办法》，对镇区园（街道）、区直部门实行清单式、扣分制考核，结果纳入年度目标管理绩效考核。

【纠治群众身边“四风”和腐败问题】 把查处发生在群众身边的“四风”和腐败问题作为全面从严治党向基层延伸和全面贯彻落实上级纪委全会精神的重点工作来谋划，在区纪委全会上作出重点部署，全年集中查办、督查督办基层干部在土地征收流转、“三资”管理、惠农补贴、扶贫救济、低保资金管理使用、城市拆迁改造等6个方面的问题，追究党纪政纪责任148人。

【保持遏制腐败高压态势】 切实加大惩治腐败工作力度，既坚决查处领导干部违纪违法案件，又切实解决发生在群众身边的不正之风和腐败问题，重点审查不收敛不收手，问题线索反映集中、群众反映强烈，现在重要岗位且可能还要提拔使用的领导干部。全区查处违纪违法案件440件，党纪政纪处分431人，其中科级干部35人，涉嫌犯罪移送司法机关7人，挽回经济损失951.55万元。

【严肃换届风气】 成立换届风气巡回督查组、换届风气现场督导组、违反换届纪律问题专项核查组，制定《换届风气专项督查工作方案》《镇换届风气现场监督工作方案》，对换届筹备、换届程序、换届纪律开展全程督查。督促11个镇成立换届风气督查小组，将监督机构延伸至基层。健全舆情监控和应急处置机制，制定预案，实时监控。

【保障项目建设】 成立区项目建设协调督查办公室项目督查组，从区纪委监察局、两办督查室、发改委、经信委、商务局等单位选择骨干力量充实队伍。督查组下设三个小组，分片包干督查。制定《全区项目建设常态化督查工作方案》，明确督查重点、督查方法、结果运用、督查要求。召开督查工作部署会，明确以领导交办事项、文件规定动作、基层反映问题、社会聚焦热点，以及黄牌单位为督查重点，共督查23家单位240余个重点项目，针对难点问题约请职能部门专题会商，推动解决。

【党风政风监督员队伍建设】 调整监督员队伍。2016年初，按照组织推荐、个人自荐等程序，公开选聘16名区党风政风监督员，发挥社会监督正能量。制定监督员《管理暂行办法》《服务保障办法》，规范队伍管理。组织召开监督员聘任暨培训会议，市纪委专家专题授课，不定期组织监督员学习交流，提升监督员工作科学化、规范化水平。与财政、审计、公安、商务、税务、市场监管等职能部门加强沟通，明确专人长期配合纪委工作，形成监督合力。

【巡察工作】 全年对6家单位开展巡察工作，充分发挥督导巡察利剑作用。制定五年巡察工作规划、巡察工作实施办法等一批规范性文件，坚持问题导向，在巡察前做足功课，多方收集了解被巡察单位的廉政风险点和薄弱环节，制定切实可行的工作方案。对督导巡察发现的问题实行分类处置，认真做好意见反馈、移交事项办理和整改落实等工作。全年共发现违反"六项纪律"问题74个，涉及党员违规违纪问题线索44条，对39名党员干部进行了立案查处，移送司法机关处理3人。强化结果运用，针对发现问题较多的单位，及时约谈党组织"一把手"。全年提出工作建议13条，指导被巡察单位修订完善各类规章制度33项。

【"十百千万"廉洁宣教工程】 以"廉洁学堂"制度为载体，通过评选10名优秀教员、100名党政主要领导亲自上党课、开展1000场廉洁教育课或活动、50000多名党员干部接受廉洁教育，扎实推进反腐倡廉"十百千万"廉洁宣教工程，扩大反腐倡廉宣教工作的覆盖面。以纪委领导班子成员为骨干组建宣教团，深入基层进行宣教。落实"一把手"上党课和纪委派员旁听制度，全区下半年共上报廉政专题党课计划93场，"一把手"上党课率达100%，宣教室、派驻纪检组长旁听党课率100%，受教育干部群众超8000人次。优秀党课讲稿在《通州日报》、"清廉通州"微博微信刊登，优秀党课视频在通州电视台播放，充分发挥示范效应。

【主题教育】 结合"两学一做"学习教育，借助"5·10"思廉日、算好廉政账、"12·9"国家反腐败日等，开展形式多样的教育活动。以身边典型案例，制作警示教育片《雷霆之怒》；邀请央视《百家讲坛》主讲、中央民族大学蒙曼教授为全区副科职以上领导干部作家风专题讲座；在全区金融系统开展"学党章、守党纪、强党性"知识竞赛活动，以考促学、以学促廉；加大新闻投放量，立体式、全方位、多角度对外宣传，在《党的生活(反腐倡廉版)》、"清风扬帆"网等省级以上媒体发稿5篇，在市级媒体发稿8篇，通过提醒过节、专题讲座、警示教育、知识竞赛等活动，引导党员干部筑牢"不想腐"的思想防线。

【法规学习】 邀请省纪委专家为全区副科职以上党员领导干部作《准则》和《条例》专题辅导讲座；在《通州日报》、"清廉通州"微博微信、通州廉政网、中国通州网开设专栏，刊载"一把手"学习《准则》和《条例》心得体会文章20余篇、"权威答疑"和"以案释纪"9期；组织新任副科职以上领导干部任前廉政知识测试，编写3辑共12万字的廉政电子教材，利用廉政网、"清廉通州"微博微信下发，供基层各单位学习；组织全区广大党员干部征订动漫读本《尺度》，开展"寻找身边的老严"征文等活动。

【效能建设】 全面开展效能服务品牌创建，组织督促45家单位总结提炼效能建设好做法、好经验，把经过充分论证，具有行业特点，体现时代特色、富有发展潜力的典型确定为品牌培育项目上报，并由区效能办集中公示，接受社会监督。结合"两个责任"考核，对申报单位品牌建设情况进行全面检查。深入开展民主评议政风行风，优化评议方案，对各参评单位政风行风建设情况开展了专项检查，开展电话调查、明察暗访。年末组织召开集中评议大会，邀请人大代表、政协委员、党代表、市民代表等社会各界160多名评议代表对52家重点部门和行业政风行风建设情况进行评议，现场测评、现场统计、现场公布，结果纳入效能建设考评。

【党员干部廉政信息监管】 健全干部个人基本信息库，要求全区副科级以上干部、区级机关科室中层正职干部及下属单位主要负责人、镇区园(街道)站所(中心)主要负责人和村居(社区)党组织主要负责人梳理个人基本情况，上报《干部个人基本信息报告表》，收集《报告表》2580余份。动态监管个人廉政信息，结合"两个责任"清单制度，调整完善党员领导干部《党风廉政建设动态信息本》《谈心谈话记录本》，对全区各级领导干部落实"两个责任"、履行"第一责任人"责任及"一岗双责"、执行廉洁自律规定等信息实行动态管理，同时结合"两个责任"督查，对《动态信息本》《谈心谈话记录本》填写情况开展检查，结果纳入考核。

【执法监察】 坚持围绕全区重点工作强化督查，充分发挥行政监察职能作用。全力保障项目建设顺利推进，对23家单位240余个重点项目进行督查，针对难点问题约请职能部门专题会商，及时将拉网式督查情况上报区委、区政府。健全区纪委监察局、工作室、基层纪检监察组织分层分级的"三重一大"事项监督网络，对252个"三重一大"项目进行监督，组织区监察局对教育信息化和南山湖小学新建两项工程立项监督。围绕促进区委、区政府的部署和要求落到实处，组织参加夏秋季秸秆禁烧、建设用地拆除复耕及环保领域执纪问责等一系列专项督查。

【"三联防工程"】 下发《关于深入推进行政执法部门履职风险"三联防工程"工作的通知》，督促发改委、公安局、司法局等20家行政执法部门及时调整联动小组分管领导及工作人员，制定工作方案，落实工作措施。20家单位根据区级总体活动计划，结合实际排出本单位《2016年度"三联防工程"活动安排表》，主动与纪委、检察院、政府法制办、法院联动联防，防止党员干部的廉政风险、失渎职风险和执法风险。

【违规吃请专项整治】 重申党政机关公务接待有关纪律规定，提出"14个严禁"；发出《提醒函》，对公务接待、工作餐和自费聚餐提出明确纪律要求，同时开展专项暗访。开展违规吃请和公款吃喝专项整治工作，组织财政、审计、公安、商务、税务等单位工作人员和党风政风监督员等组成10个督查组分2轮，分别对金沙街道、五接镇、发改委、公安局、环保局、民政局、国税局、红十字会等50余家单位公务接待、公款支出等情况进行检查。全面排查会所整治情况，对单位食堂、饭店、娱乐场所实施常态化暗访。对发现的10个方面85个具体问题进行专项交办。

【纪律检查体制改革】 制定出台《镇（区园街）纪委（纪工委）书记提名考察办法》《区纪委派驻纪检组组长提名考察办法》《区管学校、医院纪委书记提名考察办法》三个提名考察办法；在对镇区园街纪委书记、纪工委书记分工全面规范的基础上，率先在全市出台报告工作、定期约谈、述职述廉、工作例会、责任追究等5项配套制度。创新与下级纪检组织间的运行机制，对全区范围内信访举报统一备案、问题线索统一管理、办案力量统一调配、重点案件统一审理；线索管理上严把线索收集关、严把线索整理关、严把线索批办关"三个关口"；继续调整优化内设机构，从事监督执纪问责的机构占内设机构总数的81.8%，工作人员占总编制数的87.9%。

【派驻机构管理】 对28个系统规模大、直属单位多、监督对象多的部门，单独设置了派驻纪检组；对业务相近、相关或系统规模小的部门，设置派驻机关工作室实行归口管理。在派驻机构统一管理的基础上，优化资源配置，采取联系协作机制，在28家派驻机构中成立5个纪检监察协作组，明确区纪委常委、监察局副局长与各协作组挂钩联系，指导协调。出台《派驻（出）纪检组组长（纪工委书记）工作管理规定》，建立派驻纪检组组长报告工作、述职述廉、定期约谈、工作例会、责任追究五项具体规定。全年纪检组长向区纪委定期报告监督情况28次，报送案件线索19条，协作调查信访件42件，立案27件。

【强化基层纪检组织安全办案能力】 采取多项举措，进一步加强硬件建设，严明办案纪律，确保依纪依法、安全文明办案。统一标准，全面部署。制定完善区纪委《非"两规"谈话安全规范》，要求全区12个镇、4个街道办事处严格按上级规定统一高标准配备各项硬件设施，并且均需在上级纪委验收通过后方能使用。一线锻炼，实战提高。常态化抽调基层纪检组织人员参与区纪委的案件查办工作，并从基层挑选人员组建一支40人的后备专业陪护队伍，在实际工作中提高查办案件、陪护监控的安全意识和技能。一体考核，倒逼履职。把严格执行依纪依法安全文明办案规定，纳入纪检监察组织查办案件工作考核。发现存在违反相关规定的，以及在抽调办案中被上级纪委"飞行检查"通报的，严格追究所在单位责任，并按考核细则扣除相应分数。

【纪检干部队伍建设】 以铁纪铁规，管纪检监察铁军。扎实开展"两学一做"学习教育，学习习近平总书记系列重要讲话，学习党章党规，开展心得体会交流，区纪委常委以普通党员身份参加党小组活动。抓学习培训，提升业务水平。通过紧抓业务理论学习，组织专题培训，提升干部执纪监督的能力和水平。选派干部参加中央、省、市组织的各类培训班共62人次。抓宣传教育，坚定理想信念。紧扣思想建设这个根本，通过形式多样的宣传教育活动引导广大纪检监察干部坚定理想信念，坚守清正廉洁，坚持率先垂范。开展廉政法规知识测试381人次，组织开展反腐倡廉警示教育5场，受教育纪检干部达900余人次。抓作风建设，强化内部监督。制定《纪检监察干部管理监督问责意见》，加强纪检监察干部队伍内部的制度化管理。采取一案一授权和进点封闭办案的方式，严防跑风漏气、以案谋私情况的发生，确保队伍的廉洁性。 （曹　忠）

民主党派·工商联

Democratic Parties · Association of Industry and Commerce

编　辑　杨王军

九三学社南通市通州区委员会

【概　况】 2016 年，九三学社南通市通州区委员会（以下简称“社区委”）有医疗卫生、农业经济、综合、建筑、科技教育、直属支社 6 个，共有社员 70 名，其中女社员 23 名，退休社员 13 名。社员中高级职称 47 人，占社员总数 67%。有 19 名社员为区政协委员，1 名社员为区人大代表，其中，1 人为区政协副主席，3 名社员为区政协常委，1 名社员为区人大常委。社员中有 2 名南通市政协委员、1 名南通市人大代表。是年，被省九三学社评为参政议政先进集体，被社市委评为优秀基层组织，6 个支社均受到社市委表彰。季平被社省委表彰为组织建设工作先进个人，摄影作品荣获社中央摄影大赛三等奖。社员丁俊荣被社省委表彰为参政议政先进个人，另有 15 位社员被市委会评为先进个人。1 件个人提案被评为市政协优秀提案，3 件集体提案和 2 件个人提案被列为区政协重点督办提案并被评为区政协优秀提案。

【组织换届】 根据《九三学社南通市委员会关于做好 2016 年基层组织换届工作的意见》及上级有关要求，社区委研究制定《九三学社南通市通州区委员会换届工作方案》并认真组织实施。7 月，对社员所属支社进行调整，新成立直属支社。6 个支社分别召开社员会议，选举产生新一届支社委员会。9 月 3 日，社区委召开第二次社员代表大会，选举产生第三届委员会，季平当选为第三届委员会主委，蔡志兵、季小军、邱少波当选为副主委。选举产生出席九三学社南通市第七次社员代表大会代表 10 名。

【参政成果】 在 2016 年初通州区“两会”上，社区委围绕全区经济和社会发展中重大问题，以及人民群众关注的热点、难点问题共提交政协提案 61 件（其中党派集体提案 11 件），人大建议 15 件。在南通市“两会”上，通州九三学社社员中的政协委员、人大代表共提交政协提案 6 件，人大建议 3 件。集体提案《关于大力发展农业专业化服务的建议》被区政协会列为发言提案，《关于进一步加强农村公共服务能力建设的建议》《关于进一步推进农村水环境治理的建议》《关于加强生态国土建设顶层设计的建议》《关于优化资源配置，促进教育均衡化发展的建议》《关于建立有效机制，控制医疗费用不合理增长，杜绝医保基金浪费的建议》5 件提案被列为区重点督办提案。区政协党组书记陈艳梅率领提案委、人资环委有关人员围绕副主委邱少波的重点提案《关于区委推进农村水环境治理的建议》进行督办。全年通州九三有 3 件党派集体提案和 4 件个人提案被评为政协优秀提案。

【课题调研】 2016 年，有两项课题中标九三学社江苏省委招标课题，领办九三学社南通市委调研课题 2 项、区委统战部课题 1 项。社区委共确定年度调研课题 17 项，有 14 项课题成果通过主委会评审。社区委还承担区政协民主评议区市场监督管理局“事中事后监管执法”专题调研。在区政协十二届二十次常委会议上，通州九三作题为《加强事中事后监管，构建新型市场监管模式》的专题发言。社员丁俊荣参加“九三中央论坛”和“江苏九三论坛”活动，并就《南通市濠河风景名胜区条例（草案）》立法工作提出系列建议，在区经济与社会发展重点应用课题评比中获三等奖，省人大常委会网站以《代表微言大义，市场繁华再现》为题报道其先进事迹。

【社情民意工作】 2016 年，加强信息员队伍建设，年初新聘任信息员。社区委每 2 个月召开 1 次社情民意座谈会，交流分析讨论，提高普遍性、前瞻性、实用性，不断推进信息工作迈上新台阶。全年通州九三信息员共撰写并上报各类信息 40 余条，7 条信息被九三学社省委录用，4 条信息被市政协录用，1 条信息获副市长沈雷批示。

【支社活动】 2016年,农经支社在刘桥、平潮镇开展设施农业病虫害绿色防控现场咨询活动,接待咨询100多人次,发放病虫害绿色防控资料300多份。医卫支社组织医疗卫生专家到南通智造链科技有限公司开展义诊咨询活动,发放慢性病防病知识宣传材料160多份。综合支社开展"每季一法"学习活动,每个季度围绕一部法律开展专题学习,并形成制度推进。直属支社参观东社生态农业示范基地,并承担"关于提高我区机构养老水平的建议"重点课题调研工作。建筑支社组织学习社章社史,将相关活动通知、学习辅导、社务工作的意见征求与讨论等在支社微信群内交流,加强社员联系,取得好效果。科教支社发挥人才优势,多次为高中英语、政治、数学学科教师作专题培训。

【服务社会】 积极服务经济建设。社员季彩群主持的如东天瑞海港城项目取得进展,省委书记李强在调研视察南通时考察该项目,并为该项目后继发展提出指导意见。社员凌葛锋创办的南通智造链科技有限公司,倾力打造"互联网+"和跨境电商平台,获得多家创投公司青睐和注资。社员吴卫兵创办的凯瑞家纺,不断创新,培植以人为本企业文化,克服宏观经济下行压力,公司经营规模和运行质量得到提升。发挥专家工作站平台作用。组织社内专家到刘桥"九三专家工作站"开展服务。副主委蔡志兵为企业代表、居民作"合同及合同风险控制"专题法律知识讲座。农业技术专家就水稻栽培技术进行集中指导,对水稻防灾抗灾提出针对性意见。刘桥专家工作站还对联系村居贫困户进行慰问,送被子、水果等物品价值近4000元。在南通智造链公司、江苏景瑞农业成立2个社市委定点"九三专家工作站",探索工作站定点服务新模式。助推"国家生态区"创建。在创建生态县(市、区)过程中,从事环保社员积极投入到创建活动中,社区委多次开展相关视察与调研,先后组织以及派员参与考察调研9次,形成调研文章12篇。并组织社员常态化开展建言献策活动,先后提出多举措开展污染减排、利用高科技手段开展工业污染源整治、建设生态村(居)重在长效管理等建议20多条。

【社员成果】 社员季彩群获集团公司"岗位奉献员工"、区"三八"红旗手标兵、南通市优秀政协委员等称号。许建忠担任法律顾问10家,代理各类案件160多件,提供法律咨询125人次,为当事人挽回与避免经济损失近5000万元。李晓霞完成省油菜新品种区域试验、市双低油菜品比试验和市杂交油菜品种鉴定试验。于正茂完成市级科技计划"农牧循环装备技术研究与应用"。何忠锋被评为省优秀教育工作者、市第九批学科带头人,获市优课一等奖。李进的国画《山谷泉声》参加中国当代书画名家作品邀请展。孙志忠开发新产品9项,4项产品通过国家权威检测机构型式试验,申请发明专利1项、实用新型专利1项、软件著作权2项,发表论文1篇。季小军、凌葛峰申请软件著作权13项。韩振新获区"十佳医德之星"称号。顾朝瑞为企业和个人代理申请专利10多项,所帮扶企业获市"技术创新示范基地"称号。滕冲积极参加区安监局组织的职业病防治知识讲座,为80多家重点企业负责人和各镇安监所长作职业病防治知识专题讲座。季美琴作为通州红十字会志愿者,为机关、学校、企事业单位社区人员作应急救护知识讲座20余场,听众近1000人。 (张晓燕)

中国农工民主党南通市通州支部

【概　况】 2016年,农工党通州支部共有党员20人,主要分布在医药卫生界,其中1人为区人大代表,6人为区政协委员。积极履行参政议政、民主监督职能,深入调查研究,积极建言献策,深度反映社情民意。通过实地考察、走访基层、座谈交流等调研,围绕食品药品安全管理存在的问题与建议形成评议报告,参与区政协民主评议区市场监督管理局工作。是年,农工党通州支部"关于策应'一带一路'战略和长江经济带建设的建议"获评年度优秀集体提案。全年完成农工党省市调研课题8项。其中农工党省委课题2项、省委联合课题3项、南通市委课题3项,分别获农工党南通市委调研课题评比一、二、三等奖。在农工党南通市委2016年度考核评比中,农工党通州支部获"先进基层组织一等奖""社情民意信息工作先进集体"和"党务宣传工作先进集体"称号。

【"中医同行"服务】 4月16日,农工党南通市委在四安卫生院启动"中医同行"服务点揭牌暨大型义诊活动。市各大医院的中医名家共义诊300多人次。市政协副主席陈宋义、市委统战部副部长胡凡参加活动。 (吴益祥)

中国民主促进会南通市通州区支部

【概　况】 2016年,中国民主促进会南通市通州区支部共有会员29名,主要分布在教育文化出版界。其中,女会员8名,区人大代表1名,区政协委员5名,市人大代表3名,市政协委员4名,有2名会员为区政协常委,2名会员为民进市委委员,1名会员为民进市委常委。是年,被民进省委评为参政议政工作先进集体,被民进市委评为先进基层组织。1名会员被民进省委评为参政议政工作先进个人,4名会员被民进市委评为先进个人,1名会员被民进市委评为优秀会务干部,3名会员被民进市委评为社会服务先进个人。向区政协提交集体提案2件,1件作政协会发言,1件被评为优秀提案。

民主促进会通州支部与亭西小学师生举行好书共读汇报会

【社会服务】 “牵手”服务特色鲜明。民进中央机关报《民主》杂志2016年11期以“牵手架起社会服务之桥”为题，报道通州支部“一个会员就是一个品牌”社会服务建设特色。1月27日，支部在金沙新瑞广场举行送春联、送健康活动。6月2日，在西亭小学开展“快乐分享，美美与共”主题活动。启动王剑华励志书法文化校园行，王剑华现场展示口书艺术，并作励志报告，在校展出书法作品40余幅，同时支部向西亭小学捐赠《童心里的诗篇》200余本。开展“好书共读促成长”主题阅读活动。为亭西小学送去全国十大最美志愿者周明珠自传作品《守望奇迹》，学校在高年级学生中开展全员阅读活动。并与亭西小学师生举行好书共读汇报会。支部会员王志成向西亭高级中学赠书近7万元，会员袁宏亮向亭西小学赠书1万多元，支部副主委张锋向亭西小学赠送《守望奇迹》《向日葵中队》等图书。

【双岗建功】 会员积极做好本职工作，为民进添光彩。会员袁宏亮在南通团市委组织的2016“南通好青年”活动中，被评为“最敢创业的好青年”。支部副主委张锋组织主创团队，成功打造音乐儿童剧《田梦儿》，被评为全国性优秀儿童剧本。江苏民进《挚友》2016第1期介绍张锋与田梦儿，国内多家媒体专题报道江苏“孩子王”张锋倾心倾情“童声里的中国”，关注少年儿童成长故事。张锋成功入围“敬业奉献”类“中国好人榜“。会员曹晓峰作为国家非遗南通蓝印花布印染技艺代表性传承人，主持的“‘进技’视角下的初中校园非遗传承”通过省教育科学“十二五”规划2015年度课题立项。会员陈学光获“通州区优秀文艺工作者”称号，硬笔书法作品入编《中国硬笔书法精英创作示范作品集》。拍摄省级书法示范课，执教六年级上册《上密下疏》，用于《书法》新教材配套教参光盘中，供全省书法课提供教学参考示范。支部组织委员、通州中学教科室主任从晓分管2016届高三年级，获南通市“五一”劳动奖章。西亭高中教师、会员王春建获全区班主任基本功大赛（省市级选拔赛）一等奖第一名，获南通市班主任基本功大赛二等奖。特级教师任卫兵获省教学名师、南通市第三届园丁奖。会员姜唯一获“通州区优秀文艺工作者”称号，其绘画作品获2016南通市教师书画比赛一等奖，作品《祭侄文稿》入选“颜真卿杯魅力句容全国书画作品展”，作品《逝去的回音》获“第二届南通美术大展”铜奖并被市文联收藏。

【参政成果】 2016年，围绕“参政议政主题年”，以参政议政能力建设为重点，开展创建工作。出色完成课题调研任务。在区委统战部组织的“我为双促献一计”活动中，支部提交文章18篇。在区统战部组织的课题调研活动中，“通州区中小学师资队伍建设的现状和思考”和“以促进全民阅读为抓手，深化通州区公共文化服务体系示范区建设”两个调研课题获二等奖，“‘童声里的中国’深度融合通州教育，助力发展核心素养”课题获优秀奖。组织开展“政协集体提案选题专题协商”和模拟提案征集活动。围绕区政协新一届大会发言和集体提案选题展开研讨，集思广益。形成《以促进全民阅读为抓手，深化通州区公共文化服务体系示范区建设》《通州区中小学师资队伍建设的现状与思考》两件集体提案，均被政协会采用，并在委员会上发言。《团结报》报道通州支部该参政议政做法。4月，民进支部应邀参加区政协“学前教育改革试验区建设”重点课题调研，支部主委严少标参加省民进“参政议政能力建设主题调研”（南通）座谈会。

（王国华）

王剑华励志书法文化校园行启动仪式在西亭小学举行

中国民主建国会南通市通州区支部

【概　况】 中国民主建国会南通市通州区支部建于2012年，至2016年底，有会员22名，主要由经济界人士组成，其中，市区级人大代表和政协委员8名。会员蒋超、顾霞被评为优秀政协委员。在统战部门组织的我为“通州发展献一计”活动中，会员积极参与，较好完成任务。

【参政议政】 在年初“两会”上，会员围绕人民群众所关心的热点难点问题，积极撰写提案、建议，踊跃献计献策，提出来许多富有建设性意见和建议，得到相关部门和单位重视与采纳。其中，关于切实解决规模种粮主体建设设施用地建议，在市政府文件中得到体现。会员胡文荣提交的《关于治理老通掘公路菜市场脏乱差的建议》被评为年度案。围绕建筑业转型升级、应对税收政策调整、推进审计全覆盖等方面开展调研。完成顾霞“地方审计部门大数据审计风险防控思考”，顾霞、马宇“加强法治保障打造诚信审计”，江建“率先推行设计施工一体化加速区内建筑企业转型升级”，杨献忠、薛金萍“强生态、提功能、优形象，全力推动城市建设水平再上新台阶”，薛金萍“突出重点抓监管，预防为主消隐患，推动全区特种设备安全监管水平再提升”等课题。还组织参观通州现代农业建设的亮点工程，拓展会员视野。

【服务社会】 结对活动。开展支部结对社区活动，在国际助残日期间，支部会员到金南社区的区特殊教育学校捐款3000多元，为学校运动队孩子每人买两套运动服。会员企业南通大傅文化传媒发起组织“为爱助跑，关爱残障儿童”慈善公益活动，广大会员和社区服务志愿者积极参加活动，共募集善款5000多元，用于特教学校里家庭困难孩子。端午节期间，支部与社区组织包粽子送温暖活动。扶危济困。支部会员发挥自身优势，通过多种形式服务社会，积极参加捐资助学等活动，2016年累计捐款、赞助19.18万元。南通富瑞税务师事务所朱朝晖作为市人大代表，积极参与“万人帮扶对接贫困家庭”活动；南通综艺投资有限公司蒋超、顾霞等个人捐款资助患病儿童3000元；江苏通大车业有限公司胡文荣扶危助困捐款5.9万元。南通海德混凝土有限公司徐兴中为贫困学生、困难家庭捐款累计3万元，南通禅玺贸易有限公司瞿晓丽捐赠资助贫困学生5000元。

（吴建均）

区工商业联合会

【概　况】 2016年，区工商业联合会以中央、省统战工作会议精神为指针，牢牢把握促进非公经济健康发展和非公经济代表人士健康成长两大任务，充分体现统战性、经济性和民间性相统一，突出商会经济、教育引导、组织提升、参政议政、作风建设五项重点工作，各项工作取得好成绩。

【非公经济人士教育培训】 2016年，区工商联以理想信念教育为重点，着力提升代表人士政治思想素质，培养爱国、敬业、诚信、守法、奉献的积极分子队伍。举办专题讲座。邀请中国人民银行通州支行行长季步高作“共谋发展　转型升级——中小企业如何最大限度获得金融资源”专题讲座，浙江商会邀请专家为会员企业作“风险管控能力、善于发现、把握历史性投资机遇、获取超预期汇报”专题讲座，提升中小企业金融把握能力。建筑房地产商会邀请区检察院反贪局领导为会员企业负责人就新形势下如何预防和防范职务犯罪、渎职犯罪，结合典型案件进行剖析和法律解读。东北联合商会聘请专家给商会部分会员作“互联网＋”知识讲座。开展年轻一代非公经济人士培训。联合区委统战部、区人社局开展以增强非公有制经济人士对中国特色社会主义信念、对党和政府信任、对企业发展信心、对社会信誉为主要内容的理想信念教育实践活动，先后组织86名年轻非公经济人士，分三期赴红色革命根据地井冈山和瑞金参加为期1周的集中培训。通过对学员理想信念和革命传统教育，引导其致富思源、富而思进，继承发扬老一代企业家创业精神，坚决听党话、跟党走。组织慈善公益活动。区工商联常执委单位，南通财通公司设立200万元的南通五度空间慈善基金会。五接镇商会为白血病儿童组织爱心捐赠活动，募集爱心捐款1.1万元。东北商会确立5月20日为商会无偿献血日，连续5年组织会员企业开展义务献血4.61万毫升，组织会员体检，向通州慈善基金会川港分会捐赠2万元。浙江商会组织会员企业开展健康体检，为区实验小学和育才中学的贫困学生捐款5000元，向敬老院捐献毛毯190条，向川姜镇磨框村慈善分会捐款15万元。

【利用政协平台参政议政】 2016年，在区政协十二届五次全会上，提交《培育创客经济　积聚发展动能》提案，被确立为1号提案。参与政协评议市场监督管理局工作，撰写《注重名牌名标培育　助推通州转型升级》调研报告，提出进一步加强名牌名标培育和标准化建设建议。

【参与招商引资和招才引智工作】 区工商联继续利用商会资源积极开展招商引资，吸引企业家投资项目2个。引进温州客商杨敬伟到高新区投资1000多万元创办南通创达印刷科技有限公司。动员区机械商会副会长、普菲卡特科技有限公司董事长杨伟投资15亿元成立江苏艾伯勒科技有限公司，在锡通科技产业园落户，一期投资5.2亿元。利用商会资源积极开展招商引资。邀请澳大利亚维多利亚州工商总会组织企业家代表团来到通州参观考察、交流洽谈。借助南通市第四次全国通商合作交流平台，在成都召开通商精英回乡创新创业座谈会，通报家乡经济社会发展最新成果，介绍通州十三五发展宏伟蓝图，宣传吸引企业家回乡投资优惠政策，与广大企业家会长交流感情，增进友谊，掌握一批有价值项目投资信息，对吸引在外企业家回乡投资、创新创业产生积极影响。

【搭建平台促转型】 通过省工商联牵线，区总商会与澳洲江苏总商会建立友好商会，为加强中澳两地企业家交流合作，互到对方投资兴业搭建平台。促成澳大利亚维多利亚州工商总会与南通高新区科技新城以及区工商联合作，签署共建“通州——澳大利亚国际科技成果转化中心”协议，为引进澳洲高新技术、人才、项目和资金搭建平台。

【民间商会服务】 组织指导区服务业商会餐饮分会举办第六届“吃在通州”美食文化节，装饰装修服务商会开展“建材家居惠民活动”和第五届家装建材交易会，家纺、浙江和东北联合商会分别组织企业外出参观参展，并共同参与协办家纺设计大赛、画稿交易会等活动。区家纺商会获全国创新示范集群先进集体，组织全国区域品牌评审，申请“通州家纺”集体商标。区金属制品商会积极加强行业管理，围绕行业内废酸污泥处置成立南通蓝润环保科技有限公司，并开展可行性论证，中期试研工作已结束。建筑房地产商会配合省人社厅开展第44届技能大赛建筑业江苏选拔赛，与通州建校合作为会员企业培训中高级工150多人。区粮油商会不断强化行业自律，努力维护市场秩序，完成夏秋粮食收购、代农加工业务。纺织服装商会组织会员企业参加中国·柯桥国际纺织品面辅料博览会。建筑房地产商会与西藏拉萨人社局促成拉萨第二中专校与通州建筑职工中专签订师资培养合作协议，拉萨第二中专派建筑专业教师到通州相关学校和建筑企业培训学习。

【3家企业进入全国民营企业500强】 区工商联（总商会）在广泛调研基础上，上报2015年营业收入超5亿元的上规模民营企业数据22家。2016年，南通四建集团有限公司、通州建总集团有限公司、南通新华建筑集团有限公司等3家企业进入中国民营企业500强，分别位列第226名、第241名、第388名。同时，为贯彻落实《中共中央国务院关于构建和谐劳动关系的意见》，及时掌握民营企业劳动关系状况，根据市工商联要求，区工商联开展民营企业劳动关系状况监测试点工作，确立区监测试点企业10家，完成全年数据采集工作，推动民营企业积极构建和谐劳动关系。

（蒋玉芝）

◆通州名菜选介◆

藿香饺 银泉大酒家名点。属于一种药膳，采用当地采摘的天然无公害植物藿香叶片，内芯为蛋清、豆沙、白糖、植物油等精制而成，炎炎夏日食用后，有回归自然的清凉感受。

社会团体

Social Organizations

编 辑 阚新华

区总工会

【概 况】 2016年,区总工会紧紧围绕改革发展稳定大局,以构建和谐劳动关系为主线,以办好情系职工十件实事为重点,在引领职工建功立业、参与协调劳动关系、维护职工合法权益、开展帮扶服务活动等方面充分发挥作用,各项工作取得优异成绩。是年,区总工会在区级机关目标管理绩效考核中被评为优秀,并获得南通市2016年基层卫生技能竞赛活动优秀组织奖,被评为全市工会新闻宣传工作优秀单位。

【第五届职工职业技能比武】 推动劳动竞赛向重点工程、非公企业、新兴战略性产业和现代服务业拓展,全区共500多家单位、6.5万名职工参加各种类型的劳动竞赛。在此基础上,组织开展第五届职工技能比武,包括家纺行业床上用品制作、公交驾驶技能、教师教学技能比赛、金融知识暨点钞识假技能、工会干部劳动人事争议调解技能等16个项目,其中10个项目第一名被授予

全区家纺行业技能比武现场

"金牌职工"称号。邮政系统、卫生计生系统在技能比武中选拔出来的选手参加南通市组织的职工技能比赛均荣获一等奖。

【职工文化建设】 开展职工学历教育,与南通工人业余大学联办1期大专学历班,36名来自基层一线的优秀职工通过基层工会推荐和入学考试后,开始参加学习,所有费用由上级工会承担。推进职工书屋建设,全区共建成简易"职工书屋"和"读书角"367个,建成3家全国"职工书屋"示范点,4家省"职工书屋"示范点,1家市级"书香企业",8家区级"职工书屋"示范点。

【送文艺进企业】 4月底,区总工会组织的"中国梦·劳动美·工会情"送文艺进企业首场演出在雄邦压铸(南通)有限公司举行。全年共举办8场送文艺进企业活动,观众达12000多人次。自主创作了一批反映工会工作、工会干部、优秀职工事迹的文艺作品,通过小品、相声、舞蹈、诗朗诵等形式,送到职工身边。

送文化进企业首场演出

【劳模、先进评选宣传】 共推荐产生全国五一劳动奖状1个、江苏省劳模10名、南通市五一劳动奖状2个、南通市工

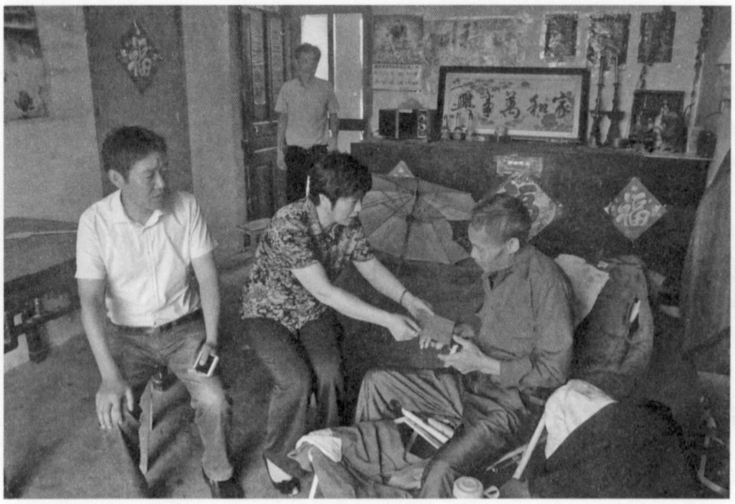
区总工会慰问困难职工

人先锋号6个、南通市五一劳动奖章6名，还评选出一批区级先进集体与个人。其中，南通江海电容器有限公司荣获全国五一劳动奖状，为近年来南通地区获此殊荣的唯一企业代表。通过电视台、报纸等本地主流媒体，设立“通州区2016年省劳动模范风采掠影”“金牌职工”专栏等，对劳模先进人物进行专题报道，在职工队伍中传递正能量。继续组织劳模疗休养活动。

【构建和谐劳动关系“三级共创”活动】 在镇、村、规模以上企业三级工会中，深入开展构建和谐劳动关系合格、先进、示范工会创建活动，全区80%以上规模企业工会积极参与。1月，构建和谐劳动关系“三级共创”活动被确定为全省厂务公开民主管理创新实践项目，11月在苏中片民主管理创新会议上作经验介绍。到年底，全区规模以上企业中，合格、先进、示范工会分别达到了65%、30%、10%。是年，21家单位被评为南通市工资协商三星级企业，35家单位被南通市总工会授予职代会制度规范化建设示范单位。

【工会法律维权】 通过各种形式开展普法宣传教育，全年累计发放普法维权手册10000本，其他普法宣传品2000余份。组织阳光法律援助志愿者开展法律援助进企业、进社区维权帮扶活动，累计为50多人次提供免费法律服务。做好信访接待，区总工会全年共接待来访、来信324人次，其中5人以上群体上访有16件，办结率达100%。

【劳动保护和“安康杯”竞赛】 全区签订劳动安全卫生专项合同2777个，覆盖企业3368家，覆盖职工20万人。1756家企业参加“安康杯”竞赛，参赛职工13万人，比上年增长3%。广泛发动职工开展安全生产事故隐患大排查活动，579个隐患问题得到解决。区总工会全年共参加职工伤亡事故调查11起，为职工争取432.8万元经济利益，切实维护了职工的利益。

【困难职工帮扶】 扎实开展以家庭助困、重症助医、子女助学、劳模助难为主要内容的困难职工帮扶活动，区总工会共帮扶困难职工1100多人次，累计发放资金160万元。继续深入实施“双百圆梦”工程，为“双百”对象中21名毕业生提供就业指导，这21人已全部就业。建立了16个户外职工“爱心驿站”“安康驿站”，使广大户外职工能够在辛苦工作期间感受到工会“家”的温暖。会同人社等部门举办春季招聘会，提供近5000个岗位，3600多人与招聘企业达成初步意向。开展高温“三送”活动，全区工会系统累计走访企业200多家，慰问高温作业下的一线职工7000多人。

【职工心理健康咨询服务】 在南通地区率先建立职工心理健康咨询室，聘请资深心理咨询人员，帮助职工疏导各种心理压力，通过一对一交流和集中讲座，全年共有400多名职工得到帮助。

【工会组织自身建设】 全年新组建工会226家，发展会员12817人，农民工会员保持10%增长，超额完成南通市总工作下达的任务。继续深入开展“争扛红旗、争当标兵、争创一流”活动，大力开展模范职工之家、模范职工小家创建活动，镇区基层工会职工之家建设合格率保持在85%以上。全年举办各类工会干部培训班8期，培训工会干部560人次，85人获得劳动保护监督检查员资格证书。在浙江大学举办1期高层次的工会干部综合能力素质提升班。组织开展全区工会首届劳动争议调解技能竞赛，18支队伍参加预赛，6支队伍18名选手参加决赛。 （刘　娜）

共青团南通市通州区委员会

【概　况】 2016年，全区各级团组织紧紧围绕区委中心工作，积极履职尽责，主动担当作为，基层基础团建、青少年思想引领、青年创新创业、公益特色品牌等工作卓有成效，“1+100”联系服务青年、“一体两翼”青媒体宣传、青年电商协会、“青年之声·青春直通车”等做法特色鲜明，全面推动了共青团事业的发展。荣获“全省基层团务工作先进县（市、区）”称号，团区委获评全省团属报刊宣传工作先进单位，青年电商发展工程获南通共青团工作创新创优项目二等奖。

【基础团建工程】 4月，通过调查摸底，精准掌握全区各级团组织团员发展和教育管理的基本情况，严格测算各单位团员发展数量，制定下发《全区2016年—2017年团员发展计划》，统一印制了《团员材料袋》《团组织关系转接介绍信》。8月，深入开展“走听转办—走支部连百心”活动，推动"1+100"团干部直接联系青年工作，严格落实各级专兼职团干部联系普通青年不少于100人制度。全区377名专兼职团干部联系青年48767名，开展线上线下活动5000余次。9月份，联合区委组织部在浙江大学举办了全区共青团干部培训班，重点就团干部素质提升与工作方法探究等方面进行了专题培训。

【青年电商创业工程】 1月，与川姜镇联合举办"梦·享合伙人"返乡大学生创业训练营，来自全国各所高校的返乡大学生30余人来到南通家纺城探寻创业之旅。5月，召开通州区青年电子商务协会成立大会，协会首批吸收会员46名，积极整合各界资源，组织开展培训、考察、研讨、交流等活动，为会员提供政策、法律、信息、技术、资金等方面的服务，助力电商企业做大做强。7月，举办通州区首届"互联网+"创业创意大赛决赛，大赛共吸引56个创业创意项目报名参赛，项目涵盖互联网与纺织、农业、旅游、跨境、公益等多个领域。经过激烈的比拼，"指尖上的田园"智能种植系统和菜菜智能菜园分别摘得创意和创业两个组别的桂冠，8个项目分获两个组别的二、三等奖。10月份，成立南通市青年微商创业联盟，团省委副书记蒋敏、中国纺织工业联合会副会长杨兆华、团市委书记王鸣昊等领导为联盟揭牌。

【公益品牌活动】 2月，联合金沙街道开展点亮"微心愿"公益认领活动，活动受到了广大市民的关注，通过线上线下认领，40名贫困儿童的"微心愿"全部被热心市民认领。3月，开展"弘扬新时期雷锋精神"志愿服务集中行动，来自30多家单位的200多名志愿者为广大市民提供政策咨询、血压测量、图书义卖、免费配钥匙、理发等丰富多彩的志愿服务。3月，与通州湾团委联合开展共建"共青林"义务植树活动，团区委委员、青联委员等40余人参加了植树活动。7月，招募100多名志愿者参与2016华东国际通用航空展览会暨第二届华东通用航空产业论坛。全年着眼青年社会组织发展需求，依托绿色环保、关爱留守儿童、倡导快乐阅读等项目打造了"小蜜蜂""向日葵""布谷鸟"三个志愿服务团队，推动各类青年自组织健康有序发展。

【圆梦助学活动】 6月，组织通州青商会爱心企业家赴青海省贵德县尕让寄宿制学校开展"情暖贵德"助学金发放仪式，活动共募集善款8万余元，发放仪式上，团区委与青商企业家代表一起将爱心款和精心准备的礼物送到受助贫困学生代表手中。8月，开展"圆梦大学助学行动"，发放助学金4.5万元，帮助15名贫困学子圆了大学梦。9月，开展2016年度"青年文明号"结对贫困学生助学活动，活动期间共79家"青年文明号"集体和参创集体参与捐款，共筹善款50400元，发放给104名贫困学生。9月，开展2016年希望工程秋季助学活动，共资助特困学生50名，每人一次性资助300元，共计资助15000元。 （王　飞）

区妇女联合会

【概　况】 2016年，全区各级妇联组织围绕中心、服务大局，面向基层、服务妇女，全区妇女儿童工作迈上新台阶。通州区人民政府被省人民政府妇儿工委表彰为全省妇女儿童工作先进集体，区妇联被省妇联表彰为江苏省维护妇女儿童权益示范岗。

【村（社区）妇代会改建妇联】 12月1日，区妇联召开村（社区）妇代会改建妇联工作会议。各镇（区、园、街道）分管党务副书记、组织委员、妇联主席、民政助理、村（社区）党总（支）书记、村妇代会主任代表110人参加会议。区妇联党组书记、主席卫志云作工作部署，区委常委、组织部部长、统战部部长沈旭东参加会议并讲话。12月14日，区妇联在兴仁镇徐庄村召开村（社区）妇代会改建妇联工作现场会，各镇（区、园、街道）妇联主席、村妇代会主任代表、兴仁镇各村妇代会主任60多人观摩了兴仁镇徐庄村妇代会改建妇联工作选举的全过程。12月底全区基本完成改建工作。

【召开区妇联十五届二次执委（扩大）会议】 1月22日，区妇联召开十五届二次执委（扩大）会议，回顾总结2015年工作，部署2016年任务。区妇联第十五届执委，各镇（区、园、街道）妇联主席参会。区委常委、组织部部长桑建美出席会议并讲话。

【妇女创业就业行动】 2016年选树各级各类先进集体37个、先进个人22名，4人参加江苏省巾帼创业创新大赛，2名创业明星在市、区级会议上演讲。与人社局等部门联合举办2016年通州区人力资源交流暨高校毕业生双选春季招聘会，为求职人员提供了6000多个就业岗位，共有269名女性与招聘企业达成初步意向。联合南通农商行制订妇女创业贷款扶持政策，当年申请妇女小额贷款12人，贷款总额120万元。举办巾帼现代高效农业推进会，为女经纪人搭建了相互交流学习的平台。牵头残联实施"钱袋后代两不误·陪读妈妈忙手工"项目，实现陪训家长陪同孩子康复训练和增加收入两不误心愿。全年举办创业创新等专题培训班5期，1000余人接受培训。推进巾帼家政服务规范化发展，全年举办巾帼家政服务免费培训班3期，培训人员618人（次）。举办农村妇女网上行培训班45期，305人（次）参训，269人取得结业证书。2016年推荐省级各类示范基地5个，获得市级各类示范基地称号13个，建立区级各类示范基地12个，引导基地功能从教育培训、示范引领向创业孵化地拓展延伸，基地的建立，促使1000多名妇女走上了创业之路。

【"最美"寻访评选活动】 在全区开展寻找"最美家庭"暨"五好文明家庭标兵户"活动，自下而上，逐级推荐，全区

20户先进家庭脱颖而出。在全区广大家庭中开展寻找“教子有方”最美家庭活动，30户家庭被评为通州区首届“教子有方”最美家庭，3个家庭代表在“六一”节期间围绕各自家庭特点做了事迹报告。征集江海好家风“最美家书”23篇，9篇被评为南通市“最美家书”，1篇被评为南通市十佳“最美家书”。3月7日，区妇联、区委宣传部、广播电视台联合推出通州区首届“最美”老板娘评选活动，评选活动经过网络投票、现场才艺展示最后评出“最美”老板娘1名。6月11日，区妇联与南通好生活文化传媒联合举办“巾帼建新功精英·最美创业女性”表彰会，表彰了来自各行各业的优秀女干部及女企业家12名，该活动已历时6年，90多名女性朋友受到表彰，50多位女企业家接受访谈写稿。

【妇儿维权系列活动】 3月7日，区妇联联合区司法、公安、检察、法院、总工会等多家单位开展“三八”妇女维权周暨《反家庭暴力法》宣传咨询活动。10月12日，组织开展第三届“平安家庭”创建大型宣传咨询活动，拉开第三届“平安家庭”创建宣传月活动序幕，现场举办“平安家庭”知识有奖问答，发放相关资料7000份，提供免费义诊和现场咨询服务96人次。运用网络媒介，举行妇女维权法律知识竞赛，3000余人参加，50人获奖。10月25日，区妇联举办全区妇联干部暨婚姻家庭纠纷调解员培训班，特邀南通科技职业学院党委副书记、心理学教授柯晓扬，通州区法院副院长张月淑就《礼仪与沟通》《反家庭暴力法》两方面内容作专题讲座。15个镇(区、园、街道)妇联主席、村(居)妇代会主任代表、婚姻家庭纠纷调解员代表，机关各妇工委(妇委会)主任116人参加了培训。11月23日，区妇联召开通州区“平安家庭”创建活动总结表彰大会，会议对一批“平安家庭”创建活动中涌现的新的先进典型进行了表彰，南通市妇联副主席储明星和通州区委常委、副区长、政法委书记李学义出席会议并讲话。2016年，区妇联及区婚姻家庭纠纷调解中心共接访102件，结案率99%；共受理调解婚姻家庭纠纷18起，调解成功率100%。

【“春蕾计划”】 2016年春节前夕，区妇联前往东社、十总、石港等镇村，看望慰问困境儿童21名，给孩子们送去1000元/人的助学金。5月29日，区妇联与区邮政局联合举办“第二届小小报童爱心义卖活动”，小报童们义卖所得的3239.9元，全部捐入“社会妈妈助春蕾”基金。5月31日，通州区举行第七轮“慈善助孤”暨第八轮“社会妈妈”助春蕾结对仪式，对第七轮“十佳社会妈妈”予以表彰，93名贫困孤儿得到1000元/人的资助。现场78名困境儿童与“社会妈妈”成功结对。2016年，区妇联创新举措，通过网络平台面向全社会召募“社会妈妈”，本轮共召募“社会妈妈”52名，“社会妈妈”集体10个，结对困境儿童78名，实现了“春蕾计划”的跨越发展。区委常委、组织部部长桑建美出席活动，区委常委、副区长陈艳梅主持会议。中秋前夕，由区妇联主办、狮子会承办了“爱心托起希望 狮爱筑就梦想——中秋儿童圆梦计划”活动，孩子们度过了幸福的半天时光。

【单亲贫困母亲救助项目】 1月，区妇联走访慰问单亲贫困母亲代表，送去1000元/人的慰问金；12月，集中对全区130位单亲贫困母亲实行救助，发放救助金13.28万元，发放救助物资6000元。

【“巾帼文明岗”争创活动】 5月16日，区妇联举办“巾帼文明岗”争创岗负责人培训班，来自全区各行各业的“巾帼文明岗”负责人共42人参加了培训。全区已获得各级“巾帼文明岗”245个，其中全国级“巾帼文明岗”7个，省级“巾帼文明岗”33个，市级“巾帼文明岗”59个，通州级146个。

(刘莉莉)

区科学技术协会

【概　况】 2016年，区科协紧紧围绕创新驱动战略和“五大发展理念”，以改革创新为动力，以创新创业主线，自觉融入中心，主动做好服务，着力提升科协组织的引领力、凝聚力、服务力和创新力。至2016年底，通州蝉联三届全国科普示范区称号；区科协被推荐参评中国科协、人社部联合表彰的全国科协系统五年一度的先进集体。金沙街道明均家庭农场和丁松林分别被省科协、财政厅评为2016年度省级科普惠农先进单位和农村科普带头人。南通金羽农产品专业技术协会科普惠农服务站被省科协命名为省级科普惠农服务站。

【招才引智】 5月，省科协副主席阮仁良一行到通州区调研指导海外智力人才工作，研究助力科技新城招才引智工作和机制渠道。2016年，区科协建成通州海智基地网页，依托省市科协资源和服务平台，全力服务双创工作。11月12日，区科协参与协办第十二届高层次人才创新创业洽谈会暨南通高新区江海智汇节。12月6日，通州区委、区政府、中德工业4.0联盟共同主办，省国际科技合作中心、区人才办、区科协、南通高新区科技新城、中德创新中心承办了海智人才通州行暨中德工业4.0项目专场对接活动，30位海内外专家，10家创投机构、6大平台、26家科技型骨干企业，以及镇街道负责人参加推介会。3个项目现场签约；会后又一环保新材料项目入驻盛发科技园。组织企业参加中欧生命科学高层论坛和对接，组织通州籍大学生参加海峡两岸创新创业训练营活动。

【“院士专家通州行”】 全年组织两批“院士专家通州行”活动。组织区内12家纺织、家纺企业及研究院参加全国家纺产业链新兴技术论坛活动，6家企业参加对接洽谈和技术咨询；姚穆院士专程赴2家企业实地开展技术指导。邀请中国工程院院士、哈尔滨工业大学副校长任南琪，江苏省城市规划设计研究院院长、江苏省海绵城市技术中心主任孙晓文等7位专家考察指导，帮助解决技术难题，并与华新环保开展合作。组织西工大、哈工大310项最新科技成果，向重点企业发布。牵线南通大学与恒科新材料开展校企合作，双方已签订全面合作协议。11月承办南通科技咖啡馆，主题为冷链产业与科技创新，3名专家与企业及科技爱好者面对面咨询交流。组织农业龙头企业入住江苏农产品馆网上虚拟平台。组织基层科协开展大协作大服务活动，3个项目获市优秀厂会协作项目。

科普文艺演出

【参与创客空间共建】 依托南通高新区江海智汇园（31.8万平方米）和江海圆梦谷（3.8万平方米）两大平台，积极参与创客空间共建，动态提供1000平方米空间招才引智，区科协专人负责；共建党群服务中心、创客之家，建设电子阅览室，布设科普电子屏，设置国际视频会议室；共建新能源汽车体验馆和桑德森蓝循环经济科普馆。同时与区内6大载体平台逐步建立了合作共建机制。

【社区科普益民】 组织社区科普员参加各类培训班，强化社区科普益民服务站服务力度，加大社区科普大学影响力，在“两站一栏一员”科普提升工程基础上，分区域推进“两室一校一馆”建设和智能科普信息化建设。2016年，金沙街道安康社区成功创成全国科普示范社区，获得中央财政奖补资金20万元；十总镇十总社区被命名为省级科普示范社区。

【科普宣传周活动】 5月，由区委组织部、区级机关工委、区科协等单位主办的第二十八届科普宣传周暨第32届科技先锋超市在区实验小学开幕，本届科普宣传周的主题是“创新引领 共享发展”。省科协《科学大众》杂志社社长罗亚军一行专程到通州参加活动，杂志社的5位专家带来了《从埃博拉到寨卡病毒——揭秘病原微生物的那些事》《相互吸引的易拉罐》《新材料的畅享》等科学知识讲座，深受广大学生的喜爱。活动现场，区司法局、地震局、环保局、水利局、人防办等多家单位摆开咨询台开展党员科技工作者进校园“大手牵小手、小手拉大手”科普活动。

科普周活动

【全国科普日活动】 9月，2016年南通市通州区暨刘桥镇全国科普日活动在刘桥镇启动，此次活动由区科协、区教育局、区科技局、刘桥镇主办，活动以“创新放飞梦想，科技引领未来”为主题，来自全区的广大科技工作者和科普志愿者为社区百姓和刘桥小学的学生们普及科学技术。活动现场，区农业、环保、医疗等多家单位开展了现场科普咨询服务、科普楹联展示、科普谜语有奖竞猜和科普文艺表演等活动。

【“网上科协”】 建立企业技术需求、项目评审专家、通州籍在外专家、区级学会会员4个数据库，实行动态维护，服务创新创业。两年购置87台科普电子屏，全区62个城市社区、25个镇区、学校、企业、基地等主要示范点实现科普电子屏全覆盖。推广使用“通州科普之窗”微信平台及科协和科协界别微信群、QQ群，加强科协网站维护管理；深化与区广播电台、歌舞团全面合作。初步形成了报广电、网信屏“六位一体”的科普新格局。

【优秀科技人才举荐】 区科协联合人才办、社保局、科技局共同推荐，共上报5个南通市青年科技奖候选人，9个南通市优秀科技工作者候选人。其中1人荣获南通市青年科技奖、1人被评为南通市优秀科技工作者。

（张丽敏）

区文学艺术界联合会

【概　况】 2016年，通州区文联认真贯彻落实习近平总书记在第十次文代会、第九次作代会上的重要讲话精神，深入生活、扎根人民，围绕中心，服务大局，为促进全区的物质文明、精神文明建设做出了积极的贡献。《光明日报》头版头条发表纪实文章，深度报道“童声里的中国”十年来取得的成绩，通州文联被评为“江苏省基层文联工作先进单位”。

【“童声里的中国·成长的歌谣”创作大赛颁奖仪式暨“童心·冬之旅”实践营活动】 2月18日，首届“童声里的中国·成长的歌谣”创作大赛颁奖仪式暨“童心·冬之旅”实践营活动在通州童声基地举行。省委常委、宣传部部长王燕文，江苏省委原副书记、省少年儿童文化艺术促进会名誉主席顾浩，南通市委书记陆志鹏、通州区委书记宋乐伟以及省教育厅、省科协、团省委、省妇联等相关领导出席。来自澳门、全国各地参与“成长的歌谣”创作大赛的获奖作者，以及江苏省“美德少年”代表等420人参加活动。江苏教育电视台、江苏优漫卡通全程录播颁奖仪式盛况并进行播放。中央电视台《新闻联播》、江苏卫视、《新华日报》、新华网、中国文明网、中国江苏网等新闻媒体做了专题报道。

“童声里的中国·成长的歌谣”创作大赛颁奖仪式

【音乐儿童剧《田梦儿》公益巡演】 音乐儿童剧《田梦儿》由江苏省委宣传部、江苏省文明办出品，江苏省少年儿童文化艺术促进会、“童声里的中国”少儿艺术创研活动基地具体承制，江苏金坛华罗庚艺术团排演。首演8个月以来，已在江苏、上海各地公益巡演300余场，观众近28万人次，获评上海优秀儿童剧优秀作品，直接进入第11届上海优秀儿童剧展演，参加第三届江苏省文化艺术节展演获“特别奖”。新华网、人民网、新华社江苏分社、《南通日报》、南通电视台等新闻媒体进行了专题报道。

【音乐儿童剧《田梦儿》分享会】 6月1日，以“与爱相伴，与梦同行”为主题的大型现代音乐儿童剧《田梦儿》分享会在通州举行。该剧演职人员、小观众、学校老师、家长，以及儿童教育专家相聚一起，分享了《田梦儿》的艺术成就以及思想道德价值，共同探索儿童教育新思路。

【“童声里的中国”品牌建设与提升专题研讨会】 6月3日下午，“童声里的中国”品牌建设与提升专题研讨会如期举行，10余名来自南通的专家学者为“童声里的中国”系列活动发展献计献策。会上，专家学者们从完善“童声里的中国”系列活动、拓宽宣传途径、锤炼精神内涵等方面积极谈论、碰撞火花，为“童声里的中国”品牌建设与提升提供了思想基础。

【少儿舞蹈《功夫熊猫》登陆央视少儿频道】 11月13日，中央电视台“大手牵小手·童心里的诗篇”专场活动在张家港举行，由通州区“童声里的中国”少儿艺术创研活动基地与川港小学共同选送的少儿舞蹈《功夫熊猫》参加录制。

【第六届“通州艺苑”文学艺术展示周活动】 5月21日上午，“诗意通州、扬帆远航”大型诗歌朗诵会——南通文联“五月风”系列暨第六届“通州艺苑”文学艺术展示周活动开幕式在通州区文博中心小剧场启动。开幕式上，南通市委宣传部副部长顾华，南通市文联党组书记、主席王法，通州区委常委、宣传部部长胡卫东，通州区人民政府副区长李学义启动活动水晶球。活动中，为“住建杯”通州城乡风采主题摄影展的获奖作者颁奖。启动仪式前，与会人员还欣赏了“通州风采”美文、美术、书法、摄影、楹联、诗词展。本届“通州艺苑”文学艺术展示周活动通过中心展区、流动展区、辐射展区、空中展区、童声展区“五大展区”，展示通州区广大文艺工作者创作的具有浓郁通州地方特色的优秀文艺作品，并组织广大江海文艺志愿者走基层、进企业、入校园，发挥专业文艺创作人员的引领作用。

第六届“通州艺苑”文学艺术展示周活动开幕式——“诗意通州、扬帆远航”大型诗歌朗诵会

【“住建杯”主题摄影大赛】 大赛由通州区委宣传部、南通市摄影家协会、通州区住房和城乡建设局、通州区文联联合主办。众多摄影家积极寻找通州城乡的“最美瞬间”，全方位、多视角，聚焦通州城乡风采，展现全区建设人团结拼搏、奋发向上的精神风貌，为建设“强富美高”新通州鼓劲加油。经过专家评审，50幅作品入展，100幅作品入围。

【"电信杯·发现通州美"手机摄影大赛】 大赛由通州区委宣传部、区广播电视台、区文联、区政府网站管理中心、区互联网新闻中心等共同举办。共收到参赛作品 5000 余件,摄影作品真实地展现了通州秀美的自然风光、经济社会发展成果、人民幸福美满的生活等。经过专家评委多轮评比,评出一等奖 1 名,二等奖 3 名,三等奖 5 名,优秀奖 20 名。

【"谐美通州"——优秀摄影作品展】 此次摄影展是通州区纪念建党 95 周年系列文化活动的重要组成部分,由南通市文联、通州区委宣传部、通州区文联主办,南通市摄影家协会、通州区摄影家协会承办。共征集作品百余幅。参展作品涵盖风景、人文等多个领域。区委常委、宣传部部长胡卫东代表区委、区政府对作品展的启动表示祝贺。来自南通各地的摄影师和摄影爱好者纷纷前来观摩,摄影展一直持续至 8 月 15 日。

【区文联下属 12 个协会换届】 自 4 月起,经过区文联精心组织和协会成员公开、公平、公正地推选,会议以公开表决的方式集中完成了对 12 个协会换届改选工作,选举产生了新一届协会领导机构,为推进通州文艺繁荣发展,大力培养德艺双馨文艺人才,建设文化强区做出更大贡献提供有力保障。同时,为召开区文联第十次代表大会打下坚实基础。

【通州区文联第十次代表大会召开】 6 月 27 日,通州区文学艺术界联合会第十次代表大会在区行政中心隆重举行,来自全区各艺术领域的 286 名代表欢聚一堂,回顾总结第九次文代会以来的工作,共商繁荣文艺事业发展大计。区委书记宋乐伟到会并作重要讲话,区委副书记、区长陈永红,区委常委、组织部部长桑建美参加会议,区委常委、宣传部部长胡卫东主持会议。南通市文联党组书记、主席王法代表市文联对大会的召开表示热烈祝贺。大会审议并通过了区文联第九届委员会所作的工作报告,通过了《通州区文学艺术界联合会章程》,表彰了 2010—2015 年通州区"优秀文艺工作者",民主选举产生了通州区文联第十届委员会委员。区文联第十届委员会第一次会议选举产生了新一届文联领导班子。大会还精心编印了《文馨艺雅(2010—2015)》成果册,充分展示了区文联自第九次文代会以来的特色品牌活动、创新亮点工作、180 余件精品艺术作品以及文艺家们所取得的 460 余项省级以上成果。

【第五届江苏省青少年音乐"小茉莉花奖"声乐大赛】 7 月 18 日,第五届江苏省青少年音乐"小茉莉花奖"声乐大赛成功举行。组合组,儿童和少年 A、B 组共决出金、银、铜奖 35 个,通州区小选手获一金三银五铜。江苏省文联党组成员、书记处书记王建,通州区委书记宋乐伟出席活动,并为获奖选手、老师等颁奖。本次参赛的近 300 名选手从省内各市初赛中选拔,57 名选手脱颖而出进入决赛。最终,大赛评出金、银、铜奖和优秀奖,以及优秀教师奖、组织奖。颁奖活动现场,获金奖的选手成为"童声里的中国"签约小歌手。当天下午,获得金、银、铜奖的小歌手在"童声基地"共同种下了"希望树",启动"小茉莉"生长林,金奖选手留下了"成长小脚印"。江苏省文联副主席、江苏音乐家协会主席朱昌耀,江苏省音乐家协会副主席杨丽娟,江苏省文联组联部主任徐宝亚,南通市委宣传部副部长、文明办主任陈冬梅,区委常委、宣传部部长胡卫东,通州区副区长李学义等出席活动。

通州区文联第十次代表大会

【长篇系列少儿小说《滑板少年》研讨会】 12 月 16 日,由江苏省作家协会儿童文学创作委员会、江苏省少年儿童文化艺术促进会、南通市文学艺术界联合会、南通市通州区委宣传部主办,"童声里的中国"少儿艺术创研活动基地、南通市作家协会、南通市通州区文联承办的长篇系列少儿小说《滑板少年》研讨会在省会南京成功举办。研讨会邀请省作协、南通市文联、南通市通州区委宣传部的领导出席,特邀北京、省、市专家围绕《滑板少年》进行研讨。通过对作品的深入剖析,进一步放大正能量,弘扬社会主义核心价值观。

【学习贯彻习总书记在全国第十次文代会、第九次作代会上的重要讲话精神座谈会】 12 月 8 日下午,通州文艺界代表召开座谈会,深入学习贯彻习近平总书记在全国第十次文代会、第九次作代会上的重要讲话精神,走在了南通市各县市区的前列。会议传达了全国第十次文代会、第九次作代会的基本情况,学习了习近平总书记在会议上的重要讲话。全国文代会代表、市文联王法主席深刻解读了习总书记的重要讲话精神,并对通州文艺工作者提出了希望。区文联 12 家协会、乡镇文联、行业文联的主席、副主席、秘书长等 70 余人参加座谈会。

2016 年通州区文联会员部分发表、出版及获奖作品一览表

表 6

类别	项目名称	作　者	出版(展览、演出)情况	主办单位	全国获奖	省(市)获奖
散文	《梦想路上》	刘伯毅	团结出版社出版			
小说	《黄雀锁情记》	张海燕	发表于酷匠原创网、纵横中文网等网站,并于喜马拉雅听书频道播出			
小品	《阳光超市》	顾学军创作，杨洁导演，许君、瞿荣表演	参加江苏省残疾人会演	江苏省残联		获节目一等奖、创作一等奖和辅导一等奖
通剧小戏	《审舅舅》	张贺林导演，葛豪、葛卫东、张丽等表演	参加“中华颂”小戏小品赛	中国民间文艺协会民间戏曲艺术委员会		获金奖、优秀表演奖
小品	《拜见丈母娘》	姜冬云创作,张贺林导演,李汉芳、易斌、倪敏、马跃峰表演	参加“中华颂”小戏小品赛	中国民间文艺协会民间戏曲艺术委员会	金奖、表演奖	入选江苏省“五星工程奖”决赛
诗词	《灵山曲三首》	汤俊峰	出版	中国文化出版社		
摄影	《独轮倩影》	捷　飞	上海第十三届国际摄影艺术展	上海市摄影家协会		
摄影	《荻溪古镇一角》	捷　飞	“盛世太平·江南荻溪”全国摄影大赛、同时被选登在中国摄影报	中国摄影报、江苏省摄影家协会		
摄影	《日落古镇》	捷　飞	“盛世太平·江南荻溪”全国摄影大赛	中国摄影报、江苏省摄影家协会		
摄影	《滩涂脉络》	捷　飞	香港第六届全国摄影艺术展	香港第六届全国摄影艺术展组委会		
摄影	《红枫亭影》	捷　飞	“美丽栖霞山　文化璀璨地”全国摄影大赛	中国摄影报、江苏省摄影家协会		
摄影	《一路美景入窗来》	捷　飞	江苏省老年摄影学会首届摄影作品佳作展	江苏省老年摄影学会		
摄影	《甜蜜的事业》	捷　飞	纪念建党 95 周年“光辉的旗帜”全省摄影大赛	江苏省文联、江苏省摄影家协会		铜奖
摄影	《千岛菜花香》《添砖加瓦》	捷　飞	纪念建党 95 周年“光辉的旗帜”全省摄影大赛	江苏省文联、江苏省摄影家协会		优秀奖
摄影	《打茅靴》	捷　飞	江苏省第二十二届摄影艺术展	江苏省文联、江苏省摄影家协会		优秀奖
摄影	《赶海归来》	曹　松	纪念建党 95 周年“光辉的旗帜”全省摄影大赛	江苏省文联、江苏省摄影家协会		优秀奖
摄影	《托起生命的希望》	卑多敏	南通市“圆陀角”杯“江海先锋在身边”优秀摄影作品评比	南通市委组织部、南通市摄影家协会	入展奖	一等奖

续表 6

类别	项目名称	作　者	出版(展览、演出)情况	主办单位	全国获奖	省(市)获奖
摄影	《大海的微笑》	卑多敏	第二十二届江苏省摄影艺术展	江苏省文联、江苏省摄影家协会		铜奖
摄影	《水陆空交响曲》	庄学雷	第二十二届江苏省摄影艺术展	江苏省文联、江苏省摄影家协会		优秀奖
摄影	《钟声悠扬传禅意》	卑多敏	“寿圣寺杯”南通首届佛教文化艺术摄影大赛	南通市文联、市摄影协会		入选奖
摄影	《一枝独秀》	李　兵	“走进美丽东台”影展	中国摄影报		
摄影	《佛光》《盛世法典》	李　兵	“寿圣寺杯”南通首届佛教文化艺术摄影大赛	南通市文联、市摄影协会		入选奖
摄影	《醋坛韵律》	欧阳良跃	“茅山杯”镇江旅游摄影大赛	江苏省摄协		入选奖
摄影	《心灯》	欧阳良跃	“寿圣寺杯”首届南通佛教文化摄影大赛	南通市文联、市摄影协会		二等奖
摄影	《禅影》《静心》	欧阳良跃	“寿圣寺杯”首届南通佛教文化摄影大赛	南通市文联、市摄影协会		优秀奖
摄影	《会心》《一生一事》	潘为公	“寿圣寺杯”首届南通佛教文化摄影大赛	南通市文联、市摄影协会		优秀奖
摄影	《童年的梦》《开沙明珠》《鸟瞰南山湖》	张松年	《文明南通，诗画江海》优秀摄影作品征集	南通市委宣传部、南通市文明办		三等奖
摄影	《心的一天》	宋协培	“寿圣寺杯”首届南通佛教文化摄影大赛	南通市摄影家协会		优秀奖
摄影	《禅僧送佛音》	胡锦华	“寿圣寺杯”首届南通佛教文化摄影大赛	南通市文联、市摄影协会		入选奖
摄影	《祈福》	包志彬	“寿圣寺杯”首届南通佛教文化摄影大赛	南通市文联、市摄影协会		优秀奖
摄影	《马背上的民族》	蒋海燕	首届中国民族影像志摄影大展。	中国民族博物馆、中国摄影家协会网、中国摄影手机报	入选奖	
音乐	《也是蛮拼的》	顾吴迪	“五星耀江海”南通市群文作品展演	南通市文广新局		男声组合荣获金奖
版画	《佛光下的刻经人》	陈鹏刚	第三届世界华侨华人美术书法展，第二届南通市美术作品大展	中国侨联、中国文联、中国美协、中国书协联		铜奖
版画	《烈日》	陈鹏刚	第三届世界华侨华人美术书法展	中国文联、中国美协、中国书协、中国侨联		
国画	《歌声嘹亮》	陈鹏刚	纪念红军长征胜利八十周年全国名家书画艺术大展	中国共产党史学会、中国艺术研究院、中国美协		
国画	《温暖晨曦》	陈鹏刚	天下为公——纪念孙中山先生诞辰 150 周年美术作品展览	民革中央、中国美协		

续表6

类别	项目名称	作　者	出版(展览、演出)情况	主办单位	全国获奖	省(市)获奖
藏书票	《活佛》	陈鹏刚	第十六届全国藏书票暨小版画艺术展并被收藏	中国美协藏书票研究会		
藏书票	《山鬼》	陈鹏刚	第四届广州国际藏书票暨小版画双年展并被收藏	中国美协藏书票研究会		
藏书票	《巢之恋》	陈鹏刚	首届"江苏美术奖"美术作品展	江苏美术家协会		
版画	《高唱八路军歌》《巢里巢外》《佛光下的刻经人》《雷雨天》《高原情》	陈鹏刚	江苏"群星"美术书法摄影作品提名展(美术类)并全省巡回展出	江苏省文化厅、江苏省文化馆		
小版画	《早安》	陈鹏刚	第四届广州国际藏书票暨小版画双年展并被收藏	中国美协藏书票研究会		
国画	《1985年某月某日》	陈鹏刚	江苏首届艺术基金项目资助(美术创作资助项目)	江苏省文化厅		
国画	《掠过故园》《黄梅雨季》	陈鹏刚	"苏风艺韵·江海艺境"——南通市美术书法作品展	江苏省文联、南通市委宣传部		
国画	《冬季》	陈鹏刚	第二届南通市美术作品大展	南通市委宣传部、市文广新局、市文联		
油画	《2015年感动中国人物——吴锦泉》	刘　军	"中国梦·劳动美·幸福路"江苏省第7届企业职工美大赛	江苏省文化厅		优秀奖
油画	《遥望港的媳妇》	华振明	首届"江苏美术奖"美术作品展	江苏省美术家协会		
油画	《黄金坡》	华振明	第二届南通市美术作品大展	南通市委宣传部、市文广新局、市文联		金奖
国画	《源上雪韵》	李　进	第二届南通市美术作品大展	南通市委宣传部、市文广新局、市文联		
国画	《婺源人家》《无题》	李　进	"苏风艺韵·江海艺境"——南通市美术书法作品展	江苏省文联、南通市委宣传部		
国画	《潇湘云水间》	蔡志中	第二届南通市美术作品大展	南通市委宣传部、市文广新局、市文联		金奖
国画	《破晓》	瞿　鹏	第二届南通市美术作品大展	南通市委宣传部、市文广新局、市文联		铜奖
国画	《查济山民》《青春》	姜唯一	"苏风艺韵·江海艺境"——南通市美术书法作品展	江苏省文联、南通市委宣传部		
国画	《逝去的回音》	姜唯一	第二届南通市美术作品大展	南通市委宣传部、市文广新局、市文联		铜奖

续表6

类别	项目名称	作　者	出版(展览、演出)情况	主办单位	全国获奖	省(市)获奖
漫画	《变性》	邱志新	第四届中国·桐乡廉政漫画作品展	中国美术家协会	入选	
漫画	《始料未及》	邱志新	第二届南通市美术作品大展	南通市委宣传部、市文广新局、市文联		
漫画	《生财有道》	邱志新	南通市“食安杯”全国漫画大赛	南通漫画协会		一等奖
国画	《故园》《每一个明天》《国色天香》	杨　林　马杰星　黄永平	第二届南通市美术作品大展	南通市委宣传部、市文广新局、市文联		
油画	《古宅春色》	汪卫华	第二届南通市美术作品大展	南通市委宣传部、市文广新局、市文联		
漫画	《法庭辩论》	吴建彬、杨汉祥	第二届南通市美术作品大展	南通市委宣传部、市文广新局、市文联		
舞蹈	《丽人行韵》	殷晓莉	江苏省社会舞蹈大赛	江苏省文联、省舞蹈家协会		获表演三等奖、辅导三等奖
舞蹈	《花·叶》	杨撼宇	“五星耀江海”南通市群众文艺优秀作品展演	南通市文广新局		银奖
书法	行书中堂《汤俊峰诗君回不觉》	陈炳南	五月风——江海艺境南通市首届书法艺术大展	南通市文联		
书法	隶书八尺四条屏《江海赋》	黄宝乐	五月风——江海艺境南通市首届书法艺术大展	南通市文联		
书法	草书中堂《道源诗早梅》	高锦陈	五月风——江海艺境南通市首届书法艺术大展	南通市文联		
书法	行书对联《松风煮茗竹雨谈诗》	卫剑波	五月风——江海艺境南通市首届书法艺术大展	南通市文联		
书法	隶书四尺中堂《朱永淮诗亚洲雄风》	黄宝乐	中国体育文化博览会美术作品展览	中国体育文化博览会，中国体育博物馆		
书法	论文《体方求婉通　韵舒存劲健——萧蜕篆书艺术及其历史地位》	黄宝乐	《书法》杂志	上海书画出版社		
书法	楷书《颜氏家训》	宋建峰	“书传统家规，扬清风正气”书法大赛	南通市纪委		一等奖
书法	隶书对联	黄宝乐	“书传统家规，扬清风正气”书法大赛	南通市纪委		二等奖
书法	小楷《弟子规》	杜红军	“书传统家规，扬清风正气”书法大赛	南通市纪委		二等奖
书法	隶书对联《大圣重来》	陈学光	南通市第三届非遗工坊杯春联书法比赛	南通文广新局		一等奖

续表6

类别	项目名称	作　者	出版(展览、演出)情况	主办单位	全国获奖	省(市)获奖
书法	楷书对联	朱礼霞	南通市第三届非遗工坊杯春联书法比赛	南通文广新局		
书法	行草册页《人间词话选抄》	于国庆	第十届江苏省新人书法篆刻作品展	江苏省文联、宿迁市人民政府、江苏省书法家协会		
书法	小楷《放鹤亭》	杜红军	第十届江苏省新人书法篆刻作品展	江苏省文联、宿迁市人民政府、江苏省书法家协会		

(许　君)

通州区第七届社科普及宣传周启动仪式

区哲学社会科学界联合会

【概　况】 2016年,区社科联开展应用研究、成果评奖、社科普及和队伍建设等工作,取得明显成效。是年,区社科联获省社科联系统2016年度"工作创新奖"及南通市社科联系统2016年度"先进社科联"称号,1人被评为全省理论宣讲先进个人,获得全市"百姓名嘴说三新"活动一等奖;1人获"全国社科工作先进个人"称号。1项研究课题获"江苏省社科应用研究精品工程"市县专项课题立项,1项成果获江苏省社科界第十届学术大会优秀论文二等奖,1项成果获南通市年度热点问题研究优秀成果三等奖。

【区第三届社科优秀成果评奖】 根据省市社科工作部署,制定《通州区第三届哲学社会科学优秀成果评奖实施细则》,增设特等奖,强化宣传发动,优化评奖程序,共收到申报成果92项,经初评、终评、公示,评出获奖成果35项,其中特等奖1项、一等奖5项、二等奖10项,分别给予表彰奖励。

【应用课题研究】 紧紧围绕区委十一届十一次全会提出的"自觉践行五大发展理念,深化拓展'三个年'活动,奋力打造'四个区'"要求以及区经济社会发展中的热点难点问题,深入开展年度应用课题研究,组织专家对申报的应用研究课题成果进行评审,对23项优秀研究成果给予表彰奖励。

【第七届社科普及宣传周启动】 9月22日上午,在南通洲际绿博园举行以"树立五大发展新理念,建设强富美高新通州"为主题的区第七届社科普及周启动仪式。来自全区各镇区园街道、社科学会、社科普及示范基地的250名社科志愿者参加活动,市社科联党组书记、副主席徐爱民为三家区级基地授牌;社科联、党校、国税局、地税局、检察院、人民银行、统计局、司法局等15家单位的社科专家为广大市民提供咨询,同时展出50多块社科展板。

【社科知识宣传普及】 组织社科理论宣讲骨干围绕党的十八届五中、六中全精神、"四个全面"战略布局、"七一"讲话、

"金沙市民讲坛"第10期讲座

"两学一做"、省市区党代会精神宣讲900余场,受众达10万余人次;与区宣传部、安监局、教育局、公安局等单位联合开展安全大宣讲"六进"(进机关、企业、社区、工地、学校、交通)活动,宣讲1300余场,受众达10.5万余人次;推荐蔡志红、丁华斌、陆子森分别围绕心理疏导、矛盾调解、南通抗战史作客南通市社科联主办的"空中讲坛",取得预期效果;举行"金沙市民讲坛"2期;加强社科普及示范基地建设,城市展览馆和南通绿博园获评市级基地,新发展区级社科普及示范基地3家。

【人文社科知识竞赛】 围绕习近平系列重要讲话精神、纪念长征胜利80周年、《江苏省社会科学普及促进条例》、党史党建、优秀传统文化、区十二次党代会精神等内容,与区委宣传部联合开展人文社科知识竞赛,共收到2750份答题卡,经组织抽奖,给予获奖者相应奖励。

【社科理论骨干培训】 组织全区社科工作者深入学习中央和省市区党委最新会议精神,自觉践行五大发展理念,不断用党的理论创新成果武装头脑,指导社科工作;开展学会评先表彰活动,与区委宣传部联合发文对15家先进社科学会和16名学会先进工作者予以表彰;与宣传部联合举办基层宣讲员培训和"七一"讲话、党的十八届六中全会精神专题培训,切实提高社科骨干的政策理论水平和综合业务能力。 (陈泉江)

区归侨侨眷联合会

【概　况】 2016年,区侨联紧扣全区发展大局,坚持"以侨为本,为侨服务"工作宗旨,主动适应经济发展新常态,坚持国内、海外工作并重,老侨、新侨工作并重,不断巩固和发展和谐互助、充满活力的侨界氛围,有力推进了各项工作的开展,取得新的成效。全年共接待从美国、澳大利亚、韩国、南非等国家和回乡探亲、访友的海外侨胞、港澳同胞、留学生9批43人次,处理侨界群众来信来电来访9件次,涉及到困难救助、土地纠纷、祖坟迁移、子女上学、出境签证等多个方面,答复率100%,满意率100%。

【走访慰问】 在春节、中秋等传统节日,通过上门走访形式,看望慰问全区70多户老归侨、空巢老侨、留学生眷属和侨企代表、侨界委员,给侨界群众送上党和政府的深切关怀,送上侨联组织的衷心祝福。平时,对重点归侨侨眷尤其是空巢侨属坚持做到"家有重大事必访、有重大疾病必访、有重大困难必访",受到侨界群众好评。

【联谊活动】 抓好常态联谊,依托节假日,组织系列联谊活动。开展侨界迎春聚会活动,侨界人士代表欢聚一堂,交流情况,畅述发展。组织老归侨与崇川区老归侨一起,赴宜兴侨联交流联谊,丰富老归侨的生活。组织归侨侨眷代表参观绿博园,增进侨界群众之间的情谊,更增进侨联组织凝聚力。与区侨办联合举办侨界迎端午联谊活动。

【联络联系】 以联络为重点,着力打造现代通讯信息交流平台,扩大建立侨友微信群、QQ群、电邮群,经常性宣传大南通的最新发展变化、投资环境和涉侨法律法规等,更有效地延伸了侨联工作手臂。向全区重点海外华人华侨、港澳同胞累计寄送300多份贺卡和慰问信,让远在海外的侨胞朋友们更加感受到浓浓的乡情和家乡对他们的关爱。旅美侨领吴有义先生当选为加州江苏商会暨北加州南京同乡会首任会长,区侨联及时发函祝贺,加强交流与合作。以《南通新侨口述史》组稿为契机,加大与新侨的联系,安排专人采访,宣传侨界优秀典型,弘扬侨界正能量。

【侨法宣传】 上半年,在全区统战委员培训会议上,向统战委员发放《侨法手册》《江苏省保护和促进华侨投资条例》,驻会领导亲自做好新侨法培训,加强基层侨联小组负责人的侨法认知度;下半年,在全区统战工作交流会上,做好《中华人民共和国外交特权与豁免条例》《中华人民共和国国籍法》等侨法的辅导宣传。全区各镇、区、园侨联小组纷纷结合各自实际开展侨法宣传活动,侨法普及到村、居。利用走访、联谊活动的机会,向侨界群众发放《侨法手册》和《江苏省保护和促进华侨投资条例》,在集体活动中,组织有奖知识竞答,进一步扩大侨务法律法规知识的宣传,提升侨界群众做合法公民和维护好自身权益的意识。

【基层侨联小组建设】 加大与各镇统战委员的联系和工作指导,年初就2016年基层侨联小组工作,从基层组织建设、侨情管理、拓展联谊、依法护侨、扩大宣传五大方面,作详细部署,进一步规范基层侨联小组工作,将涉侨基础工作常态化、动态化进行。同时对基层从事侨联工作的新同志进行专题培训。8月份,省、市侨联在视察区育才社区"侨之家"活动阵地后,对全区基层社区侨联工作给予高度评价。9月份,在全区统战工作交流会上,界北村"侨之家"活动中心成为全区统战委员参观的特色亮点工作之一,进一步推动了各基层侨联小组工作的更好开展。

【区侨联六届五次委员会】 1月13日,区侨联召开六届五次委员会传达省侨联六届五次全委会议精神。侨联主席许斌主持会议,驻会副主席赵莉玲向全体委员传达相关会议精神,并与全体委员一起研究部署全区侨联2016年工作开展。 (管　鹰)

区红十字会

【概　况】 2016年,南通市通州区红十字会紧贴中心工作,尽心尽责,当好区委、区政府人道领域助手,工作取得显著成效。4 月，通州红十字青少年工作经验在江苏省红十字会年度工作会议上交流，并被红十字运动与研究中心编入《红十字青少年理论与实践》一书。8 月 12 日，江苏省红十字会副会长徐国林一行到通州调研，对通州红十字工作给予了充分肯定。8 月 30 日《中国红十字报》刊登了《强基础　创特色　树品牌——江苏省南通市通州区红十字工作纪实》一文，介绍通州红十字工作。区红十字会先后被评为中国红十字会总会报刊宣传工作先进集体一等奖、江苏省红十字会造血干细胞捐献工作优秀奖（全省仅 5 个县市区获得表彰，通州是南通地区唯一获奖单位）。

区红十字会开展博爱助学活动

【基础工作】　全年发展新会员 6940 人。健全公开机制，将区红十字会 2015 年度决算和 2016 年预算、“博爱送万家”活动救助情况、大学新生“博爱助学”情况以及“盐城风灾”募捐、“博爱在通州、人道万人捐”募捐情况向社会公开，同时将接收到的社会爱心捐赠实时公示，进一步打造公开透明的红十字会。开展争创活动，刘桥中学、余北小学被市红十字会、市教育局命名为“南通市学校红十字会规范化管理达标单位”。

【应急救援】　开展对外援助，联合区委组织部开展援助“盐城风灾”募捐，组织通州红十字阳光爱心车队开展广场募捐。在区四套班子领导带头下，累计募捐 74 万余元，捐款总额位居南通各县（市）区第一。在江苏省红十字会的统一安排下，将总价值约 8 万余元的 50 顶帐篷和 50 条睡袋以及部分衣物送往金坛洪涝灾区，及时缓解了当地灾民的燃眉之急。拓展筹资渠道，争取到区政府向“红十字人道救助基金”注资 60 万元，专项用于备灾救灾救助和救护工作。开展爱心捐赠，派得羽绒家纺南通有限公司捐赠省、市、区红十字会 23000 条棉被，价值 183 万余元，用于救灾和救助工作。开展“博爱在通州、人道万人捐”募捐活动，全年募集捐款 88.55 万元。

【人道救助】　开展 2016 年“红十字博爱送万家”活动，发放救助款物 55 万余元，惠及全区 1192 户贫困家庭。继续做好《中小学生红十字重症住院医疗互助金》和《白血病儿童骨髓移植救助基金》补助工作，为 417 名重症学生发放互助金 118 万余元，为区实验中学白血病学生曹灵彦送去 10 万元骨髓移植救助款，为 3 名白血病患儿争取到“小天使基金”救助金 11 万元。开展大学新生博爱助学活动，39 名新升入大学的贫困家庭学子和 7 名被跟踪奖励大学生获得了 21.6 万元救助。开展日常救助，全年向 43 个重症特困家庭发放 10 万余元救助款。

区红十字会开展“世界急救日”校园应急救护培训活动

【应急救护培训】　大力推进公益性应急救护培训这一省市政府民生实事项目，全年举办培训班近百期，培训初级救护员 1300 余人，普及性培训 10700 余人，超额完成培训任务。关爱青少年生命健康，举办第三届暑期应急救护公益讲堂，深入学校开展“世界急救日”主题宣传培训。开展安全大宣讲“六进”活动 1361 场，对 10.6 万人次进行了应急救护知识宣传教育。与区总工会等单位联合举办首届区红十字应急救护技能竞赛；4 名选手参加南通市应急救护技能选拔赛，荣获团体一等奖，个人一、二、三等奖各 1 名，第一名获得者王学锋由市总工会授予南通市“五一”劳动奖章，2 名选手参加江苏省应急救护技能大赛，1人被授予“江苏省红十字应急救护能手”称号。组织全区4万余名红十字会员、志愿者参加“2016年全国红十字防灾避险知识竞赛”。区红十字会和6家基层红十字会获得最佳组织奖一等奖，12家基层红十字会获得最佳组织奖二等奖，28家基层红十字会获得最佳组织奖三等奖。

【医疗服务“三进”活动】 与区卫计委联合制定印发《2016年红十字医疗服务“三进”活动方案》。全区各级医疗卫生单位红十字志愿队每月开展1次红十字医疗服务“三进”活动。探索“精准配对”志愿服务模式，各单位对辖区的一些贫困独居患者，开展结对帮扶，并为他们提供免费医疗和免费赠药。全区各级医疗卫生单位红十字志愿者已累计服务2万余人次，区红十字会为困难群众免费赠送价值10万余元的药品。

【志愿服务】 “3·5”学雷锋日、“5·8”世界红十字日期间，组织区人民医院等单位的红十字志愿者运用展板、发放资料、现场演示等形式，向市民宣传红十字知识、无偿献血、造血干细胞捐献、器官捐献等科普知识；组织红十字志愿者到区特殊教育学校和区残联儿童康复中心，给残障儿童免费发放预防走失爱心红手环，受到家长们的欢迎。“5·12”国家防灾减灾日期间，联合区地震局、区人防办等16家单位，在城区金游城广场开展了以“减少灾害风险、建设安全城市”为主题的科学防灾减灾宣传活动，进一步普及应急救护知识，提高广大市民的自救互救能力。重阳节期间，组织通州红十字爱心车队志愿者到金新街道金南社区开展了“党员爱心驿站金秋重阳乐”志愿服务活动，给老人们送去重阳礼物，传递党和政府对老人的关爱。

【志愿捐献工作】 全年3名造血干细胞志愿者成功实施捐献，分别是区烟草局员工徐雪峰、金新街道碧堂庙社区居民季卫春、高悦。徐雪峰也是全省烟草系统首位成功捐献造血干细胞志愿者，被区文明委评为十佳助人为乐之星；季卫春被南通市文明办评为“志愿江海”2016年度优秀志愿者；高悦成为通州第一例女性造血干细胞捐献者。成立通州造血干细胞成功捐献者志愿服务分队，广泛宣传捐献造血干细胞的知识和重要意义，全年新增造血干细胞志愿者81名，初配相合志愿者28名，高配相合志愿者5名，再动员成功率达82.14%。器官、遗体捐献工作稳步前进，全年开展器官、遗体捐献宣传、咨询活动10余场次，全区共有10多名遗体、器官捐献志愿者登记在册。

【红十字公益宣传】 通过《通州日报》“大爱通州”专栏、网站、电子屏、出租车公益广告等宣传平台，加强红十字知识的宣传。“5·8”世界红十字日期间，在《通州日报》专版介绍通州红十字工作。全年在《通州日报》等媒体上发布各类红十字活动信息近百篇。利用世界红十字日、世界献血日等纪念日开展广场宣传活动，发放红十字知识宣传资料1万余份。通过召开成功捐献造血干细胞志愿者欢送会、欢迎会等形式，宣传造血干细胞捐献者的无私奉献精神，动员、引导市民积极投身公益事业。（邵晓明）

◆2016中国十大新闻（之四）◆

严肃查处辽宁拉票贿选案

9月13日，十二届全国人大常委会第二十三次会议经表决，依法确定辽宁省45名拉票贿选的全国人大代表当选无效。这是新中国成立以来查处的第一起发生在省级层面、严重违反党纪国法、破坏人大选举制度的重大案件。查处该案充分体现了以习近平同志为核心的党中央坚定不移推进全面依法治国、全面从严治党的鲜明态度和坚定决心，维护了人民代表大会制度的权威和尊严，维护了社会主义法治的权威和尊严。（引自《新华网》）

人民武装

People's Armed Forces

编辑 杨王军

中国人民解放军通州区人武部

【概　况】 2016年，区人民武装部坚持以强军目标为统领，紧密结合“强富美高”新通州建设进程，聚焦改革主线，强力抓建设，积极促融合，扎实打基础，创新谋发展，全区人民武装和国防后备力量建设取得新进步。是年，被南通军分区评为军事训练先进单位。

【政治工作】 始终把思想政治建设放在首位。强化理论武装。认真组织学习习主席系列讲话精神特别是“七一”讲话和十八届六中全会精神，坚持每月不少于2次党组织生活制度，部领导带头给干部职工上党课，邀请军地专家教授作宣讲辅导，抓好学习时间、人员、内容有效落实，切实推动党创新理论宣传普及、落地生根。深化主题教育。扎实开展“两学一做”和“坚决服从改革大局、忠实履行职能使命”学习教育活动，做好集中学习、征求意见、组织生活会、承诺践诺等步骤。围绕菲律宾南海仲裁案、军队调整改革等比较关注的热点问题，适时开展针对性思想教育，引导干部职工看清改革大势，把心思和精力向军事斗争准备聚焦。注重规矩约束。严格落实军委国防动员部17项管理制度措施，完成行业风气清理整治、执纪情况监督检查和全面彻底肃清郭伯雄、徐才厚流毒影响等工作，在兵员征集、经费开支等敏感问题上坚持标准、走实程序、落实要求，南通军分区司令员先后2次到区人武部指导教育活动开展情况，并给予充分肯定。

【战备训练】 紧紧抓住“能打仗、打胜仗”目标，以提高应对多种安全威胁、完成多样化军事任务能力为标准，进一步做好加快军事斗争准备。开展战备值勤。修定完善非战争军事行动预案，分2批组织125名民兵骨干开展为期7天的防台救灾集训，进行检验性拉动演练，保持战备工作常态化。在G20峰会期间，组织民兵应急连在训练基地进行为期半个月的集中备勤。组织首长机关训练。部领导带头学、带头训、带头考，坚持每天1小时体能训练、每周完成1份战术作业、每月组织1次考核。通过训练考核，现役军官业务水平和体能素质明显提高，在军分区年度军事考核中，有3人成绩排在前十位。预备役营通过落实预任军官“到岗日”制度，有效提升预编地方领导国防意识、岗位意识和履职意识。抓好基层骨干训练。坚持每月专武干部例会制度，每季度组织专武干部进行封闭式集训，提高专武干部业务水平和军事素养。预备役营组织为期1个月100人次指挥所演练，2连被团评为军事训练先进连。遴选9批87人次民兵骨干参加上级比武训练，取得2个第一、3个第二的优秀成绩。坚持依法治军、从严治军，狠抓制度落实，促进规范养成。以学法规、严纪律、训队列、整作风为重点，正规战备训练、生活和保密办公秩序，专武干部和基干民兵营连长在军分区条令考核中取得优异成绩。预备役营3连狠抓基层规范化建设，被师评为全面建设先进连。

【国防动员】 坚持保障打赢，整合军地资源，着力提升后备力量建设质量。抓好民兵预备役组织建设。完成基干民兵和预备役营官兵编组任务，调整优化组织结构和力量布局。协调组织区国动委“八办”成员单位完成国防动员潜力数据核查工作。通过召开现场观摩会等形式，组织开展新一轮基层规范化建设达标活动，以促进镇（街道）武装部规范化建设提档升级。完成年度兵员征集任务。广泛开展征兵宣传活动，构建以“五率”为主要评价指标，严把体格检查、政治考核、文化年龄、走访定兵等关口，优先批准高学历青年入伍，组织专武干部到部队回访新兵，圆满完成征集兵员任务，征兵“五率”评比指标排在全市领先位置。

【安全管理】 落实军委国防动员部安全管理“6个规范性文件”，对营区、兵器室、保密室等部位进行拉网式安全排查，及时消除安全隐患，组织突发情况处置演练。周密组织武器弹药封存调运，训练基地民兵武器装备全部移存机关兵器室。细化管理职责保安全。制定出台《军队调整改革期间人武部教育管理规定》，健全组织领导、形势分析、风险评估等管理制度，突出“人车枪弹密”安全管控，与干部职工签订《安全管理目标责任书》，树牢安全发展理念，遵守安全保密规定，维护军人良好形象。（傅小兵）

中国人民武装警察部队通州区中队

【概　况】 2016年，中国人民武装警察部队通州区中队坚持依法从严治警，始终把国防教育和普法教育作为精神文明建设重要组成部分，立足于“打得赢，不变质”两个历史性课题，着眼适应高科技局部战争特点，围绕执勤、反恐和处置突发事件，依据《军队基层建设纲要》，按照“强班子，打基础，谋发展，保稳定”工作思路，以“打造全面过硬，争创先进中队”为奋斗目标，补短板、治弱项，狠抓经常性基础性工作落实。围绕“改革强军”主题教育、“两学一做”学习教育等，深入扎实开展争先创优活动。是年，1人立三等功，7人被评为优秀士兵，8人获嘉奖。

【军事训练】 根据《军事训练大纲》和《军事训练若干规定》，从严、从难、从实战出发，开展岗位练兵活动。继续围绕“两个确保”奠定坚实基础。不断推出新举措，开展经常性军事训练，确保“人员、时间、内容、标准”落实，全面提高官兵军事技能。按照“能打仗、打胜仗”要求，创新训练方法，强化内务管理，提高训练质量。抓好经常性思想政治教育，面对当前世界恐怖势力不断扩大的新形势，牢固树立“居安思危”忧患意识和“积极预防、高效处置”指导思想，并从兵力部署、力量使用、组织指挥、装备器材和保障措施等方面进行相应训练和准备，做到“拉得出、上得去、打得赢”，快速反应、高效处置，确保社会和谐稳定，人民安居乐业。

【执勤和处置突发事件】 2016年，始终以执勤和处置突发事件为中心，制定预案，明确职责。完成固定目标看守任务外，还担负武装押解、武装巡逻及其他临时性任务。全年累计出动兵力80余人次，配合公安机关完成各项任务。主动与看守所搞好协作，研究制定执勤目标安全和处置突发事件行动预案，严密组织各项勤务训练，严格落实奖惩制度，做到依法执勤、文明执勤、正规执勤。应急战备，组织有序。落实好战备措施，做到人员、物资、装备始终处于良好战备状态，遇到紧急情况能快速反应，确保“拉得出，打得响，联得上”。保持人员在职在位，成立执勤应急小分队，时刻准备“上一线、打头阵”。加强战备演练，储备救援物资，主动与区人武部、公安局联系，协调预案。加强战备训练，提高应急反恐分队处置能力，中秋、国庆节期间，完成战备、维稳常态备勤等任务。

【帮扶联建】 2016年，与共青团通州区委结成“四联”对子，形成思想工作联抓、公益事业联做、人才培养联手、文体活动联谊的良好氛围。将区武警中队建成国防教育阵地，先后接待团体、单位人员参观3000余人次。帮助学校开展军事训练、国防教育30多次。开展扶贫帮困和“一帮一”献爱心活动，全年捐款捐物折合人民币5000多元、义务献血35人次。积极联系地方相关部门，组织电脑操作、烹饪等技术学习，培育军地两用人才，为官兵退伍再就业提供技术支撑，为地方经济社会发展输送有用人才。（王志逢）

中国人民武装警察部队通州区消防大队

【概　况】 2016年，区消防大队紧紧围绕“平安通州”建设主线，认真落实消防工作责任，强化公共消防基础设施建设，深化消防安全隐患排查整治，做好G20峰会安保、省党代会消防安保等重大活动安保工作，为区经济社会持续健康发展提供良好的消防安全保障。是年，被表彰为区“安全生产大宣讲”优秀组织单位，通州中队被授予区“青年文明号”称号。1人被评为市安全生产先进个人，1人记三等功，2人被评为G20峰会消防安保先进个人。

【消防监督与执法】 深入推进基层基础和公共消防设施建设，推动行业部门开展行业单位消防安全达标创建活动，开展社会单位消防安全标准化管理、消防控制室专项整治和微型消防站建设等，推动单位落实消防安全主体责任。持续开展冬防、G20峰会安保、“三合一”专项治理、夏季消防检查等专项工作。全年共检查单位3708家/次，发现火灾隐患或违法行为3065处，督促整改火灾隐患或违法行为3112处，下发责令改正通知书1925份，下发行政处罚决定书271份，临时查封80处，责令“三停”单位32家，拘留1人。

【消防基础建设】 区消防大队下辖1支公安现役队、6支政府专职消防队和5支保安消防队，各类执勤车辆24辆。共有现役官兵37人，消防文员23人，专职消防队员91名。全面推进消防站布点建设，实施十总镇、锡通产业园专职消防站新建任务，其中，十总消防站投入执勤，锡通园区站主体工程建设竣工。并将区应急救援指挥中心工程纳入区政府2017为民办实事工程，着力解决影响消防安全的重大问题。

【消防宣传教育】 全面贯彻《全民消防安全宣传实施纲要》，成立消防宣传中心，配培宣讲师3名，由区委宣传部牵头,开展消防宣传"六进"和"119"宣传月活动。组织开展"119"消防奖和社区消防宣传大使评选,全年举办消防宣传活动159场次,其中社区宣讲30场,受教育人数2700人,其他宣讲129场,受教育人数1.56万人。在川姜镇建立"三合一"消防科普教育基地并定期开放。统一编制印发消防宣传读本8万余本下发中小学(幼儿园),推动区教育系统拍摄学校消防安全教育专题示范片。在区级媒体设立消防工作专栏2个,利用通州电视台、《通州大众报》、通州广电等媒体,开展宣传报道,刊发消防专篇,全年播放消防公益广告12次,播放宣传标语100余条,刊发消防工作专刊12期。完成消防培训行业部门单位2015人次,镇(街道、园区)消防安全网格长和网格员1685人次。区消防官方微博微信每日更新提示信息,公众微信号关注人数达2.24万人。是年,全区公众消防安全知晓率由2015年80%提升至85%。

【灭火救援】 坚持"仗怎么打、兵就怎么练"理念,开展整建制消防中队轮训、全勤指挥部培训和实战化业务竞赛,以"准火场"环境摔打磨炼部队。开展"研讨式熟悉"和"互动式演练",进一步提升社会单位火灾防范、自救能力和部队实战能力。成功处置"3·25"通州开沙岛新艺海绵有限公司、"9·14"先锋镇织带公司、"11·29"张芝山镇南通诚利钢结构工程公司无纺布仓库火灾等火灾事故,最大限度地减少灾害损失,保护人民群众生命财产安全。是年,全区共接警571起,其中火警385起,抢险救援115起,社会救助71起,出动车辆1561辆,出动警力7581人,抢救疏散被困人员300余人,保护直接财产价值1.2亿元。

（夏采饶）

滨海园区公安边防大队

【概　况】 滨海园区公安边防大队下辖新开港、遥望港和东凌港3个边防派出所,现有官兵52人,海防工作区有9个行政村,海岸线长39.32公里,总面积398.47平方公里(其中陆地面积161.55平方公里、滩涂面积236.92平方公里)。管辖常驻人口11697户、31295人,出海港口6个、出海渔船303艘、渔民1066人、企业69家。2016年,以习总书记改革强警系列讲话为指引,以边防辖区维稳为第一要务,以爱民固边工作为中心,以作风建设为突破口,以机制创新为动力,紧紧围绕"四项建设",强固班子、筑牢警魂、夯实基础、规范管理,提升部队建设和依法履职能力,为滨海园区建设构建安全稳定战略屏障。部署开展缉枪治爆、刑事破案攻坚、集中查港查船、"G20"峰会安保等专项行动,不断丰富和拓宽"联动"机制内涵外延,从边境维稳、执勤执法等方面加强与公安联合,提升管边控边能力。全年接处警1847次,侦破刑事案件14起,查处治安案件112起。

【社会管理创新】 全力推动警务前移,警力下沉,落实民警村官汇报工作制度,提高警民双向熟悉率,把增进警民情感作为基础工作抓牢抓实。在继续保持原有边防特色便民利民举措的同时,全面推行"一站式""预约""代办"等特色服务,并探索建立群众工作长效机制,倾力打造新型服务阵地。在新落地建设项目部,设置"企业流动服务站",提供治安、安防、交通等专业服务。在村居设置"科技信息咨询点",为种植承包户及困难村民提供最新资讯和技术支持,解决创业村民后顾之忧。在院校开辟"法制宣传小讲堂",结合学生开学、放假等时间节点,安排民警向师生讲解最新"防火、防雷、防骗"知识,并发放相关宣传资料。开展网络安全管理和信息化装备维护,推行网上练兵、网上作战、网上查缉应用,实现人员与装备、中心工作与信息化有机深度融合。

【执法执勤】 按照公安基础信息化要求,依托"大走访"平台,进一步加强民警走访力度。紧紧围绕流动人员和重点人口,出租房屋、集贸市场、建筑工地等重点地区,洗浴中心、宾馆旅店等治安复杂场所逐一排查检查,以提高信息录入鲜活度。在警务实战化上,积极筹建"多所参与、统一行动、共同查处"为主要模式的打击"盗抢骗"专案组,建立多元互动、警情研判和案卷评审三项机制,有效提升各单位大案攻坚、小案侦防以及预警防范能力。为实现警力跟着警务走,在通州湾科创城新建大学城警务站。在执法规范化上,积极协调公安分局,让社区、消防、办案、交通以及内勤民警参加各种执法业务培训。

【爱民固边】 针对辖区社会矛盾纠纷"燃点低、触点多、易集中暴发、化解难度大"的实际,主动介入、靠前工作,构建"党政军警民"五位一体工作格局,推行大队领导挂钩乡镇,派出所领导包村、社区民警包户的矛盾纠纷"包片负责制",坚持在党委政府和公安机关统一领导下,积极开展矛盾纠纷集中排查化解工作。在"两会"期间,海丰村村民因征地补偿款未到位,聚集到示范区管委会大楼内讨要说法,新开港边防派出所民警迅速赶到现场稳控秩序,并协调示范区相关部门与村民代表沟通商谈,成功化解一起涉及250余户村民、2800余万元土地征用款的群体性事件。是年,共走访群众3406户,调解矛盾纠纷887起,妥善处置各类群体性事件61起,慰问孤寡老人、特困家庭、困难学生26人次,捐款捐物折合人民币5360元,救助群众149人次,为群众解决户口难题95人次。

（余向宇）

拥政爱民

【拥政爱民】 2016年,区人武部机关干部与贫困户结成帮扶对子,到兴东街道、十总镇帮扶对象家中看望慰问,与镇村制定帮扶方案。广泛开展"双百双建"活动,区人武部领导带队主动赴对口的盐城市滨海县条洋村，签订帮扶协议，送去帮扶资金。积极参加区“一日捐”活动，共捐款3500元。组织驻通州部队和民兵预备役人员500余人次参与地方防汛抗台、治安巡逻和文明创建活动等，受到地方党委政府和人民群众好评。（傅小兵）

人民防空

【概　况】 2016年，通州区人民防空工作紧紧围绕全区重点工作和省、市民防局下达的年度工作任务，抢抓机遇，开拓进取，扎实工作，较好完成全年工作任务。

【民防指挥通信】 人民防空地面指挥中心正常运行，与区应急指挥中心共用的设备设施建设到位，提高指挥中心使用效率。专门落实维保单位和技术人员，对通信设备进行开机运行和维护保养，并为重大会议和活动提供技术保障，指挥中心始终处于良好运行状态，与省、市互联互通，效果良好。积极推进县级人防机动指挥通信系统建设，项目总投资300多万元，按照满足与公安指挥通信共用要求进行建设。完成人民防空专业队整组工作，各组建单位按照要求结合各自任务开展训练和演练，专业队应急救援能力得到提高。组织开展防灾减灾疏散演练。5月，与区地震局、教育局等部门协调配合，在金郊初中举行学生防灾减灾应急疏散演练，参演人员达1000余人，同时组织部分中小学校长进行观摩，起到以点带面示范作用。做好防空警报器日常维护和管理，顺利完成全省统一组织的“9·18”防空警报试鸣工作。

【民防工程建设管理】 坚持“以建为主、以收促建”指导思想，抓住城市建设发展机遇，重点抓好镇区园农民搬迁安置房项目人民防空工程规划建设，严把项目规划关、审批关和验收关，全区人民防空工程建设继续呈现出较好发展态势。新建人民防空工程超额完成年度目标任务，工程总量在全市继续保持领先地位。根据省民防局统一部署，落实专门力量对全区竣工人民防空工程进行普查，完成资料数据采集整理和录入上报。加强对人民防空工程平时使用维护管理监督检查，发现存在问题和安全隐患，及时落实整改措施，全区人民防空工程总体运行状态良好，雨季未发生大面积进水事故。

【民防宣传教育】 继续抓好在校学生人民防空知识教育工作，落实资金征订民防知识课本及民防应急手册，及时为各开课学校免费提供《民防知识》课本、光盘、人防教育图册和教具等。加强全社会人民防空宣传，利用“5·12”防灾减灾日、科普宣传周等活动到金游城广场和学校、社区开展防空防灾知识宣传，发放《民防知识》课本及宣传资料1000余册，展示防灾减灾展板20余幅。在区人民广播电台开辟人民防空宣传专栏，利用黄金时间宣传人民防空法律法规和防灾减灾知识，不断提高广大市民防空防灾意识和自我应急防护能力。（朱　峰）

法　治

Rule Of Law

编辑　杨王军

综合治理

【概　况】 2016年,通州区按照中央“四个全面”战略布局,认真贯彻落实省市关于推进综治平安法治建设决策部署,以持续提升公众安全感、群众满意度为目标,强化组织推进,坚持创新创优,有效促进社会和谐稳定。是年,获省“平安县(市)区”称号。

【综治平安建设责任制落实】 2016年,通州区把综治平安法治建设纳入“十三五”发展规划,列入党政目标绩效管理考核和领导班子考察考核。层层签订综治平安建设责任书。继续坚持党政领导综治工作实绩档案制度,组织、人社部门在考察党政主要领导实绩和办理奖励事项时,人大、政协换届选举中,均征求综治办意见。全区先后开展督查检查2次,对发现13个单位的问题发出整改通知,限期整改到位。建立社会治理创新项目推进机制,年初调研确定、年中季度汇报、年底专项检查,确保推进到位。5月,市人大常委会副主任、政法委书记曹斌到通州,就如何加强和改进城市社会治理作专题调研,考察金沙街道万顷良田安置区法治文化广场、天熹社区、区社会矛盾纠纷调处中心。

【综治三级平台规范化建设】 区级平台建设上,突出信访矛调、管理服务和分析研判等功能,设立群众来信来访、矛盾纠纷调处、法律援助服务等功能区域,区调处中心进驻办公。建立维稳信息分析研判、矛盾排查化解、信访接待处理、流动人口服务管理等专业化实体工作平台,形成中心统筹协调、平台负责、部门联动工作模式。镇级平台建设上,全面推行工作例会、领导接访和首问负责、情况报告、分流督办等工作制度,规范机制建设。对排查出来的矛盾纠纷和群众来信来访统一受理、集中梳理、归口管理、依法处理、限期办理,对重大疑难或涉及两个以上部门、单位的纠纷,由政法综治中心直接调处或组织有关部门、单位共同解决。村级平台建设上,全面推行“一委一居一站一办”新型社区管理体制,加大“一中心三室”建设力度,除拟拆迁村居外,所有村居建成社会管理服务中心、综治警务室、技防监控室、调解室。全面深化村居“11222”模式,依托全区“五位一体”党建惠民体系,配齐配强网格服务团队,实行网格化、精细化管理。6月,区综治办到石港镇、刘桥镇、金沙街道开展镇村两级平台专题调研,组织学习省“两级平台”意见,实地指导镇村两级平台建设,会商改进达标具体方案。9月,市委常委、政法委书记姜永华实地调研指导区镇村两级综治中心建设,考察刘桥镇综治中心、兴仁镇综治中心、徐庄村综治中心、兴仁社区综治中心、金沙街道育才社区综治中心,给予肯定。10月,区综治办、公安局、司法局、调处中心、信访局联合对镇村两级综治中心开展专题调研。

【立体化治安防控体系建设】 加快技防建设,红绿灯路口电子警察在主城区、城镇中心以及主要道路沿线公交站台监控全覆盖。2016年,在建成89个技防村基础上,新建设76个村、近1000点位,技防村覆盖面超过三分之二。新建设备高清占比100%,并具备断点续传通讯、远程管理与维护等功能。成立运维管理中心,与技术公司签署维保协议5年。建立视频图像技术软硬件研究和实战应用功能综合研发实验基地,重点解决存储、计算及应用等问题。健全技防监控队伍值班、培训、网巡等各项制度,加强建制镇特勤中队建设,在主城区及环城重要通道按建制建设综合警务服务站2个,在开沙岛等地选址建设警务站,整合巡防警务数字化资源,提升街(路)面快速处突能力和治安复杂地区管控效能。7月,下发《通州区社会保安联勤联动联防工作实施方案》,建立社会专业保安、物业服务保安、企业保安和行业场所保安联勤联动联防工作机制。

【综治信息系统实战应用】 区镇村三级终端全配齐、全开通、全实战。区综治办组织电信公司、相关技术专家赴15

个镇（区、园、街道），与主要领导、分管领导面对面进行逐一交心、落实、督办，帮助解决镇、村居专用电脑53台。出台综治信息系统实战化应用实施意见，明确综治信息系统实战化应用目标要求和考核细则。加强网格信息员培训，先后采取邀请专家授课、集中培训等方式，对15个镇和区直相关综治成员单位网格信息员进行轮训，就综治信息化系统中信息录入、信息上报、信息处置、制作电子台账等操作流程进行面对面、点对点的技术辅导。区、镇两级每月召开一次系统信息研判工作例会，分析通报本辖区内信息采集上报、流转处理等工作情况。区综治办定期或不定期对各级网格信息员工作情况进行抽查，对瞒报、漏报、迟报各类信息或没有完成当月信息上报任务，并造成一定影响或后果的，直接予以清退。

【平安志愿者规范化建设】 区综治委成立"平安联盟"建设工作领导小组，区委常委、政法委书记瞿云峰担任组长，区公安局、文明办、综治办负责人担任副组长，组员由15个综治成员单位分管领导和15个镇（区、园、街道）分管领导担任，并下设办公室。领导小组及办公室主要负责"平安联盟"建设工作的组织协调、推进落实、督查指导、考核评价等。区综治办将川姜镇、城管局的试点作为区综治平安建设特色工作之一着力推进。拟制《关于建立通州区平安志愿者联盟的指导意见》《通州区平安志愿者联盟章程》《通州区关于平安志愿者举报违法犯罪类线索信息的奖励办法（试行）》等文件，对会旗、帽子、马夹、袖标等进行统一制作采购。5月18日，举行区平安志愿者联盟成立暨启动仪式，政协副主席王沈康介绍区"平安志愿者联盟"筹建情况，市政法委副书记、市综治办主任焦广琪和区委常委、政法委书记瞿云峰共同为区"平安志愿者联盟"揭牌，副区长、公安局长为各分会授旗。

【矛盾纠纷多元化解工作】 强化落实大调解保障机制，对每季度发生的矛盾纠纷专题研究分析，认真解读区委重点工作、重点建设项目和重点工程等，为区委、区政府分析突出矛盾纠纷，制定切实可行的排查化解保障措施，并有针对性的做好预警防范措施，对区重点工程项目、征地拆迁等中心工作与相关部门提早沟通，对涉及区政府中心工作矛盾纠纷，积极与职能部门协商方案，快速依法受理，确保重点项目工程建设顺利推进。积极打造区调处中心综合性调处平台建设。在区级矛盾纠纷调处中心、15个镇（街道）调委会、244个村（社区）矛盾纠纷调处工作室基础上，健全完善川姜家纺城联合调解服务中心和区医患纠纷调处中心，打造调解品牌。针对互联网增多，涉外性质、物流发达、网络电子商务、知识产权等新型纠纷，成立南通家纺城联合调解服务中心，并依托家纺知识产权法庭、依托商会做好做强商会联动调处上有效衔接。5月，成立区医患纠纷人民调解工作领导小组。巩固健全大调解组织网络建设，深化完善专业和对接调处机构。巩固医患、消费、价格、婚姻家庭、环境保护、房屋征收、交通事故赔偿、劳动人事争议、涉外劳务贸易等12个专业调处机构，进一步完善与行业机构联动调处机制，形成衔接紧密、流转顺畅的大调解工作格局。会同区司法局、调处中心联合制定《通州区矛盾纠纷调解绩效考评实施意见》和《通州区大调解工作考核细则》，完善专职调解员经费补助和个案奖补细则，对各镇（区、园、街道）调解工作绩效考核评估和通报管理。

【社会治安重点地区排查整治】 专门抽调精干警力，成立整治平潮地区涉毒专案组，加强对涉毒人员的管理，定期开展对涉毒人员法律宣传，并进行尿检。同时积极收集涉毒线索，及时开展查证工作。共破获涉毒案件3起，查处吸毒人员15名，并带破一起跨省贩卖毒品案件，抓获违法犯罪嫌疑人5名，缴获毒品冰毒200余克，成功切断一条由湖北武汉至通州贩毒通道。组织公安机关对金通公路两侧30多家小美容院招嫖卖淫场所进行24小时亮灯巡查，对开门涉娼场所公开检查，对站街、逗留人员进行盘查，彻底阻断其"客源"，迫使其放弃"营业"主动离开，同时安排便衣力量对卖淫嫖娼活动进行查处。整治活动开展以来，兴仁金通公路两侧招嫖卖淫场所陆续关门停业，卖淫嫖娼警情减少。加强对外来人口、私房出租户管理，金通公路两侧外来人口、私房出租户登记率达到100%，并与私房出租户主签订责任书，督促承租人遵纪守法，遇有违法行为及时报告公安机关。

（朱　华）

依 法 治 区

【概　况】 2016年，通州区按照中央"四个全面"战略布局，以落实市委"四个全面"考核要求和全面推进依法治市工作领导责任制为契机，扎实开展法治通州创建活动，全面推进依法治区工作。

【法治通州创建】 把法治建设纳入区"十三五"发展规划，列入党政目标绩效管理、领导班子考察考核。区十二次党代会提出"构筑法治建设高地"，区委常委会听取、研究法治建设工作。出台五年工作规划和年度工作要点，把相关工作列入区深化改革重点任务和政府民生实事工程。层层签订法治建设责任书，出台《全面推进依法治区工作领导责任制》《贯彻落实区委十一届九次全会〈实施意见〉重要举措分工方案》、省法治区创建责任分解方案等，细化分解落实工作。同时，落实平安法治建设"督查考评规范、定点普讲帮扶、明显滞后提示、创建达标退出"四大机制，组织季度例行督查、专项督查。相关牵头单位、职能部门齐抓共管、整体联动。人大、政协将法治建设相关工作列入年度工作要点和活动安排，落实宪法宣誓制度，听取和审议"六五"普法实施情况、"七五"普法工作规划。区委组织部深入落实领导干部学法考法述法制度，将法治内容列入干部教育培训工作，在党校举办党员干部法治讲座。区委宣传部把法治建设纳入区委理论中心组学习专题，并大力推进诚信制度化建设。教育、卫生、经信、司法、民政等部门深化学校、医院、企业、村居等法治基层基础创建。13个镇（街道）跻身市平安法治镇（园区、街道）行列，1个街道被评为市平安法治示范镇（园区、街道）。出台法治基层基础标准化建设指导性文件，专项推进机关、镇村、学校、医院、企业的法治组织机构和办公场所建设。区镇两级“法治工作中心”挂牌，村级设立“综治法治工作室”，配备专兼职法治力量，法治指导员实现村级全覆盖，培育碧棠庙社区为法治基层基础建设示范点。优化公共法律服务，深化政府法律顾问全覆盖工作，在全市率先将法律顾问费用补贴由1000元提升到3000元，出台公共法律服务事项目录。开展“法律体检”大走访活动，向2000余家规模以上企业发放法律服务征求函，成立“南通家纺行业法律服务团”，举办“家纺与法”论坛。面向社会弱势群体，以“十百千万”工程为抓手，实施法律援助惠民工程。深化村、居“四民主两公开”，推广“政社互动”，培育发展社区社会组织。建立健全多层次劳动关系协调机制，深化职工维权和劳动争议化解工作。

【依法治理实践】　强化法治政府建设，立足“5155”工程（5张清单、1个平台、5项制度体系、5项配套改革）框架。执行重大决策程序规则。认真落实重大决策合法性审查、稳定风险评估等制度，区政府法制机构全程参与政府常务会议、区长办公会议，做好重大决策法律论证，提前介入重大行政及民商事涉法事务。全区报备重大决策事项266个，稳评同意实施264个、暂缓实施2个，其中第三方机构评估226个。将“政府向社会力量购买服务”机制融入“第三方”稳评工作，设立“第三方”稳评以奖代补专项资金，制定资金管理暂行办法，是年，稳评工作绩效位居南通县市区第一。深化行政审批制度改革。推进相对集中行政许可权改革工作，将发改委、经信委等13个部门85个事项集中至行政审批局统一办理，推行“一审一核、审核合一”制，85个事项减少重复提交材料235份，13个部门33个科室整合为1个部门3个科室和44个窗口，90%审批可“一窗式”直接办结。在南通率先实现联合图审、联合评价、证照联办、联合踏勘、联合验收等“五联”审批，其中开发的“建设工程施工图联合审查信息平台”，系首家推行的“互联网+审图”模式，审图时限缩短至20天以内，为面上改革试点提供经验。此外，还探索建立审管联动信息交流、重点项目专项审查等制度，实现审批岗位从“一人一事”向“一岗多能”的“全能岗”转变，窗口审批人员人均可审批7项事项。推进综合行政执法体制改革。为解决执法突出问题，提高执法效率和监管水平，建立权责统一、权威高效的行政执法体制，拟订《通州区在相关领域开展相对集中行政处罚权工作方案》，整合城管、住建、建管等执法职责，组建城市管理建设综合执法机构，实现“一支队伍管城市”。将商务、粮食等执法职责并入市场监管部门，实现“一个部门管市场”。此外，组建农林水利综合执法机构、社会事业综合执法机构、区域性环保执法分局，完成交通运输领域综合执法机构改革方案。拓展中心镇行政管理体制改革。巩固提升石港、五接、川姜等3个镇行政管理体制改革成果，完成二甲、平潮等中心镇行政管理体制改革，以便民服务、综合执法、社会管理三大平台建设为重点，完善“前台+后台+网格化”运行机制，承担区级经济社会管理权限89项，承接区级下放的城市管理、安全生产行政执法权限156项，实行“一个区域一支队伍管执法”。推进行政权力网上公开透明运行。加强行政权力、行政执法规范化建设，完善行权平台，所有办件全流程监控，专门会议、专项检查推进，每月监察通报全区行权网运行情况，网上备案审查重大行政处罚和行政许可案件。提升行政争议化解水平。规范和改进行政复议、行政诉讼工作，区政府主要领导亲自过问、亲自督促，并专门就行政机关负责人出庭应诉问题作出批示。继续做好政务公开、政府采购、审计监督、阳光信访等法治政府建设相关工作。

【法治宣传教育】　以“四化”为抓手，以“四个全覆盖”为目标，努力营造“尊法学法守法用法”浓厚氛围。组织建设网格化，推进法治宣传队伍全覆盖。建立健全普法工作组织网络，充实调整“区法治文化专家组”成员，成立通州普法志愿者大队、法治文艺宣传志愿队和普法邮路志愿队。制度建设规范化，推进法治宣传对象全覆盖。针对领导干部这个“关键少数”，抓好“领导干部任前法律考试”“学法述法”等制度落实；针对青少年这个“关键时期”，专门把“平安法治文化节”扩展至校园，面向广大中学生举办法治文艺专场演出；针对“谁执法谁普法”这个“关键机制”，强化“谁主管谁普法”“谁办案谁普法”责任落实，启用普法责任书和提示函，开展普法活动事前提示、事中指导、事后考评，推动执法机关强化普法主体意识，做好专业领域普法。载体形式多样化，推进法治文化阵地全覆盖。启动法治文化示范阵地建设“530工程”，列入政府为民办实事项目，财政投入100万元以奖代补，提档升级5个镇级、30个村（社区）法治文化阵地，新增各类法治文化广场、游园、长廊等30多个（新建5个市级法治文化示范阵地、2个省级法治文化示范阵地）；推进执法部门法治文化阵地建设，鼓励部门与镇村联建，水利、税务等部门建设水法、税法等主题阵地，区人民法院5个法庭均建设法治长廊。此外，充分利用报纸、电台、电视、网络、手机等媒体和载体，强化法治宣传，每月制作播出“平安法治通州”电视节目，开辟“以案释法”法律讲坛。活动推进常态化，推进法治惠民实践全覆盖。坚持普治并举，围绕“普”问题，抓好重要时段和主题活动集中宣传，充分利用“3·15”和“12·4”等主题宣传节点开展全区性法治宣传，同时推出“普法村村行”“法律援助维权助残月”“12348法润千万家·志愿者行动”等宣传活动。围绕“治”问题，把执法作为法治宣传形式，认真做好省市部署的12件法治惠民实事，鼓励执法部门结合实际开展特色性执法惠民活动。

（沈典松）

公　　安

区公安局深化党性教育，增强“四个意识”

【概　况】 2016年，区公安局以全面打造“服务保障项目建设升级版、改革创新警务机制样板区、从严管理队伍排头兵”为总体目标，不断增强新常态下掌控全区社会治安大局能力。按照“主动做往前做”思路从紧抓维稳。深化“第三方”稳评机制，强势推进涉稳隐患风险管控，实施6轮隐患排查和297个风险评估，闭合维稳工作链、责任链，圆满完成全国两会、G20峰会、十八届六中全会等大型安保任务30余次。强化矛盾纠纷排查化解，全年共调处纠纷18500起，调处成功率97.83%。按照“立体化信息化”思路从实抓防控。强化重点区域、重点部位、进出公路、桥梁视频布控及村级技防建设，筑牢区际、环城2道包围防线和6张治安防控网，实现211个村居“村村通”全覆盖。建强防范、处突、打击等专业队伍，跨区警力调用机制初步形成。完善区域警务协作机制，深化合成作战中心和派出所小型作战单元实战运用，以勤务转型催生核心战斗力。全年立案4678起，破案2062起，抓获刑事作案成员1488人。姜灶“3·14”故意杀人案、平潮“4·29”网络雇凶杀人案、金沙“11·7”涉恶电击案等大要恶性案件短时告破。按照“有特色有亮点”思路从优抓品牌。细化梳理、序时推进20类78项年度重点立项工作和20大项69小项“立体化现代化治安防控体系建设”课题攻坚任务，3大类区级机关部门特色重点工作考核项目有力推进，“智慧阵地”控制模式、执法办案流程实时监督系统建设、看守所教育感化深挖犯罪工作机制被市局定为品牌发展战略重点创建项目。服务发展、规范执法、实战警队、合成作战等品牌建设亮点频出。服务保障项目建设经验在全省推广，执法规范化水平不断提升，“五星警队”创建成效明显，区局综合打处绩效连续四年居全市第一方阵。按照“从严抓从严管”思路从严抓队伍。坚持从严治警与从优待警相结合，实训强警和文化育警同推进。深化“两学一做”学习教育，增强全局“四个意识”。建立“层级、分类、战时、网络”谈心家访机制，发挥支部战斗堡垒作用。创新“四学一比”教育培训模式，举办“基层所队长工作讲坛”，举行岗位练兵考核竞赛，区局综合练兵考核成绩位列全市第二。开展“三进三送”爱民实践活动，转变队伍作风，密切警民关系。制定《通州区公安机关学习制度》，落实党风廉政建设责任制，出台《通州区公安局运用“咬耳扯袖、红脸出汗”执纪形态从严治警暂行规定》，丰富从优待警措施内涵，激发干事创业热情，涌现出“大鼻子”爱民警察沈长华、逆火而行“最美背影”朱达、派出所里维稳工作“有心人”陈福平等先进典型。是年，共有6个集体4名个人获省级以上表彰，6个集体23名个人荣记三等功。

苏、浙、沪15市(区、县)第67次警务合作会议在通州召开

【苏、浙、沪第67次警务合作会议在通州召开】 12月15日，由区公安局录办的苏、浙、沪15市(区、县)第67次警务合作会议在通州召开。通州区副区长、公安局长杨彬在会上致辞。区公安局党委副书记、政委倪军代表值班局在会议上作工作报告。会议就进一步深化警务协作，共同维护长三角地区社会稳定进行交流研究。苏、浙、沪警务合作区15个成员单位共40余名代表参加该会议。

【服务保障项目建设】 2016年，制定出台《关于进一步深化服务保障重大项目建设的工作意见》，为区20个市级重大项目、140余个区级重点以及新增投资亿元以上项目，提供“一项目一专班”“一项目一方案”贴身服务。走访重大项目 300 余次,解决项目建设困难 200 余个,处置影响项目建设矛盾纠纷、群体性事件 90 余起,保障 56 个项目如期顺利落地。改革居住证制度,为企业人才引进创造便利。畅通绿色通道,为重大项目提供预约、错时办理等“快捷服务”。深化道路交通秩序整治,提升项目周边道路通行效率。创新“互联网 + 服务”,依托“微警务”等网络载体,开通公安行政审批事项办理进度查询等功能,让“数据多跑路、企业群众少跑腿”,全年共缩短企业群众办事时间 4600 小时以上。11 月 15 日,全市公安机关服务保障项目建设现场推进会在通州召开,推广通州公安经验做法。

区公安局加强刑事技术室建设

【公安基层基础建设】 2016 年,成立食药环、便衣侦查专业队,部署“盗抢骗”“食药环”“黄赌毒”等犯罪专项打击行动,有效提升打处效能。建强打击通讯网络诈骗犯罪专业队,建立涉案银行账户快速查询、快速止付、快速冻结机制,破获网络诈骗案件 64 起,捣毁诈骗犯罪团伙 9 个。发挥合成作战中心打击优势,侦破系列案件 61 串 367 起,破获省厅、市局、区局挂牌案件 30 串。实施打击犯罪“十百千万”工程,加强智慧阵地建设,完成 100 家二手机、二手车、金银加工点等重点行业场所点位筛选。加强刑事技术队伍建设,十四类案件现场勘查率 100%。加强刑事技术室建设,积极创建全国一级示范技术室,手印、DNA、足迹提取率分别为 35.79%、78.58%、49.71%,通过指纹、DNA 破案共计 464 起。

【治安重点整治】 2016 年,推动新一轮危险物品单位治安防范达标创建,对城郊结合部、工矿企业、农贸市场等重点区域开展滚动排查和突击检查,彻底收缴流散社会面非法枪爆物品。全年共查处涉枪案件 12 起、打击处理涉案人员 15 名,收缴气枪 20 支、铅弹 2734 发、管制刀具 4 把、弩 2 件,协调转移处置剧毒化学品 73.15 公斤。推进派出所小型作战单元建设,运用重点区域整治和侦破会战手段,查获涉毒人员 361 人、吸贩毒团伙 2 个,缴获毒品 5658 克,成功切断一条广东至通州贩毒线路,捣毁恶势力团伙 32 个,侦破涉恶案件 70 起。严厉打击经济犯罪,立经济案件 84 起,破 46 起,逮捕 25 人,提起公诉 53 人,假币、涉税等重点目标案件侦办取得重大进展。

区公安局在主城区繁华地带建设一号警务服务站

【人口管理】 2016 年,以推进户籍制度改革为契机,进一步优化人口管理和服务质态。全区常住人口总数为 113.85 万人。暂住人口登记数为 11.88 万人。年内共受理户口变更 1023 次,办理身份证 6.4 万余人,办理临时身份证 1 万余人,接受群众咨询 5 千余次。持续推进户口登记管理专项清理工作,清理重户口及应销未销信息 54 条,发现假出生医学证明 34 例,办结使用伪造出生医学证明案件 1 起。大力推进异地身份证办理及二代身份证上门服务,办理户口审核事项 5600 余份。开展“流动人口管控会战”,新增流动人口 61837 人、注销 26601 人,新增登记出租房屋 3914 户、注销 6374 户,办理居住证 6784 张。

【出入境管理】 2016 年,以深化出入境管理改革为抓手,健全境外人员服务管理长效机制,圆满完成出入境管理服务各项任务。共受理出国(境)申请 30562 人次,同比增加 8.5%。其中去港澳 9620 人次,同比减少 16.3%;去台湾 1933 人次,同比增加 52.2%;出国 19009 人次,同比增加 8.5%。临时到通州的境外人员 2453 人次,其中外国人 2101 人次,港澳居民 65 人次,台湾居民 286 人次,华侨 1 人次。为境外人员共办理各类签证(注)、居留证件 138 人次。

【省厅挂牌“1·12”网络诈骗案】 2016 年 1 月 12 日,吴某菊(女,44 岁,通州金沙人)报案称,2015 年 10—12 月,其通过 QQ 朋友介绍,注册安装上海盛欣大宗交易软件并先后投资 145 万元进行现货交易,后该软件无法登录,怀疑被骗。接到报案后,区公安局刑侦、网安等部门通力合作,于 2016 年 5 月 20 日在深圳市龙岗区将犯罪嫌疑人邓某阳(男,28 岁,湖南永兴人)抓获。经审查,犯罪嫌疑人邓某阳供认通过网络以现货交易为名诈骗吴某菊 145 万元的犯罪事实。

【“1·25”贩卖毒品案】 1 月 25 日,区公安局接群众匿名举报:通州一男子利用网络进行贩毒活动。区公安局立即成立专案组进行侦查,于 6 月 4—6 日,在广州、南通两地抓获张某德(男,29 岁,河北辛集人)、陶某栋(男,35 岁,通州金沙人)等犯罪嫌疑人 16 名,成功摧毁一个依托 QQ 群、微信相互勾连吸贩毒团伙,缴获冰毒 1300 余克。经查,该团伙从广州大量购进冰毒,后通过 QQ、微信等网络社交软件进行联系,并利用快递物流将冰毒分销贩卖至广东、甘肃、江苏、吉林、内蒙、江西、黑龙江等地。

【姜灶“3·14”故意杀人案】 3 月 14 日 8 时 49 分,通州“110”接到报警:川姜镇姜灶居委会赵某达(男,66 岁)死在家中卧室地上,体表被烧伤。区公安局立即启动大要案件侦查预案,抽调 160 余名警力组成专案组开展侦查。通过 42 小时缜密侦查,专案组锁定陆某平(男,50 岁,通州区川姜镇人)有重大作案嫌疑。3 月 16 日凌晨 2 时许,陆某平被抓获。经查,3 月 13 日夜,陆某平到赵某达家中盗窃,被赵发现并认出,陆回家后害怕盗窃被人知晓,遂于 14 日凌晨 3 时许再次返回赵某达家,用木棍将赵打死,并焚尸灭迹。

【金余“3·17”故意杀人案】 3 月 17 日 20 时许,通州“110”接到报案:金沙镇金余村三组有人被捅伤。区公安局经过深入细致侦查,查明系犯罪嫌疑人曹某清(男,76 岁,通州金沙人)因家庭琐事与女婿吴某平(男,52 岁,通州金沙人)发生争执,情急之下用尖刀将吴某平捅伤,吴某平送医院抢救无效死亡。案发后,曹某清被区公安局抓获归案。

【马潭易购电商系统被非法破坏案】 3 月 30 日,区公安局抓获犯罪嫌疑人郭某(男,20 岁,淮安人)、相某才(男,18 岁,淮安人),破获南通地区首起修改计算机信息系统之间传输数据的黑客案件。经查,3 月下旬,郭某、相某才等 5 人利用黑客手段入侵位于先锋镇周圩村九组的马潭易购企业管理咨询有限公司后台服务器,非法获取该单位钱款 10 余万元。

【平潮“4·29”雇凶杀人案】 4 月 29 日 21 时许,张某(女,48 岁,浙江人)和韩某(男,43 岁,浙江人)的尸体在平潮镇育才路一门面房内被人发现,两人身上有伤,地上有大量血迹。接到群众报警后,南通、通州两级公安机关迅速启动大要案件侦查预案,省厅刑侦总队指派专家到通指导。经查,张某生意合伙人叶某(男,27 岁,浙江人)发现张某与其父亲及多个男性保持两性关系后,心存怨恨,遂从网上雇佣韩某(43 岁,浙江人)和孙某(男,21 岁,河北人)取张某性命,韩某在对张某行凶时自身亦中刀身亡。4 月 30 日晚,作案后潜逃的孙某被成功抓获,犯罪嫌疑人叶某对雇凶杀人的事实供认不讳。

【何某东被害案】 8 月 2 日 18 时 22 分,通州区人民医院报警称,一名男子被刀捅伤,经抢救无效死亡。区公安局立即组织警力展开侦查。经查,8 月 2 日 18 时许,在高新区南山湖大白鲨饭店厨房内,张某(男,23 岁,辽宁鞍山人)与何某东(男,21 岁,江苏连云港人)因吹电风扇发生争执,后张某随手拿起厨房里尖刀刺中何某东颈部动脉,何某东送医院抢救无效死亡。案发后张某被区公安局抓获归案。(白　鸽)

检　察

【概　况】 2016 年,区人民检察院以“强基础谋长远求突破”为引领,以“提素能增质效保先进”为目标,各项检察工作呈现稳步向上发展态势。是年,获“全国检察宣传先进单位”“全国检察委员会规范化建设示范单位”“江苏省文明单位”等荣誉称号。

【刑事检察】 2016 年,区人民检察院充分履行刑事检察职能,不断加大司法办案力度。积极参与平安通州建设,坚持对各类刑事犯罪重拳出击,受理公安机关提请逮捕案件 334 件 419 人,受理移送审查起诉案件 886 件 1151 人,经审查批准逮捕 350 人、提起公诉 1072 人。对涉案数额高达 9000 多万元的毛某某、沈某某骗取贷款案、特大跨地区“色聊”诈骗案提起公诉,提起公诉的南通首例非法制造、买卖枪支散件案、特大跨省团伙“碰瓷”案得到法院判决支持。严厉打击破坏社会主义市场经济秩序犯罪,服务经济社会发展,办理侵犯知识产权犯罪案件 14 件 28 人,办理破坏金融管理秩序犯罪案件 15 件 29 人,办理浦某、陈某等 7 人假冒“波司登”注册商标、非法经营额达 280 余万元侵犯知识产权案件,促进企业创新发展。

【未成年人检察工作】 以最高人民检察院强化未成年人检察工作为契机,着力打造“陈静工作室”,建成全省首家心理矫治展示功能区——“古沙阳光驿站”(青少年心理成长中心),并作为全市检察机关“心起点”青少年心理成长基地,利用统一心理测试平台,采取“分级诊疗”机制,有效提升心理矫治、疏导针对性和实效性。全年受理审查起诉未成年人案件 23 件 25 人,提起公诉 12 件 14 人,开展心理测试、疏导 58 人次,对 5 人不起诉,对 26 人开展社会调查,

区检察院古沙法学社开展案例情景剧活动

对21人开展跟踪帮教，借助校园广播开设检察微课堂13期，受教育人次2万余人，办理的拐卖儿童案件被CCTV《今日说法》及《经济与法》专题报道，薄某某重大责任事故案被评为南通市未成年人检察精品案例第一名。

【职务犯罪查办】 2016年，区人民检察院加大查办职务犯罪工作力度，立案侦查贪污、贿赂、渎职侵权等职务犯罪案件15件26人。开展查办民生领域职务犯罪专项行动，立案侦查9件20人，其中科级以上干部5人，涉案金额20万元以上案件7件17人，300万元以上案件1件1人。突出查办重大安全责任事故和国家财政资金补助背后的渎职侵权犯罪案件，积极参与查办"新网工程"补贴领域渎职犯罪小专项活动，介入南通顺业酒业中毒死亡事故等安全生产事故调查15次，立案侦查6件6人，均为科级以上干部。查办通州区财政局原党组书记、局长张正杰等一批案件，在社会引起较大反响，形成惩治职务犯罪强大威慑力。承办的景国强滥用职权、贪污案被评为全省反渎"精品案件"。

【职务犯罪预防】 2016年，区人民检察院开展"检察长宣讲团"预防宣传活动60余场次，深化"预防邮路"活动，与邮政部门联合启动"预防职务犯罪村村通"活动。开展预防告诫谈话11人次，推动被谈话单位完善、出台内部职务犯罪风险防控制度2项。与区公管办会签《关于加强公共资源交易中心职务犯罪预防工作的协定》，在南通市设立首个职务犯罪预防工作站，推动全区公共资源交易更加阳光高效。完成预防调查报告、类案分析报告4份，提出的医用耗材购销环节职务犯罪分析报告被市委转发，预防职务犯罪年度报告得到区委主要领导批示肯定，职务犯罪预防协会被表彰为"区先进社科学会"。

【刑事诉讼监督】 2016年，区人民检察院健全提前介入引导侦查工作机制，建立大案要案快速通报制度，先后提前介入"4·29"恶性雇凶杀人等重大案件17次。严防侦查机关有案不立、有案不移、查而不尽等执法不严现象，监督侦查机关应立案而不立案案件1件1人，纠正漏捕的1名犯罪嫌疑人被判处三年以上有期徒刑刑罚，追诉3件。强化侦查活动监督，坚决纠正非法取证行为，书面提出纠正侦查违法8件。注重刑事审判监督，组建裁判文书审查小组，及时对法院判决书审查，仔细梳理、分析、发掘抗诉线索，提出(请)再审、二审抗诉3件4人，得到上级检察院支持。

【民事行政检察】 2016年，区人民检察院深入开展"基层工作推进年"活动，积极推进民事行政案件同级监督，受理民行申诉案件12件，注重使用再审检察建议的监督方式纠正错误裁判，发出再审检察建议6件，发出审判人员违法行为监督检察建议2份，办结上级检察院协办案件9件。民行部门被评为"全市民事行政虚假诉讼监督专项活动先进集体"，专题向区人大常委会主任会议报告民行工作，得到充分肯定。充分发挥派驻环保检务工作站作用，向相关部门发出督促履职检察建议2份，均被采纳，成功解决一起社会影响较大的某砖瓦厂污染环境事件，相关做法被江苏省检察院转发。

【刑事执行检察】 2016年，区人民检察院以监所部门更名为刑事执行检察部门为契机，实现高墙内外刑事执行监督"零死角"，发出书面纠正监管活动违法通知书3份、检察建议书2份，查办渎职犯罪线索2件。积极落实《人民检察院办理羁押必要性审查案件规定(试行)》，加强捕后案件羁押必要性审查，对10人变更强制措施，相关做法得到江苏省检察院转发。认真开展社区服刑人员脱漏管专项检察活动，积极走访基层司法所，纠正脱漏管6人。

【控告申诉检察】 2016年，区人民检察院完善检察为民服务中心建设，办复群众来信来访188件次、刑事申诉案件7

区检察院开展《反家庭暴力法》法律宣传咨询活动

件,对7名特困刑事被害人发放救助金人民币6万元。推行律师参与矛盾化解轮值接待和预约接待制度,律师介入涉检信访6次,化解缠访缠诉3起。建立重大敏感告急信访档案6件,启动二级执法办案风险3件,制定风险预案,相关做法得到最高人民检察院领导肯定。

(张建兵　张　涛)

区法院召开债权人会议,顺利推进江苏中瑾投资发展有限公司系列破产案审理工作

法　　院

【概　况】 2016年,区人民法院紧紧围绕“努力让人民群众在每一个司法案件中都感受到公平正义”目标,忠实履行宪法和法律赋予职责,充分发挥审判职能,积极参与社会治理,主动应对经济新常态,服务经济社会发展,各项工作取得新进展。全年共受理各类案件16045件(含旧存),审结、执结13424件,同比分别增长4.11%和0.25%。是年,继续获“江苏省文明单位”荣誉称号,司法宣传工作被最高人民法院政治部、人民法院新闻传媒总社通报表扬,区人民法院执行局被省高院表彰为执行标兵单位,三余法庭被命名为省级“青年文明号”。

【刑事审判】 全年共受理刑事案件950件,审结858件,判处罪犯1257人。依法严惩扰乱社会治安、侵害群众利益、破坏市场秩序等犯罪活动,保持对贪污贿赂等职务犯罪高压态势。正科职干部张某某、吴某某收受巨额贿赂,一审均被判处有期徒刑10年6个月。注重扩大刑事审判效果,加大对特定人员法制宣传教育,就职务犯罪、毒品犯罪、道路交通安全等犯罪案件进行集中宣判,提升公众法制意识。

【民商事审判】 全年共受理民商事案件9566件,审结8440件。助力重点工程建设,妥善处理刘桥镇慎修村村委会诉姜某土地租赁合同纠纷案,促成被告自行拆除违法建筑,打通通刘公路改造工程“肠梗阻”。稳妥推进破产案件审理,中瑾投资及下属三家服饰企业430多名职工债权分配完毕,协助政府引进南通天虹银海实业有限公司在原吉星管业投资建厂,为地方经济发展注入新活力。注重打击逃废债务行为,裁定志豪家纺、志惠服饰两企业的股东、实际控制人对公司债务承担偿还责任,该案入选江苏法院企业破产十大案例。重点规范商事诉讼秩序,在全市率先对诉讼中作虚假陈述、伪造证据的两名当事人予以罚款、拘留,倡导社会诚信。

区法院召开被执行人集中教育大会

【行政审判】 全年共受理行政非诉审查案件118件,审结118件。根据上级法院关于行政案件相对集中管辖规定,区人民法院自2013年6月不再受理行政诉讼案件,区人民法院顺应行政诉讼管辖改革要求,重点开展非诉行政案件审查与执行,支持行政机关依法行政。加强与管辖法院协调,指导行政机关积极主动应诉,提高行政执法人员应诉能力和水平。积极参与区“三联防工程”,开展行政执法人员业务培训6场次。

【执行工作】 全年共受理各类执行案件5419件,执结4016件。建立失信被执行人名单制度,将失信被执行人录入最高人民法院失信被执行人名单库,在政府采购、招标投标、行政审批、融资信贷等方面予以信用惩戒。加大失信被执行人在本地曝光力度,在城区繁华路段,用大型电子显示屏每日滚动曝光失信被执行人基本信息,并通过报纸、微信、微博等媒体曝光。因不承担赡养义务而躲避执行的被执行人李某,在被微信曝光后5小时主动现身,履行义务,中央电视台《新闻直播间》报道。推进执行信息化建设,初步建成执行指挥中心,执行效率得到提升。开展涉民生集中执行活动,召开被执行人集中教育大会，对有能力执行而拒不执行、不主动申报财产的被执行人依法采取司法拘留措施。

【审判监督】 全年共受理申请再审案件28件，审结22件，5件案件裁定进入再审程序。重视流程管理。建立网上办案平台，对案件流转的各环节进行全程留痕、全程跟踪管理，实现各环节有效制衡和监督。加强对超法定正常审限案件监控，开展专项清理活动，防止案件久拖不决，法定正常审限内结案率96.8%。强化案件质量。开展庭审考评，对法官庭审驾驭能力，通过现场考评和抽查庭审录像方式进行专项考评，提升庭审质量。开展重点评查，对改判、发回重审案件，由审判委员会逐案进行等级评定，发布专项评查报告。开展裁判文书专项评查，提升裁判文书质量。

【推进司法改革】 推进立案登记制改革。符合立案条件的，当场予以登记立案，当场立案登记率98.4%。推进法官员额制改革。按照"定岗、定员、定责"原则，设定员额法官岗位和业绩考核标准，通过考试和业绩考核程序，确定62名法官为首批员额制法官。推进执行警务化改革。15人转任执行法警，按在编干警23%比例配足执行人员，充实执行力量，为解决执行难提供强有力组织保障。推进司法责任制改革。出台《主审法官办案责任制》，按照"让审理者裁判，由裁判者负责"改革要求，进一步规范院、庭长审判管理和监督职责，加大法官办案责任。规范法官助理履职行为，明确法官助理职能定位和职责范围，有效发挥法官助理在审判工作中的作用。

【接受监督】 主动接受人大权力监督。向区人大常委会主任会议专题报告审判公开工作情况。按规定向区人大常委会报送司法备案案件41件，落实区人大常委会对备案案件评查整改意见。邀请人大代表视察法庭、旁听庭审、参与执行，召开座谈会，主动征求对审判工作、队伍建设等方面意见建议。依法接受检察机关法律监督。邀请检察长列席审判委员会会议，听取对案件判决意见。自觉接受社会监督。开通"12368"诉讼服务热线，开展法院开放日活动3次，召开新闻发布会2次。强化庭审公开，网络直播案件178件。落实裁判文书公开，上网发布裁判文书6755篇。

（金永南）

司法行政

【概　况】 2016年，区司法局紧紧围绕"打造人民满意的服务型司法行政机关"总目标，加快推进法治宣传教育、公共法律服务、矛盾纠纷调处、特殊人群管控"四个全覆盖"工作体系建设，主动适应形势任务新变化和经济发展新常态。全体司法行政干警自我加压，把年初责任分解表的工作硬任务转化为司法行政人的软实力、影响力，为服务通州经济建设和维护社会和谐发展做出积极贡献。是年，区政府获"全国'六五'普法工作先进单位"称号。

【法治宣传教育】 健全和完善"党委领导、政府实施、人大政协监督、各部门齐抓共管、全社会共同参与"法治宣传工作机制，进一步强化"大普法"格局。深入开展"法润通州"、普法环区行等法治文化惠民活动，组织法治微创作征集和法治人物、法治事件评选等群众性法治文化活动，以满足基层群众对法治文化需求。推进组织建设网格化工程，实现普法队伍全覆盖。组建法治文化研究、创作、演出团体，加强普法志愿者讲师团运作，培育基层"学法中心户""法律明白人"，构建"横向到边、纵向到底"的区、镇、村三级普法网格化组织体系。全年累计出车114次，全区各地组织法制文艺下基层活动182场，专场宪法宣传活动22场，印制发放"宪法宣传单"10万份，开展法律知识有奖问答活动，参与群众476人。

青年法官走上街头开展普法宣传

【人民调解】 健全完善多元化调解工作机制，及时与各职能部门完善联动调处工作机制，积极巩固发展专业调处机制建设。区调处中心强化大调解服务保障机制，每季度专题研究分析，认真解读区重点工作，针对涉及中心工作的矛盾纠纷或者跨多部门发生的矛盾纠纷，主动召开联席会议，为重点项目工程建设搭建沟通平台，确保项目顺利推进。在"一河两岸"工程中，某公司因其厂房拆迁问题多次赴省进京上访。区调处中心协调价格认证中心，前往拆迁地实地清点、测量、评估，积极联合信访局、重点工程指挥部会商，最后该公司与拆迁公司顺利签订调解协议，停诉息访。是年，区调处中心协调化解涉及政府有关部门较大影响纠纷共7起，推动中心工作顺利开展。全区共受理调处矛盾纠纷8080起，调处成功7605起，其中三级调解组织受理调处3021起，调处成功2970起，调处成功率97.75%。劝阻群体性上访302批次1635人次，防止矛盾激化208起，有效维护社会治安稳定。

【社矫安帮工作】 特殊人群管理教育工作紧紧围绕社会稳定大局，依法规范执法行为，健全教育帮扶机制，提升矫正质量。加强管控力度。创新制定“开门七件事”“社区服刑人员九必谈情形”“日巡查周通报月考核季分析研判制”等工作载体。严格落实手机定位管理规定，实现重点社区服刑人员手机定位率100%。突出违规惩戒功能，对违规者一律给予警告和收监。全年对105名社区服刑人员实施警告处罚，对8名社区服刑人员提请撤销缓刑、假释收监执行。加强教育帮扶。牵头区关工委打造社区矫正志愿者服务队，以“结对帮扶、引领人生”为主题，影响、教育、感化犯罪青少年和服刑人员未成年子女，成功开展10余次结对帮扶活动。

【司法行政服务保障】 不断提升司法行政服务对群众期待满足度。成立社会组织孵化中心——法润江海法律服务组织培育中心，指导成立行业型社会组织通州区调解员协会，发挥社会组织在放大司法行政服务效应中积极作用。开通“通州司法”“通州普法”微信公众号，与“12348”平台、微博平台一起构成全方位法律在线服务体系，方便群众咨询，提升用户体验。开展廉政党课、参观廉政教育基地、司法行政开放日、趣味运动会等活动，激发干警干事创业热情，提升群众满意度。

（亢志成）

◆通州名菜选介◆

蟹粉酿鲜肚 葛卫军独创。2002年参加江苏省首届创新菜比赛，获最佳创新奖。主料：鲜鱼肚10只、蟹粉500克、肉泥200克、菜胆10棵。调料：姜、葱、盐、绍酒、调味料。先将蟹粉、肉泥、姜末、盐、绍酒、调味料拌好待用，再将鲜鱼肚漂洗干净，镶入拌好的蟹肉，摆入盘中上笼蒸熟。最后将菜胆煸熟围在蒸好的鲜肚周围，浇上用蟹黄对的芡汁即可。具有外观大方、口味香鲜嫩滑等特点。

农　业

Agriculture

编　辑　杨王军

现代高效农业

【概　况】　2016年，通州区以南通创建国家现代农业示范区建设为契机，加快推进农业规模化、特色化、科技化、产业化，提升传统优势产业、拓展高效园艺产业、优化特种养殖产业，农业转型升级步伐加快，农业经济运营质态趋好。全区新建扩建规模以上农业项目127个，完成项目投入量26.5亿元。新增设施农业面积1466.6公顷，全区设施农业面积达到13200公顷，占耕地面积18.8%。全区农业龙头企业新增投入达到1.5亿元。新认定市级农业龙头企业5家。

【项目农业建设】　全区新建扩建规模以上农业项目127个，完成项目投入量26.5亿元。重点实施规模设施种养基地工程，新建300亩以上的钢架设施基地项目23个，钢架净面积766公顷；新建连栋温室项目8个，面积36.6公顷，全区连栋温室面积220公顷。新建绿萌食品、立广食品、包福记等规模化农产品加工企业；石港粮食加工集中区新建的3家农产品加工企业竣工、1家加工企业在建，形成企业集聚优势；中国供销集团农产品物流中心、电商运营中心、凯璞庭资本本乡本土农产品电商平台、通联农资物流园等流通平台项目建设启动。

【国家现代农业园区建设】　推进市“863”和区“842”工程建设。通州台创核心园和十总高效设施产业园分别新增设施面积180公顷和133.33公倾。通州台创核心园瑞隆鲜切果蔬加工项目完成建设，投入运营；鲜花小镇项目完成规划设计，前期准备工作启动；南通大农公司投资3500万元建设农产品交易集散中心，集蔬菜交易、冷藏、检测于一体，每天运销蔬菜200吨。十总镇高效设施产业园基础设施建设进一步加强，园区内迎阳中心路、二爻中心路架设路灯7.6千米，生产经营条件改善。双墩村投入300万元用于土地平整和设施基地砂石路铺设。二爻和志新村建设高标准农田333.33公顷，投入1270万元，完成沟、渠、路、涵洞建设。南通顶茂食品公司建成50亩连栋大棚，2500立方米蔬菜腌制加工池建设到位，蔬菜加工能力1万吨/年。南通华久农产品专业合作社建设完成占地20亩4200立方米冷库一座。推进区级万亩标准园建设，有3个万亩标准园和1个农产品加工集中区通过市级考评。

【优势特色产业】　全区新建扩建各类种植基地、养殖基地、加工基地55个。设施蔬菜、设施葡萄、南方果品、设施对虾养殖、食用菌种植成为新兴特色产业。蔬菜、优质山羊、特色水产三个十亿元以上产值规模进一步放大，双低油、优质弱筋小麦、优质稻米产业、生猪产业得到提升。十总、二甲、东社镇引进的猕猴桃、以色列红桃、油桃、猕猴桃、无花果、阳光玫瑰葡萄等优等高档优质园艺作物品种100个以上，种植面积300公顷。

【休闲观光农业】　全区新增休闲观光农业项目10个，总投资达1.8亿元，年接待游客220万人次，实现营业收入2.8亿元。开沙岛休闲核心区内的荷花世界、江韵风情街、杉林花海等景点启动建设。金土地生态农业园以火龙果为核心产品，打造休闲农业品牌，新增观赏游乐项目12个。南通绿博园投资3亿元，建成以世界珍奇植物为核心元素的休闲观光园区，年接待游客100万人次。

种　植　业

【概　况】　2016年，认真落实粮油生产的各项关键技术措施，虽生长期多次遭遇灾害性天气，仍然实现大面积稳产稳收。全区120.24万亩粮食平均单产437.33公斤/亩，总产

52.59 万吨;油菜平均单产 223 公斤/亩,单产居全省前列。新增认证"无公害""绿色""有机"农产品共计 362 个,其中新认证"无公害"农产品 138 个,"有机"农产品 224 个;新增认定无公害农产品面积 5000 公顷;新增认定无公害农产品产量 5 万吨。

【部、省级高产高效示范片创建】 2016 年,在石港、西亭、十总镇等,建立部、省级粮油高产高效示范片 12 个,总面积 10 万余亩,涉及农户 3 万余户。按照省粮油高产创建测产验收办法,小麦万亩示范片平均单产 444.3 公斤/亩,超过目标产量 19.3 公斤/亩;油菜万亩示范片平均单产 231.5 公斤/亩,超过目标产量 31.5 公斤/亩;水稻平均单产 697.8 公斤/亩,超过目标产量 47.8 公斤/亩。麦—稻周年攻关田周年实收单产 1360.5 公斤/亩,获市麦—稻周年攻关竞赛一等奖。

【绿色防控示范基地和示范区建设】 2016 年,在十总镇五总居新建水稻绿色防控示范基地 366.67 公顷,其中核心示范区 33.33 公顷,由区顺鑫家庭农场承建。在十总、二甲、西亭镇建立蔬菜绿色防控示范区 546.07 公顷,其中核心示范区 20 公顷,由十总镇娟娟蔬菜专业合作社承建。绿色防控技术在新型农业经营主体中逐步推广与应用。

【植保科研工作】 2016 年,区植保站主持申报的"水稻主要病害防治技术集成与应用"课题通过市科技成果鉴定,参与实施的"主要农作物农药减量控害技术集成与推广"课题获全国农牧渔业丰收奖二等奖。是年,被省广播电视总台评为省优秀服务示范单位,2015、2016 连续两年被省、市植保部门评为测报工作先进集体。

【高标准粮田项目验收与实施】 完成建设 2011 年区新增千亿斤粮食产能规划田间工程(高标准粮田项目),于 11 月 30 日通过市发改委组织的竣工验收。在十总镇志新村和二窎居,实施 2015 年区新增千亿斤粮食产能规划田间工程(高标准粮田项目),其中,变更及新增工程申请报至市发改委和市农委。

【测土配方施肥技术推广】 通州区被列入测土配方施肥项目巩固县,实施周期 2015 年 6 月至 2016 年 6 月,化验分析土壤样品 300 只,1500 项次,植株样品 8 只,32 项次,肥料样品 10 只,70 项次,共 1578 项次。进一步调优专用肥配方,做好测土配方施肥专用肥调拨供应。设计小麦专用配方 2 个、油菜 2 个、水稻 3 个、蔬菜 1 个。全区小麦、油菜、水稻三大主要作物推广应用测土配方施肥技术,共 11.52 万公顷,并在蔬菜上开发专用肥进行示范。

【种质资源普查】 2016 年,农业部开展第三次全国农作物种质资源普查与收集活动。通州区作为全省农作物种质资源普查和征集的 60 个普查县之一,结合实际情况,制定《南通市通州区农作物种质资源普查与收集行动施方案》。通过调查,共收集种质资源 28 份,其中野生资源 3 份。

【新型职业农民培育】 2016 年,完成新型职业农民培训 22 期,涉及高效粮食种植、农产品电子商务、农资营销、全托管、蔬菜园艺、家畜禽饲养、蚕桑、水产养殖及林业等专业。培训专业大户、家庭农场主、合作社带头人等农业生产经营者和从事具体农业生产的工人、雇员等新型农民 3781 人,完成省下达任务 126.03%,其中,农业职业技能培训 3650 人,农产品电子商务培训 131 人,部级项目培训新型经营主体 152 人,青年农场主 6 人。开展农艺工职业技能鉴定,有 155 人通过理论和实践考核,并取得职业资格证书。

【江苏农业科技服务云平台客户端推广应用】 2016 年,发挥体系优势,加快推广应用江苏农业科技服务云平台客户端——农技耘 APP,打造全天候、全方位农业科技服务网络。通州作为省 13 个试点县(区)之一,借助农民培训、科技入户、基层农技推广补助等项目平台,结合培训宣传,全区农业技术人员、大学生村官、动物防疫员、种养殖大户、家庭农场主、农资营销员、农业工人及雇员等 3061 人,安装和使用农技耘手机 APP,实现农业信息互联互通。

养 殖 业

【概　况】 2016 年,以推进畜牧业"转型升级"为主线,以强抓畜牧生态健康养殖示范创建、畜牧业扶持政策落实、畜牧信息化建设为抓手,积极推进大、中型畜禽规模养殖场标准化建设,促进畜禽养殖新品种、新技术、新设施推广应用。全区畜牧业保持平稳健康发展势头。是年,生猪年饲养量 79.90 万头、家禽饲养量 1498.09 万羽、山羊饲养量 51.55 万只、奶牛存栏 1905 头。组织推广优质二元母猪 4680 头,二元母猪在能繁母猪中的占比提高到 73.8%,年出栏优质三元杂交瘦肉型猪 36.25 万头,占上市生猪总量 72.8%。生猪大中型规模养殖发展迅速,规模养殖占比达 68.5%,比上年提升 6%。

【标准化规模养殖场建设】 2016 年,区政府出台发展现代设施农业有关政策,给予新建成的省级畜牧生态健康养殖示范场补助 1 万元、给予创建国家级示范场补助 3 万元。同时抓住生猪标准化规模养殖场(小区)项目建设及省级高效设施畜牧业、畜禽标准化养殖项目建设契机,大力发展畜禽规模养殖,促进畜禽养殖设施升级改造。加强粪污处理设施投入。区祥牛畜牧发展有限公司投入资金 480 万元,新扩建污水处理厂 1 座,区海欣养殖有限公司投入资金 150 万元,新建污水处理厂 1 座,有效解决长期困扰企业发展的污水处理难题。推进畜牧业生态健康养殖示范创建。

新增省级畜牧生态健康养殖场4家,另有4家养殖企业通过生态健康养殖复检。是年,全区生猪规模养殖场(户)1273户,出栏45.79万头,占生猪出栏数90%,比上年同期增长4.2%。大中型生猪规模养殖场(户)250户,出栏34.85万头,占生猪出栏数68.5%,比上年增长6%。蛋禽栏存500羽以上有234户,栏存157.18万羽,占蛋禽栏存数97.4%,比上年同期增长2.4%;肉禽规模养殖户96户,出栏696.73万羽,占肉禽出栏数98.1%,比上年增长2.1%;奶牛存栏20头以上有3户,栏存数1905头,占100%。

【畜牧生产信息化建设】 2016年,加大养殖场备案力度,全区畜禽规模养殖场备案比例达到总场数62%。加大镇级畜牧生产数据上报准确性考核,通过下拨部分财政奖补资金,用于各镇组织开展村级防疫员月例会培训,同时,上报畜牧生产报表,提高生产数据真实性。先后在省农业网上发送录用信息26条,在区级电视台新闻报道畜牧业信息4期。

【重大动物疫病防控】 组织开展"春防"、夏防、秋防"行动,落实重大动物疫病防控工作。全年发放生猪口蹄疫合成肽苗123万毫升、浓缩苗15万毫升、猪瘟128万头份、蓝耳106万头份、牛羊口蹄疫36万毫升、小反刍兽疫苗40万头份,禽流感295万毫升。免疫生猪259万头次、羊59万头次、禽548万羽次。根据防疫督查抽查及开展免疫抗体检测,猪、羊、禽免疫密度均达到国家规定要求,免疫抗体合格率为禽流感92%、猪瘟98%、猪口蹄疫98%、猪蓝耳93%、牛羊口蹄92%、小反刍兽疫89%。全区未发生重大动物疫病。

【生猪屠宰行业清理整顿】 为进一步规范生猪屠宰市场秩序,切实提高肉品质量安全水平,2016年8月,出台《通州区生猪屠宰行业清理整顿工作实施方案》,并按方案有序开展清理整顿工作。通过动员部署、组织屠宰企业人员学习相关法律法规和政策文件,集中清理整顿,至年底,关闭无证生猪屠宰企业9家,并拆除屠宰设施,新改扩建屠宰企业2家。

【动物卫生防疫监督】 年初制订2016年区动物卫生监督工作计划,并有序组织实施。加强对官方兽医、检疫员进行相关法律法规培训指导,提升检疫执法水平;加大对产地检疫、生猪屠宰检疫监督检查,全区规模养殖场、生猪屠宰企业签订责任状和承若书。加强对生猪屠宰场监督检查力度,特别是在国庆、春节等重大节日期间,组织执法人员对所有屠宰场采取例行巡查和突击检查,确保老百姓吃上健康放心猪肉。全年共出动执法人员60余人次。查处生猪屠宰环节违法行为3起,立案查处3起,处罚金额3328元。按照动物诊疗专项整治行动方案要求,对辖区内城市动物诊疗机构、宠物店进行清理整顿。做好畜禽投入品监管工作,检查养殖和屠宰环节"瘦肉精"抽检情况,兽药经营和使用环节是否有伪劣兽药、假兽药、原料药以及兽药使用是否执行休药期等,检查奶牛场生鲜乳是否添加"三聚氰胺"等违禁物。活禽交易市场监管,要求活禽交易市场全面落实"定期消毒、轮流休市"等综合防控措施,确保活禽交易市场不发生H7N9流感疫情,共检查农贸市场11家。

【蚕 桑】 2016年,全区共发蚕种5226张,同比减发2232张,减少29.9%,总产茧223吨,同比减产89.5吨,减少28.6%。桑园面积年末数为233公顷。饲养蚕品种为"菁松×皓月"2910张、"苏秀×春丰"2310张。张种茧款收入1817元,亩产值4895元。完成全国基层农技推广体系改革与建设补助项目。在十总镇渡海亭村,遴选100个示范户,聘用8名技术指导员对示范户进行指导和培训,并向每位示范户发放300元的桑保农药、优新蚕药及蚕种。是年,主推蚕品种2个:"菁松×皓月""苏秀×春丰",示范户100%采用;主推桑品种2个,入户率95%以上;主推技术5项,入户率和到位率均达到95%以上。示范户平均亩桑产茧量较辐射户增长率10.05%,纯收入平均增长率10.4%,通过省、市级验收。

【渔业科技入户】 2016年,区渔业科技入户工程实施第10年,遴选示范户300户,示范面积580公顷,辐射带动养殖1120户,在十总镇上雁村等10个村进行整村推进。以南美白对虾、河蟹、大宗淡水鱼作为主推品种。以南美白对虾健康养殖技术、河蟹健康养殖技术、微生物制剂使用技术、微孔增氧技术作为主推技术。开展春季服务月、夏季行动、秋季病害防治宣传周等,通过技术培训、现场交流、观摩会等形式,扎实推进科技入户工程。组织各项专题活动40次,发放科技书籍和技术资料5000份,培训示范户、辐射户2000余人次。在省、市、区等媒体上宣传报道50篇次。通过科技入户工程项目实施,使先进实用技术入户率达90.8%。示范主推品种覆盖率达76.4%,示范户养殖收入比周边养殖户平均收入提高11.9%。

林 业

【概 况】 2016年,区绿化造林以打造城乡精品绿化和高效林业为目标,以"两沿"绿化为主体,突出"三园"绿化特色,坚持平面立体、农村城市、陆地水域"三个同步",推动城乡绿化造林从重数量向量质并重,从重建设向建管并重,从重单一景观功能向生态、景观等复合功能并重,从重经济效益向经济效益与社会效益并重"四个转变"。完成造林绿化面积420公顷,其中生态造林206.7公顷,生态廊道(城区段)绿化16.67公顷,道路绿化200公顷。建成省级绿化示范村7个,森林生态示范村1个。至年底,区林木覆盖率达到25.2%。

【生态廊道工程】 进一步完善生态廊道建设，在原城区道路绿化基础上，继续拓展延伸营造生态景观带，形成环绕主城区生态廊道9公里，重点打造青岛路、新通掘公路沿线生态景观，新增绿化面积16.67公顷，选用直径8～11厘米以上的红榉、黄山栾树、广玉兰、朴树、香椽等。该工程融绿色生态、休闲观光为一体，乔、灌、草相结合，常绿植物与落叶植物相搭配，充分体现四季色彩变化，营造自然丰富的生态景观。

【通洋高速绿色通道景观】 2016年，通洋高速绿色通道工程为南通市重点工程，以实现区内高速公路绿色通道全覆盖。在兴仁、兴东、西亭、十总镇（街道）高速公路两侧打造30～100米宽度不等的景观廊道，绿色通道全长22公里，选用直径8～10厘米的香樟、黄山栾树、雪松、朴树、独杆红叶石楠等，绿化面积126.67公顷。

【林业有害生物防治】 2016年，开展5次林业生害生物普查的集中外业调查工作，同时对意杨、香樟病虫害进行监测预报并组织防治，全区累计监测意杨面积666.67公顷，香樟133.33公顷，测报虫害为舟蛾类和樟巢螟。3月起，区林业站每月在森林病虫害防治信息系统上进行测报和虫害防治上报，未发生1起省市通报事项。在开展化学防治的同时积极探索物理防治、生物防治以及药剂注干等综合防治措施。在兴仁镇、兴东街道绿色通道意杨林带以及金沙街道意杨林带中，通过释放周氏啮小蜂防治美国白蛾及杨树舟蛾类害虫、释放花绒寄甲防治天牛，意杨林带防治实现“有虫不成灾”。全区林业有害生物监测覆盖率95%，成灾率0.2%，防治率95.5%，无公害防治率85%。

【林业碳汇监测】 9月—10月，为加快推进林业监测体系和监测能力现代化建设，在全省统一部署下开展林业碳汇计量监测工作，对3个省级林业碳汇计量监测点进行碳汇计量监测。通过森林资源调查成果数据、湿地调查和相关林业监测数据，按照土地利用、土地利用变化与林业（简称LULUCF）碳汇计量监测要求，对3个样地土地利用类型分布及其变化信息进行监测，结合森林植被生物量测算和地类变化监测，实现在一定监测周期内对土地利用、土地利用变化所引起的碳储量变化进行计量监测。

【古树名木保护】 2016年，对古树名木保护开展订立标识牌和立地土壤检测工作，通过扫描二维码，将古树基本信息统一录入，即树种、学名、科属、树龄、保护级别、历史故事等。根据立地土壤有关指标测定结果，针对性地制定古树名木立地土壤改良方案，通过增施有机肥及平衡水肥等措施，以保护和复壮古树名木。经过逐树勘察、登记、拍照等，确定全区有古树58棵，其中一级古树（500年以上）8株，二级古树（300—499年）17株，三级古树（100—299年）33株，主要树种为银杏、罗汉松、圆柏、紫薇、小叶黄杨、蜡梅等。 （卞　勋）

农业机械化

【概　况】 2016年，区农机部门认真贯彻落实中央和省农村工作会议和区农业农村工作会议精神，加快转变农机化发展方式，全力服务于现代农业建设，全面提升农机装备水平、作业水平、安全水平、社会化服务水平。

【农机购置补贴】 制定农机购置补贴政策，对大中型拖拉机、乘坐式插秧机、油菜收割机、自走式喷杆喷雾机、犁翻旋耕一体机、水田平整机、灭茬施肥播种一体机、秸秆粉碎机、育秧流水线和秸秆抛撒装置等农机具给予区级作业奖励。多方位多渠道开展宣传活动，印发政策公告张贴到各镇路口、村口、菜市场等人流密集处，发放宣传手册，在区农机局网站开通“农机购置补贴信息公开专栏”，做到购置补贴信息公开、透明。建立农机购置补贴工作责任制，对购机材料层层把关审核，加强补贴机具核查，对补贴机具经销商进行动态监管，确保政策实施阳光操作。是年，全区推广财政补贴机具1360台，受益农户及组织642个，享受中央及省级财政购置补贴1574.93万元、报废更新补贴36.80万元。

【农机化技术培训】 与农机新技术推广结合开展培训。举办机插育秧、插秧机操作等机插秧技术培训班12期，培训800人次。与农民需求相结合开展培训。举办秸秆机械化还田技术培训班12期，培训1800人次。5月25日，在刘桥镇召开全区油菜机收暨秸秆机械化还田现场推进会。与农村经济发展结合开展培训。5月18日，举办全区农业生产“全托管”培训班，有172家“全托管”经营主体负责人参加。与农机职业技能要求结合开展培训。全年完成大中拖驾驶员培训47人、联合收割机驾驶员107人，在刘桥、石港、东社镇等分期完成职业技能鉴定获证奖补培训363人，拖拉机驾驶人安全教育培训4600人。

【秸秆机械化还田】 2016年，区政府继续将秸秆机械化还田工作列为区重点工作任务，保持往年扶持政策标准。对使用50马力以上拖拉机秸秆还田农户，在省级20元/亩作业补助基础上，区、镇两级配套，三麦还田累计补助40元/亩，水稻还田累计补助30元/亩，同时扶持推广油菜秸秆还田，对油菜机收秸秆粉碎还田补助100元/亩，非机收油菜秸秆粉碎还田补助50元/亩。对新增大中型拖拉机按1万～2万元/台，秸秆还田配套机具按售价扣除省补后约60%进行作业奖励。对从事秸秆切碎作业的联合收割机、秸秆还田作业大中型拖拉机实行每台每年定额奖励1500元。对秸秆还田示范村奖励3万元/个。是年，全区新增75马力以上大中拖186台，夏秋季秸秆还田投入50马力以上大中型拖拉机2392台套，三麦还田面积1.59万公顷，水稻还田面积1.63万公顷，建成秸秆机械化还田示范村80个。

【"全托管"经营主体建设】 以南通市"全托管"项目建设为契机,加快培育新型农业经营主体,加强烘干中心和标准农机库建设,为"全托管"服务组织发展营造有利条件,以推动区农业生产适度规模经营。是年,全区167个农机合作社、家庭农场、专业大户等具有农机全程服务能力的新型农业经营主体开展"全托管"服务,其中货币型全托管142个,新增托管服务面积2486.7公顷,"全托管"村级覆盖率达85.6%。建成粮食烘干中心10个,粮食烘干点10个,新增粮食烘干机60台套,农机库12个。

【农机维修监管】 加强农机作业维修市场监管,严格核发《农业机械维修技术合格证》,全区建有农机维修点21个,其中一级1个、二级6个、专项维修点1个、三级13个。开展农机"3·15"消费维权活动,深入各农机维修、农机零配件销售网点开展农机维修网点专项检查,为农机生产顺利进行提供保障。"三夏""三秋"期间,在石港、刘桥等镇和主干公路附近设立跨区作业接待服务站10个,为来往联合收割机提供服务。是年,检修各类农机具9758台,其中大中拖872台套、机动插秧机1685台、联合收割机1395台。

【农机安全教育】 开展农机安全宣传月活动。集中办班11期,组织全区变拖驾驶人、联合收割机驾驶人安全教育学习,通过警示教育、集中授课、签订农机安全生产责任状,提高驾驶人安全生产意识,预防和减少农机事故发生。落实拖拉机驾驶人交通安全违法记分学习管理制度。对1个周期累计记分达12分(含12分)以上的拖拉机驾驶人,组织进行为期7天的道路交通安全法律、法规和相关知识教育,考试合格25人。开展"农机安全生产月"、农机安全"学习日""咨询日"活动。通过多种形式,广泛宣传农机安全法规和知识,增强农民群众及农机手安全意识。送安全教育下乡,在十总、西亭、刘桥镇对村农机安全员、合作社负责人、农机大户开展农机安全知识宣讲。编发"平安农机通"短信,在重大节假日、重要时节编发农机安全教育信息,提醒农机驾驶人安全作业。是年,编印《通州区农机安全生产知识手册》3500本、编发短信16条、制作展板10块、悬挂横幅12条,受益人数3600多人。

【农业机械综合保险试点】 2016年12月1日起,在全区开展农业机械综合保险试点工作。经区农险办、财政局、农机局会商,通过招标方式确定由紫金财产保险股份有限公司南通市通州支公司承保农机综合保险。农机综合保险保费财政补贴不低于60%,其中省级财政30%、区级财政不低于20%、市级财政补贴10%。财政补贴资金实行"差额投保、即保即补"。

【农机专项整治】 区农机局印发《关于开展全区农机安全生产大检查的通知》《关于开展农机安全生产"打非治违"和专项整治行动的通知》、制定《防范遏制农机作业重特大农机事故工作实施方案》,转发《关于加强对联合收割机安全监管的通知》,深入排查整治农机安全生产事故和农机安全生产突出问题,严厉查处农机安全生产领域非法违法行为,有效防范农机安全生产事故。夏、秋大忙期间,加大作业现场巡查力度,组织人员到镇,深入村组、田间场院、农机合作社,督促做好应时机具的维修保养和安全检查。同时健全完善农机、公安、安监部门信息交换和联合执法、执勤机制,积极配合公安交警严格查处无牌行驶、无证驾驶、违法载人、逾期未检、酒后驾驶、超速超载、疲劳驾驶、私自拼装改装等违法行为。是年,共组织开展农机安全检查53次(含联合检查10次),参加检查227人次,排查治理隐患单位210个,排查一般隐患65起,整改率100%。报废认定、监督拆解联合收割机22台。 (丁 霞)

农业资源开发

【概 况】 2016年,通州区建设高标准农田面积5253.33公顷,国家高标准农田项目完成1000公顷,项目地点在刘桥镇,比计划增加50%。利用市和区财政资金建设高标准农田2000公顷,纳入市级补助资金计划,比计划增加7.9%。国家农业综合开发产业化经营项目贷款贴息项目1个,贴息100万元,争取市级以上资金累计4403万元,比计划增加29.5%。

【高标准农田建设】 3月26日,区政府出台《通州区2016年高标准农田建设工作方案》,全区高标准农田建设5333.33公顷。为促进土地流转和集约化经营,规模连片的高标准农田带动高效设施农业、农业产业化项目和村级经济发展。市政府与区政府2016年共同投资4500万元,市、区财政各投资50%,自建高标准农田2000公顷。项目地点为二甲、五接、刘桥、平潮镇和金沙街道。9月7日,市委书记陆志鹏到通州调研高标准农田建设情况。先后察看十总镇于家坝村2015年农业综合开发高标准农田建设项目区、十总镇季庄村2016年市级都市农业高标准农田建设项目区和刘桥镇苏池村2016年农业综合开发高标准农田建设项目。 (蔡维熙)

工 业

Industry

编 辑 陈 菊

综 述

【概 况】 2016年,面对国内外宏观经济下行的巨大压力,通州区深入开展招商引资项目建设年活动,深化供给侧改革,紧紧围绕"三降一去一补",积极推进项目建设,着力保持工业经济平稳增长,优化工业经济结构,积极培育发展新动能。完成规模工业增加值493亿元,比上年(下同)增长10.5%。规模工业产值2112.86亿元,增长7.7%。工业应税销售899亿元,增长10%。工业投入369.59亿元,增长9.1%。工业用电38.32亿千瓦时,增长3.8%。工业企业增容25.52万千伏安,增长16.9%,增量南通第一。现代家纺被中国纺织工业联合会授予"全国纺织行业创新示范区集群地区",南通供销产业园被中国物流协会授予"中国物流示范基地"。组织紫罗兰家纺成功创建国家工信部品牌培育示范企业,金太阳纺织科技公司创建国家工信部品牌培育的试点企业。组织高新区成功申报省企企通园区。创斯达公司董事长刘佳炎被省委省政府表彰为省优秀企业家,江海电容器公司被省委省政府表彰为省优秀企业。南通江海电容器股份有限公司董事长陈卫东、中国供销集团南通供销产业发展有限公司总经理曹少军被评为南通市"三名"人物,雄邦压铸(南通)有限公司董事长唐杰雄被评为南通"三创"人物。通州经信委被江苏省经信委授予"江苏纺织服装产业集群基地建设工作示范单位"。

重大项目建设突破。全区实施新开工亿元项目67个,千万元以上技术改造超100个,其中,宜家木业、德尔福、雄邦压铸、宏德机电、鸿图压铸等31个项目列入省重点技术改造项目导向计划。经南通市考核认定,获认定新开工亿元工业项目47个,完成工作量60.6亿元,超额完成南通市下达任务。华电热电、丽致电子等重大项目即将投产,宜家木业、雄邦压铸投入超亿元建成智能车间。

科技创新加速推进。推进研发机构建设,组织中航虹波、恒科新材料、国盛精密机械、甬金金属科技4家企业成功申报省级企业技术中心。5家企业技术中心成为市级企业技术中心。韩通重工、四方冷链、紫罗兰、亚振家俱设计中心被省经信委认定为省工业设计中心。组织东源电力智能、广东鸿图压铸等5家企业申报市级企业技术中心。推进创新能力建设。组织韩通船舶、东源电器、亿华塑胶等19家企业申报省重点推广应用的新技术新产品目录。华宇印涂、东源智能、韩通重工的3个新产品通过省新产品新技术鉴定。组织四方冷链成功中标省经信委冷链速冻装备技术赶超工程。成功创建5个省市首台套重大装备。推进融合发展,全区40%的企业实现全部业务信息化系统管理,35%的企业实现全部业务的信息化系统集成应用。南通高新区获企企通示范园区;甬金金属、广东鸿图等5家企业获省企企通试点企业;凯瑞、微纺、亚振、韩通等四家企业获省互联网提升项目,累计获得资金310万元;派得羽绒成为省融合创新示范试点企业,凯瑞、通达动力、紫罗兰、蓝丝羽成为南通市融合创新示范企业。推进智能制造,宜家木业成功创建省级示范智能车间,雄邦压铸、德尔福、亚振家具、凯瑞家纺、达成包装成功创建市级示范智能车间。全区累计创建省级示范智能车间2家、市级示范智能车间6家。

现代物流业加快发展。新组织申报国家AAA级物流企业4家,创建中国物流示范基地1个(中国供销产业园)。全区AAA级以上物流企业总数达到24家,其中,AAAA物流企业9家,AAAAA物流企业1家,2家中国物流示范基地,国家AAA级以上物流企业和国家物流示范基地总数在南通领先。 (张雨林)

工 业 投 入

【概 况】 2016年,通州区完成工业投入369.59亿元,比上年(下同)增长9.1%,占全社会固定资产投资的

54.2%，其中工业技改投入247.9亿元，占工业投入的67.1%。通州工业投入呈现四个特点：一是项目个数不断增加。实施工业投入项目535个，其中亿元项目148个，5亿元以上项目21个，工业技改项目360个。二是重大项目顺利推进。华电热电、鸿图二期等一批重大项目竣工投产，形成新的增长点。三是设备投资快速增长。全区完成工业设备投资255.45亿元，居南通九县市区首位，增长24.3%，高于全区工业投资增幅15.2个百分点。四是主力平台引领带动。6大主力平台合计完成工业投资222.55亿元，占全区工业投资的60.2%。

（杨　亲）

【大唐冷热电项目落户】 11月，总投资60亿元的大唐南通冷热电三联供示范项目正式签约落户滨江新区。该项目是具有国际先进水平的清洁发电项目，由大唐江苏发电有限公司投资建设，拟建设4×400兆瓦级燃气蒸汽联合循环机组，实现冷热电三联供。一期工程投资35亿元，拟建2组循环机组，年供热约720万吉焦、发电50亿千瓦时。燃料采用天然气，无烟尘和灰渣排放。项目达产后，每年可减排二氧化硫约197吨、氮氧化物499吨、二氧化碳54万吨，实现年销售30亿元。

（季小平）

【宜家环保木业车间获评省示范智能车间】 9月，宜家环保木业制造（南通）有限公司轻型家具组装板智能生产车间被江苏省经信委评定为省示范智能车间。宜家是全球较著名的家具制造和销售集团。宜家环保木业制造（南通）有限公司则是宜家集团在中国投资的第一家平板家具制造工厂。从公司成立开始，就将全世界智能化木工设备作为公司的首选并用于生产一线，以拥有较高的生产效率和较低的成本确保公司在同行业中具有较大的竞争优势。

（严效新　杨　亲）

技术创新

【概　况】 2016年，通州区坚持创新驱动发展，全力推进企业技术创新，加快构建以政府为支撑、市场为导向、企业为主体的产业科技创新体系。新增省级企业技术中心4家，累计35家；市级企业技术中心5家，累计22家；区级企业技术中心10家，累计35家。3个企业的3个产品列入省重点推广应用的新技术新产品目录（第十一批），4个企业的10个产品通过省级新产品新技术认定。山口精工等3家企业的新技术新产品推广应用项目获得2016年省级工业和信息产业转型升级专项资金225万元。全年向上推荐江苏省重点技术创新导向计划项目75个，共28个项目列入年度省级计划，其中新产品研发和推广类21个，核心技术突破类6个，质量攻关类1个。

（朱红婷）

工业组织

【概　况】 2016年，通州工业牢牢把握"稳中求进"的工作总基调，深入开展项目建设突破年和转型升级提速年活动，着力加强供给侧结构性改革，推进"三降一补"，实施六大行动，即实施产业高端化行动、大项目牵引行动、两化融合提升行动、智能制造推进行动、降成本行动、机关作风提升行动。在南通地区率先出台大企业应税销售增长激励政策，设立3800万元专项奖励基金。抓住20家大企业强势推进，为全区应税销售增长提供强力支撑。创新考核机制，对应税销售、规模工业产值等实行月公布，季点评，夺红旗亮黄牌，激发镇区园街道争先创优的热情。拓展发展空间，出台推进集约利用提高资源利用率政策意见，着力盘活工业闲置资产，全区盘活工业土地和建筑面积110万平方米。扩大融资担保，针对企业融资难、担保难，与南通众和担保公司合作，由区政府出资2亿元在通州成立办事处。全区3家担保公司为153家中小企业新增担保总额6.44亿元，担保余额达9.56亿元，全区担保额增长50%。其中新引进的南通众和担保有限公司新增担保3.29亿元，担保企业22家。助推企业拓展市场，针对市场需求不足的新形势，积极组织企业参加上海家博会、江苏产品万里行、中国工业博览会、上海食品机械展览会、大连海事展以及各类国家级行业展销会，帮助企业掌握行业发展新趋势、转型升级的新方向，结识一批新客户。认真落实国家、省、市降低实体经济成本工作意见，组织综艺新材料、江苏恒科新材料、江苏韩通船舶重工有限公司等13家企业共计申报省直购电指标7.70亿千瓦时，每年可为企业节约电用成本2000多万元。帮助企业向上争取资金，共向市以上争取各类扶持资金4800多万元，受益企业230多家。加强政策研究引领，制定"十三五"期间通州工业转型升级发展规划和两化融合发展规划。研究制定四大政策意见，即大企业应税销售激励政策意见、资源集约利用提高资源利用率政策意见、推进淘汰燃煤锅炉补助政策意见、工业企业技术改造实施细则意见。深入研究全区智能装备和新能源汽车及汽车配件两大优势产业，形成两篇专题研究报告。

【张謇杯国际家纺设计大赛】 2016年，通州区政府承办张謇杯国际家纺设计大赛，此次大赛历经4个多月，共收到来自美国、英国、韩国等10个国家和地区的790套7500多件产品，其中线下比赛"梦幻都市风"作品340套。经过线上线下双评、专家评委评审推荐、百人团评委现场评比，最终共有3件作品获得产品设计金奖，6件作品获得产品设计银奖，9件作品获得产品设计铜奖；3件作品获得中国家纺品牌产品流行风尚奖，3件作品获得中国家纺品牌文化概念奖；15件作品获得中国家纺好设计奖及3个单项奖（好设计功能奖、好设计工艺奖、好设计文化奖）。江苏金太阳纺织科技公司和紫罗兰公司分别获得大赛金奖和银奖。

【工业生态改善】 牵头组织开展工业企业达标排放百日攻坚工作,受到南通市政府考核组好评。全年共完成省清洁生产项目6个,省节能项目1个;完成南通市绿色发展项目2个;淘汰燃煤锅炉209台,淘汰落后钢丝绳产能4万吨、印染落后产能2000万米。万元GDP能耗下降3.4%,完成南通市下达任务。

【信用贯标】 深入推进“百企贯标、十佳示范”工程,引导企业加强信用管理。南通虹波机械有限公司、中广核中科海维科技发展有限公司、南通中大纺织有限公司被确定为2016年度南通市信用管理示范企业。至此,全区共有江苏省信用管理贯标企业153家,江苏省信用管理示范企业3家,南通市级信用管理示范企业20家。

【产业招商】 区经信委成立招商引资专门班子,分别在上海和通州举行两场专题招商活动。全年签约项目7个,领证项目7个。发挥产业母基金引导作用,积极助推招引新兴科技项目。重点推进项目9个,已投资4个。招引领证项目2个,即杭州数模科技有限公司在高新区科技新城成立南通数模互联网科技有限公司、江苏恩佐姆生物技术有限公司在通州新建生产基地。

【智能装备暨船舶海工发展论坛】 11月12日,由通州区人民政府主办、区经信委承办的智能装备暨船舶海工产业发展论坛在通州区举行,来自浙江大学、东南大学、南京航空航天大学以及中国船舶工业行业协会近10名智能装备及海洋工程产业的顶尖专家以及40多家骨干企业代表参加。此次论坛围绕“创新驱动发展　科技引领未来”主题,从国内外智能装备及船舶海工产业发展现状、未来发展趋势出发,结合“十三五”期间通州区智能装备及船舶海工产业发展思路、发展目标、产业布局和发展重点,就企业如何整合资源、实现资本运作、渠道创新、如何掌握销售主动权,以及专业市场在新的时期如何创新模式、转型升级等议题,进行深度研讨。

【家纺产业暨现代物流业招商推介会】 10月18日,通州家纺产业暨现代物流招商推介会在北山饭店举行,来自上海家纺行业知名品牌企业家、省内外的物流企业和通州家纺商会、品牌企业家100名客商参会。该活动是“张謇杯·2016年中国国际家用纺织产品设计大赛颁奖盛典暨第九届中国(川姜)家纺画稿交易会(家纺节)”的系列活动之一。推介会上,区经信委就通州家纺产业和现代物流环境进行推介。南通家纺城、空港产业园、滨江新区分别就各园区特色优势产业和现代物流环境进行项目推介,发布园区现代物流项目需求信息。客商代表中国供销集团南通供销产业发展有限公司负责人介绍近年来在通州发展取得的喜人成绩,并就“中实交易”平台进行推介。在会上举行了沪通家纺产业对接,通州与上海方面40多位知名企业家共同就家纺产业创新转型进行交流研讨。区家纺商会与上海市家用纺织品行业协会签订战略合作协议。

【创斯达并购英、德两家企业】 10月,创斯达科技集团(中国)有限责任公司成功收购两家国际老牌企业:英国metric和德国almex,进一步开拓国外智能终端机业务市场。创斯达集团副总经理张慧慧介绍,创斯达调整海外收购重点,逐步淘汰掉部分中低端产品,补齐产业链,提升价值链。创斯达利用并购获得的国际尖端专业技术,从生产简单保险柜硬件设备,逐渐向机电软硬件一体化和智能化终端设备过渡,实现低端产品向高端产品的转型升级。新收购的metric在英国有100多年历史,研发、生产和维护伦敦超过一半的停车自主付费机和公交车交费机。2011年以来,创斯达收购获得人才、产品、技术、渠道、客户等资源为己所用,实现“1+1>2”的优势互补效应。

【韩通重工中标温州瓯江口大桥钢沉箱项目】 11月30日,韩通、海洋再次联合中标温州瓯江口大桥钢沉箱项目。两公司联合进入海上风电领域后,再次进入中铁钢构工程。此项目为温州瓯江北口大桥主桥中塔基础钢沉井,长66米,宽55米,高59米,自重1.8万吨,工期180天。

【金太阳新品发布会】 4月12日,金太阳“2016(秋冬)新品设计营商周暨深睡眠暖绒系列新品发布”在南通1895文化创意产业园开幕。金太阳继续围绕营造“健康深睡眠”这一研发理念,创新提炼出暖绒系列新品的“暖润净柔”四大亮点,推出深睡眠健康暖绒系列面料七大新品,以及大提花面料新品40多个主题风格。

【雄邦压铸建设智能车间】 9月底,雄邦压铸投资2亿多元建设自动化车间,用于生产大众、奥迪等高端汽车配件。该公司引进日本马扎克压铸设备和德国巨浪设备,通过自带软件实时监控,能够更加细致地对生产过程中的各个环节进行把控,整个压铸实现100%自动化。 (张雨林)

民营经济

【概　况】 2016年,全区个体工商户、私营企业户、私营企业注册资本分别为66545户、15210户、673.8亿元,三项指标稳定在南通各县(市、区)前列。新增个体工商户8504户、私营企业户2029户;新增小规模纳税人8756户、一般纳税人1100户;规模以上民营工业增加值达333.76亿元,增幅11.4%;固定资产民间投资额完成539.9亿元,增幅15.7%。引进超千万元市外民资项目64个,注册资本26.15亿元,其中亿元以上项目27个,注册资本17.6亿元。全年完成实际投资额39.5亿元,民营经济各项指标保持较快平稳增长。

【园区建设】 2016年，全区9个市级重点工业集中区新增投资146.6亿元，其中高新技术产业投入77.8亿元，实现营业收入1370.5亿元；兴仁镇、平潮镇、五接镇、川姜镇等四个工业集中区营业收入超百亿，形成3个百亿级产业集群。高标准厂房建设有序推进，高新区聚恒二期标准厂房项目竣工，石港科技园标准厂房、综艺新材料标准厂房开工建设，全年标准厂房建设超15万平方米。高新区江海圆梦谷被认定为市级小微企业创新创业基地，川姜镇小型微型创新创业基地申报省级示范基地。 （蒋洪飞）

电力运行

【概　况】 2016年，全区全社会累计用电52.87亿千瓦时，比上年（下同）增长5.7%，总量保持南通市第一，增幅第八。全网最大负荷90.9万千瓦（9月），增长5.0%。其中，一产累计用电7567万千瓦时，增长15.6%；二产累计用电39.05亿千瓦时，增长2.7%；三产累计用电4.54亿千瓦时，增长19.3%；城乡居民生活用电8.52亿千瓦时，增长13.5%。

【工业用电】 2016年，全区工业累计用电38.32亿千瓦时，增长3.8%，总量居南通市第二，增幅第六。其中，轻工业用电增长4.8%，重工业用电增长2.2%。工业用电占全社会用电的72.5%，减少1.37个百分点，工业用电占比列南通市第四。

【业扩报装容量】 2016年，全区完成电力增容56.2万千伏安，下降0.5%，增量列南通市第一、增幅第四。其中，工业企业增加25.52万千伏安，增长16.9%，增量南通第一、增幅第三；居民、商业等照明增加29.6万千伏安，下降11.5%。 （高卫贤　董　君）

◆通州名菜选介◆

红烧狮子头　由北山饭店首任厨师长孙雪涛制作。主料：五花肉（瘦7肥3）150克、马蹄10克、冬菇10克、青菜心5棵、生姜等少许。调料：花生油100克、盐12克、白糖10克、味精10克、生粉30克、鸡汤150克，老抽王10克、麻油5克。先将五花肉剁成肉泥，马蹄、冬菇切末，加盐、味精、生粉打至肉起胶，搓成大丸子。青菜心用开水汆后捞起码入盘边。再起油锅，油温达30度放入大肉丸子炸至外黄内熟捞起沥油。最后将花生油热后下姜片、鸡汤、盐、味精、白糖、老抽王再放入大肉丸子，用小火烧至汁浓，再用湿生粉勾芡收汁装碟即成。具有酥软味香，入口即化的风味，有健胃消食的功效。

建 筑 业

Architectural Industry

编 辑 陈 菊

综 述

【概 况】 2016年,通州区建筑企业完成施工总产值1440.56亿元,比上年(下同)增长11.4%;实现区内税收14.75亿元,约占地方税收的27.2%。中西部地区市场开拓成效显现,四川、江西、湖北、安徽4个市场施工产值增幅均在35%以上,在全区建筑业总产值中的份额提高6个百分点。实施资质升级工程,全区新增一级企业4家、二级企业5家,热门类、短缺类增项资质近20个。3家特级企业进军交通、水利等领域。全区一级资质以上企业34家,行业整体资质水平又上新台阶。推进建筑产业现代化,以通创研究院为平台,加快技术研发,逐步启动建筑产业现代化进程。以区政府名义出台《关于加快推进建筑产业现代化,促进建筑业转型升级的实施意见》,多次举办BIM技术培训班,大力推广BIM技术的应用。成功举办装配式建筑发展论坛,取得良好效果。

【推进建企"营改增"】 自5月份以来,区领导组织区财政局、国税局、地税局和建管局等相关部门人员,深入到上海、南京、新疆、珠海等一线市场召开专题座谈会,就如何做好建筑企业"营改增"工作,召集各企业分公司负责人、财务总监及部分大型项目部负责人和财务人员进行全方位、多侧面的讨论,根据企业具体问题,提出针对性改进措施,有力地推动建筑业营改增政策落实,确保建筑企业赋税只减不增。

建筑施工

【概 况】 2016年,全区在建施工面积1.54亿平方米,增长20.2%;本年新开工5797万平方米,增长21.1%;完成竣工面积4053万平方米,增长24%;期末从业人员数37万人。承建高层建筑4718幢,上幅6.0%,其中超高层建筑960幢,增长12.1%。

【11家企业入围南通市建筑业"双三十强"】 5月5日,南通市建筑行业协会五届二次会员大会暨2015年度南通市建筑业"双三十强"企业评价排名发布会在南通市金石大酒店召开。南通四建集团有限公司(排名第5)、通州建总集团有限公司(排名第6)、南通新华建筑集团有限公司(排名第11)、江苏通州四建集团有限公司(排名第17)、南通英雄建设集团有限公司(排名第20)、江苏通州二建建设工程有限公司(排名第21)、南通承悦装饰集团有限公司(排名第28)等7家企业获评2015年度南通市建筑业竞争力三十强企业;南通扬子设备安装有限公司(排名第13)、南通市江海公路工程有限公司(排名第22)、南通新华钢结构工程有限公司(排名第24)、南通市金通市政工程有限公司(排名第28)等4家企业获评2015年度南通市建筑业成长性三十强企业。

【8家企业入围省建筑业百强】 全区有8家企业获评2015年度江苏省建筑业百强企业。其中,南通四建集团有限公司、通州建总集团有限公司、南通新华建筑集团有限公司、江苏通州四建集团有限公司、江苏通州二建建设工程有限公司5家企业获评2015年度江苏省建筑业百强企业(综合实力类);南通承悦装饰集团有限公司获评2015年度江苏省建筑业百强企业(装饰装修类);江苏金轮装饰集团股份有限公司获评2015年度江苏省建筑业百强企业(建筑幕墙类),南通新华钢结构工程有限公司获评2015年度江苏省建筑业百强企业(建筑钢结构类)。另通州建总集团有限公司获建筑外经类十强,排名第六。

【7家企业入围省建筑业"双百强"】 全区有7家企业获评江苏省建筑业竞争力百强企业,他们是:南通四建集团有

限公司(排名第7位)、通州建总集团有限公司(排名第18位)、南通新华建筑集团有限公司(排名第25位)、江苏通州四建集团有限公司(排名第45位)、江苏通州二建建设工程公司(排名第51位)、南通英雄建设集团有限公司(排名第58位)。另有南通扬子设备安装有限公司获评2015年度江苏省建筑业最具成长性百强企业,排名第62位。

【3家企业入围民营企业500强】 据全国工商联发布的2015年度中国民营企业500强榜单,南通四建集团有限公司、通州建总集团有限公司、南通新华建筑集团有限公司榜上有名,分别列第226位、第241位、第388位。

【6家企业入围建筑业"双百强"】 据中国建筑业协会公布的2015年度中国建筑业"双百强"企业评价结果,通州区有6家企业入围。南通四建集团有限公司、通州建总集团有限公司、南通新华建筑集团有限公司、通州四建集团有限公司荣获"2015年度中国建筑业竞争力200强企业"称号,分别位列第30、90、120、158位;南通英雄建设集团有限公司、江通州二建建设工程有限公司荣获"2015年度中国建筑业成长性200强企业"称号,分别位列第18、28位。

【南通四建列"中国企业500强"】 据中国企业联合会组织评选的2016"中国500强企业"榜单,南通四建集团有限公司荣列"中国企业500强"第355位。

【通州建总入围"中国承包商80强"】 由美国《工程新闻记录》(ENR)和中国《建筑时报》两家权威媒体共同主办的"2016年中国承包商80强"榜单揭晓(俗称中国版ENR),通州建总集团有限公司以2015年工程承包营业收入237亿元入围"中国承包商80强",名列第29位。至此,该公司已连续13年荣登"中国承包商80强"榜单。

工程质量

【概　况】 2016年,全区推进"工程质量治理两年行动",强化质量监管,全行业质量意识得到普遍提高,违法违规行为得到有力打击,建筑施工企业工程质量不断提高。全年创"鲁班奖"1项、国家级优质工程2项,获"扬子杯""白玉兰"等省、市级优质工程奖26项。

【获"鲁班奖"1项】 南通新华建筑集团有限公司承建的交通银行江苏分行营业大楼工程荣获"鲁班奖"。全区"鲁班奖"总数达53项,在全省县市区中遥遥领先。

【获"詹天佑奖"1项】 南通四建集团有限公司施工的和美家园项目荣获中国土木工程"詹天佑奖"优秀住宅小区金奖(保障房项目)。

【获"中国安装之星"1项】 南通四建集团有限公司第五安装分公司承建的河西地区综合性医院(河西儿童医院)部分通风空调、消防工程获中国安装工程优质奖("中国安装之星")。

【1项工程获"华东地区优质工程奖"】 经华东地区优质工程奖评审委员会投票表决,南通四建集团有限公司施工的汤臣臻园(02-04地块)2区B2号楼荣获2016年度"华东地区优质工程奖"。

【5项工程获"白玉兰"奖】 全区有5项工程获上海市建设工程"白玉兰奖"(市优质工程)。分别是:南通四建承建的汤臣臻园(02-04地块)2区B2号楼、松江国际生态商务区15-2地块4号楼、松江国际生态商务区15-2地块5号楼,通州建总承建的复旦大学附属儿科医院科研楼工程,南通承悦装饰集团有限公司参建的花木老集镇改造基地1号地块商品住宅项目1-4号楼(群体)。

安全生产

【概　况】 2016年,全区建筑业牢固树立"安全无小事,责任大于天"观念,着力在落实责任、完善机制、强化监管上下功夫,促进安全管理水平不断提高。定期召开安全生产形势分析会,严格安全生产条件核查。积极开展建筑安全生产"六进"大宣讲活动。积极开展以机械备案、运行质量为重点的专项整治检查。组织建筑安全生产工作调研,以南通、上海、广东、北京市场为重点,督查企业主体责任落实情况。狠抓隐患排查治理,抓好设备备案登记和危险性较大分部分项等安全监管工作,施工现场全面推广使用LBS信息化管理系统,对重点工程实行现场视频监控,避免较大以上安全责任事故的发生。加强建筑施工现场扬尘管控,强化文明施工,创建省标准化示范工地2个、市标准化示范工地9个,超额完成全年的目标任务。强化安全生产督查,组织安全生产检查17次,检查项目1750项(次),发现事故隐患1.80万条,签发安全隐患整改交底单1750份,隐患整改率100%。签发书面停工整改通知书160份,采取强制停工整改措施75次,其中封停塔吊52台、施工升降机15台、施工配电箱8个。

科技教育

【概　况】 2016年,全区建筑业有17个工法入选省级工法,获得发明专利2项,实用新型专利19项。栖霞区丁家庄二期地块保障性住房项目A12等19项工程通过省级科技示范应用工程验收。组织开展第十六届QC小组成果发布会并选送优秀成果参加省、市交流，获国家 QC 成果奖 31 项，省级 QC 成果 59 项。全行业招聘录用大专以上应届毕业生 285 人。完成初级职称评审 900 人次，中级职称评审 825 人次，高级工培训考核 2500 人次，技师 523 人次。完成注册一、二级建造师 435 人，总数达 5056 人，在全省遥遥领先。

【获得国家级 QC 奖 8 项】 全区建筑业系统有 8 个 QC 小组获奖。其中，二等奖 4 个，分别是：南通四建集团有限公司太原绿地中央广场项目 QC 小组、希望之星 QC 小组、三网融合枢纽中心攻坚克难 QC 小组、何建 QC 小组；三等奖 4 个，分别是：南通四建集团有限公司衢州吾悦广场项目 QC 小组、索林医疗质量控制 QC 小组和张军 QC 小组以及通州建总集团有限公司吉林第一 QC 小组。

【南通四建取得多项高水平研发成果】 南通四建集团有限公司在技术研发方面紧紧围绕"发挥技术引领作用"要求开展工作，"超大面积钢结构屋盖网架液压提升关键技术研究"成果经省厅组织专家鉴定达到国际先进水平，"基于 BIM 的钢结构网架液压提升精度监测与安全预警系统"达到国际领先水平，"基于 BIM 的机电工程数字化加工工艺关键技术"成果达到国内先进水平，苏州医药物流工程施工内部资源综合管理应用在第二届全国建筑业企业信息化建设案例活动中被评为优秀案例。 （周 峰 秦沈平）

◆2016 中国十大新闻（之五）◆

纪念长征胜利 80 周年宣示接力长征

10 月 21 日，纪念红军长征胜利 80 周年大会在京隆重举行。习近平总书记发表重要讲话，深情回望 80 年前那段苦难和辉煌，深刻揭示长征在我们党、国家、军队发展史上的伟大意义和对中华民族历史进程的深远影响。习近平强调，每一代人有每一代人的长征路，每一代人都要走好自己的长征路。今天，我们这一代人的长征，就是要实现"两个一百年"奋斗目标、实现中华民族伟大复兴的中国梦。

（引自《新华网》）

2016 年通州区重点建筑企业完成指标情况一览表

表 7

序号	单位名称	建筑业总产值（千元）	房屋建筑施工面积（平方米）	其中：当年新开工面积（平方米）	计算劳动生产率平均人数（人）	10 层以上建筑（幢）	资产合计（千元）	所有者权益合计（千元）	工程结算收入（千元）	工程结算税金及附加（千元）	管理费用中税金（千元）	利润总额（千元）	建筑业增加值（千元）
1	南通四建集团有限公司	42011215	44067140	19818551	78970	1167	6817672	3165355	40125987	1024416	20785	846318	6468727
2	通州建总集团有限公司	24019762	33882353	10603362	64565	1331	3383343	1420353	19053561	407658	215	746280	5380426
3	南通新华建筑集团有限公司	13126366	21887117	5285141	34699	848	4294354	2267886	13126366	190369	203	502768	2861547
4	江苏通州四建集团有限公司	7918456	7264809	2709147	12968	352	1340647	1086064	5722102	101021	6238	674338	1845000
5	南通英雄建设集团有限公司	2384824	6907747	585078	7748	348	765798	337952	1588642	69890	832	31972	496043
6	南通永峰建筑安装工程有限公司	3553825	1462210	1061522	7533	28	437166	253557	1078269	35582	1262	16173	248767
7	江苏通州二建建设工程有限公司	9296801	13434842	5792230	33545	191	3781879	3386253	4744736	93740	9389	668560	1413113
8	南通长城建筑安装工程有限公司	8009417	9407119	3914116	21299	—	903617	586158	1731616	34202	2405	80228	2362778
9	华东建设安装有限公司	3808300	—	—	9500	—	1507751	1000391	3769425	135900	2940	261416	1249122
10	南通扬子设备安装有限公司	3052509	—	—	4992	—	267750	224405	1128368	22763	341	38548	436508
11	南通通博设备安装工程有限公司	2395885	—	—	3365	—	447392	104815	1228141	26475	6287	25150	424071
12	江苏蛟龙重工集团有限公司	8890992	—	—	1607	—	984206	727386	6259242	156540	35465	751462	1324757
13	南通承悦装饰集团有限公司	3558251	—	—	3372	—	1400753	1102566	3558251	17638	2541	629383	1330785
14	江苏金轮装饰集团股份有限公司	3505035	—	—	8439	—	880434	780908	2482635	91305	856	213946	935844
15	江苏通州基础工程有限公司	536212	—	—	645	—	129048	77780	527366	8377	222	20813	69171
16	南通新华钢结构工程有限公司	1163321	—	—	786	—	269433	122083	1100045	4720	635	113041	167518
17	南通蓝天彩钢结构工程有限公司	167600	—	—	309		46806	32164	96532	3103	1312	2914	194416
18	江苏达海智能系统股份有限公司	226200	—	—	283		693386	618956	205473	13865	156	26754	95908
19	江苏船谷重工有限公司	288108	—	—	480		189650	65860	216600	6490		6791	43216
20	南通通西建筑装饰集团有限公司	1089980	—	—	752		318081	187943	1078690	11351	1067	21355	269225
21	南通华宇建筑装饰有限公司	179863	—	—	480		339320	277765	143890	3582	3150	9833	57196

邮政·通信

Postal Service and Signal Communication

编辑 陈菊

邮政

【概 况】 2016年,通州邮政分公司实现邮政业务总收入2.07亿元,比上年(下同)增长12.7%,其中邮务类收入4116万元,代理金融业务收入累计1.65亿元,快递包裹业务收入736万元。实现收支差额7665.45万元。是年,公司先后获江苏省文明单位、"青年文明号"争创集体等荣誉称号。

【普惠金融服务】 2016年,通州邮政以提高发展效率和效益为目标,扩规模、转方式、调结构,扎实推进金融发展工作,亮点纷呈。继续储蓄主体地位,紧抓四大重点项目,相继开展"金融客户月"回馈活动、保安兼大堂"转型升级,你我同行"专项竞赛活动等一系列活动,推进中邮保险的常态化发展,稳促中邮、理财、绿卡、电子银行等转型业务健康常态发展;实现代理金融网点转型全覆盖,细化"一局一策""一点一策"方案,制订网点片区开发计划,提高网点经营能力;率先启动客群建设工作,并以"四个同步"确保客群经营及增值服务体系建设,扩增督训师队伍,督导网点客户维护,提升客户体验度。服务地方经济提升。打破专业格局,以地方产业文化、邮政特色文化、民俗文化为切入点,开展种养殖户联谊座谈会、"清凉一夏"客户节等主题营销活动,创新夏、秋收经济项目营销,筛选本地名特优农产品资源,打造奇园葡萄农产品返程项目,融入地方经济发展。

【函件业务】 坚持"整合资源、项目运作、创新增收"的平稳发展理念,有效利用自有媒体与社会媒体资源共享、组合营销,在《畅游长三角》《木偶奇遇记》《3·15特刊》等产品推进中实现收益最大化;以项目为抓手,创新"传统项目+创新项目"模式,扩大业务收入规模,有效推动函件业务的发展,先后开发公用事业对账单、企事业员工生日封片卡、金融类行业墙体广告、电影卡项目等,形成收入逾100万元;以专业联动的发展模式创新增收,联合发投、电商、金融等专业,积极切入校园、通讯、金融等行业的市场开发。全年国内快递包裹业务收入661万元,国际快递包裹业务收入75万元。

【电商业务】 短信发展继续保持良好势头,年累计收入达623.15万元。大力推动非车险业务,营造发展氛围。票务商旅活动纷呈,逐步实现从无到有,从有到无的转变。开展邮商联盟路演活动,扩大"邮乐购"品牌宣传,协助店主做好会员发展,建立潜在客户数据库,并通过相关活动开展实现加盟店与邮政网点双向引流,积极发挥平台在基层业务发展中的宣传支撑作用。累计建成邮掌柜353个,建成县级电商运营中心并投入使用,渠道经理有效开展日常巡店及加盟店维护。打造华东地区最大的邮乐购加盟店——银润购物中心,设立邮政专柜,并成功将邮掌柜系统植入大型商超,实现系统升级,同时多专业联动开展活动,为代理金融业务及分销业务发展助力。

【发投业务】 名址维护显有成效,联合函件专业,通过实地采集、系统操作培训、采集资料管理,对全区14个投递部的基础名址工作进行统一维护。多渠道增加业务收入,深入开展图书进校园活动,共组织开展22场校园图书巡展。丰富销售品种,开展"小报童·爱心义卖"活动,全年销售《读者》增刊、政务图书、校园图书。加强能力提升培训,举办5期投递班长能力提升活动,在全区投递员中开展岗位大练兵活动,并联合区总工会成功举办首届通州投递技能大赛。

【集邮业务】 牢牢把握新邮发行契机,先后举办《丙申年》《拜年》《月圆中秋》《中华孝道(二)》等新邮首发活动,并将邮票首发与社会文化相融合,丰富集邮文化的内涵。与上海通兴、南通科维和星维海威三家公司达成合作,提早布

《中华孝道(二)》邮票首发

局形象年册。做好新邮预定多渠道的维护,充分利用互联网资源优势,经营淘宝店铺,主营邮册、金银制品和个性化邮票定制服务。自主设计并开发邮册《孝行承天道　感德顺人情》,邮册内融入陆凤彬将军的题词"忠孝能两全",配以"中华孝道""图说我们的价值观""中国梦""父亲节"等邮票,征订累计数6500册,累计收入逾100万元。

(仇亚东)

电　　信

【概　况】 2016年,中国电信股份有限公司通州分公司围绕转型发展为中心,优化体制机制创新,激发企业活力动力,以问题导向破解发展难题,以竞争导向狠抓执行,在迈向卓越中实现"十三五"良好开局。是年,公司先后获中国电信集团公司互联网+大单奖、江苏省电信公司"强商攻坚标兵县"一等奖等称号。

【网络建设】 全年新增光缆近2.72万芯公里,新增通信管道131孔公里,启动全光改造行动,迁改铜缆用户2.7万户,光网用户达93%。新增4G基站数199个,优化完成多个重点小区、商业区、道路及乡镇的4G信号。完成宁启高铁通州段的4G覆盖100%的保障,配合银河东路、希望路、转河路等管线的迁改,配合沪通铁路、宁启铁路、海启高速等干线道路建设。十总、骑岸等多个乡镇农村道路实施杆线迁移,共迁移杆线56.2公里,配套管道131.27孔公里。

【品牌服务】 为进一步做好主动服务,公司在光纤网络改造建设到位的区域专门设立现场服务点和上门服务,为政府、企事业单位、商户及家庭用户集中办理入户升级改造和宽带提速,给用户提供方便,同时打造宽带卓越品牌服务,做好"装的放心、用的开心、修的省心、续的舒心、宽带宽心"的百兆宽带"五心服务",推广宽带自助排障报障线上功能,提升用户感知;建立4G快速服务响应、投诉处理专项机制,做好"优质网络服务、优质流量服务、优质渠道服务、优质产品服务、优质关怀服务"的天翼品牌"五优服务";坚决落实中央关于"实名制"工作要求,精确执行,严格督查;推行社区店建设,为社区家庭提供个性化的家庭组网服务及其他延伸服务,全面提升客户综合满意度。

(胡金华)

移动通信

【概　况】 2016年,中国移动通信集团江苏有限公司通州分公司狠抓4G流量经营、家客市场提速提效,全面推进集团市场挂图作战,确保公司整体发展平稳有序。公司被中国移动通信集团工会江苏省委员会评为先进分工会等。

【网络建设】 实施NPS嵌入式管理,优化网络建设。LTE网络实现城区及重点乡镇深度覆盖,其他乡镇全覆盖。建有4G基站796个,4G室分223个,传输节点机房48个,管道690管程公里,杆线1586杆程公里,光缆总皮长8381皮长公里。加大家庭互联网宽带建设力度,光纤宽带基本覆盖城区各个小区、各镇镇区和大部分村居。

【信息化服务】 打造特色行业应用,助力智慧城市建设。积极探索信息化建设与智慧城市管理相结合的特色行业应用,完成数字城管一期、蓝天卫士一起、环保监控等多个行业应用系统,助力相关主管部门提升城市管理信息化水平。强化规模意识,加快业务转型,推动传统业务与新兴业务融合。扩大物联网应用规模,加快云计算大数据拓展,增强IDC运营能力,拓展个人数据业务。 (石玉峰)

联　　通

【概　况】 2016年,中国联合网络通信有限公司南通市通州区分公司以细分市场营销能力提升为中心,以传统业务和创新业务双增长为目标,实现公众村镇市场、宽带及家庭全业务市场、集团校园市场、互联网线上市场和创新型业务市场五大市场的突破。

【网络通信】 推进"沃超越"4G精品网络建设工程,全年开通4G基站426处,重点加强高新区、锡通产业园、滨江新区、空港产业园、石港科技园等园区,以及高速沿线、乡镇主干道路沿线4G网络覆盖和商务区、居民小区的深度覆盖。加快宽带建设,率先推出20M、50M、100M等高带宽的小区光纤宽带服务,以及基于高带宽互联网产品的IPTV电视服务。全年新增25个新建小区419栋楼宇光纤宽带覆盖。重点完成科创大厦、家纺城电子商务中心等商务楼宇覆盖。

(冒建锋)

商贸·旅游

Commercial · Travel

编辑 陈 菊

综 述

【概 况】 2016年，通州区强化社会消费品零售上报数据质量监管和跟踪服务力度，将社会消费品零售工作纳入各镇（区、园、街道）目标管理绩效考核，实现社会消费品零售总额341.12亿元，比上年（下同）增长10.9%，其中限额以上企业实现社会消费品零售总额53.9亿元，增幅15.5%。全年净增限额以上法人企业11家，限额以上大个体户15家。

【市场秩序规范】 强化流通市场监管，共出动车辆25台次，执法人员122人次，检查企业194家次，及时查处和整改极少数经营单位不规范经营行为。加强市场预警预测，做好生活必需品保供工作。制定和完善应急保供预案，协助企业做好生活必需品及重点物资的储备。在开展“诚信促消费”活动的同时，先后开展“打击侵犯知识产权和制售假冒伪劣商品专项行动”“中国制造海外形象维护‘清风’行动”“互联网领域侵权假冒专项治理”等活动，用制度规范整规工作。规范企业发卡，新增备案发卡企业1家。全区共有南通市级备案企业3家，域外备案企业10家。先后组织开展单用途商业预付卡执法和专项检查27次，出动车辆27台次，人员65人次。

南通市商务局领导检查通州商场超市文明创建

【酒类流通管理】 实行经营者备案登记制度和溯源制度，全区酒类批发企业“随附单”使用率近80%，提高近20个百分点。先后出动车辆35台次，执法人员112人次，共检查酒类经营企业（户）215家，对23家未经酒类备案登记擅自从事酒类经营企业（户），当场发放告知单，并限期办理备案登记手续；6家经营企业（户）酒类随附单使用不规范，当场进行纠正。

【茧丝绸监管】 全区有桑田种植面积277.67公顷，蚕农养殖户4000余家。春、秋茧收购前，重申蚕茧收购不得打白条、不得低价恶性竞争、不得跨区域收购等规定；蚕茧收购期，组织人员到有关茧站，监督有关规定落实情况。茧丝收购中，未发生各类纠纷和违规经营行为。

【商务领域安全】 加强商务领域安全生产管理，组织各类检查48次，检查主体376家（次），及时消除和排除大小隐患46起，继续保持商务领域安全生产无等级事故。

【活猪储备监管】 做好南通市在通州的活猪储备监管，确保活猪储备的数量真实和质量完好。新增活猪储备任务1300头，累计完成南通市活猪储备任务3300头。

【西亭脆饼获省老字号创新扶持】 6月，南通西亭脆饼有限公司“加大宣传投入、传承老字号文化产业发展”项目，成为南通唯一获得江苏省商务厅2016年拟扶持老字号创新发展项目，得到20万元的资金资助。2015年，创立于1866年的南通西亭脆饼有限公司的“西亭”品牌成为首批176个“江苏老字号”之一。

【顺丰速递获省扶持】 6月，位于南通空港产业园的南通顺丰速递有限公司顺丰南通区域航空枢纽项目中的智慧物流配送发展项目，成为2016年江苏省拟扶持商贸物流建设项目，全省共有20个项目获得省资金扶持。

（凌　华）

粮食托市收购

粮油贸易

【概　况】 2016年，全区3家国有粮食购销企业共实现利润954万，连续16年名列南通各县（市、区）第一。全区三级储备粮质量完好，数量真实，粮食仓储“一符四无”（账物相符；无鼠雀、无霉变、无虫害、无事故）合格率连续35年保持100%；全系统共投入维修资金594.58万元，国有资产增值913.33万元。全系统科学保粮率达95%，实现改革改制以来连续16年安全生产无事故。加大涉农粮食政策宣传力度，及时反映粮食收购遇到和发生的疑难、新鲜事，《看通州国有粮企如何参与“全托管”》《通州敞开收购等外小麦》《通州小麦托市收购寸步难行》等多篇新闻、信息，先后被《新华日报》《粮油市场报》《南通日报》及省两办内参录用。2月，江苏省刘桥粮食储备直属库、区骑岸粮食储备库被南通市政府表彰为2015年度粮食收购工作先进单位。8月，江苏省刘桥粮食储备直属库、江苏南通正场国家粮食储备库再次通过省级粮食承储资格审核。

【基础设施】 5月，总投资1350万元的江苏省刘桥粮食储备直属库危仓老库拆除重建工程开工，新建三幢总仓容1.53万吨的标准化高大平房仓及配套设施（包括一幢综合楼），总建筑面积5000平方米，其中三号平房仓5000吨仓容在秋粮收购期间投入使用，二期1万吨于12月开工。4月，江苏省刘桥粮食储备直属库投资450万元，添置7台日烘干能力400吨的烘干项目竣工，于夏粮收购前投入使用。12月，总投资174万元的刘桥粮库信息化工程全部安装到位。南通正场国家粮食储备库、通州区骑岸粮食储备库投入200多万元用于基础设施建设，大大提高仓储现代化水平。

【粮食收购】 6月，骑岸粮食储备库获江苏省2016年小麦最低价收购资格，成为全区唯一托市收购点。受厄尔尼诺现象影响，全区小麦因“一晚四害”（晚播、冻害、渍害、草害、虫害）影响，加上收割期受到连续阴雨，在田小麦即出现穗发芽、霉变等情况，60%以上小麦不完善粒超标，夏粮收购主要矛盾由仓容不足“卖粮难”，变成质量不佳“粮难卖”。通州国有粮食购销企业本着“为农民分担、为农民解难”的意识，帮助农民解决整晒、烘干等困难，共为粮农烘干高水分小麦3300多吨，烘干高水分稻谷1.07万吨。在对符合质量的等内粮食按照国家政策应收尽收的同时，对接近国家收购质量标准的小麦，帮助农民进行清杂整理，提等升级，争取进入国家政策性收购范围；对等外小麦，主动与饲料、酒精等用粮企业联系，采取委托收购、代收代送等方式，敞开收购。全年共收购等外小麦近5000吨。

【“全托管”参与】 2016年，3家国有粮食购销企业主动与201户种粮大户、家庭农场及种粮合作社等“全托管”对接，共完成自营式产业联盟（参与土地流转，以及粮食种植、收割、收购）合同349.6公顷，订单式联盟（与种粮大户、合作社签订收购合同）合同1488.47公顷，烘干粮食1.3万多吨。

【“五放心”粮店建设】 12月，区商务局联合区放心消费办公室对“五放心粮店”进行全面检查，统一制作“通州区五放心粮店创建店”标牌发放到各放心粮店。全区共有南通市“五放心粮店”24家，其中13家实行储备粮成品大米专供，实现区域内半小时放心粮油消费圈目标任务。

【徐鸣巡查通州粮食工作】 4月29日，国家粮食局副局长徐鸣巡查通州夏粮收购准备和粮食库存检查工作。在江苏省刘桥粮食储备库，徐鸣一行询问了粮库历史，夏粮收购准

国家粮食局副局长徐鸣(右三)在刘桥粮库烘干房了解情况

备情况,重点询问夏粮收购中解决仓容吃紧粮食去库存情况。在刘桥粮库刚刚建好的烘干房内,徐鸣表示,质量是粮食收储的关键,在粮食收购环节,要严格按照国家质量标准收购优质粮源。 (凌 华)

供销合作贸易

【概 况】 2016年,通州区供销合作总社按照全国总社提出的“改造自我、服务农民”的要求,努力提升为农服务工作水平。全年提档升级综合服务社24家,新建农民专业合作社12家,完成6家薄弱基层社升级改造工作,构建便捷、安全、实惠、高效的“乡村流通服务体系”。

【现代流通体系建设】 2016年,通州区供销合作总社推进现代流通体系建设,推动实体网络和电子商务发展,实现线上线下融合发展。强化连锁网络建设。新建各类连锁店48家,其中日用品超市32家、农资连锁店16家,市场覆盖率进一步提高。加强电商网络建设,推进南通古耕缘农业科技有限公司与省供销社“地平线”电子商务平台的对接,推动“名特优农品馆・通州馆”上线,通州多个名特优产品得到展示和推介。

【南通中实农副产品物流中心建设】 2016年,通州区供销合作总社推动南通中实农副产品物流中心建设,建筑面积为5.46万平方米,构建起公益性现代化的集仓储、配送、批发交易为一体的农副产品综合市场。

【农超对接】 2016年,通州区供销合作总社大力开展农超对接,搭建对接平台,推介通州农产品。组织通州6家知名企业、专业合作社30多个名特优产品参加2016海峡两岸名优农产品展销会和沪通两地供销社农产品进上海展销会,并签订合作意向协议。

(张淑娟)

烟草专卖

【概 况】 2016年,通州区烟草专卖局(分公司)全年累计销售卷烟3.89万箱,实现销售额(含税)13.82亿元,比上年(下同)增长3.8%;实现税利3.97亿元,增长10.7%;上缴税收6752万元,增长6.9%。局(分公司)被省文明委评为江苏省文明单位,卷烟配送中转站获得由江苏省质协、省总工会、省妇联、省科协联合授予的“2016年江苏省质量信得过班组”荣誉称号。

【烟草专卖管理】 创新监管方式,推行错时工作制和分类监管模式,并充分发挥专销协同、线人耳目、协作机制三方面作用,加大对重点市场、重点场所、重点时间段、重点人员的监管力度和源头堵截力度,有效提升市场监管质效。全年共查获各类违法违规案件90起,其中,1万~5万元案件21起、5万~20万元案件7起、20万~50万元案件1起、100万元以上案件1起,移送公安侦办4起;到账罚没款6.85万元;查获各类卷烟14508.4条(假烟700.8条),案值306.45万元。

(张月纯)

石油购销

【概 况】 2016年,通州区持有成品油零售经营批准证书的企业104家,其中加油站80家(含宁启高速2家),加油点21家,加油船3只。因政府拆迁、经营条件不足等情况,申请歇业8家,正常经营加油点(船)5家。全年销售汽油11.5万吨,柴油8.73万吨(含宁启高速先锋服务区油品销量),分别比上年增长12.9%、减少14.7%。根据江苏省新一轮油品置换方案,年初起全面推广第五阶段车用柴油。

(邱 华)

盐 业

【概 况】 2016年,通州区盐务局(江州盐业公司)盐品销售7404吨,其中食盐销售6199吨(小包装食盐3983吨,大包装食盐2216吨)工业盐销售1205吨。实现销售收入

2442万元，其中非盐销售收入489万元。碘盐覆盖率为99.33%，居民合格碘盐食用率为98.3%。

【盐业案件查处】 全年查处各类盐业违法案件65起，查处违法盐产品7.78吨，没收3.43吨，处罚没款3.83万元。检查商店超市2010家、食品加工967家、餐饮食堂811家、用盐企业651家次，走访居民灶台5570户，镇（社区）干部协助走访6000户以上。

【盐业宣传】 深入城乡市场、重点区域、边界地区宣传盐业的法律法规、食用假冒伪劣食盐和工业盐的危害，并现场进行真假碘盐的识别。充分利用"3·15"消费者权益保护日、"5·15"碘缺乏病防治日、通州区"科普宣传周"等，进行定点造势宣传。在《通州日报》整版和通州电视台整档节目进行"盐政管理"宣传。全年发放宣传资料10万份，其中镇（社区）自费印发9万份；制作宣传展板38块，其中镇（社区）制作34块；广播宣传90多场次。

通州区食盐市场专项整治推进会

【吴某出售工业盐被判刑】 被告人吴某，女，59岁，住三余镇大乐村九组，自2009年6月以来，多次私购工业盐660公斤出售给他人食用，被通州区盐务局查实，并于2014年7月22日移送公安机关立案侦查。2015年9月3日被通州区公安局取保候审，2016年7月29日被通州区人民检察院取保候审，2016年12月22日通州区人民法院宣判下达(2016)苏0612刑初677号刑事判决书，以犯销售不符合安全标准的食品罪，判处被告吴某拘役六个月，并处罚金人民币4000元，没收违法所得50元，上缴国库。 （吴汉余）

绿博园梯田花海

旅 游 业

【概 况】 2016年，通州区坚持把发展旅游业作为新常态下推动经济转型发展、绿色发展、创新发展的重要举措，加大旅游招商力度，推进重点项目建设，拓展旅游客源市场。南通洲际绿博园开园营业，石港渔湾水道景区游览品质提升。创建省级工业旅游点1家、省三星级乡村旅游区1家。通州旅游线路日臻成熟，开展精准营销、展会营销、全媒体营销，全方位拓展周边旅游市场。精心举办"洋眼看江苏——通州行"、石港首届旅游文化艺术节等特色活动，旅游品质持续提升，游客市场日趋向好，旅游市场秩序井然。全区全年实现旅游总收入43.25亿元，比上年（下同）增长17.8%，接待游客342.87万人次，增长15%，重点旅游景区景点累计接待游客178万人次。

【南通洲际绿博园开园营业】 2月12日，南通洲际绿博园一期项目全面建成并开园营业，当日游客接待量超1.6万人次。2016年接待游客量达64万人次。园区坚持"主题鲜明化、产品个性化、功能复合化、市场精准化"原则，以"珍奇植物，奇妙花园"为主导，打造集"植物收集与展示、科普教育、自然保护、主题摄影、生态休闲娱乐"于一体的综合型主题植物园。一期项目总投资2.3亿元，占地面积22公顷，建有"生命之舟"沙生植物馆、热带水果谷、热带名花和雨林馆、紫薇园、樱花林、荒漠沙柳园、月亮湾戏水沙滩、微缩草原、梯田花海等精品展馆展区。

【开沙岛旅游度假区项目列入省重点旅游项目】 12月,南通开沙岛旅游度假区综合开发项目被列为省级2017年重点旅游项目。该项目规划占地15.42平方公里,主要建设生态廊道及湿地公园、水上运动体验中心、游客中心、邻里中心、休闲度假中心、田园观光休闲生态园等内容。

南通绿洲皇冠度假村

【紫罗兰家纺获评省级工业旅游点】 12月,江苏紫罗兰家纺获评省级工业旅游点。江苏紫罗兰家纺位于通州区张芝山镇336省道,占地8.67公顷。企业秉持工业与旅游相融合理念,坚持以"品牌带动旅游,旅游提升品牌"发展战略,创新转型发展,精心策划集文化性、观赏性、体验性、个性化定制于一体的家纺品牌旅游线路,向广大游客全方位展示紫罗兰的家纺品牌文化。

【绿洲皇冠度假村获评省三星级乡村旅游区】 12月,南通绿洲皇冠度假村获评省三星级乡村旅游区。该度假村位于先锋街道,占地12.53公顷。景区秉持休闲农业与乡村旅游相融合的发展理念开发建设,生态资源优越,产业特色鲜明,基础设施完好,功能优势突显,建成大型特色餐饮区、畜禽水产养殖区、娱乐休闲区等特色区域,让游客享受餐饮、采摘、游乐、休闲一站式体验乐趣。

【"洋眼看江苏——通州行"活动】 10月16日,通州区委宣传部、区旅游局承办的"洋眼看江苏——通州行"活动在南通洲际绿博园启幕,这是省政府新闻办主办的"洋眼看江苏"活动首次走进南通。活动以"展示通州最美风景、弘扬通州特色文化"为主题,来自美国、德国、俄罗斯、加拿大、马来西亚、巴基斯坦、印度、印度尼西亚等20多个国家30多位国际友人,及新华社、中新社、省广电总台新闻中心等20多家媒体记者齐聚通州,赏美景、逛家纺、游水乡、看武术、听京剧,领略通州自然风光,品味通州风土人情,感受通州独特魅力。

【石港首届旅游文化艺术节】 10月,"凤凰古镇,水韵石港"首届旅游文化艺术节在石港镇举办,来自上海、苏州、南京等地的1.2万名游客参与活动体验,感受千年古镇的风韵与魅力。活动以渔湾水乡为主题,内容丰富多彩,包括"诗画石港"盆景展、"醉美石港"书画作品展、武术表演、京剧演唱、戏剧专场等活动。

"洋眼看江苏—通州行"活动

【旅游市场营销】 2016年,通州旅游网站正式上线,通州旅游微信公众号全新升级,借助《新华日报》《江苏经济报》《南通日报》《江海晚报》等报纸媒介以及途牛、同程等线上平台,全方位、多角度、深层次推广和展示通州旅游形象。5月,举办通州(上海)旅游投资环境推介会,推介旅游招商项目18个。12月,举办通州旅游线路(上海)对接会。与南京途牛国际旅行社、上海锦友旅行社等10多家知名旅行社达成旅游战略合作协议,打开上海、苏南等地客源市场。南通飞鹤旅行社开辟"洲际绿博园、金土地生态园、渔湾水道"一日游线路,拉动南通市内客源市场。洲际绿博园面向本地市场正式发售旅游年卡,并联手渔湾景区与狼山风景区建立旅游联票机制。 (沈 英)

对外经济贸易

Foreign Economy and Trade

编辑 马 钰

综 述

【概 况】 2016年，通州区商务局积极推进供给侧改革，奋力突破发展瓶颈，对外经济贸易呈现缓中趋稳、稳中向好的态势，实现"十三五"良好开局。是年，区商务局在南通市商务局2016年度县(市、区)商务主管部门综合绩效(综合外资、外贸、外经及载体建设)考评中名列第二，获2016年度全市商务系统政务信息工作第一名，《南通跨境电商发展情况、存在问题及工作举措》被国务院办公厅录用。

对外贸易

【概 况】 2016年，通州区有进出口实绩企业816家，比上年(下同)增加77家；实现进出口总值37.33亿美元，增长4.2%。其中，有出口实绩企业数781家，增加66家，出口33.69亿美元，增长6.7%。纺织服装和机电产品两大支柱产业，进出口总量分别为13.29亿美元和11.47亿美元，共占全区对外贸易额66.3%，分别增长7.5%和1.9%。组织近70家企业参加广交会、华交会，获得展位246个；帮助近200家企业向上争取各类扶持资金近3600万元。南通家纺城与海门叠石桥市场在全省率先获批市场采购贸易试点，全年通关2518票，出口3.29亿美元。

【韩通船舶进出口总额超1万亿美元】 2016年，江苏韩通船舶重工有限公司进出口总额达1.04万亿美元，成为全区唯一超万亿美元外贸企业，连续3年实现对外贸易超亿美元。是年，全区共有10家企业进出口额超5000万美元，26家企业进出口额超2000万美元，60家企业进出口额超千万美元。

【华夏飞机全国率先获批加工贸易试点】 8月，经国家商务部和海关总署批准，华夏飞机工程技术股份有限公司在全国率先成为加工贸易试点。该公司飞机部件航空维修技术含量和附加值高，符合国家有关产业发展导向。获批后可在保税项下开展飞机拆解和维修业务，税收不征不退，无需再办批文，大大方便承接外国公司的拆解、检测和维修委托业务，减少10%左右的税收损失。

【空港产业园跨境电商试点】 2016年初，南通空港产业园获南京海关批准，成为南通市唯一跨境贸易电子商务试点区。1月15日，江苏合丰供应链管理有限公司和江苏锐思健身器材有限公司分别将线上订下的1单价值10美元的耳钉、10单价值265.7美元的弹力带运抵南通空港产业园跨境监管中心，经海关人员对货物进行数据比对后，很快办理通关手续，迈出南通跨境贸易电子商务第一步。是年，南通空港产业园基本打通南通兴东国际机场辅仓和上海快件监管中心、苏州邮政互换局转关三条出境通道，通过"9610"模式，共通关19.15万单，出口346.22万美元，总量全省第二。《国际商报》《南通日报》以《通州跨境贸易电子商务首破万美元》为题进行报道。

利用外资

【概 况】 2016年，通州区外资实际到账2.44亿美元，增长11.1%。引进1亿美元重大外资项目2个。12月15日，《南通日报》头版头条以《通州精心筑巢招来上海"凤"》为题对此进行报道。

【激励考核】 2016年，通州区出台《2016年通州区招商引资竞赛活动办法》，加大对重大项目、重点园区和招商人员的考核激励力度，每个季度对招商引资完成情况进行考核公示。

同时，与重点镇(区、园、街道)实行周联系制度，对重点项目与所在单位和项目投资方把审批、注册、开工等具体工作安排到时间节点，实行动态跟踪，全程服务。不定期到各镇(区、园、街道)了解招商引资工作推进情况，对各单位外资到账承载项目进行摸排，在服务项目审批过程中，主动协同投资方与省、市商务部门沟通联系，力促项目审批更加顺畅。

外经合作

【概　况】 2016 年，通州区完成境外投资中方协议投资额 2.41 亿美元。境外投资注册新设立企业 12 家，增加 3 家，6 家境外企业进行增资。是年，派遣出国劳务人员 389 人。

【企业境外投资】 2016 年，通州区商务局引导企业主动参与国家“一带一路”建设，拓展南美、中亚、非洲等欠发达地区境外投资新空间。盛民新农村基础设施开发有限公司在香港新设成立香港博凯实业有限公司，从事工业项目开发、基础设施建设，五金交电、机电产品销售等业务，中方协议投资额 9800 万美元；南通圣达投资合伙企业在维尔京群岛新设成立亿升控股有限公司，从事投资管理、投资咨询等业务，中方协议投资额 9980 万美元。鼓励企业以并购、参股、合资合作等方式参与境外项目，重点帮助龙鼎投资安哥拉商贸园区、综艺投资英属维尔京群岛新材料、省高科技产业投资有限公司投资维尔京群岛创业、资产管理等。

【资质企业】 2016 年，通州区共有对外承包工程和对外劳务合作经营资格企业 10 家，分别是：南通四建集团有限公司、通州建总集团有限公司、江苏通州四建集团有限公司、江苏帝奥控股集团股份有限公司、南通汇川境外就业服务有限公司、南通京唐劳务有限公司、江苏韩通船舶重工有限公司、南通通博设备安装工程有限公司、南通卓强建设集团有限公司、华东建设安装有限公司，其中后三家因获取资质较晚，没有经营业绩。

服务外包

【概　况】 2016 年，通州区将电子商务发展作为重要战略举措，不断强化主体培育、载体建设、项目招引、品牌创建、政策激励，全面促进电子商务快速发展，8 月 31 日，《国际商报》以《南通通州电商交易额将达 300 亿元》为题给予报道。是年，全区完成外包执行额 2.5 亿元，卡特彼勒(南通)有限公司完成服务外包执行额超 3000 万元。是年，川姜镇被评为省级农村电子商务示范镇；川姜镇志南村被评为省级农村电子商务示范村；南通国际家纺城电子商务产业园和南通微纺电子商务有限公司分别获得省级电子商务示范基地和示范企业称号。

【新增 8 家服务外包企业】 2016 年，通州区新增 8 家服务外包企业，分别是：南通视盛信息科技有限公司、联邦计算机集成服务南通有限公司、南通智造链科技有限公司、南通三人行营销策划有限公司、南通优麦网络科技有限公司、南通美创网络科技有限公司、南通业炎家纺设计有限公司、江苏博悦物联网技术有限公司。

通州(深圳)电子商务推介会签约

【电子商务拓展】 2016 年，通州区重点规划建设南通家纺城电商产业园，规划总面积 50 万平方米，一期使用面积 1.5 万平方米，已有淘宝大学、找货网、水之蓝、小蚂蚁等 80 家电商企业入驻，实现电商交易额约 20 亿元。家纺城微供市场发展迅猛，建筑面积 25 万平方米，已成功招引“卡宴”“贝子坊”“云上云下”及“宁好”等各类微供经营商近 300 家，年内线上销售额突破 10 亿元。南通微纺的中国家纺、南通富源的马塘易购等企业电商平台已经运营。南通好一家等一批品牌家纺企业利用第三方平台搭建专营店。东社镇的开心农场通过微信公众服务平台开辟或扩宽在线销售渠道，积极开展农产品线上销售、线下田园生态观光旅游及农家乐餐饮娱乐活动。 (凌　华)

园区开发

Development Zone

编 辑 冯金荣

综 述

【概 况】 2016年,南通市通州区不断加快开放步伐,大力发展开放型经济,形成六大园区齐头并进的对外开放新格局。南通高新技术产业开发区晋升国家级,大力实施创新驱动、产城融合战略,被评为"江苏省先进开发区""中国压铸产业基地""国家科技服务创新发展试点园区"。诚创孵化器建成国家级科技企业孵化器,江海圆梦谷建成国家级众创空间。同时,汽车配件、新一代信息技术等特色产业板块加速崛起。锡通科技产业园坚持"特色产业引领型、载体功能完善型、民生改善高效型"定位,以"做强新产业、做优软环境、做靓老镇区、做美新农村"为目标,推动经济、社会、服务同步转型,产业、人才、环境同步提升,城镇、乡村、民生同步发展,获批省级苏南苏中合作共建园区。滨江新区加快"桥港岛"联动开发,深度打造"4+2"(即开沙岛旅游度假区、船舶海工产业园、恒力纺织新材料产业园、横港沙港口物流园;镇区综合配套服务组团、规模特色农业片区)发展平台,临江产业布局全面形成。南通家纺城成为全国唯一家纺研发设计产业化基地。积极推动新业态、新模式发展,优化新天地创客茶舍、金太阳创意中心。大力发展电商服务企业,开辟家纺跨境蓝海市场。"微供市场"初具规模,微供商家400户,电商、微商从业经营者达3万余人。空港产业园按照"一基地两中心"(长三角地区飞机维修改装基地,航空物流枢纽中心和通用航空运营中心)整体布局,努力提高园区整体运行质量,华夏(含尊翔)航空工程、顺丰速运、圆通速递、跨境电商仓库、华夏飞机设备等优质临空项目集聚。石港科技产业园继续完善基础设施,打造载体平台,盛世复合新材料、万佛健身器材、博强机械等38个工业项目落户园区,新兴机械、天昌祥玻璃、准信自动化等29个项目竣工投产。 (方 嵘)

南通高新技术产业开发区

【概 况】 2016年,南通高新技术产业开发区大力实施创新驱动、产城融合战略,围绕招商引资、项目建设、载体建设、创新发展等重点,瞄准全年目标,加快推进各项工作。全年完成固定资产投资224.80亿元,比上年(下同)增长18.0%;规模工业产值552.40亿元,增长13.0%;高新产业产值309.70亿元,增长13.4%;工业应税销售179.60亿元,增长2.4%。全年签约项目35个,总投资134亿元。完成外资实际到账1.60亿美元,增长126.0%。全年在建项目52个,总投资289.70亿元。荣获"江苏省先进开发区""中国压铸产业基地""国家科技服务创新发展试点园区"等荣誉。诚创孵化器建成国家级科技企业孵化器,江海圆梦谷建成国家级众创空间。全年新建、续建安置房小区5个,总面积136万平方米,新建道路8条,全长12.25公里,完成绿化及水系工程18项。全年新增高企12家,新增新三板挂牌企业1家(江苏辰星海洋生物科技有限公司)。8月30日,高新区党政联席会议研究决定设立南通高新区项目推进办公室,以进一步高效率、高质量推进项目建设,加快项目推进进度,促进项目早开工、早建设、早投产,为早日实现争先进位目标提供保障。

【蓝博万项目签约】 1月9日,蓝博万金属制品项目签约。该项目由NUMBERONE金属制品有限公司投资,投资总额1亿美元,首期投资5040万美元。项目分二期开发建设,主要从事不锈钢烤炉、壁炉、碳钢等金属制品的研发、制造和销售,产品以出口为主。一期工程建成投产后预计年销售3亿美元。建设目标:建成全国具有较大影响和最具竞争力的金属产品生产基地之一。

【瑞士森科遮阳系统项目签约】 1月18日,瑞士森科遮阳系统南通项目正式签约。瑞士森科遮阳系统股份有限公司创建于1881年，拥有先进的铝合金百叶帘研究、开发和生产技术，其高端特种户外铝合金百叶帘的销售总额一直位居世界第一。该项目位于南通高新技术产业开发区，是瑞士森科全球第四个、亚洲首个生产基地。项目总投资2000万元，引进多台全球先进的百叶帘生产加工设备及高科技生产流水线，并全面引进欧洲原装进口的材料配件，生产包括外遮阳百叶、中空内置百叶等多种型号规格的优质遮阳产品。项目建成投产后，年销售额预计为1亿元。

【江海圆梦谷建成国家级众创空间】 2月15日，科技部公布第二批众创空间，通过备案的众创空间将纳入国家级科技企业孵化器管理服务体系，南通高新区江海圆梦谷名列其中，这是通州区首个国家级众创空间。它的建成，对于更高水平推动科技新城建设，营造高新区独具特色和优势的创新创业生态圈具有重要意义。

【旭东汽车零部件项目开工】 3月21日，旭东汽车零部件项目举行开工仪式。该项目位于南通高新技术产业开发区，投资总额6亿元，由日本水谷产业株式会社等企业出资，从事高精密、高气密性压铸件的研发、生产和销售。产品涉及汽车、机械电子等多个领域，为通用、大众等国际知名汽车品牌配套。项目建成投产后，年压铸机加工能力8000万件，年销售额超10亿元。

“旭东汽车零部件”项目开工

【南通高新区获“江苏省先进开发区”称号】 4月8日，中共江苏省委、省人民政府决定，表彰13家开发区为“江苏省先进开发区”。南通高新技术产业开发区榜上有名。创斯达公司董事长刘佳炎被表彰为“江苏省优秀企业家”。

【南通高新区通过省级知识产权试点园区验收】 4月13日，省、市知识产权和商务部门组成专家组对南通高新区省级知识产权试点园区进行考核验收。验收组通过观摩考察、听取汇报、现场提问、审查资料等方式进行考评，对南通高新区试点工作给予高度评价，评定为优秀等次。

【南通高新区获“中国压铸产业基地”称号】 5月15日，中国铸造协会在北京举行第二届中国铸造节。南通高新区获“中国压铸产业基地”称号。同时，落户在通州的广东鸿图南通压铸有限公司、雄邦压铸（南通）有限公司获“中国绿色铸造示范企业”称号。

【通州万达广场项目开工】 6月28日，通州万达广场项目举行开工仪式。该项目是世界第一不动产运营商、世界500强、中国商业地产领军企业万达集团在通州投资建设的融购物、餐饮、文化、娱乐、商务、休闲于一体的大型商业综合体。项目位于南通高新技术产业开发区，投资总额10.90亿元，占地面积5.54公顷，建筑面积11.11万平方米。建成后，将进一步完善通州商业格局，丰富通州城市业态，促进城市繁荣。

“通州万达广场”项目开工

【东源新能源充电桩及汽车零部件项目开工】 8月28日，国轩高科东源新能源充电桩及汽车零部件项目举行开工仪式。该项目位于南通高新技术产业开发区，由国轩高科股份有限公司投资建设，总投资10亿元，占地面积10公顷，主要生产高压箱、电池箱、线束等新能源汽车关键零部件，并自主研发充电桩、充电机等配套设施。设计年生产能力21万台套，年销售收入预计30亿元。

“东源新能源充电桩及汽车零部件”项目开工

【航天（南通）军民融合产业创新促进中心项目签约】 9月13日，航天（南通）军民融合产业创新促进中心签约落户。该中心由中国航天系统科学与工程研究院、南通高新区管委会、南通市科学技术局、江苏帝奥控股集团有限公司合作共建，以航天技术为核心，带动军工领域相关技术和项目在南通着力打造航天高科技产业集聚区和配套产业基地，大力助推南通高新区创新转型，进而带动通州产业结构升级，加快转型发展。

【中科新材料产业园项目签约】 11月11日，中科新材料产业园项目正式签约落户。该项目由中科建设开发总公司投资建设，投资总额20亿元，主要从事新型建筑材料的生产、加工及销售。规划建设生产区、研发区、生活区。项目拥有31项完全自主知识产权，并已出样品。项目建成投产后，年产值预计30亿元。

"中科新材料产业园"项目签约

【南通高新区江海智汇节开幕】 11月12日，南通市通州区第十二届高层次人才创新创业洽谈会暨南通高新区江海智汇节开幕。400多位国家"千人计划""万人计划"专家、国内重点院校和院所专家教授及创投风投机构负责人出席。江海智汇节将举办储能产业发展论坛、新能源汽车产业发展与技术创新论坛、互联网大数据应用论坛等系列活动。

"南通高新区江海智汇节"开幕

【"钱学森论坛"在江海智汇园举行】 11月12日，第五期"钱学森论坛"在南通高新区江海智汇园举行。该论坛系国家级论坛，是首次在江苏举办。南通市委书记陆志鹏、中国航天第十二研究院院长薛惠锋、钱学森决策顾问委员会主任委员钱永刚致辞。"钱学森论坛"是中国航天系统科学与工程研究院为打造钱学森思想智库而设立的高端论坛，与中国人民解放军国防大学的"将军论坛"紧密配合，共同打造成中国智库建设的系列巅峰论坛。

第五期"钱学森论坛"

【南通高新区与美"东湾三谷"签订共建友好协议】 11月19日，南通高新区和美国北加州东湾三谷地区硅谷国际签订友好科技园区协议。美国北加州东湾三谷地区毗邻硅谷，拥有旧金山大学、硅谷大学等知名学府，是先进技术、高端人才和新兴产业聚集地，被誉为"新硅谷"。硅谷国际是由南通奥建集团在"新硅谷"投资设立，专门从事推进中美贸易、项目投资、人才交流和区域合作的公司。南通高新区和硅谷国际将共同打造友好科技园区，吸引美国北加州东湾三谷地区企业入驻，为南通高新区发展注入新动能，成为两地文化交流、人才流动、创新资源集聚的"助推器"。

【南通高新区商会成立】 12月6日，南通高新技术产业开发区商会举行成立大会。会议通过南通高新区商会章程草案、选举办法，选举产生会长、副会长、秘书长及参加区总商会第十一次会员大会名单。南通高新区管委会副主任徐健当选会长。南通高新区商会有会员49名。该商会的成立，将为高新区与其辖区内企业界人士加强联系提供平台，扩大对外发展交流。

（崔亚文）

锡通科技产业园

【概　况】 2016年，锡通科技产业园践行五大发展新理念，积极引领经济发展新常态，坚持"特色产业引领型、载体功能完善型、民生改善高效型"定位，立足高水平全面建成小康社会，以"做强新产业、做优软环境、做靓老镇区、做美新农村"为目标，推动经济、社会、服务同步转型，产业、人才、环境同步提升，城镇、乡村、民生同步发展。始终坚持高标准要求，高起点编制，以"一心、两轴、四片"的空间结构和"东进、南拓、西优、北融"的发展战略，实现新城格局的初步形成和综合实力的全面跨越。全年完成GDP总额44亿元，一般公共预算收入1.31亿元；规模工业产值31.70亿元，其中高新技术产业产值19.40亿元；固定资产投资以年均72.5%的速度增长，达65.50亿元，其中工业投入20亿元；完成工业应税销售39亿元。

在上海、深圳等重点地区驻点招商，成功引进轻风科技、里乐金属、锦岸机械、上海展奥、江苏视野、安科塑胶等项目。积极与上海普陀区建立战略合作关系，成功与未来岛高新技术产业园签订框架协议；深化与仲量联行、第一太平戴维斯等10家专业机构合作，努力发掘有效项目信息新途径；加强与中日韩协会、中以商会、商务部投资促进事务局等机构合作。成功引进汽车精密连接器、宁强光电等创新型项目8个，总投资近5亿元。

【基础设施建设】 2016年，锡通科技产业园新建合欢、银杏、文旦等11条支线道路，区域内连片开发的格局正逐步形成。同时，围绕新城建设，以德力、时代尚城、好得家、五洲等为主体的特色商业外环；以学校、医院、体育公园等社会公共资源为支撑的功能次环；以高档居住和生态休闲为主题的宜居内环；以锡通水街、天星公园、创业中心、金融商务等为主的核心区正加紧推进，污水管网全面贯通，香樟公寓超市、食堂等配套设施投入运营，创业园二期孵化器、创业中心已经启动，城镇建设不断展现新面貌。加大基础设施投入，实施区域主干道路提升工程。年末，张江路改造结束，交通压力缓解。336省道已完成设计，2017年全面动工。

【项目建设】 2016年，锡通科技产业园坚持扁平化管理，不断优化项目推进流程，提升项目服务水平，努力使签约项目快落户、快建设、早投产。一是签约项目抓开工。对已签约项目，逐个排定时序表，落实责任人，强化项目跟踪和推进，确保项目签得了、落得快。年末，已开工的建设项目有13个，他们是：上海东方泵业、艾伯勒科技、儒班实业、华尔泰机电、优轩机电、新三亚建材、锦岸科技、宝湾物流、英思创薄膜，及晶朋新材料、宁强光电、宝利根模具、上海佳慕。二是竣工项目抓达产。石岛玻璃、睿众行钢结构、阿库玛塑料、宝利根精密模具、农夫自动化、锦岸机械、晶朋新材料等项目，正进行设备安装，逐步进入试产、量产阶段。

【"艾伯勒科技"开工】 3月28日，艾伯勒科技项目举行开工奠基仪式。该项目由江苏帅龙集团投资建设，主要生产桥梁缆索及大桥配套用钢索，产品应用于跨江跨海大桥、高速公路、铁路、矿山、大型场馆、核电站、大型水电站等领域。项目占地33.33公顷，总投资20亿元。建成后年产量40万吨，产值58亿元，将成为国际领先、国内规模最大、品种最齐全的桥梁缆索科研和制造基地。分两期实施，一期用地6.67公顷，建成后年产量12万吨，产值18亿元，可向社会提供200个以上就业岗位。

"艾伯勒科技"开工仪式

【"宝湾物流"开工】 11月29日，南通锡通宝湾物流有限公司国际物流供应链项目举行开工仪式。该项目由宝湾物流控股有限公司投资，投资总额1.15亿美元。项目将建设绿色城市配送、高端供应链管理、大型电子商务运营结算、国际供应链金融服务业等七大中心，主要为世界500强、国内500强、电商及快消巨头、国内外优秀物流企业、先进供应链管理企业提供服务。 （邵小清）

"南通锡通宝湾物流中心"项目开工

通州滨江新区

【概　况】 2016年，通州滨江新区继续践行"创新、协调、绿色、开放、共享"五大发展理念，统筹推进"区镇合一"，坚持项目兴区，突出开发开放，推动融合发展，城乡协调发展，深度打造"4+2"（即开沙岛旅游度假区、船舶海工产业园、恒力纺织新材料产业园、横港沙港口物流园；镇区综合配套服务组团、规模特色农业片区）发展平台，强基础、谋长远、求突破，各项工作扎实推进。是年，实现规模工业总产值123.60亿元，完成财政收入2.94亿元，其中地方一般预算收入1.54亿元，主要经济指标位列全区第一方阵，荣登2016年中国建制镇综合实力千强榜。同时，积极推进开沙岛旅游度假区基础设施建设，先后投资3.60亿元、建成总长13.2公里的"三路两桥"。

【"图海机械"投产】 6月，南通图海机械有限公司竣工投产。该公司是一家主要从事石油机械制造、加工、销售于一体的现代化制造企业，拥有研发、生产各种机械设备的专业队伍和覆盖全国的销售网络。年生产能力150台/套石油机械设备。项目位于新区沿江公路工业区，占地面积4公顷，总投资2.18亿元。

“图海机械”建成投产

【残疾人计算机培训班】 10月13日，通州滨江新区残疾人联合会会同五接镇社区教育中心举办残疾人计算机培训班，30多名残疾人接受培训。培训目的，在于让残疾人学到一技之长，提高残疾人就业水平，改善其生活质量，增强其应对社会独立生存的本领。培训课程设置、师资配备、教材选择及时间安排周密，课程内容丰富，具有较强的针对性和实用性，受到社会好评。 （马正祥）

残疾人计算机培训

中国南通家纺城

【概　况】 2016年，南通家纺城积极推动新业态、新模式发展，新天地创客茶舍、金太阳创意中心等众创空间进一步优化。开辟家纺跨境蓝海市场，引进和培育环球掌柜等一批跨境电商服务企业。持续推进家纺研究院和中国创纺e站建设，引进产学研合作项目28个，其中6个项目实现产业化。继续引导传统产业生产模式智能升级。全年累计投入技改资金41.40亿元，加快智能工厂、智能车间的改造进度，提高产业整体生产效率。是年，南通家纺城电子商务产业园已签约电商相关企业88家，正式入驻办公86家，其中电商企业58家，服务商28家，销售超百万企业42家，网络零售额超千万元企业3家（水之蓝、森汇、曼卡日单量均在300单以上）；跨境电商企业4家，跨境电商服务企业2家，国内首家家纺行业垂直B2B电商平台企业1家，成功孵化电商企业（智胜智能）出园1家。全年实现市场成交额超600亿元，外贸出口额超10亿美元；市场采购贸易方式国家试点累计出口2590单，总金额3.40亿美元。

【微供市场】 2016年，南通家纺城积极发展微供市场。3月，正式对外宣传，发布“微供市场——新市场、新机遇”广告。5月16日，组织筹划“一带一路·网上丝路高峰论坛暨中国南通家纺城第三届跨境贸易电子商务发展论坛”。6月21日，组织南通家纺城微供市场媒体集中采风活动。10月19日，举办“2016中国家纺微商论坛”。年末，南通家纺城微供市场集聚微供商家近400户，年销售超20亿元。在南通家纺城从事电商、微商经营者3万余人，间接带动创业人群30万人，快递企业每天出单量超30万单。

中国南通家纺城微供市场

【人才建设获示范单位称号】 2016年，南通家纺城管委会被中国纺织行业协会评为人才建设示范单位。近年来，南通家纺城重视人才引进、培训，取得显著效果。从业人员中，科技人员占职工总数的10%左右。是年，引进国家千人计划高层次人才、省双创人才、南通江海英才、通州“510”人才等30多名，拥有国家“千人计划”人才10名。组织青年家纺企业家开展自身素质、规划引领能力和企业管理水平培训，100多人次参训；举办家纺设计师培训班，培训设计人员1300多人；10名知识产权管理人员取得知识产权工程师资质。同时，拥有设计单位200家，企业研发工作室260多个；大学生创业者200多人，其中6人获通州鹏欣大学生创业基金资助。 （顾鑫磊）

南通空港产业园

【概　况】 2016 年,南通空港产业园按照“一基地两中心”(长三角地区飞机维修改装基地,航空物流枢纽中心和通用航空运营中心)整体布局,努力提高园区整体运行质量,取得较好效果。顺丰速运、华夏(含尊翔)航空等龙头企业应税销售不断增长;圆通速递、跨境电商仓库、华夏飞机设备等亿元项目开工兴建;顺丰全自动分拣中心、空港商务酒店、华夏飞机拆解机库等项目完成施工设计。组建 4 个专职招商小分队,采取“走出去,请进来”等方法,积极开展招商引资工作。航空公司总部和飞机维修、通用飞机制造、无人机制造、保税物流项目等正在积极洽谈中。在深圳成功举办跨境电商推介会,协同举办华东国际通用航空展览会暨第二届华东通用航空产业论坛活动,启动园区跨境贸易电子商务试点工作。

【跨境贸易电子商务试点】 1 月 15 日,南通空港产业园首批跨境电子商务物品通关测试成功,标志着园区跨境电商业务正式开展。2015 年 12 月,南京海关复函南通海关,同意南通开展除网购保税进口以外的跨境贸易电子商务交易。南通海关决定南通空港产业园为南通市跨境贸易电子商务试点园区。年末,已经打通三条出境通道,即:通过苏州邮政互换局转关,通过机场辅仓直接出境,通过上海快件监管中心转关出境。同时,跨境电商公共服务平台“一般出口”业务正式上线,为政府、企业提供便利,提高数据传输效率。20 家企业入驻跨境电商监管中心,备案商品 478 种,其中包括纺织、服装、健身器材等,出口美国、英国、加拿大、法国、澳大利亚、俄罗斯等国家。是年,通过“9610”模式共走 19 万单,总额 340 万美元,单日最高 3500 单,日均 3000 单左右,一般出口业务量超南京,位于全省前列。

南通跨境贸易电子商务

【“通用航空”展览会暨航空产业论坛】 7 月 22 日,2016 华东国际通用航空展览会暨第二届华东通用航空产业论坛在南通兴东国际机场开幕。以“飞翔通航、合作共赢”为主题,加快推进“通航产业发展黄金十年”。由民航华东地区管理局、民航华东地区空管局支持,南通市人民政府和上海通航协会共同主办,上海通用航空行业协会理事长陈怀宇、国家空域管理中心主任刘玉林和南通市委副书记黄巍东出席。

展会有静态展示、动态表演和作业演示。有参展商 80 家,涵盖通航产业运营,维修,空管,航材,培训等全产业链。参展飞机 25 架,包括维修教育 320、737、公务机、固定翼、直升机等。有包括 AC311、赛斯纳 208、赛斯纳 172、罗宾逊 R44、CabriG2 等多架通航飞机飞行表演三天,突出飞行过程中的实战性,为观众展示通航作业的特点、过程,领略其独特的魅力与风采。

同时,举行 10 多个通航主题和企业论坛,除航空专家外,农林、电力、救援、海事、民政、气象、渔政、交通、国土资源、旅游等多个通航服务需求方参与,内容包括通用航空发展、通航企业工程托管、中国通航市场融资租赁、通航机场建设及运营规划等。

“通用航空”展览会暨航空产业论坛

【5 项目集中签约】 7 月 22 日,南通空港产业园举行项目集中签约活动。成功签约 5 个项目,投资总额 5 亿元。他们是:尊翔公务航空有限公司投资的公务航空运营基地项目,上海赛龙通航投资的赛龙航空货运基地项目,沈阳恒诚航空科技有限公司投资的客舱件生产及安全带基地项目,Vulcanair Aircraft 投资的 P68 飞机中国售后维修中心项目,湖北航宇嘉飞机设备有限公司和华夏飞机工程技术股份有限公司共同投资的客舱零部件设计研发生产制造项目。

【“龙浩航空”落户】 12 月 26 日,南通市通州区政府、南通兴东机场有限公司和广东龙浩航空集团有限公司在南通签署三方合作协议,龙浩航空集团将南通兴东机场作为其在华东地区的航空货运枢纽中心,并在南通市通州区设立货运航空分公司。根据三方协议,龙浩航空集团将依托南通兴东机场开展国际、国内航空货运及华东区域支线、通用机场间的短途客货运输业务。通州区政府和南通兴东机场公

富港路全线通车

司将协调相关部门在开通客货运航班、飞机运营、服务保障、政策优惠等方面给予龙浩航空集团支持。合作三方还将共同推进机场酒店、货站、机场周边地面交通等配套设施的投资建设;共同推进南通空港产业园的规划和建设开发,大力发展通用航空项目、公务机运营、物流仓储、飞机制造维修、模拟机训练等航空产业,将南通打造成为全国具有较大影响力的航空基地。 （李 刚）

石港科技产业园

【概 况】 2016年,石港科技产业园持续开展项目建设主题年活动,加快打造载体平台,以优质增量促进结构调整,以有效投入提升产业层次,经济运行稳中向好,各项工作有序推进。至年末,盛世复合新材料、万佛健身器材、博强机械等38个工业项目落户园区,新兴机械、天昌祥玻璃、准信自动化等29个项目竣工投产。全年完成工业项目投资52.60亿元,新增规模企业12家,初步形成“3+3”产业集聚态势。是年,完成规模工业总产值96.20亿元,实现工业应税销售30.20亿元。围绕“强三产、精二产、优一产”中心,扎实开展“招商引资、项目建设突进年”活动,主动对接长三角、珠三角等发达地区产业转移,出台招商引资激励政策,提高招商引资数量和质量。全年新签约亿元以上工业项目17个,完成注册外资实际到账1019万美元,时代机械、梦吉妮家纺等11个项目在建设中,投资总额超14亿元。

【富港路全线竣工通车】 12月,石港科技产业园东西向主干道——富港路全线竣工通车。该路全长9.65公里,宽34米。由南通交通设计院设计,南通江海公司施工,总投资1.50亿元。同时,投资2012.94万元,铺设该路污水管网;投资2796.24万元,建成两侧各14.5米宽的绿化带。

【标准厂房建设】 2016年,石港科技产业园加快建设高标准工业厂房。该厂房于2014年开始规划,2015年完成设计。由江苏海阔置业有限公司投资,投资总额2亿元,占地3.33公顷,计划建设高标准工业厂房6万平方米。是年末,6间标准厂房和综合服务中心相继开工。建成后,道路、绿化、消防、给排水、供电等基础设施同时配套齐全,保证承载食品、轻工、纺织服装、电子类企业入驻。

【“万佛健身器材”开工】 10月,南通万佛健身器材有限公司在石港科技产业园开工兴建。该项目占地2.33公顷,有7个单体建筑。总投资1.20亿元,专业从事健身器材的开发、生产。项目建成后,年产运动用品及健身器材1万吨,销售收入预计超14亿元。年末,一号厂房封顶,三、四号厂房、员工宿舍和办公楼在建设中。计划2017年6月竣工投产。 （杨 磊）

金　　融

Banking · Insurance · Securifies

编辑　马　钰

银　行　业

中国人民银行通州支行

【概　况】 2016年,辖区本外币各项存款余额1420.34亿元,比年初(下同)增长13.5%;本外币各项贷款余额748.88亿元,增长10.4%;不良贷款16.55亿元,增加7.34亿元,不良率为2.2%。是年,支行被江苏省放心消费创建活动办公室评为江苏省放心消费创建先进单位,连续21次被中国人民银行南通市中心支行评为先进集体;党支部被中共中国人民银行南京分行党委评为2013—2015年度人民银行南京分行先进基层党组织。

【落实货币政策】 2016年,中国人民银行通州支行加强货币政策的宣传,做好宏观调控政策解读,引导各方正确理解稳健货币政策的实质和内涵,把握好政策调控预期,适应宏观调控要求,为稳健货币政策的贯彻执行营造良好的外部环境。积极推广应收账款融资服务平台,质押融资82笔共44.25亿元。引导辖区金融机构稳妥有序地开展"两权"抵押贷款,发放农村集体土地经营权抵押贷款1.01亿元,宅基地抵押贷款0.14亿元。运用货币政策工具支持辖区银行业发展,为张家港农村商业银行通州支行再贴现0.3亿元,为南通农村商业银行办理再贴现10.65亿元,向南通农村商业银行发放支小再贷款0.5亿元,向通州华商村镇银行发放支农支小再贷款0.15亿元。帮助企业直接融资,中信银行通州支行承办高新技术产业开发公司15亿元短期融资券和10亿元定向债获得注册批复,交通银行通州支州、民生银行通州支行为南通高新区企业注册发行13亿元PPN额度,南通农村商业银行发行全国首单5年期5亿元绿色金融债。

【维护金融稳定】 2016年,中国人民银行通州支行建立通州区市场利率定价自律机制,制定规范存款行为、贷款同进同出等6个公约,促进金融机构科学合理定价,维护辖区金融公平有序发展。以保费收缴工作为切入点,深化存款保险条例实施,召开金融机构专题会议,强化银行内部考核与问责,推进存款保险制度实施。做好新进恒丰银行通州支行、新设金融机构网点的服务辅导,确保新设银行规范运营。协调做好"通农银贷款周转资金池"平台运行,帮助小微企业化解资金周转难题。加强重点企业风险监测,积极参与企业融资协调,落实相关债权债务、协商融资20余起。

【金融生态创建】 2016年,中国人民银行通州支行委托专业机构对"金融放心消费一条街"的金融机构开展第三方评估工作,客观评价金融机构金融消保创建工作质态,促进金融机构提升金融消费权益保护意识,提高综合服务水平。3月,支行被江苏省放心消费创建活动办公室评为"2015年度南通市放心消费创建活动示范行业"。顺利通过"金融生态优秀县"复评,金融生态环境综合评估排名位列全省第六。

【金融服务】 2016年,中国人民银行通州支行成立区硬币清分鉴定中心,构建硬币自循环服务网络,实现硬币清分设备银行机构全覆盖、边远乡镇全覆盖、城区周边全覆盖。围绕"一站两中心",延伸农村金融服务,发展普惠金融,优化人民币收付服务工作,该为民服务经验做法被《中国县域经济报》《金融时报》先后报道。11月,区十大为民办实事工程之一智慧菜场建设第二菜市场启动,在全市率先搭载二代智能秤市场,市民买菜实现银行卡或手机支付。做好国库内部事后监督工作,全年经收各级财政预算收入175.24亿元,办理预算支出1993.50亿元,办理预算收入退库28.07亿元。强化反假货币宣传与培训,开展反假宣传"社区行、学校行"系列主题活动,全年收缴假人民币4784张共计34.51万元。

【金融宣传】 2016年,中国人民银行通州支行将《现代征信学》列入通州高校教学科目,分层次逐步纳入江苏联院通州分院等三所高校"人才培养方案",与江苏联院通州分院建立诚信教育基地。开展征信知识进课堂、进集贸市场、进社区活动,累计发放征信宣传资料2000余份,接受现场咨询800余次。组织开展支付结算知识进社区、进学校、进车站、进广场活动,为社区服务站、农村金融综合服务站安装LED宣传屏,提升金融知识社会普及度。打造安全支付环境,组织金融机构开展支付结算宣传,利用金融机构营业网点、公众微信号等平台开展打击银行卡犯罪、防止新型网络电信诈骗、个人银行结算账户管理知识等宣传。

【外汇管理】 2016年,中国人民银行通州支行继续深化跨国公司外汇资金集中运营管理试点改革,立足扩流入和稳增长,加强对银行、企业政策辅导。2家企业归集资金4.21亿美元,借入外债0.38亿美元,境外放款0.06亿元。成功指导银行为雄邦压铸(南通)有限公司办理签约登记0.1亿美元外债,为中国供销集团南通供销产业发展有限公司借入外债0.03亿美元。持续关注支持南通家纺城"市场采购"贸易方式,在风险可控的前提下稳步推动南通家纺城"市场采购"贸易方式发展,是年,市场采购贸易方式项下出口3.33亿美元,收汇1.57亿美元,出口收汇率为47.2%。　(刘德进)

中国工商银行股份有限公司南通通州支行

【概　况】 2016年末,中国工商银行股份有限公司南通通州支行完成人民币各项存款(含同业)余额131.77亿元,比年初(下同)增加6.77亿元,增长5.1%。其中,对公存款余额47.78亿元,储蓄存款余额83.99亿元。人民币对公存款日均余额130.66亿元,增加9.98亿元,其中对公存款日均余额增长46.2亿元,增加8.21亿元;储蓄存款日均存款余额84.46亿元,增加1.77亿元。　(费松石)

中国农业银行股份有限公司南通通州支行

【概　况】 2016年,中国农业银行股份有限公司南通通州支行完成各项存款余额181.79亿元,比年初(下同)增加17.42亿元;完成各项贷款余额59.38亿元,其中农户贷款余额6373万元。累计发放IC借记卡8万张,新增电子银行客户12.8万户,在行式、离行式自助服务区达到33个,共有ATM、CRS等各类设备218台。实现中间业务收入9873万元,拨备前利润2.81亿元。全年未发生重大责任事故和案件。是年,支行被评为江苏省文明单位、南通市文明单位。2个网点分别获评省行先进单位及省行"青年文明号";1人被评为农总行优秀党员和省行2015年度"见义勇为好人",3人获评省行优秀党员、优秀团干部及省行月度好人,5人被评为南通市分行先进个人。　(潘小红)

中国农业发展银行南通市通州支行

【概　况】 2016年,中国农业发展银行南通市通州支行紧紧围绕保障国家粮食安全和城乡一体化发展,统筹推进全行各项工作稳步有序开展。年末,各项存款余额15.23亿元,比年初(下同)增加7.67亿元;各项存款日均10.57亿元,增加2.78亿元;各项贷款余额15.54亿元,减少2.8亿元。到期贷款收回率100%。全年无不良贷款发生,无违规违纪和案件事故发生。是年,支行被江苏省分行评为"二类行"和"依法经营、合规管理"达标行。　(徐振华)

中国银行股份有限公司南通通州支行

【概　况】 2016年,中国银行股份有限公司南通通州支行围绕"担当社会责任,做最好的银行"定位,以构建和谐企业、争创通州地区"客户首选综合金融服务供应商"为目标,实现服务领先,提升发展业绩,各项业务持续健康发展。年末,本外币各项存款余额107.21亿元,比年初(下同)增加9.84亿元;本外币各项贷款余额66.52亿元,增加7.93亿元;实现中间业务净收入8055万元,拨备前利润2.71亿元。是年,支行被江苏省文明委授予"2013—2015年度江苏省文明单位"称号。　(俞冬梅)

中国建设银行股份有限公司南通通州支行

【概　况】 2016年末,中国建设银行股份有限公司南通通州支行一般性存款余额达145.54亿元。其中个人存款日均余额97.38亿元,比年初(下同)增加5.31亿元;企业存款日均余额48.16亿元。各项贷款余额70.68亿元,增加4.67亿元。全年实现安全运营无事故、无案件。是年,支行被中国金融工会江苏工作委员会评为建设银行江苏金融系统职工职业道德建设标兵单位、被建行江苏省分行评为先进基层党组织。

【服务地方】 2016年,中国建设银行股份有限公司南通通州支行以小企业贷款、消费贷款等为客户增长点,不断扩大贷款客户群体。全年对实体企业投放17.25亿元,涉及企业93户,其中制造业3.26亿元、建筑企业11.99亿元、其他2亿元。积极探索供应链融资新模式,组建专人团队,成功投放南通四建集团e点通贷款,实现以建筑企业作为核心企业、供应商作为融资人的供应链金融业务新突破。为小微企业融资打通担保、信息不对称、增信措施等难关,推行大数据产品和裕农贷产品。构建金融生态圈,现已建成通州第二集贸市场智慧菜场生态圈,发展商户90户,覆盖

建行南通通州支行营业部开展工前操

水产、肉类、蔬菜、熟食等区域，实现通州区第一家智慧菜场建设。（马莲娜）

交通银行股份有限公司南通通州支行

【概　况】 2016年末，交通银行股份有限公司南通通州支行完成各项存款余额16.32亿元，比年初(下同)增加5.75亿元，增长54.4%，其中对公存款12.47亿元，增长74.9%，储蓄存款余额3.85亿元，增长11.9%。完成各项贷款余额19.55亿元，增加8.09亿元，其中对公贷款余额17.05亿元，个人贷款余额2.50亿元。实现国际业务结算2.4亿美元。（郁园园）

江苏银行股份有限公司南通通州支行

【概　况】 2016年末，江苏银行股份有限公司南通通州支行完成各项存款余额106.57亿元，比年初(下同)增加31.57亿元，增长42.1%，其中对公存款余额88.20亿元、个人存款余额18.37亿元。完成各项贷款余额56.71亿元，增加14.71亿元，增长35%，其中法人贷款余额48.47亿元、个人贷款余额8.24亿元。是年，支行被评为中国银行业“千佳文明规范服务示范单位”“五星级文明规范服务示范单位”，被南通分行评为先进集体，平潮支行获江苏省银行业“普惠金融四星级文明规范服务示范单位”称号。（邵　军）

中国邮政储蓄银行股份有限公司南通市通州区支行

【概　况】 2016年末，中国邮政储蓄银行股份有限公司南通市通州区支行实现个人存款余额136.1亿元，比年初(下同)增加16.25亿元，增长13.6%；公司存款日均余额10.13亿元，增加3.09亿元，增长43.9%。完成信贷业务9.73亿元，增加2.39亿元，增长32.6%。承担新农保、医保、社保等代发业务549.43万笔共23.85亿元。（包甜甜）

中信银行股份有限公司南通通州支行

【概　况】 2016年末，中信银行股份有限公司南通通州支行完成一般性存款余额28.08亿元，比年初(下同)增加6.30亿元，增长28.9%，其中对公存款25.24亿元，增加5.84亿元，增长30.1%。完成一般性贷款余额21.29亿元，增加3.08亿元，增长16.9%。（谢仁贵）

招商银行股份有限公司南通通州支行

【概　况】 2016年末，招商银行股份有限公司南通通州支行实现服务体系、服务诞生、传统网点的升级换代。完成零售管户总资产23亿元，各项存款总量25亿元，贷款等融资总量60亿元。是年，支行党支部被评为招商银行系统先进基层党组织。（王小龙）

兴业银行股份有限公司南通通州支行

【概　况】 2016年末，兴业银行股份有限公司南通通州支行完成各项存款38.47亿元，比上年(下同)增加13.03亿元，增长51.2%。完成各项贷款余额31.56亿元，增加8.13亿元，增长4.3%。（邱晓蓉）

邮储银行青年员工反假币宣传

上海浦东发展银行股份有限公司南通通州支行

【概　况】 2016 年末，上海浦东发展银行股份有限公司通州支行完成各项人民币存款 23.1 亿元，比年初（下同）增加 1.8 亿元，增长 8.5%。完成各项贷款余额 12.5 亿元，不良贷款为零。9 月，主承销南通高新技术产业开发区总公司 18 亿元的长期限含权中期票据，这是全市第一单永续债。参与“金融服务镇（区）行”和银企对接活动，与多家企业达成合作意向。 （邵唯力）

中国民生银行股份有限公司南通家纺支行

【概　况】 2016 年末，中国民生银行股份有限公司南通家纺支行完成各项存款余额 19 亿元，其中储蓄存款 1 亿元，表内外总贷款规模突破 30 亿元。是年，支行获评民生银行南京分行“五星级网点”和银行业协会“中国四星银行网点”。 （张俭华）

南通农村商业银行股份有限公司

【概　况】 2016 年末，江苏南通农村商业银行股份有限公司各项存款余额 483.58 亿元，比年初（下同）增加 62.05 亿元，增长 14.7%。其中：储蓄存款余额 381.76 亿元，增加 23.07 亿元，增长 6.4%；对公存款余额 101.83 亿元，增加 38.98 亿元，增长 62.0%。各项贷款余额 312.01 亿元，增加 20.41 亿元，增长 7.0%。其中：贷款余额 261.93 亿元，增加 17.13 亿元；贴现 50.08 亿元，增加 3.59 亿元。全年实现各项收入 30.5 亿元、账面利润 3.86 亿元、净利润 2.76 亿元。

【负债业务转型】 一是构建科学考核体系。组织开展“新春开门红”“优服务、助转型、控风险、促发展”等竞赛活动，稳定存量，做大增量，引导营销低成本存款，优化负债结构，降低付息成本。截至 2016 年末，活期存款余额 72.85 亿元，增长 17.08 亿元，增长 30.6%。二是丰富负债管理工具。加大代客理财、大额存单、同业存单、同业负债等业务发展力度，丰富产品库，促进主动负债占比提升。是年，共发行同业存单 24 亿元，同业理财募集资金 20.5 亿元，在全国农信系统中率先发行绿色金融债 5 亿元。三是提升科学定价能力。通过建立标准化定价、差异化定价、客户贡献度积分等模型，为各类客户制定价格引导战略，促进负债规模、质量同步提升。

【信贷结构优化】 一是抓好信贷投放。将信贷资源投向农户、农村工商业企业、农村基础设施建设项目，截至 2016 年末，全行涉农贷款增幅高于全省平均增幅 15.5 个百分点。二是抓好投放配置。以支持新型城镇化为切入口，建立总行与支行联动营销机制，主动对接保障房建设、农村基础设施建设等重点项目和工程。是年，全行审批投放重大项目贷款 54.16 亿元。创新推出商标权质押贷款、应收账款质押贷款、“农机贷”“绿能贷”等系列信贷产品，全年共完成应收账款融资服务平台注册企业 47 户 3.54 亿元，成功办理首笔“1 + N”供应链金融服务；“两权抵押”贷款余额突破 1 亿元，全年发放“绿能贷”16 笔 182 万元。三是抓好服务升级。创新开发“转贷宝”产品，企业无需还本即可无缝续贷，已成功转贷 12 笔 10870 万元。加快推动微贷业务“触网”步伐，进行批量化营销、精细化营销和规模化营销。年末，全行 1000 万元（含）以下的小微贷款余额 61.54 亿元，增加 8.45 亿元；小微贷款客户 6717 户，增加 1662 户，其中新发生信贷关系客户 3663 户。

【新兴业务创新】 一是做强金融市场业务。依托上海研发中心信息、人才、资金、政策等优势，加快对接资本市场，用流量扩大收入来源，经营领域从传统的票据、债券交易拓展到委外专户、资管信托计划、非标资产等新领域，初步形成投资、研发、交易齐头并进的经营格局。2016 年末，全行资金业务日均资产余额 177.78 亿元，同比增加 13.39 亿元；资金业务净收入 7.78 亿元。二是加快发展国际业务。全行办理外汇结算 1.76 亿美元，同比增加 1.2 亿美元；办理结售汇 1.24 亿美元，同比增加 0.88 亿美元；代开涉外保函 1.08 亿元；开立进口信用证 100 万美元；办理国内信用证项下卖方融资业务 400 万元。三是大力拓展线上业务。优化完善以银行卡为基础，移动金融、自助银行、“金融便民服务到村”三大产品为服务载体的电子银行业务，获得首批 50 万张市民卡开卡资格，已发卡 1.6 万多张，初步实现社会服务与金融运用“一卡通”。研发上线小苏大爱互联网金融社区平台，将农商行后端金融服务和前端商圈消费需求相结合，搭建本土化的生活、消费、交易、金融平台。上线三个月时间，已入驻商户 476 户，上架商品 1000 个，平台注册用户 3.13 万户。

【体制改革】 2016 年，江苏南通农村商业银行股份有限公司不断深化公司体制改革，修订完善《公司章程》《公司董事薪酬》，出台《中层履职行为积分管理办法》《高管履职考核办法》，引进基础岗人才 13 名、管理岗人才 4 名，其中 3 人成功竞聘中层正职岗位；将原有 26 个部门重组为 22 个，岗位资源向前台倾斜，前台岗位占比由原先的 33.5% 调整至 37%。 （曹亚萍）

江苏张家港农村商业银行股份有限公司通州支行

【概　况】 2016 年末，江苏张家港农村商业银行股份有限公司通州支行完成各项存款余额 17.59 亿元，比上年（下同）增加 1.59 亿元，增长 9.9%。完成各项贷款余额 11.01 亿元。 （王炎冰）

通州华商村镇银行股份有限公司

【概　况】 2016年末，江苏通州华商村镇银行股份有限公司完成各项存款5.23亿元，比年初(下同)增加0.61亿元。完成各项贷款5.65亿元，增加0.62亿元。其中涉农贷款1.32亿元，农户和小微企业贷款5.05亿元。 （王旭东）

保　　险

中国人民财产保险股份有限公司通州支公司

【概　况】 2016年，中国人民财产保险股份有限公司通州支公司实现保费收入2.1亿元，比上年(下同)增加1555万元，增长11.5%(含税)。其中，非车险保费2954万元，减少99万元，下降3.27%(含税)；车险保费1.51亿元，增加1571万元，增长17.92%(含税)；政策性农业保险2761万元，减少77万元，下降2.7%。累计实现承保利润2229万元，增加948万元，增长74%。其中，非车险利润780万元，增加872万元，扭亏为盈；车险利润1008万元，增加314万元，增加45.2%；政策性农业保险利润440万元，减少239万元，下降35.2%。保险市场份额(不含农险)40.7%，增长0.9个百分点。赔款支出1.16亿元，增加1426万元，增长14%；综合赔付率61.2%，下降5%。

【医疗责任险】 2016年，中国人民财产保险股份有限公司通州支公司拓宽医疗责任保险服务方式。自该险种推广以来，公司不断加大承保覆盖面，全面提升承保理赔服务质量，积极帮助各级政府解决医疗纠纷案件，是年，实现公立医院医疗责任保险全覆盖，共承保全区40家医院、20个乡村医疗机构，累计保费220万元，赔付率55.7%。

【环境污染责任险】 2016年，中国人民财产保险股份有限公司通州支公司对辖区内钢丝绳、印染行业进行推动和宣导，积极开展环污险承保工作。全年共完成环污险签单60笔，完成保费96万元，其中份额保费49万元，增长92%，位居全辖前列。

【诉讼财产保全责任险】 2016年，中国人民财产保险股份有限公司通州支公司与区人民法院互动，走访全区各律师事务所及各乡镇法律服务所，宣传诉讼财产保全责任险，充分发挥人保财险的产品优势、品牌优势、服务优势。全年共签出诉讼保全责任保单187笔，累计实现保费收入107.4万元。 （吴雨馨）

中国人寿保险股份有限公司通州支公司

【概　况】 2016年，中国人寿保险股份有限公司通州支公司实现保费收入4.36亿元，比上年(下同)增加3500万元，增长10.0%。其中首年保费收入1.77亿元，增加663.82万元，增长3.9%，首年期交保费收入7502.72万元，增加1852.56万元，增长32.8%。赔(给)付4.14亿元，增加3.02亿元。长险首年标保3020.38万元，增加227万元，增长8.1%。短险保费3004.27万元，增加393.68万元，增长15.1%。6月，实现新农合补充保险理赔实时给付。是年，公司和公司工会分别被评为江苏省文明单位、南通市模范职工之家，获中国人寿江苏省分公司2015年政策性医疗经办业务管理服务领先奖和综合拓展业务领先奖。

（徐雪梅）

中国太平洋财产保险股份有限公司通州支公司

【概　况】 2016年末，中国太平洋财产保险股份有限公司通州支公司实现保费收入2982.1万元，其中机动车保费收入2633.59万元，各类财产险、人身意外伤害保险、责任险、货运险等保费收入348.51万元。

【车险E理赔】 2016年，通州支公司以满足客户需求、服务客户为目标，依托互联网技术推出车险e理赔APP，指导客户下载该软件，并说明如何使用。这是太保服务的升级，是车险领域的又一次变革，实现了足不出户、简易理赔的概念，节省了客户的宝贵时间，致力实现车险理赔从线下到线上作业、传统保险到互联网保险的转变。 （蒋亚洪）

中国平安财产保险股份有限公司通州支公司

【概　况】 2016年，中国平安财产保险股份有限公司通州支公司实现保费收入9513万元，比上年(下同)增加1437万元，增长17.8%。其中车险保费收入9060万元，增加1604万元，增长21.5%；财产险保费203万元；意健险保费249万元。

【平安3.0时代新战略】 2016年，中国平安财产保险股份有限公司通州支公司宣布正式进入全新3.0时代，即不再局限于内部资源整合，而是将“互联网＋车生活”的发展模式向全行业开放，联合集团内外部合作伙伴，从线下客户线上迁移、大数据应用于风险筛选和精准定价、科技提升用户体验三个方面入手，打造更强大的开放式互联网车生活平台。最新上线的好车主APP 3.0版，涵盖保险、服务、生活,依托集团内外合作伙伴的金融产品及用车服务,借助大数据等科技和移动科技手段,为车主提供一站式用车生活消费服务,并可实现在线自助理赔。　（沈天罡）

证　　券

申银万国证券南通建设路营业部

【概　况】 2016年,申银万国证券南通建设路营业部代理沪深A股交易总量约1500亿。公司经营范围包括证券经纪、证券投资咨询、融资融券、代销金融产品、证券投资基金代销、为期货公司提供中间介绍业务,证券资产管理,证券承销与保荐(限国债、非金融企业债务融资工具、政策性银行金融债、企业债承销)。营业部拥有稳定、安全、齐备的通信和交易系统,为客户提供免费短信提醒和电子邮箱咨询等特色增值服务。　（万　鹏）

华泰证券南通通州人民路营业部

【概　况】 2016年,华泰证券南通通州人民路营业部秉承"高效、诚信、稳健、创新"理念,坚持"以客户服务为中心、以客户需求为导向、以客户满意为目的",致力打造通州地区的理财专业机构。营业部拥有稳定安全的交易系统,包括网上交易、电话委托、手机理财等多种理财平台,并建立具有咨询执业资格的理财师团队和针对客户不同理财需求提供的专业化投资理财解决方案。营业部经营范围包括证券经纪、证券投资咨询、证券承销与保荐、证券投资基金代销、证券资产管理、为期货公司提供中间介绍业务和一系列与证券交易、证券投资活动有关的理财顾问业务,为客户提供各项优质服务。是年,营业部代理沪深A股交易总量约1200亿元。　（李建荣）

◆通州名菜选介◆

本港海鲜卷　葛卫军创作,获2002年江苏省首届创新菜比赛"金牌创新菜奖"。以鲜虾仁、鲜鱿鱼、文蛤肉、糯米、香菇、鲜蘑菇等为主料,辅以姜、葱、盐、味精、高级紫菜纸等调料。先将以上原料切成小块,下锅成熟调味。将海鲜料按1:1比例拌入糯米蒸饭中,海鲜料包入紫菜纸卷成卷后切段。摆成竹节形上笼蒸熟,淋明芡即成。具有造型大方、味鲜、营养丰富的特点。

经济综合管理

Economic Comprehensive Administration

编　辑　张晓芹

计划与投资

【2016年国民经济和社会发展计划执行情况】 2016年，全区完成地区生产总值1026.66亿元，增长9.3%；一般公共预算收入72.22亿元；固定资产投资681.49亿元，增长14.0%；社会消费品零售总额341.12亿元，增长10.9%。实现“十三五”良好开局。

坚持转型升级双发力，发展质效新突破。新型工业化稳步推进。完成规模工业增加值496亿元，规模工业总产值2112.86亿元，分别增长10.2%和7.7%。新能源、新材料等板块集聚效应不断增强，完成新兴产业产值784亿元，增长13.1%，占比提高2个百分点。工业用电量38.32亿千瓦时，增长3.8%。创成全国产业集群区域品牌建设试点地区，荣获纺织行业创新示范集群。南通高新区被认定为省企企通园区，金太阳、紫罗兰被认定为全国品牌培育示范企业和试点企业，同时被认定为省制造服务化示范、试点企业，韩通重工、四方冷链、紫罗兰被省认定为省工业设计中心。新增省市级两化融合试点企业5家；创建省级示范智能车间2家，市级示范智能车间6家。现代服务业提速发展。完成服务业增加值461亿元，占比提高1.5个百分点。电子商务、创新设计与现代家纺融合发展，“互联网+家纺”获国务院表彰。南通高新区科技服务业集聚区被评为国家级科技服务试点园区，南通供销产业园成为中国物流示范基地。南通家纺城创成省首批生产性服务业集聚示范区，成功举办京东、飞牛网等平台家纺类目招商会和第三届跨境贸易电子商务发展论坛。开沙岛旅游度假区与奇瑞途居露营合作，金土地入围首批省五星级乡村旅游区创建名录，白鹭湖庄园成为省四星级乡村旅游区。成功举办南通第27届菊花展。积极推动文化产业发展，10个文化产业项目被列为市文化产业重点项目。农业现代化步伐加快。新增设施农业面积1467公顷，新建各类家庭农场81家，5个家庭农场被省确定为示范家庭农场。启动高标准农田三年建设行动，建成5333公顷(8万亩)。完成生态造林210公顷、生态廊道工程16.67公顷。新申报认证“三品”165个。建筑业提质增效。实现建筑业总产值1440.56亿元，增长11.4%。新获鲁班奖1项，省级工法9项、省级科技示范工程12项、省级优质工程20项，新增一、二级资质企业8家。3家建筑企业入围中国民营企业500强，9家建筑企业进入省综合实力百强。三次产业结构由5.8∶50.7∶43.5优化至5.5∶49.4∶45.1。

坚持改革创新双驱动，发展动能新提增。综合改革深入推进。以5大类23项41条重点任务为抓手，全面推进深化改革。对推进供给侧结构性改革作出具体部署，项目化推进五项重点任务落到实处。深入推进行政审批和商事制度改革，创新“五联”审批模式，得到中央编办肯定。土地承包经营权确权登记颁证工作稳步推进，农村产权交易市场建设被评为省级先进，形成覆盖全区的区镇两级农村产权交易网络。基本农田优化布局、城镇低效用地再开发等改革试点顺利推进。扎实推进医药卫生体制改革，积极实施公立医院改革和卫生资源整合。科技创新能力增强。全社会科技研发投入占地区生产总值比重达2.55%。新认定高新技术企业50家，累计159家。高新技术产业产值1005亿元，增长14.5%。推进创新创业载体建设，“江海圆梦谷”成功申报并被认定为国家级众创空间，已拥有南皇文化、微品创梦、九冠纺织等10个创业团队。“中国创纺e站”已集聚创新企业100多家、创意设计机构10多家、创新创业人员300多人，正申报第二批国家级众创空间。新增市级以上工程技术研究中心、企业研究生工作站17家，其中省级7家。新引进高层次双创人才72名，新落户创新创业项目33个。金融创新稳中有进。研究制订加快推进金融集聚区建设实施方案，立足“一街一港一中心”核心布局，新引进光大和恒丰2家银行，现拥有银行21家。农贷公司9家、科贷公司1家，注册资本金15.20亿元，实收资本12.20亿元，贷款余额17.70亿元，小贷公司存量客户近

四方冷链上市挂牌

1000户。"苏科贷"放款1.80亿元,列南通市首位。四方冷链在上交所挂牌,首次募集发行5亿元;准信自动化、辰星药业、思维福特在新三板挂牌。主板在会待审1家、进入上市辅导期1家;新三板在轨运作企业5家。新增创投基金3家。创业投资和股权投资机构42家,注册资本38.60亿元,管理资金规模50.60亿元。

坚持总量质态双提升,发展后劲新增强。投资总量持续攀升。固定资产投资总量继续位居全市第一。完成制造业投资346.97亿元,增长5.6%。其中完成技改投资234亿元,总量全市第一。完成服务业投资308.19亿元,增长21.4%。民间投资520亿元,占全部投资的比重为78.0%。投资质态不断提升。三次产业投资结构继续调整,由0.8:56.7:42.5优化至0.5:54.2:45.3,二产比重持续下调,三产快速增长,投资结构正在不断优化。实施亿元以上项目245个,其中工业项目153个,服务业项目92个。31个项目纳入省重点技术改造项目导向性计划。重大项目量质并举。有艾伯勒斜拉索、平东物流园、开沙岛旅游度假区、通州华电4个重大项目列入省重大项目投资计划。列入市级重大项目计划共17个,计划总投资364亿元,17个省、市级重大项目完成投资135.10亿元,占年度计划72亿元的187.6%,超过时序87.6个百分点。华电热电一期、沃德储能材料、聚丰工业园、江海智汇园、南通绿博园一期、通力商业综合体一期等项目已竣工或投入运行,艾伯勒斜拉索、丽智电子、旭东汽配园、东源充电桩等重大项目建设进度加快。

坚持开发开放双提速,发展活力彰显新特色。招商引资强势推进。以深入开展"招商引资突破年"主题活动为契机,加大"走出去,请进来"招商力度,构建领导带头、镇(区、园、街道)主体、部门服务、企业家参与的招商引资新格局,围绕重点产业、重点区域,赴日、韩和台湾、北京、上海、广州、深圳等地开展招商活动,累计组织各类招商活动146场次。签约项目223个,其中亿元以上项目148个,千万美元以上项目35个。对外开放深度推进。完成外资实际到账3.45亿美元。完成外贸进出口总额36.30亿美元,增长1.3%。其中完成外贸出口总额32.80亿美元,增长3.5%。兴东机场与上海浦东机场共同打造"长三角北翼第一航空物流基地",海关特殊监管平台创建加快推进。"一带一路"纺织交易联盟在通州成立。企业"走出去"、园区开发步伐加快。南通高新区深入实施创新驱动和产城融合战略。积极举办首届江海智汇节和国家级智库"钱学森"论坛,江海智汇园正式投入运营;建立、完善"苗圃—孵化器—加速器—科技服务—创新园区"的创新创业发展服务链,被评为全省先进开发区。锡通科技产业园大力实施区域主干道路提升工程,加快推进336省道等改造,实现"东优、南拓、西接、北融"格局。积极推进智能装备、航空新材料等特色"园中园"建设,打造产业特色鲜明、创新能力强的企业集群。滨江新区实施路网提升、水系畅通、吹沙造田等工程,加快"桥港岛"联动开发,努力建设跨江融合前沿阵地。南通空港产业园跨境贸易电子商务试点走单19.80万笔,南通兴东国际机场与上海机场合作共建航空物流项目。南通家纺城深入推进市场采购贸易方式试点,推动传统企业快速转型,实现出口额3.30亿美元。微供市场全省示范。石港科技产业园标准厂房一期工程竣工并部分交付入驻企业,35千伏新兴机械供电专线建成,110千伏刘西线改造、园区供水主管网、富港路等基础工程已全面竣工。

坚持建设管理双注重,发展环境展现新面貌。城区环境不断改善。强化规划引领,编制完成城乡公共交通、城区供热等专项规划,优化完善城乡空间结构。围绕市"三城同创"、区"城乡品质提升年"要求,完成"一河两岸"示范段南岸建设工程,世纪公园建成开放。新建、改造市政道路14条,改造完成老小区11个。加大市容、经营、交通秩序专项整治,扩建30个站点、10个车棚,新增600个锁桩、300辆自行车,并设置多处摊点疏导区,改造老旧公厕15座。有效治理好城市"乱""堵""差"现象,继续巩固提升镇村环境整治成果,打造整洁优美、秩序井然的城乡环境。新型镇村建设加快。全区镇村布局规划获南通市人民政府批准,平潮、兴仁、十总、东社等镇总体规划修编完成,乡村建设规划编制试点工作启动。大力实施城镇公共绿地、一般绿地和村庄小游园建设工程,新建、提升村庄小游园184个。农村河道整治成效显著,疏浚河道424公里,清淤土方341万立方米,拆除坝头坝埂1369条,新建桥涵721座,整修河坡1517公里,绿化河坡390.6公顷,打捞通航水域沉船279条,建设生态河道20.5公里,实施生态廊道水环境治理9.6公里,打造1个"水美乡镇"、9个"水美村庄"。农村河道整治三年行动计划任务累计完成80%。交通路网更趋完善。区域干线路网更加通畅,G345全线贯通,南通世纪大道东延工程、江平公路、渔湾路等进入扫尾阶段;对接南通工程实现新突破，工农路北延和崇川经十八路加快推进，沪通铁路、宁启铁路二期、锡通高速、通扬运河改线等重大工程服务保障工作完成既定目标。公交线网优化及基础设施建设进一步完善，新辟城区208路公交和十总通如桥到骑岸渡海亭村、粮站的352、353路镇村公交线路，新增20辆纯电动公交车。建成金洲路公交智能调度安全监控中心，加快推进金东新城、锡通科技产业园2个公交回车场建设。生态保护力度加大。扎实开展"两减六治三提升"专项活动，全力实施6大类19项生态建设重点工程，启动环南通生态涵养区建设研究。新建城镇污水管网47公里，新增绿化面积700公顷，PM2.5平均浓度下降7.6%，荣获国家生态区称号。组织18个节能、循环经济、清洁生产、环保装备项目列入南通市节能循环经济项目库，涉及印染、钢丝绳等行业。关停电镀企业10家，淘汰印染产能2000万米、钢丝绳产能4.46万吨。建立网格化环境监管机制，开展重污染行业专项整治行动，全面取缔地条钢生产企业。

坚持富民惠民双提高，发展水平迈上新台阶。人民生活稳步提高。坚持民生优先和富民惠民发展战略，深入实施居民收入倍增计划，实现城镇居民人均可支配收入40700元、农村居民人均可支配收入19980元，分别增长8.1%和8.8%。认真做好教育发展、医疗卫生、生态治理、人居环境、文化体育等10个方面31个民生实事项目。保障体系不断完善。新增城镇就业8902人，城镇登记失业率控制在3%的年度预期目标内。逐步推进城乡居民基本医疗保险整合并轨工作，养老、医疗等各项社会保险覆盖率均达98%以上。实施精准扶贫、精准脱贫，组织机关干部开展结对帮扶，动态调整扶贫对象。大力提升养老服务能力，南山颐养中心主体工程及配套设施通过竣工验收，7家农村敬老院实现达标升级。社会事业全面发展。扎实推进教育重点工程建设，新(扩)建银河新区等小学3所、幼儿园10所，通州中专二期工程建设步伐加快，特教学校迁建和教师发展中心改造工程顺利完成；教育现代化稳步推进，92.6%的学校通过义务教育现代化学校验收，金沙中学创成省四星级高中。医疗机构建设提档升级，启动区级公立医院建设项目，扎实推进人民医院、中医院创等升级步伐，区人民医院纳入三级医院管理。继续实施"文化十百千万工程"，成功举办"成长的歌谣"创作大赛、省"小茉莉花奖"声乐大赛，"童声里的中国"品牌影响力持续放大；大力推进基层文化建设，建成村级文化广场40个，举办文化活动1000场。全民健身活动蓬勃开展，举办江苏省青少年乒乓球冠军赛、全区乒乓球团体赛、全区羽毛球联赛、通州足球超级联赛、太极拳公益培训、健身气功进社区等活动100场次。管理创新继续加强。扎实推进社会主义核心价值观建设，大力选树"文明百佳"等各类文明新风典型。推进普法宣传，增强全民法治观念。文明城市长效管理常态化推进，顺利通过复查测评。围绕平安通州建设，创新升级立体化现代化社会治安防控体系，圆满完成重要时段维稳工作，被评为省平安区。不断完善社会矛盾纠纷多元化解机制和村居法律顾问制度，加强信访法治化建设。扎实推进法治通州建设，跻身全国"六五"普法先进单位行列。高度重视安全生产，扎实推进食品安全城市创建。 (邱卫君)

【固定资产投资及重大项目建设】 2016年，通州区深入开展项目建设突破年主题活动，围绕年度目标任务，强攻有效投入，猛攻重大项目，项目建设继续呈现平稳发展的良好态势。完成固定资产投资681.49亿元，增幅14%，总量居全市第一，增幅居全市第四，增幅高于全市平均增幅4个百分点。其中，完成工业投资369.59亿元，增长9.1%，总量居全市第一，增幅高出全市平均增幅0.9个百分点；完成服务业投资308.19亿元，增长21.4%，总量居全市第二，增幅居全市第四，服务业投资中完成房地产投资30.5亿元。列入省、市级重大项目投资计划分别为4个、17个，位居南通市前列。4个省级重大项目中，华电燃机热电联产一期两台机组投入运行；艾伯勒斜拉索主体厂房开工建设；开沙岛旅游度假区完成道路绿化配套工程建设，江韵风情街准备开工，荷花世界完成荷花种植，生态廊道、杉林花海进场施工；平东物流园一期铁路货场预可研通过、工可申报，铁路货场核心区域进行拆迁。17个市级重大项目中，江海智汇园主体建成并投入使用；南通绿博园一期对外营业，园内建成20多个专类园与种植区；通力商业综合体一期主体建成；新江海薄膜电容器一期工程竣工投产，二期工程镀膜生产车间厂房建成，购置安装部分镀膜生产线；深南电路打桩结束；丽智电子一期主体工程建成；聚丰工业园9幢厂房进入装修阶段；旭东汽配园主体建设之中；东源新能源项目基础出正负零。 (吴晓涛 顾滨滨)

财 政

【概 况】 2016年，通州区财政局紧紧围绕建设"强富美高"新通州总体目标，主动适应经济发展新常态，积极应对各种风险挑战，着力抓收入、促发展、推改革、强监管、惠民生、树形象，圆满完成各项工作任务，顺利实现"十三五"良好开局。

【财政收入72.22亿元】 努力克服经济下行压力持续加大、政策性减收效应不断显现等因素影响，奋力冲刺全年收入目标任务。2016年，全区完成一般公共预算收入72.22亿元，占预算的112.8%，其中税收收入54.15亿元，占预算的104.5%；非税收入18.07亿元，占预算的148.6%，顺利实现南通市下达的收入工作目标。注重税源培植。积极落实企业减负政策，认真做好企业稳岗、百强优秀企业评选表彰工作，为实体经济健康发展营造良好环境。通过转变产业扶持方式，推进财政金融双轮驱动，不断放大财政扶持资金的杠杆效应；加大产业基金、技改贴息投入，采取融资担保及风险补偿等措施，全力服务创新转型，加快培育财税经济增长新动能。加强财税调研。在开展重点骨干企业运营情况调研的基础上，会同相关部门组成“营改增”联合调研小组，赴建筑项目集中地区开展工作调研和现场服务，收集营改增过程中存在的难点和建议，加强区域联动与合作，鼓励企业为家乡财源建设多做贡献。突出科学征管。加强财税沟通联系，突出抓好企业所得税、个人所得税、政府投资工程和社会工程税收的科学征管。制定《关于促进我区建筑业持续健康发展的六条意见》，扶持建筑企业做大做强，引导本地企业在外项目回通州纳税。推进综合治税。采取会议推进、简报通报等形式，积极营造综合治税良好社会氛围。建立涉税信息正常报送机制，加强涉税信息反馈利用，及时依法进行风险应对、处理处罚，确保全区综合治税工作取得突破性成效。

【服务经济】 坚持“保压并举、统筹兼顾”原则，不断优化支出结构，切实加大民生、城乡及环保等领域投入，为经济社会各项事业发展提供有力保障。从严控制一般支出。按照中央八项规定要求，继续实行公用经费预算“零增长”，严格控制“三公”经费预算规模。2016 年，区级“三公”经费、会议费、培训费预算分别比上年下降 21.9%、12%、12.5%。区直预算单位“三公”经费实际支出下降 22.6%。切实加大民生投入。民生支出安排 69 亿元，占总预算支出的 80.5%。新农合和居民医保整合并轨稳妥推进，被征地农民养老保险制度逐步建立，城乡居民基础养老金标准及弱势群体救助标准持续提高；教育现代化建设各项工程不断加快，基本公共卫生服务资金人均标准逐步提升，文化惠民工程深入实施。加快促进城乡发展。安排资金 56.9 亿元，全力推进交通路网建设，支持实施城区景观绿化、游园建设、老小区改造及重点工程拆迁。投入资金 11.12 亿元，加快推进高标准农田、现代农业示范区建设及一事一议财政奖补项目建设，继续实施农村河道整治三年行动计划，稳妥开展农业支持保护补贴改革。不断优化生态环境。统筹各级财政资金 5500 万元，落实老旧机动车报废、燃煤锅炉淘汰等各项补贴政策。安排 1.2 亿元，推进覆盖拉网式农村环境综合整治工作，加强“五位一体”农村环境长效管理，有序推进美丽乡村建设和区域村庄环境整治提升试点工程。

【财政改革】 以构建现代财政体制、推进政府治理现代化为目标，科学谋划、稳步推进，全面深化各项财政改革。预算管理制度改革加快实施。完善人员及项目信息库，规范预算审核过程，细化预算科目分类，强化项目支出刚性约束；建立部门决算审批制度，进一步拓展预决算信息公开广度和深度。2016 年部门预决算公开范围扩大到 245 家财政拨款单位；除“三公”经费外，增加会议费、培训费公开内容。国库集中支付改革纵深拓展。合理调整财政授权支付范围，规范医疗保险和个人所得税代扣代缴方式。选择 12 所农村中小学校开展基层财政国库集中支付试点改革，加快建立完整的国库集中支付体系。组织开展财政授权支付业务和公务卡使用情况专项督查，扎实推进业务督导，研究推进预算执行动态监控系统建设，不断提高财政资金运行的安全性和规范性。预算绩效管理改革持续延伸。继续推进绩效目标和资金预算同步编制、同步审核，全年对 53 个部门预算项目及 17 个政府专项支出项目实行绩效目标管理。对食品药品监管“一中心两平台”建设等 4 个项目试点开展绩效目标过程跟踪监控，推进预算绩效与政府绩效管理相衔接。组织开展 33 个民生项目绩效自评价及 7 个重点项目财政再评价，进一步激活放大绩效导向作用。惠通公司实体化改革运作顺利。主动调整融资策略，不断拓展融资渠道，超额完成全年目标任务。稳健推进股权投资业务，全年累计安排股权投资基金 7.69 亿元，投资区内外中小科技型、创新型企业 27 家。对投资企业进行实地跟踪检查，逐步健全投资风险控制机制，切实强化控股参股企业管理监督，先后派员担任董事、监事，参与上海中汇金公司及南通众和担保公司的经营管理和重大决策。

【财政管理】 坚持高起点选标定位、严要求狠抓落实，扎实开展各项财政管理工作，助力科学化、规范化理财水平再提升。加强国库资金管理。以财政资金增值收益最大化为目标，督促金融机构统一按定期存款基准利率浮动上限执行，全年实现利息总收入 2.04 亿元。加强财政专户收入项目及往来资金清理，加大项目资金结余统筹力度，盘活财政存量资金 1.9 亿元。推进基层财政建设。按照“业务建设抓重点、队伍建设抓联动”的思路，完善“星级财政所”考评办法，强化镇级财政财务日常监管，着力提升基层财政管理规范化水平。在采取互查观摩、微信交流和专题培训等形式提升人员综合素质基础上，积极参与省市业务技能学习竞赛活动，获综合成绩全市二等奖。加快财政信息化建设。以提高智能化水平为目标，以项目管理为主线，以数据全面共享、流程规范严密为标准，开发融合预算编制、资金支付、工资管理、政府采购等业务的新信息系统，实现指标、用款计划等数据的自动生成以及专项资金预算、拨付及辅助台账的信息化管理。优化会计管理服务。规范组织会计职称等报名工作，加强代理记账机构管理及基层财政档案长效管理，推进区直行政事业单位会计人员“持证上岗”工作。创新载体，开通“通州会计”微信公众平台，及时为会计人员提供“4S 套餐”服务。

【财政监督】 以严肃财政纲纪、整饬财经秩序为目的，合力开展财政监督工作，努力为优化经济发展环境保驾护航。规范专项资金使用。以提高资金使用效益，确保财政专项资金安全、有效运行为目标，注重源头管控、过程监督、结果评价，不断加强对产业扶持、强农惠农、民生保障、城市建设、拆迁安置等专项资金的监督管理，加快构建“立项科学、管理规范、注重绩效”的资金监管新机制。强化国有资产监管。试点编制政府资产报告，全面反映通州资产存量、资产增值和新增资产情况。全面清查行政事业单位、社会团体财务、资产等情况，摸清全区国有资产“家底”。理顺区级国有资产监督管理体制，编制国有资本经营预算，开展国有企业年度审计及镇级国有资产管理监督检查，切实提高国有资产规范化管理水平。注重债务风险防控。严格执行政府债务全程监管制度，不断完善债务规模管理和风险预警机制，切实强化对区本级、高新区和锡通园区、其他镇区园债务三级管控。合理确定政府融资规模，健全融资审批制度，规范融资资金管理。积极开展政府存量债务置换及新增债券争取工作，进一步优化债务结构、降低债务成本。加大监督评审力度。对环保局、东社镇等15个单位实施专项检查，对秸秆还田、农业保险等8项资金项目开展日常督查，按照省市部署积极开展国土、交通系统部分非税收缴项目检查，全年监督检查行政事业单位70多家、镇区园5个。持续加大财政投资评审力度，全年评审工程概算项目349个，送审金额28.80亿元，核减资金2.30亿元。

（姜 忠）

国家税收

【概 况】 2016年，南通市通州区国税局紧紧围绕税收现代化建设目标，深化国地税征管体制改革，统筹抓好组织税收收入、"营改增"全面扩围、金税三期上线等重点工作，攻坚克难，团结拼搏，圆满完成全年各项工作任务。是年，区局和三分局荣获"江苏省文明单位"称号，区局机关党委被南通市委表彰为先进基层党组织，区局被南通市委表彰为拥军优属模范城六连冠先进集体，被区委区政府表彰为区级机关目标管理绩效考核先进集体。

【依法治税】 坚守原则抓好组织收入工作，健全税收收入管理体系，密切关注"营改增"风险，及时开展异常收入专项督查整改，2016年组织税收收入41.20亿元，比上年同期(下同)增长15.6%；实现地方公共财政预算收入17.36亿元，增长70.12%，总量、增幅分列六县市第1、第2位。积极争创税收法治示范点，举办法制讲堂5期，清理税收规范性文件43件，对发票使用管理、一般纳税人资格管理、退税管理、责令限改税务处罚、出口货物函调管理等5个重点监控项目抽查复审177户次，开展执法督察68户次，责任追究10人次。在全市率先推行纳税评估说理式执法，积极探索建立情报管理为导向的破产企业税收管理新秩序，规范打造破产企业税收风险管理新流程，全年共对4户破产清算企业进行风险应对，贡献税款967万元，最大限度地遏制税款流失。认真开展"打虚打骗"专项行动，稽查全年查处10万元以上大要案12件，其中百万元以上2件，补罚合计2832万元。

【服务发展】 2016年，区国税局加班加点，攻坚克难，打好营改增扩大试点"开好票、报好税、分析好、改进好"四大关键战役，实现税制平稳转换。全区8075户纳税人纳入营改增范畴，新增的建筑、房地产、金融和生活服务四大行业减税面达99%，并在拉动投资、改善出口、推动三产等方面显现出良好的溢出效应。认真落实"国税助力供给侧结构性改革20条举措"，主动对接区级重大项目建设，全力支持大众创业、万众创新，以税收政策措施落实情况专项督查为契机，确保纳税人税收优惠应享尽享，全年累计兑现各项税收优惠近24亿元，相当于同期税收总量的58%，其中出口退税18.63亿元，退税规模、速度全市领先。发挥税收分析辅助决策作用，努力打造"拳头产品"，参与及专题撰写的《建筑业税负分析报告》《从税收视角看滨海园区经济发展分析报告》分别得到省局领导和市政府领导表扬性批示。

【征管改革】 以深化国税、地税征管体制综合改革试点为总揽，积极落实《全国征管规范(2.0)版》及各个单项改革任务，国税管理改革"第四战役"持续推进，实现"50个到位"，顺利通过省局"税收管理改革综合示范点"验收评审。认真贯彻落实国地税合作规范2.0、3.0版，召开国地税联席会议6次，通过共建办税服务厅、联合进驻便民服务中心、互设窗口互派挂职等方式筑牢联合办税基础，真正实现纳税人"进一个门、办两家事"，国地税联合开展核定征收企业所得税经验在全市推广。深入推进综合治税，主动与镇(区、园)综治办、财政、地税等部门加强联系，有针对性地采集第三方情报信息23140条，情报应用成效7726万元，占全年风险应对总成效9831万元的78.27%。夯实基础管理，全面推广增值税发票新系统和办税实名制，积极推广欠税追征模板指引，明确追征机构职能，严格控制新欠，全年完成欠税追征任务272户967万元。

【纳税服务】 聚力金税三期系统上线，按照总局、省市局统一部署，精心开展业务测试，精心组织单轨切换，精心实施双轨运行，成功实现征管核心系统的平稳切换和迭代升级。深入开展便民春风行动，全面推广运用省局电子税务局，稳步推进"三证合一"和"两证整合"，大力拓展多元办税，实现非接触式服务占比达90%以上。加强办税现场管理，开辟绿色通道，增设应急窗口，优化排队叫号系统，积极引导纳税人错峰申报，提供预约取件新型服务。深化行政审批制度改革，坚持"放管服"相结合，力保清单之外无审批。强化纳税信用等级评定、动态管理和结果应用，在各类征信工作中对高等级纳税人积极推荐，广泛宣传并落实A、B级纳税人免认证优惠政策，"税e融"产品为78户小微企业提供信贷支持5600万元。加强涉税中介监管，营改增期间多次约谈税控系统服务单位，以签订承诺书等形式督促其不断提高服务质量。

（成 云）

地方税收

【概 况】 2016年，通州地税局紧紧围绕"务实改革、创新提效"工作主题，深入运用"互联网+税务"思维，以深化改革、创新驱动为抓手，全力推进六大行动计划，圆满完成年度各项工作任务。

【组织收入】 2016年，全系统组织收入76.75亿元，其中：税收收入51.72亿元，剔除“营改增”因素，增长5.93%；地方公共财政预算收入41.21亿元，剔除“营改增”因素，增长10.45%；社会保险费收入21.88亿元，增长7.09%；残保金收入2122万元。收入总量在南通六县（市、区）之首。围绕人代会目标和市局统筹指标，修订组织收入考核办法，加强敏感时点收入规模、进度、增幅的把控，保持收入走势的稳定性；以“税源排查、税收分析、质量管控”三项工作为重点，按照“挖存量、盯增量、防风险”的收入工作思路，不断优化和细化收入质量指标，构建收入目标任务齐抓共管的责任体系，确保收入总量和质量协调稳步提升。抓好所得税的预缴工作，企业所得税预缴率达83.79%；有效开展企业所得税团队化应对工作，专家团队完成81户企业的所得税风险识别，对其中64户开展风险应对工作，查补入库税款5818.75万元；积极推行掌上APP和网银缴款，12万元自行申报4681人，任务完成率156.03%；开展股权转让低平价调整工作，共核定调整109户，补税1900万元；加强土地增值税管理，完成13户已申报未审核老项目清算审核，通过审核补征税款139.64万元，老项目清算审核率达100%；与区残联合作下发《2016年残疾人就业年审和征缴工作通知》，至10月底共征收2120.90万元，占任务数100.97%，比去年同期入库数1816万元多304万元，增长16.78%。落实困难企业税收优惠，共审批土地使用税困难性减免8户，减免税额112.13万元；落实小微企业税收优惠，已有518享受户优惠政策，优惠落实面达100%；落实高新企业税收优惠，共计15户享受优惠693.22万元；落实《省政府关于降低实体经济企业成本的意见》文件要求，减轻企业税费负担，对所属期为2016年1月、2月的防洪保安基金统一办理批量退库，共退库1469户259.57万元。夯实征管基础工作，及时掌握企业社保费缴费情况和未申报情况，按月加强催报催缴，征缴率达98%以上；清理以前年度社保费户数119户，入库金额514.15万元；对部分单位启动银行划拨存款，共对65户次欠缴单位进行查询及划拨存款，共划拨入库36万余元；加强与财政、各级政府、法院、银行等多部门合作，最大限度保证社会保险费的执行到位。制订《欠税管理业务规范》，将上门催缴与强制执行相结合，政策宣传与辅导教育相结合，形成与其他单位横向联动、与纳税人立体互动、部门内部整体联动的清欠模式；通过“深化国地税联合欠税控管、联合年检时加强管控、向法院申报破产企业债权、银行存款强制划缴、恶意欠税移送公安、阻止法定代表人出入境”等方式联合推进欠税清缴工作；进一步明确欠税管理职责，通过开展欠税清缴劳动竞赛等方式，有序推进欠税清缴工作。

【征管改革】 按照上级整体推进方案和时间节点要求，及时制定实施方案，明确“营改增”工作的路线图和时间表，共向国税移交4914户纳税人；做好营业税税收清理，1—4月，清理营业税欠税185万元，清理建筑项目1285个，补开票金额约45.69亿元，入库税款1.36亿元；积极对接二手房交易和个人出租房屋委托代征的政策确认、开票规则确定以及政策宣传等工作，确保相关工作顺畅衔接、平稳过渡。“营改增”实施以来，代开私房出租发票1540份，入库税款23万元；代开转让不动产发票1521份，入库税款297万元。加强联合办税服务，主办税服务场所、各办税服务点、便民服务中心设立国地税联合办税窗口，国地税分别派员、统筹协作办理纳税人涉税事项，进一步节约纳税人办税时间，提高办税效率；加强联合税政管理，与国税联合开展核定征收企业所得税工作，共涉及制造业等6个行业260户企业应税所得率下调，7月底全部调整到位，减轻纳税人负担；加强联合宣传辅导，联办培训40余场，培训纳税人4000余户次，互派师资10余人次，联合评定2015年度纳税人信用等级10813户次。加强组织领导，制定确保金税三期有序运营的7项工作制度，确保金税三期平稳上线；加强税源状况指标监控，采取“专人监控、分工负责”的方法，进行实时动态监控，2016年各项基础管理指标情况较好，处于全市前列；抓好“三证合一”工作，共联合办证2059户，并做好国地税登记信息的匹配工作，确保匹配率100%。不断完善低风险监控指标库，明确低风险应对的标准和要求，切实提高低风险应对质量，低风险应对完成2051户，入库税款364.55万元；制定《中等风险绩效考核管理办法》，加大对中等风险应对案件的考核力度，拓展风险应对深度和力度，中等风险应对入库税款42233.02万元，贡献率11.87%，列六县（市）第三；大要案查处力度不断加强，高风险应对入库税款11923万元，贡献率1.5%。中等风险指标更趋完善，共上报市局风险指标建议意见35条；完成指标验证29个，验证疑点数近400条；共推送中等风险14批次，涉及970户企业疑点2980条，基本做到风险全覆盖；利用政府信息交换平台获取29个部门58个数据项，25万余条涉税信息，居全市前列；升级优化“以地控税”智能监控系统，将系统的实际操作列为风险应对的必经程序，进一步放大应用成效，通过“智能监控系统”应对补缴土地使用税税款达3100余万元，其他税种1467.03万元。

【依法行政】 修订整合中等风险应对作业指导书2.0版，完成相关业务指导培训，持续提升中等风险应对的案件质量；成功争创省级法治税务示范基地，以区局大楼“瑞园”为载体，建成税务法治文化公园；加大自由裁量行为的监控力度，对行政处罚差错率按季进行通报分析；进一步落实总局重大案件审理流程，增加书面审理环节，全面开展案件合法性、合理性审理，2016年，共审理稽查重大案件15个，涉税金额687.68万元，审理中等风险应对案件29个，涉税金额5377.76万元。积极打造稽查“双引擎”工作法，通过“加强稽查五种能力”和“借力轮训平台”力促稽查效能新提升；稽查局共发起纳税人风险自查户数60户，自查税款11397万元；立案检查户数66户，结案51户，入库税款、滞纳金、罚款共计1526万元，其中100万元以上案件3户，300万元以上案件2户，在查500万元以上案件1户。强化督察内审，开展中、高等风险应对质量检查，开展中等风险应对质量检查24户、高等风险应对质量检查2户，发现问题6户；开展执法疑点核查，选取两个可清算土地增值税的开发项目进行清算核查，共发现问题20个；开展执法督察、疑点核查及风险应对质量检查合计查补税款196.75万元、滞纳金13.78万元。

【纳税服务】 2016年，纳税服务局探索“互联网＋税务”，推行“网上办税为主，线上线下相融合”的多元化办税服务体系建设，通过外网“网上办税厅”办理申报的企业纳税人达95%以上；扩大“掌上办税APP”知名度和影响力，31人次办理年所得12万和两个以上个税申报；积极推广“集中受理，后台流转，约时办结”预约服务，推出4项基本业务加4项升级业务的“4＋4”通州预约服务模式；探索“潮汐式”办税应对措施，不断完善办税服务厅人力资源保障机制和问题处理快速响应机制；深化和完善“三分三合式”容缺受理服务，共办理54笔，无一起缺件未补事项，提速率达88%；继续深入推进“便民办税春风行动”和各项服务举措，主大厅连续12个月获政务服务中心“红旗窗口”称号，24人次获评“服务之星”称号。积极拓展税宣载体，围绕“创新服务　便民办税”主题，做客通州政府网站“在线访谈”栏目，与社会各界进行网上互动交流；利用《通州日报》“瞿税官信箱”栏目，持续宣传税收热点、难点、焦点问题；利用“地税开放日”活动，广邀监察员、纳税人代表宣传地税自助办税平台；利用大屏幕、税企通及时将最新的税收政策广而告之，全年推送30期，惠及35万人次，发布短息提醒、风险预警80万余条。借助纳税人学堂，稳步实施“万人税收培训计划”，上门开展“订单式”培训；及时受理、转办“12366”工单36条，受理、转办“12345”政府热线案件48件，对举报、投诉事项及时处理，受理处理率、回访满意率均达100%；深入推进“税银合作”，深化纳税人涉税信用信息增值利用，7户纳税人通过E税贷项目贷得款项260万元。

【队伍管理】 出台《通州地税绩效考核分析讲评制度》，进一步规范考核流程，按季对绩效管理进行分析讲评，提升绩效管理成效；试行“绩效成绩报告单”制度，对相关问题进行“双轨式”的效能溯源，确保相关责任在规定时间内得到整改落实；加强单位绩效考评结果和个人绩效考核紧密结合，提高绩效考核结果运用度，做到人人讲绩效，事事求绩效；绩效征文《坚守》被省局推荐至总局参加征文比赛，二分局拍摄的绩效管理视频短片在市局组织的绩效文化论坛上做经验交流。依托周末税校平台，共组织开展九期“周末税校”培训；分两批组织全系统干部168名税务干部赴南京师范大学参加更新知识培训，培训课程丰富多彩，效果明显；积极参加市局副科职分局长选拔，3名干部通过竞争走上副科职分局长领导岗位；认真做好人才选拔任用工作，多名同志经选拔走上领导岗位，为中层干部队伍增添新活力；严格执行干部任职回避及交流制度，六分局和征科科合署办公，全系统一般干部岗位交流面达29.81%，中层干部交流面达41.67%；积极开展“岗位大练兵　业务大比武”活动，6名干部代表南通地税参加省局业务大比武，其中1人进入省局前100名、4人进入省局前230名，被评为省局“岗位能手”。

【特色工作】 在区政府网站“两学一做”专题中，率先刊登通州地税专栏；开展首届党课示范教学暨“谋通州新篇，做合格党员”党课比赛，开展“地税春风行动”，积极参与社会公益事业，5名干部报名“社会妈妈”；和贫困儿童一对一帮扶，共计发放各类扶贫帮困慰问金和慰问品13.4万元；与国税联合成立忠孝园廉政教育基地，组织开展“传承良好家风”道德讲堂活动，不断增强干部廉政意识；采取“固定课堂＋流动课堂”的形式，常态化开展道德讲堂活动；打造“心悦读”读书模式，将职工书屋打造成“流动图书馆”，11月成功创建“全国职工书屋”；继续蝉联“省文明单位”荣誉称号，二分局被新评为“省文明单位”；2016年，获得国家级荣誉1个，省级荣誉4个，市级荣誉13个，地税工作的新局面不断得以有效拓展。

（王铁华）

国土资源管理

【概　况】 2016年，南通市国土资源局通州分局准确把握保护资源、节约集约、维护权益、改革创新的角色定位，勤勉作为、克难奋进，圆满完成既定目标任务，取得明显成效。

【耕地保护】 2016年，区政府成立耕地保护基本农田管护领导小组，与各镇政府签订耕地保护责任书，落实6.42万公顷耕地保护责任和5.66万公顷基本农田保护目标。全力推进土地整治项目，层层分解666.67公顷建设用地复垦和200公顷耕地占补平衡目标任务。全区申报入库建设用地复垦项目766个，新增耕地面积697.58公顷；申报入库耕地占补平衡补充耕地项目207个，新增耕地面积282.12公顷。全年共实施完成增减挂钩、占补平衡项目复垦面积876.94公顷，超额完成目标计划任务。全区在建实施土地整理项目6个，建设总规模4733.33公顷，投入改造升级土地整治专项资金1.49亿元。根据部、省、市统一部署，积极完成南通市城市周边和通州区城市周边永久基本农田划定工作。根据南通市高标准农田建设总体部署要求，通州区落实高标准农田建设规模5246.67公顷。

【土地保障】 全区15个镇（街道）共完成修改土地利用总体规划面积266.67公顷，有效保障2016年度项目建设用地与土地规划的有效衔接。扎实推进土地利用总体规划调整完善工作，通州区建设用地空间指标为1693.33公顷，规划流量为866.67公顷，合计2560公顷。积极向上争取新增建设用地计划指标444.87公顷,其中,获得国土资源部奖励66.67公顷新增建设用地计划指标;争取3个省重大项目计划44公顷;争取5个省独立选址计划指标246.2公顷;争取挂钩计划指标66.67公顷。上报农转用、征收8个批次(5个村镇批次,3个挂钩批次)和4个单独选址项目,申请用地534.53公顷,保障中盾能源、甬金、新江海动力等一批重点产业项目和五接卫生院、五星级高中、通州中专等一批重大民生工程。全年供应各类建设用地209宗721.07公顷,成交价38.2亿元。根据国家宏观调控政策,增强政府对土地市场的调控能力,积极策应供给侧改革,适当减少房地产项目供应规模,保障项目建设用地需求,重点扶持民生项目,促进全区经济社会可持续发展。

【节约用地】 新上工业项目均有明确的投资强度、产出效益等具体标准进行考量,严把建设项目用地"准入关"。把清理处置、盘活利用闲置空闲土地作为推进通州区经济转型发展的重要任务,2016年供出批而未供土地505公顷,盘活供应国有存量土地82.07公顷,处置闲置空闲土地65.87公顷。以供给侧改革为导向,通过从严审查项目用地、实行差别化供地政策等措施,有保有压调整供地结构,从源头倒逼推进节约集约用地。积极探索工业用地弹性出让政策,通过"减年限降价格"的方式提高工业用地土地利用效益。开通国有建设用地网上交易系统,实现高效、便捷、透明的土地挂牌流程,保障权利人的合法权益。充分利用部土地市场动态监测监管系统、省建设用地全程跟踪管理系统、区建设项目用地批后监管跟踪系统,与建设用地竣工验收换发证制度相结合,实行"三网联动",对批后开发建设情况进行跟踪监管,2016年验收经营性用地和工业用地58宗,补交出让金约200万元;签订延期补充协议66宗;发放开竣工提醒函、催告函132份,征收土地出让金、滞纳金、违约金12万元。确保项目及时开工竣工,尽早投入生产。

【土地执法监管】 结合内外业核查,分类梳理2015年度卫片图斑所涉地块并制定整改方案。4月,区政府向镇区园(街道)交办卫片拆除图斑,2016年各镇区园(街道)拆除复耕129宗23.38公顷。第一次季度卫片下发后,及时组织实地核查,向镇区园(街道)下发建议整改函,立案查处违法用地。加大动态巡查频率和次数,落实"防控登记卡"制度。对70宗用地进行抄报告和发函,有效制止13起违法用地的发生。与区人民法院一起强制执行33宗行政处罚款共计141.51万元。对全区涉地信访积案开展"拉网式"大排查,对排查出来的信访矛盾纠纷逐一登记造册,建立专门台账。全年化解信访结案8起。

【改革试点工作】 平潮镇作为2015年全省第一批同一乡镇范围内村庄建设用地布局调整试点单位,完成规划方案拆旧区一期的拆迁工作,全面组织实施二期,项目入库总面积19.78公顷。南通高新区和先锋街道作为2016年全省第二批试点单位完成规划实施方案的编制工作,其中高新区全面完成32.90公顷的拆迁复垦工作,申请并等待上级验收,先锋街道实施14.73公顷的拆迁工作。年初,将优化基本农田布局作为全区重点改革工作之一,明确目标任务、落实时间节点,确保工作快速推进。形成《通州区基本农田优化布局实施方案》并上报。5月30日,通州区不动产登记中心正式挂牌运作,全年受理各类业务49525件,共颁发不动产权证书及登记证明共计17065本。按照省市关于不动产登记系统接入国家级信息平台的要求,通州成为继国家试点徐州之后全省率先接入国家级平台的不动产登记机构,实现登记信息国家、省、市、县四级互通共享。

(季均峰)

物价管理

【概　况】 2016年,区发改委围绕"服务发展、关爱民生、促进和谐"宗旨,主动适应价格工作新常态,全面深化改革,坚持放管结合;加强宏观调控,稳定市场价格;深化价格改革,规范价格行为;清费治乱减负,构建和谐环境;坚持依法治价,严肃价格纪律。基本完成各项价格工作任务,为建设"强富美高"新通州创造良好价费环境。

【价格监测】 2016年,定时监测城区第一集市场和石港农贸市场共计13大类110余规格(品种)主副食品价格,实行每5日一报,为上级部门和政府领导决策提供信息支撑。适当调整价格监测点和农本调查点布局,提高数据的区位代表性、可比性和准确性。是年,共设立价市场主副食品价格监测调查点25个、生猪、蔬菜种植调查点25个,农产品成本调查户21户。新建立粳稻、油菜籽为农本调查省直报品种。持续开展生猪、蔬菜种植成本收益的持续跟踪调查,加强对采集数据的分析,全年共采集数据2.45万余条,上报监测分析和调研材料47篇。

【收费监管】 2016年初,通州区认真部署上年度收费统计工作,要求各收费单位要准确、上报各类数据及报表,确保数据准确,无缺项、漏项和逻辑错误。同时要求各单位认真执行事中事后监管的相关制度,强化日常收费情况变更和收费公示的动态管理,主动落实好各项收费政策。认真梳理行政事业性收费项目和政府定的经营服务性收费项目,通过相关门户网站公布《通州区行政事业性收费目录清单》和《政府制定价格的经营服务性收费目录清单》。2015年度,全区行政事业性收费总额20541.60万元。

【清费减负】 根据《省物价局关于开展清费降本减负政策落实情况专项督查的通知》(苏价费〔2016〕120号)要求,认真部署通州区清费降本减负政策落实情况工作,成立领导小组,加强对清费减负工作的领导、监控、协调和联系。

专项督查以收费单位自查和价格主管部门抽查相结合的方式进行。主要了解各收费单位收费情况变更制度和收费单位年度收费情况报告制度落实情况；各收费单位是否在醒目位置公示收费项目、收费标准、收费依据、收费范围、收费对象，是否落实优惠减免规定；各单位是否存在目录清单之外擅自设立收费项目、随意扩大收费范围、变相提高收费标准、收费票据使用不规范等行为；各单位落实减轻企业负担收费执行情况。按照"减少项目、降低标准、优化环境"的要求，做好国家、省、市取消调整的行政事业性收费和政府定价的经营服务性项目和标准的落实衔接工作，对行政事业性收费进行全面清理和规范，进一步取消不合理的行政事业性收费项目，降低收费标准，2016年，全区共取消和免征收费项目23项，减轻企业和群众负担。

【水价改革】 2016年，通州区推进"十二五"水价改革工作，召开水价改革价格听证会，广泛征求社会各界代表意见，出台区水价改革改革政策，调整城区、区域转供水和镇、区、园、街道供水价格，调整污水处理费收费标准，开征城区以外的镇、区、园、街道污水处理费。建立城区居民生活用水阶梯式价格制度，从3月1日起执行三档居民用水价格：3.10元/立方米，年用水量0—180立方米；3.98元/立方米，年用水量180—300立方米；6.6元/立方米，年用水量300立方米以上部分。继续落实高污染企业差别水价政策，对2016年度企业环境行为评级确定为"红色"和"黑色"等级的80家企业，污水处理费在原有基础上分别加收0.60元/立方米，1.00元/立方米。

【价格检查】 2016年，区发改委物价检查分局开展旅游市场价格、涉企收费、机动车检测收费等专项检查，查处违法案件3起，有力打击价格违法行为，维护广大群众的利益。针对价格举报出现的职业举报的新特点，区发改委检查分局认真研究，积极应对，全年共处理各类电商举报98件，由于处置得当，职业举报人未能从中获利，维护企业的正常运行。2016年是创建省级价格诚信单位之年，区发改展改革委积极做好创建动员工作，并进行相关的创建指导，按照公开、公平、透明的原则，向省级价格部门上报3家创建价格诚信单位。加强节假日市场价格检查，提醒经营者守法经营，诚信经营，对哄抬价格、变相提价等不正当价格行为，予以坚决打击，维护广大消费者利益，保持社会和谐稳定。

【平价商店】 推进"平价商店规范年"活动，进一步提高工作目标，做到平价商店"六统一"（即统一监管考核标准、统一准入退出制度、统一网络监管平台、统一电子信息公示、统一现场标识标志、统一平价商店明码实价），实现平价商店运营规范化、监管规范化、发展规范化，更好发挥平价商店"稳价惠民、应急调控"的作用。使用新的平价商店报价系统，统一电子显示屏公示。严格实施平价商店进退考评机制，修订《南通市通州区农副产品平价商店考核奖励办法（试行）》，改善日常督查和考核方式，积极运用省、区两级价格调节基节促进平价商店建设和发展。印发《进一步加强平价商店考核的通知》，2016年10月1日起，各平价商店销售的平价蔬菜统一调整为18个品种以上，并每天及时上报平价商品销售数量。是年，各平价商店销售平价农副产品金额总计2114.72万元，平均降幅26.5%。

【价格认定】 通州区价格认证中心深入贯彻《中共中央国务院关于推进价格机制改革的若干意见》精神，依据《价格法》《江苏省价格条例》、国家发改委《价格认定规定》（发改价格〔2015〕2251号）等法律法规和规范性文件，扎实做好涉纪、涉案、涉税财物价格认定和价格争议调解工作，努力提升价格认定法治化、规范化、制度化水平，共开展各类涉纪、涉案、涉税价格认定和价格争议调解583件，价格认定和调解金额6.82亿元。其中刑事及行政案件价格认定245件，认定金额266.85万元；涉税价格认定237件，认定金额5.10亿元。立足机构转型新目标，在规范巩固创新中提档升级。涉案财产价格鉴证、涉纪财物价格认定、涉税财物价格认定被区政府、编办列入《通州区区级行政权力事项目录清单》。积极推进价格争议调解体系建设，逐步建立区、镇、村、企业联动的价格争议调解工作体系，并在区价格认定中心设立价格争议调解中心，各镇社会矛盾调处中心内设价格争议调解工作站，有效发挥价格认定机构处理价格争议的优势和主导作用，将价格争议调解处理工作与人民调解、行政调解、司法调解有机融合，形成互通信息、共享资源、相互支持、密切配合的联动调解新格局。

（李振宇）

工商行政管理

【概　况】 2016年，通州区市场监督管理局围绕"12315"工程，服从中心大局、服务经济发展，力推"基层标准化、监管执法规范化、监管信息化"三大建设，开展"民生护卫在行动"系列执法活动，建成区综合检验检测中心、信息化指挥中心，创成省级食品安全示范城市。是年，被评为"2013—2015年度江苏省文明单位"；获"江苏省2016年度质监执法示范点"称号；被评为2016年度南通质监（市场监管）系统行政执法案卷质量优秀单位；参评案卷被南通质监局、食药局评为优秀案卷；局团委被市团委表彰为"南通市五四红旗团委"；兴仁分局行政服务股被共青团南通市委命名为"南通市青年文明号"；"打造'党员徐大哥工作室'志愿者服务队"被评为2016年度通州区宣传思想文化工作改革创新奖项目。

【服务发展】 2016年，全系统上下紧紧围绕政府重点经济工作，创新服务举措。推出"百员联百企"机制，策划书记抓党建创新创优项目，在基层分局设立"企业家之家"，以监管网格为基础划分责任区，互留联系方式，提供助企发展一对一服务；主动参与招商引资，积极收集商企信息，协助高新区成功引进一家注册资金3000万元的企业；探索改革动产抵押办法，全年帮助企业办理抵押登记188件，助企融资21.9亿；实施商标兴企“1410”工程，指导全区企业新增中国驰名商标2件，著名商标8件，知名商标15件，名标总量全市领先。

【综合监管】 重点加强校园周边、居民小区、繁华街道、旅游景区以及城乡结合部等无证无照经营易发区域的日常监管，尤其是对检查中发现的危害人体健康、存在重大安全隐患、威胁公共利益和安全、破坏环境资源、制售假冒伪劣商品的无照经营行为，进行依法查处；加强信息抽查，先后两次开展企业年报公示信息定向抽查和不定向抽查工作，完成438户被抽查企业的现场核实工作，其中定向抽查企业10户，不定向抽查企业428户。加强广告监管，通过开展“一次法律法规培训、一条示范街、一次进社区、一次咨询服务、一次集中约谈和一次集中整治”的“六个一”活动，推动完善广告事前、事中常态化管理机制，推动广告监管由传统的碎片式、运动式逐步走向系统化、综合化、长效化的转变，着力增强广告经营主体自律意识和法治意识。

【消费维权】 2016年，消费维权工作实现“网、站、会、线”全覆盖。启动消费纠纷远程视频调解系统，让消费纠纷双方和调解员通过视频的方式进行远程调解，调解方式灵活、便捷，节约双方的时间和精力，消费维权工作进入网络维权新模式；设立消费维权服务站点，依托“徐大哥工作室”“老顾调解室”等基层分局特色维权窗口，开展消费维权进学校、进社区、进景区等活动；共建消费维权平台，建立“通州区消费者协会金融维权分会”“通州区消费者协会装饰装修维权分会”“陆立华消费维权工作室”；整合“12315”“12331”“12336”等热线，受理消费者投诉。全年共受理投诉1596件，为消费者挽回经济损失近250万元。

【市场监管文化】 收集、整理照片、实物等史料，打造南通市场监管系统首家局史展览馆，展示通州区市场监督管理局成立以来的发展、壮大过程，2016年接待省、市、区各级领导，系统内外各部门近千人次参观；成立文体活动俱乐部，下设诗词书画、摄影、文学艺术等8个协会，全系统140余人参加，全年组织灯谜、羽毛球、合唱、征集书画作品等活动8场次；拍摄《市场卫士》电视专题片9期，制作《奋进中的市场监管》《众人划桨开大船》等微信宣传片，在电梯中开设电梯文化宣传，展示履职成效，宣扬正能量，营造和谐团队氛围。

（曹保国）

统 计

【概　况】 2016年，通州区统计局按照省市统计部门和区委、区政府各项决策部署，积极适应经济发展新常态，以数据质量为核心，以优质服务为己任，深入调查研究，不断规范统计行为，努力实现“十三五”统计改革发展良好开局。

【统计质量】 抓规范，强执行。狠抓数据质量。各专业结合自身特点，完善专业统计考核办法及数据质量控制办法，围绕“评估、审核、调研、检查”开展工作。强化报表审核，把好增幅异常关，对数据趋势性、匹配性、逻辑性进行核实修正；注重多重比对，利用历史数据和部门数据进行分析对比，切实管控数据质量；进一步加强“一套表”管理，强化联网直报平台的业务培训和技术指导，上报时效和规范程度得到充分保障，统计数据质量得到有效提升。狠抓工作质量。以勇争一流、创先争优为动力，不断强化统计管理，提升统计工作质量，各项统计工作取得新成效，力争市内创一流、全省有影响。统计规范化创建成效明显。至年底，全区15个镇（区、园、街道）统计办公室全部通过省级基层统计规范化达标验收，其中8个获得省级基层统计规范化示范单位称号；95%以上的联网直报企业通过省级规范化达标验收；6个区级部门获得“省级部门统计规范化示范单位”称号；通州统计局连续四年被评为县级统计机构规范化创建示范单位。农业普查筹备高效推进。全国第三次农业普查前期筹备期间，完成机构组建，开展普查试点，划分出217个普查区和4030个普小区，完成“两员”选调（调普查指导员458名、普查员2096名），认真组织区镇两级农普业务培训，精心设计清查摸底表式，扎实开展清查摸底工作，科学比对部门数据、分析评估汇总数据（普查小区—普查区—镇街—全区）、及时修正异常数据。年度统计监审顺利开展。共对涉及10个专业的全区52家企业（单位）开展统计执法检查，查处统计违法案件3起。

【工作规范】 抓规范，强执行。完善制度建设。加强对局规章制度的修订完善与执行推进，修订完善《廉政约谈制度》《AB岗工作制度》《公务接待管理办法》《信访工作制度》《新闻发言人制度》《政务公开和社会评议工作制度》等系列规章制度，共六大类73项，为统计工作提供坚实的制度保障。强化精细管理。加强科室工作精细化、科学化管理。修订精细化管理考评办法，针对工作变化、人员变动，对科室工作任务、工作流程、人员分工进行重新梳理、细化和调整，进一步落实长效工作责任，并加强科室自查和全局月度和季度考核，以精细化管理推动各项统计制度的执行和规范，有效提高工作效能和服务保障水平。规范工作程序。全局统计工作严格按照相关制度组织实施，基本单位名录库工作做到勤培训、深维护、细指导、重调研，在加强名录库单位日常维护的同时，开展基本单位名录库维护节点向村居延伸的试点；“四上”单位入库严格执行国家统计局“先入库，后有数”的总体要求，以及各统计专业的具体要求，多措并举，狠抓落实，强化“四上”单位申报审批；制作产业项目入库申报流程图，确保产业项目审批环节相关证明材料完整规范，确保第一时间纳入统计范围；统计执法检查做到亮证执法、文明执法，规范执法检查程序，规范法律文书的制作和运用。

【协调机制】 抓协调，强沟通。注重纵向协调。与各镇（区、街道）协调沟通，积极开展调研走访，有效帮助解决基层统计人员力量不到位、精力不集中、岗位不稳定、工作不规范等现象，统计工作的网络机构和统计队伍得到进一步巩固。通过经常性的召开业务培训和工作布置会议，有效确保基层统计工作的顺利开展。注重横向协调。加强与部门协调配合，明确部门统计工作职责，畅通统计资料报送渠道，规范统计数据发布流程；加强与部门信息交流和数据评估，确保全区统计数据的全面性、真实性和统一性；与相关部门协同开展重点工作调研，联合发布统计公报，把各项监测指标体系落实到部门，共同推进监测工作；与相关部门保持紧密联系，随时掌握亿元产业项目变动确认情况，做好比对和反馈工作。注重内外协调。局内部各科室各专业之间加强协调配合，在文化产业统计、劳动工资统计、名录库统计和统计法治等涉及多专业、多科室的工作，做到互相配合、通力合作，共同完成相关专业工作和专项调查，形成全局一盘棋的工作局面。同时，处理好统计工作与面上工作关系，注重总量指标和相对指标的配比，正确处理好专业统计要求与上级目标考核的关系。

【统计职能】 抓调研，强服务。加强监测预警。紧紧围绕"三去一降一补"，密切关注新常态下全区经济社会运行态势，加强领导、专题部署，聚焦热点、深入解析。围绕供给侧结构性改革，完成工业企业去产能、降成本调查，形成《新常态下通州工业经济增长动力研究》《通州消费市场供给改革调查分析》《加快推进通州区商品房去库存对策简析》等专题报告；围绕民生需求，开展市民对城市建设与管理的满意度调研及农村居民网络消费调查，形成《通州市民对城市建设与管理的满意度调研》和《通州区农村居民网络购物发展现状分析》调研报告；努力做好监测服务，向有关部门及社会公众提供各类统计咨询服务数百次，召开统计新闻发布会两场；全年共发布统计信息485篇，省市级以上录用366篇；撰写统计分析及调研报告66篇，专题报道9篇；编发《统计月报》11期，《统计手册》1期，《两会统计画册》1期，分析专辑5期。二是深入调查研究。认真开展通州区产业集群区域品牌建设示范区调查、企业接受政府部门检查情况调查、新兴产业人才统计监测调查、"四众"企业调查、南通市百家工业企业调研、工业企业降成本情况调查、重点工业企业的调查等多项调查工作；扎实开展人口抽样调查，季度企业用工情况及非公企业人才调查，相继开展新服务业单位甄别、五大产业（健康、旅游、科技、生产性、体育）单位甄别、"四众"平台及企业核查等相关工作。优化服务产品。不断创新统计服务方式、加大服务力度，搭建纸质和网络两个统计服务平台。在不断优化《主要经济指标快报》《统计月报》《统计分析专辑》《统计年鉴》《统计手册》《统计专报》等统计产品基础上，首次尝试以生动形象的图片照片和具体数据展示通州"十二五"经济社会发展成果，编印《数说通州"十二五发展"》画册和《统计画报》。在传统的"通州统计信息网""通州区统计局（外网）"基础上，充分发挥"通州统计微讯"即时便捷的特点，积极开辟新的栏目，充实新的内容，并注重以图释意，增强可读性，发布43期166条内容，充分发挥小微讯的大作用。

【统计培训】 抓能力，强提升。参加上级各类培训。积极参加省市统计局组织的各类业务及技能培训班，以及区委、区政府和相关部门组织的培训班，统计人员通过培训不断接受新知识、新理念，提高统计业务能力，在工作中加以实践应用。开展内部业务交流。通过"今天我主讲"主题活动进行相互业务交流；科室之间、科室内部经常进行业务交流与探讨，相互学习，做到一人能懂多专业知识，一个专业有多人会做，形成良好的学习氛围，促进共同提高。加强基层工作督导。定期召开全体统计人员业务培训会议，对镇级一二三产及投资统计人员进行培训，镇级统计机构对定报企业进行培训，局业务科室到各地进行督查指导，确保培训效果。定期不定期召开专业统计人员业务培训会议，及时发现解决统计工作中存在的业务问题，不断提高基层统计人员的业务能力和工作水平。 （黄　凯）

审　计

【概　况】 2016年，通州区审计局坚持以"全覆盖、强基础、重创新"为目标、项目为中心、创新为动力、队伍建设为保障，全面履行审计监督职能。完成领导干部经济责任审计项目28个，组织实施财政财务收支和专项资金审计调查10个，查出不规范资金6.1亿元；完成政府工程决（结）算审计568个，送审金额49.18亿元，核减3.03亿元；完成标底审计558个，送审金额40.02亿元，审计核减2.26亿元；向区纪委移送案件线索13起，其中立案5起，计涉案人员11人。被国家、省、市录用各类审计信息112篇次。被表彰为省级文明单位。

【预算资金审计】 2016年，通州区审计局以新《预算法》颁布实施为契机，加大对全区"一般公共预算、政府性基金预算、国有资本经营预算、社会保险基金预算"四本账的审计监督力度。在财政同级审中，注重"三个更加"（审计重点更加突出、审计对象更加广泛、审计成效更加突出），得到通州区人大的充分肯定。针对2015年同级审报告中涉及的7大类38个问题，加大整改跟踪督查力度，并将整改情况向区人大常委会作报告。对部分单位进行回头看，少数镇村乱发秸秆禁烧津补贴的问题得到遏制，统一镇（区、园、街道）住房公积金基数的缴纳标准，规范医疗保险基金缴纳，个人负担的部分不再由单位进行统筹缴纳。

【政府性投资项目】 2016年,通州区审计局遵循"政府投资到哪里,审计监督就跟进到哪里"原则,采取加强计划管理、依托信息化平台、强化现场核实制度、实行发现问题报告和审计结果报送制度等10项措施,不断完善和规范工程审计监督,提升工程审计质量。运用新的工程审计软件和技术设备,拓展工程造价、工程管理、工程质量等审计深度;利用《审计专报》及时反映工程管理中存在的问题并提出审计建议,对建设单位发出工程审计发现问题提醒函。组织人员对2008年来已竣工未决算及未送审的政府投资项目进行审计调查,涉及工程投资金额79亿元,现场核实其中变更部分,为区政府解决多年的遗留问题提供决策依据。

【民生资金跟踪监督】 2016年,通州区审计局组织实施政策性农业保险资金、10个村居涉农资金、实体企业降成本政策落实跟踪、扶贫专项资金等6个专项审计调查。根据《区政府办公室转发区审计局关于部分村(居)涉农资金专项审计调查工作方案的通知》精神,整合镇(区、园、街道)内审力量,对10个重点村居2013年—2015年涉农资金进行专项审计调查,调查揭示涉农资金管理过程中存在的部分村级工程管理不规范、专项资金使用效率不高、村级"三资"管理不严、违规列支或坐收坐支等问题。6月—12月,以促进中央扶贫政策落实到位为目标,对全区2014年—2016年11项扶贫专项资金开展跟踪审计调查,向区政府报送3份《审计专报》,区政府主要领导对审计发现的问题作出整改批示,保证财政专项资金专款专用,发挥专项调查"稳、准、实"的利剑作用。

【领导干部经济责任审计】 2016年,通州区审计局以提升经审质量、着力问题整改、强化结果运用为目标,进一步完善"四张清单"制度,继续推行新任职领导告知、实行审计公示公开等制度,完善问题整改督查和问责等相关文书格式,并形成手册,为经审工作的依规、有序开展打下基础。在领导干部经济责任审计中,根据审计对象的不同特点,在审计内容上突出"固定资产、债权债务、工程管理、村级财务和政策执行"。同时重点关注镇村财务管理,了解原镇集体企业改制净资产情况,每个镇延伸检查1~2个村集体资产管理情况。

(杨启斌)

质量技术监督

【概　况】 2016年,通州区市场监督管理局以质量提升、推动供给侧改革为主线,抓质量技术监督工作,推进质量强区工作,质量发展工作全市第一。积极为南通名牌等获评企业争取奖励资金106万元,中科海维等4家企业的课题获"通光杯"QC成果发布赛优秀奖,全年助企申报江苏名牌21个、南通名牌47个;紫罗兰家纺、南通四建分别创成市长质量奖、江苏省质量奖,南通四建公司成为全省第一家获此殊荣的建筑企业。

【质量监管】 在事中事后监管领域逐步建立健全随机抽查机制,切实解决在质量技术监督管理过程中存在的问题。按频次要求开展日常巡查,在辖区企业中开展61家强制性认证现场检查、102家许可证巡查、15家自愿性体系认证企业、20家有机产品认证企业、8家安检机构检查任务;配合省质监局对南通固鼎包装制品有限公司的体系认证结果进行专项监督抽查,侧重监督认证机构遵守认证认可条例的情况;做好质监系统监督抽查后处理工作,督促企业按要求做好整改、复检工作;加大商品质量抽检力度,重点对电线电缆、钢材、电动自行车、黄金珠宝、木家具、家纺产品、皮革制品、木工板、成品油、液化气、烟花爆竹等208个批次的产品进行监督抽样检验。

【技术标准】 推进技术标准战略工作向纵深发展,在政策引导、典型示范、全面推进上下功夫,促进标准化工作的有效开展。指导南通御丰塑钢包装有限公司申请筹建的"棉花包装材料标准工作组"秘书处,得到全国棉花加工标准化委员会的支持并成功落户,实现通州区国家级标准化专业技术机构零的突破;指导家纺产品知识产权管理服务标准化、和盛农资连锁经营服务标准化两个省级服务标准化试点项目,以及南通桑德森蓝环保科技有限公司省级循环经济标准化试点项目通过验收;指导南通御丰塑钢包装有限公司、南通油脂化工厂有限公司和南通新联电子有限公司等三家企业标准化良好行为试点企业通过省质监局现场考评,通州区标准化良好行为企业数达21家,其中AAAA级企业7家,标准化良好行为企业数和AAAA级企业数均在六县(市区)中居前列。

【特种设备】 2016年,通州区市场监督管理局全面深入宣传和实施《特种设备安全法》,进一步落实安全责任,建立特种设备安全承诺制度,与特种设备使用单位签订《特种设备使用单位安全责任告知书》320多份,新增特种设备使用单位安全责任告知率达100%,与全区30家气瓶充装检验单位签订安全责任告知书和安全承诺书,与区内51家电梯维保单位签订《电梯维保质量责任书》《电梯安全质量承诺书》;5月5日—8月15日,在全区范围内开展为期百日的特种设备安全"啄木鸟"行动,重点对公园、医院、商场和化工生产企业、气瓶充装、隐患未整改等重点单位、重点行业和重点设备进行全面排查、整治安全隐患,共督查特种设备使用单位47家,检查特种设备238台,下达《特种设备安全监察指令书》22家,隐患整改率100%;深入开展电梯、小锅炉、重点时段特种设备、气瓶、压力管道、大型游乐设施安全专项检查,排除事故隐患,保障设备安全运行;开展特种设备信息化推进工作,电梯方面,在继续做好"96333"贴牌工作的基础上,大力推进电梯维保信息公示、电梯3D防伪激光二维码标签管理和电梯责任保险制度,气瓶方面,推广使用二维码新标识。

【计量惠民惠企】 开展“计量服务进社区”“光明计量进校园”“计量服务进企业”“民生计量进市场”活动,2016年共为43家街道、乡镇、市区级医院检定血压计(表)518台,为233家社区卫生室检定血压计(表)952台,为38家集贸市场免费检定在用计量器具2618台;开展元旦春节、春耕农资、二季度定量包装生产企业和中秋国庆定量包装商品计量监督检查工作,完成定量包装商品量检查600余批次,检验300余批次,立案查处4起使用未经检定计量器具案;第二集贸市场结合智慧菜场建设,初步建成具有电子秤“四统一”、产品质量可追溯的电子秤诚信管理体系;开展诚信计量自我承诺工作,包括超市在内的五个服务行业共有381家单位向社会作出诚信计量承诺,涵盖所有基层卫生院、眼镜店、农贸市场、加油站和有一定规模的超市,成功培育16家省、市级诚信计量示范候选单位。 (曹保国)

食品药品监督管理

【概 况】 2016年,通州区市场监督管理局全面做好食品安全工作,坚持最严谨的标准、最严格的监管、最严厉的处罚、最严肃的问责,坚持监管队伍正规化、执法装备标准化、监管手段信息化,切实提高食品安全监管水平和能力,严防、严管、严控食品安全风险,保证辖区群众吃得放心、安心,不断提高人民群众满意度和获得感。

【食品安全】 创新监管网络,按照“四有两责”要求,全区242个行政村(居)均建立“五联动”网格化责任区,每个责任区内有市场监管、农业部门、公安、城管等部门监管责任人,实现镇镇有网、村村有人、镇不漏村、村不漏点,构建统一权威的食品安全监管体系、“地方政府负总责,监管部门具体负责,企业为第一责任人”的责任体系;创新监管手段,区政府投入1200万元,整合检测资源,建立区食品综合检测中心和区食品快检中心,按照4份/千人的样本量,统筹安排全区全年4560个批次的抽检任务,并对抽检结果进行公示,对不合格的食品进行调查处理;创新监管方法,针对餐厨废弃物和“四小”行业的管理难题,将工作重点放在餐厨废弃物收集运输体系的建设上,将10桌规模以上的餐饮单位纳入收运系统,与经营单位签订餐厨废弃物处置协议,对“四小”行业实行分层分类监管制度,按照“登记许可一批、规范提升一批、劝退取缔一批”的思路,加强“四小”行业管理,破解监管难题;创新管理机制,通过政府、企业和社会三方联动,积极探索推进社会共治格局,每季集中公开公布食品安全违法行为处罚情况,集体约谈违规生产经营单位和监管部门4次;创新应急管理,建立和完善食品安全事故应急救助体系和运行体系,完成《通州区食品安全事故应急预案》修订工作,研究制定《通州区食品安全事故应急预案操作手册》(试行),9月22日,南通市食品安全事故III级应急演练在通州区成功召开,标志着通州区食品安全事故的应急处置能力与机制建设更上一个台阶。

【稽查执法】 2016年,积极探索创新监管执法模式,推动基层标准化、执法规范化、监管信息化建设,提升基层监管执法工作效能。深入开展“民生护卫”系列执法行动,与全区64家企业签订联合打假协议,先后组织开展赴外打假、虚假广告、商标侵权、非法集资、网络交易、地条钢等各类专项检查和整治70余次;与区公安局、区人民检察院建立行刑衔接联席工作机制,及时研究解决两部门在行刑衔接工作中存在的具体问题,促进市场监管行政执法与刑事司法的有效衔接;围绕依法履职开展6期“法治大讲堂”,由各业务科室负责人(骨干)轮流担任主讲人,每课时间45—60分钟,教育引导干部职工提高依法行政水平、厘清岗位风险。全年立案查处953起,其中查处假冒伪劣和商标侵权行为180起,捣毁白酒、电缆等制假售假窝点7个,食品药品案件344起,移送公安涉罪案件31起,12名涉及食品安全犯罪被告人获刑。

【食品药品安全信息化惠民工程】 食品药品安全信息化惠民工程作为2016年区政府为民办实事十项重点项目之一,指“一中心两平台一个客户端”建设,即指挥管理中心,食品远程监管平台和信用平台及移动执法APP,首批65家学校食堂、40家重点餐饮服务单位、20家重点食品生产企业、15家农贸市场、355家药店实现远程监控,通过在线视频查看、电话通知、视频回看等方式相结合,检查药店1959家次,电话纠正不规范行为192家次,下发指令36条,指令反馈立即改正5家,当场处罚并限期改正27家,立案1起,申请停业1家,主动变更质量负责人的23家,初显视频监控的效果。

【省级食品安全城市创建】 为深入推进省级食品安全示范城市创建,通州区顺利通过省级第一轮督查,成为南通市唯一进入第二轮复评考核的县区。在创建过程中,通州区政府高度重视江苏省食品安全示范城市创建工作,将创建工作写入政府工作报告予以重点部署,制定出台《通州区创建江苏省食品安全城市工作实施方案》《推进江苏省食品安全城市创建实施细则》,成立区创建领导小组,设立区食品安全城市创建办和四个工作推进组(市场监管推进组、农产品和畜禽屠宰监管推进组、餐厨废弃物监管推进组、食品安全科普宣传推进组);细化分解目标任务,有序推进各项工作,充分发挥食安办综合协调指挥作用,对创建工作进行周密部署,组织全区相关部门各镇区园街道全力冲刺食品安全示范城市创建,对照创建考评指标集中精力整改重点难点问题。12月,在南通市组织的第三方机构调查中,通州区群众对食品安全满意度达82.31%,高于全市77%的平均水平。

【药械安全】 2016年,通州区市场监督管理局加强信用体系建设，年初与辖区408家涉药械单位签订《药械质量安全承诺书》，对涉药械企业组织开展安全信用等级评定工作，根据评选结果确定监管等级，提升信用体系建设水平；开展药械风险排查，根据药械安全风险程度，实施分类监管，明确监管检查频次和检查内容，对照检查重点，对辖区内相关单位开展检查，共检查医疗器械经营企业267家，责令整改10家，警告3家，查处1起未经许可，无证向社区卫生服务站销售三类医疗器械的案件，罚没5万多元；加强事中事后监管，完成6家一类医疗器械生产企业备案后跟踪检查、6家药品零售企业GSP认证工作；加大药械不良事件监测工作力度，全区已注册药械不良反应（事项）呈报点364家，药械不良反应（事件）上报工作纳入区医疗机构年终目标考核，全年上报药品不良反应1081份、医疗器械不良事件409份。

【“双随机”抽查】 2016年，在全区率先开展药械经营企业“双随机”抽查，制定《南通市通州区市场监督管理局“双随机”抽查工作实施方案》，根据方案建立健全随机抽查市场主体和执法人员名录库，随机抽取检查人员和检查对象。检查当日由监察室从局执法人员库中随机抽选20名检查工作人员，分10个组，每组2人，A岗为检查组组长，B岗为检查组成员，检查对象从监管平台药械基础数据库中随机抽取药品、医疗器械经营单位。共出动检查人员20人，检查单位28家，立案6起，当场处罚5家，发现案源线索1条，消除隐患45条。同时，按照“一抽查一通报”要求，检查情况作为市场主体诚信“红黑榜”的参考依据。

【化妆品安全】 在全区20家重点商场超市、22家药店、8家医院、15个农贸市场利用局信息发布显示屏推送化妆品安全使用知识点24条，开展广场咨询活动3次，发放宣传资料1000余份，制作宣传展板6块，提升经营单位的质量、诚信和守法意识及消费者的宣传力度；检查化妆品店337家，发现风险隐患19条，整改到位19条，办理化妆品案件19起，有力净化化妆品市场；对美白祛斑类、祛痘抗粉刺类、面膜类护肤类产品以及消费者易投诉的产品开展监督抽验，抽样化妆品4个品种4个批次。（曹保国）

安全生产监督管理

【概　况】 2016年，通州区安监局认真开展安全生产大宣讲“六进”活动、落实企业安全生产主体责任专项行动、有限空间专项整治、安全生产大检查隐患大整治专项行动，夯实安全生产基础，着力维护全区安全生产持续稳定。全区全年共发生各类生产安全事故785起，死亡73人，与上年相比（下同）事故起数和死亡人数分别下降24.15%、39.67%。其中工商贸及建筑施工事故25起，死亡25人，分别上升66.7%。全区没有发生较大以上事故或有影响的生产安全事故。

【安全生产培训教育】 开展安全生产“大宣讲”六进行动，深入商贸流通企业、建筑工地、学校、机关、社区、重点运输企业宣传安全生产法律法规和安全生产知识，累计组织1361场次，10.6万多人接受教育。开展“安全生产月”“安康杯”竞赛、“119宣传月”等活动，组织“加强安全法治，保障安全生产”专题文艺晚会，向普通群众宣传安全发展理念，普及安全生产常识。开展企业三类人员培训，并首次将商贸流通企业负责人和安管人员纳入到培训对象中，累计组织34期培训班，4953多名企业负责人和安管人员接受培训，为企业输送4122名特种作业人员。

【基层基础建设】 加大基层安监机构建设力度，全区所有基层安监所（局）单独设置，累计12个镇区园街道通过基层安监机构标准化建设验收，安全监管装备有所改善，3月11日和5月30日，两次组织全区镇区园街道分管领导、安监所（局）全体人员开展集中执法培训活动，进一步提升基层安监人员的业务技能水平。加强企业标准化创建力度，主抓三级标准化企业到期复评和小微型企业安全标准化达标工作，累计完成二级标准化企业11家，三级标准化企业完成973家，小微型企业完成标准化数3257家。强化应急管理，加强应急预案的修订，完善应急资源数据库，在全区危险化学品生产企业开展即兴命题演练。6月30日，区安委会牵头在通州区金沙油库开展石油化工火灾事故应急救援演练，取得教育引导和宣传普及的双重效果。

【隐患排查整改】 坚持重大隐患政府挂牌督办制度，全区共梳理出5个二级、30个三级重大隐患，分别提请市级、区级进行挂牌督办，其中29个隐患按期完成整改销号。全区隐患排查治理信息系统运作正常，覆盖企业2760家，累计排查隐患20678条，完成整改20315条，整改率98.2%。

【安全生产专项整治】 对道路交通、危险化学品、建筑工程、消防、特种设备、旅游、民用燃气、职业卫生等8个方面开展专项整治。道路交通专项整治：强化路面执法和源头管理，动态研判重点车辆、重点区域、重点时段交通违法规律特点，从严查纠酒后驾驶、三超一疲、闯红灯等易引发事故的野蛮驾驶、危险驾驶行为。全年共查处酒驾736起（其中醉驾51起）、不礼让斑马线2068起、逾期未检402起、客车超员390起、重型车辆超载1258起。消防安全专项整治：以人员密集场所、教育、民政、卫生、文化等行业为重点，开展安全生产专项整治，全区226家重点单位建成142个微型消防站，全年共检查单位3606家，发现火灾隐患3087处，督促整改火灾隐患3059处，责令“三停”31家，行政处罚170万元。旅行社安全制度建设及管理专项整治：在旅游企业中全面推行安全生产职责告知承诺制，进一步督促企业完善安全生产台账制度和各项应急预案，对12家旅游企业完成登记建档，对9家旅行社、31家旅游景点、星级酒店进行全方位检查，对旅游车辆运营、应急处置突发事件预案等方面存在的问题进行责令整改。建筑施工专项整治：检查辖区内152项在建项目，发现1202个事故隐患，签发《停工整改通知书》14份，封停施工升降机2台、吊篮12台，对2台塔吊、1台施工升降机、28台吊篮签发《禁用告知书》。特种设备专项整治：开展特种设备安全“啄木鸟”专项行动，累计检查特种设备使用单位722家，检查特种设备1969台，查封特种设备150台，下达《特种设备安全监察指令书》179份，立案查处特种设备违法行为79件。组织电梯安全专项检查7次，检查电梯使用单位56家次电梯382台，检查电梯维保单位8家，立案查处违规维保电梯案3件。组织气瓶充装、检验单位专项安全检查9次，出动检查人员73人次，累计检查气瓶充装检验单位65家次，立案查处气瓶充装违法案件2件。危险化学品专项整治。强化执法检查，从严查处违法违规行为，切实推动企业落实安全生产主体责任，确保安全生产形势稳定。累计检查化工生产经营单位306家次，排查隐患1036条，下发限期整改指令书96份，责令停产停业20家，报区政府挂牌督办隐患26条。立案查处17起，处罚人民币22.7万。职业危害专项整治：加强源头防控和宣教培训，强化职业卫生监督执法，全区“三岗”体检人数累计15605人，职业危害申报198家，检查企业720余家，排查隐患2056条，责令整改100余家，实施行政处罚企业45家。港口码头专项整治：对3家沿江港口企业进行约谈，并责令限期整改，强化现场监管，重点督促3家沿江未批先建港口企业落实专项整治整改主体责任，查纠港口非法建设和经营行为，年底前，1家无港口经营许可的企业主动申请办理相关手续。

【企业安全生产主体责任专项行动】 2016年初制定《关于印发通州区落实企业安全生产主体责任专项行动计划的通知》和《关于印发贯彻落实企业安全生产主体责任专项行动计划暨企业安全生产责任落实年活动实施方案的通知》。3月14日召开全区落实企业主体责任专项行动动员大会，3月11日、3月16日分别召开全区安监所（局）长会议、重点成员单位联络员会议，对专项行动工作进行培训。活动期间，累计上报《企业安全生产基本情况登记表》3083份，《企业落实安全生产主体责任自查自纠表》3767份，《企业安全生产承诺书》2941份，督查检查和复核企业2229家。

【安全生产执法】 4月至6月，在全区开展安全生产大检查，累计派出安全生产检查组836个，检查单位5855家次，发现事故隐患12548个，立案调查373家，关闭、停产停业整顿11家。深入开展有限空间安全生产专项整治，累计排查企业587家，发现存在有限空间作业企业271家，排查出有限空间2170处，发现隐患622处，整改605处。开展危险化学品安全专项整治。完成对危化品生产企业、危化品运输单位、燃气储存经营、使用燃气的餐饮场所以及码头的排查任务，活动期间，276家从业单位开展自查自纠，全区累计检查企业1002家，发现隐患825条，发出限期整改指令书61份，责令停产整顿38家，取缔非法经营单位2家，关闭企业5家，挂牌督办25家，处罚12.4万元。深化安全生产领域打非治违。全区安监系统全年累计开展事前执法数208件，共处罚金154.85万元。

【强化责任督查】 区安委会、安委办分别于2月、4月、6月、10月、11月、12月累计开展6轮安全生产综合督查，对各镇区园街道安监机构建设、企业安全生产主体责任落实、安全生产大检查、安全生产执法、有限空间专项整治、危化品安全专项整治等工作进行督促推进，对督查中发现的问题及时予以通报。

（王小龙）

◆2016中国十大新闻（之六）◆

纪念长征胜利80周年宣示接力长征

10月24日至27日，中共十八届六中全会在京举行。全会明确习近平总书记是党中央的核心、全党的核心，正式提出“以习近平同志为核心的党中央”。全会聚焦全面从严治党重大主题，审议通过《关于新形势下党内政治生活的若干准则》《中国共产党党内监督条例》。作为落实全会精神的一项重大举措，11月，中办印发在北京市、山西省、浙江省开展国家监察体制改革试点方案，12月25日，全国人大常委会表决通过了相关决定。

（引自《新华网》）

教　育

Education

编辑　马　钰

综　述

【概　况】 2016年,通州围绕创建全省学前教育改革实验区、全省义务教育优质均衡区、全省青少年学校足球示范区、全省基础教育装备示范区和全国农村学校艺术教育实验区工作重点,紧盯教育质量,深入推进教育现代化,全区教育工作取得新进展。

重点工程有新进展。银河新区小学、家纺城小学三期、南山湖小学、通州中专二期等建设全面推进。张芝山小学、教师发展中心建设工程接近尾声,特教学校已搬入新址。全区计划新建10所幼儿园,其中1所已建成即将投入使用,1所正在选址,其余8所全部开工。全年新增3所省优质园,6所市优质园。校安工程基本结束,全区共实施项目11个(含9个续建项目),总建筑面积12.6万平方米,涉及9所中小学校。

教育现代化有新突破。2016年,教育现代化建设区镇两级共实施项目44个,累计投入6.40亿元,其中镇级16个项目,投入1.29亿元。江苏省教育现代化建设监测数据显示,通州区综合得分84分,高出全省平均分5.27分,36个监测要点达成度100%,18个监测要点达成度在80%以上。"中小学教育装备提升工程"和"教育信息化工程"总投入8584万元,新建校园无线网31个,更新学生计算机2351台,添置教师计算机1478台、多媒体电子白板438套,更新改造校园监控48所,建成数字化学习试点班8个,22所学校被评为南通市数字化校园。是年,10所学校通过义务教育现代化学校验收,总数增至63所。

内涵发展有新提高。探索德育工作新思路:涌现出"全国优秀少先队员"朱天玺、全国"最美中学生"徐艾明、全国"最美中职生"蒋秋榕等一批优秀少年;通州高中建立一批校外德育基地和社会实践基地;通海中学设立诚信考场;平潮中学成长讲堂常态化;忠义初中组织学生阅读"忠""义"故事,宣扬"忠""义"文化;理治小学的"理治中队"成为江苏省特色德育品牌;实验小学举办道德大讲坛,让学生感受人性之美。校园文化激发活力:兴仁中学开发24门"馨仁课程";实验中学编写《蓝印花布》《南通历史》等20多种校本课程,被评为江苏省初中课程建设特色学校;东社学校"乡"系列课程由外籍志愿者任教暑期快乐英语夏令营,打开农村儿童视野;石港小学开展"圣诞你好,让我们秀"英语展演活动;通州小学社团活动采用"走班制",覆盖全校82项活动课程;横港小学成立校外青少年辅导站,聘请农村老党员、村干部、退休教师指导学生的课外活动;韬奋小学坚持记好"班级日志",校长亲自阅读、评点;石南小学制定语文、英语课外阅读方案,双语阅读活动有序开展;兴东小学被评为江苏省生态文明科普教育实验学校,校本课程《亲近自然》被选为全省中小学2017年"全国读书节"书目;家纺城小学开展全员读书活动,利用微信公众号平台荟萃教育心得;通州幼儿园组织幼儿开展绿地踏青、菊花写生等活动,提高幼儿自理能力和自主性,30多名幼儿在全国创意美术大赛中获奖;姜灶小学快乐足球娃俱乐部被省少工委评为江苏省优秀红领巾小社团;实验幼儿园成为首批江苏省教师发展研究基地;实验小学成为中华人民共和国驻外使领馆阳光学校合作基地(全省仅三家);五接小学教师人人开通博客空间,实现内部交流网络化;特教学校成立特殊教育指导中心,送教上门,为有特殊教育需要的残疾儿童实施个别化教育。艺体工程成果喜人:通州区美育教育被国家督学成尚荣誉为美育的"通州实践样本","农村学校艺术教育"被省委全面深化改革领导小组列入案例精选;二甲中学、金郊初中通过市级艺术教育特色学校验收,实验小学、石港小学通过省级验收;第三届"江海天籁"中小学生合唱节,全区中小学校参与率100%,参加市合唱比赛,实验小学、平潮中学获特等奖,兴东小学、张芝山小学、育才中学获一等奖;姜灶小学的《足球小将》、川港小学的《功夫熊猫》相继登上央视舞台;姜灶小学的《家庭教育》在第七届江苏省中小学"校园心理剧"

优秀剧目征集评选活动中荣获特等奖；特教学校获全国首届特殊教育学校排舞公开赛团体总分一等奖。阳光体育蓬勃开展：15所学校被国家教育部确定为足球特色学校；实验小学、兴东小学被评为2016年度“全国校园足球特色学校”先进单位；全区在各类体育竞赛中获省级以上金牌30个；15所学校体育设施向社会开放。学科建设攀新高：新增省级课程基地4个（兴仁小学“立美课程基地建设”、金沙中学“公民素养教育课程基地”、特教学校“情境体验与生活实践项目建设”、文山初中的“英语情境教学支持平台建设”）、创新示范项目1个（实验幼儿园“嬉乐游戏的生态开发”）、省现代化专业群1个（通州中专机电技术应用专业群）、市现代学徒制试点项目1个（通州中专制造专业），省教育服务“三农”高水平示范基地1个（十总镇教育中心的禽蛋养殖基）；金沙中学成功创建省四星级高中，通州中专创建省高水平现代化职业学校；通州区被省教育厅推荐申报2017年国家级职业教育和成人教育示范县（全省3家）。2016年，区教育局被省委、省政府授予“江苏省促进义务教育均衡发展先进集体”称号、被省委组织部等9部门评为实施《全民科学素质行动计划纲要》先进集体、被南通市政府表彰为促进教育发展先进单位。

队伍建设实现新常态。教学改革深化：二甲中学稳步推进“走班制”分层教学，学生自主选择教学班，学校进行动态管理；通州高中进一步加强与荷兰范德卡佩伦公共学校互联互建，先后派出4位老师赴英国交流学习；金沙中学与新西兰重点国立中学霍维克学院缔结姊妹学校，引进国际容领中心数学课程体系，培养学生创造和创新的思维方式；英雄小学与新加坡工艺教育学院签订友好学校合作协议；石港小学细化电子备课与课本备课要求；平潮小学立足“拔尖人才培养”和“青年教师培训”两大块阵地，开展竞赛式、练兵式培训活动；金沙小学推行“问学”模式，把学生差异作为教学资源，师生共同思考、讨论；在金沙中学、金郊初中、金余小学、先锋幼儿园等12所学校开展教科研“手拉手”活动。教学质量攀升：实验小学、石港小学、兴仁中学、石港中学成为第四届全国课博会分会场；通州区承办省28届“教海探航”活动，共获奖129项，位列全省第一，其中1人获省特等奖、17人获一等奖；在南通市职业学校技术大赛中，通州区共获奖牌59枚，其中金牌14枚。师德引领成长：开展“通州好老师”评选活动；吴爱琴获全国特教园丁奖，王笑梅被评为省最美教师，李达、何忠锋、许飞、季志锋获省优秀教育工作者称号，蒋晓飞、金丽被评为省特级教师，丁卫军、任卫兵、曹群被评为省教学名师；12人被评为市师德标兵，67人被评为市优秀教育工作者，100人获“通州好老师”称号；在省、市级教学竞赛中，8人获省一等奖，38人获市一等奖，其中，6人获全省教师基本功大赛一等奖；上传“一师一优课”2232节，其中市优133节，省优63节，32节“一师一优课”被国家教育部评为优秀；是年，全区共有4619人次参加79项省级以上培训，562人次参加22项市级培训，2.15万人次参加113项区级培训。

教育形象有新提升。权利运行全公开：全区共接收1.38万名进城务工人员随迁子女平等接受义务教育；审批民办非学历教育培训机构3家，查处不规范办学10家，查处无证幼儿园5所；受理各类信访77件，“”12345”热线363件，均按时办结。办学行为透明：对城区7所学校88个班4945名学生以及家长开展教育民意问卷调查，内容涉及教师是否认真批阅和讲评作业、是否与家长沟通、学生学业负担、伙食情况以及对学校和各任课教师的总体评价等12个方面，调查采用网络民主测评方法，共发放电子问卷4945份，回收4309份，1414个家长回复意见，问卷回收率87.1%，满意率达98%以上。学生资助全落实：2016年，共发放各类政府助学金1800万元，资助学生2.21万人次；重点落实两类人群“精准资助”工作，外来务工随迁家庭经济困难学生受资助比例达13.8%，确保随迁人员子女顺利入学；对重症学生发放红十字重症住院医疗互助金118.36万元，受助人数417名。

【全国中小学校责任督学挂牌督导创新区省级实地核查】 12月22日，省督导委员会组织有关专家，对通州区申报全国中小学校责任督学挂牌督导创新区进行实地核查，先后到文山初中、通州小学、金沙中学了解责任督学工作开展情况，随机访谈校长与师生，并现场观摩责任督学听课评课，对通州区形成“两层三级”督导网络等创新工作模式给予肯定。自2014年3月启动责任督学挂牌督导工作以来，通州区围绕“依法督导、准确指导、及时反馈、合理建议、跟踪整改”工作目标，通过开展综合督导、经常性督导和专项督导工作，强化责任督学挂牌督导指导功能，重视教育督导结果运用，使中小学校责任督学在助推全区教育均衡化、现代化、特色化和多样化发展上发挥重要作用。

【区师生书画摄影展】 12月23日，通州区师生书画摄影展在区实验小学举办，共展出精美作品300多幅。10月，展出主办方在全区中小学校中征稿，共收到美术老师及学生作品500多幅，其中老师200多件、学生100多件，作品涵盖国画、油画、装饰画、书法、摄影等多个领域。

【实验小学加盟“中国好老师”】 11月26日—27日，“中国好老师”公益行动计划第三批全国基地校工作推进会在北京会议中心召开，来自北京、云南、西藏、江苏等11个省、市的187名校长和教育行政部门代表参会。实验小学确认加盟“中国好老师”公益行动全国基地学校，实小副校长蒋晓飞在专家委员会成员及与会代表分组讨论环节中发言。“中国好老师”公益行动计划由北京师范大学发起，旨在“履行社会责任、立德树人、筑梦未来”。

【通州代表队获省“金钥匙”科技竞赛团体赛一等奖】 11月26日，江苏省第28届“金钥匙”科技竞赛团体赛在南京举行，由通州小学张凝、育才中学卫思涵、通州中学李天一组成的通州代表队凭借雄厚的知识功底、熟练的操作技能、灵活的应变能力，在40多个代表队中以总分第十名成绩荣获团体一等奖。该比赛以团队为单位计算成绩，分初赛和复赛两个阶段，初赛每位选手进行科学素养和实验操作考核，复赛以团队合作进行演示观察和合作探究。

【通州中专成为“诚信教育基地”】 11月25日，通州区校园诚信教育基地揭牌仪式在通州中专举行，通州中专成为中国人民银行通州支行“诚信教育基地”。活动中，学生代表张雅娴向全体师生发出“诚信”倡议书，全体学生进行“诚信诺言”签名。此次揭牌仪式是银校携手开展诚信文化教育的里程碑。

【江苏联合职业技术学院通州分院、通州开放大学成立】 1月31日，江苏联合职业技术学院通州分院、通州开放大学揭牌仪式在通州中专举行，新成立的通州开放大学是面向成人开展远程开放教育、服务全民终身学习的新型高等学校。增列为江苏联合职业技术学院分院后，通州中专将以五年制高等职业教育培育更多高素质技能人才。

【杨笑月省作文大赛夺冠】 11月27日，江苏省第十六届“苏教国际杯”中学生作文大赛圆满收官，通州区平潮实验初中的杨笑月凭借《倒影》深刻的立意、精妙的构思、灵动的语言、优美的书法获特等奖第一名。此次大赛前20名为特等奖，南通市共有7人获特等奖。“苏教国际杯”是经省教育厅批准的全省规模最大、规格最高的作文赛事，参赛选手近60万人，经初赛、复赛，最终500人参加决赛，历时3个多月。

【省“教海探航”征文竞赛颁奖大会】 11月6日，第28届江苏省“教海探航”征文竞赛颁奖大会暨全国名师课堂教学观摩研讨活动在通州举行，来自省内外的1000多名中小学教师参会。省教育厅厅长沈健，市委常委、区委书记宋乐伟出席活动并为获奖者颁奖。“教海探航”征文活动是全省教师的精神盛宴和教研品牌，28年来已经吸引数十万教师积极参与，共有6000多人获奖，走出了400多名特级教师。本届“教海探航”征文活动从2月启动，汇集了论文3万篇，共评选出六大类别的个人、集体和团队奖957个，其中通州获奖123个。

【“江海天籁”中小学生合唱节比赛】 9月24—25日，南通市第三届“江海天籁”中小学生合唱节展演在南通举行。区平潮高级中学、实验小学合唱团分别荣获高中组、小学组特等奖。本次展演分小学、初中和高中三个组别进行，通州区选送的通州高级中学、平潮高级中学、育才中学、张芝山小学、兴东小学、通州小学、实验小学7支合唱团代表队，获特等奖2个、一等奖3个、二等奖2个。

【王笑梅获江苏“最美教师”称号】 9月，省委宣传部授予通州区实验小学校长王笑梅江苏“最美教师”荣誉称号（全省仅2位）。从教三十年来，王笑梅用青春、智慧和爱不断追寻教育梦想，走出一条“当校长也当名师”的专业发展之路，先后获评全国优秀教师、江苏省特级教师、江苏省人民教育家工程培养对象、江苏省“333”高层次人才培养对象、江苏省先进工作者。她率先提出“小学生命语文”教学主张，建构“生命语文‘我’课堂”教学范式；她以女性校长的视野，提出“管理若水”的治校理念；作为“王笑梅名师工作室”的领头人，多次带领工作室成员向全省展示大型活动，科研成果丰硕。

【区中小学校园足球百人技能竞赛】 8月26日，历时四个月的全区中小学校园足球百人技能竞赛活动落下帷幕，全区73所学校近万名学生参赛，通州中专、忠义初中、实验小学金桥校区分获高中组、初中组、小学组第一名。该活动旨在贯彻国家体育总局、教育部《关于开展全国青少年校园足球活动的通知》精神，推进通州区校园足球改革三年行动计划，培养学生团结友爱、遵守规则、坚强独立的优秀品质。

【金沙中学晋级为四星级高中】 7月11日，金沙中学接到了省教育评估院、省普通高中星级评估专家评审委员会通知，晋级为四星级普通高中。2015年，金沙中学与石港、二甲、姜灶中学进行教育资源整合，成为新的金沙中学，整体搬迁至原通州高级中学校址。至此，全区共有通州高级中学、平潮高级中学、西亭高级中学和金沙中学4所四星级高中。

【首届“童声里的中国·成长的歌谣”创作大赛颁奖】 2月18日，首届“童声里的中国·成长的歌谣”创作大赛颁奖仪式暨“童心·冬之旅”实践营活动在通州区“童声里的中国”少儿艺术创研活动基地举行，来自全国的获奖作者及南通市“美德少年”代表等420人参加活动，通州区张柯佳、宛文江、顾忠奕同学创作的《小青草》《小树叶》《摄影师》获创作大赛一等奖。首届“童声里的中国·成长的歌谣”创作大赛于2015年8月启动，为期四个月，共收到参赛作品3.2万件，其中新童谣2.8万件、校园歌曲4028件，共评出童谣（成人组、学生组）一等奖10首、二等奖20首、三等奖20首、优秀奖50首，校园歌曲作品15首，优秀组织奖单位（学校）20个、优秀指导老师奖50名。

【通州中专获全国文明风采大赛一等奖】 6月下旬，全国中等职业学校文明大赛官网公布，通州中专选送的校园情景剧——《生日聚会》在全国第十二届文明风采大赛喜获一等奖。该活动自2015年9月启动以来，共收到全国3974所学校283.5万名学生的195.9万份作品，8326份作品进入决赛，评出优秀作品一等奖416个。

学前教育

【概　况】 2016年，全区有成型幼儿园60所，比上年(下同)增加4所；设教学班663个，增加37个；在园幼儿2.66万人，增加1458人，幼儿园入园率97.7%，上升0.2个百分点。

【全市幼儿教师课程游戏化专题培训】 12月21—22日，幼儿教师课程游戏化专题培训活动在实验幼儿园金桥分园举行。南通市幼教教研员陈爱萍、南通大学博士钱慧、如东县特级教师唐海燕以及如皋市特级教师姚亚云分别围绕幼儿园课程游戏化的理性思考、一日生活中幼儿行为的观察与分析、通过课程叙事促进教师专业成长和资源·孩子·遇见四个主题，结合生动案例，引领与会者转变儿童观、游戏观和课程观，切实将游戏还给孩子。

【"希望的田野"幼教优课展示】 12月14日，通州区举行"希望的田野"幼教学科带头人、骨干教师优课展示活动，实验幼儿园任钰等九名市(区)学科带头人、骨干教师展示了集体教学活动，涉及语言、科学、艺术等领域。执教老师注重情境创设，将游戏贯穿于教学之中，充分体现课程游戏化的教育理念，激发幼儿主动参与、大胆创想、自信表达、乐于合作。

【幼儿教师普通话达标培训】 8月9日，幼儿教师普通话水平提高培训活动在育才中学举行，未取得教师资格证的、普通话水平未达到二级甲等的在岗幼儿教师和已取得教师资格证、但普通话水平未达到二级甲等的在岗幼儿教师共180人参训，南通高等师范学校中文系副教授、国家级普通话测试员汪薛松为全体老师授课，从普通话测试内容、测试流程、应试方法和技巧考试四个项目以及注意点等方面进行系统培训，重点指导参培老师进行语音训练。

【学前特级教师团队送教】 6月17日，通州区教育局举办"通州区学前特级教师团队送教活动"。张宏云、李莉两位学前特级教师分别带领各自团队成员前往石港幼儿园、李港幼儿园开展送教活动。张宏云及其团队成员张艳梅等分别围绕"情境阅读""情境美术"两个研究领域进行特色教学展示；李莉团队成员陆严燕等围绕"幼儿园语言教学情趣化的实践研究"进行大班语言《艾玛过化妆节》优课展示。

初等教育

【概　况】 2016年，全区有全日制小学43所，增加1所；设教学班1045个，减少20个；在校学生4.92万人，增加971人。有特殊教育学校1所，设教学班13个，在校学生193人。小学适龄儿童入学率100%，年巩固率100.4%，学生毕业率100%，小学毕业生升学率99%。

【朱天玺获"全国优秀少先队员"称号】 1月下旬，姜灶小学学生朱天玺被共青团中央、国家教育部、全国少工委授予"全国优秀少先队员"称号，是南通市唯一获此殊荣的学生。此次评选由共青团中央、教育部、全国少工委共同举办，全国共有300名少先队员荣获该称号。朱天玺在校担任少先队大队长，品学兼优，勤奋好学，是"江苏好少年"，曾两次荣获全国"金钥匙"科技竞赛江苏赛区特等奖，被评为江苏省少年科学院"十佳小院士"。

中等教育

【概　况】 2016年，全区有普通高中4所；教学班221个，减少25个；在校生1.03万人，减少1658人。有初级中学25所，减少1所；教学班514个，减少1个；在校生2.25万人，增加619人。初中教育年巩固率100%，毕业率100%；初中毕业生升学率99.7%。全区参加全国普通高校招生统一考试报名4646人，经省市招办组织，被高一级学校录取4361人，录取率93.9%。全区参加全市中等学校招生统一考试报名6863人，经市招办组织，被高一级学校录取6037人，录取率88%。

职业技术教育

【概　况】 2016年，全区有教育系统办的职业学校1所，行业办的成人中等专业学校2所，成人技术培训学校327所。全区职业学校在职教职工596人，专任教师学历达标率98.5%。

【省中职专业课教改研讨会暨通州中专"双场合一"教学观摩】 12月8—9日，江苏省中职专业课教学改革研讨会暨通州中专"双场合一"教学观摩活动在通州区通州中专举行，来自省(市)教育部门的领导、省机电类专业教科研中心组全体成员、全省各职业学校分管教学的领导和机电专业骨干教师共100多人参加活动。本次活动以"静悄悄的革命，在你我的课堂里"为主题，分为通州中专"双场合一"教学展示、基于现代职教视野的专业课教学改革研讨、省职教学会2015—2016年度立项课题结题与观摩和专家引领(点评与讲座)四个阶段。通州中专姜汉荣名师工作室"双场合一"教学团队成员王小清、李峰、宋烨三位老师分别执教《机油泵泵体螺纹的加工》《机油泵齿轮轴的测绘》《交通信号灯故障报警电路的制作与调试》课堂教学。江苏理工学院职教研究院院长庄西真结合此次研讨会,以《改造我们的教学》为题,开设专题讲座。

【全省职教论坛】 11月5日,2016年苏派职教名校俱乐部年会暨第28届"教海探航"征文竞赛颁奖职教分会场活动在通州中专举行。来自无锡机电、淮阴商校、莫愁中专等省内职教名校负责人相互交流如何更好推动职业教育发展。通州中专作《找准发力点提高专业群建设质量》主题交流发言。

【通州中专与加拿大威廉教育集团、加拿大ACC学院签订合作协议】 3月5日,加拿大威廉教育集团的董事长翁徐炯、市场部主管王英杰、中国区代表肖玉荣、加拿大ACC学院副校长Diane Shamray、国际部主管Anna Simonyan与通州中专领导就学生赴加拿大出国留学项目进行交流会谈。通州中专与加拿大ACC学院、加拿大威廉教育集团签订合作办班框架协议书。此次合作有"1+2+1""1+1+1""1+2+4"等模式,将惠及通州中专高一、高二在读学生。

【通州中专技能大赛创佳绩】 11月下旬,通州中专在2016年南通市职业学校技能大赛中获一等奖14个、二等奖22个、三等奖23个,获奖率、获奖面继续在南通市位居前列。

高等教育

【概　况】 2016年,全区成人高校招生报名928人,增加257人,其中报考高中升专科632人,占报名总数68%;报考专科升本科296人,占报名总数32%。890人录取各类成人高校,录取率96%,其中高中升专科621人,专科升本科269人。

社区教育

【概　况】 2016年,全区所有社区教育中心实现校园、师资队伍、经费三独立。完成各镇(街道)成人教育中心机构的调整,将18个成人教育中心调整为15个社区教育中心,其中新筹建的金新街道社区教育中心是由原文山初中改建而成,投资91万元进行装饰装修,采购设施设备50万元,年底已投入使用。4月,召开全区社区教育工作会议。9月,在兴东街道社区中心举办通州全民终身学习活动周启动仪式。十总镇教育中心的禽蛋养殖基被认定为省教育服务"三农"高水平示范基,得到省专项经费50万元;先锋街道、平潮镇、五接镇三家社区教育中心通过省标准化社区教育机构验收,至此,通州区15个社区教育中心中有省级社区教育中心12个、南通级社区教育中心2个。全区终身学习网络覆盖率100%,从业人员继续教育年参与率57.4%,城市居民社区教育活动年参与率64.2%,农村居民社区教育活动年参与率41.8%,老年人年参与率27.7%。

【区社区教育工作会议】 4月14日,通州区2016年社区教育工作会议在二甲镇社区教育中心召开。十总镇社区教育中心、兴东街道社区教育中心、平潮镇社区教育中心等六家单位做交流发言,介绍各自社区教育建设特色情况。

【通州区建成2个全国社区教育示范镇】 4月上旬,2015年全国社区教育示范街道(乡镇)名单出炉,262个街道和乡镇上榜,其中江苏66个,南通市11个,通州区十总镇和刘桥镇入选,特点是整合社区教育资源,因地制宜按需开设技能培训课堂,教育惠民成效显著。

教师队伍

【概　况】 2016年,全区中小学有在职教职工1.01万人,其中小学3037人、初中2838人、高中1353人、职业中学596人、特殊教育学校51人、幼儿园2251人。全年中小学共聘用新教师107名,其中高中师资8名、初中师资14名、职业中学师资4名、小学师资56名、幼儿园师资25名。

教育研究

【概　况】 2016年,全区举办"教育名家讲坛""特级教师论坛""名校长讲坛"等活动,邀请专家为教师阐述教育基本意蕴和本真理念,为学校课程文化建设与校长管理带来新思考;在12所中小学校开展教育科研"手拉手"活动,安排研讨课近百节,充分发挥名师示范、辐射作用。

【区首届"学的课堂"主题研究节】 11月22日,通州区首届"学的课堂"主题研究节开幕。区"名师之路"教育科研协会的老师与建湖县"青年骨干教师培训班"的老师为大家展示12节以"学的课堂"为理念的课堂教学,并围绕"为有源头活水来——让学引思的思考与实践"进行主题研讨。建湖县上冈小学校长、江苏省特级教师丁加华为与会人员作《有优秀教师的本分》讲座。

【省中小学心理健康教育教师培训】 11月24日,江苏省教育科学研究院主办的江苏省中小学心理健康教育教师培训开学典礼在通州实验小学举行。来自西交利物浦大学的心理咨询师闻锦玉、南京师范大学心理专职教师裴涛等心理教育专家就实际工作中遇到的教育问题分别作讲座。

【全国名师工作室发展报告首发式暨现代诗歌教学名师辩课活动】 3月28日下午，由全国名师工作室发展年会组织委员会主办、区教育局协办、育才中学承办的全国名师工作室发展报告首发式暨现代诗歌教学名师辩课活动在通州落幕，来自浙江、陕西、河南以及江苏省江阴、镇江、昆山等省市的语文名师工作室负责人以及工作室成员，通州区各初中的部分语文教师共三百余人参加活动。活动旨在展示语文名师工作室建设成果，交流名师培养经验，对名师工作室发展提出规范化指导意见，就语文教学弱项——现代诗歌教学"教什么""怎样教"进行交流、讨论和示范。

依法治教

【概　况】 2016年，全区47所学校创建成省、市级依法治校示范学校，28所学校创建成南通市依法治校先进学校。制定《教育系统"法律进校园"活动实施方案》，坚持学校法制教育计划、教材、课时、师资、经费"五落实"。把学校周边环境整治纳入平安校园创建工作，13所学校通过"省平安校园"检查验收。72所中小学、14所幼儿园安装视频监控系统，监控点达1500个。接送校车全部标准化，视频监控安装到位，实现全区校车可视化管理。

教育督导

【概　况】 2016年，通州区教育督导室遵循国家《教育督导条例》等教育政策法规，切实履行监督、检查、评估、指导和帮助职能，规范全区中小学校办学行为。对52所学校集中开展发展性督导评估、素质教育督导考核回访工作，形成回访报告52个，累计督导听课536节。修订完善《通州区责任督学工作制度选编》。与区教育局联合聘任第二届责任督学50名、教育督导联络员79名。开展督导微课题研究，撰写案例22个。刊印《通州教育督导》4期。

【责任督学挂牌督导创新县（市、区）】 10月，将原有六个教育督导责任区调整为五个，设立直属、通中、通北、通西、通南责任督学工作站。区责任督学管理中心设在区妇儿中心，通中、通北、通西、通南责任督学工作站设在各教育督导组，直属责任督学工作站设在通州小学，各中小学校都设有责任督学工作室。11月，区政府教育督导委员会主任樊小燕主持召开区人民政府教育督导委员会第一次会议，研究讨论并通过《通州区中小学校责任督学挂牌督导工作实施意见》，成立通州区政府教育督导委员会；同月，成立通州区责任督学管理中心，指导和管理全区责任督学挂牌督导工作。为全区中小学校统一制作责任督学挂牌督导公示牌。12月，通州区被授予"江苏省中小学校责任督学挂牌督导创新县（市、区）"称号。 （王亚飞）

◆2016中国十大新闻（之七）◆

全国人大常委会行使香港基本法解释权

11月7日，十二届全国人大常委会第二十四次会议通过香港基本法第一百零四条的解释，针对香港特区立法会选举及个别候任议员在宣誓时宣扬"港独"主张，侮辱国家、民族引发的问题，依法行使基本法解释权，明确了依法宣誓的有关含义和要求。这一解释表明了中央政府反对"港独"的坚定决心和意志，维护了基本法的权威和香港法治，顺应了包括香港同胞在内的全体中国人民的共同愿望。

（引自《新华网》）

通州区 2016 年各幼儿园基本情况一览表

表 8

单位	编号	学校数（所）	班级（个）					在校学生数（人）						招生数（人）	离园数（人）	教职工合计（人）	其中			校舍面积（平方米）	占地面积（平方米）	绿化面积（平方米）	运动场地（平方米）	图书（册）
			合计	托班	小班	中班	大班	合计	其中：女	托班	小班	中班	大班				园长（人）	专任教师（人）	保育员（人）					
全区总计	1	60	663	0	222	223	218	26572	12777	0	8036	9083	9453	8453	9171	2251	62	1369	474	202198	363399	76845	130681	276761
局直学校合计	2	4	53	0	19	18	16	1905	903	0	610	651	644	659	638	139	4	115	4	22336	46544	10488	13500	33122
南通市通州区实验幼儿园	3	1	28	0	8	10	10	965	460	0	231	348	386	231	390	64	1	56	1	5120	9800	1500	5000	19500
南通市通州区通州幼儿园	5	1	15	0	5	5	5	632	307	0	199	207	226	216	238	45	1	34	3	7718	20462	5080	4200	9800
南通市通州区金桥幼儿园	4	1	8	0	4	3	1	243	107	0	115	96	32	147	10	22	1	20	0	5362	7848	2548	2227	3000
南通市通州区虹西幼儿园	6	1	2	0	2	0	0	65	29	0	65	0	0	65	0	8	1	5	0	4136	8434	1360	2073	822
各镇学校合计	7	56	610	0	203	205	202	24667	11874	0	7426	8432	8809	7794	8533	2112	58	1254	470	179863	316855	66357	117181	243639
一、通中片	8	25	246	0	86	81	79	9796	4758	0	3108	3313	3375	3294	3240	896	25	510	196	81121	140732	30557	51638	107097
1. 金沙街道	9	8	69	0	24	22	23	3044	1514	0	958	1015	1071	1019	994	259	8	137	64	18871	28898	4422	8820	29478
南通市通州区城区幼儿园	10	1	18	0	6	6	6	866	432	0	254	294	318	261	290	75	1	38	24	3620	5860	980	1700	6000
南通市通州区城北幼儿园	11	1	7	0	2	2	3	329	153	0	86	97	146	86	129	26	1	12	6	2325	3553	400	1200	3200
南通市通州区城东幼儿园	12	1	8	0	3	3	2	260	146	0	85	103	72	85	31	37	1	16	8	5661	9019	1472	3029	5462
南通市通州区金沙小学附属幼儿园	13	1	6	0	2	2	2	304	159	0	93	106	105	100	105	18	1	12	5	698	600	60	100	550
南通市通州区蓓蕾幼儿园	14	1	9	0	3	3	3	441	212	0	148	149	144	154	172	35	1	18	9	1850	3000	600	500	4500
南通市通州区金西幼儿园	15	1	11	0	4	3	4	486	234	0	164	148	174	171	180	34	1	20	7	1947	1998	294	791	5000
南通市通州区金余幼儿园	16	1	6	0	2	2	2	252	123	0	71	83	98	71	85	23	1	14	4	2158	2726	250	1000	4500
南通市通州区春晖幼儿园	17	1	4	0	2	1	1	106	55	0	57	35	14	91	2	11	1	7	1	612	2142	366	500	266
2. 金新街道	18	7	76	0	28	25	23	2809	1328	0	941	928	940	1010	855	295	7	169	69	25928	47326	13180	15076	29663
南通高新区幼儿园	19	1	16	0	6	4	6	672	328	0	226	169	277	249	271	63	1	35	17	4860	9518	2400	3520	7800
南通市通州区育才幼儿园	20	1	14	0	5	5	4	534	236	0	170	189	175	170	182	58	1	30	14	6030	8900	1270	1600	9000
南通市通州区金泰幼儿园	21	1	12	0	5	6	1	389	199	0	150	210	29	150	10	47	1	25	12	6467	10340	4695	2948	2000
南通市通州区皇都宝贝幼儿园	22	1	11	0	3	4	4	363	164	0	88	134	141	88	146	42	1	23	12	2725	5200	800	1800	3500

续表 8

单位	编号	学校数(所)	班级(个)					在校学生数(人)						招生数(人)	离园数(人)	教职工合计(人)	其中			校舍面积(平方米)	占地面积(平方米)	绿化面积(平方米)	运动场地(平方米)	图书(册)
			合计	托班	小班	中班	大班	合计	其中:女	托班	小班	中班	大班				园长(人)	专任教师(人)	保育员(人)					
南通市通州区阳光幼儿园	23	1	11	0	5	3	3	449	213	0	204	119	126	242	117	39	1	23	11	2400	5328	850	2000	3000
南通市通州区正场幼儿园	24	1	3	0	1	1	1	70	43	0	15	23	32	15	25	9	1	6	0	820	2500	350	1330	100
南通市通州区艺术幼儿园	25	1	9	0	3	2	4	332	145	0	88	84	160	96	104	37	1	27	3	2626	5540	2815	1878	4263
3. 西亭镇	26	2	19	0	7	6	6	738	384	0	246	260	232	254	198	60	2	41	11	7241	10620	2333	3460	9080
南通市通州区西亭幼儿园	27	1	13	0	5	4	4	561	282	0	187	197	177	195	168	44	1	26	11	5902	6000	1913	2260	6200
南通市通州区西亭镇童乐幼儿园	28	1	6	0	2	2	2	177	102	0	59	63	55	59	30	16	1	15	0	1339	4620	420	1200	2880
4. 二甲镇	29	3	33	0	10	11	12	1409	680	0	359	486	564	396	563	126	3	71	27	14396	26578	5972	9946	19500
南通市通州区亚东幼儿园	30	1	10	0	3	3	4	467	219	0	124	149	194	137	233	40	1	24	10	5850	16702	4160	5060	7800
南通市通州区余北幼儿园	31	1	13	0	5	4	4	504	246	0	151	156	197	162	150	53	1	26	13	5374	5076	912	2792	5500
南通市通州区袁灶幼儿园	32	1	10	0	2	4	4	438	215	0	84	181	173	97	180	33	1	21	4	3172	4800	900	2094	6200
5. 东社镇	33	5	49	0	17	17	15	1796	852	0	604	624	568	615	630	156	5	92	25	14685	27310	4650	14336	19376
南通市通州区东社幼儿园	34	1	9	0	3	3	3	408	214	0	142	139	127	142	150	29	1	21	3	2790	2900	1220	700	3860
南通市通州区唐洪幼儿园	35	1	17	0	6	6	5	676	306	0	225	236	215	225	223	74	1	34	17	4859	11222	1300	8926	7500
南通市通州区忠义幼儿园	36	1	9	0	3	3	3	346	167	0	102	121	123	113	133	27	1	18	4	2300	4058	1000	1500	3800
南通市通州区五甲幼儿园	37	1	8	0	3	3	2	233	109	0	81	89	63	81	71	17	1	12	1	3160	5360	730	2210	3950
南通市通州区庆丰幼儿园	38	1	6	0	2	2	2	133	56	0	54	39	40	54	53	9	1	7	0	1576	3770	400	1000	266
二、通北片	39	12	98	0	32	34	32	4157	2073	0	1267	1412	1478	1297	1481	325	11	205	52	36170	80756	18925	31981	48620
6. 石港镇	40	3	22	0	7	8	7	882	459	0	271	296	315	271	339	71	2	44	9	9342	22183	4951	8378	13000
南通市通州区石港幼儿园	41	1	16	0	5	6	5	664	343	0	205	229	230	205	244	51	1	32	8	6255	13300	3150	5383	8000
南通市通州区五窑幼儿园	42	1	3	0	1	1	1	93	46	0	26	31	36	26	42	9	0	6	1	1887	3883	1201	1995	3500
南通市通州区石港镇石南幼儿园	43	1	3	0	1	1	1	125	70	0	40	36	49	40	53	11	1	6	0	1200	5000	600	1000	1500
7. 十总镇	44	4	30	0	10	10	10	1257	627	0	381	447	429	411	412	114	4	61	24	12185	25398	4225	13365	17000
南通市通州区十总幼儿园	45	1	9	0	3	3	3	322	160	0	93	113	116	117	99	30	1	18	7	2905	4500	890	2000	5600

续表 8

单位	编号	学校数（所）	班级（个）					在校学生数（人）						招生数（人）	离园数（人）	教职工合计（人）	其中			校舍面积（平方米）	占地面积（平方米）	绿化面积（平方米）	运动场地（平方米）	图书（册）
			合计	托班	小班	中班	大班	合计	其中：女	托班	小班	中班	大班				园长（人）	专任教师（人）	保育员（人）					
南通市通州区二窎幼儿园	46	1	6	0	2	2	2	294	156	0	98	98	98	98	88	22	1	11	2	2197	4646	1000	1500	3000
南通市通州区骑岸幼儿园	47	1	9	0	3	3	3	411	205	0	120	147	144	126	141	36	1	20	9	4943	12207	1860	8435	5100
南通市通州区五总幼儿园	48	1	6	0	2	2	2	230	106	0	70	89	71	70	84	26	1	12	6	2140	4044	474	1430	3300
8. 兴仁镇	49	4	35	0	11	13	11	1526	750	0	446	524	556	446	549	111	4	76	19	12137	26204	7430	6238	13650
南通市通州区兴仁镇中心幼儿园	50	1	16	0	5	6	5	742	356	0	200	254	288	200	255	54	1	32	12	5200	9900	1700	2960	8000
南通市通州区兴仁镇小花蕾幼儿园	51	1	6	0	2	2	2	250	129	0	60	94	96	60	102	14	1	11	2	2270	9400	5000	1200	3000
南通市通州区四安幼儿园	52	1	10	0	3	4	3	450	229	0	147	158	145	147	153	36	1	27	5	2467	4056	600	1623	1650
南通市通州区韬奋幼儿园	53	1	3	0	1	1	1	84	36	0	39	18	27	39	39	7	1	6	0	2200	2848	130	455	1000
9. 兴东街道	54	1	11	0	4	3	4	492	237	0	169	145	178	169	181	29	1	24	0	2506	6972	2320	4000	4970
南通市通州区兴东幼儿园	55	1	11	0	4	3	4	492	237	0	169	145	178	169	181	29	1	24	0	2506	6972	2320	4000	4970
三、通西片	56	9	106	0	35	35	36	4377	2120	0	1303	1510	1564	1382	1495	324	11	211	71	21066	41813	7113	14444	27409
10. 平潮镇	57	4	57	0	19	19	19	2334	1144	0	701	805	828	741	848	172	5	115	33	9613	19865	1381	6241	9089
南通市通州区平潮幼儿园	58	1	30	0	10	10	10	1219	582	0	380	415	424	408	437	90	1	58	20	3638	6699	202	1855	2600
南通市通州区新坝幼儿园	59	1	9	0	3	3	3	379	195	0	127	121	131	127	146	23	1	21	1	2300	2811	190	821	1686
南通市通州区平东幼儿园	60	1	9	0	3	3	3	415	202	0	109	157	149	121	161	27	1	18	3	1700	2280	389	1165	2620
南通市通州区赵甸幼儿园	61	1	9	0	3	3	3	321	165	0	85	112	124	85	104	32	2	18	9	1975	8075	600	2400	2183
11. 五接镇	62	2	22	0	7	7	8	893	442	0	244	304	345	272	268	68	3	41	17	5177	8516	1220	3504	5330
南通市通州区五接幼儿园	63	1	13	0	4	4	5	546	280	0	138	184	224	166	128	43	2	26	9	2033	3500	570	1700	710
南通市通州区五接镇李港幼儿园	64	1	9	0	3	3	3	347	162	0	106	120	121	106	140	25	1	15	8	3144	5016	650	1804	4620
12. 刘桥镇	65	3	27	0	9	9	9	1150	534	0	358	401	391	369	379	84	3	55	21	6276	13432	4512	4699	12990
南通市通州区刘桥幼儿园	66	1	12	0	4	4	4	555	256	0	151	203	201	162	174	35	1	23	10	2531	4619	1030	2000	6000
南通市通州区新联幼儿园	67	1	9	0	3	3	3	408	184	0	145	131	132	145	138	30	1	22	5	2402	5168	1670	1768	5000
南通市通州区英雄幼儿园	68	1	6	0	2	2	2	187	94	0	62	67	58	62	67	19	1	10	6	1343	3645	1812	931	1990

续表 8

单位	编号	学校数（所）	班级（个）					在校学生数（人）						招生数（人）	离园数（人）	教职工合计（人）	其中			校舍面积（平方米）	占地面积（平方米）	绿化面积（平方米）	运动场地（平方米）	图书（册）
			合计	托班	小班	中班	大班	合计	其中：女	托班	小班	中班	大班				园长（人）	专任教师（人）	保育员（人）					
四、通南片	69	10	160	0	50	55	55	6337	2923	0	1748	2197	2392	1821	2317	567	11	328	151	41505	53553	9762	19118	60513
13. 张芝山镇	70	5	54	0	16	19	19	2217	1055	0	581	776	860	600	736	188	6	106	50	14318	21410	3246	7496	19931
南通市通州区张芝山幼儿园	71	1	15	0	5	5	5	697	342	0	204	227	266	218	258	54	2	30	15	3253	5423	880	2174	4510
南通市通州区张芝山镇星河幼儿园	72	1	6	0	2	2	2	217	107	0	62	76	79	65	27	28	1	14	6	3780	3700	460	1610	2821
南通市通州区红星幼儿园	73	1	15	0	4	5	6	574	274	0	140	186	248	142	252	45	1	29	14	3300	5956	1123	1533	6300
南通市通州区南兴幼儿园	74	1	7	0	2	3	2	287	123	0	72	112	103	72	75	24	1	13	4	1805	2801	403	1209	2800
南通市通州区高桥幼儿园	75	1	11	0	3	4	4	442	209	0	103	175	164	103	124	37	1	20	11	2180	3530	380	970	3500
14. 川姜镇	76	3	83	0	26	29	28	3219	1431	0	881	1129	1209	916	1237	293	3	173	77	18956	21916	3800	7020	30600
南通市通州区川港幼儿园	77	1	43	0	14	15	14	1490	660	0	401	528	561	420	565	146	1	86	43	7040	6320	1000	2820	13300
南通市通州区姜灶幼儿园	78	1	30	0	9	11	10	1315	564	0	365	467	483	381	507	110	1	63	30	8676	11996	2000	2600	12000
南通市通州区家纺城幼儿园	79	1	10	0	3	3	4	414	207	0	115	134	165	115	165	37	1	24	4	3240	3600	800	1600	5300
15. 先锋街道	80	2	23	0	8	7	8	901	437	0	286	292	323	305	344	86	2	49	24	8231	10227	2716	4602	9982
南通市通州区先锋幼儿园	81	1	15	0	6	4	5	578	292	0	216	166	196	223	191	57	1	32	15	6731	6727	2116	3502	5782
南通市通州区志新幼儿园	82	1	8	0	2	3	3	323	145	0	70	126	127	82	153	29	1	17	9	1500	3500	600	1100	4200

通州区2016年各小学基本情况一览表

表 9

单位	编号	学校数（所）	班数（个）							在校学生数（人）								毕业生数（人）	招生数（人）	教职工合计（人）	专任教师（人）		学校占地面积（平方米）	校舍建筑总面积（平方米）	图书（册）	教学用计算机（台）	固定资产（万元）	教学仪器值（万元）
			合计	一年级	二年级	三年级	四年级	五年级	六年级	合计	其中：女	一年级	二年级	三年级	四年级	五年级	六年级				小计	其中：女						
全区总计	1	43	1045	184	183	162	171	170	175	49215	23688	9021	8735	7291	8230	7760	8178	8219	9021	3037	2851	2124	1225804	454741	1494253	6472	46018	4515
局直学校合计	2	3	172	31	32	26	27	27	29	9044	4358	1634	1610	1267	1515	1481	1537	1539	1634	518	492	391	139904	80627	251998	1290	11255	1174
南通市通州区实验小学	3	1	74	12	14	12	12	12	12	4034	1931	673	725	558	660	719	699	813	673	223	213	167	40879	24332	99999	530	4128	605

续表 9

单位	编号	学校数(所)	班数(个)							在校学生数(人)								毕业生数(人)	招生数(人)	教职工合计(人)	专任教师(人)		学校占地面积(平方米)	校舍建筑总面积(平方米)	图书(册)	教学用计算机(台)	固定资产(万元)	教学仪器值(万元)
			合计	一年级	二年级	三年级	四年级	五年级	六年级	合计	其中:女	一年级	二年级	三年级	四年级	五年级	六年级				小计	其中:女						
南通市通州区通州小学	4	1	65	12	10	8	9	12	14	3334	1624	598	503	381	508	631	713	726	598	197	188	155	54237	33293	99999	550	1244	318
南通市通州区金桥小学	5	1	33	7	8	6	6	3	3	1676	803	363	382	328	347	131	125	0	363	98	91	69	44788	23002	52000	210	5883	251
各镇学校合计	6	40	873	153	151	136	144	143	146	40171	19330	7387	7125	6024	6715	6279	6641	6680	7387	2519	2359	1733	1085900	374114	1242255	5182	34763	3341
一、通中片	7	14	280	51	49	41	47	47	45	12103	5974	2362	2138	1628	2039	1970	1966	2121	2362	823	798	597	324398	120018	351270	1772	12178	1064
1. 金沙街道	8	3	78	15	14	10	13	13	13	3541	1698	682	637	442	599	562	619	635	682	239	246	192	68203	34242	92858	532	2449	290
南通市通州区金沙小学	9	1	45	8	8	6	7	8	8	2368	1161	444	431	289	398	402	404	429	444	159	149	117	43440	25042	71100	433	1711	219
南通市通州区金余小学	10	1	11	2	2	1	2	2	2	299	152	51	49	31	49	51	68	67	51	37	34	26	9445	4955	13558	61	554	41
南通市通州区金北学校(小学部)	11	0	13	3	2	2	2	2	2	602	276	141	110	86	90	73	102	93	141	0	38	26	0	0	0	0	0	0
南通市通州区英才小学(民办)	12	1	9	2	2	1	2	1	1	272	109	46	47	36	62	36	45	46	46	43	25	23	15318	4245	8200	38	184	30
2. 金新街道	13	3	54	12	10	9	9	8	6	2623	1305	655	529	394	384	358	303	340	655	157	141	111	83126	32733	80345	346	4626	180
南通市通州区金乐小学	14	1	29	7	6	5	4	4	3	1592	782	433	323	255	225	176	180	173	433	76	74	59	52732	22337	47779	160	3019	87
南通市通州区张謇学校	15	1	13	2	2	2	3	2	2	592	283	120	106	82	99	92	93	116	120	48	39	30	20749	7027	18566	106	987	71
南通市通州区正场小学	16	1	12	3	2	2	2	2	1	439	240	102	100	57	60	90	30	51	102	33	28	22	9645	3369	14000	80	619	22
3. 西亭镇	17	1	30	5	5	4	5	5	6	1006	480	186	164	116	188	167	185	186	186	95	77	53	40828	12413	38718	191	973	125
南通市通州区西亭小学	18	1	22	3	5	4	3	3	4	836	397	138	164	116	143	121	154	145	138	61	52	37	23858	6803	27876	116	642	90
南通市通州区纱场小学	19	0	4	1	0	0	1	1	1	64	27	14	0	0	18	19	13	20	14	21	14	8	10666	4250	4082	55	193	18
南通市通州区亭西小学	20	0	4	1	0	0	1	1	1	106	56	34	0	0	27	27	18	21	34	13	11	8	6304	1360	6760	20	138	17
4. 二甲镇	21	3	54	9	9	9	9	9	9	2613	1332	449	426	367	464	459	448	495	449	184	165	127	67205	18395	83508	359	1776	281
南通市理治小学	22	1	24	4	4	4	4	4	4	1252	633	212	205	185	221	215	214	212	212	82	75	61	30015	8202	38480	149	738	145
南通市通州区余北小学	23	1	12	2	2	2	2	2	2	475	232	86	96	62	74	80	77	105	86	41	31	24	15800	4087	15580	60	385	51
南通市通州区袁灶小学	24	1	18	3	3	3	3	3	3	886	467	151	125	120	169	164	157	178	151	61	59	42	21390	6106	29448	150	653	84
5. 东社镇	25	4	64	10	11	9	11	12	11	2320	1159	390	382	309	404	424	411	465	390	148	169	114	65036	22235	55841	344	2355	189

续表9

单位	编号	学校数(所)	班数(个)							在校学生数(人)								毕业生数(人)	招生数(人)	教职工合计(人)	专任教师(人)		学校占地面积(平方米)	校舍建筑总面积(平方米)	图书(册)	教学用计算机(台)	固定资产(万元)	教学仪器值(万元)
			合计	一年级	二年级	三年级	四年级	五年级	六年级	合计	其中:女	一年级	二年级	三年级	四年级	五年级	六年级				小计	其中:女						
南通市通州区东社学校(小学部)	26	0	16	2	3	2	3	3	3	643	302	102	126	77	119	108	111	112	102	0	39	25	0	0	0	0	0	0
南通市通州区唐洪小学	27	1	12	2	2	2	2	2	2	440	240	85	69	59	78	77	72	74	85	39	34	26	12683	4868	13540	70	300	47
南通市通州区忠义小学	28	1	13	2	2	2	2	3	2	525	262	86	72	79	82	110	96	116	86	45	36	22	25346	7028	18186	97	628	40
南通市通州区五甲小学	29	1	12	2	2	2	2	2	2	450	218	66	78	74	81	75	76	102	66	32	30	19	11811	6017	15369	93	543	52
南通市通州区庆丰小学	30	1	11	2	2	1	2	2	2	262	137	51	37	20	44	54	56	61	51	32	30	22	15196	4322	8746	84	884	49
二、通北片	31	11	196	33	34	28	31	34	36	7688	3717	1409	1364	1042	1289	1254	1330	1328	1409	631	558	375	260445	87354	257098	1035	7949	787
6. 石港镇	32	3	47	7	8	7	7	9	9	1590	788	276	271	207	252	286	298	294	276	153	134	86	57994	21656	58107	245	1830	294
南通市通州区石港小学	33	1	33	5	6	5	5	6	6	1225	595	226	215	161	190	212	221	232	226	94	88	61	35087	14232	43933	150	1025	237
南通市通州区五窑小学	34	1	6	1	1	1	1	1	1	186	102	17	33	26	36	34	40	28	17	29	22	13	12340	4438	7974	45	462	35
南通市通州区石南小学	35	1	8	1	1	1	1	2	2	179	91	33	23	20	26	40	37	34	33	30	24	12	10567	2986	6200	50	343	23
7. 十总镇	36	4	49	8	8	7	8	8	10	1784	880	307	301	221	307	318	330	300	307	160	134	91	69561	22945	57921	266	2066	139
南通市通州区十总小学	37	1	19	3	3	3	3	3	4	732	356	124	102	98	130	127	151	112	124	54	47	33	20493	9362	23060	90	689	38
南通市通州区二窎小学	38	1	11	2	2	1	2	2	2	373	183	62	72	40	69	68	62	52	62	28	23	15	15997	4175	11280	45	338	30
南通市通州区骑岸小学	39	1	13	2	2	2	2	2	3	467	229	84	85	49	78	86	85	93	84	48	38	30	20646	5708	16065	90	827	45
南通市通州区五总小学	40	1	6	1	1	1	1	1	1	212	112	37	42	34	30	37	32	43	37	30	26	13	12425	3700	7516	41	211	26
8. 兴仁镇	41	3	77	14	14	11	12	13	13	3434	1625	674	633	500	586	499	542	551	674	250	227	156	107588	33599	110890	404	2926	268
南通市通州区兴仁小学	42	1	36	7	7	5	5	6	6	1696	778	360	317	263	273	247	236	248	360	112	109	81	37301	13149	51000	190	1224	108
南通市通州区横港小学	43	1	12	2	2	2	2	2	2	447	222	73	75	71	73	69	86	73	73	52	38	26	41296	11110	18940	52	551	64
南通市韬奋小学	44	1	29	5	5	4	5	5	5	1291	625	241	241	166	240	183	220	230	241	86	80	49	28991	9340	40950	162	1151	96
9. 兴东街道	45	1	23	4	4	3	4	4	4	880	424	152	159	114	144	151	160	183	152	68	63	42	25302	9154	30180	120	1127	85
南通市通州区兴东小学	46	1	23	4	4	3	4	4	4	880	424	152	159	114	144	151	160	183	152	68	63	42	25302	9154	30180	120	1127	85
三、通西片	47	9	205	34	35	34	34	34	34	9140	4462	1528	1619	1363	1516	1498	1616	1552	1528	557	526	396	244043	76853	292445	1167	7588	789

续表 9

单位	编号	学校数(所)	班数(个)							在校学生数(人)								毕业生数(人)	招生数(人)	教职工合计(人)	专任教师(人)		学校占地面积(平方米)	校舍建筑总面积(平方米)	图书(册)	教学用计算机(台)	固定资产(万元)	教学仪器值(万元)
			合计	一年级	二年级	三年级	四年级	五年级	六年级	合计	其中:女	一年级	二年级	三年级	四年级	五年级	六年级				小计	其中:女						
10. 平潮镇	48	4	108	18	18	18	18	18	18	5195	2557	882	912	766	892	844	899	902	882	301	284	223	143149	42613	159753	568	4316	442
南通市通州区平潮小学	49	1	52	8	8	9	9	9	9	2839	1377	474	468	416	524	446	511	496	474	157	151	121	66875	15235	86315	296	2386	224
南通市通州区新坝小学	50	1	24	4	4	4	4	4	4	1102	538	184	210	168	174	181	185	195	184	55	52	45	43418	14857	34155	108	591	89
南通市通州区平东小学	51	1	20	4	4	3	3	3	3	805	415	151	157	121	119	127	130	134	151	53	48	37	19463	6565	24633	108	578	85
南通市通州区赵甸小学	52	1	12	2	2	2	2	2	2	449	227	73	77	61	75	90	73	77	73	36	33	20	13393	5956	14650	56	762	43
11. 五接镇	53	2	42	7	7	7	7	7	7	1713	795	259	283	268	281	302	320	238	259	89	83	61	40747	13224	54583	232	880	149
南通市通州区五接小学	54	1	24	4	4	4	4	4	4	939	460	147	165	151	152	156	168	131	147	51	48	35	22360	6877	29560	122	432	84
南通市通州区李港小学	55	1	18	3	3	3	3	3	3	774	335	112	118	117	129	146	152	107	112	38	35	26	18387	6347	25023	110	448	65
12. 刘桥镇	56	3	55	9	10	9	9	9	9	2232	1110	387	424	329	343	352	397	412	387	167	159	112	60147	21016	78109	367	2392	199
南通市通州区刘桥小学	57	1	24	4	4	4	4	4	4	1067	543	193	209	154	171	165	175	187	193	74	73	57	25533	8662	38338	135	990	62
南通市通州区英雄小学	58	1	13	2	3	2	2	2	2	421	204	79	100	57	58	63	64	101	79	42	37	25	18066	6146	14279	104	628	51
南通市通州区新联小学	59	1	18	3	3	3	3	3	3	744	363	115	115	118	114	124	158	124	115	51	49	30	16548	6208	25492	128	775	85
四、通南片	60	6	192	35	33	33	32	28	31	11240	5177	2088	2004	1991	1871	1557	1729	1679	2088	508	477	365	257013	89889	341442	1208	7047	701
13. 张芝山镇	61	2	51	9	8	9	9	8	8	2798	1303	498	457	502	487	380	474	468	498	147	132	109	97026	34252	88000	308	1647	182
南通市通州区张芝山小学	62	1	38	6	6	7	7	6	6	2149	983	328	357	404	405	284	371	380	328	106	97	84	76578	27251	67232	238	1118	128
南通市通州区南兴小学	63	1	13	3	2	2	2	2	2	649	320	170	100	98	82	96	103	88	170	41	35	25	20448	7001	20768	70	528	54
14. 川姜镇	64	3	109	20	19	19	18	16	17	6769	3137	1268	1238	1198	1115	954	996	954	1268	265	255	189	120286	31723	203150	730	4282	404
南通市通州区川港小学	65	1	37	7	7	7	6	5	5	2391	1144	456	447	457	382	316	333	330	456	91	88	67	29591	13088	71760	247	1208	191
南通市通州区姜灶小学	66	1	38	7	6	6	6	6	7	2258	1102	406	398	369	382	345	358	363	406	100	96	72	52000	10353	67780	270	1399	128
南通市通州区家纺城小学	67	1	34	6	6	6	6	5	5	2120	891	406	393	372	351	293	305	261	406	74	71	50	38695	8282	63610	213	1675	85
15. 先锋街道	68	1	32	6	6	5	5	4	6	1673	737	322	309	291	269	223	259	257	322	96	90	67	39701	23914	50292	170	1119	114
南通市通州区先锋小学	69	1	32	6	6	5	5	4	6	1673	737	322	309	291	269	223	259	257	322	96	90	67	39701	23914	50292	170	1119	114

注:凡学校数中为“0”的是教学点。

表 10

通州区 2016 年各初中基本情况一览表

单位	编号	学校数（所）	班数（个）				在校学生数（人）					毕业生数（人）	招生数（人）	教职工合计（人）	专任教师（人）		学校占地面积（平方米）	校舍建筑总面积（平方米）	图书（册）	教学用计算机（台）	固定资产总额（万元）	教学仪器值（万元）
			合计	一年级	二年级	三年级	合计	其中：女	一年级	二年级	三年级				小计	其中：女						
全区总计	1	25	514	179	167	168	22473	10917	8109	7160	7204	7500	8109	2838	2218	1260	1126717	470430	1097337	5065	61135	5909
局直学校合计	2	10	290	101	93	96	13099	6295	4760	4152	4187	4370	4760	1591	1303	734	676836	268335	635368	2848	35901	3797
南通市通州区育才中学	3	1	51	17	17	17	2642	1326	1003	861	778	804	1003	218	202	129	57482	38169	99999	338	1765	248
南通市通州区实验中学	4	1	56	20	16	20	2471	1223	880	711	880	929	880	269	234	143	91559	35947	99999	492	2802	815
南通市通州区二甲中学	5	1	18	6	6	6	746	342	247	253	246	222	247	115	90	46	66793	33322	57912	248	3137	245
南通市通州区二窎中学	6	1	12	4	4	4	443	212	157	136	150	201	157	76	48	23	55990	14549	24682	89	1950	115
南通市通州区石港中学	7	1	15	5	5	5	595	272	215	197	183	227	215	135	102	37	82465	29733	48858	290	3225	299
南通市通州区刘桥中学	8	1	15	5	5	5	640	313	224	193	223	212	224	115	77	41	55621	27065	61999	335	3518	202
南通市通州区平潮实验初中	9	1	49	16	16	17	2412	1177	823	785	804	916	823	243	218	124	77036	24957	99999	388	12668	1001
南通市通州区兴仁中学	10	1	24	8	8	8	930	449	326	319	285	315	326	158	123	77	65700	20662	44390	222	2099	236
南通市通州区姜灶中学	11	1	26	10	8	8	1118	466	437	342	339	249	437	125	103	56	66800	24048	52390	287	2899	298
南通市通州区通海中学	12	1	24	10	8	6	1102	515	448	355	299	295	448	137	106	58	57390	19883	45140	159	1839	338
各镇学校合计	13	15	224	78	74	72	9374	4622	3349	3008	3017	3130	3349	1247	915	526	449881	202095	461969	2217	25234	2112
一、通中片	14	7	127	45	42	40	5535	2758	2025	1721	1789	1858	2025	710	543	308	236367	121596	271337	1384	18075	1542
1. 金沙街道	15	2	68	24	22	22	3299	1657	1187	1013	1099	1152	1187	369	296	179	115911	66500	141401	833	13441	979
南通市通州区金郊初级中学	16	1	56	20	18	18	2813	1441	1014	882	917	942	1014	242	222	138	75000	43828	99999	665	12500	760
南通市通州区金北学校（中学部）	17	1	12	4	4	4	486	216	173	131	182	210	173	127	74	41	40911	22672	41402	168	941	219
2. 金新街道	18	1	17	7	6	4	774	382	350	251	173	162	350	62	53	32	18409	7690	30989	115	418	150
南通市通州区文山初级中学	19	1	17	7	6	4	774	382	350	251	173	162	350	62	53	32	18409	7690	30989	115	418	150
3. 西亭镇	20	1	12	4	4	4	473	238	150	157	166	196	150	76	66	27	30580	19500	26960	100	1456	105
南通市通州区西亭初级中学	21	1	12	4	4	4	473	238	150	157	166	196	150	76	66	27	30580	19500	26960	100	1456	105
4. 二甲镇	22	1	14	5	5	4	383	199	126	125	132	158	126	60	53	32	27028	7015	19680	88	802	83

续表 10

单　位	编号	学校数(所)	班数(个)				在校学生数(人)					毕业生数(人)	招生数(人)	教职工合计(人)	专任教师(人)		学校占地面积(平方米)	校舍建筑总面积(平方米)	图书(册)	教学用计算机(台)	固定资产总额(万元)	教学仪器值(万元)
			合计	一年级	二年级	三年级	合计	其中:女	一年级	二年级	三年级				小计	其中:女						
南通市通州区袁灶初级中学	23	1	14	5	5	4	383	199	126	125	132	158	126	60	53	32	27028	7015	19680	88	802	83
5. 东社镇	24	2	16	5	5	6	606	282	212	175	219	190	212	143	75	38	44439	20891	52307	248	1957	225
南通市通州区东社学校(中学部)	25	1	10	3	3	4	360	173	122	112	126	92	122	105	45	21	31364	14760	39857	160	1601	163
南通市通州区杨港初级中学	26	1	6	2	2	2	246	109	90	63	93	98	90	38	30	17	13075	6131	12450	88	357	62
二、通北片	27	3	39	13	13	13	1519	791	500	511	508	574	500	200	133	74	69586	31116	87839	343	2332	187
7. 十总镇	28	2	13	4	5	4	415	207	134	152	129	146	134	91	45	24	38256	15214	34266	160	1043	59
南通市通州区十总中学	29	1	9	3	3	3	302	144	103	105	94	114	103	54	28	17	25672	10541	26366	125	665	31
南通市通州区骑岸初级中学	30	1	4	1	2	1	113	63	31	47	35	32	31	37	17	7	12584	4673	7900	35	378	28
8. 兴仁镇	31	1	26	9	8	9	1104	584	366	359	379	428	366	109	88	50	31330	15902	53573	183	1289	128
南通市通州区四安中学	32	1	26	9	8	9	1104	584	366	359	379	428	366	109	88	50	31330	15902	53573	183	1289	128
三、通西片	33	3	32	11	10	11	1147	551	370	373	404	385	370	172	113	66	84288	32695	53893	205	2534	164
10. 平潮镇	34	2	23	8	7	8	846	420	267	291	288	272	267	125	77	44	58876	23637	35335	137	2003	108
南通市通州区平潮初级中学	35	1	13	4	4	5	459	228	123	168	168	162	123	79	40	28	41493	11277	19842	59	1026	57
南通市通州区新坝初级中学	36	1	10	4	3	3	387	192	144	123	120	110	144	46	37	16	17383	12360	15493	78	976	51
12. 刘桥镇	37	1	9	3	3	3	301	131	103	82	116	113	103	47	36	22	25412	9058	18558	68	531	56
南通市通州区新联中学	38	1	9	3	3	3	301	131	103	82	116	113	103	47	36	22	25412	9058	18558	68	531	56
四、通南片	39	2	26	9	9	8	1173	522	454	403	316	313	454	165	126	78	59640	16688	48900	285	2294	218
14. 川姜镇	40	1	15	5	5	5	739	340	274	241	224	250	274	89	71	45	24012	11905	31500	205	1061	149
南通市通州区川港中学	41	1	15	5	5	5	739	340	274	241	224	250	274	89	71	45	24012	11905	31500	205	1061	149
15. 先锋街道	42	1	11	4	4	3	434	182	180	162	92	63	180	76	55	33	35628	4783	17400	80	1233	69
南通市通州区先锋初级中学	43	1	11	4	4	3	434	182	180	162	92	63	180	76	55	33	35628	4783	17400	80	1233	69

通州区 2016 年各高中基本情况一览表

表 11

单位	编号	学校数（所）	班数（个）				在校学生数（人）					毕业生数（人）	招生数（人）	教职工合计（人）	专任教师（人）		学校占地面积（平方米）	校舍建筑总面积（平方米）	图书（册）	教学用计算机（台）	固定资产总额（万元）	教学仪器值（万元）
			合计	一年级	二年级	三年级	合计	其中：女	一年级	二年级	三年级				小计	其中：女						
全区总计	1	4	221	68	73	80	10273	5624	2974	3363	3936	4629	2974	1353	1158	620	510150	331085	399996	3205	55160	7056
江苏省通州高级中学	2	1	60	20	20	20	2840	1575	905	917	1018	1103	905	345	298	168	129334	95193	99999	490	25498	3250
江苏省西亭高级中学	3	1	55	16	18	21	2600	1409	704	904	992	976	704	322	282	130	122384	83738	99999	605	10339	1145
江苏省平潮高级中学	4	1	56	14	19	23	2673	1484	667	895	1111	1286	667	346	304	162	127032	96361	99999	1308	12668	1258
南通市通州区金沙中学	5	1	50	18	16	16	2160	1156	698	647	815	1264	698	340	274	160	131400	55793	99999	802	6656	1403

南通市通州区 2016 年中等职业学校基本情况一览表

表 12

单位	编号	学校数（所）	班级（个）					在校学生数（人）					全校女学生数（人）	上年毕业生数（人）	招生数（人）	教职工人数（人）			学校占地面积（平方米）	备注
			合计	一年级	二年级	三年级	四年级	合计	一年级	二年级	三年级	四年级				合计	专任教师	其中：女		
全区总计	1	3	122	32	38	50	2	4403	1245	1366	1705	87	2104	1703	1245	596	486	244	346475	
江苏省通州中等专业学校（电大通州学院）	2	1	87	26	28	33	0	3128	1012	1001	1115	0	1441	1073	1012	424	357	184	199340	职业中学
南通市通州区农业综合技术学校	3	0	9	0	3	6	0	201	0	43	158	0	71	129	0	54	49	18	92830	办学点
南通市通州区二甲职业中学	4	0	4	1	1	2	0	69	16	15	38	0	24	29	16	21	20	7	3960	办学点
南通市通州区建筑职工中等专业学校	5	1	9	2	2	5	0	415	72	103	240	0	35	380	72	70	40	24	27000	成人中等专业学校
南通市通州区卫生职工中等专业学校	6	1	13	3	4	4	2	590	145	204	154	87	533	92	145	27	20	11	23345	成人中等专业学校

科学技术

Science and Technology

编辑 马钰

综 述

【概 况】 2016年,通州区科技局深入实施创新驱动战略,围绕打造创新转型示范区,强化科技创新主体的培育,注重科技成果的转移转化,为建设"强富美高"新通州提供强有力的科技支撑。一是实施技术创新引导计划:培育创新型企业,深入推进"小升高",全年认定高新技术企业50家,总数累计达159家,列南通市(县、市、区)首位;引导企业参与供给侧改革,加大高新技术产品申报,新增高新技术产品118个;建立健全部门协同作战工作机制,强化高新技术产业动态监测,1—12月完成高新技术产业产值1065.77亿元;推进科技金融有机融合,新增南京银行为合作银行,扩大"苏科贷"业务规模,"苏科贷"放贷额达1.86亿元,位居全市首位。二是实施科技项目带动计划:引导企业加大研发投入,全社会研发投入总量达26.3亿元,位列全市第一;组织企业申报市级以上科技计划项目130多项,其中列入省级科技计划20多项,向上争取资金6500万元。三是实施"双创"助推计划:"江海圆梦谷"被认定为国家级众创空间,成功举办"江海智汇园"开园活动和"钱学森论坛";"中国创纺E站"进一步完善空间功能,集聚创新企业100多家、创意设计机构10多家、创新创业人员300多人;南通高新区被国家科技部确定为国家第二批科技服务业区域试点承担单位(苏中苏北仅此一家);"通州电子元器件及材料产业基地"通过国家科技部复审,再次获得"国家火炬特色产业基地"资格认定;南通高新区诚创科技园被认定为国家级科技企业孵化器;全年新增市级以上工程技术研究中心、企业研究生工作站17家,其中省级7家。四是实施产学研合作提升计划:进一步完善全区重点产业专家数据库,企业有针对性地与高校院所专家进行对接,实现产学研需求从"集市选择"向"超市采购"转变,全力打造"常态化产学研合作促进机制",全年实施产学研合作项目50多项;围绕通州区"353"产业,依托科技新城、家纺城、石港科技产业园等创新平台,以小分队形式积极"走出去",重点举办通州—北京科技招商专题推介会和纺织丝绸专场科技招商推介会,科技局已签约项目20个(包含亿元签约项目1个)、领证项目6个。五是实施知识产权推进计划:大力推进知识产权示范区创建工作,充分发挥中国南通(家纺)快速维权中心的功能,全年调处案件100件左右;万人发明专利拥有量达21.83件;通过国家知识产权强县工程试点区验收。

2016年通州区新认定高新企业名单

表13

序号	所属镇区	企业名称
1	金沙街道	江苏睿博信息科技有限公司
2		南通市通州兴辰机械有限公司
3	西亭镇	南通海国机械有限公司
4		江苏华一机械有限公司
5	二甲镇	南通好的防腐装备有限公司
6		江苏华钡燃气设备有限公司
7		南通丰威机械有限公司
8	十总镇	江苏东源电器集团股份有限公司
9		南通精华动力科技有限公司
10		南通智造链科技有限公司
11	刘桥镇	南通久盛新材料科技有限公司
12	五接镇	江苏恒科新材料有限公司
13		南通美莱电器有限公司
14		南通金德钢结构有限公司

续表 13

序号	所属镇区	企业名称
15	石港镇	南通康盛医疗器械有限公司
16		南通江潮纤维制品有限公司
17		南通通州意达港口机械有限公司
18		南通紫鑫实业有限公司
19		南通汉迪自动化设备有限公司
20		南通展鹏塑料有限公司
21	兴东街道	南通亿华塑胶有限公司
22		南通如日纺织有限公司
23		南通欣颐家纺有限公司
24		南通捷晶半导体技术有限公司
25	平潮镇	南通高盛机械制造有限公司
26		南通海立电子有限公司
27		南通柯瑞特机械制造有限公司
28		南通市飞宇精细化学品有限公司
29		南通耀龙金属制造有限公司
30		南通海星电子股份有限公司
31		南通石油化工机械制造厂有限公司
32		南通舟舰钣金有限公司
33	兴仁镇	南通威明精工机械有限公司
34		江苏富松模具科技有限公司
35		南通京通石墨设备有限公司
36		南通全技纺织涂层有限公司
37	东社镇	南通市白龙有机肥科技有限公司
38		南通苏通分离工程科技有限公司
39	高新区	广东鸿图南通压铸有限公司
40		江苏力普电子科技有限公司
41		南通江华热动力机械有限公司
42		南通金驰机电有限公司
43		南通亿仕得医疗器械有限公司
44		广东鸿泰南通精机科技有限公司
45		江苏辰星药业股份有限公司
46		江苏甬金金属科技有限公司
47		南通杰宁照明电器有限公司
48		江苏保食康环保科技有限公司
49		江苏通盛换热器有限公司
50		诺鑫（南通）医疗技术有限公司

科技活动

【概　况】 2016年，通州区科技局大力实施产学研协同创新，围绕全区“353”产业体系，引导企业开展常态化产学研对接活动，有效打造“常态化产学研合作促进机制”，提升企业技术创新能力，增强企业核心竞争力。

【通州—北京科技招商推介会】 5月5日，通州区在北京紫光国际交流中心成功举办2016通州—北京科技招商推介会。清华大学、北京大学等10余所北京地区重点高校院所专家以及北京金山软件、一铭软件、北京公交控股等科技型企业负责人共60余名客商参会。通州与会代表参观了清华大学科技园和通信重点实验室。推介会现场签约6个项目，分别是：南通高新区科技新城与首都高校联盟战略合作、与林童院士团队合作共建纤维材料产业孵化中心、与北京钢铁侠公司合作开发机器人、与北京林业大学中关村人居环境工程与材料研究院合作开发墙装饰炫晶板；紫罗兰家纺与空军航空医学工程重点实验室合作开发智能家纺研究，江苏力普电子与北京交通大学合作开发高压变频器控制系统软件。

【南通·通州科技招商会】 9月24日，南通·通州科技招商会在通州区举行，来自东华大学、苏州大学、江南大学等高等院所的专家学者参会。推介会上，家纺产业研究院建设、飞天众智中国制造科技服务平台等8个项目现场签约。

科技计划实施

【概　况】 2016年，全年列入省级以上科技计划项目26项。其中，省重点研发计划项目6项、省创新能力和平台计划项目5项、省成果转化专项资金计划项目3项、省知识产权计划项目5项、省级工程技术研究中心3项、省企业研究生工作站4家。争取市级以上扶持资金6500万元。

【3项目列入省成果转化专项资金计划】 2016年，南通江海电容器股份有限公司承担的“高比能量动力型锂离子超级电容器研发及产业化”项目、南通福乐达汽车配件有限公司承担的“汽车多楔轮毂“轻—精—净”关键技术研发及产业化”项目、南通威尔电机有限公司承担的“模块式智能高效节能控制型电动机的研发及产业化”项目、南通综艺新材料有限公司承担的“大单晶比例定向凝铸类单晶硅锭研发及产业化”项目获省成果转化专项资金立项，共获专项补助资金2200万元。

【6项目列入省重点研发计划】 2016年，南通市海鸥救生防护用品有限公司承担的“显示生命体征的海上落水人员智能搜救系统关键技术研发”项目、沃太能源南通有限公司承担的“新能源锂电储能系统研发”项目、南通福伦利新材料有限公司承担的“多色常温复合乳液基冷拌冷铺新技术的研发”项目、丽王化工（南通）有限公司承担的“高荧光量子产率纳米粒子乳液的研发”项目、南通棉花机械有限公司承担的“智能化报废汽车高效绿色拆解线研发”项目和南通盛泰农业发展有限公司承担的“黄秋葵废弃物综合利用技术研究及其高价值产品研发”项目被列入省重点研发计划立项，共争取专项资金650万元。

科技成果

【概　况】 2016年，全区获南通市科技进步奖11项，其中：一等奖1项，二等奖4项，三等奖6项。通州区科技进步奖29项，其中：一等奖5项，二等奖11项，三等奖13项。

2016年通州区部分科学技术进步获奖项目一览表

表14

获奖项目	完成单位	主要完成人	奖励等级
高能辐照电子直线加速器	中广核中科海维科技发展有限公司	刘　奇　肖　林　姜　彤　王双府　张林强	南通市一等奖
金属薄板双面连续涂布生产线	江苏华宇印涂设备集团有限公司	胡玉兵　费　兵　陈　杰　费和超　陈忠兵　施胜新　丁斌斌	南通市二等奖
超高比容低压电极箔的关键技术与应用	南通海星电子股份有限公司 南通海一电子有限公司	严季新　陆　军　陈　健　王建中　孙新明　周红炎　王建峰	南通市二等奖
高密度沉淀池系统设备	南通华新环保设备工程有限公司	包宏明　包卫彬　罗洪波　陆　军　宋海亮　张宏庆　张桂林	南通市二等奖
微电网技术及新型光伏储能电池系统	沃太能源南通有限公司 江苏工程职业技术学院	袁宏亮　浦振托　陈继永　孙　兵　王　珺　张新艳	南通市二等奖
高安全性自动防爆节能型整体式油冷却器	南通江华热动力机械有限公司	曹　进　吴海燕　虞玲婷　周青青　李　建	南通市三等奖
深睡眠蓬松保暖仿毛型全棉面料的开发及产业化项目	江苏金太阳纺织科技股份有限公司	陈红霞　钟　婧　胡青青　仝晓婷　陆　鹏	南通市三等奖
大型挖掘机2.5吨合金钢高强度、高耐磨复合焊接履带板	南通东方科技有限公司	周　云　尹建华　周正中　刘宝喜　沈　伟	南通市三等奖
新型长效型风塔水密门	中航虹波风电设备有限公司	张建云　张宏建　杨家军　张谦林　刘美芝	南通市三等奖
混合动力用精密压铸铝合金双离合器壳体的技术开发及应用	广东鸿图南通压铸有限公司	李秋旭　童日光　周海军　常移迁　沙雯雯	南通市三等奖
基于复合结构的安全风险分析和质量评估理论研究	南通出入境检验检疫局 中国石油大学（华东） 南通宏德机电有限公司	王　杰　雷　毅　李晓晋　苏山林　武　灿	南通市三等奖

防震减灾

【概　况】 2016年，通州区地震局围绕地震监测预报、震害预防、地震应急与救援三大防震减灾工作体系，积极开展防震减灾工作，较好完成年度工作任务。积极贯彻实施防震减灾法律法规，推进防震减灾法治建设。对地震监测台网的管理坚持“三个落实，两个做到和一个联系”，全面更新苏12井设备，为苏12井安装数字监控设备。建立短、临震情跟踪，会商制度。抓好地震宏观监测队伍建设，切实做好各类地震前兆异常的发现、收集、核实和分析工作。对全区19个宏观测报点人员进行培训。将建设工程抗震设防纳入基本建设管理程序，积极推进镇村住宅抗震示范小区试点工作。在中小学校普遍开展地震应急演练活动，金郊初中举办全区中小学大型应急演练活动。刘桥中学、金沙中学、金沙小学、兴东小学、刘桥小学等学校，结合自身特点制订公共突发事件应急预案，努力提高学生防震避震、紧急疏散能力。加强群测群防网络建设，开展定期培训活动，全区形成横向到边、纵向到底的群测群防网络体系。全区建立防震减灾知识科普宣传点36个、地震宏观监测点19个。全年共拉横幅300余条，举办大型宣传展览4次，制作小型展板50块，发放防震减灾科普材料3万余份，直接受众人数达6万多人。

（张新建）

气 象 事 业

【概　况】 2016年，通州区气象局继续围绕气象灾害防御体系建设、气象为农服务体系建设和气象部门特色重点工作，认真组织实施，圆满完成年度目标。

【公共气象服务】 2016年，通州区气象局认真落实气象防灾减灾工作职责，做好暴雪、暴雨、强对流、台风和雾霾等重大灾害性预报预警服务工作。全年向各级领导机关发送重要天气报告等专题服务材料56期，利用通州区党政信息网、微博、电视、电台、报纸媒体、手机短信和乡镇电子屏等各类气象信息发送平台，向各乡镇气象协理员和信息员及社会公众发布预警信息19次。围绕“重大节日、重要活动、重点工程”开展专题服务工作。认真开展元旦、春节、清明、“五一”和“十一”等重大节日气象服务工作。圆满完成春运期间、中高考和元宵节文艺汇演等重要社会活动的气象服务。全年共制作发布各类专题专项气象服务材料约360期。

【气象灾害防御体系建设】 2016年，通州区气象局认真落实农村气象灾害防御体系建设工作，与区文广新局继续深化合作，完成全区14个乡镇（街道）村间音柱喇叭调试工作，并投入正常业务运行。至年末，通州区建成以乡镇气象协理员、村居气象信息员和镇村气象信息工作站为主的气象预警网络体系，共有气象协理员16名、气象信息员350名，覆盖全区所有镇村；与各镇（街道）共建16个镇级气象信息工作站和170个村级气象信息工作站。对气象信息工作站和人员信息进行实时更新和维护，3月，召开通州区气象协理员培训会议，针对汛期气象防灾减灾工作要求，对全区16名气象协理员进行气象知识培训。在台风、暴雨等重大灾害性天气服务过程中，及时向气象协理员和信息员发送气象预警短信，确保气象预警信息能在第一时间传播到镇村。

【气象为农服务体系建设】 2016年，通州区气象局完成全区16个区域自动气象站和4个小气候自动站的巡检维护任务，继续做好针对种养殖大户、农村合作社和规模性农业企业的“直通式”气象服务（每天向137家种养殖大户和25家农业合作社及现代农业企业免费发送气象服务短信，重大天气过程前不定时发送气象服务短信，气象信息直接送到农户和农业企业主手中），为农业种养殖生产提供第一手的气象服务。对景瑞和裕隆等省、市级现代农业产业园提供蔬菜大棚小气候实况等针对性的特色气象服务。通过“通州区为农服务‘两个体系’管理平台”向各镇（区园）提供重要农时农事和特色农业气象服务，全年共制作发布各类服务材料84期。与区农委开展深度合作，充分发挥气象为农服务专家联盟技术优势，不定期制作重要天气的气象为农服务信息，利用“12316”惠农短信平台，向全区4000多农户开展“直通式”气象服务，全年共发送服务短信4万多人次。

【防雷减灾】 2016年，通州区气象局认真履行防雷减灾安全社会管理职责，重点加强对危化、烟花爆竹等企业行业安全生产的日常监督；组织开展有关防雷安全宣传教育和安全检查；督促重点单位、重要场所以及其他需要防御雷电灾害的单位落实防雷装置的设计审核、竣工验收规定和定期检测制度。全年完成新建项目防雷装置设计审核51项，项目竣工验收验收75次。

【气象科普宣传】 2016年，通州区气象局充分利用“3·23”世界气象日、“5·12”防灾减灾日以及通州区区科普宣传周活动积极开展气象科普知识宣传活动，通过网站、专题材料和现场咨询的方式宣传气象科普知识。组织中小学生参观了气象科普基地，为全区79所中小学免费订阅全年《气象知识》科普期刊；开展气象科普进社区活动，讲解防灾减灾的基础知识、防御措施等，并发放了气象灾害防御明白卡、《气象知识》和《气象预警信号指南》等防灾减灾科普宣传材料800多份。

（周　琦）

文化·体育
Culture · Sports

编 辑 陈 菊

文化艺术

【概 况】 2016年,通州区文广新局实施"特色文化、精品文化"战略,着力推进公共文化服务建设和文化产业发展。全年新增图书馆分馆2个、文化馆分馆3个,建设40个村(社区)综合性文化服务中心,组织200场文艺演出,区、镇两级组织其他各类文体活动3000多场,培训文艺爱好者1万多人次。

艺术生产。通过举办艺术沙龙活动、艺术生产创作季、"请进来、走出去"文化交流活动、小戏小品部署会等,推动各门类艺术创作有序开展。曲艺类作品《审舅舅》《村支书的星期天》成功入围第九届中国曲艺牡丹奖全国曲艺大赛。11月上旬,小戏《审舅舅》、小品《拜见岳母》获第七届中华颂小戏小品曲艺大展金奖。《爸爸,我等你回来》《丑小鸭》在江苏省第六届少儿曲艺大赛中分获一等奖、三等奖。版画《山鬼》《早安》入选第十六届全国藏书票小版画展;版画《烈日》入选第三届世界华侨华人美术书法作品展;油画《敦煌》、国画《花鸟》《山水》入选由省文化厅主办的南通书画名家迎春作品展;油画《遥望港的晌午》、版画《巢之恋》入选省美协主办的首届江苏美术奖优秀作品展;国画《山水》《花鸟》等四幅入选省文化厅主办的南通书画精品展;版画《佛光下的刻经人》《高唱八路军歌》《雷雨天》等五幅入选江苏群星提名展;油画《水乡》入选南通文联主办的南通油画名家小幅风景作品展;油画《遥望港的岸边》、国画《山水》《花鸟》入选南通文联主办的建党九十五周年南通书画邀请展。小品《拜见岳母》、舞蹈《花叶》、相声《小微与微信》、歌曲《老街坊》、广场舞《菊花台》参加江苏省五星工程奖预选。国画《1985年某月某日》获江苏艺术基金创作资助。相声《小微与微信》获2016年江苏省曲协重点中长篇创作项目资助。

群众文化。1月25日,在金沙街道文山村举办区第五届文化下乡大巡演开幕式,随后在石港、骑岸、城区等地举办文化巡演。春节期间,区文化馆、图书馆及各镇文化站开展"金猴闹春"系列文艺活动,区歌舞团、通剧团举行"正月正"新春文艺演出,并在区内外演出60多场。2月19日,举办区第七届江海民俗文化艺术节暨古沙灯谜节的压轴大戏——"天耀江海幸福通州"大型歌舞演出。7月下旬到8月下旬,"通州之夜"举办9场演出。10月1日,区第三届公共文化服务展示月系列活动在石港镇开幕,举办演出、书画展览、盆景展示等活动;19日,举办第九届中国曲艺牡丹奖颁奖系列活动,在通州高级中学举办南京、苏州、南通三地优秀获奖曲艺作品展演。每周五下午,区文化馆在城区街头举办周周演活动,由各地群众文艺团体轮流进城演出,共演出40多场,受到市民欢迎。区图书馆组织举办多场美诗文吟诵活动,每周都放映3D影片,举办丰富多彩的"第六届古沙读书节"。

公共图书馆。区图书馆购新书2万余册,图书外借流通4.1万册次,接待读者40万余人次。新办理借书证1.3万余份,读者持证4万多份。

文化遗产保护与管理。组织做好通州区第六届"非遗文化周"系列活动。6月11日,举办第六个"非遗文化周"开幕式暨通州"王家拳"和海门"戚家拳"交流展演;10—16日,分别到十总镇、刘桥镇、五接镇,举办国家级非遗项目"童子戏"折子戏专场演出,同时,在区文化馆分馆开展非遗保护成果进校园展示活动;11日,举办非遗保护项目传统手工——西亭脆饼、石港腐乳等技艺展。推进16支通州民舞的恢复呈现,做好通州记忆丛书《通州民舞》的编撰工作。

新闻出版。开展全民阅读活动,举办第五届"古沙读书节"系列活动。刘桥镇刘桥社区被推荐为省"书香社区"。开展农家书屋工程建设,金沙街道、二甲镇被推荐为省农家书屋提升工程先进乡镇,东社镇新街村、金沙街道育才社区成功创建四星级农家书屋。

文化产业。初步完成通州区"十三五"文化产业发展规划，引领全区文化产业更加健康有序的发展。推进重点文化产业项目建设，关注重点文化企业。全年列入南通重点文化项目20个，列入南通重点项目10个，其中3个园区建设。抓好示范基地建设。新增两家南通市文化产业示范基地，即南通市木品缘红木家俱有限公司、南通市金土地生态农业有限公司。做好招商工作。成立区文广新局招商组织机构，先后赴上海、深圳、北京等城市拜访客商，洽谈项目。9月9日，在西安举办文化产业招商引资推介会，当场签约项目12个。

【“天耀江海幸福通州”歌舞演出】 2月19日，由通州区委宣传部、区文广新局主办的“天耀江海幸福通州”大型歌舞演出在通州体育中心举行。演出前进行了舞龙、魔术、有奖竞答、即兴拉歌等暖场表演。本场演出，通过普通百姓的视角，以10个视频短片衔接，将大型歌舞《我家住在长江边》、情景表演《看大戏》、家纺时装秀《浪漫四季》、舞蹈《功夫熊猫》《美丽的南山湖》《丽人行韵》《童声里的中国》《心里装着准备》等节目进行舞台展示。

【首届“通州杯”曲艺小剧场新作展演】 4月23—25日，由中国曲协、江苏省文联主办，中国文联曲艺艺术中心、全国曲艺小剧场艺术指导委员会、江苏省曲协、南通市文广新局及南通市文联、通州区政府承办的全国首届“通州杯”曲艺小剧场新作展演活动在通州区举办。此次活动从全国20多个省市区征集到曲艺作品160余件，最终有32个优秀节目参加此次展演，由来自全国各地的80多位演员分3场进行演出。区文广新局创作的小戏小品《审舅舅》《村支书的星期天》《拜见岳母》3个节目入围。

【文化馆总分馆建设】 8月，区文化馆建成3个文化馆分馆，即金沙、平潮、石港分馆，并分别予以挂牌。同时，依据南通市文广新局关于文化馆总分馆建设标准，分别在各分馆举办由南通艺术剧院演出的大戏《碧玉簪》以及展览、培训各两期，安排馆内中层专业人员担任各分馆馆长助理，加强对分馆文化工作指导和活动联动。

【农村公益电影放映】 2016年，通州区列入全省农村电影提升工程试点地区。从5月份开始，区文广新局先后完成前期调研、方案制定、放映机器调试、招投标、确定承接主体等准备工作；6月底，正式开始放映；11月底，在全区286个固定放映点共放映电影场次为2511场（其中故事片2511部、科教片2518部），并通过江苏省农村电影放映监管平台审核，观众人数近30万人次，全面完成全年放映任务。

【“领读者”讲师团成立】 2月27日，通州区“领读者”讲师团正式成立。该讲师团是隶属于区图书馆的公共文化服务志愿者组织，主要由热心于阅读指导的教育界资深读书人组成，首批“领读者”讲师团成员共10人。2016年，共举办读书讲座12场、读书研讨会1次，推荐优秀书目12本。

【两作品获全国曲艺优秀剧目金奖】 11月7日，区文广新局选送的《审舅舅》《拜见岳母》获全国小戏小品曲艺大展优秀剧目金奖。曲艺小品《审舅舅》讲述的窦知县衣锦还乡看舅舅，其舅舅却演了一个仗势欺人的假戏考验外甥，结果，窦知县在情与法的矛盾中经受住了考验。小品《拜见岳母》是新时期岳母试探新女婿的故事，最终无房无车无存折的领导秘书郑郝在人情与原则、后门与法律面前经受未来丈母娘的考验。两部作品均为区文广新局原创，编剧、导演、演员都有通州本土演员担当，构思精巧，情节完整，演员表演生动风趣。

文化市场管理

【概　况】 2016年，区文广新局积极开展“扫黄打非”专项治理。元旦、春节、五一、国庆节前后，在音像制品、图书销售、印刷企业等市场开展3次专项治理行动，共检查音像经营场所、书报刊市场、印刷复制场所600家次，收缴盗版音像制品2万余张、非法出版物3000多册。先后举办歌舞娱乐场所、音像制品经营单位、书报刊发行单位及印刷企业经营业主法律法规培训6期，培训人员800多人次。加强娱乐场所安全生产检查，发现安全隐患30多处，执法人员当场要求予以整改。以城市长效管理为抓手，结合月度测评工作，完善网吧监管长效机制建设。加强文化市场技术监管。继续推进全国文化市场技术监管与服务平台推广应用，加大网吧经营管理技术措施监管软件平台和视频监控平台建设，做到时时事事监控。

版权管理

【概　况】 2016年，区文广新局继续开展版权一般作品免费登记工作，登记作品1586件，南通市家纺城版权管理办公室登记作品7300件。南通家纺城版权管理办公室被南通市版权局评为一般作品免费登记工作先进集体，另有2人被评为先进个人。推荐优秀版权作品参加省级评比，张黎化的报告文学《闯荡南非洲》被评为文字类三等奖，家纺作品《盛世王朝的“十二生肖”》被评为美术类三等奖。

（刘伯毅）

广播电视

【概　况】 2016年，区广播电视台牢牢把握正确舆论导向，坚持围绕中心搞宣传、贴近需要搞宣传、勇于竞争搞宣传，努力抢占舆论导向制高点。先后开辟《创新故事汇》《“两学一做”、从严治党》《创美丽乡村、建美好家园》等栏目，适时报道全区创新驱动发展新态势、民生实事工程新风貌以及党建工作新举措。推进体制机制调整完善，推行全面竞争上岗，加大绩效考核力度。加大节目改版力度，突出节目创新创优。探索传统媒体与新媒体融合发展，创新开展“线上线下”互动活动，媒体社会影响进一步扩大。是年，通州人民广播电台荣获“全国十佳广播电台”称号，张雪松获评全国十佳广播播音员。

【节目改版】 通州电台FM99.9“阳光广播”改版以现代办台为理念，全新包装各档节目的片头、片花及内容，风格上呈现时尚活力的亮色。电视主要着力搞好民生新闻改版，在《通视新闻》中增设《民生全搜索》子栏目，并在选题甄选、主题策划上狠下功夫，增强电视可视性、故事性、贴近性和趣味性。

【对外宣传】 2016年，区广播电视台在省电台及南通电台用稿量均位居南通各县(市、区)台第一。在南通电视台用稿156条、省电视台用稿38条、中央电视台用稿4条。平面媒体在《新华日报》发稿6篇，其中头版2篇，头版头条1篇；在《南通日报》发稿255篇，其中头版稿件68篇，头版头条15篇。

【节目创优】 通州电台采制的广播作品《“义举妈妈”实现爱子遗愿　120万抚恤金慈善助困》荣获中国广播影视大奖提名奖。广播播音作品《乡村俚曲僮子戏》获中国广播电视协会一等奖、江苏省广播电视播音与主持作品三等奖；广播新闻专题《爱，让生命绽放》获中国广播电视协会一等奖、南通市广播新闻一等奖；系列报道《“互联网+”撑起通州家纺新天地》获中国广播电视协会一等奖；社教专题《田园报春花》获中国广播电视协会二等奖。电视系列专题《创新转型——通州新一轮发展引擎》(六集)荣获南通市政府新闻一等奖；科普节目《“海绵宝宝”：打造会呼吸的生态之城》获江苏电视社教节目奖科普节目三等奖、南通电视社教科普节目一等奖。(张雪松)

记　者　站

【概　况】 2016年，《南通日报》驻通州区记者站在《南通日报》头版用稿84篇，其中头版头条22篇，列南通各县(市)区第一。

通州作为全省唯一典型——“互联网+家纺”获国务院表扬，记者站采写稿件，在《南通日报》头版头条刊登。在宣传行政审批和供给侧改革方面，记者站采写《通州“五联”审批提效能》《通州技术创新促进供给侧改革》《通州发力供给侧结构性改革》等重头稿件；在宣传项目建设方面，记者站采写《一季度18个联合开工，已领证28个，已签约42个，在谈136个——通州项目建设强势突破》《台湾丽智电子项目快速推进》《石岛玻璃高起点新装上阵》等点面结合的稿件；在宣传人才建设方面，记者站采写《通州“转型思维”引来双创人才集聚》《第五期“钱学森论坛”在通举行》《南通高新区江海智汇节开幕》等鲜活新闻。(赵勇进)

体　　育

【概　况】 2016年，区体育工作有效提升公共服务能力与水平，提升竞技体育的内在发展动力，推动青少年体育全面开展，体育产业呈现持续上升的良好势头，较好地完成各项工作任务。通州区在全省县级体育重点工作督查中位列苏中第一。共举办国家级、省级赛事6项次，举办省、市级社会体育指导员培训8项次。全年体彩销售额1.75亿元，位列苏中苏北第一。组织开展各类群体活动近170项次，参与人数近160万人次。推进城乡体育健身工程建设，为南山湖公园、体育中心、拆迁安置区及新建绿地配备体育健身器材。

【群众体育】 全年共组织开展区级各类群体活动10余项次。3月19日—4月9日，举办足球甲级联赛，8支代表队近200人参加。5月1日，举办“南山湖1号”羽毛球对抗赛，360名羽毛球爱好者参加。5月28日，举办“建总杯”乒乓球团体赛，24支代表队近百人参加。6月19日—8月7日，举办足球超级联赛，16支代表队近400人参加。3月4日—8月19日，举办足协杯足球联赛，22支代表队近500余人参加。6月23日，举办“金通家园杯”广场舞复决赛，近1500人次参加。7月8日，举办区首届农民广场舞比赛，12支代表队近200人参加。7月11日—11月23日，举办“宝缦家纺杯”羽毛球俱乐部联赛，区各俱乐部近600名羽毛球爱好者参加。8月6—7日，举办“乐在其中”全国象棋业余赛通州区分站赛，近百名象棋爱好者参加。8月11日，区老年体协组队参加南通市体育日腰鼓展演，近130人参加并取得佳绩。8月12日，举办全民健身月启动仪式暨千人自行车绿色健身骑行活动。11月23日，举办首届区老年人太极文化节，近620名太极爱好者参加。11月26—27日，举办“南山湖1号威克多”杯南通羽毛球对抗赛，参赛人数近600人。11月23—26日，区羽毛球协会组队参加江苏省第七届全民健身运动会羽毛球大赛，获团体优胜奖，男双B组第一。4月25日，举办2016年江苏省老年人体育节通州区暨平潮镇分会场启动仪式健步走活动，近1500人参加健步走及演出活动。同时，各镇、各部门，其他各单项体育协会也积极开展各类小型、多样的趣味活动。

【学校体育】 全年组织区中小学阳光体育系列竞赛7项次，共有390余支队伍、8500多名学生参加比赛。4月10—12日，举办区中小学生阳光体育运动会(小学生田径运动会)，44支代表队共362名运动员参赛，比赛分团体和综合团体两项总分排定名次，金乐小学获得双第一。5月27—

29日，举办中小学阳光体育运动会中小学女子毽球比赛，全区各中小学、各星级学校的74支代表队370名运动员参赛。4至6月，全区中小学开展百人足球技能竞赛活动，此项活动得到各学校的高度重视，活动效果突出，成绩喜人。全区共有67所中小学(职业学校)送交了百人足球技能竞赛活动视频，经过专家评审，实验小学等获得小学组一等奖，忠义初中等获得初中组二等奖，通州中专等获得职业学校组一等奖。10月14—16日，举办区中小学生阳光体育运动会(中学生田径运动会)。本次阳光体育运动会共设3个项目比赛，星级学校组及初中组共设10个单项，阳光体育运动项目分为星级学校组及初中组，各设男子、女子各5个项目，集体项目设四个大项，31所初中及星级学校计248名中学生参赛。11月5—7日，举办中小学生阳光体育运动系列活动之一中小学男子三人制篮球赛。比赛分为小学、中学组，小学组有37支代表队185名运动员参加，中学组有30支代表队150名运动员参加。12月3—5日，举办中小学阳光体育运动会中小学男子毽球比赛，各中小学、各星级学校的74支代表队370名运动员参赛。12月23—25日，举办中小学阳光体育运动会中小学乒乓球比赛，各中小学、各星级学校的65支代表队325名运动员参赛。

【省市级体育指导员培训】 2016年，先后举办省、市级社会体育指导员培训8项次。4月16日—17日，举办南通市二级社会体育指导员广场舞培训班，全市各县市区的70余名社会体育指导员参加。5月21—23日，举办江苏省一线社会体育指导员排舞、广场舞项目再培训，全市各县市区近百名一线社会体育指导员参加。6月26—29日，举办江苏省羽毛球项目一线社会体育指导员技能再培训，全省13个市的50名羽毛球项目一线社会体育指导员参加。6月27—30日，举办江苏省乒乓球项目一线社会体育指导员技能再培训，全省13个市的50余名乒乓球项目一线社会体育指导员参加。9月9—12日，承办江苏省门球裁判员培训，全省各地近250人参加培训考核。11月20日，举办南通市二级社会体育指导员羽毛球项目培训班，南通市及所属各县市区的60余名有羽毛球运动基础的社会体育指导员参加。12月10日，举办南通市蹦床健身操项目二级社会体育指导员培训班，南通市各县市区近50余名社会体育指导员参加。

【省第七届全民健身运动会门球大联赛暨门球比赛】 9月9日—12日，举办江苏省第七届全民健身运动会门球大联赛(公开站)暨2016年江苏省门球比赛。全省各地级市的29支代表队共计288名运动员参加比赛，参赛队伍数量为省赛开赛以来之最。经过角逐，常州市、镇江市、南京市江宁区等8支代表队获得优胜奖，通州区、无锡市、徐州市等21支代表队获得优秀奖。

2016年通州籍运动员参加省级比赛成绩统计表

表15

比赛名称	姓　名	年龄组	项　目	名　次
江苏省青少年击剑锦标赛	叶　楠	12～13周岁组	佩剑个人赛	3
	葛春显	12～13周岁组	花剑团体赛	3
	张奕甜	14～15周岁组	花剑团体赛	3
	樊施丽	14～15周岁组	花剑个人赛	3
	龚棋棋	16～17周岁组	花剑个人赛	3
	曹晓楣	12～13周岁组	花剑团体赛	3
	龚棋棋	16～17周岁组	花剑团体赛	2
江苏省青少年举重锦标赛	季　辉	16～17周岁组	+94kg	2
	刘晓庆	16～17周岁组	75kg	2
江苏省青少年篮球锦标赛	丁祁淇　张　季	17周岁组	男　篮	2
江苏省青少年柔道锦标赛	曹季华	15～16周岁组	+100kg	3
	张佳乐	13～14周岁组	-48kg	3
	黄嘉燊	15～16周岁组	-56kg	5
	熊添祥	15～16周岁组	-81kg	3

续表 15

比赛名称	姓　名	年龄组	项　目	名　次
江苏省青少年田径锦标赛	李　想	17～18 周岁组	110 米栏	3
	张　雅	15 周岁组	400 米栏	2
	沈　炜	15～16 周岁组	三级跳远	2
	孙嘉琪	15～16 周岁组	标　枪	3
	陈玉倩	17～18 周岁组	链　球	1
江苏省县组田径锦标赛	张　杰	16～18 周岁组	五项全能	1
	顾鹏程	16～18 周岁组	三级跳远	3
	李　杨	13～15 周岁组	标　枪	3
	曹　维	11～12 周岁组	垒　球	1

（周玉梅）

◆通州名菜选介◆

文蛤豆腐　“文蛤豆腐”系北山饭店招牌菜。由北山饭店餐饮总监、行政总厨葛卫军制作的“文蛤豆腐”获 2000 年“江苏省风味乡土菜”名菜称号。主料：文蛤肉 300 克 、内脂豆腐 400 克 、干淀粉适量。调料：盐、味精、绍酒、葱末、姜末各少许。先将文蛤肉洗净，沥水放入配盘，加入葱、姜、绍酒待用。将内脂豆腐改刀成长方形，扑上干淀粉，放入热锅内炸成六成熟，捞起沥油，码入围好边盘内；再将油加热至五成，放入文蛤，调味对芡，附上明油，起锅浇在盘内的豆腐上，洒上胡椒，即可食用。“文蛤豆腐”具有豆腐外脆内嫩，文蛤滑嫩鲜醇的特点。

城乡建设

Urban and Rural Construction

编　辑　杨王军　陈　菊

城镇规划

【概　况】 2016年，通州区城乡规划围绕“提升城乡发展水平、优化城乡空间结构、增强城乡建设品质”目标，开展通州区公共交通规划、通州城区供热专项规划、城区控制性详细规划动态调整、城镇总体规划、专项规划和控制性详细规划以及村庄规划等项目，进一步发挥规划引领城乡发展作用，更好地为经济社会发展提供保障。全年共核发《建设项目选址意见书》34份（总用地面积305.86公顷）、建设用地规划许可证116份（总用地面积420.59公顷）、建设工程规划许可证103份（总建筑面积310.62万平方米）、乡村建设规划许可证133份，审批农民建房260户。

【城区规划编制】 整合利用城区现有供热管网，完成通州城区供热专项规划，明确城市供热设施近期建设方案及远期规划，实现节约能源、保护环境、改善人民生活品质的目标与要求。完成通州区公共交通规划，科学制定公共交通发展目标，优化城乡公交线路布局，落实各类场站用地，在提供高品质公交服务的同时实现公共资源高效利用。及时更新相关基础数据和资料，实施城区控制性详细规划调整，对不符合实际建设需求内容进行修正和完善，以进一步提高控规的适应性与应变能力。

【村镇规划编制】 2016年，完成平潮、兴仁等7镇（街道）道路、给排水专项规划，切实指导城镇建设，提升城镇承载力。按照“因地制宜、凸显特色、增强集聚”原则，推进先锋、兴东、川姜、平潮、五接等镇重点发展区域控制性详细规划编制，完善城镇功能，规范城镇建设。在镇村布局规划基础上完成100个村庄详细规划设计，结合地域、人文、产业等要素，建设打造产业特色村、文化特色村、旅游特色村，使其成为统筹城乡发展结合点、推进城乡一体化切入点、促进农村发展增长点。 （夏轶丽）

城市建设

【概　况】 2016年，区住房和城乡建设局深入贯彻区“城市品质提升年”工作部署，全力推进市政畅通、景观绿化、生态建设、城乡统筹和民生保障等重点工程。是年，被表彰为省“十二五”全省建筑节能与绿色建筑工作先进集体，市创建全国双拥模范城“六连冠”先进集体和拥军优属模范单位、2016年度全市建设工程抗震防灾先进集体、区级机关目标管理绩效考核先进集体。

【市政道路建设】 2016年，投资约1.65亿元，新建、改造市政道路15条，总长10.15公里。新增道路公交站台23座。其中，天玺路（长428米、宽20米）、崇德路（长930米、宽22米）、正德路（长650米、宽8米）、朝霞路东延（长261米、宽56米）、金富路（长250米、宽25米）、转河路改造（长735米、宽9.5至12米）、银河路中段改造（长970米、宽35米）、希望路与新金路交叉口改造（长200米、宽16至26米）、朝阳北路改造（长569米、宽18米）、希望路（长720米、宽36米）、希望路北延（长1020米、宽40米）、张园路（长1330米、宽22米）、通掘路部分路段改造（长996米、宽35米）、毓秀山路续建工程（长439米、宽22米）、清河路续建工程（长650米、宽7米）。

【城区绿化建设】 2016年，城区园林绿化工程投资1.47亿元，实施景观绿化面积约94.8万平方米。至年底，完成十五总港、一号横河（竖石河至老通掘路，实验小学至崇德路段）、十六总港（转河路至古沙路）周边、好亿莱西侧地块、明富佳苑北侧及职教中心门前、S307地块周边（滨河人家安置小区北侧及东侧)、枫园(扬子江路、朝霞路西南角)、海棠园(金桥幼儿园南侧)、金洲路新金路分隔带提升、金洲路(新金路至银河路)、通州湾东快速通道、忠孝路、金桥路临时绿地、苗圃三标段、苗圃四标段、新世纪大道朝霞路交叉口节点、新世纪大道银河路交叉口节点、运盐河路东段、尚德路、弘德路、杏园东路等道路和河道配套绿化工程,新增绿地面积约44.2万平方米。金沙横河东段、希望路、竖石河南段(金通家园周边)、龙盛大道运盐河转角、朝霞东路(牡丹江路至S223省道)、通掘路(希望路至建设路)、运盐河(翠园路至朝阳桥)、银河湾东侧地块、通州高级中学中心小游园、十五总港(古沙路至为民路)东侧等景观绿化工程在建设中,在建绿化项目约50.6万平方米。加强城区公园、绿地长效养护管理工作,全年投入绿化养护经费1820万元,有专业绿化养护企业16家,实施城区绿地管养面积约600万平方米。其中,南山湖公园、运盐河公园、霞中公园、人民公园、中心横河景观带、翠园绿地、安康公园、五号横河太山河公园等9个主题公园均实现物业化管理,面积约130万平方米。

【市第二十七届菊花展在城东新区举办】 10月25日至11月30日,市第27届"菊映南山·魅力通城"菊花展在城东新区南山湖公园举办。该届菊花展由市城乡建设局和区政府主办,市园林绿化管理处和区住房和城乡建设局承办,各县(市、区)住建局、南通科技职业学院协办。菊花展景点设计以植物造景为主,突出菊花主题,弘扬菊花文化。每个景点布展面积不少于100平方米,运用盆栽菊花5万多盆,球菊、树菊、桩景菊、悬崖菊等艺菊500多盆,植物造型60多个,其他草本花卉15万多盆。湖内搭设菊花浮床20多个。菊花造景艺术景点展由全市9个县(市、区)沿南山湖公园东侧4号桥与5号桥之间园路两侧布置,景点主题分别为:崇川区"绿色生活　美丽崇川"、港闸区"金猴报喜　五福临门"、南通开发区"日新月异"、通州区"通州花海"、海安县"梦里家园"、如皋市"童梦揽秋　雉水留馨"、如东县"菊黄蟹肥"、海门市"宜居宜业新海门"、启东市"花样启东"。此外,在公园南、北大门广场区等处布置"和谐""蝶舞""丰收""童趣""乐章"等5个大型造景艺术景点,南山湖公园周边三家房地产企业布置4个大型造景艺术景点。其中,区"通州花海"景点获室外造景艺术景点金奖第一名。

【城区水环境建设】 2016年,南山湖水街西侧连接沟水生态治理、南山寺西侧雨水管道工程完工并转入2年维护期。十六总港、运盐河十五总港连接段及二号横河局部综合整治工程完成,实现周边水系贯通。城区零星截污及积水点改造、大唐金城S335雨污分流及积水点改造等完成,改造雨污水管道2.29公里。

【老旧小区改造】 2016年,区财政投入2048万元,实施12个老旧小区改造整治工程。其中,高新区3个,金南新村(原教师进修学校宿舍楼),金和小区13号、15号、19号楼,老银河公寓6栋楼。金沙街道9个,虹丰花园、北川门住宅楼、虹西联建楼、财通公寓、广电宿舍楼、四建宿舍楼、彩扩中心楼、虹南公寓、泰山公寓。至11月底,改造工程结束,新增小区雨水管1689米、污水管道2932米、停车位264个、路灯35盏,浇筑场地面积1.33万平方米。

【亮化工程】 2016年,全区路灯亮化工程总投入2604万元。其中,投资1402万元,完成市镇干线道路亮化工程,为海五公路(二爻至北兴)、海五线(骑岸至五总至石港)、苏通公路(S336至川港菜市场)、通东线(S233至二甲镇区)等4条,总长26.9公里,新增9米单臂灯777套、路灯专用变压器、控制箱各17台。投资1062万元,新建改造市政道路亮化工程,为天玺路(扬子江路至牡丹江路)、正德路(杏园路至希望路)、希望路(通掘路至双皮桥)、银河路中段(希望路至金霞路)、希望路(胜利桥至通掘路)、转河路、朝阳路、通掘路(希望路至建设路)、尚德路(银河路至行根路),总长9.3公里。投资60万元,完成珠江路路灯改造工程,更换路灯灯臂、灯具138套。完成石江公路(南、北段)、平五公路、袁天公路、海二线、金三线、五洲路、金州大道、叠川公路和城区大庆路、虹南路、公园路等12条道路路灯节能改造工程。投资80万元,完成区市场监督管理局办公楼楼宇亮化工程。

【村镇建设】 2016年,各镇、区、园(街道)实施城镇污水收集管网工程47公里,实现区政府2014年提出3年内新增城镇污水管网120公里目标。区14座镇级污水处理厂(站)全年污水处理量完成412万吨,同比增长11.6%。完成省、市下达区438户农村危房改造任务,并通过省考核验收。推进城镇100公顷一般绿地、50公顷公共绿地和71个村庄小游园建设工程,至年底城镇一般绿地竣工122.88公顷、城镇公共绿地竣工15.67公顷,村庄小游园竣工49个。兴东街道孙李桥村建成全国"美丽宜居村庄",兴仁镇阚庵东村"省美丽乡村试点"项目通过市级验收,五接镇天后宫村列入"省美丽乡村"建设试点,东社镇杨港居列入"省康居乡村"建设试点。

【供　水】 2016年,完成南通人民东路和南通世纪大道东延至G345国道给水工程,新增供水管道30.52公里;实施通如线供水工程,新增供水管道23.4公里。完成油榨路、金民路、文山路、文鼎路、金海东路、金川路、金源路、文明路、金港路、金安路、金富路、通灵桥路、金山路、锦锈路、天玺路、希望路、银河路、清河路、毓秀山路、康宁路、转河路、朝阳路、张园路、崇德路等市政道路配套给水管道施工工程。完成滨河人家、兴东街道东飞花苑、高新区夏四店小区、正场花苑东西区等拆迁安置小区配套给水工程,实施天香苑、华山六期给水工程。完成星源名苑、书香华府、碧桂园C区、奥建大厦、翰林御花园、翰铂府南区、福瑞嘉园等商品房小区配套给水工程施工任务。完成彩扩中心(广电局门口)、财通公寓、虹南公寓、四建宿舍楼、虹丰花园、金和小区13号、15号楼、金南新村21号、34号楼、广电宿舍楼等老旧小区给水改造。全年售水7392万吨,饮用水水质合格率100%,普查水表9.03万只。

【燃气供应】 2016年,全区完成天然气销售4852.25万立方米、同比增长21.06%,新增签约收款户数18171户、同比增长2.81%,累计用户数达到96418户(其中,民用户96159户、商业用户205户、工业用户54户)。新建燃气中压管道55.30公里,运行中压管网272.27公里、低压管网246.71公里,实施输配巡线累计3.55万公里,燃气阀门累计维修保养120次,调压设施维修累计47次,中低压燃气管抢维修累计241次。发展"煤改气"用户23户,其中,通气15户,完成老小区用户开发2500户。实施石港高中压调压站和滨海LNG站建设工程。

【城区污水处理】 2016年,区益民水处理有限公司处理建成规模4.8万立方米/日,配套人工湿地,总投资约3.5亿元,出水达地表Ⅲ类水标准排放,对局部工艺段构筑除臭,减轻污水处理厂对周围环境影响,达到规定大气污染物排放标准。全年处理污水1684万立方米,处置污泥7560吨,尾水达标率100%,是年,通过省住建厅运行管理考核和水利部、省水利厅、中国工程院等部门考察。区益民水处理有限公司二分厂一期建设规模为2.5万吨/日,采用CASS(周期循环活性污泥法)处理工艺,出水达一级B标准。全年共处理污水730.4万立方米、处置污泥约2.1万吨。

【建设市场管理】 2016年,办理工业项目鉴定备案9个、建筑面积5.7万平方米,办结项目编码审核215个,办理农民工工资保证金退款申请75份,累计返还履约保证金9758.87万元、农民工工资保证金2398.67万元,退款金额2398.67万元。完成建设工程质量治理两年行动检查,检查在建工程项目72个、建筑面积220.14万平方米,涉及建设单位68家、施工企业34家、监理单位15家。完成新建工程施工图及抗震设计审查项目160项、建筑面积290万平方米,查出违反强制性条文710余条次,违反强制性标准2100余条次。全年监督抽查项目126个,抽查275次,签发整改通知书33份,停工通知书2份,监督竣工验收项目48个,面积137.65万平方米,对92家原材料登记备案。加强城建监察,检查在建工程80个、参与外出执法活动368人次,调查取证案件32起,实施行政处罚案件10起,查处违章建筑面积19万平方米。全年共接收105个建设项目档案资料,接收资料案卷4000余卷,审核工程档案竣工资料303个,出具专项验收业务指导单54份,签证竣工验收证明82份,竣工工程接收证明书105份,竣工工程档案备案报告62份。

【省绿色建筑示范区创建】 2016年,全区推进省级绿色建筑示范区创建,绿色建筑示范区开工建设面积259.3万平方米,完成建设面积103.8万平方米,完成太阳能光热一体化建筑87.5万平方米。市民服务中心、碧桂园天玺湾、社会福利中心、高标准中学、翰林御花园、星源名苑、国际棉业交易中心、国际棉业交易中心、万和润园一期、新瑞文化翡翠园、湖滨华庭、书香华府、金东新城天香苑西区安置房等13个项目取得绿色建筑设计标识。其中,市民服务中心、碧桂园天玺湾、星源名苑等3个项目取得二星级绿色建筑设计标识,二星级建筑面积达68.2万平方米。 (徐志宏)

城市管理

【概 况】 2016年,区城市管理局(行政执法局)坚持以"提升城市品质"为目标,以"让城市每个角落都干净"为己任,坚持在管理中彰显服务,在服务中提升形象,做到综合整治持续保质,环境卫生深度保洁,执法管理日益规范,党建工作有声有色,城管工作取得丰硕成果。是年,公共自行车建设在中国发展经济高层论坛昆山峰会上被评为2016年长三角十大公共自行车推广典范城市。城区运盐河公厕和湘江北路公厕在全国最美公厕评选中分别获管理奖、科技奖。高新区城管执法大队张吴建获区"最美共产党员"称号,环卫工人顾振勇被评为"省级劳模",环卫所驾驶员邵菊夺得"江苏省五一创新能手"和"江苏省技术能手"。

【镇村环境长效管理】 2016年,坚持每周服务1个镇,每月帮助1个镇,先后为15个镇(区、园、街道)提供服务106次,洒水116条590公里,吸粪138口计534吨,执法培训1227人次,发放统一基层协管员工作证473本,技术维护农村垃圾转运站7座18次。通过改进集镇考核方式,坚持问题导向,以"负面清单"整治看成效,先后组织巡查740人次,列出负面清单322份,交办整改各类问题5700项,镇区环境明显改善。发挥"监督检查、协调指导"职能,突出"防控"抓控违、突出"村居"强基础、突出"考评"问成效,拆除违法建设571起,腾出土地4.33公顷,取缔、归并废品收购站点23处,腾出土地0.18公顷。坚持农村环境"五位一体"每月一次联查、联评、联考,提升农村环境。全年共处置生活垃圾33.9万吨,日均处置量929吨。

【城管重点工程】 2016年,财政投入180万元,在上年城区公共自行车服务系统建设基础上,新增站点20个,锁柱400个,投放自行车300辆,于5月30日竣工并投入使用,日均使用量为2895人次。投入700余万元,更换农村转运站垃圾外运车16辆,改造五甲转运站进出口道路,完成基层转运站15台压机和7个垃圾渗滤系统维修保养。投入900余万元,完成数字环卫LED屏建设,购置洗扫车7辆,无滴漏后压缩车10辆,外运车1辆,风炮喷雾降尘车1辆,铲车1辆,挖掘机1台,同时对城区各小区原900余只垃圾桶进行统一设置管理。投入180余万元,对城区15座旧厕所改造。投入近100万元,在城区固废转运中心二楼垃圾进出口处增设自动感应门和除臭装置。投入900余万元,完成数字城管扩容升级工程建设。

【城市综合管理】 2016年,结合创建文明城市长效管理等工作,先后完成省、市整治项目34个。坚持“一周一路一治理”,完成城区210条道路周边环境整治,拆除各类破损、违章广告292块,清理乱堆放1815处,规范店外占道经营2158家,非机动车停放23975(辆)次。完成新建5条道路18个道口96个问题专项整治任务。开展“让城市每个角落都干净”品牌创建和夏季美城专项行动,清运生活垃圾7.04万吨。加强“三场一站”扬尘防治工作,采取零点行动、错时巡查、定点设卡、重点部位蹲守等方式,及时发现和制止违法行为,清运建筑垃圾(工程渣土)26万余立方米,处置各类装潢垃圾5.6万吨。全面推行执法重心下移,15个镇区园街道执法队伍“全覆盖”,管理创新行政执法由管理型在向服务型迈进,继续实行在职人员“一月一课”“一月一考”和实践式培训,坚持文明执法、微笑服务。是年,共办理城市管理行政执法案件1209件,行政许可740件,受理信访633件,无一件行政复议或败诉,全年数字城管立案3.7万余件,结案率98%,发现交办率100%。 (祁家中)

房地产业

【概　况】 2016年,全区深入贯彻国务院和省、市供给侧结构性改革房地产去库存工作部署,出台《关于进一步促进全区房地产市场消费的意见》,推进房地产市场促销费、去库存、稳房价等工作。加强住房保障和房产管理工作,推进保障性住房建设,积极拓宽保障性住房房源渠道,完成省下达的各项住房保障目标任务。印发《关于建立物业服务事项公开公示制度的通知》《关于建立物业服务企业信用档案的通知》等文件,规范物业管理市场秩序,促进全区房地产行业健康、稳定、有序发展。

【房地产行业管理】 2016年,全区注册登记从事房地产开发建设企业45家,其中一级资质企业2家,二级资质企业22家,三级资质企业16家,四级资质企业5家。注册登记从事物业管理服务企业60家,其中一级资质企业4家、二级资质企业10家、三级资质企业46家。完成房屋安全检测鉴定145项,鉴定面积36万平方米。签订新建工程白蚁预防合同51份,实施预防面积450万平方米,新建工程白蚁预防施药率达100%。加强直管公房维修管理,投入维修资金38.5万元,实施维修面积5093平方米。

【房地产市场】 2016年,加强房地产行业管理,小区配套不断完善,人居环境不断优化,商品房销售量逐年上升,销售价格基本稳定。全年全区商品房(含商业、办公)销售12857套,总面积156.62万平方米。其中,城区商品住宅销售7534套、同比增长136.62%,销售面积98.77万平方米、同比增长32.58%,销售均价6970.50元/平方米、同比增长6.08%。至年底全区存量房源,城区商品住宅待售3560套、面积53.57万平方米,城镇商品住宅待售3338套、面积45.43万平方米,城区商办用房待售3655套、面积33.95万平方米,城镇商品用房待售3665套、面积24.61万平方米。

【区第十三届房交会】 9月30日—10月3日,区第十三届房地产交易会在区体育中心举办,共有13家房地产开发企业、21个精品楼盘以及银行、家装建材、房屋中介等30余家房产关联企业参展。房交会期间,累计成交商品房233套、成交金额累计2.05亿元。其中,成交商品住宅209套、金额1.82亿元,商铺24套、金额0.23亿元,二手住房27套、金额0.19亿元。

【住房保障】 2016年,积极拓宽保障性住房房源渠道,完成省各项住房保障目标任务。全区保障房新开工3555套,完成目标任务118.5%;货币安置347户,完成目标任务23.13%;建成4177套,完成目标任务119.3%。完成区第八批保障性住房实物配租工作,通过联审公示,城区20户住房困难家庭迁入新居。完成惠民三期220套住房一户一验,并督促整改维修到位。积极配合国家审计署做好区保障性安居工程跟踪审计工作。全年审核公有住房出售1套、房改房上市交易42套,出具房改情况证明96份,审核职工申领购房补贴43人、补贴金额21万余元,审核9家单位动用住房维修基金18万元。

【物业管理】 加强对物业企业信用考核,推行物业管理服务项目内容“五个公开”。强化物业项目接管备案,严格前期物业招投标。加强住宅专项维修资金金监管,全年归集19个新建小区住宅专项维修资金5245万元,累计归集住宅维修资金3.95亿元,全年核准支出52个住宅小区专项维修资金139万元。强化前期物业承接查验备案制度,全年办理新建小区承接查验备案11个。认真做好物业管理全覆盖基础工作,联合区财政、审计等相关部门对城区141家老旧小区、28家拆迁安置小区、29家业主自治小区进行4次季度考核,发放物业管理补贴2245万元,至年底,有112家、总建筑面积约560万平方米的商品房小区和120万平方米的商业办公楼实现市场化物业管理服务,244个无物管零散小区实现“五有六无”基础物业服务。

【征迁安置】 2016年,全区共完成征迁面积89.05万平方米,签约民居3069户、非居民37家,签约率94.68%。幸福镇中心路、兴仁镇城北大道、纬十三路、江海大道污水处理泵站地块、希望路滨河小游园、兴东街道机场路新建工程、机场路两侧景观带、锡通高速与长江路衔接线8个工程通过市城市建设征收与搬迁考核,保障市级城建交通项目顺利实施。是年,全区共开工建设安置房56万平方米,竣工

142万平方米，张芝山镇锡通五期、平潮镇栖凤花苑三期安置房项目在建设中，其余安置房建设项目于年底前均竣工交付，安置征迁户4093户。 （徐志宏）

交　通

【概　况】 2016年，通州区（含滨海新区，下同）境内公路总里程3486.49公里，公路密度299.016公里/百平方公里，其中高速公路88.10公里，一级公路161.28公里，二级公路353.02公里，三级公路209.04公里，四级公路2675.04公里。公路桥梁1430座59206延米。公路客运站场10个，其中二级站1个，三级站3个，公交回车场6个。航道总里程570公里，其中三级航道38公里，五级航道75公里，六级航道53公里，七级航道2公里，等外30吨级航道277公里，等外10吨级航道125公里。可通航水利闸5个。港口码头97座（其中沿江港口码头10座，内河港口码头87座），泊位135个（其中沿江港口泊位12个，内河港口泊位123个），码头岸线总延长10200米。铁路里程17公里，车站1个，机场1个。区交通运输局蝉联“江苏省文明单位”称号，被表彰为全省交通运输行业“十二五”镇村公交发展先进集体，东沙大桥及其连接线工程和通吕运河整治工程被表彰为2016年度“江苏省交通建设优质工程”项目。

【基础设施建设】 全年完成建设总投资近11.3亿元。345国道南通东绕城段全线通车，南通世纪大道东延工程、江平公路等建成或基本建成通车；226省道通州段获省发改委工可批复；通扬运河通州段进行线形研究论证；完成345国道南通东绕城、南通世纪大道东延、人民路东延二期、通刘公路、北一环北延、富港路等道路绿化工程和兴仁收费站景观绿化工程约52公里，绿化面积约322万平方米，提升城市绿色形象；策应国家省市重点工程建设，沪通铁路、锡通高速北接线等重大工程服务保障工作完成既定目标，工农路北延、崇川经十八路两条市级道路进入施工招标。

建设中的沪通大桥

【工程建设管理】 严把施工单位质量保证体系审核关，严格监督程序，突出关键工序，强化试验检测，所有受监项目委聘专业试验检测机构负责试验检测，确保工程质量监管全覆盖。以创建“平安工地”“标准化建设”等活动为载体，全年组织专项检查、月度巡查、标后监管等各类检查32次，及时查纠限期整改问题95个。

【公路管理】 强化养护管理。开展县道桥梁定期检测工作，建立危桥库，落实“一桥一策”；推进“四好农路”创建，完成老S225线、S336线大修任务；加强标志标线维护，上报标志标线巡查报告253份，对338处标志缺陷进行整改，漆划标线约9810平方米。强化维护路产路权。开展县乡道路肩整治，出动人员100余人，车辆10多辆次，清理种植面积4万平方米，全区路域环境提升；办理新增国省道许可47件，延续许可27件，收取公路赔补偿费382.16万元；新增县乡道许可31件，延续许可20件，收取公路赔补偿费332.86万元；办理路产损失索赔案件154起，挽回路产损失61.27万元；办理行政处罚案件692起，罚款36.57万元。公路协同巡查系统使用趋于正常化，全年共上报巡查记录4593条。强化路域环境整治。集中拆除非公路标志159块；开展桥下空间专项整治；开展路面污染专项整治活动，处罚抛洒滴漏污染公路车辆111辆，罚款1.74万元，整改路面污染3000平方米；做好G228示范路创建工作。强化超限运输整治。组织路面超限检查73次，检查车辆400辆，其中违法车辆132辆，卸（驳）超限货物1018.75吨，罚款27.47万元。

【航道管理】 加大航政执法力度。全年上航182天，巡航728人次、13004公里，发现纠正违反航道法规行为23起，行政处罚7件，行政处理1件，收取航道赔（补）偿费113.52万元，行政许可15件。对辖区通启河、通吕河、九圩港等679.3公里主要干、支线航道进行清障扫床，其中干线航道168.07公里（全年两次），使用经费8万元；对辖区168.07公里六级以上航道进行断面测量，断面数448个；航道护岸维护观测29.5公里，使用经费13.87万元；实施通吕运河“一河两岸”原汇鑫钢丝绳厂水下碍航物清除工程；通吕运河通州段疏浚工程全面竣工，全线按4级航道标准，疏浚航道里程22.3公里，土方32.79万立方米；干线航道通航保证率95%以上、航标正常率100%。

【海事管理】 加强辖区水域安全管理。全年上航3471人天，检查船舶5037艘，检查危险品企业169次，办理危险品船舶签证31艘次123822.9载货吨，办理海事行政处罚案件1773

起,罚款 265.78 万元,办理船舶进出港签证 2881 艘次。完成 279 艘无主沉船打捞工作。重点水域水上水下活动安全监护保障有力,完成 G20 峰会等重要活动期间水上安保工作,大件运输 17 艘、新造船舶 7 艘下水移泊护航安保服务及时周到,无因管理不善而发生航道堵塞事件,辖区航道畅通有序,安全形势平稳。

【运输管理】 运输管理:完善应急预案,保障重点运输。完成公路客运量 394 万人次(不包含公交和出租车),下降 6.6%,公路旅客周转量 38823 万人公里(不包含公交和出租车),下降 7.7%;公路货运量 1081.77 万吨,增长 4.7%,公路货物周转量 169566 万吨公里,增长 3.7%;水路货运量 151 万吨,增长 6.2%,水路货运周转量 110944 万吨公里,增长 9.8%。圆满完成春节、国庆、高考等重点运输保障任务,未发生重特大事故和旅客滞留现象,实现客运安全有序目标。开展道路运输专项整治,加大客货源集散地管理。查纠道路运输违法行为 349 起,有效维护道路运输市场秩序。组织开展普货运输车辆卫星定位装置安装使用专项检查活动,全区货运车辆(总质量 12 吨及以上普通货运车辆和半挂牵引车)卫星定位装置安装率达 99.2%。强化"两客一危"动态监管平台监督管理。强化水路经营资质核查。完成 4 家水路运输企业、87 艘船舶 37696 载重吨核查工作,核查合格率 100%。优化运力结构,实施车辆提档升级,推进运输节能减排。全区拥有营运载货汽车 4278 辆,其中罐式货车、集装箱货车、专用载货车及危险品运输车等特种车辆 2144 辆。公营班线车辆 49 辆,达到 79%。加快危货运输车辆更新更型,报废转出 12 辆,新增 22 辆。继续实施内河船型标准化延续政策工作,拆解老旧船舶 15 艘,计 2905 总吨,各级财政补贴资金总计 142.92 万元,其中国家、省补贴 132.71 万元,区财政补贴 10.21 万元。港口管理:联合开展油品危险货物码头消防专项检查和沿江港口未批先建专项整治活动,完成新世界通用码头开工备案和试运行备案建设补办手续。核发港口经营许可 5 家,港口经营许可延续 58 家,持证业户 91 家,港口持证率不断提高,首次开展港口设施保安符合证书年度核验。完成江苏格雷特重工科技发展有限公司 2000 吨级泊位初步设计、施工图设计审批和南通大冈船务有限公司新建码头开工备案。强化扬尘整治,联合开展码头扬尘治理专项督查工作,完成内河码头 8 家企业 8 套船舶岸电系统改造,新世界通用码头完成船舶岸电系统建设,混凝土港口企业物料实现全封闭或半封闭堆存,严格落实扬尘治理措施。汽修管理:汽车整车维修企业 35 家,其中一类 9 家、二类 26 家,组织开展"3·15"汽车维修质量服务月现场服务活动、通州区汽车修理工技能大比武。促进营运车辆二级维护作业企业资质达标。与各维修企业签订维修质量管理责任书,督促企业将维修质量责任落到实处。新车入户技术等级评定检测 498 辆,二级维护竣工检测 7959 辆,等评结合二维检测 4335 辆,委托检测 438 辆,燃油消耗核查 259 辆,为营运车辆安全运行提供有效技术保障。新能源汽车推广:做好与众多购车单位对接和协调工作,推广新能源汽车 271 标准车,充电桩 63 根,按批次做好省、市两级财政补贴申报材料整理、审核和报送工作,建立省市区补贴申报材料多部门联合审核和现场核查工作机制,保证补贴申报工作万无一失。驾培管理:推进驾培智能系统升级。17 家驾培机构 755 辆教练车全部完成智能管理系统升级。开班 752 期,审核培训学员 29324 人,审核培训记录 87402 人次。组织文明志愿活动,20185 余名学员参加值勤,增强学员遵守交通法规意识。落实从业人员继续教育,开班 21 期,636 人完成继续教育签注。品牌建设:南通顺丰兴东航空枢纽项目和圆通速递(南通)航空总部项目申报省农村交通物流示范项目。平东铁路物流园项目正在规划中。信誉考核再获佳绩,2 家道路客运企业获省 AA 级服务质量信誉等级,区城乡客运一体化发展水平获省 AAAAA 评价等级。全区初评道路客运 AAA 级企业 1 家,AA 级 1 家,水路货运 AAA 级企业 1 家,AA 级 2 家,道路货运 AAA 级企业 3 家,AA 级 45 家,A 级 2 家。

【交通执法】 全系统实施交通行政处罚(处理)案件共 3326 件(处罚案件 3204 件,2000 元以上罚款案件 390 件,处理案件 122 件),罚款 427.96 万元,收取赔(补)偿费 39.12 万元,行政许可 338 件,行政许可、行政处罚网上公开透明运行 100%,按时办结 100%,廉政告知 100%,执法回访 100%,重大行政许可和处罚回访 100%,更好接受管理相对人监督。无行政复议变更或撤销、无行政诉讼败诉。

【安全管理】 强化领导。落实"一岗双责、党政同责、失职追责",建立主要领导、分管领导、安全科室、一线员工四层次"安全责任清单"。局成立 5 个督察组,分管领导亲自担任组长,相关科室 11 名机关干部任组员,多次邀请区安监局、消防大队相关领导和专家组织联合检查。依法治安。通过专题部署,动态巡查,抓好重大节日安全生产突击整治,共查出各类事故隐患 166 起,整改 166 起。开展安全生产大检查专项行动、危险化学品专项整治活动和安全生产标准化提升工程,全系统共派出检查组 206 组(次),参加人员 961 人(次),受检企业 394 家(次),发现一般性隐患 202 起,发出整改通知书 299 份,立案调查 139 起,罚款 10.96 万元。加大检查力度,落实企业安全生产主体责任,对危货运输、危货港口码头、沿江港口企业、重点普货企业复查率达 100%,对发现问题及时整改,确保活动取得实效。安全教育。开展"安全生产月""夏季百日安全竞赛"等重大安全生产专项活动,开展"安全生产忠诚卫士"主题演讲比赛,掀起学安全、讲安全、抓安全新高潮。科技兴安。提升安全生产信息化建设水平,推广公路巡查移动对讲系统,实现应急指挥调度智能化和巡查装备集成化;推进实现航政电子巡航、实时查询等功能,完善 AIS 船舶监控功能。

【交通惠民】 打造公交"蓝天工程",20 辆纯电动公交车已租赁到位,清洁能源车占比升至 45.6%。全区拥有公交车辆279辆(小型镇村公交车辆20辆,纯电动公交车20辆,LNG清洁能源公交车116辆,插电式混合动力客车1辆),日发999个班次,折合公交标台数为300.6标台,万人拥有公交标台数约13.7%。优化公交线网,加大公交站场建设,推进公交智能化、信息化发展。新辟城区208路公交和352、353路2条镇村公交线路,调整公交363路线路走向,公交202路延伸至忠孝文化园,加密公交252、272、276路班次,通州至南通火车站公交专线完成运营方案调研。站场建设积极推进,金东新城公交回车场通过用地规划,锡通科技产业园公交回车场已进场施工。金洲路公交智能调度安全监控中心已建成投入试运行,公交"一卡通""掌上公交"等信息化服务稳步跟进,智慧交通建设迈上新台阶。新建农村公路100公里、农桥25座,改造县道危桥6座,完成4条县道大修工程12.7公里,全区拥有农村公路3650公里,比五年前增加近30%,农村交通出行环境愈加安全畅通。

金洲路智能公交调度中心

【345国道南通东绕城段通车】 12月12日,345国道南通东绕城段全线贯通。345国道南通东绕城段工程南起锡通产业园区玉兰大道,穿越张芝山镇、川姜镇、南通高新区、兴东镇和西亭镇,终于通洋高速西亭互通,路线全长23.79千米,是纵贯通州区南北的主干道,联接七镇四区,与平海公路构成"十"字型骨架道路。该项目自2013年7月动工建设,工程造价10亿元,采取高起点定位,高标准建设,按一级公路双向六车道并兼具城市功能四块板横断面设计,设计速度80公里/小时,道路宽62米,全线大桥2座,跨Ⅴ级航道通启运河大桥并连续上跨通启高速,长1129.4米,主跨60米;跨Ⅳ级航道通吕运河大桥并上跨金通公路,长854.3米,主跨80米。

国道南通东绕城段

【金洲路公交智能调度中心建成】 12月底,金洲路公交智能调度安全监控中心投入试运行。该中心一期工程投资4620万元,占地1.13公顷,建筑面积约6000平方米。公交智能调度安全监控指挥区设公交智能调度系统,利用南通公交软件系统和数据设备,开通通州公交GPS智能调度系统模块,配置通讯服务器专线接入南通公交平台,实现信息资源共享。 (刘 雯)

水　　利

【概　况】 2016年,全区紧紧围绕水利现代化战略目标,认真落实创新、协调、绿色、开放、共享的发展理念,持续加强"六大体系"建设,切实加快以农村河道整治为重点的水利建设步伐,水利建设和管理工作取得明显成效。完成水利建设6大类27项工程,总投资4.3亿元,向上争取补助资金7718万元。加快推进农村河道整治三年行动计划,两年累计完成三年任务的80%。实施七甲河贯通工程,持续推进灌区改造全覆盖工程,完成两期小农水重点县工程。加强计划用水管理和地下水保护,认真落实水资源管理制度。全年处理水事纠纷31起,立案查处3起。西亭、十总、二甲等镇水利站达到省定现代化水利站建设标准。协助滨江新区完成横港沙护滩固沙一期工程和防洪补救工程。是年,区水利局被评为省水利宣传工作先进集体、市水利信息宣传工作先进集体以及区级机关目标管理绩效考核先进集体、区作风效能建设工作先进集体、区农业农村工作先进集体、区法治建设工作先进集体、区最佳效能服务品牌单位、区办理政协委员提案先进单位。

【农村河道整治】 2016年是区农村河道整治三年行动计划第二年，全区大力整合各类资源，统筹推进拆坝清障、河道疏浚、桥涵配套、岸坡绿化等河道整治建设项目。全年共疏浚河道629条(段)、清淤土方369万立方米，拆除坝头坝埂1269条，新建桥涵721座，整治河坡1355公里，绿化河坡390.6公顷，打捞沉船279条，重点打造二甲镇为“水美乡镇”，石港镇睹史院村、刘桥镇苏池村等9个“水美村庄”，组织实施20公里生态河道工程和8公里生态廊道水环境治理二期工程。全面推进农村河道长效管护工作，投入管护经费1980万元，努力打造农村环境“四位一体”长效管理升级版。一、二级河道和通航的三级河道共463公里全部实现市场化、机械化保洁，镇管河道落实管护责任制，进行日常巡查和定期考核，农村水环境面貌明显改善。

【农田水利建设】 2016年，通州区实施中央财政小型农田水利重点县项目第七、第八期工程。第七期工程项目位于十总、二甲镇的12个村居，总投资4229万元，其中中央财政补助800万元，省级财政补助1300万元，区镇财政配套2129万元。建设灌溉泵站58座，防渗渠道113公里，新建自动化控制中心2座新建护岸6.57公里，河坡绿化46公里。第八期工程项目位于东社、刘桥、西亭镇29个村居，总投资4177万元，其中中央财政补助800万元，省级财政补助1300万元，区镇财政配套2077万元。建设灌溉泵站49座，防渗渠道139公里，新建自动化控制中心1座。至年底，完成两期小型农田水利重点县工程。

【重点水利工程】 7月，开工建设七甲河贯通工程，总投资约2000万元，位于二甲镇余西居。开挖引河180米，新建闸站1座(闸室净宽3米，装有2台0.5立方米每秒潜水轴流泵)，桥梁1座，河道护岸380米。至年底，七甲河贯通工程建成。该工程通过引通吕运河活水南下，进一步盘活余西内河水系。

【防汛防旱】 调整充实区防汛防旱指挥机构，防汛物资储备充足，防汛抗旱设备调试正常，组建防汛防旱应急队伍，组织汛前、汛中、汛后检查。防汛隐患于5月底整改到位。汛期，严格执行领导带班和24小时防汛值班制度，确保遇有情况，正确处置。在6、7月的强降雨、1号台风“尼伯特”、14号台风“莫兰蒂”影响期间，按照防汛抗台工作要求，认真落实预案，强化应急保障，领导靠前指挥，科学应对处置，全区未出现重大灾情损失和人员伤亡，实现安全度汛。

【水资源管理】 在2015年南通市水资源管理制度考核中，通州区获优秀等次，得分列全市第一，并代表市接受省政府考核。2016年，全区严格落实水资源管理制度，切实加强计划用水管理和地下水保护，地下水位上升明显，特别是二甲、东社镇等原超采地区静水位较上年回升显著，全区地下水埋深全面回升至－23米以内。强化用水计量和水资源有偿使用，全年征收水资源费994万元。加大水资源执法监管力度，封堵非法入河排污口14个。节水型社会建设富有成效，用水效率进一步提高，单位地区生产总值用水量52.13立方米，均较上年下降8.42%；万元工业增加值用水量8.63立方米，较上年下降12.56%；工业用水重复利用率达到80%以上；水功能区水质达标率达到75%，创建国家级水生态文明建设试点的各项指标均达市总体要求。

【水利改革】 完成小型水利工程管理体制改革和农田水利产权制度改革，明确泵站、渠道等小型水利工程所有权和使用权，落实管护主体，建立管理体制。启动河湖和水利工程管理范围划定工作，完成兴石河、亭石河等9条骨干河段的确权划界任务。积极推进农业水价综合改革工作，出台农业水价综合改革实施方案，并开展试点区工作。

(汤宇杰)

供　　电

【概　况】 2016年，南通市供电公司通州供电营业部完成供电量52.61亿千瓦时，比上年(下同)增长5.8%；售电量50.24亿千瓦时，增长5.0%。供售电量继续保持南通县(市、区)之首。新装、增容用户29195户，共计容量561959千伏安。城市配变关口电压合格率99.7%，农村配变关口电压合格率97.81%；城市D类用户电压合格率99.94%，农村D类用户电压合格率99.73%。淮上线特高压工程后续工作全面完成。220千伏狮桥变、110千伏二甲变工程开工建设。

【电网建设】 按照“一流配电网”标准，以建设一批、储备一批的要求，全面落实3.56亿配网项目建设资金。修编通州配电网五年规划，着力提升配网项目储备水平，加快配农网升级改造工程建设。至11月底，新增改造线路10千伏线路395.29千米，配电变压器491台，容量96200千伏安。新增改造柱上开关247台。维修小区箱变4台、环网柜14台，修理老旧配电变压器35台。解决35千伏镇北变重载、35千伏刘镇变重载、35千伏袁灶变重载、35千伏平东变重载等迎峰度夏难题。

【运行维护】 按照运维管理规范化、标准化、精益化的要求，利用农电管控中心，加强对配变台区负荷监测、分析，及时组织开展低电压透超、三相负荷不平衡治理工作。安全运检室对公司运营分析日报中各类问题数据组织召开专题分析会，查找根因，落实措施。配电运检班根据缺陷问题库，编制每周巡视、消缺计划，加强对老旧线路和设备的特巡，及时发现并消除各类故障隐患。全年累计处理一类缺陷71处，结合计划停电更换老旧令克680余组、避雷器400余组，安装驱鸟器770余只，加装绝缘护套510余处。

【电费回收】 规范电费回收，积极推广费控收费方式，对新上的非居客户执行费控收费，原有的非居客户通过动员改为费控用户。全年完成17484户用户的费控推广，其中高压用户5443户，低压非居用户10167户，居民用户1874户。推广电子托收、银行代扣代缴、微信支付、支付宝、"电e宝"等新型缴费方式，切实提高电子化缴费率，降低电费资金回收风险。

【充电站建设】 江苏省电力公司投资440万元在通州城区建设两个快充站，每个快充站有8个充电车位，提供250A、DC750V直流快速充电。每个快充站包含停车位、箱变、充电柜三大部分，占地约260平方米。（吴庆华）

成立刘桥配电综合班组，提升农配网运维水平

◆2016中国十大新闻（之八）◆

出台完善产权保护制度依法保护产权的意见

11月27日，《中共中央国务院关于完善产权保护制度依法保护产权的意见》公布。这是产权保护的顶层设计，提出健全以公平为核心原则的产权保护制度，公有制经济和非公有制经济财产权都不可侵犯。意见明确了进一步完善现代产权制度、推进产权保护法治化的五个原则，提出了产权保护的十大任务。（引自《新华网》）

卫 生

Health

编 辑 张晓芹

综 述

【概 况】 2016年,通州区卫计委以构建现代卫生计生服务体系为目标,不断深化医疗卫生体制改革,加强基层医疗机构基础设施建设,有序推进政府民生实事项目,全面实施二孩政策,促进公共卫生服务公平可及,强化卫生计生人才队伍建设与管理,着力提升综合服务能力和水平。

综合医改工作不断深入。积极实施公立医院改革,2016年初,区人民医院纳入三级医院管理。区第十二次党代会报告中明确,将中医院通过股权流转实现政府完全举办,同时推进异地新建,"十三五"期间建成区级公立医院。大胆尝试医联体模式,平潮区域医联体先行先试,初步建立"基层首诊、双向转诊、急慢分治、上下联动"的医疗服务模式,有效推动医疗资源重心下移、纵向联合。创新思路,探索城乡紧密型医疗联合体模式,先锋街道社区卫生服务中心与南通市第一人民医院初步达成联合办医意向。稳步推进资源整合,根据行政区划调整,撤销原五甲等4家镇卫生所,完成区、镇两级妇幼保健和计划生育技术服务机构和职能的整合工作。

医疗服务能力全面增强。基础设施建设提档升级,区二院、五甲卫生院改造工程,五接卫生院异地新建工程竣工投入运行,其他在建工程有序稳步推进。人才建设步伐加快,积极开展卫生人才公开招聘,委托南通卫生高等职业技术学校培养农村医学中职学生,先后组织卫计系统党员干部理论培训班和青年干部管理能力提升班。示范创建成果丰硕,区人民医院危重孕产妇和新生儿救治中心通过南通市级验收,区二院心理咨询中心成为南通市区以外唯一可以提供专业心理咨询和治疗的机构,五接、五甲卫生院建成省级示范乡镇卫生院,兴仁镇四安卫生院和平潮镇卫生院获得国家级"群众满意的乡镇卫生院"称号,6家村卫生室创成省级示范村卫生室。骑岸卫生院杨晓卫在省、市级基层卫生岗位练兵技能竞赛中均获农村医疗个人一等奖,十总镇二爻居卫生室杨曙东获江苏省"优秀基层医师"称号。智慧卫生稳步实施,区域卫生信息平台建设顺利通过省三级标准验收,数字化卫生院和村卫生室实现全覆盖,区域电子病历、区域临床检验、区域影像已经在区镇两级医院试点运行并对接南通平台。中医特色传承弘扬,采取以奖代补的方式,推进二院、平西、五总等医疗机构中医馆建设。

公共卫生管理争先创优。顺利实施重点人群健康体检及国家城市癌症早诊早治项目,全面落实疾病预防控制措施,切实加强霍乱、流感、手足口病等传染病的有效防控,完善艾滋病防治工作机制,圆满完成血防查螺任务。扎实抓好结核病可疑患者推介转诊和确诊患者随访管理工作,8月,美国疾控中心代表团现场调研交流结核病防治工作。出台打击非法行医举报奖励办法,采取错时执法措施,不断加大卫生监督监管力度。着力做好卫生应急工作,二甲镇、东社镇、十总镇顺利通过南通市级卫生应急工作规范镇创建验收。扎实开展爱国卫生运动,认真实施农村改厕项目,积极开展卫生创建,共建成39个"江苏省卫生村"、4个"江苏省健康社区(村)"、4个"江苏省健康单位",落实病媒生物防制工作,开展除四害专项行动,认真实施环境和水质监测。

计划生育服务水平显著提高。平稳实施全面两孩政策,有序推进妇幼计生惠民工程,全面完成免费农村妇女"两癌"筛查、婚前医学检查、孕前检查及优生指导和新生儿疾病筛查工作任务,认真实施孕妇免费补服叶酸及住院分娩补助优惠政策。切实加强流动人口管理,在重大节日期间积极开展流动人口关爱关怀活动,切实保障流动人口合法权益。做好流动人口卫生计生服务管理信息系统平台的日常维护,及时完成录入、反馈、核对、出具证明等相关工作。规范实施计划生育各项奖励政策,不断强化计划生育利导机制,围绕"文明、健康、优生、致富、奉献"主题,以"家庭发展"为主线,积极开展"幸福家庭"系列创建活动,有效提升计生家庭发展能力。川姜镇保障村获得南通市幸福家庭建设优秀项目奖。

(顾晓虎)

卫生改革

【概　况】 2016年,完成区"十三五"卫生计生事业发展规划。区卫计委八项行政许可职责划转区行政审批局,卫计委内设机构、卫生所机构设置和人员编制进行调整,整合区镇两级妇幼保健和计划生育技术服务机构。南通市卫计委同意南通市一院与通州区先锋街道社区卫生服务中心建立医疗联合体。积极推进区公立医院医药价格综合改革,取消药品加成,调整医疗服务价格。12个基层医疗机构新建、改扩建项目顺利推进。

【编制"十三五"卫生计生事业发展规划】 明确"着力构建现代医疗服务体系、着力构建现代公共卫生服务体系、着力构建现代运行监管新机制"三大目标;"完善政府投入机制、优化医疗资源配置、提升资源利用效率、加强人才队伍建设、优化公共卫生服务、做好计划生育工作、加强行业运行监管"七项措施。4月,在征求区财政局、公安局、人力资源和社会保障局、民政局、残联等部门意见的基础上进行修改完善,形成送审稿,提交区发改委。

【部分职责和内设机构调整】 根据区人民政府《关于公布通州区相对集中行政许可权改革试点首批集中事项目录清单的通知》精神,将区卫计委的八项许可职责划转区行政审批局。区编委印发《关于调整区卫生和计划生育委员会部分职能配置和内设机构设置的批复》(通编〔2016〕48号),委内设机构调整设置为办公室(政策法规科)、组织人事科、财务审计科、信息统计科、体制改革科(事业发展科)、医政科(基层卫生科与其合署,中医管理科)、卫生监督与疾病预防控制科(区爱国卫生运动委员会办公室、卫生应急办公室)、妇幼保健与计划生育指导科、计划生育家庭发展科(流动人口服务管理科)9个。

【卫生所机构设置和人员编制调整】 区编委印发通编〔2016〕45号,将南通市通州区金沙镇、兴东镇、先锋镇卫生所相应更名为南通市通州区金沙街道、兴东街道、先锋街道卫生所。更名后其经费类型、管理体制等均维持不变;撤销南通市通州区五甲镇、骑岸镇、四安镇、平东镇卫生所,其职责相应划入区东社镇、十总镇、兴仁镇、平潮镇卫生所;各镇(街道)卫生所人员编制总额由原106名调整为66名。

【区、镇两级妇幼保健和计划生育技术服务机构和职能优化整合】 10月,区编委印发《关于优化整合区、镇两级妇幼保健和计划生育技术服务机构和职能的通知》(通编〔2016〕45号)。区级:整合区妇幼保健所与区计划生育指导站(区孕前优生健康检查保健中心)的职责,组建区妇幼保健计划生育服务中心。整合后,区妇幼保健计划生育服务中心为公益一类事业单位,相当于股级建制,经费类型为区财政全额拨款。镇级:整合各镇(街道)社会事业服务中心(计划生育服务站)承担的计划生育技术服务与各镇(街道)卫生院(社区卫生服务中心)的妇幼保健职能。在各镇(街道)驻地的镇(街道)卫生院(社区卫生服务中心)增挂"××镇(街道)妇幼保健计划生育服务站"牌子。各镇(街道)卫生院(社区卫生服务中心)挂牌后,接受区卫计委和镇政府(街道办事处)双重管理,以区卫计委管理为主。

【医疗联合体建设】 2016年初,先锋街道社区卫生服务中心分别于通大附院、南通市一院、南通市三院、通州区人民医院等多家医疗单位进行初步沟通,邀请相关单位管理层至先锋街道社区卫生服务中心异地新建工程建设工地进行现场考察,最终确定与南通市一院合作建立医联体。6月,形成《先锋社区卫生服务中心与市一院合作意向协议》。11月29日,南通市卫计委同意南通市一院请示,印发《关于同意南通市第一人民医院与通州区先锋街道社区卫生服务中心建立医疗联合体的批复》(通卫医政〔2016〕81号)。

【公立医院医药价格综合改革】 4月29日,区发改委、区卫计委、区人社局、区财政局联合印发《关于进一步明确通州区公立医院医药价格综合改革有关规定的通知》(通发改〔2016〕18号),5月3日起,在区人民医院、中医院、乡镇中心卫生院全面实施医药价格综合改革。除中药饮片、医院制剂外统一取消药品加成,实施零差率销售;取消部分医疗服务价格项目、部分医疗服务项目实行市场调节价、调整部分医疗服务价格。

【基层医疗卫生机构提标改造】 五甲卫生院提标改造工程1月投入使用、区第二人民医院改造工程3月投入使用、五接镇卫生院异地新建工程5月投入使用;川姜镇卫生院异地新建工程完成内部装修;先锋街道社区卫生服务中心、第六人民医院、第七人民医院异地新建工程主体结构完工;兴仁镇卫生院异地新建工程和十总卫生院扩建工程主体结构施工;骑岸卫生院异地新建工程12月开工建设;兴东街道社区卫生服务中心提标改造工程和西亭镇卫生院异地新建工程实施项目前期筹备工作。

【区域卫生信息化Ⅰ期工程实施】 成功举办19期基层卫生信息化基础数据维护培训班,按照江苏省分级评价三级标准初步建成区域健康信息平台,部署上线数字化卫生院和数字化公共卫生近30个业务系统,在30家基层医疗机构和所属卫生室上线运行。 (冯　霞　范　玲　曹　周)

农村卫生

【概　况】 2016年,通州区以筑牢农村医疗卫生服务网底为目标,强化村级医疗卫生机构运行管理和乡村医生队伍建设,建成省示范村卫生室6家。开展多轮次专项督查,增补村卫生室基本药物目录,完成省卫生计生委下达的乡村医生初级急救知识培训和实用技能进修任务,组织开展向先进典型学习活动,提升村卫生室内涵建设。

【6家单位获江苏省示范村卫生室称号】 12月2日,省卫生计生委印发《关于确认江苏省示范村卫生室名单的通知》(苏卫基层〔2016〕14号),确认金沙街道天熹社区卫生室、金新街道金泰花园卫生室、金新街道张门村卫生室、石港镇志田村卫生室、五接镇老木厂村卫生室、五接镇桃园村卫生室为"江苏省示范村卫生室",至年底,全区共建成"江苏省示范村卫生室"17家。

省示范村卫生室创建市级督导

【增补村卫生室基本药物29个品规】 为满足村卫生室临床用药需求,区计委通过基层初筛申报、专家评审、社会公示等程序,遴选确定29个品规作为《通州区2016年村卫生室基本药物增补目录》(通卫计〔2016〕109号),供村卫生室采购使用。

【乡村医生人才队伍建设】 6月,组织200名乡村医生参加全省首批乡村医生初级急救知识培训,所有学员均通过组织实践操作考试和全省理论统考。选派3名优秀乡村医生参加为期3个月的市级脱产进修,50名乡村医生参加在5家中心医院为期1个月的区级脱产进修。继续委托南通卫生高等职业技术学校培养农村医学专业中职学生,录取31名通州籍中职学生。

【村卫生室内涵建设】 3月,采取联片互查的方式组成7个督查组,围绕人员到岗执业、环境卫生管理、医疗文书书写、药品平台采购、财务收支建账等5个方面,组织开展村卫生室基础管理专项督查。7月,围绕基药采购、使用、管理、收费等方面,组织开展基药制度落实情况专项督查。10月,以镇为单位对辖区内村卫生室处方规范书写和感染管理工作进行现场抽查,并进行集中点评和辅导。

【杨曙东获省"优秀基层医师"称号】 6月,江苏省医师协会、省医学会、省基层卫生协会下发《关于授予丁玮玮等52名医师第三届江苏省"优秀基层医师"称号的决定》(苏医协〔2016〕11号),十总镇二爻居卫生室杨曙东是南通市唯一获此殊荣的乡村医生。7月,区卫计委印发《关于组织全区乡村医生学习杨曙东同志先进事迹的通知》。9月,"人民网"健康卫生频道专此进行报道。 (彭益峰)

预防保健

【概 况】 2016年,切实做好以霍乱、肝炎、手足口病、艾滋病、结核病、血吸虫病和人禽流感为重点的传染病防控工作。全年共报告甲乙丙类法定传染病18种3057例,甲乙类传染病发病率96.54/10万人。常住儿童基础免疫接种率卡介苗99.79%,乙肝首针及时率96.41%。累计建立健康档案941426份,建档率90.88%。开展重点人群健康体检25.2万人,发现疑似肿瘤836例,确诊89例。累计管理高血压患者173770人,规范管理率为88.55%;累计管理糖尿病患者48681人,规范管理率为87.12%。新登记结核病人477例,其中传染性肺结核病人118例。新增严重精神障碍患者152例,累计检出5862例,在册管理5186例。

【国家城癌三期项目实施】 2016年,通州区被列为国家城市癌症早诊早治第三期项目实施试点地区,选取金沙街道、平潮镇作为项目实施点。区卫计委认真部署、周密安排、广泛宣传、深入动员,在对调查员严格培训的基础上,采取面对面方式逐项进行现场问卷调查,严格实施督导质控,精心组织高危人群筛查送检。3月底完成国家城癌项目现场问卷12528份,5月中旬完成2922人次高危人群送检任务,发现癌症疑似病例95例,12例确诊病人得到早诊早治。

【社区医生高血压糖尿病规范用药知识竞赛】 9月8日,区卫计委与区总工会联合组织全区社区医生参加2016年十大职工技能比武项目高血压糖尿病规范用药知识竞赛。21家医疗单位63名选手参加本次竞赛。经过个人理论笔试和团队现场竞赛两个阶段的激烈比试,分别角逐出个人和团体一、二、三等奖,其中西亭卫生院获得团队一等奖,团队二等奖分别为二甲镇卫生院和东社镇卫生院,骑岸卫生院、石港卫生院、兴仁卫生院分获团队三等奖,选拔的3名优胜选手在11月南通市竞赛中荣获团体第二,个人成绩均名列前六,其中1名选手代表南通市参加全省竞赛获三等奖。

【美国疾控中心代表团现场调研结核病防治工作】 8月25日,美国疾控中心全球艾滋病与结核病部全球结核病分部专家一行9人，在国家、省、市疾控中心领导专家陪同下，实地考察通州区结核病防治工作。兴仁镇四安卫生院及兴仁镇温桥村卫生室接受现场调研，美国专家与镇、村两级结防医生通过交流，详细了解基层卫生机构在辖区病人推荐、网报病人追踪、疑似结核病人发现、报告、转诊及肺结核病人督导管理的工作流程，同时了解通州基本公共卫生项目慢病随访等工作，对通州区充分利用基层结核病信息管理系统，扎实推进基层结核病防治工作给予高度评价。

美国疾控中心代表团调研通州区基层卫生机构结核病防治工作

【心理健康咨询站达标验收】 12月27日，区二院心理健康咨询站高分通过南通市卫计委组织的达标验收。作为南通市政府2016年为民办实事项目之一，根据市政府规划，多次召开会议，对照《2016年市政府为民办实事项目心理健康咨询站建设考核标准》，安排专门场所，高标准实施房屋改造和装潢，组织相关人员到南通市第四人民医院、南通市心理咨询中心考察学习，同时安排精神科医师参加二级心理咨询师学习培训，进修辅助心理治疗科目。投入120万元购置生物反馈仪、经颅磁刺激治疗仪、沙盘治疗仪、呐喊宣泄仪、击打宣泄仪、音乐放松按摩椅、心理测评系统等设备，于10月10日正式投入运行。（张国彬）

妇幼卫生

【概　况】 2016年，以全力推进妇幼健康民生项目为重点，以规范行业监管为抓手，创新举措，扎实工作，全区妇幼卫生工作取得新进展。全力推进妇幼健康规范化门诊建设，15家医疗机构通过南通市级验收。依法狠抓爱婴医院规范化管理，以促进母乳喂养、严格控制剖宫产率、保障母婴安康为重点，加大爱婴医院管理力度，并组织考核评估，爱婴医院管理水平明显提高。扎实开展妇幼卫生民生项目，努力提升妇幼健康服务综合能力。

通州区召开农村妇女“两癌”免费检查工作会议

【农村妇女两癌检查项目】 2016年，区委、区政府继续将“两癌”筛查工作列入为民办实事项目，并实现筛查对象镇级全覆盖。全区共完成宫颈疾病检查25005人，确诊宫颈癌14例。乳腺疾病检查25020人，确诊乳腺癌9例。所有检出“两癌”阳性病例均得到及时随访与治疗，切实提高广大农村妇女的健康水平。

【免费婚前医学检查】 区妇幼保健所积极落实婚前保健服务规范，不断完善免费婚前医学检查的各项制度，切实加强执业人员培训，注重抓好质量管理，完善工作细节，优化服务模式，注重后续服务，受到新婚对象的一致好评。全区婚前医学检查率为96.27%。

【新生儿疾病免费筛查】 2016年共完成5827名新生儿疾病筛查，其中新生儿苯丙酮尿症筛查率达99.55%，新生儿听力筛查率和甲低症筛查率达99.39%，对筛查出异常的新生儿进行转诊治疗与随访。

【免费孕前优生健康检查】 2016年，区委、区政府再次将计划生育免费孕前优生健康检查工作列为民生实事工程之一，并作为区级机关部门特色重点工作加以推进，区“两办”和区“效能办”每月跟踪督查项目进展情况。全年共检查人数3247对，目标人群覆盖率达100%，筛查出风险因素对象879人，均予以一对一咨询指导和后续跟踪服务，受到服务对象的广泛好评。

【妇幼卫生】 2016年，区卫计委进一步强化组织领导，区计划生育指导站严格遵守质控制度，规范质控程序，每天做好室内质控，定期参加省、市组织的室间质控，6月和12月两次接受省临床检验室间质量评价，各项结果均为优秀。区妇保所加大妇幼健康服务技能培训力度，注重提高妇幼卫生队伍整体素质，并创新考核模式，积极借助妇幼保健信息平台，实行现场电子考核，实现即时评分、自动汇总和反馈存在问题，大大提高妇幼卫生科学化、特色化、规范化管理水平。 （王玉琴）

卫生执法

【概　况】 2016年，区卫生监督所实行参公管理，将行政许可职能划转到行政审批局，工作内容和重心进一步调整。扎实开展美容美发业、住宿业、沐浴业及游泳场所等公共场所的卫生专项整治，组织学校综合卫生监督、生活饮用水、消毒产品、放射防护规范等专项检查，不断规范医疗执业行为，加强涉医违法监测监控体系建设，重点开展传染病防治分类监督综合评价工作，高标准、高质量开展文明和卫生城市迎复查与长效管理，有效保证人民群众的健康权益。全年共完成日常监督4864户次，行政处罚38起，受理投诉举报25起。抽检公共场所单位公共卫生用品268件，合格率97.01%；生活饮用水抽检33份，合格率100%；游泳场所抽检样品48份，项次合格率93.75%；学校教学环境1105份，合格率92.76%；抽检集中消毒餐具、卫生用品330份，合格率100%。

【传染病防治卫生监督】 2016年，组织开展传染病防治分类监督综合评价试点工作，制定下发《南通市通州区医疗卫生机构传染病防治分类监督综合评价试点工作方案》，成立领导组与技术指导组，组织召开专题会议，进行动员部署与业务培训。9月出动90余人次，对疾控中心、血站、一、二级医疗机构等30家医疗卫生机构进行综合评价，综合评价结果均在合格以上。开展二轮预防接种专项检查，对疾控中心、27家接种单位的接种资质、疫苗采购途径、索取证明文件情况、接种品种和接种方法公示、冷链情况等进行全覆盖监督检查。对10家医疗机构内镜诊疗室（中心）、7家二级以上医疗机构的消毒供应室（中心）、实验室生物安全开展专项监督检查。

【打击非法行医专项整治】 实行月度“打非”常态化整治工作，联合区公安局、法院、川姜镇政府、市场管理局、电视台对非法行医的重点地区川姜镇开展打击非法行医专项行动，2016年共依法取缔“黑诊所”10个，没收药品、器械500余公斤，罚款人民币19.48万元。同时，建立非法行医黑名单公示与跟踪巡查制度，防止其重操旧业；出台有奖举报办法，动员社会力量共同管理，采取错时执法方式，让非法行医无处藏身。

【放射卫生监督管理】 对47家放射诊疗机构、3家职业健康检查机构和1家放射卫生技术服务机构开展全面监督检查，针对发现的问题责令各单位立即整改。围绕“健康中国，职业健康先行”宣传主题，采取进企业做讲座、播放流动字幕、张贴宣传画、发放宣传材料等形式，开展《职业病防治法》宣传。组织放射工作人员培训班2次400余人，对参训人员进行考核，并以文件形式下发考核合格人员名单。

【公共场所卫生监督管理】 实行网格化管理，不断深化公共场所日常性卫生监督的常态化管理和量化分级管理。重点开展游泳场所、住宿场所、沐浴场所、美容美发场所的卫生监督专项整治，加强卫生监督信息公示，强化公共用品的清洗消毒。加强卫生监督数字化应用，对省卫生监督综合管理应用系统平台内的被监督单位档案进行全面的清理和完善，2016年共开展卫生监督2727户次，日常监督、投诉举报、行政处罚等均实行网上运行。 （张国彬）

医院管理

【概　况】 2016年，医政工作以强基层为重点，以提供安全、满意的医疗服务为目标，以落实核心制度、基本规范为抓手，聚焦热点、难点，督促基层医疗单位加强基础管理，强化医护人员培训，不断提升医疗服务能力。

【示范乡镇卫生院创建】 2016年，省政府将建成50个省级示范乡镇卫生院列入年度十大主要任务百项重点工作之一，市卫计委将通州区五接镇卫生院、东社镇五甲卫生院列入创建单位。委分管领导率职能科室多次到现场开展督导，两家建设单位强化管理措施，加大资金投入，完善基础设施建设，改善服务环境，卫生院建设管理水平整体提升，群众对医院的满意度明显提升。12月2日，省卫计委发文，确认五接镇卫生院、东社镇五甲卫生院为“江苏省示范乡镇卫生院”。

【优秀社区卫生服务中心创建】 根据《省卫生计生委关于实施社区卫生服务提升工程的通知》（苏卫基层〔2016〕3号）精神，对照国家和省定标准要求，精心制定实施方案，强化组织领导，各中心不断完善服务功能，提升社区卫生服务质量和水平。经市卫计委遴选推荐，省组织专家综合评估，9月9日，城南社区卫生服务中心成为南通市唯一一家被省卫计委确认的“江苏省首批优秀社区卫生服务中心”。

【基层中医馆建设】 2016年，为扩大基层中医馆覆盖面，努力提高基层医疗机构中医药服务能力，通过分类指导，平潮卫生院平西分院、骑岸卫生院五总分院、城北社区卫生服务中心等单位对照中医综合服务区(中医馆)建设标准,整合中医药服务项目,调整科室布局,初步建成符合国家和省定标准的中医综合服务区(中医馆),受到群众欢迎。

【平潮区域医疗联合体试点】 按照平潮区域医疗联合体试点工作方案,平潮区域医联体实行"五统一"管理,定期召开理事会成员、质量考核小组等会议,分析研究推进中的存在问题,采取有力措施加以改进。区八院、镇卫生院定期指派医生分别到镇、村医疗机构坐诊。根据基层首诊、分级诊疗、急慢分治、双向转诊的要求,区八院畅通转诊绿色通道,凭双向转诊单免收挂号费,优先按排就诊、检查、交费、取药,优先安排住院,对基层单位转诊患者无特殊情况不做重复检查,实行"一单通"等资源共享。2016 年,医联体卫生院、村卫生室上转区八院病人 2851 人次,村卫生室上转卫生院病人 680 人次,区八院下转至社区康复治疗病人达 480 人次。

平潮区域医疗联合体举行大型义诊活动

【社会医疗机构监管】 为进一步规范社会医疗机构执业行为,增强从业人员依法行医的自觉性,5 月下旬,以机构建设与管理、依法执业、合理使用抗生素、院感管理、医疗广告发布等方面为重点,对全区 76 家个体诊所及 5 家民营门诊部组织拉网式督查。8 月底,召开全区社会医疗机构规范执业和感染管理检查通报会,通报督查情况,明确限期整改要求,不断规范社会医疗机构执业行为。

【基层卫生岗位练兵技能竞赛】 2016 年,根据国家、省、市卫生计生委、总工会统一部署,区卫计委会同区总工会制定《南通市通州区基层卫生岗位练兵和技能竞赛活动实施方案》,全区 245 个基层医疗单位、1310 人在省级基本公共卫生综合技术服务平台上进行注册,通过自主学习、网上答题、岗位训练,9 月 24 日,开展基层卫生岗位练兵和技能竞赛复决赛活动,20 支代表队、100 名全科医疗、社区护理、公共卫生等专业人员参加技能操作、笔试和知识竞答等 3 个环节的角逐。区卫计委、区总工会对优胜者进行表彰,并确定区代表队组成人员名单。骑岸卫生院杨晓卫在省、市级竞赛中均获农村医疗个人一等奖。

【短缺药品集中采购】 根据省、南通市卫计委统一部署,在完成《南通市急(抢)救、妇儿专科非专利药品》计划量申报的基础上,8 月中旬,组织以区人民医院和中医院为牵头单位的采购联合体进行价格谈判,区纪委驻委纪检组、委监察室全程参与。经过平台价格直接确认以及与企业网上点对点两轮谈判后,最终确定 272 个品规进入《通州区急(抢)救、妇儿专科非专利药品采购目录》。 (顾东烨)

医教科研

【概 况】 2016 年,以提高人民健康水平为宗旨,落实"自主创新、重点跨越、支撑发展、引领未来"的科技发展方针,明确目标,突出重点,创新机制,完善措施,不断提升医学科技创新发展水平和卫生计生服务能力。

【重点专科建设】 2016 年,在原有 16 个南通市临床和中医重点专科基础上,新申报 11 个临床和中医重点专科,并首次申报 8 个临床重点学科,12 个护理重点专科。

【优秀人才培育】 2016 年,申报省青年医学重点人才 1 人,南通市医学重点人才 6 人,南通市青年医学重点人才 3 人。

【医学教育培训】 2016 年,33 人分别在通大附院和南通市中医院国家级住院医师规范化培训基地培训;19 人在通大附院协同基地区人民医院参加全科医师规范化培训;11 人参加全科转岗培训;2 人参加省基层医院院长管理学习班培训;12 人参加"务实进修"培训;50 人到上级医院进修学习;199 人参加研究生课程进修班、本科和专科的学历教育;组织各类培训班 28 期,参训 3748 人次。

【卫生科技创新】 2016 年,组织申报南通市科技计划项目 7 项,通州区科技计划项目 8 项;申报的 7 项南通市青年医学人才科研基金项目 6 项通过结题验收;申报南通市卫计委新技术引进奖 5 项,获得三等奖 3 项,优秀中医药项目 1 项获三等奖;发表学术论文 150 篇。

(卜晓燕)

行风建设

【概　况】 2016 年，围绕全区卫生计生系统重点工作，结合“两学一做”学习教育活动，以党风廉政建设“两个责任”落实为关键，以系统内广大干群广泛参与为基础，以人民群众满意为标准，深入开展政风行风建设和民主评议工作，制定《通州区卫生计生系统工作人员违反作风建设规定责任追究暂行办法》，并加大考核问责力度，认真解决损害群众利益、影响卫生计生事业发展环境的不正之风和“为官不为、为政不廉、为医不清”等突出问题，更加有效地激发全系统干部职工干事创业的工作热情，为建设“风清气正”卫生计生系统作出新的努力，取得新的成果。

【组建监督队伍】 为切实加强对党风廉政建设和行风效能建设的监督，组建一支由 58 人组成的党风廉政建设和政风行风建设监督队伍。各卫生计生单位重新明确纪检监察分管领导，并从单位在职人员中推选一名政治素质高、工作责任心强、热爱纪检监察工作的人员担任纪检监察工作联络员，在区人民医院和区中医院设立监察室，配备监察室主任。各单位推选的纪检监察工作联络员（监察室主任）经区卫计委审核同意，由区卫计委聘用，业务上接受区纪委驻区卫计委纪检组和区卫计委监察室的指导，由区卫计委监察室负责考核，完成区卫计委交办的党风廉政建设和作风效能建设及反腐败等工作。区卫计委印发《通州区卫生计生系统监察室主任和纪检监察工作联络员职责》，从而强化对行风建设的监督。

通州区卫生计生系统组织党规党纪专题培训

【品牌创建】 2016 年，区卫计委在全区卫生计生单位中组织开展以“天使之光”为品牌的“三清示范区”创建工作，全面加强卫生计生系统党风廉政及作风效能建设，构筑卫生计生系统特色惩防体系。大力弘扬“文明行医、奉献社会、服务人民”的行业新风尚，引导系统内人员牢固树立“廉洁从医、诚信服务”的意识，全力塑造卫生计生系统风清气正、廉洁医疗品牌形象，促进全区卫生计生事业持续健康发展。与此同时，区卫计委还开展“卫生惠民”效能服务品牌创建，围绕“体制机制创新、服务能力提升、群众得益受惠”总目标，深化医药卫生体制改革，提升医疗卫生服务能力和服务水平，强化基本公共卫生服务，优化卫生计生行业作风，着力打造以民为本服务品牌，为全区经济社会发展提供有力的健康保障。

【制度建设】 为持续加强全区卫生计生系统政风行风建设，全面提升系统内干部职工的执行力，区卫计委不断完善制度建设，推动各项卫生计生任务落到实处。2016 年，先后出台《通州区卫生计生系统工作人员违反作风建设规定责任追究暂行办法》《2016 年通州区卫生计生系统民主评议政风行风工作实施方案》《南通市通州区医疗卫生计生单位药品试剂耗材采购使用管理办法（试行）》《通州区卫生和计划生育委员会廉政勤政约谈办法（试行）》区卫计委《关于进一步加强“三重一大”事项监督管理的实施办法（试行）》区卫计委《关于卫生计生单位工作用餐的相关规定》《作息与请销假管理制度（修订）》《区卫计委下属单位日常管理制度》等一系列管理制度，有效促进卫生计生系统的行风建设。 （郭宝军）

爱国卫生

【概　况】 2016 年，通州区大力推进健康城市建设，深入开展城乡环境卫生整洁行动，加大爱国卫生创建、健康教育与健康促进、农村改厕、病媒生物防制和烟草烟雾危害控制工作的力度，巩固发展国家卫生城市创建成果。创成“江苏省卫生村”39 个、“江苏省健康社区（村）”4 个、“江苏省健康单位”4 个。

【爱国卫生创建】 2016 年，通州区全面完成爱国卫生创建任务。6 月 20 日，组织召开全区“江苏省卫生村”创建动员暨培训会；8 月 8 日，组织召开全区“江苏省健康社区（村）”“江苏省健康单位”创建动员暨培训会，明确创建要求。8 月 23—26 日，组织“江苏省健康社区（村）”“江苏省健康单位”创建区级考核。10 月 26—28 日，组织“江苏省卫生村”创建区级考核。12 月，39 个“江苏省卫生村”、4 个“江苏省健康社区（村）”、4 个“江苏省健康单位”创建全部通过省、市考核验收。

【健康教育和健康促进】 4 月，统一部署开展以围绕“远离病媒侵害，你我同享健康”为主题的第 28 个“爱国卫生月”活动，全区各地根据《关于开展爱国卫生月和健康教育宣传月活动的通知》要求，大力开展健康知识讲座、中学生健康素养综合水平调查、专家义诊咨询等多种活动。区爱卫办、区疾控中心、各卫生所等单位利用“世界卫生日”“全国疟疾日”“全国肿瘤防治宣传周”等主题宣传日，开展系列宣传咨询活动，通过免费测量血压、展出健康知识展板、开展健康咨询、发放宣传材料等方式，广泛宣传普及健康知识。全区6个村被列为健康素养干预、中医素养知识国家级监测点，12月初完成432户的入户调查任务，并进行统计分析上报。

【农村项目改厕】 2016年，通州区承接省、市下达的农村项目改厕任务三格式6000座、生态式200座，由十总镇、张芝山镇组织实施。4月27日，区政府组织召开全区农村改厕动员会并进行改厕技术培训，印发《2016年全区农村改厕工作方案》，分解改厕任务，明确工作要求。区镇两级开展多轮现场督导，12月初，接受并通过南通市级考核。

【病媒生物防制】 3月1日，印发《通州区2016年病媒生物防制工作计划》，明确病媒生物防制工作目标和时间要求。组织城区灭鼠、灭蚊蝇等专项行动6轮，投放溴敌隆稻米190余公斤、雷公藤甲素灭鼠剂700余公斤、高效氯氟氰菊酯悬浮剂100余公斤、球形芽孢杆菌2000余公斤。根据省、市四害密度监测工作要求，规范开展“四害”密度监测工作，通州区“四害”密度全部符合要求。

【公共场所控烟】 加大控烟宣传力度，依托宣传单、报纸、电视、网络等媒介呼吁广大市民在公共场所和室内工作场所不敬烟、不递烟、不吸烟，倡导全民健康行为，全区烟草危害知晓率有较大幅度提高。在城区各类公共场所规范张贴新版禁烟标志4000余张。对全区45家无烟医疗卫生机构进行多轮专项督查，对存在问题以《卫生监督意见书》的形式进行交办。10月14日，组织卫计委、公安、交运、商务、文广新、市场监督管理、服务业发展、机关事务管理和卫生监督等11部门组成联合督查组，对城区各类公共场所和工作场所控烟工作开展联合督查，控烟工作常抓不懈。 （黄毓毓）

2016年主要医疗卫生单位基本情况一览表

表16

单　　位	职工数（人）	卫技人数（人）	占地面积（平方米）	建筑面积（平方米）	固定资产（万元）	床位数（张）	年门诊数（人次）	年出院数（人）	特色医疗
南通市通州区人民医院	802	701	39803	108364	58005	1246	554772	52765	脑血管介入、支气管镜技术、血液透析、心脏介入、起搏器安装、腹腔镜技术、鼻窦内镜技术、肿瘤介入治疗
南通市通州区中医院	500	427	34413	37796	17213	500	454998	21758	骨伤、肛肠、针灸、推拿、手足显微外科
南通市通州区第二人民医院	145	109	16008	11987	3285	250	60331	1646	心理咨询、头痛失眠、穴位埋线治疗
南通市通州区第三人民医院	259	232	16383	19324	5849	200	208664	7966	心血管内科、神经内科、普外科、骨科、眼科
南通市通州区二甲人民医院	120	104	13857	15605	4407	110	44393	3409	—
南通市通州区第六人民医院	130	119	22438	12651	1800	152	77663	3340	针灸、推拿
南通市通州区第七人民医院	97	86	8075	8924	1525	100	67730	1776	肝病专科
南通市通州区第八人民医院	212	197	18152	22350	6559	200	153818	7483	康复治疗、腹腔镜胆囊摘除术、无痛人流、无痛分娩、血磁疗法、白内障超声乳化术
南通市通州区疾病预防控制中心	57	51	7858	6415	1102	—	—	—	皮肤病门诊
南通市中心血站通州分站	31	23	2588	1933	521	—	—	—	血细胞单采及血浆置换术
南通市通州区妇幼保健所	33	32	4802	2130	517	—	23826	—	乳腺专科、早教门诊
南通市通州区卫生监督所	27	—	—	—	109	—	—	—	—

社会生活

Social Life

编辑 陈菊

人口

【户籍人口】 2016年末，全区户籍人口126.42万人，比上年末减少1677人，人口自然增长率为-1.29‰，连续19年负增长。主要特点：一是女性人口多于男性。总人口中，男性61.75万人，减少1062人，女性64.67万人，减少615人，女性比男性多2.93万人，男女性别比为95.47(女=100)，比上年(下同)下降0.07。二是死亡人口多于出生人口。全年出生9289人，出生率7.34‰；全年死亡10922人，死亡率8.63‰，死亡比出生人口多1633人。

【常住人口】 2016年末，全区常住人口114.20万人，与上年末比持平略升。其中，城镇人口67.84万人，增加2.12万人，农村人口46.36万人，减少2.11万人。城镇人口占全区常住人口的比重为59.40%，提高1.9个百分点。

（黄　凯）

人民生活

【城乡居民收入】 2016年，居民人均可支配收入29668元，比上年(下同)增长9.6%。其中，城镇居民人均可支配收入40741元，增长8.2%；农村居民人均可支配收入19929元，增长8.5%。居民四项收入全面增长，主要表现为：(1)工资性收入贡献最大。居民人均可支配收入中，工资性收入提高1507元，对可支配收入增长的贡献率达57.9%。其中，城镇和农村居民工资性收入分别提高1768元和902元，对可支配收入增长的贡献率分别为57.1%和57.5%。工资性收入稳步增长的主要原因有四：一是全区经济平稳运行，城镇登记失业率维持较低水平；二是机关、事业单位进行公车改革，相应补贴有序发放；三是最低工资标准继续提高；四是农民就业技能培训继续进行，农民就业技能不断提高。(2)经营净收入增速放缓。居民人均经营净收入5784元，增长7.8%，增速回落0.2个百分点。其中，城镇居民人均经营净收入6039元，增长8.5%；农村居民人均经营净收入5559元，增长6.8%，增速回落2.8个百分点。(3)财产净收入增速最快。居民人均财产净收入1749元，增长20.8%，增速为四项收入之最。其中，城镇居民人均财产净收入3008元，增长18.4%；农村居民人均财产净收入641元，增长16.8%。(4)转移净收入增速平稳。居民人均转移净收入4543元，增长9.1%。其中，城镇居民人均转移净收入7268元，增长5.6%；农村居民人均转移净收入2147元，增长11.3%。该项收入稳步增长的原因有：一是城乡居民基础养老金标准继续上调；二是企业退休人员养老金继续上调；三是各类社会救助对象生活保障标准得到提高；四是失业保险金发放上限得到提高。

【城乡居民消费】 2016年，居民人均生活消费支出18749元，增加1528元，增长8.9%，增速提高0.6个百分点，扭转了增速连续三年回落的趋势。城镇居民人均生活消费支出23614元，增长7.1%，增速回落0.5个百分点；农村居民人均生活消费支出14748元，增长11.3%，增速提高2.0个百分点。三类支出增速和占比同时提高。居民的生活用品及服务、交通通信和教育文化娱乐支出分别为1024元、2615元和3423元，分别增长10.9%、14.8%和11.0%，增速分别提高1.4个、4.6个和3.0个百分点，占比分别提高0.1个、0.7个和0.4个百分点。三类支出增速和占比有所回落。居民的食品烟酒消费、衣着消费和居住消费支出分别为5818元、1238元和2996元，分别增长8.5%、5.6%和4.3%，增速分别回落0.2个、1.3个和4.0个百分点，占比分别回落0.1个、0.2个和0.7个百分点。二类支出增速和占比呈现反差。居民的医疗保健支出1072元，增长6.3%，增速提高3.6个百分点，占比回落0.2个百分点；其他用品和服务支出563元，增长8.4%，增速回落1.2个百分点，占比与同期持平。（黄　凯）

计划生育

【概　况】 2016年，通州区加大对计生特殊困难家庭在经济、养老、医疗等方面的扶持力度，全面实施二孩政策，计划生育服务水平显著提高。规范和做好计生系列保险工作，计生系列保险理赔率逐年上升。区计生协会荣获全省计划生育系列保险工作先进单位集体奖。

【流动人口计生服务】 开展全员跨省流动人口个案信息核查工作，涉及人口74592人。选取兴仁镇长林桥村、兴仁居作为动态监测样本点，认真开展国家流动人口动态监测工作。经评估，通州区数据质量较往年大有提升，在全国县级排名中列第78位，跻身全国前一百行列。10月，顺利通过省卫计委组织的流动人口基本公共卫生计生服务均等化工作督导评估。加强各镇流动人口专职人员的业务培训，及时启动最新的1.02版江苏省流动人口管理服务信息系统。

【计划生育奖励扶助】 全年符合奖励扶助条件人数80383人，按每人每月80元的奖励扶助金标准，共发放奖励扶助金7326.91万元。符合特别扶助条件人数3367人，独生子女伤残家庭扶助对象每人每月400元，独生子女死亡家庭扶助对象每人每月500元，其中按《关于进一步做好计划生育特殊困难家庭扶助工作的意见》（苏卫规（家庭）〔2015〕5号）文件规定进行提标，年满60周岁的独生子女伤残、死亡特别扶助对象扶助金标准由原来每人每月400元、500元分别提高到每人每月600元、700元，共发放特别扶助金2152.17万元。符合条件领取一次性奖励金的对象总计为12773人（其中企业退休职工12115人、城镇老年居民658人），发放一次性奖励金1027.76万元。享受奖扶后符合享受一次性奖励金条件151人，共计发放金额23.07万元。

【关怀帮扶】 对全区困难计生工作者、基层计生重点维稳对象、特扶及并发症人员进行调查摸底，信息核对，发放春节慰问金44.20万元。向15户失独家庭每户赠送32寸液晶彩电1台。向7户养羊户赠送28只山羊、饲料和草籽，并随时跟踪了解羊羔的生长情况，协调解决好养羊户在繁殖、疾病防治等方面遇到的难题。扶助二甲镇坨墩村17组失独家庭曹盛兰家危房改造，被南通市计生协会作为精准帮扶的事例给予肯定。（周元菊　姜燕如）

人　事

【概　况】 2016年，通州区大力推进“人才强区”战略，精准施策激发人才活力，出台特色鲜明的通州人才新政。引进人才创办南通斯澳生物、江苏奇工智能等一批科技型、创新型企业。引进高层次“双创”人才72名，引进高层次人才项目入选省双创人才计划3个、省双创博士计划11个，入选市江海英才计划21个、区510英才计划37个。新引进长期外国专家20名，新进站博士后研究人员4名。引智项目获国家和省级立项6个，市级立项13个，立项总数和层次继续全市领先。江苏点晶光电科技有限公司张子旸博士的“半导体量子点材料及光电子器件的产业化”入选国家人社部2016年度“中国留学人员回国创业启动支持计划”重点类项目，全省唯一。南通广硕新材料的王文韬和芬图贝节能的王亮分获2016江苏省首届留学回国人员创新创业计划资助。南通飞宇化工的武文俊和江苏紫罗兰的汪明星入选江苏省第十三批“六大人才高峰”计划。

【人才载体建设】 2016年，通州区人力资源和社会保障局协同人才办成功举办通州区第十二届高洽会，组织区重点平台、企业参加第十八届广州留交会、2016中国·南通江海英才创业周等活动，30多个项目达成创业创新意向。雄邦压铸（南通）有限公司获批省博士后创新实践基地，沃太能源（南通）有限公司获批省级引智示范单位。华宇印涂、沃太能源和海鸥救护设立的外国专家工作室被省人社厅认定为首批“江苏省外国专家工作室”。高层次人才创新创业交流及创新平台的建立为通州区企业的发展和人才队伍的建设提供了强大的保障和推动作用。

【人才技能培养】 全区新增高技能人才6252人、专业技术人才10252名。南通亚振家具股份有限公司傅泽勋入选世界技能大赛国家集训队，备战第44届世界技能大赛。在南通市首创建筑企业“技能和专业技术”双师型人才培育模式。在通州建校建立江苏省技能大赛集训基地。职业技能鉴定发证20220人、技师高级技师850人。

【人事管理】 推进公务员平时考核工作，印发《通州区机关公务员平时考核实施办法（试行）》，在区级机关、镇区园街道建立5个联系点。平稳推进职务与职级并行工作。加强事业单位岗位的日常和动态管理，事业单位人员聘用制度基本建立，职称制度体系不断深化。先后会同区卫计委、教育局组织实施四个批次事业单位工作人员的招聘工作。从严把好招聘岗位的条件设置和审核关，提高招聘工作科学性。出台《计划分配营职以下及专业技术军队专业干部安置暂行办法》，共接收和安置军队转业干部及随调家属23名。

【高校毕业生就业创业】 积极搭建毕业生就业、创业服务平台,促进全区毕业生充分就业。2016年高校毕业生总体就业率达95%。开发高校毕业生就业见习岗位380个,确保困难家庭大学生就业率100%。发放2015年度区级高校毕业生就业见(实)习基地生活补贴、技术指导补贴19.32万元。组织百余家企业分27批次赴省内外高校和大型人才市场,开展人才环境政策推介、校园招聘等系列活动,累计提供岗位近3000个,首次达成就业意向1400人。开通通州人才网网上专场人才交流平台,实现线上线下联动,为人才与用人单位之间搭建交流沟通平台。组织5个大学生创业项目评审,发放创业基金42万元。深入推动"创业园区"人才建设,积极与高校进行沟通、对接,通过"校园推介行""创业园路演""园区招聘会"等方式,与多所高校建立"政府、园区、高校"三方合作机制。

2016年被评为高级专业技术职称人员名录

正高:(24人)

高级工程师(研究员级):

南通四建集团有限公司:陈兆建 张华君 陶 华 蒋 佳

通州建总集团有限公司:姜晓东 张锦华

主任中医师:

区中医院:郁星峰

区第二人民医院:张新艺

主任医师:

区妇幼保健所:仇红楠

区疾病预防控制中心:刘亚华 张国彬

区中医院:严 华

区人民医院:殷 乐 邱祖红 张 悦 钱文辉 陈 专 杨 平 陈大可

主任护师:

区中医院:周小兰 陈 平

社区主任医师:

区城西社区卫生服务中心:邱 健

西亭镇卫生院:徐宝军

社区主任护师:

兴仁镇兴仁卫生院:刘丽秋

副高:(193人)

高级工程师:

区环境监测站:瞿 飞 张 洪

江苏韩通船舶重工有限公司:张 华

江苏蒙哥马利电梯有限公司:高晋峰

南通凯迪自动机械有限公司:任建华

区环境工程管理中心:李祥余

南通江海电容器股份有限公司:朱益辉

区园林绿化管理中心:易 锋

石港镇农业服务中心:李 菊

通州建总智能通信系统工程有限公司:庄卫华

南通四建集团有限公司:庄永国 曹瑞生 孙 鹏 曹志刚 季方才 张勇明 李武华 潘继锋 张雪峰 陈宏林 戴桂梅

通州建总集团有限公司:王迎春 程洪权 张向阳 施陆伟 葛杰伟 陈小卫

南通通博设备安装工程有限公司:曹 震

南通新华建筑集团有限公司:张启荣 江银飞 杨俊华 高振浩 季建荣

南通四建集团建筑设计有限公司:许 彤

南通沪望塑料科技发展有限公司:吴晓根

南通天和建设工程质量检测有限公司:顾道群 徐晓建

南通铁军建设监理咨询服务有限公司:张小雷

区水产技术指导站:徐冠达 蒋建斌

高级经济师:

江苏通达动力科技股份有限公司:言 骅

通州建总集团有限公司:赵晓飞

南通高新技术产业开发区人才服务中心:张丽英

高级会计师:

南通微纺电子商务有限公司:陈国强

南通江华机械有限公司:吴晓敏

区财政局:朱宇华 高燚焱

江苏双逸实业发展有限公司:黄亚明

石港镇卫生院:王 锋

南通卓强建设集团有限公司:陈 燕

江苏家宝集团有限公司:季 蕊

区公安局:史爱荣

江苏奥邦投资控股集团南通置业有限公司:闻世杰

高级政工师:

区公路站:许 建

区人民医院:朱 建

区地方海事处:季葛成

高级农艺师:

区作物栽培技术指导站:季萍萍

区农林科教管理站:徐迅一

高级农经师:

西亭镇农业服务中心:张明明

二级演员:

通州歌舞团:李汉芳

二级美术:

区书画院:华振明

主任记者:

区广播电视台:张帮发

高级教师:

金北学校:李 丽

文山初级中学:季 锋 杨 勇

金沙中学:吕虹霞 蔡国锋 陆剑庞 马卫华

邱美芝　李　燕　秦源源　查斐斐
区教师发展中心:张志兵　王曙华　张　霞
川港小学:颜志兵　单　林　沈国军
忠义初级中学:陈路遥
先锋小学:葛　芳
姜灶中学:侯振玲　张　兵　陈新华　黄新程
姜灶小学:刘丽华　崔继锋
平潮小学:王国新　丁云珠　钱春梅
东社学校:许云昆
二窎中学:顾学成　唐胜娟
袁灶小学:周新芳
江苏省西亭高级中学:姚　钦　黄建军　华德元
卜建萍　季　托　尹卫兵
四安中学:卞茂华
十总中学:张顺新
袁灶初级中学:张　娟　唐　莺
杨港初级中学:季　冲
江苏省平潮高级中学:严　立　周　勇　吴　丹
费劲男　丁凌波　周　炎
周永忠　孙云山

高级讲师:
区委党校:张　梅
二甲职业中学:季小琴

副主任医师:
区人民医院:赵　伟　范　军　季亦男　刘建新
张　诤　徐春波　郭燕飞　张　薇
区中医院:尹　敏　刘　杨
区第八人民医院:吴玉芳
区第六人民医院:张美娟　顾忠平　邵跃兵
区第二人民医院:陈　德
平潮镇平东卫生院:赵金华
平潮镇卫生所:韩建周　沈　艳
兴仁镇卫生所:吴晓玉
二甲人民医院:季茂芳　刘红娟
川姜镇卫生院:陆　燕
兴东街道社区卫生服务中心:秦风雷
城区社区卫生服务中心:杨丁霞

副主任药师:
二甲人民医院:蔡沈芹
区第三人民医院:郁凤高

副主任护师:
区中医院:瞿银菊　刘新芬　秦小华　高玉娟
徐　燕　曹乐萍
区人民医院:李燕飞　任霞玉
区第八人民医院:魏红霞　周雪娟　朱春燕
区第六人民医院:邵建惠
区第二人民医院:邱小燕　张银霞　陈淑娟
区妇幼保健所:张宏霞

社区副主任医师:
刘桥镇卫生所:李裕锋
兴仁镇兴仁卫生院:秦　娟　宋　燕　顾建新
兴仁镇四安卫生院:顾　杰
平潮镇平东卫生院:高春宜
先锋街道社区卫生服务中心:季王霞
石港镇卫生院:王炼梅
城区社区卫生服务中心:周晓倩
川姜镇卫生院:陆惠琳　倪晓备　徐春华
二甲镇卫生院:郭越峰
兴东街道社区卫生服务中心:韩云飞　蒋卫平
十总镇骑岸卫生院:杨晓明
城区社区卫生服务中心:易咏梅　陆洪娟　司建平
顾　华　周玉萍

社区副主任药师:
川姜镇卫生院:蔡晓星
刘桥镇卫生院:邵　丽

社区副主任技师:
石港镇卫生院:徐玲玲

社区副主任护师:
平潮镇平潮卫生院:金建美
先锋街道社区卫生服务中心:顾　丽
城区社区卫生服务中心:周红娟
兴仁镇兴仁卫生院:瞿燕荣
川姜镇卫生院:成晓平
兴东街道社区卫生服务中心:田秀美
石港镇卫生院:杨　辉

副研究员:
区卫生和计划生育委员会:季晓蓉
区疾病预防控制中心:刘　玉　顾东烨
东社镇卫生所:李　云
平潮镇卫生所:袁金凤

(沈　梅)

劳动就业

【概　况】 2016 年,全区城镇新增就业 8902 人,失业人员再就业 3643 人,就业困难人员再就业 1069 人,转移农村劳动力 4300 人,新增发放小额贷款 1572 万元,新增支持成功自主创业 1753 人,城镇登记失业率为 1.88%。全年组织各类就业培训、技能提升培训 3.5 万人次。

【创业载体建设】 以推进省级创业孵化示范基地创建和大学生优秀创业项目遴选为抓手,加快“互联网 +”与传统优势产业的融合。先后组织举办“2016 年通州区人力资源交流暨高校毕业生双选春季招聘会”“一带一路 · 网上丝路高峰论坛暨中国南通家纺城第三届跨境贸易电子商务发展论坛”。南通新天地家纺电商创业园、南通金羽农民创业园同时成功创建"江苏省创业孵化示范基地"和南通市"十佳品牌创业孵化基地"。

【援企稳岗】 严格执行养老、失业、工伤保险降费率政策，扩大稳岗补贴享受范围以及暂缓调整社保最低缴费基数等措施。全年为270家企业兑付稳岗补贴735.93万元，实现稳岗18388人，发放工作位居全市前列。直接减少企业失业保险费支出约计2000万元。

【纠纷化解】 全年受理劳动人事争议案件503起，涉及劳动者591人，调解率达61.5%，仲裁管理信息系统按期运行率100%。设立10家仲裁员定点联系重点企业，加强基层专业性调解组织规范化建设。充分发挥省级调解专家平台的前端性作用，与法律援助中心建立联动体系。全年受理投诉举报案件1180件，其中立案处理240件，主动巡查用人单位630家，妥善处置群体性事件116起，指导镇区园、街道处置群体性事件212起。全年为企业职工、农民工追讨工资5500万元，责令用人单位办理社会保险登记960人，申报并补缴社会保险费1200万元。与公安局、法院实现行政司法联动，向公安局移送欠薪案件16件。6月2日，中央电视台《今日说法》栏目跟踪报道通州区查处李兴刚欠薪逃匿案件。 （沈 梅）

社会保障

【概 况】 2016年，全区城镇职工养老保险、城镇职工基本医疗保险、失业保险、工伤保险、生育保险、城乡居民养老保险、新农合参保人数分别达14.66万人、18.7万人、9.6万人、14万人、12.3万人、21.9万人、80.18万人。机关事业单位养老保险制度改革平稳启动实施，全区机关事业单位编制内人员（含已退休）28623人纳入养老保险制度改革范围，其中在职人员17434人，退休人员11189人。稳妥推进城乡居民基本医疗保险整合并轨工作。全民参保登记工作实现区、镇、村三级联动，全市率先完成任务。企业退休人员基本养老金实现"十二连跳"，人均月养老金达到2164.7元。城乡居保基础养老金上调至每人每月115元，惠及全区26.1万人。职工、居民医疗保险范围内报销比例分别达到82%、72%。新农合人均筹资标准提高到700元，住院补偿年最高限额调至18万元。

【社会保障卡发放应用】 全年完成14.3万城乡居民参保人员的数据整理和采集工作，并通过省卡管系统完成制卡。累计完成数据采集人数71.2万人，完成制卡人数70.3万人。实现医药费的结报、工伤、生育待遇通过社会保障卡发放。 （沈 梅）

民 政

【概 况】 2016年，区民政局较好完成区委区政府和上级业务部门交办的各项任务，被区委、区政府表彰为民生及社会建设工作先进集体，被南通市委、市政府、南通军分区表彰为拥军优属模范单位，荣获"江苏省部门统计示范点"称号。

【基本救助】 自7月1日起，通州区城镇低保由每人每月610元提高到620元，农村低保由每人每月460元提高到530元，农村分散五保由每人每月595元提高到700元，城镇"三无"老人由每人每月1200元提高到1450元。至11月底，全区列入城镇低保770户、1171人，农村低保9459户、14653人，农村"五保"3207人（其中集中供养1039人），城镇"三无"人员39人。全年发放生活救助金8881.28万元，物价补贴共946.23万元，切实保障了困难群众的基本生活。

【医疗救助】 按照《省政府办公厅关于进一步完善医疗救助制度的实施意见》和《南通市医疗救助实施办法》，修改完善通州区现行医疗救助政策，将低收入家庭中的11种大重病患者全部纳入，并实现救助对象即时结报。新的政策实施后，5789人次困难群众享受医疗救助1528.88万元。另外，为237名困难家庭精神疾病患者办理免费住院。

【临时救助】 按照《江苏省临时救助实施办法》，重新制定并下发《南通市通州区居民临时救助申请审批材料》，提高救助标准，对于因病、因学、因灾导致困难家庭支出较大、陷入困境的急难型家庭，实施快速、有效的临时救助，金额从800～4800元不等。全年累计有665名困难对象获得救助金29.14万元。

【敬老院达标升级】 对金沙、川姜、东社、西亭等7家敬老院按照"三有三能六达标"要求进行提档升级，大宗物品电视、空调、空气能热水器、冰箱、洗衣机已装配完毕。石港、东社、二甲、先锋、金新5家敬老院消防改造完成并通过验收，西亭、平潮、东社4家敬老院改造完成未验收。

【居家养老服务】 新建老年人日间照料中心2个，完成15家居家养老服务中心标准化建设，33家城市社区居家养老服务中心（站）达到老年人日托助餐建设标准。城区1080名困难老年人享受足不出户、触手可及的居家呼叫服务。2037名农村困难老年人享受政府购买服务"一助一"服务。推动"安康关爱行动"，老年人意外伤害险参保率达到15%，其中所有经济困难的"三无""五保"、低保及低收入弱势群体的80万元保费由镇级财政负担。50人参加南通市初级养老护理员培训。

【困境儿童保障】 继续做好全区孤儿的调查、确认、发证工作，为4名孤儿办理儿童福利证，核实26名超龄孤儿的学籍情况。自7月1日起，对孤儿基本生活保障进行提标，集中供养由1680元/月提高至1817元/月，分散供养由1000元/月提高到1100元/月。下发《关于印发〈南通市通州区开展农村留守儿童摸底排查工作实施方案〉的通知》（通民发〔2016〕36号），及时召开全区留守儿童摸排工作会议，全面完成排查工作并录入到省未保系统留守儿童数据库。

【困难残疾人补贴】 9月上旬，区困难残疾人两项补贴发放工作已由区残联移交给区民政局，并按原标准完成9、10月份困难残疾人补贴的发放工作。根据苏政发〔2016〕15号、通政发〔2016〕43号文件精神，起草《南通市通州区困难残疾人生活补贴和重度残疾人护理补贴制度实施方案》。

【慈善事业】 全区15个镇（街道）建立慈善分会，242个村（居）建立慈善工作站，共募集善款4200万余元。全年发放慈善款176.1万元；为651名大重病患者发放慈善助医金78.98万元；为805个困难家庭发放慈善助困金48.3万元；为91名孤儿发放救助金9.97万元及书籍；为117名困难家庭子女发放慈善助学金37.85万元。

【双拥工作】 积极开展“双拥在基层”活动，统一印制社区拥军优属服务岗工作手册、社区拥军优属服务岗活动记录、优抚对象基本情况登记表等材料，开展规范化检查。协助做好春节、“八一”期间的慰问活动，为驻区部队赠送慰问金（品）100多万元。连续六年为部队赠送价值3余万元的科技图书。组织通州区江海艺术团走进通州武警共建联欢。对47名荣立二、三等功的现役军人发放立功奖励金14.56万元。落实优抚对象结对帮扶制度，开展“送温暖”“关爱功臣”、助耕助种、精神慰藉、代领代购、实物帮扶等活动，年度结对帮扶800余户。编写6期通州双拥简报，广泛宣传现役军人先进事迹和地方政府部门拥军优属典型做法。

【优抚工作】 从2015年10月起提高部分优抚对象的补助标准，全年发放抚恤补助金7279.19万元，比上年增加近980万元，惠及10724名优抚对象和1580名遗孀。政策范围内住院自付费用按70%的比例救助，每人每年最高限额4万元，重点抚恤优待对象中的孤老、孤儿按100%的比例救助。出台实施《关于重点优抚对象享受相关优待政策的通知》。开展关爱活动。春节、“八一”期间发放普惠性慰问金550多万元，惠及1万余名优抚对象及部分生活困难下岗志愿兵。安排70名重点优抚对象和10名在乡残疾军人进行短期疗养。为36名残疾军人进行假肢巡修和辅助器具的配备。为228名生活困难的优抚对象发放临时救助金9.36万元。及时办理烈士换证、残疾军人残情鉴定、审核上报农村籍退役士兵老年生活补助等服务。完成区烈士陵园管理处、石港镇慰烈园的修缮工作，张芝山镇慰烈园异地重建进入招投标程序。

【退役安置】 安排2015年4月转业的11名士官选岗就业，其中4人自主就业，发放自谋职业补助金67.46万元和生活补助费5.16万元。为48名城镇义务兵、424名大学生义务兵发放优待金和奖励金1194.7万元，为87名义务兵发放优秀士兵奖励金7.76万元。对2015年底接收的442名退役士兵和2016年4月接收的22名转业士官、2016年9月接收的358名退役士兵进行分类登记，组织150名退役士兵参加技能培训。为270余人次查档、转档，为345人出具军龄证明。

【社区建设】 将刘桥镇英雄村、蒋一村，平潮镇湾子头村、四十里村列入公共服务中心改扩建工程，其中3个进入装潢招标，1个土建招标。对1个镇级便民服务中心和7个村级公共服务中心建设向上申报争取资金。对城乡社区台账资料、挂牌、印章管理进行“回头看”，社区减负提效工作取得成效。确定12个城乡社区申报省级和谐达标社区，8个城乡社区申报省级和谐示范社区。

【村务治理】 修订完善《通州区村务公开目录》，逐步推广“四型”协商民主，即建设型协商民主、服务型协商民主、管理型协商民主和监督型协商民主，健全民情恳谈、社区听证、社区论坛、社区评议等沟通协商机制，加快推进基层群众民主实践制度化进程。继续实施“政社互动”。全区所有镇（街道）均完成2015年度双向评估和2016年度签约工作。修订完善《村（居）民委员会依法履行职责事项》和《村（居）民委员会协助政府工作事项》，研究制定本年度评估工作的相关细则。开展村民小组自治扩面试点。指导试点村修订完善村民小组长选举制度、村民代表推选制度、村民小组长职责、村民小组会议制度等，积极发挥村民小组长“五大员”基本职责。

【社会组织】 新增社会团体2家、民办非企业4家，登记合格率100%。组织50多家社会组织参加A、AAA、AAAA等级评估，累计100家社会组织通过等级评估。结合年检，推动做好社会组织换发统一社会信用代码登记证书工作。

【社会事务】 全年福利彩票完成销售额9500万元。办理结婚登记6471对，离婚登记1546对，补办婚姻登记1725对，登记合格率达100%。办理弃婴集体户口69对，规范收养登记57例。劝导街头流浪者85人次，护送返乡28人。金沙和平潮殡仪馆分别火化尸体5467具和2950具。福利企业办理30件次人员变更审批手续。第二次全国地名普查工作有序进行，完成7个小区地名命名批复工作。对通州区域36个界桩进行信息化管理。 （张　杨）

老龄工作

【概　况】 2016年，通州区共有60周岁及以上老年人32.98万人，约占全区户籍总人数的28.95%，其中80周岁及以上的老年人45471人，90周岁及以上7664人，100周岁及以上163人（其中男性36人，女性127人）。全年对80周岁及以上老年人发放尊老金4203.53万元。全区居家养老服务中心15个，社区（村、居）居家养老服务站238个，其中，50个社区（村、居）居家养老服务站具备日间照料、助餐、送餐功能并按域内需求开展服务。50名养老护理员经过培训取得职业资格证。

【政府购买居家养老服务】 全区有760名60周岁及以上分散供养的城镇“三无”、农村“五保”且丧失生活自理能力的老人、80周岁以上的空巢老人（子女户籍均不在本区、家庭生活困难且生活不能自理）、低保家庭和低收入家庭中80周岁以上独居且丧失生活自理能力的老人以及80周岁以上无固定收入且丧失生活自理能力的重点优抚对象全部纳入政府购买服务范围，全年发放服务人员服务补贴68.6万元。充分发挥镇（街道）老年协会在居家养老服务中的引领作用，有1500名志愿者服务人员参与涉老服务。

【居家呼叫服务】 推进“互联网+居家养老服务”，充分利用现代信息手段和互联网技术，完善老年人数据信息系统，为老年人提供所需服务搭建平台、传递信息。主城区金沙街道、金新街道有896名特殊困难老年人享受“一键通”居家呼叫服务，支付服务及通讯费28.67万元。

（马桂林）

“学党史　听党话　跟党走”活动现场

关心下一代工作

【概　况】 2016年，通州区关工委、东社镇党委被评为全省关心下一代工作先进集体，张作义等5人被评为全省关心下一代工作先进个人。二甲镇党委等6个单位被表彰为全市关心下一代工作先进集体，何语祥等9人被表彰为全市关心下一代先进工作者，金沙街道育才社区校外教育辅导站等6个校外教育辅导站被表彰为全市优秀校外教育辅导站，顾志仁等7人被表彰为全市优秀校外教育辅导员，区关工委原常务副主任陶国良被授予全市关心下一代工作荣誉奖。区教育局关工委被省教育厅表彰为江苏省教育系统关工委优秀工作团队。

【主题教育】 区关工委联合区文明办、教育局、团区委、妇联、党史办、新四军研究分会在理治红军小学召开全区“学党史、听党话、争三好”教育实践活动推进会，推动全区以纪念中国共产党成立95周年和红军长征胜利80周年教育活动为契机，深入开展“学党史，学国史，听党话，跟党走”主题教育活动。表彰2015年度区十佳三好标兵10名、区三好标兵101名、三好标兵常态化建设先进单位12个。区关工委、教育局以“讲党的故事，感党的恩情，听党话，跟党走”为主题，组织全区中小学生开展“党的光辉照我心”“党在我心中”主题读书、征文活动，“讲好家庭故事，弘扬优良家风”教育活动，开展“好家风”征文、“好家训”征集、“好家庭”演讲比赛。全区7万多名中小学生参加征文、演讲，各学校选送600多篇征文。通州区选送的20篇中小学学生优秀征文中5篇获省级奖，区教育局关工委荣获全省优秀组织奖。区关工委、新四军研究分会以传承红色基因、弘扬铁军精神为主题，举办2016年新四军少年军校夏令营，参观反“清乡”斗争纪念馆、七战七捷纪念馆、红十四军纪念馆，对小营员们进行生动的党史军史教育。平潮镇关工委“共育花朵、同圆国梦”开展主题教育活动的经验，在全市专题会上作书面交流。全区370名党史国史教育宣讲员编写宣讲材料331篇，9万多名青少年参加征文活动，组织演讲392场次，听讲青少年24.60万人次。

【校外教育辅导站建设】 全区继续贯彻落实省市关工委以及区委组织部、文明办、关工委、教育局等部门关于进一步加强全区校外辅导站建设的意见精神，站校结合共建的领导机制、工作机制、资源共享机制进一步完善。大学生村官积极参与校外辅导站的辅导活动，农家书屋和校外教育辅导站协同共建的氛围进一步形成。全区建有镇总站、村中心站258个，分站、家庭站481个，兼职校外教育辅导员的教师523人，参与校外辅导站工作的大学生村官415人，

留守儿童夏令营

参加校外辅导活动的"五老"2992 人，其他志愿者 9400 多人。全区校外教育辅导站共辅导学生 7.5 万人次，电子阅览室共活动 1.15 万次，各校外教育辅导站在暑期普遍开展各项活动，参加活动的学生 6.7 万人次。东社镇关工委会同东社学校组织举办留守儿童"同梦想 · 童成长"快乐英语夏令营，来自美国的 8 名教师和 8 名大学生志愿者，采用英文授课加游戏的方式，使 280 多名学生受到教育。区关工委组织全区百名特优、特困生参观如皋市李昌钰刑侦技术博物馆，开展"游学"（集体旅行等方式开展研究性学习和旅行体验结合的校外教育）活动。

【区级机关关工委】 区级机关各部门关工委组织老干部积极协助党委（党组），做好青年干部职工的教育培养工作，管好自己的儿女孙辈，抓好干部职工未成年子女的思想道德教育，帮扶好社会上的青少年。区关工委、区级机关工委联合召开区级机关关心下一代工作研讨交流会，区人民检察院、区委老干部局等 5 个单位和个人进行交流，表彰优秀研讨文章。区公安局关工委优化完善新老民警带培机制，区委老干部局组织老干部结对牵手全区 228 名大学生村官，区邮政局关工委发挥老同志优势帮培青年员工，通州农行关工委以老干部活动室为依托，建办青少年读书俱乐部，组织青年员工开展"中国梦、农行梦"系列活动。

【参与社会治理】 全区各关工委充分发挥"五老"优势作用，在法制宣传、社会调查、帮扶贫困学生、社会矛盾调解等方面发挥积极作用。加强崇德少年法学苑建设，积极开展法制宣传教育活动。全区共组建法制教育报告团队 148 个，法制报告员 753 人，作法制报告 334 场次，受教育青少年 29 万多人次。全区共选配各级"五老"法制副校长 211 人，利用少年法学苑和法制学校，为 10 多万名中小学生作法制教育讲座、报告。区司法局、公安局"夕阳红"服务组参与社区矫正工作经验在全市交流。区关工委、司法局、公安局关工委"夕阳红"服务组被评为社区矫正工作先进集体，季桂如等 4 人被评为先进个人。积极推进未成年人零犯罪社区村创建工作。全区组成 415 个帮教小组，采取几帮一的形式，共帮教 467 名重点青少年，转化率达到 95%。全区 240 个社区村中实现未成年人零犯罪 234 个，占比 97%。全区共组成关爱工作团队 277 个，参加关爱工作的"五老"5400 多人。全区参加扶贫助学的"五老"5000 多人，筹集助学助困资金 125 万多元。全区有 196 名"五老"义务网吧监督员积极做好网吧义务监督工作。区关工委、文广新局、金沙镇关工委被评为 2016 年度全市网吧义务监督先进集体，10 人被评为先进个人。

【组织建设】 根据省委组织部、省关工委关于开展全省关工委基层组织建设情况检查的通知精神，通州区对 15 个镇（街道）、240 个村（社区）、区级机关 9 个口、5 个系统和 77 个部门、单位的关工委组织建设情况进行自查。全区 15 个镇街道、240 个村（社区）均建有关工委，7700 个村民小组中有 4333 个建关工小组。区级机关建有工作联系的口子关工委 9 个，系统关工委 5 个，各部门（单位）均建立关工委，不具备成立关工委的单位设置关工委联络员。区工商局、质量技术监督局、药监局撤销后合并成立区市场监督管理局，成立市场监督管理局关工委；重建区民营经济关工委，成立 10 个民营经济关工委基层工作站，有 100 个规模以上民营企业建立关工委。全区有 2.5 万名"五老"参加关心下一代工作，"五老"骨干 4700 多人。

（曹　建　赵美玉）

残疾人工作

【概　况】 2016 年，通州区残疾人联合会（简称残联）以改善残疾人生活为出发点，以深化和拓展残疾人社会保障体系和服务体系建设为主线，以规范化建设为抓手，全力推

优秀网吧监督员表彰

动通州残疾人事业的发展，残疾人社会保障、康复托养、就业培训、文体维权等工作取得成效，被省人民政府残工委评为按比例安置残疾人就业工作先进集体，在全市残疾人工作目标管理互动评议中列第一名。通州区被省政府残工委评为“十二五”期间江苏省残疾人工作先进县市区。

【第二十六次全国助残日活动】 5月15日是第二十六次法定“全国助残日”。助残日期间，举办大型残疾人就业公益专场招聘会，为用人单位和有就业需求的残疾人提供平台；举办“随手拍美丽，传递正能量”摄影大赛，收到作品115幅。与区教育局联合举办“关爱残疾人，同圆幸福梦”征文活动，收到征文267篇。与区文明办联合开展“残疾人自强标兵”评选活动，表彰30名优秀残疾人。

【残疾儿童康复】 规范管理儿童康复机构，残疾儿童康复列入区政府2016年为民办实事项目。161名14岁以下脑瘫、智障、听障、孤独症儿童免费接受康复训练，家长满意度高。区残疾儿童康复中心被评为市巾帼建功先进集体。

【重点康复项目】 围绕“残疾人人人享有康复服务”的目标，全面落实各项康复服务。1424名贫困精神残疾人免费基本用药，服药标准提高为零药价差的每人每年限额2500元；适配辅具和无障碍设施改造2300多人次；206名贫困白内障患者免费手术，95人得到白内障自费手术补助；131人在“斯达克”助听项目中受益。全区212个发药点安装发药管理软件系统，多家单位前来考察精防发药信息化管理工作。

【残疾人托养】 进一步规范管理全区残疾人托养机构，丰富托养服务内容，提升托养服务水平，打造通州托养工作品牌。14家托养机构入托精神、智力和重度肢体残疾人220名。所有托养的残疾人都与托养机构签订托养协议。新建社区“残疾人之家”5个，为90多名残疾人提供庇护性就业、日间照料、康复训练、文体娱乐等服务。

【残疾人文体】 大力推动残疾人文体事业，年发稿量667篇，中国通州网开设“关爱孤残儿童”专栏，区广播电台开播残疾人专题节目，“南通通州残联”微信公众号推送信息27期106篇。举办“通州之夜残联专场”文艺演出，积极参与省文艺汇演、残疾人文化周、“残疾人事业好新闻”评选等活动，推荐16名运动员参赛省全民健身运动会。小品《阳光超市》参加全省残疾人文艺汇演，获表演、创作、辅导3个一等奖。顾小飞获里约残奥会举重银牌。顾义忠获市肢残人励志征文比赛第一名。

【残疾人就业】 努力拓展残疾人就业渠道，举办就业招聘会两场。新增实名制就业141人，举办培训班22期，完成实名制培训578人，按比例安置1564名残疾人就业，征收入库残疾人就业保障金2125.5万元，总量继续保持南通市第一。成立区残疾人就业创业孵化基地和残疾人电商协会，“互联网+”创业模式取得新突破。

【残疾人证管理】 实行阳光评残，在全省率先出台《残疾人证发放管理细则》和《残疾人残疾类别等级评定工作实施细则》，扩大残疾人评定委员会专家库，加强评残专家业务培训，向社会公开评残程序和标准，随机抽取评残专家，全程监控评定过程，公开评定结果，做到有举报必复查。开展“加错空”残疾人证清理，及时变更注销残疾人证，实现残疾人证动态管理。

【残疾人权益维护】 切实加强基本民生保障，全面落实惠残政策。为1351名贫困残疾人建档立卡，落实结对帮扶措施。社会保障政策全面到位，“两项补贴”发放工作按时移交至区民政局，全年审核发放困难残疾人生活补贴和重残人员护理补贴约9310万元。信访与维权无缝对接，全年办理援助案件93件，为残疾人挽回经济损失334万元。

（季　洁）

住房公积金管理

【概　况】 2016年，南通市住房公积金管理中心通州部抓服务，惠民生，稳增长，住房公积金事业得到进一步发展，对全区职工住房保障和房地产去库存发挥重要作用。全年新增单位开户222家，新增职工14563人，开户单位和新增职工分别完成全年目标150.0%和126.63%。归集资金93312.58万元，同比增加8914.33万元，增长10.56%，完成全年目标104.85%。至年底，累计归集57.05亿元，余额23.73亿元。全年有12.44万人次提取住房公积金6.87亿元，提取额占同期归集额73.63%，同比分别增加2.53万人次1.64亿元，分别增长25.47%和31.27%。至年底，全区住房公积金累计提取总额33.32亿元，占累计归集总额58.40%。在住房公积金提取平稳增长同时，住房消费提取5.61亿元，占提取总金额81.68%，推广逐月还贷业务，全年办理逐月还贷业务1989笔，累计共有7260户职工家庭办理逐月还贷手续，占贷款户78.12%。既减轻贷款职工还款压力，也方便职工缴存。全年发放贷款1902户6.91亿元，同比增加572户2.40亿元，增幅43.01%和53.11%。至年底，累计向15736户家庭发放住房公积金贷款40.02亿元，贷款余额22.51亿元，个贷比率为94.86%，逾期率为零。全区公积金实现业务收入7710.62万元，同比减少703.27万元，减幅8.36%。业务支出4584.15万元，同比增加2416.03万元。实现增值收益3126.47万元，同比减少3119.30万元，减幅49.94%。减幅较大原因是央行提高个人公积金存款账户利率，按一年期定存利率结息所致，此次利率调整以促进个人住房公积金保值增值，保证缴存者利益。全年计提廉租房建设补充资金2372.73万元，累计提供7224.23万元。是年，获评南通市住房公积金管理先进集体。

（邱云霞）

生态环境

Ecological Environment

编辑 陈菊

环境管理

【概况】 2016年,通州区环保局围绕改善环境质量这一目标,确立"污染防治和生态建设相结合"的工作思路,以"环境治理由治标向治本转变"的新理念,精准治理突出环境问题,努力提升生态管控水平。是年,通州区被环保部命名为国家生态区。

【环境质量】 2016年,通州城区空气质量优良天数比例(AQI)为74.2%,细颗粒物(PM2.5)年均值45微克/立方米,可吸入颗粒物(PM10)年均值79微克/立方米,二氧化硫年均值20微克/立方米,二氧化氮年均值23微克/立方米,酸雨出现频率16.7%。受区域水环境影响,通扬运河、九圩港、通启运河、通吕运河等主要河流考核断面达标率为50%,城区竖石河、金沙横河、运盐河等主要河流断面达标率为66.7%。城区交通干线噪声等效声级昼间为65.7分贝。 (曹炜)

【法制宣教】 对全区403家企业环境信用进行评价,其中绿色9家,蓝色139家,黄色175家,红色58家,黑色22家,并在"6·5"环境日之前在环保局网站上公布。严格把关环保行政处罚案卷,通过年末的法制、综治等考核。对150家违法企业实施立案处罚,罚款金额突破1000万元。联合教育部门,组织开展江苏省绿色学校以及南通市绿色学校的创建。文山初中、金乐小学建成"南通市绿色学校";先锋小学建成"江苏省绿色学校"。"6·5"环境日前夕,在行政中心北大门组织开展"绿色出行"签名活动,上百名机关干部以绿色承诺的方式,践行低碳生活,争做绿色出行的模范。在城区大润发超市门口,区环保局联合南通桑德森蓝环保科技有限公司举办废旧家电"以物换物'换'醒低碳生活"活动,受到市民的广泛欢迎。组织开展新大气污染防治法有奖知识竞赛,进一步调动广大市民参与环保互动的积极性。组织将新环保法列入干部菜单式学习;对各镇(区、园、街道)环保助理进行业务培训;对全区印染企业负责人就环保法律法规集中授课,进一步增强环保法律法规意识和守法自觉性,促进社会可持续发展。围绕"改善环境质量,推动绿色发展"环境日主题,配合区科技局、科协等部门,组织各种科普宣传活动,精心制作宣传板面16块,印发宣传材料5000余份,发放环保宣传品1300余份。 (崔祝进)

【污染防治】 2016年,持续开展电镀、印染、钢丝绳三大污染行业专项整治行动。全区11家电镀企业(车间)全部关停;45家印染企业实施废水处理设施加盖、定型机废气收集治理工程;28家钢丝绳企业规范化整治,所有涉及危废转移的企业均安装实时监控设施,废酸、污泥、磷渣等危废转移实现在线监控,有酸洗磷化工序的钢丝绳企业均安装酸雾吸收装置。在23家钢丝绳企业雨水排口安装PH在线监测设备30台(套)。实施大气污染防治重点工程,建成省级标准化示范工地2个、市级标准化示范工地9个、港口岸电系统8个,淘汰燃煤小锅炉209台、黄标车329辆;江苏韩通船舶重工有限公司实施VOCs整治,南通亚振家具有限公司实施涂料"油改水"。持续推进500吨/日印染污泥焚烧处置项目建设,一期250吨/日主体工程及设备安装全部完成。完成16个村庄的生活污水处理工程建设。深入开展主要污染物减排,全区化学需氧量、氨氮、二氧化硫、氮氧化物(含机动车)排放量分别为11809吨、2115吨、3979吨、4600吨。 (李飞)

【环境监察】 全年环保立案150件,处罚金额1183余万元,执法力度在南通乃至苏中地区名列前茅。对2起案件实施限产、停产整治,2起案件实施查封扣押,3起案件实行按日计罚。组织开展违法违规建设项目清理工作,全区共清理项目2360个,其中淘汰关闭类项目137个、整改规范类项目 435 个、完善备案类项目 1788 个，完成率 100%。新购置 2 架无人机，基本形成“水陆空”三栖执法能力；购置一批环境应急设备，完善环境应急预案，基本形成环境应急能力。在南通地区首创安装秸秆禁烧智能报警系统，实现秸秆禁烧常态化，夏收期间空气优良天数同比上升 14.3%。开展三类区域突出环境问题整治。对反帝桥周边、兴仁镇豆制品加工点、先锋印染园区、张芝山镇北工业园区和南通家纺城等五个环境信访突出区域开展综合整治，已有 4 个区域完成整治任务，家纺城生活污水纳管已着手规划编制。加强对通吕运河、通启河、九圩港等重点河道沿河企业的监管，严厉查处偷排、超标排放等环境违法行为，确保水环境功能区达标率。对学校周边区域进行整治。全面排查中小学、幼儿园周边，共排查出通州高中、先锋小学等 8 个学校周边存在环境隐患，逐一落实整改措施。

（解银洁）

【环境信访】 全年共受理各类环境投诉案件 1452 起，调处率达 100%。省级以上环境越级信访和信访立案数均比上年下降，环境信访处理工作排名靠前，再次被市环保局推荐为省环境信访工作先进单位。按时办结中央环保督察组交办的 28 个环境信访件。建立环境监管网格化管理模式，建立二级网格 1 个、特殊网格 2 个、三级网格 15 个、四级网格 242 个，网格人员达 842 人。落实镇（区、园、街道）、政府（管委会、办事处）环保主体责任，将环境信访纳入年度目标考核，实现重点环境信访调处情况每月一通报，对环境信访量、同比增减情况每月一排名，较好地促进环境信访的调处。对重大、复杂、疑难环境信访事项由环保局领导带案下访，现场协调解决，并建立局长接待日制度。下大气力解决市民关心的区域性环境污染问题，对反帝桥周边、兴仁镇豆制品加工点、先锋印染园区、张芝山镇北工业园区和南通家纺城五个环境信访突出区域，开展综合整治，切实解决群众关心的热点、难点环境信访问题。

（解银洁）

环境监测

【概　况】 全年共出具监测数据 11.41 万个，发放各类监测报告共 889 份。按照要求开展水、气、声、土壤等环境要素监测、污染源监督监测和应急监测。

（曹　炜）

生态文明建设

【生态红线管控】 严格执行生态红线区域保护规划，牢固树立红线意识，切实把保护责任落到实处。对全区生态红线区域按照一、二级管控区要求实行严格管控，不同类型级别的红线区域制定有针对性的保护与管控措施。加大对红线区域的环境监察和执法力度，依法坚决查处逾越生态红线和破坏生态环境的违法行为。生态红线保护工作和资金使用管理顺利通过省级核查。

（任其建）

◆2016 中国十大新闻（之九）◆

最高法再审改判聂树斌无罪

12 月 2 日，最高人民法院第二巡回法庭对聂树斌案再审公开宣判，认为原判认定聂树斌故意杀人、强奸妇女的事实不清、证据不足，改判聂树斌无罪。此时，距离聂树斌被执行死刑已经过去 21 年。最高法 2014 年 12 月指令山东省高院复查，并于 2016 年 6 月提审此案。聂树斌案是司法机关根据疑罪从无、证据裁判原则依法纠错的重大案件。（引自《新华网》）

镇·街概况

The Survey of Towns And Streets

编辑 马 钰 杨王军

金沙街道

2016 年金沙街道主要经济社会指标

表 17

项 目	单 位	数 量
总面积	平方公里	66.17
行政村	个	9
社区居委会	个	14
年末人口	人	121410
地区生产总值	万元	1106127
第一产业	万元	27196
第二产业	万元	392132
第三产业	万元	686799
一般地方预算收入	万元	50081
农业总产值	万元	28128
粮食总产量	吨	24854
棉花总产量	吨	0
油料总产量	吨	7007
农机总动力	千瓦	24980
规模工业企业	家	12
规模工业总产值	万元	237647
主营业务收入	万元	237647
利税总额	万元	25711
固定资产投资	万元	344521

续表 17

项 目	单 位	数 量
工商注册外资	万美元	600
注册外资到账	万美元	600

【项目建设】 围绕“强三产、精二产、优一产”思路，抓项目促发展。2016 年度在建项目 8 个，总投资达 35.14 亿元。其中亿元以上项目 4 个，投资 13.96 亿元的花卉产业园已动工建设；新扩建农业项目 9 个，培育新型农业经营主体 6 个。完成 3000 万元以上投资签约项目 7 个，领证项目 6 个，完成千万美元以上外资项目 1 个。1 亿元的盛夏农业生态产业园等一批项目成功签约。投资 5000 万元的国际影城试验区及投资 2000 万元的国际版权交易中心项目均已签订合作意向书。

【城乡建设】 加快天香苑工程进度，积极推进滨河人家、金东新城商业发展，完成进鲜港西侧地块、朝阳北路、老通掘公路改造、希望路北延及配套、金东新城公交回车场等工程，总拆迁面积达 18 万多平方米，涉及居民 730 户，非居 5 处。双皮桥公园新建工程、通州中专二期两个地块已全部完成，城区英才小学、老啤酒厂宿舍楼、交通新村在拆迁之中。实施农村河道整治提升工程，累计拆除坝头坝梗 89 条，拆坝建涵 52 座，河道整坡 14.8 公里，疏浚河道 4.1 公里。绿化造林 713.93 亩，完成全年任务的 142.8%。高效推进土地例行督查整改、秸秆禁烧、控违拆违等重点难点工作，开展耕地动态巡查工作 100 余次，拆除整改违法图斑 9 个，整改面积达 27.7 亩。加强废品收购站点长效管理，集中开展整治活动 10 余次。拆除违法建设 70 起，拆除面积 4036.8 平方米。

【社会事业发展】 全年完成招投标项目 163 个，实时把控邻里中心、老小区、农路农桥、虹西幼教中心等 6 项工程建设进程，虹西幼教中心正抓紧室内装潢；惠通银河小教中心已完成施工招标；投资949万元完成9个老旧小区改造；投资352.07万元新建农路5千米、农桥2座；金沙幼儿园已完成总评图设计，目前正在着手施工图设计及立项、土地划拨等前期准备工作；安息堂项目施工图已设计完成，正在规范各项手续。顺利完成金余小学操场建设；进一步规范城东幼儿园管理，成功创建省优质幼儿园。虹西幼教中心由通州幼儿园统一管理，并于9月在金郊初中过渡开园，解决了周边群众实际困难。大力实施“百场文化惠民”工程，开展各类文化惠民活动90余场次，专场文艺演出50余场，受惠人次10多万，获得“江苏省文明镇”“江苏省群众文化百千万工程——优秀群众文艺团队”等荣誉，城东村、育才社区等单位获“江苏省文明村(社区)”。

【社会治理】 坚持在法治轨道上开展工作，街道被区“两办”评为普法先进集体，1人被评为省“六五”普法先进个人，有序推进法治宣传教育，崇学法治文化广场正式投入使用。共排查矛盾纠纷171起，成功调处168起，调处成功率达98%；接待和受理群众来信来访201件，结案197件，结案率达98%。累计主动公开政府信息112条、依申请公开19件，不断提高依法行政水平。发挥“公众监督”“12345”市民服务热线等平台作用，广泛接受社会监督。深入开展道路交通、危险化学品等重点领域安全隐患排查和应急事故处置，受查企业128家，查出一般安全隐患329个，发出整改指令25份，办理处罚案件4家，累计处罚金额2万元，安全隐患整改率达100%；消防安全检查548家，查处隐患656个，发出责令整改通知书242份，办理案件56个，街道未发生重大安全事故。

2016年金沙街道行政村(社区)基本情况

表18

村(社区)名称	人口(人)	从业人员(人)	党组织书记	村(社区)委会主任
东市社区	4475	2685	周　纯	周　纯
南山社区	4959	2975	姜抒峰	姜抒峰
新村社区	3813	2288	王　芳	王　芳
虹西社区	5427	3256	陈　霞	陈　霞
北山社区	7254	4352	李光华	李光华
朝阳社区	4902	2941	陈晓霞	陈晓霞
新市社区	3934	2360	李云英	李云英
安康社区	3576	2416	吴静静	吴静静
育才社区	5281	3169	王冬梅	王冬梅
虹南社区	5369	3221	张国君	张国君
天霞社区			郁伯珍	郁伯珍
天熹社区			王飞剑	王飞剑

续表18

村(社区)名称	人口(人)	从业人员(人)	党组织书记	村(社区)委会主任
天晖社区			沈汉国	沈汉国
天虹社区			单正国	单正国
进鲜港村	6956	4500	何鑫鑫	何鑫鑫
虹西村	8412	2253	张乃均	张乃均
城东村	7082	1295	瞿前进	瞿前进
新三园村	8914	4750	张　云	张　云
金北村	12557	6987	张慎建	张　军
太山村	4974	2170	单进飞	吴振达
平桥镇村	7031	3095	邱卫国	张圣凤
港北村	8131	1500	刘　峰	刘　峰
金余村	8363	4450	朱建军	王　斌

(秦　添)

金新街道

2016年金新街道主要经济社会指标

表19

项　目	单　位	数　量
总面积	平方公里	102.41
行政村	个	21
社区居委会	个	10
年末人口	人	153088
地区生产总值	万元	1483249
第一产业	万元	21975
第二产业	万元	666340
第三产业	万元	794934
一般地方预算收入	万元	130589
农业总产值	万元	22377
粮食总产量	吨	14125
棉花总产量	吨	1
油料总产量	吨	10016
农机总动力	千瓦	17589
规模工业企业	家	120
规模工业总产值	万元	5358975
主营业务收入	万元	5417286

续表 19

项　　目	单　位	数　量
利税总额	万元	543186
固定资产投资	万元	2248385
工商注册外资	万美元	16000
注册外资到账	万美元	16000

【维护稳定】 完善重大项目社会稳定风险评估机制，实现重点事项第三方稳评全覆盖。加强基层治安防范，在3个小区安装监控设施。建成五一小游园、果园南苑小区、双福佳苑小区法治文化阵地3个。协调金乐派出所、村居建立应急小组，采取各种切实有效措施，全力做好稳控工作。是年，成功处置群体性事件6起，化解稳定各类矛盾纠纷信访问题191起（死亡纠纷6起）。

【社会事业】 2016年，建成金新街道社区教育中心。金缘花苑卫生室和界北村卫生室建成并投入使用。育才幼儿园、金泰幼儿园通过省、市优验收。创建邢园村等6个村示范文体广场和文化服务中心。联合南通大学艺术学院，开展通州之夜金新街道专场文艺演出。组织百名群众代表参加全民健身日活动。组建街道慈善分会和各村居慈善工作站，募集慈善捐款430多万元。做好南区、西区安息堂规范化建设，组织油榨、文山等9个村开展集中迁坟工作，共迁坟墓16468座。

2016年金新街道行政村（社区）基本情况

表20

村（社区）名称	人口（人）	从业人员（人）	党组织书记	村（社区）委会主任
金南社区	9213	5528	汤清华	汤清华
镇南社区	9209	5525	耿晓燕	耿晓燕
八角亭社区	6824	4094	徐　冬	徐　冬
碧堂庙社区	3510	2106	翁晓卫	许　燕
金桥社区	7160	4296	顾　伟	徐　莉
果园社区	5003	3002	姜　新	徐友军
华山社区	3830	1708	白丽娟	白丽娟
金霞社区	2654	1592	瞿邵华	姜　锐
碧华社区	3709	2225	陈　洁	姜　婧
金乐社区	128	77		
界北村	4076	1879	黄培国	葛　新
文山村	4228	2316	陈建国	陈建国
油榨村	5179	2632	李　华	戴　峰

续表 20

村（社区）名称	人口（人）	从业人员（人）	党组织书记	村（社区）委会主任
张门村	3177	1658	张　清	张新鑫
邢园村	3367	1690	陈永华	唐卫国
元帅庙村	3832	2161	张　建	张　建
通灵桥村	5026	3251	邢光荣	瞿建国
双池头村	3914	2354	单志洪	单小辉
复兴村	4556	2789	姜　忠	朱华平
花家渡村	8653	3894	杨国华	季佩华
三姓街村	7910	3043	曹铮珍	张　琴
狮子桥村	4605	1632	陈竹兰	王春峰
朝东圩村	4454	2625	马永涛	马新平
夏四店村	3168	1694	郑　美	吴益锋
大石桥村	2735	1321	李　忠	张志兵
金普村	2605	1497	俞成明	张　丽
民平村	6055	2651	袁新涛	季顺高
利民村	6688	2747	盛金峰	徐高飞
正场村	5501	2022	王建林	洪中华
进东村	6891	2918	徐卫星	徐卫星
麒麟桥村	5228	3078	俞洪和	董林冲

（钱亚琴）

兴东街道

2016年兴东街道主要经济社会指标

表21

项　目	单　位	数　量
总面积	平方公里	30.46
行政村	个	9
社区居委会	个	1
年末人口	人	32801
地区生产总值	万元	399491
第一产业	万元	11619
第二产业	万元	243126
第三产业	万元	144746
一般地方预算收入	万元	14569
农业总产值	万元	9780

续表 21

项　　目	单　位	数　量
粮食总产量	吨	12678
棉花总产量	吨	0
油料总产量	吨	916
农机总动力	千瓦	10878
规模工业企业	家	33
规模工业总产值	万元	1015945
主营业务收入	万元	1030701
利税总额	万元	131039
固定资产投资	万元	190365
工商注册外资	万美元	1200
注册外资到账	万美元	1200

【项目建设】 2016 年,兴东街道在建工业项目 30 个,服务业项目 14 个,工业技改项目 26 个,其中总投资亿元以上项目 8 个。完成项目实物工作量 11.23 亿元;完成固定资产投资 18.9 亿元;完成工业投入 8.6 亿元;完成工业技改投入 6.2 亿元。全年完成工业应税销售 14.06 亿元;完成服务业应税销售 9.53 亿元;完成规模工业产值 103 亿元;完成新兴产业产值 5.68 亿元;完成高新技术产值 8.33 亿元。全年完成地方一般预算收入 8450 万元。

顺丰产业区

【民生建设】 2016 年,兴东街道新建 1 公里镇区污水管网,实现镇区主要单位污水管网全覆盖。投资近 300 万元,实施土山村、孙李桥村排污工程。投资 100 万元,新建村级小游园 6 座。大力推进兴飞花苑店面房门前景观和东飞花苑河道景观工程。加强污水处理厂日常维护管理,确保全年正常运转。对东翔路、东飞西路和向阳东路进行提升改造,改造危桥 2 座,新建农路 4 公里,实施高速涵洞排水改造及路灯安装工程。

安置小区建设

2016 年兴东街道行政村(社区)基本情况

表 22

村(社区)名称	人口(人)	从业人员(人)	党组织书记	村(社区)委会主任
陆扶桥村	3370	1698	陈季卫	顾桂萍
永庆村	3511	1741	李进新	葛卫忠
土山村	3648	1937	徐　华	葛跃进
孙李桥村	3041	1496	张采平	于闻多
杨世桥村	4871	1327	刘建国	卞红卫
黄金村	1789	993	葛　军	葛周峰
双楼村	4311	1620	顾红玉	李春峰
紫星村	4474	1620	保让剑	陈晓锋
永护村	3003	1454	吴建光	秦　玉
机场居	783	470	张金龙	王雨晴

(徐　亮)

先锋街道

2016 年先锋街道主要经济社会指标

表 23

项　　目	单　位	数　量
总面积	平方公里	26.54
行政村	个	8
社区居委会	个	0
年末人口	人	37116
地区生产总值	万元	385831
第一产业	万元	8708

续表23

项　　目	单　位	数　量
第二产业	万元	252495
第三产业	万元	124628
一般地方预算收入	万元	21933
农业总产值	万元	8806
粮食总产量	吨	2899
棉花总产量	吨	0
油料总产量	吨	1808
农机总动力	千瓦	3454
规模工业企业	家	44
规模工业总产值	万元	781099
主营业务收入	万元	791092
利税总额	万元	86959
固定资产投资	万元	207472
工商注册外资	万美元	1200
注册外资到账	万美元	622

【绿博园试营业】 2月，南通洲际绿博园试营业。2016年，先锋街道完成景区周边环境整治，启动《南通市先锋街道概念规划暨生态活力景区城市设计》，打造集梦幻、生态、丰富、高品位、深体验式为一体的AAAAA级森林公园景区。一期工程珍奇植物博览园总投资2.5亿元，占地32.27公顷，已建成热带水果馆、热带名花与雨林馆、“生命之舟”沙生植物馆以及花海梯田、月亮湾嬉水沙滩等十几个主题景点，试营业，已接待省内外游客近80万人次，营业收入1500多万元。二期梦幻生态小镇前期工作已展开。是年，绿博园被认定为“江苏省科普教育基地”。

【项目建设】 2016年，先锋街道在谈重点项目4个，签约项目9个，领证项目4个，新开工重点项目4个。完成注册外资实际到账621万美元，实现外贸进出口总额6443万美元。全年工业投入10.31亿元，在库项目29个，技改项目12个，其中亿元以上工业项目2个，服务业项目6个。实现工业应税销售58.94亿元，服务业应税销售51.06亿元，二、三产应税销售首次突破100亿元。

【民生建设】 2016年，先锋街道新建镇区污水收集总管8.8公里、泵站5所；交付安置房13万平方米，富锋花苑、周圩一期等小区生活污水接入排污总管。新建农路1.5公里，管养农路30公里，改造桥梁4座，安装路灯203盏，实施河道石驳2.4公里，疏浚区级河道9条，整治河道27.56公里。成立街道慈善分会和村慈善工作站8个，首募慈善资金638万元。组建先锋特勤中队。实施印染企业清洁化改造24家，淘汰印染落后产能3000万米，建成区污泥处置中心。三小（小印染、小拖浆、小拉链）企业实行统一收集、集中处理、达标排放。

【“中国色织名镇”通过复审】 12月，先锋街道再次通过中国纺织工业联合会、中国棉纺织行业协会审核，被授予“中国色织名镇”（2016—2018）称号。

2016年先锋街道行政村（社区）基本情况

表24

村（社区）名称	人口（人）	从业人员（人）	党组织书记	村（社区）委会主任
三圩头村	3132	736	钱建生	王　飞
苏家埭村	2307	1295	王　娟	李　瑛
永安村	6008	2766	吴亚菊	杨士兵
周圩村	6313	3050	陈　兵	金　冲
花园村	2878	1865	周继忠	葛卫东
十六里墩村	4006	2164	葛光华	盛　东
秦家埭村	6202	2620	蔡银华	张红兵
双盟村	6270	3560	陆新中	赵　彤

（葛建林）

西　亭　镇

2016年西亭镇主要经济社会指标

表25

项　　目	单　位	数　量
总面积	平方公里	69.21
行政村	个	9
社区居委会	个	2
年末人口	人	51682
地区生产总值	万元	255085
第一产业	万元	30160
第二产业	万元	125692
第三产业	万元	99234
一般地方预算收入	万元	8620
农业总产值	万元	29636
粮食总产量	吨	36252
棉花总产量	吨	1

续表 25

项　目	单 位	数 量
油料总产量	吨	3508
农机总动力	千瓦	25493
规模工业企业	家	21
规模工业总产值	万元	281187
主营业务收入	万元	281071
利税总额	万元	18683
固定资产投资	万元	125379
工商注册外资	万美元	645
注册外资到账	万美元	645

【河道整治】 西亭镇翻身河全长 3.95 公里,西接团结河、东连十总竖河,贯穿同乐村、华芦村、纱场居,是三个村(居)1 万亩耕地主要灌溉水源地,在当地发挥着重要的防旱和排涝作用。长期以来由于各方面原因,加上水体富营养化造成翻身河河床淤积严重,河坡杂草丛生。2016 年初经申报,区水利局审核同意将西亭镇翻身河(3.2 公里)列为 2016 年生态河道建设项目,通过 5 个月的建设,两岸实现木桩护岸,园路铺设,绿化栽植,西亭镇翻身河焕然一新,河畅、水清、岸绿、景美的翻身河呈现在眼前。

【生态农业旅游发展】 龙壩农业旅游发展有限公司(原恒隆科技)以生态农业旅游为基地,发展高产、低耗、无污染、无公害的农副产品及瓜果、苗木产品。该项目占地 200 亩,其中智能温室 2 个,占地 7800 平方米,主要产品:热带植物、热带水果、花卉等;优良品种培育园 1 个,主要产品有:通派盆景、兰花等;名贵树木示范基地 1 个,占地 28000 平方米,主要产品:百年银杏、桂花树、黄杨树等;信鸽培育基地 1 个,主要品牌:世界名鸽芬尼卡 5000 等;休闲观光园 1 个,占地 3500 平方米,主要风格:徽派建筑群;垂钓鱼塘 1 个占地面积 15000 平方米;采摘园 10000 平方米,主要产品:葡萄、桔子、柿子、枇杷、沙枣、金桔等;农村生活展览馆 1 个,占地面积 1500 平方米。

【"鑫手相连"志愿者服务队伍】 通州区西亭镇鑫手相连志愿者协会成立于 2015 年 5 月,协会立足通州区,致力于帮扶、助学等众多公益慈善活动的开展,重点关注困难学生、留守儿童、孤寡老人、残障人士等社会弱势群体。协会成立至 2016 年底,已发展志愿者 600 余人,开展慈善公益活动近百次,募集社会资金 40 余万元,帮扶、救助困难群体 200 多人,被通州区委宣传部评为"十佳志愿服务之星""学习雷锋　志愿服务"先进集体。

2016 年西亭镇行政村(社区)基本情况

表 26

村(社区)名称	人口(人)	从业人员(人)	党组织书记	村(社区)委会主任
西亭居	4374	2219	朱鑫涛	朱鑫涛
纱场居	3223	1741	王瑞军	王瑞军
草庙村	6147	2995	顾先念	顾先念
西禅寺村	5721	3781	姜建均	马建忠
亭东村	6065	3039	王　建	孙　东
李庄村	2920	1756	何建林	邵锦明
八总桥村	4288	2503	卞新华	张仁明
同乐村	4858	2758	张　凤	周　新
华芦村	4559	2396	朱　进	赵宏梅
九总渡村	3800	1678	张曹娟	曹华均
龙坝村	3786	2344	朱勇均	陈　吕

(洪晓书)

二　甲　镇

2016 年二甲镇主要经济社会指标

表 27

项　目	单 位	数 量
总面积	平方公里	66.02
行政村	个	8
社区居委会	个	4
年末人口	人	71354
地区生产总值	万元	384780
第一产业	万元	33204
第二产业	万元	178098
第三产业	万元	173478
一般地方预算收入	万元	13975
农业总产值	平方公里	35187
粮食总产量	吨	12113
棉花总产量	吨	12
油料总产量	吨	10002
农机总动力	千瓦	16007
规模工业企业	家	36
规模工业总产值	万元	704243

续表 27

项　　目	单　位	数　量
主营业务收入	万元	712248
利税总额	万元	63584
固定资产投资	万元	125788
工商注册外资	万美元	733
注册外资到账	万美元	733

【高效农业】 2016 年，二甲镇新增规模农业 22 个，其中设施农业 8 个；流转土地面积 400 公顷；新增项目农业投入量 4.9 亿元。小麦、油菜秸秆还田 653.33 公顷，发放补助 37 万元。新增绿化生态林 3.67 公顷，绿化覆盖率 27%。建成农业全托管组织 12 个、家庭农场 10 个，路中村成功创建国家级“一村一品”示范村。

【项目建设】 2016 年，二甲镇共洽谈项目信息 36 个，完成签约项目 20 个、领证项目 19 个，外资到账 733 万美元。盘活闲置土地 5.26 公顷，闲置厂房 1.09 万平方米。亿元以上新开工项目 4 个，其中制造业项目 3 个（含 1 个亿元工业技改项目）、服务业项目 1 个。规模以上在建项目 18 个。

【民生建设】 2016 年，二甲镇投入 6000 多万元，疏浚河道 35.6 公里，拆坝建桥 13 座，建涵 41 座，建渡槽 1 座，打护坡木桩 20.81 公里，岸坡整治绿化 38.5 公里，新建水泥道路 22.15 公里、喷滴灌 66.67 公顷、防渗渠 4.25 公里、泵站 2 座。建设农路 6 条 7.8 公里、农桥 4 座、污水管网 2.297 公里。先后完成余西中心路大悲殿路局部路段维修工程、光明路沥青路面维修工程、镇区通海街北段改造工程、镇区局部路段路灯改造和护栏维修工程。新增村居小游园 4 个、镇区小游园 1 个。改造升级镇区公厕 13 座。累计拆除各类违法建设 200 多处，共 3000 多平方米，拆除违法用地 3 宗。

蓝韵水岸

【古镇建设】 2016 年，二甲镇切实做好余西古镇内古建筑保护工作，全力推进大明艺术文化产业园项目建设。

余西古镇龙街

完成文曲桥、马场桥等 3 座景观桥梁建设，做好朱晋元古宅修复设计，推进盆景园和微型博物馆项目进度，曹顶面馆、明清风韵茶楼相继开业。是年，余西社区被评为“省级生态村”。

【党建工作】 2016 年，二甲镇线下拓展延伸“五位一体”党建惠民体系，形成“五分钟党建服务圈”；线上试点探索“一站三网”工作体系，建立“二甲党群服务 e 平台”，开通二甲微信公众平台、微信群、短信发布平台。“线上线下”互动活跃，创新服务方式，贴近群众需求，让基层党组织成为党员群众建言献策的智慧库、社情民意的回音壁、解决困难的易捷通。7 月，二甲镇作为南通唯一乡镇被江苏省委表彰为“先进基层党组织”，作为全省唯一乡镇获江苏省委宣传部授予的“新媒体运用创新奖”（全省仅 10 家）。

2016 年二甲镇行政村（社区）基本情况

表 28

村（社区）名称	人口（人）	从业人员（人）	党组织书记	村（社区）委会主任
袁南居	7740	3552	陆志平	倪剑风
新市居	6889	1224	季　强	邓丽君
三甲居	6015	2083	丁雪冬	季　平
余北居	4032	1126	顾红燕	顾震玉
定兴桥村	5105	2000	倪正华	周洪兵
六甲镇村	5381	1861	汪小荣	吴　兵
路中村	5224	1821	陆　跃	曹国新
宝云山村	5187	2442	朱长英	曹桂东
坨墩村	6151	2572	戴松华	徐加兵
北潭村	5407	1466	陈汉忠	陈汉忠
通运桥村	9577	3245	曹建江	曹永军
余西村	4646	1367	曹惠英	曹晓军

（张　燕）

东 社 镇

2016 年东社镇主要经济社会指标

表 29

项　目	单 位	数 量
总面积	平方公里	115.08
行政村	个	16
社区居委会	个	5
年末人口	人	92938
地区生产总值	万元	376494
第一产业	万元	69078
第二产业	万元	139963
第三产业	万元	167453
一般地方预算收入	万元	8462
农业总产值	万元	59128
粮食总产量	吨	39436
棉花总产量	吨	201
油料总产量	吨	12341
农机总动力	千瓦	51462
规模工业企业	家	27
规模工业总产值	万元	534170
主营业务收入	万元	527270
利税总额	万元	64829
固定资产投资	万元	125856
工商注册外资	万美元	751
注册外资到账	万美元	751

【现代农业发展】 2016 年，新建、续建规模以上农业项目 20 个，总投资 2.8 亿元，新增高效设施农业 3380 亩。抓住“互联网 + 农业”风口，钧普家具、禾朗食品等多家农企电商快速增长，全年网络销售超 8000 万元。加快培育新型农业经营主体，全年新增家庭农场 10 家，专业经济合作社 3 家，“全托管”组织 11 家。积极推进农产品标准化建设，新增有机农产品 32 个，无公害农产品 6 个。

【工业经济增速】 2016 年，东社镇坚持招商选商和项目引领，抓存量，促增量。全年在建工业项目 11 个，总投资达 7.5 亿元，其中超 5000 万元项目 7 个，福乐华机械、烽琪纺织、通发激光等超亿元项目顺利开工建设。依托科技创新推动企业转型发展，完成高新技术产业产值 21.4 亿元，增长 17.2%；完成新兴产业产值 20.5 亿元，增长 17.5%；新申报“510 英才计划”和“双创人才”各 1 家，新增专利授权 61 件。

【旅游经济亮点频现】 2016 年，积极推进旅游基础配套设施建设，忠孝园景区周边道路、绿化得到提升，景区南入口牌坊建成，游客中心、孔子文化走廊等工程正在抓紧施工。新增清沁农庄等农家乐景点。全年接待旅行团 150 多批次，服务游客超过 5 万人次。

忠孝文化园

【生态建设步伐加快】 2016 年，东社镇持续深入推进水美乡村、生态廊道、生态河道、绿色乡村、小游园等工程建设。全镇新建水美乡村 3 个，生态河道 4.1 公里，生态廊道 7.7 公里，新增绿化面积近 600 亩，建成村庄小游园 11 个。

闸河景观带

2016 年东社镇行政村（社区）基本情况

表 30

村（社区）名称	人口（人）	从业人员（人）	党组织书记	村（社区）委会主任
东社社区	4387	1987	陈　俊	曹宏进
杨港社区	6555	3426	单镏均	邱新军
五甲苴社区	5403	2686	张海峰	曹益华
庆丰社区	3915	1397	王云龙	陈　云
白龙庙社区	4917	2256	张　聪	包晓红
唐洪村	4444	2472	邱　建	张晓林

续表 30

村(社区)名称	人口(人)	从业人员(人)	党组织书记	村(社区)委会主任
严北村	7646	3649	瞿丽华	张宏建
横马村	5395	2880	张菊红	邢桂华
五马路村	4414	2508	王志伟	曹小康
香台村	3201	1906	吴卫军	曹晓林
新街村	4198	2307	顾　永	陆丽华
新桥村	2938	1242	张　好	季淑娟
河东村	3322	1686	潘跃进	丁小玉
苴西村	3175	1897	季　生	吴　泉
东平村	5435	2792	曹　仪	曹国玉
福利村	2928	1392	张文飞	李建鹏
滥港桥村	3002	1653	瞿　华	赵　明
兴隆灶村	4692	2135	瞿小华	翟小峰
平和村	4633	2527	成锡锋	张学荣
中和村	5283	2831	张蔡华	李　健
陈墩村	3055	1544	张　华	朱锋锋

（陈　松）

十 总 镇

2016 年十总镇主要经济社会指标

表 31

项　目	单　位	数　量
总面积	平方公里	133.17
行政村	个	15
社区居委会	个	5
年末人口	人	83130
地区生产总值	万元	463972
第一产业	万元	73187
第二产业	万元	2031889
第三产业	万元	187596
一般地方预算收入	万元	12002
农业总产值	万元	53534
粮食总产量	吨	68357
棉花总产量	吨	31
油料总产量	吨	5324
农机总动力	千瓦	77709
规模工业企业	家	21
规模工业总产值	万元	933929
主营业务收入	万元	943669
利税总额	万元	131164
固定资产投资	万元	169341
工商注册外资	万美元	759
注册外资到账	万美元	759

【项目建设】 2016 年,全镇在建项目 35 个,全年新签约项目 9 个,其中亿元以上签约项目 7 个,在谈项目 17 个。新开工土建类和技改项目 35 个,总投资 19.7 亿元。其中,工业项目 25 个,完成投资 14.1 亿元,服务业项目 8 个,投资 4.9 亿元;农业项目 2 个,投资 7360 万元。红金顶二期等一批项目竣工投产,蝶绣纺织等一批技改项目加快推进。

【现代农业】 2016 年,完成项目农业投入 2.1 亿元。全年新增区级示范家庭农场 15 家,市级示范家庭农场 2 家,省级示范家庭农场 3 家。申报全托管服务组织 16 家,服务面积 3813 亩。推进土地规模流转,全年新增土地流转面积 6000 亩。积极推广新型农业机械,推广各类农业机械 333 台套,12 吨级粮食烘干机 12 台,联合收割机 10 台,大中型拖拉机 33 台,乘坐式插秧机 38 台,机具推广跃居全区之首。投资 500 多万元,新建粮食烘干中心、烘干点和农机仓库各 2 个。强化农产品质量建设,大力发展无公害农产品、绿色食品和有机食品,全镇 6 家企业申请无公害农产品认证。

【镇村建设】 2016 年,全镇基础设施加快完善,全面完成十总居、二爻居安置区基础配套工程建设,总投资 8000 万元的骑岸居民联建楼正在加速建设。大力实施绿化亮化工程,完成租地造林面积 1100 亩。完成二爻中心路两侧、二爻加油站绿化工程。通洋高速两侧绿化工程全面开工。全年新增集镇公共绿化 50 亩,实现海五线、骑十线道路亮化全线贯通。新增集镇公共绿化 50 亩,新建水泥路 65 公里,桥梁 52 座,泵站 60 座,防渗渠 125.6 公里,涵洞 67 座。农村环境“五位一体”长效管理工作和镇村建设管理工作继续保持全区领先。实施全覆盖拉网式农村环境综合整治,完成十总畜禽粪便处置中心建设,即将投入运营。骑岸畜禽粪便处置中心已经开工建设。清林奶牛场搬迁工作已达成框架性协议。生态环境不断改善。完成河道疏浚 17 公里,土方 17 万立方米,拆除坝头坝埂 180 条,清障整坡 45 公里,河坡绿化 22 公里。3 座河道垃圾清运码头完成施工。

2016 年十总镇行政村(社区)基本情况

表 32

村(社区)名称	人口(人)	从业人员(人)	党组织书记	村(社区)委会主任
十总社区	4284	2980	易杰兵	周艳梅
二窎社区	5134	2645	蒋　兵	曹秀春
骑岸社区	4523	842	王　磊	杨婵婵
沧南社区	3752	2120	陈晓建	于志刚
五总社区	5248	2731	丁　建	张红霞
双墩村	3370	1810	张　明	张　明
新雁村	4135	1999	王苏军	李高峰
于家坝村	4680	2370	吴建新	姜吉庆
柏树墩村	4490	2243	季文华	陶瑞国
迎阳村	4590	2526	纪育和	曹　均
志新村	5099	2782	陈　岗	曹桂芬
渡海亭村	4740	2710	吴坤兵	王　杰
上雁村	4932	3205	刁进国	丁志祥
爱民村	2801	1851	丁时兵	徐美芳
骑北村	2990	1738	冯冬华	姚士霞
张沙村	4831	2927	汤亿有	张宏霞
岸西村	3172	1228	华雪峰	许宏飞
季家庄村	2916	1154	葛建华	葛建华
育民村	3716	1216	刘国新	王秋燕
东场村	3727	2104	季晓燕	高卫华

(刘吉德　陈周舟)

石　港　镇

2016 年石港镇主要经济社会指标

表 33

项　目	单　位	数　量
总面积	平方公里	110.15
行政村	个	10
社区居委会	个	5
年末人口	人	67091
地区生产总值	万元	496710
第一产业	万元	54888
第二产业	万元	223382
第三产业	万元	218440
一般地方预算收入	万元	22114
农业总产值	万元	38374
粮食总产量	吨	64943
棉花总产量	吨	1
油料总产量	吨	2258
农机总动力	千瓦	78053
规模工业企业	家	52
规模工业总产值	万元	966170
主营业务收入	万元	966170
利税总额	万元	106005
固定资产投资	万元	184115
工商注册外资	万美元	1210
注册外资到账	万美元	1019

【特色镇区建设】 2016 年,石港镇抢抓市级中心镇建设机遇,大力实施园区、镇区、景区和生态农业区“四区联动”发展战略和打造通州北部地区强引擎目标任务,镇村建设多点并进。围绕特色镇区建设,推进镇区与园区建设相融合,引领镇区向南、向西发展。同步推进老镇区功能提升、新镇区建设开发和集镇环境综合整治工程。完成富港路、平五路、米市桥南路等路网建设工程,推进老街区道路、绿化等基础设施改造,老镇区功能环境持续提升。围绕园区搬迁安置,推进镇区建设,豪港花苑、颐港家园等安置小区建设有序推进。2.5 公里护城河两岸景观提升工程全面启动,栖凤苑等街头绿地成为百姓休闲好去处。

【公共服务全面优化】 2016 年,区第六人民医院新楼竣工,完成 13 个村级卫生室标准化建设,以提升镇村卫生服务水平。实施系列文化惠民工程,成功举办石港首届旅游文化艺术节、“洋眼看江苏”石港行等系列活动,《墨凤舞韵》《日子越过越惬意》等本土原创作品登上省市区舞台。注重历史文化传承保护,王家拳、窨糕制作等“石港技艺”被列入市、区“非遗名录”,花木盆景、书画等“石港特色”逐步与市场接轨。镇敬老院活动中心等公共服务设施建成投入使用。

2016 年石港镇行政村(社区)基本情况

表 34

村(社区)名称	人口(人)	从业人员(人)	党组织书记	村(社区)委会主任
草市桥社区	3785	2171	彭雪梅	彭雪梅
广济桥社区	4017	2410	费光耀	费光耀
金庄社区	4532	1716	李海亮	刘海军
渔湾社区	2707	1399	顾朱剑	何晓春
石西社区	2979	1497	孙志娟	葛　峰
四港村	5667	3202	郭建东	陈　建
江海村	5467	2962	蒋汉荣	顾金海
志田村	6180	3477	方志清	曹　兴
睹史院村	4221	2231	镇永忠	邵锦华
北渡村	4011	2182	时甫怀	杨建新
石东村	3739	2011	吴建华	顾铁军
马道村	5191	2817	王　兵	张建华
新貌村	5380	2916	张金涛	蔡　萍
乐观村	4499	2484	吴建则	马杰均
花市街村	4716	2553	蒋洪华	吴红军

(杨　磊)

刘　桥　镇

2016 年刘桥镇主要经济社会指标

表 35

项　目	单　位	数　量
总面积	平方公里	107.28
行政村	个	10
社区居委会	个	2
年末人口	人	75916
地区生产总值	万元	417933
第一产业	万元	53183
第二产业	万元	190962
第三产业	万元	173788
一般地方预算收入	万元	9682
农业总产值	万元	38374
粮食总产量	吨	64081
棉花总产量	吨	31

续表 35

项　目	单　位	数　量
油料总产量	吨	2175.3
农机总动力	千瓦	64646
规模工业企业	家	43
规模工业总产值	万元	936398
主营业务收入	万元	914868
利税总额	万元	122330
固定资产投资	万元	214547
工商注册外资	万美元	605
注册外资到账	万美元	605

【镇村环境面貌加速提升】 2016 年,是刘桥镇农业项目建设和基础设施提升年,先后争取到各类基础设施建设项目 9 个,争取资金 6542 万元,是年,被评为“南通市高标准农田先进单位”。深入开展农村河道整治和河道星级评比,实施苏池村水美乡村、刘新河北延和英雄竖河北段生态河道建设。开展农村环境整治“五位一体”服务外包工作,4 个村污水处理全覆盖工程竣工。通刘公路及新联人民路西段改造工程竣工通车。知行学府商品房建设完工,通刘公路拆迁安置房、七院搬迁安置房均交付使用。深入开展绿化造林,银河广场东侧地块小游园投入使用,全镇林木覆盖率达 24%。

2016 年刘桥镇行政村(社区)基本情况

表 36

村(社区)名称	人口(人)	从业人员(人)	党组织书记	村(社区)委会主任
刘桥社区	12800	4030	羌峰鑫	
慎修村	5856	3443	钱春付	孙晓燕
徐园村	8938	3646	高　丽	王　峰
英雄村	5433	1994	刘锦标	王建中
蒋一村	5425	1721	帅　斌	卢丹丹
苏池村	5373	2575	宋金才	宋卫民
新中村	5195	1703	袁高鑫	孙丽娟
新联社区	6878	2751	郭振军	丁汉林
长岸村	5701	1763	朱　丽	杨海澄
尹家园村	5535	2263	陈亚飞	丁海峰
米三桥村	3360	1095	朱建国	于广炎
极孝村	5422	2502	司明东	丁春霞

(陈飞飏)

平 潮 镇

2016 年平潮镇主要经济社会指标

表 37

项　目	单 位	数 量
总面积	平方公里	109.6
行政村	个	20
社区居委会	个	6
年末人口	人	123172
地区生产总值	万元	1474060
第一产业	万元	40753
第二产业	万元	782040
第三产业	万元	651267
一般地方预算收入	万元	46377
农业总产值	万元	41384
粮食总产量	吨	54264
棉花总产量	吨	25
油料总产量	吨	3264
农机总动力	千瓦	55041
规模工业企业	家	87
规模工业总产值	万元	4187753
主营业务收入	万元	4229146
利税总额	万元	535573
固定资产投资	万元	611527
工商注册外资	万美元	1896
注册外资到账	万美元	1896

【项目建设】 2016 年，瀚高精密机械自动化生产线制造项目开工建设，该项目位于平潮镇九圩港村 20 组，由江苏瀚高科技有限公司投资 2 亿元人民币建设，占地 2.67 公顷，计划建筑面积 2 万平方米。一期 1 万平方米厂房竣工，部分设备开始安装，办公楼、宿舍楼主体完成。项目达产后，每年可实现销售 1 亿元左右。

【锡通过江通道公路接线工程开工】 12 月 3 日，锡通过江通道公路接线工程 XT－NT2 标项目在平潮镇举行锡通全线首件水泥土双向搅拌桩开工典礼。随着锡通过江通道南通段打下第一根桩，锡通过江通道主体工程进入开工阶段。该项工程全长 32.035 公里，总投资约 63 亿元。

锡通过江通道南通段第一根桩

【“我们的中国梦·送欢笑到基层”走进平潮镇】 4 月 25 日晚，中国曲协文艺志愿服务团“我们的中国梦·送欢笑到基层”走进平潮镇，在平潮小学操场上举行晚会演出。由著名相声演员大兵与通州本地艺术工作者姜莉莉联袂主持，全镇近万名群众观看。

中国曲协文艺志愿服务团走进平潮镇演出

【搬迁安置】 2016 年，平潮镇栖凤花苑三期工程主体竣工，总面积 18 万平方米。沪通家园开始桩基施工，面积 24 万平方米。滨江花苑三期（面积 17 万平方米）、栖凤花苑四期（面积 39 万平方米）进行标底审计。栖凤花苑五期（11 万平方米）在勘探设计中。完成沪通铁路、同一乡镇用地布局调整等，提前安置搬迁群众 102 户。

2016 年平潮镇行政村（社区）基本情况

表 38

村（社区）名称	人口（人）	从业人员（人）	党组织书记	村（社区）委会主任
团结社区	3493	2096	魏竹芳	高　波
民主社区	3065	1839	邵建均	胡苏湘
栖凤社区	4342	2605	沈燕霞	吴红丽
桃邨社区	3164	550	朱　俊	邵红宇

续表38

村(社区)名称	人口(人)	从业人员(人)	党组织书记	村(社区)委会主任
新三十里社区	5833	2794	周国新	张　亮
赵甸社区	6510	2672	吴志明	钱德智
九圩港村	4515	2359	严　晟	王建英
云台山村	5402	2206	王尹哲	朱鸿霞
老墩村	3118	1522	丁加芳	钱淑娟
赵坊村	4260	2117	陈燕翔	陈燕翔
平西村	6730	2504	王美云	方永华
三官殿村	3498	12321	吴绪华	陈　霞
团圆村	2681	975	徐德生	王美清
花坝村	3027	1240	陆丰云	葛建飞
湾子头村	4802	2234	王益明	马跃云
四十里村	4131	1753	司　泽	韩　丽
吉坝村	5456	2872	李　太	李　太
颜港村	5099	2788	刘　宁	戴姝云
新坝村	4515	2502	孙造明	王锦秀
三港村	4035	1670	高建华	刘国祥
任口村	3337	1818	陈　建	陆洪兵
平东村	7206	2694	陈亚明	蒋忠明
国道村	6369	2244	张　云	殷桂明
新生村	5586	2445	杨　勇	王国恒
金桥村	6427	3071	王志义	杨　恪
甸北村	6571	2401	康汉进	程剑锋

（魏佳喜）

五　接　镇

2016年五接镇主要经济社会指标

表39

项　　目	单　位	数　量
总面积	平方公里	80.65
行政村	个	8
社区居委会	个	2
年末人口	人	38859
地区生产总值	万元	467736

续表39

项　　目	单　位	数　量
第一产业	万元	13313
第二产业	万元	328939
第三产业	万元	125484
一般地方预算收入	万元	28252
农业总产值	万元	8690
粮食总产量	吨	20933
棉花总产量	吨	0
油料总产量	吨	1369
农机总动力	千瓦	25565
规模工业企业	家	20
规模工业总产值	万元	1229186
主营业务收入	万元	1143672
利税总额	万元	124729
固定资产投资	万元	244469
工商注册外资	万美元	2085
注册外资到账	万美元	2085

【大唐冷热电项目落户滨江新区】 11月29日，总投资60亿元的大唐南通冷热电三联供示范项目正式签约落户滨江新区。大唐南通冷热电三联供示范项目是具有国际先进水平的清洁发电项目，由大唐江苏发电有限公司投资建设，拟建设4×400兆瓦级燃气蒸汽联合循环机组，实现冷热电三联供。一期工程投资35亿元，拟建2组循环机组，年供热约720万吉焦、发电50亿千瓦时。燃料采用天然气，无烟尘和灰渣排放。项目达产后，每年可减排二氧化硫约197吨、氮氧化物499吨、二氧化碳54万吨，实现年销售30亿元。

【南通市区至开沙岛公交开通】 12月8日起，来开沙岛旅游度假区游玩的市民，可乘坐601路公交直达南通市区。601路公交始发点为盆景园，终点为开沙村公共服务中心。具体走向为濠西路、钟秀路、孩儿巷北路、深南路、江海大道、黄海路、天生路、长江路、沿江公路、东沙大道、开沙大道。首末班时间为：盆景园6:00－17:00，开沙村公共服务中心7:30－18:30。班次间隔时间60分钟。

【江苏恒科新材料有限公司项目列入国家重点研发计划】 2016年，江苏恒科新材料有限公司参与的“聚酯、聚酰胺纤维柔性化高效制备技术”项目入选2016年国家重点研发计划。

化纤制造是我国重要的基础材料和纺织工业整体竞争力提升的重要支柱产业，是有国际竞争比较优势的产业。2014年化纤产量达到4390万吨，占我国纤维加工总量的85%以上，占世界的50%以上，其中大容量聚酯和聚酰胺占化纤的80%以上，单线产能越来越高，但产品同质化严重，化纤产品差别化率不足，通用产品产能过剩，在高产能、连续化设备上实现柔性化加工，开发小批量、多品种产品是急需突破的技术。“聚酯、聚酰胺纤维柔性化高效制备技术”项目研究就是在这样的背景下产生。据了解，“聚酯、聚酰胺纤维柔性化高效制备技术”项目研究目标是建立大容量聚酯、聚酰胺聚合与纺丝高度融合的一体化差别化功能化集成开发与应用系统，实现全流程仿真及柔性化高效制备关键技术原始创新，实现大容量、连续化、柔性化的统一，总体达到国际先进水平。

江苏恒科新材料有限公司一直坚持以科技为导向，不断进行技术创新，建立科学技术研发中心，完善知识产权制度，加强知识产权转化及开发，提高企业专利成果转化能力和产品技术含量，公司拥有40D空心丝、10D超级纤维等300多个在产品种，其中，公司研发的10D系列超细旦涤纶长丝项目被列为2014年度市级重大科技创新专业项目，填补了国内空白。公司每月都有两三个新产品出炉，涤纶长丝的生产量平均每天达1000吨。

国家重点研发计划由原来的“973”计划、“863”计划、国家科技支撑计划、国际科技合作与交流专项、产业技术研究与开发基金和公益性行业科研专项等整合而成。国家重点研发计划项目的申报成功，对于强化公司基础性、前瞻性问题研究，突破重大共性关键技术，提升核心竞争力和自主创新能力具有重要意义。

2016年五接镇行政村（社区）基本情况

表40

村（社区）名称	人口（人）	从业人员（人）	党组织书记	村（社区）委会主任
五接社区	488		余华丽	余华丽
李港社区	370		余华丽	余华丽
桃园村	5895	2635	刘永新	徐振东
张大圩村	4103	1743	陈　美	钱晓云
袁三圩村	4078	1758	仇　华	陈建华
李港村	7798	3603	陆志森	徐李想
复成村	1563	584	康　军	朱　远
开沙村	5123	2544	刘红云	刘春辉
天后宫村	3125	1391	李　钢	邵　锋
老木厂村	6316	3050	余建军	金小红

（马正祥）

兴　仁　镇

2016年兴仁镇主要经济社会指标

表41

项　目	单　位	数　量
总面积	平方公里	77.56
行政村	个	16
社区居委会	个	3
年末人口	人	76425
地区生产总值	万元	814921
第一产业	万元	30309
第二产业	万元	518765
第三产业	万元	265847
一般地方预算收入	万元	19433
农业总产值	万元	26266
粮食总产量	吨	36537
棉花总产量	吨	0
油料总产量	吨	2917
农机总动力	千瓦	36488
规模工业企业	家	78
规模工业总产值	万元	1611962
主营业务收入	万元	1607070
利税总额	万元	185905
固定资产投资	万元	451902
工商注册外资	万美元	1324
注册外资到账	万美元	1324

【项目建设】 2016年，兴仁镇完成外资实际到账1324万美元。在谈项目18个，已签约项目11个，其中亿元以上项目5个；领证项目8个，其中亿元以上项目3个。2016年新开工亿元以上项目7个，总投资19.2亿元。此外，莱鑫运动、小泉机电、宏安金属等重大项目已完成主体投入，宏德机电、东帝纺织二期等重大项目正加快建设进程。新（扩）建农业项目20个，总投入量达1.45亿元。南通四方冷链装备股份有限公司、南通亚振东方家具有限公司分别于5月19日和12月15日在上交所成功上市，思维福特南通精密机械有限公司于12月23日于新三板正式挂牌，上市培育工作继续保持全区领先。2016年通过实施江海英才、千人计划引进高层次人才2人，深化企业与高校科研院所的合作，不断提升企业自主创新能

力，新增高新技术企业3家、两化融合试点企业2家，新增发明专利授权40件。

【民生事业】 2016年，兴仁镇新建农村水泥道路10.8公里，总投资6800万元的兴仁小学已投入使用，投入400多万元完成韬奋幼儿园改造建设并面向社会招录幼儿教师4名，2017年将投入使用。投资1500万元的兴仁幼儿园新建工程计划目前已经启动，预计2018年开园。投资3000多万元的兴仁卫生院主体工程已基本竣工。实施文体惠民工程，出版兴仁镇历史文化名录。4个村创建省级综合文化活动中心，2个村创建区级示范文体广场。开展镇级文体活动20余项，组织舞蹈队参加区首届农民广场舞比赛取得全区第一名，并代表通州区获南通市银奖。

兴仁镇法治文化公园

【四方冷链上市】 5月19日，南通四方冷链装备股份有限公司正式在上海证券交易所挂牌上市，公司证券简称为“四方冷链”，证券代码为“603339”。这标志了南通市通州区在主板和中小板上市企业达到8家。四方冷链首次公开拟发行股份5170万股，发行后总股本20680万股，发行价为10.19元/股，预计首次可募集资金5亿元。首日开盘后股价瞬间暴涨至43.96%，达到上市首日涨幅限制。

2016年兴仁镇行政村（社区）基本情况

表42

村(社区)名称	人口(人)	从业人员(人)	党组织书记	村(社区)委会主任
兴仁社区	6041	1068	冯　杰	魏建光
横港社区	4030	2095	祁　建	陈云清
酒店社区	5101	2070	朱　卫	纪　燕
兴仁村	2274	1161	吴龙坤	陆晓佳
芦花港村	2940	1351	李　峰	吴晓建
葛长路村	2710	1359	王　剑	包兴涛

续表42

村(社区)名称	人口(人)	从业人员(人)	党组织书记	村(社区)委会主任
三庙村	4037	1894	朱高乐	胡加明
孙家桥村	4646	2190	郭志林	冯忠明
徐庄村	3463	1715	徐志盘	吴春华
李家楼村	2326	1236	王汉明	周建滨
太阳殿村	4020	2330	王振明	刘振华
长林桥村	3620	2002	曹媛媛	姚　波
丁涧店村	4165	2268	吴　平	申均章
徐家桥村	3381	1778	葛小龙	杨　彬
戚家桥村	3630	2360	王肖飞	徐宏雪
阚庵东村	4889	2590	陆树彬	陈　祥
阚家庵村	5798	3033	陈　忠	羌东灿
温桥村	4436	2596	陈　华	孙　玉
韩家坝村	4918	2776	王克果	高步华

（何云芳）

张芝山镇

2016年张芝山镇主要经济社会指标

表43

项　目	单　位	数　量
总面积	平方公里	49.82
行政村	个	9
社区居委会	个	1
年末人口	人	55006
地区生产总值	万元	439749
第一产业	万元	18101
第二产业	万元	278259
第三产业	万元	143388
一般地方预算收入	万元	20013
农业总产值	万元	19812
粮食总产量	吨	9116
棉花总产量	吨	0
油料总产量	吨	4704

续表 43

项　　目	单　位	数　量
农机总动力	千瓦	6507
规模工业企业	家	34
规模工业总产值	万元	301143
主营业务收入	万元	268988
利税总额	万元	6583
固定资产投资	万元	655151
工商注册外资	万美元	766
注册外资到账	万美元	766

【载体建设】 2016 年,张芝山镇坚持将品位理念贯穿城区建设全过程,注重色彩协调、形态优化和特色打造。大力实施增绿工程,加大城乡主次干道绿化补植和管理力度,合理布局主题公园、文化休闲、体育健身等设施,围绕德力新天地、时代尚城、锡通小学等建设一批独具地方特色的标志性亮化设施。认真做好拆迁安置工作,继续推进核心区拆迁工作,启动宁启铁路地块拆迁、竹松路道路建设拆迁、彩林路东延工程拆迁等任务,着力通过动迁,加快新型城镇化和城乡一体化进程,实现常住人口城镇化率大幅提升,为园区发展腾出宝贵空间。同时,全面启动新一轮教育现代化建设,完成南兴小学实验楼加固改造工程,开工建设张芝山小学新校区,启动星河幼儿园扩招工作。

【城镇管理】 2016 年,张芝山镇主动深化镇区环境提升工作,围绕"三年行动计划",以"第一年有变样,第二年大变样,第三年常这样"为要求,集中人力物力,深化综合整治环境脏、秩序乱、设施差等问题,并因地制宜开展小绿地、小游园、停车场等配套设施建设,提升镇区建设质态。同时,依托 G345、宏兴路的建设,加快理顺镇区交通路网,启动 20 项功能设施建设,改造提升安置小区 4 个,安置小区物业管理实现全覆盖,积极推动社会管理重心向基层转移,配强壮大楼道长队伍,构建社区服务体系,提高服务居民的能力和水平,全面提升镇区综合配套水平,不断增强就业社保、综治平安、便民利民等社会管理的合力,努力把小区建成管理有序、服务完善、文明祥和的社会生活共同体。

【美丽乡村】 2016 年,张芝山镇全面完成 10 个村(居)卫生室标准化建设,镇卫生院全部由政府举办,基本实现群众"小病不出村、一般疾病不出镇"的目标。大力推进农村环境卫生市场化运作,深入开展村庄环境改善提升行动,健全道路、沟河、绿化、保洁、垃圾收集"五位一体"长效管护机制,建成水美乡村 1 个,打造生态河道 2 公里,沟塘整治 321 公里,农村环境"九项整治"考核持续位居全区前列,其中塘坊村获评"四位一体示范村"。扎实做好夏秋两季秸秆禁烧工作,秸秆综合利用率不断提高,真正让农村环境干净卫生、整洁优美。进一步加大村集体经济建设力度,增强村集体"造血"功能,突出"增收、减负、化解"三个重点,鼓励有实力的村开展多元经营、产业特色村领办专业合作组织、有条件的村开展物业服务,盘活集体资产资源,减轻村级负担。

【民生事业】 2016 年,张芝山镇社会保障体系进一步健全,全面落实民生"五有"要求,着力构筑广覆盖、保基本、多层次、可持续的保障网络,近 2 万人进入模拟失地农民保障系统,3705 人进入通州区社会保障系统。

2016 年张芝山镇行政村(社区)基本情况

表 44

村(社区)名称	人口(人)	从业人员(人)	党组织书记	村(社区)委会主任
张芝山社区	7162	2707	施　健	顾　杰
塘坊村	5645	2911	姚　平	沈　标
决心村	3918	2153	张　冲	钱新华
天星村	7229	3818	黄卫标	黄建华
银洋河村	5779	2737	陶胜昔	陈洪健
通启桥村	5439	2070	陆　健	马　伟
通海村	4580	2189	周海兵	徐　超
八字桥村	5258	2385	李永亮	樊海健
南兴村	5322	2520	徐笑地	徐　明
培德村	4674	2292	张　荣	俞　伟

(邵小清　曹昆昆)

川　姜　镇

2016 年川姜镇主要经济社会指标

表 45

项　　目	单　位	数　量
总面积	平方公里	49.86
行政村	个	14
社区居委会	个	2
年末人口	人	58558
地区生产总值	万元	1057011
第一产业	万元	15877

续表45

项　　目	单　位	数　量
第二产业	万元	457463
第三产业	万元	583671
一般地方预算收入	万元	38478
农业总产值	万元	18945
粮食总产量	吨	9164
棉花总产量	吨	0
油料总产量	吨	3860
农机总动力	千瓦	8088
规模工业企业	家	88
规模工业总产值	万元	1949063
主营业务收入	万元	1958447
利税总额	万元	234877
固定资产投资	万元	620585
工商注册外资	万美元	3000
注册外资到账	万美元	3000

【省农村电子商务示范镇】 2016年，川姜镇电子商务发展迅速，南通家纺城电子商务产业园已签约电商相关企业88家，正式入驻办公86家，其中，电商企业58家，服务商28家，销售超百万企业达42家，网络零售额超千万的企业有3家(水之蓝、淼汇、曼卡日单量均在300单以上)，跨境电商企业4家，跨境电商服务企业2家，国内首家家纺行业垂直B2B电商平台企业1家，成功孵化一家电商企业(智胜智能)出园。南通家纺城微供市场已集聚微供商家近400户，年销售超20亿元，在南通家纺城从事电商、微商的经营者3万余人，间接带动创业人群达30万，快递企业每天的出单量超过30万单。2016年全镇电子商务交易额达150亿元。川姜镇被评为江苏省农村电子商务示范镇，志浩村被评为江苏省农村电子商务示范村。2016年川姜镇被认定为淘宝镇，下辖9个村被认定为“淘宝村”。

2016年川姜镇行政村(社区)基本情况

表46

村(社区)名称	人口(人)	从业人员(人)	党组织书记	村(社区)委会主任
川港社区	6424	2996	蒋　跃	徐　东
姜灶社区	6580	4295	曾晓焱	仇陆叶
志浩村	2279	1300	沙　杰	黄　勇
志南村	3776	2350	刘中兵	刘中兵
川北村	2852	1694	施　政	翁　瑾
川南村	4949	2465	周卫建	黄　玲
保障村	1925	968	倪惠民	陈海松
斜桥村	3023	2254	陈　辕	王理平
启江村	3885	2174	杨　彬	陆　健
双桥村	2419	1129	杨建峰	朱卫星
三合口村	2943	1669	周　超	祁耀伟
磨框镇村	4156	2259	李小辉	黄海嵩
义成村	2859	1568	马云平	王　军
姜川村	4330	2375	张武新	陆水香
望海台村	3059	1298	黄建林	蔡水湘
三圩埭村	3099	1666	顾建兵	薛　平

(*顾鑫磊*)

人　物

Figures

编辑 陈 菊

领导人物

韩菊芳

中共南通市通州区委常委、区纪委书记。

韩菊芳，江苏海门人，1962年12月出生，1992年9月加入中国共产党，大学文化程度。1983年8月起，历任海门市四甲中学教师、教导处副主任、副校长、校长，1997年9月兼任四甲中学党支部副书记（1988年9至1990年7月在江苏教育学院中文系汉语言文学专业学习；1995年11月至1997年7月在苏州大学研究生课程班中文教育专业学习）。2000年2月任海门日报社副总编辑。2001年4月任海门市委宣传部副部长。2003年2月任海门市包场镇党委书记。2006年6月任中共海安县委常委、宣传部部长。2010年4月任中共启东市委常委、市纪委书记。2016年7月任中共南通市通州区委常委、区纪委书记。

虞越嵩

中共南通市通州区委常委，通州区人民政府常务副区长、党组副书记，通州区行政学校校长。

虞越嵩，江苏启东人，1975年9月出生，1997年6月加入中国共产党，研究生文化程度。1998年8月任启东市惠和乡生建助理、城东村党支部副书记。1999年6月任启东市惠和乡生建助理、城东村党支部书记。2000年5月任启东市大兴镇生建助理、城东村党支部书记。2000年8月任启东团市委副书记、市青联副主席（2000年8月至2002年12月在中央党校经济管理专业本科函授学习）。2003年12月任启东团市委书记，市青联主席。2005年5月任启东团市委书记，市青联主席，启东市启隆乡党委副书记、常务副乡长（挂职）。2006年2月任启东市久隆镇党委书记、镇长（2004年9月至2007年7月在江苏省委党校区域经济学专业在职研究生学习）。2008年9月任启东市王鲍镇党委书记。2009年9月任南通市科技局副局长、党组成员。2011年6月任中共南通市通州区委常委。2011年7月任中共南通市通州区委常委、宣传部部长。2013年12月任中共南通市通州区委常委、区纪委书记、宣传部部长。2014年1月任中共南通市通州区委常委、区纪委书记。2016年7月任中共南通市通州区委常委、通州区人民政府常务副区长（2016年7月29日通州区第十五届人民代表大会常务委员会第三十四次会议选举）、党组副书记，通州区行政学校校长。

李学义

中共南通市通州区委常委、政法委书记，通州区人民政府副区长、党组成员，通州区依法治区领导小组办公室主任，通州区法学会会长。

李学义，江苏通州人，1972年7月出生，1994年1月加入中国共产党，研究生文化程度。1996年7月起，先后担任金沙镇团委书记、通州团市委常委。1998年1月任金沙镇科教文卫办公室常务副主任、党总支副书记。1998年5月起，历任金沙镇政府镇长助理、党委宣传（统战）委员、党委副书记（1999年9月至2001年7月在南京师范大学法学

院法学理论专业研究生课程班学习）。2004年1月先后担任五甲镇党委副书记、镇长、党委书记。2011年6月任通州区人民政府副区长、党组成员、五甲镇党委书记，2012年2月不再担任五甲镇党委书记（2013年9月至2016年6月在中央党校经济管理研究生课程班学习）。2016年7月任中共南通市通州区委常委、政法委书记、通州区人民政府副区长、党组成员，通州区依法治区领导小组办公室主任，通州区法学会会长。

张兴国

中共南通市通州区委常委，南通高新区党工委副书记、管委会副主任，通州区人民政府副区长、党组成员。

张兴国，江苏如皋人，1976年1月出生，1994年7月加入中国共产党，研究生文化程度。1994年8月任如皋市聋哑学校教师、团支部书记、少先队大队辅导员（1995年3月至1997年6月在江苏教育学院自学考试小学教育专业学习；1998年6月至2000年6月借用如皋市委组织部）。2000年7月起，历任如皋市委组织部工作人员、组织员（1998年8月至2001年12月在中央党校经济管理专业本科学习）。2002年6月任如皋团市委副书记、党组成员。2004年12月任如皋团市委书记、党组书记。2007年7月任如皋港经济开发区党工委副书记、管委会副主任（正科级）。2007年12月任如皋市搬经镇党委副书记、镇长（2005年9月至2008年7月在省委党校行政管理专业研究生学习）。2009年9月任如皋市搬经镇党委副书记、镇长（主持党委工作）。2009年12月任如皋市搬经镇党委书记、镇长，2010年12月不再担任如皋市搬经镇政府镇长。2012年1月任通州区人民政府副区长、党组成员。2016年7月任中共南通市通州区委常委，南通高新区党工委副书记、管委会副主任，通州区人民政府副区长、党组成员。

沈旭东

中共南通市通州区委常委、组织部部长、统战部部长，石港科技产业园党工委书记。

沈旭东，江苏如皋人，1978年12月出生，2003年12月加入中国共产党，研究生文化程度。1998年8月任如皋市公安局交巡警大队车辆管理所内勤、一级警员。2001年12

月起，历任如皋市公安局政治处组织人事科办事员、三级警司。2003年3月起，历任如皋市委组织部办事员、组织员、组织科副科长、副科级组织员（2005年3月借用南通市委组织部组织处）。2006年7月起，历任南通市委组织部办公室工作人员、办公室副科级组织员、办公室副主任科员、办公室（研究室）副主任（2004年3月至2006年7月在江苏省委党校经济管理专业本科学习）。2010年5月任南通市委组织部办公室副主任、南通市组工宣传信息中心主任。2010年10月任南通市委组织部研究室主任、办公室副主任、南通市组工宣传信息中心主任。2012年2月任南通市委组织部干部教育处处长、南通市干部培训中心主任（2010年9月至2013年7月在江苏省委党校政治经济学研究生学习）。2013年12月起，历任南通市委组织部办公室主任、研究室主任、机关党委书记。2016年5月挂职中共南通市通州区委常委。2016年7月任中共南通市通州区委常委、组织部部长、统战部部长，2016年9月兼任石港科技产业园党工委书记。

徐林锋

中共南通市通州区委常委，区委办公室主任。

徐林锋，江苏通州人，1977年1月出生，1997年6月加入中国共产党，研究生文化程度。1995年8月任通州市骑岸小学教师、总辅导员。1999年8月任通州市九总桥小学校长（1997年7月至1999年12月在南京师范大学汉语言文学专业学习）。2001年7月起，历任骑岸镇政府镇长助理、副镇长（2002年7月至2004年12月在中央党校函授学院法律专业大学学习）。2006年1月任通州团市委副书记、党组副书记（主持工作）。2007年6月任通州团市委书记、党组书记。2009年5月任通州团区（市）委书记、党组书记，平潮镇党委副书记、镇长。2009年12月任平潮镇党委副书记、镇长（2008年9月至2011年7月在中央党校经济管理专业研究生学习）。2011年9月任平潮镇党委书记，通州滨江新区党工委副书记（兼）。2012年2月任平潮镇党委书记、人大主席，通州滨江新区党工委副书记（兼）。2013年7月任通州区人民政府副区长、党组成员，中共青海省贵德县委常委、县人民政府副县长（挂职）。2016年7月任中共南通市通州区委常委，2016年11月兼任通州区委办公室主任。

王　任

中共南通市通州区委常委（挂职）

王任，江苏宜兴人，1972年12月出生，1992年1月加入中国共产党，研究生学历。1992年8月起，历任常熟高等专科学校数学系秘书、团总支书记。1994年6月起，历任常熟高等专科学校团委副书记、书记（1993年8月至1995年12月在中央党校函授学院江苏分院经济管理专业本科班学习；2002年2月至2004年8月在河海大学公共管理学院马克思主义理论与思想政治教育专业研究生班学习）。2004年9月任常熟高等专科学校学生处就业创业指导中心临时负责人。2005年7月起，历任常熟理工学院机电工程系党总支副书记（主持工作）、书记。2008年7月起，历任常熟理工学院管理工程系党总支书记、学生工作部部长，兼任学生工作处处长、学生心理健康教育中心主任。2012年12月任常熟理工学院第二届党委委员、学生工作部部长，兼任学生工作处处长、学生心理健康教育中心主任。2014年1月任常熟理工学院党委宣传部部长、编辑出版中心主任。2016年12月任中共南通市通州区委常委（挂职）。

陈　斌

通州区人大常委会党组书记。

陈斌，江苏南通人，1963年2月出生，1993年7月加入中国共产党，研究生文化程度。1980年12月起，历任国营南通县江边商业公司部门营业员、分店副主任兼总账会计。1988年4月任南通县商业局财务股总账会计。1993年7月起，历任通州市委办公室助理秘书、秘书、秘书一科副科长。1996年8月任通州市委办公室副主任，1998年1月兼任通州市接待办公室主任。1998年11月任西亭镇党委书记、人大主席（1997年8月至1999年12月在中央党校经济管理专业本科学习）。2000年10月任通州市乡镇行政区划调整领导组指导员。2001年2月任通州市政府办公室副主任、党组成员兼市财贸委主任、党委书记。2001年7月任通州市政府办公室主任、党组副书记（2001年7月至2003年7月在南京大学研究生院经济社会学专业研究生课程进修班学习）。2004年2月任通州市人民政府党组成员、市长助理、通州市政府办公室主任、党组副书记，2004年6月兼任通州市建工局局长。2007年1月任通州市人民政府副市长（2005年9月至2008年7月在中央党校经济管理专业研究生学习）。2008年12月任中共南通市通州市（区）委常委，通州市（区）人民政府副市长、党组成员。2012年1月任中共南通市通州区委常委，通州区人民政府常务副区长、党组副书记，通州区行政学校校长。2016年7月任通州区人大常委会党组书记。

瞿云峰

通州区人大常委会党组副书记，锡通科技产业园党工委书记，通州滨江新区党工委书记、开沙岛旅游度假区党工委书记。

瞿云峰，江苏通州人，1962年11月出生，1982年11月加入中国共产党，大学文化程度。1978年12月任解放军坦克十师三十八团战士。1981年9月在解放军坦克学校装甲兵初级军事指挥专业中专学习。1983年7月起，历任南京军区坦克乘员训练基地排长、教员、指导员、干事（1989年9月至1992年6月在南京师范大学成人教育学院经济管理专业大专班学习）。1993年10月任通州市政府办公室秘书、副科长、科长。1998年4月任通州市级机关事务管理局副局长、党组成员。1998年11月任通州市政府办副主任、党组成员（1999年6月至2000年9月挂职金余乡党委副书记）。2001年5月任通州市政府办副主任、党组成员、通州市粮食局局长、党委副书记。2001年7月任通州市粮食局局长、党委书记。2003年6月任通州市政府办副主任、党组成员、通州市粮食局局长、党委书记、通州市统计局局长、党组书记，2003年11月不再担任通州市粮食局党委书记（2001年9月至2003年7月在南京大学研究生院经济社会学专业研究生课程进修班学习）。2004年7月任通州市计经委主任、党委副书记、统计局党组书记（2003年3月至2005年7月在江苏省委党校财务专业本科班学习）。2005年11月任通州市发改委主任、党委副书记、统计局党组书记。2006年5月任通州市发改委主任、党委副书记、通州市中小企业发展局局长、乡镇企业管理局局长、通州市统计局党组书记，2007年12月不再担任通州市统计局党组书记，2009年3月不再担任通州市中小企业发展局局长、乡镇企业管理局局长。2009年6月任通州市（区）人民政府副区长、党组成员。2011年9月任通州区人民政府副区长、党组成员，通州滨江新区党工委书记，开沙岛旅游度假区党工委书记。2012年11月任中共南通市通州区委常委、政法委书记，通州区依法治区领导小组办公室主任，通州滨江新区党工委书记，开沙岛旅游度假区党工委书记，2014年8月兼任通州区法学会会长。2016年7月任通州区人大常委会党组副书记，通州滨江新区党工委书记，开沙岛旅游度假区党工委书记。2016年12月任通州区人大常委会党组副书记，锡通科技产业园党工委书记，通州滨江新区党工委书记，开沙岛旅游度假区党工委书记。

顾祖林

通州区人大常委会党组成员。

顾祖林，江苏通州人，1961年11月出生，1985年12月加入中国共产党，大学文化程度。1984年7月任南通县金乐乡多种经营公司办事员。1986年2月任南通县公安局金乐派出所民警、副所长。1994年12月任金乐乡通灵桥村党支部书记。1995年12月兼任金乐乡党委副书记。1996年11月任二甲镇党委副书记、镇长。2000年11月任石港镇党委副书记、镇长。2002年11月任五甲镇党委书记、人大主席(1997年5月至2002年12月在中国人民公安大学公安管理专业自考大专学习)。2003年11月任通州市委政法委副书记(主持工作)、市综治办主任(2003年9月至2005年4月在中国地质大学网络教育学院法学专业大学学习)，2005年5月兼任石港镇党委书记、人大主席(2006年10月明确为副处级)。2007年11月任如东县人民检察院副检察长、代检察长、党组书记。2007年12月任如东县人民检察院检察长、党组书记。2016年7月任通州区人大常委会党组成员。

樊小燕

通州区人民政府副区长、党组成员。

樊小燕，江苏南通人，1976年10月出生，1998年4月加入中国共产党，研究生文化程度。1998年8月任南通市民政局办公室文秘。2001年6月起，历任崇川区委组织部办公室科员、办公室副主任、办公室主任，区委组织员办公室主任，区委组织部组织科科长。2007年11月任崇川区钟秀街道党委副书记、政协联络组组长。2009年4月任崇川区新城桥街道党工委副书记、办事处主任(2006年9月至2009年7月在中央党校经济管理专业研究生班学习)。2012年6月任崇川区钟秀街道党工委副书记、办事处主任。2014年6月任崇川区钟秀街道党工委书记、人大工委主任。2016年7月任通州区人民政府副区长(2016年7月26日通州区第十五届人民代表大会常务委员会第三十三次会议选举)、党组成员。

杨　彬

通州区人民政府副区长、党组成员，通州区公安局局长、党委书记、督察长，通州区委政法委副书记。

杨彬，江苏南通人，1974年9月出生，2003年4月加入中国共产党，大学文化程度。1997年8月任南通市公安局崇川分局城东派出所科员。2003年7月起，历任南通市公安局办公室科员、副主任(2007年12月至2008年12月在南通市公安局督察处、信访处挂职)。2011年12月任南通市公安局办公室主任。2016年7月任通州区人民政府副区长(2016年7月26日通州区第十五届人民代表大会常务委员会第三十三次会议选举)、党组成员，通州区公安局局长、党委书记、督察长，通州区委政法委副书记。

陈　曦

通州区人民政府副区长(挂职)。

陈曦，江苏无锡人，1968年3月出生，1997年12月加入中国共产党，硕士研究生学历。1990年4月起，历任江苏省建设厅函授站助理工程师、工程师、高级工程师。2006年8月任江苏省建设工程标准站副站长。2010年4月任江苏省建筑职工教育中心副主任。2013年6月任江苏省住房城乡建设厅执业资格考试与注册中心主任。2016年9月任通州区人民政府副区长(挂职，2016年9月30日通州区第十五届人民代表大会常务委员会第三十六次会议选举)。

陈艳梅

通州区政协党组书记。

陈艳梅，江苏南通人，1967年8月出生，1987年8月加入中国共产党，研究生文化程度。1987年8月任南通县职业学校教师。1991年8月任西亭镇政府文卫助理。1992年12月起，历任通州市妇联副部长、部长。1994年10月起，历任金西乡政府乡长助理、副乡长(1993年1月至1995

年12月在江苏省委党校经济管理专业本科学习)。1998年2月任通州市妇联副主任科员。1998年10月任通州市妇联副主席、党组成员。2002年11月任刘桥镇党委副书记、镇长(2000年8月至2002年12月在中央党校法律专业本科学习)。2003年11月任刘桥镇党委书记。2007年2月任通州市人民政府市长助理、党组成员,刘桥镇党委书记。2007年3月任通州市人民政府市长助理、党组成员,市建工局局长。2007年12月,任通州区(市)人民政府副区(市)长、党组成员。2011年6月,任中共南通市通州区委常委,通州区人民政府副区长、党组成员(2008年9月至2011年7月在江苏省委党校区域经济学专业研究生学习)。2016年7月任通州区政协党组书记。(曹邢彬)

逝世人物

李　明

李明(1921.3—2016.3),启东市吕四港镇人。1943年8月参加工作并加入中国共产党。1943年8月至1949年12月,任吕四区情报员、二补乡财粮委员,苏中公学学员,苏中行署生健班学员,东南行署公营商店营业员、分店经理,江海公司人事室主任、保运主任、党支部书记,吕四区区委委员,滨海乡乡长、指导员,吕四区财经分局主任,吕四工委副书记、办事处主任,南通地区支前民工副大队长,淮南盐务局盐阜分局督导主任,台北盐场副场长。1949年12月至1957年9月,任淮南通东盐场场长、党支部书记,淮南盐管局人事科副科长,淮南盐特委纪委副书记,射阳县委委员、纪委副书记,盐城地委办公室主任,中共江苏省监委监察员。1957年9月至12月,任南通县新坝乡党委书记。1957年12月至1958年3月,任通如县委委员、监察委员会书记。1958年3月至1959年4月,任南通县新坝乡党委书记。1959年4月至1961年9月,任南通县委委员、新坝公社党委书记。1961年9月至1964年4月,任南通县委委员、兴仁区委书记。1964年4月至1964年11月,任南通县委委员,因患肝炎、肺结核病,经南通地委组织部批准离职休养。1964年11月至1965年10月,任南通县委委员、通海区委书记。1965年10月至1967年3月,任南通县副县长。1967年3月至1968年3月,任南通县人武部生产办公室副主任。1968年3月至1970年8月,“文化大革命”中受冲击,在南通县五七干校接受劳动审查。1970年8月至1973年5月,任茅山煤矿教导员。1973年5月至1975年5月,任南通县农业局革命领导小组副组长。1975年5月至11月,任南通县交通局党的核心小组组长、局长。1975年11月至1978年4月,任南通县革命委员会工交财贸办公室主任。1978年4月至9月,任南通县革命委员会工业交通办公室主任。1978年9月至1981年3月,任南通县委纪律检查委员会副书记。1981年3月至1983年8月,任南通县委纪律检查委员会副书记、南通县人大常委会副主任。1983年8月至11月任南通县委纪律检查委员会副书记。1983年12月离休,享受副地市级政治、生活待遇。(王祝达)

荣 誉 栏

Honor Roll

编 辑 陈 菊

通州区受南通市以上党政军群机关表彰的先进集体一览表

（2016 年 4 月至 2017 年 3 月）

表 47

单 位	荣 誉	表彰机关	表彰时间
金沙街道安康社区	全国科普示范社区	中国科学技术协会、财政部	2016 年 7 月
南通四建集团有限公司	全国工程建设质量管理小组活动优秀企业	中国施工企业管理协会	2016 年 7 月
南通新华建筑集团有限公司	中国民营企业 500 强	全国工商业联合会	2016 年 8 月
南通四建集团有限公司	中国工程建设诚信典型企业	中国施工企业管理协会	2016 年 10 月
南通四建集团有限公司 通州建总集团有限公司 南通新华建筑集团有限公司 通州四建集团有限公司	2015 年度中国建筑业竞争力 200 强企业	中国建筑业协会	2016 年 10 月
南通四建集团有限公司 南通新华建筑集团有限公司	全国建筑业先进企业	中国建筑业协会	2016 年 10 月
南通四建集团有限公司	全国用户满意辉煌二十年优秀企业	中国质量协会、中国质量协会用户委员会	2016 年 11 月
南通新华建筑集团有限公司	全国工程建设质量管理优秀企业	中国建筑业协会	2016 年 11 月
南通四建集团有限公司 南通新华建筑集团有限公司 通州四建集团有限公司	全国优秀施工企业	中国施工企业管理协会	2017 年 3 月
南通四建集团有限公司	省质量奖	江苏省人民政府	2017 年 2 月
区科协	实施“县级科协创新发展能力提升计划”优秀单位	江苏省科学技术协会	2017 年 1 月
省科协海智计划南通（通州）工作基地	省科协优秀海智基地	江苏省科学技术协会	2017 年 1 月
南通四建集团有限公司 南通新华建筑集团有限公司 通州四建集团有限公司	省建筑业百强企业	江苏省住房和城乡建设厅、省统计局、省商务厅	2016 年 5 月
金沙街道明均家庭农场	省“基层科普行动计划”奖补单位	江苏省科学技术协会、省财政厅	2016 年 6 月

续表 47

单　　位	荣　　誉	表彰机关	表彰时间
区教育局	省《全民科学素质行动计划纲要》“十二五”实施工作先进集体	江苏省科学技术协会、省委组织部、省委宣传部、省发展和改革委员会、省科学技术厅、省财政厅	2016 年 8 月
南通市烟草公司通州分公司卷烟物流配送班	省质量信得过班组	江苏省质量管理协会、省总工会、省妇女联合会、省科学技术协会	2016 年 8 月
区市场监督管理局 通州地方税务局第二税务分局 区国家税务局第三税务分局 中国农业银行股份有限公司南通通州支行 区审计局 通州地方税务局 区人民检察院 区国家税务局 区公安局 区烟草专卖局(分公司) 中国银行股份有限公司南通通州支行 南通综艺投资有限公司 通州新华书店有限责任公司 区人民法院 江苏东源电器集团股份有限公司 中国移动通信集团江苏有限公司通州分公司 中国人寿保险股份有限公司通州支公司 区运输管理处 中国邮政集团公司南通市通州区分公司 区交通运输局 南通四建集团有限公司 通州建总集团有限公司 金沙街道育才社区 金沙街道东市社区 金新街道金南社区 石港镇广济桥社区 江苏省通州高级中学 育才中学 实验小学	省文明单位(社区、校园)	江苏省精神文明建设指导委员会	2016 年 9 月
金沙街道城东村 先锋街道花园村 兴仁镇长林桥村 兴东街道双楼村 西亭镇草庙村 十总镇二爻社区(村) 刘桥镇徐园村 五接镇张大圩村 石港镇江海村 平潮镇平西村 先锋街道双盟村	省文明村	江苏省精神文明建设指导委员会	2016 年 9 月
金沙街道 平潮镇 石港镇 二甲镇 先锋街道	省文明乡镇	江苏省精神文明建设指导委员会	2016 年 9 月
南通新华建筑集团有限公司 通州四建集团有限公司	省知名建设承包商	江苏省建设工程承包商协会	2016 年 11 月

续表 47

单　　位	荣　　誉	表 彰 机 关	表彰时间
十总镇十总社区	省科普示范社区	江苏省科学技术协会	2016 年 11 月
南通金羽农产品专业技术协会科普惠农服务站	省科普惠农服务站	江苏省科学技术协会	2016 年 11 月
十总镇渡海亭桑茧生态种养殖观光科普基地	省科普教育基地	江苏省科学技术协会、省科学技术厅	2016 年 11 月
区民政局	拥军优属模范单位	中共南通市委员会、南通市人民政府、南通军分区	2016 年 10 月

通州区受南通市以上党政军群机关表彰的先进人物一览表

表 48　　（2016 年 4 月至 2017 年 3 月）

单　　位	姓　名	荣　　誉	表 彰 机 关	表彰时间
南通四建集团有限公司	俞国兵	2016 年度优秀施工企业家	中国施工企业管理协会	2016 年 6 月
南通四建集团有限公司	张赤宇	“十二五”全国建筑业企业优秀总工程师	中国建筑业协会	2016 年 7 月
南通新华建筑集团有限公司	易杰祥	2016 年度全国优秀施工企业家	中国施工企业管理协会	2016 年 9 月
南通四建集团有限公司 通州四建集团有限公司 南通新华建筑集团有限公司 南通新华建筑集团有限公司	俞国兵 邵亚新 易杰祥 徐宏均	全国建筑业先进工作者	中国建筑业协会	2016 年 10 月
南通四建集团有限公司 南通新华建筑集团有限公司 南通新华建筑集团有限公司 通州四建集团有限公司	季晓华 陆总兵 吴克兵 蒋卫东	2016 年度工程建设优秀项目经理	中国施工企业管理协会	2017 年 3 月
通州建总集团有限公司 南通新华建筑集团有限公司 通州四建集团有限公司 南通四建集团有限公司	瞿启忠 邬建华 江海燕 张卫国	省建筑业优秀总工程师	江苏省建筑行业协会工程建设质量与技术管理分会	2016 年 5 月
刘桥镇科协	丁松林	省“基层科普行动计划”奖补个人	江苏省科学技术协会、省财政厅	2016 年 6 月
南通四建集团有限公司 南通新华建筑集团有限公司 南通四建集团有限公司 南通四建集团有限公司 南通四建集团有限公司 南通新华建筑集团有限公司 南通新华建筑集团有限公司 通州建总集团有限公司 通州建总集团有限公司	蒋　佳 陆总兵 季震锋 向先锋 刘晓春 丁　建 成跃兵 唐建峰 李卫忠	2015 年度省建筑业企业优秀建造师	江苏省建筑行业协会	2016 年 6 月
十总镇二窎社区卫生室	杨曙东	第三届江苏省“优秀基层医师”	江苏省医师协会、省医学会、省基层卫生协会	2016 年 6 月
十总镇	成丽华	省《全民科学素质行动计划纲要》“十二五”实施工作先进个人	江苏省科学技术协会、省委组织部、省委宣传部、省发展和改革委员会、省科学技术厅、省财政厅	2016 年 8 月

续表 48

单　　位	姓　名	荣　誉	表彰机关	表彰时间
通州四建集团有限公司	姚自炎	省境外建设工程优秀项目经理	江苏省建设工程承包商协会	2016 年 11 月
南通新华建筑集团有限公司 通州建总集团有限公司	徐宏均 瞿启忠	全省建设科技工作先进个人	江苏省住房和城乡建设厅	2016 年 12 月
南通四建集团有限公司 南通新华建筑集团有限公司 南通新华建筑集团有限公司 南通新华建筑集团有限公司	季　豪 季进锋 王世明 陆建国	省建筑业企业安全生产先进个人	江苏省建筑安全与设备管理协会	2016 年 12 月

《通州年鉴(2016)》补遗

通州区受南通市以上党政军群机关表彰的先进人物一览

单　　位	姓　名	荣　誉	表彰机关	表彰时间
通州建总集团有限公司 通州四建集团有限公司	张晓华 邵亚新	省建筑业"优秀企业家"	江苏省建筑行业协会	2016 年 3 月

◆通州名菜选介◆

活炒泥螺　银泉大酒家名菜。挑选个大、均匀的活泥螺用盐腌制片刻,在温水中沥一下备用,再用热油、辣椒、醋、酱油、鲜姜、蒜泥等调料炒热加泥螺煸炒。此菜注重选料,讲究火候。特点是滑嫩鲜脆。

附　录

Appendix

编辑　陈　菊

文件选编

关于实施脱贫致富奔小康工程的意见

（2016年4月27日）

为全面建成更高水平的小康社会，根据《中共中央国务院关于打赢脱贫攻坚战的决定》（中发〔2015〕34号）和省、市《关于实施脱贫致富奔小康工程的意见》精神，结合通州实际，区委、区政府决定，"十三五"时期组织实施脱贫致富奔小康工程。现提出如下意见：

一、切实提高实施脱贫致富奔小康工程的思想认识

近年来，全区各地各部门将实施脱贫奔小康工程作为贯彻落实科学发展观和实现全面小康的一项重要工作来抓，以帮助低收入农户和经济薄弱村增收为重点，组织开展了形式多样的结对帮扶活动，同时积极探索将扶贫开发与社会救助制度有效衔接，脱贫奔小康工程取得了显著成绩。2015年，全区全面完成农村人均年收入5000元以下建档立卡低收入农户脱贫任务，经济薄弱村集体经营性年收入全部达到30万元以上，为缩小收入差距、改善民生质量、促进社会和谐发挥了重要作用。

从总体上看，我区扶贫开发已经从消除绝对贫困现象为主，转到巩固脱贫成果、提高发展能力、减少相对贫困、促进全面小康的新阶段。当前，我区经济社会发展较快，但城乡、区域之间仍有不平衡性；农村贫困人口温饱问题基本解决，绝对贫困现象基本消除，但农村低收入人口持续稳定发展的能力还不强，有效防止因病、因残、因灾等致贫返贫的机制尚需健全；经济薄弱村生产生活条件有了明显改善，但加快发展的动力源不足，全面小康社会建设依然存在"短板"。

扶贫开发事关全面建成小康社会，事关人民群众福祉，事关党和政府的形象。深入实施脱贫致富奔小康工程，是促进全区人民共享改革发展成果、实现共同富裕的重大举措，是体现中国特色社会主义制度优越性的重要标志，也是经济发展新常态下扩大需求、促进经济增长的重要途径。全区各地各部门必须把扶贫开发作为重大政治任务来抓，切实增强责任感、使命感和紧迫感，以更大的决心、更强的力度、更有效的举措，加快补齐全面小康社会建设中的这块"短板"，确保"一个不少、一户不落"地实现脱贫致富奔小康目标。

二、全面把握实施脱贫致富奔小康工程的总体要求

（一）指导思想。深入贯彻习近平总书记扶贫开发系列重要讲话和视察江苏重要讲话精神，紧紧围绕"四个全面"战略布局，牢固树立创新、协调、绿色、开放、共享的发展理念，围绕"减少相对贫困、缩小收入差距、促进共同富裕"的目标定位，按照"标准再提高、重点再聚焦、内涵再丰富、底线再织牢"的工作要求，贯彻精准识别、精准扶贫、精准脱贫的基本方略，坚持扶贫开发和经济社会发展相互促进，坚持到户到人精准帮扶和经济薄弱村整体帮扶紧密结合，坚持扶贫开发和社会保障有效衔接，切实加大工作力度，创新体制机制，举全区之力，确保脱贫致富奔小康工程取得如期成效，力争在深化精准扶贫、加快脱贫进度、提高脱贫水平、健全脱贫机制、探索脱贫路子等五个方面走在前面，为全面建成小康社会、探索开启基本实现现代化建设新征程奠定更加坚实的基础。

（二）目标任务。以全区农村人均年收入低于7000元农户、6%左右的市级经济薄弱村（全区共13个）为主要帮扶对象。通过努力，到2020年使低收入人口人均纯收入达到7000元，生活水平明显提高，义务教育、基本医疗和公共服务得到有效保障；13个经济薄弱村年集体经营性收入达到50万元以上。全区基本建立缓解相对贫困的长效机制，并力争提前1～2年完成脱贫致富奔小康工程任务。

（三）基本原则。

一是坚持党的领导，实行分级负责。充分发挥党委总揽全局、协调各方的领导核心作用，严格执行扶贫开发一把手负责制，区镇村书记一起抓。切实加强经济薄弱村党组织建设，使其成为带领群众脱贫致富奔小康的坚强战斗堡垒。

二是坚持政府主导，凝聚社会合力。强化政府责任，引领市场、社会协同发力，实行先富帮后富，构建专项扶贫、行业扶贫、社会扶贫互为补充的大扶贫格局。

三是坚持精准扶贫，提高帮扶成效。在做好精准识别的基础上，因人、因村施策，找准路子，建好体制机制，着力解决好扶持谁、谁来扶、怎么扶、如何脱的问题，做到扶真贫、真扶贫、真脱贫，切实提高扶贫成果可持续性，让低收入人口获得更多的发展机会。

四是坚持群众主体，激发内生动力。深入推进开发式扶贫，加强引导，更新观念，处理好政府扶持、社会帮扶和自身努力的关系，发扬自力更生、艰苦奋斗、勤劳致富精神，充分调动经济薄弱村和低收入户的积极性、创造性。注重扶贫先扶智，增强低收入人口和经济薄弱村自我发展能力。

五是坚持因地制宜，创新体制机制。突出问题导向，创新扶贫开发路径，实现扶贫资金由“大水漫灌”向“精准滴灌”转变，扶贫资源使用方式由多头分散向统筹集中转变，扶贫开发模式由偏重“输血”向注重“造血”转变。

三、加快低收入人口精准脱贫

（四）健全精准扶贫工作机制。抓好精准识别、建档立卡这个关键环节，夯实新一轮扶贫开发工作基础。按照扶持对象精准、项目安排精准、资金使用精准、措施到户精准、因村派人精准、脱贫成效精准的要求，找准致贫原因，对低收入农户逐户制定和落实帮扶措施，精准施策、分类扶持。对有劳动能力的，通过产业扶持、转移就业、教育培训、医疗救助等措施实现脱贫，完全或部分丧失劳动能力的低收入人口，实行低保政策兜底脱贫。对建档立卡低收入人口定期进行全面核查，建立精准扶贫台账，实行有进有出的动态管理机制。已实现脱贫的，两年内继续享受原扶持政策，巩固脱贫成果。加强对扶贫开发工作绩效的社会监督，开展群众满意度调查，探索建立第三方评估机制。

（五）发展特色产业脱贫。坚持把产业发展作为农村扶贫开发的重点，更加注重“造血功能”的培育。根据资源条件和农民意愿，强化相关支持政策，统筹使用涉农资金，大力发展优质粮油、蔬菜园艺、生态林业、现代渔业、规模畜禽和休闲农业，重点支持低收入农户因地制宜发展种植、养殖和传统手工业。加大“互联网+”扶贫力度，推广“一村一品一店”模式，加快发展农村电子商务，促进低收入农户增收致富。大力培育种养大户、家庭农场、“全托管”组织、农民合作社和农业龙头企业等新型农业经营主体，充分发挥其对低收入农户的组织和带动作用，强化其与低收入农户的利益联结机制。加快一、二、三产融合发展，让低收入农户分享增值收益。

（六）促进创业就业脱贫。鼓励和引导各类投资主体到农村投资兴业，吸纳低收入农户劳动力就近就地转移就业。健全建档立卡低收入农户劳动力就业申报登记制度，逐村逐户建立台账，全面摸清就业需求和培训愿望。加大农村低收入农户劳动力培训力度，以就业为导向，提高培训的针对性和有效性。组织实施职业技能提升计划和低收入农户教育培训工程，引导企业扶贫与职业教育相结合，鼓励职业院校和技工学校招收低收入农户子女，使低收入农户劳动力至少掌握一门致富技能。因地制宜推进镇级工业集中区和村级创业点建设，帮助低收入农户劳动力家门口就业。加大农民工返乡创业扶持力度，鼓励引导有条件的农民自主创业、返乡创业，以创业带动就业。支持村建劳务合作社，承接各类公益性服务项目，为低收入农户提供就业岗位。

（七）加强教育支持脱贫。按照国家实施教育扶贫工程的要求，着力帮助低收入农户子女接受公平有质量的教育，阻断贫困代际传递。教育经费要优先保障农村中小学、幼儿园办学需求。健全农村低收入农户学前教育资助制度，帮助低收入农户幼儿接受学前教育。贯彻落实国务院办公厅《乡村教师支持计划（2015—2020年）》精神，大力支持农村教师队伍建设。制定符合基层实际的教师招聘引进办法，建立城乡统筹的教师补充机制，推动城乡教师合理流动和对口支援。合理布局农村中小学校，落实义务教育学校办学标准，改善义务教育薄弱学校基本办学条件，加强农村留守少年儿童寄宿制学校建设，巩固义务教育成果。免除建档立卡农户子女普通高中学费，进一步完善中等职业教育免学费政策，让未升入普通高中的初中毕业生都能接受中等职业教育。贯彻落实建档立卡低收入农户学生上重点高校的帮扶政策，加大对低收入农户大学生的救助力度。对低收入农户未就业的高校毕业生提供就业支持。

（八）完善医疗保险和医疗救助脱贫。落实国家实施健康扶贫工程要求，保障建档立卡低收入人口享有基本医疗卫生服务，为全区农村建档立卡低收入农户缴纳居民基本医疗保险和大病保险个人筹资部分，有效防止因病致贫、因病返贫。提高城乡居民基本医疗保险和大病保险制度实际筹资水平，门诊统筹全面覆盖所有经济薄弱村，减少建档立卡低收入人口大病费用实际支出。建立低收入人口健康卡，将全区建档立卡低收入农户中患重特大疾病的人口纳入医疗救助范围，加强医疗保障与社会救助的衔接，对城乡居民享受基本医疗保险、大病保险和医疗救助后，自负费用仍有困难的，加大慈善救助等帮扶力度。对低收入人口大病推行先诊疗后付费的结算机制。实现每个建制镇有一所政府举办的卫生院，镇村卫生机构标准化建设率达到100%。推进区镇村三级医疗卫生服务网络标准化建设，促进远程医疗诊治和保健咨询服务向农村延伸覆盖。为农村基层医疗卫生机构订单定向免费培养医学类本专科学生，支持以全科医生为主的基层骨干遴选计划，引导符合条件的乡村医生按规定参加企业职工基本养老保险。有针对性地采取措施，加强低收入农户传染病、地方病、慢性病等防治工作。实施低收入农户新生儿疾病免费筛查、妇女“两癌”免费筛查、孕前优生健康免费检查等重大公共卫生项目。健全完善困难残疾人生活补贴和重度残疾人护理补贴制度，加大符合条件的建档立卡低收入残疾人康复服务和医疗救助力度，扩大纳入基本医疗保险范围的残疾人医疗康复项目。

（九）实行农村最低生活保障兜底脱贫。完善农村最低生活保障制度，健全低保标准动态调整机制，“十三五”时期实行城乡低保标准并轨。推进扶贫标准与低保标准相互衔接，对无法依靠产业扶持和就业帮助脱贫的低收入农户实行政策性保障兜底。强化农村低保申请家庭经济状况核查工作，将所有符合条件的低收入农户家庭纳入低保范围，做到应保尽保。对生活困难的无业或重度精神智障残疾人，对家庭生活困难、靠家庭供养且无法单独立户的成年无业重度残疾人，经个人申请，可按照单人户纳入最低生活保障范围。加大临时救助制度实施力度，帮助低收入农户解决特殊困难。提高农村特困人员供养水平，改善供养条件。加强农村低保和扶贫开发数据的互联互通、资源共享信息平台建设，实现动态监测管理、工作机制有效衔接。健全完善城乡居民基本养老保险制度，逐年提高基础养老金标准，引导农村低收入人口积极参保续保，逐步提高保障水平，有效减少因老致贫返贫。

（十）探索资产收益脱贫。积极创新财政资金使用管理方式，财政专项扶贫资金和其他涉农资金在不改变用途的情况下，投入设施农业、养殖、乡村旅游等项目形成的资产，具备条件的可折股量化给当地经济薄弱村和低收入农户，尤其是丧失劳动能力的低收入农户，其资产由村集体、合作社或其他经营主体统一经营。扎实做好扶贫资产确权工作，对实现脱贫的农户给予一定巩固期优惠持股，期满后收归村集体经济组织持有管理，促进扶贫资产滚动发展、长期发挥效益。支持农民合作社和其他经营主体通过土地托管、吸收农民土地经营权入股等方式，带动低收入农户增收脱贫。

四、着力增强经济薄弱村发展能力

（十一）着力发展壮大经济薄弱村集体经济。支持具备一定条件的经济薄弱村通过购置商业用房、发展高效设施农业等发展集体经济。引导村集体创办农业生产经营合作社、劳务合作社等服务实体，为各类生产经营主体提供有偿服务。支持村集体领办土地股份合作社，鼓励村集体成员以土地经营权折股入社。引导村集体以集体资产资源参股农民专业合作社和优势工商企业，发展混合所有制经济项目，不断探索村集体经济新的实现形式。支持村集体经济组织流转或利用村集体机动地以及复垦整理形成的新增农用地，发展现代特色农业。支持经济薄弱村开发利用本地生态资源，发展休闲农业和乡村旅游业，拓展农业新功能。盘活村集体闲置办公用房、学校、仓库等不动产，积极开展租赁等经营业务。鼓励村集体经济组织开发利用存量集体经营性建设用地，因地制宜发展物业经济。市级薄弱村扶持办法按照市扶持办法施行。

（十二）深化机关部门单位结对帮扶。组织区级机关部门单位与经济薄弱村开展结对帮扶活动，落实机关部门帮村、党员干部帮户责任。加强督查考评，帮扶成效与区级机关年度综合绩效考核、作风建设等挂钩。将农村扶贫开发工作列入区领导挂钩联系镇（区、园、街道）的工作内容，负责联系、督查所在地农村扶贫开发工作和区级机关部门结对帮扶工作。

（十三）强化干部驻村帮扶措施。认真总结近年来我区选派优秀干部到村任第一书记、选派年轻干部驻村锻炼等做法，按照中组部《关于做好选派机关优秀干部到村任第一书记工作的通知》要求，认真做好村第一书记的选派工作，原则上每个经济薄弱村都要选派1名村第一书记。第一书记分别由区委组织部和镇（区、园、街道）党委（工委）、派出单位共同管理，派出单位要定期听取第一书记工作汇报，适时到村调研，指导促进工作。

五、广泛动员社会力量参与扶贫开发

（十四）大力推进行业扶贫。发改、经信、交运、住建、国土、水利、广电、电力、通信等部门和单位应当结合各自职责，将改善农村扶贫开发发展环境和条件列入相关专项规划，优先实施农村道路、农田灌溉、危房改造、电力、电信等基础设施建设，改善农村扶贫开发生产生活条件。农业部门要发挥农村扶贫开发自然资源优势，推广先进实用技术，培植壮大特色支柱产业，通过扶持种养大户、家庭农场、“全托管”组织、农民专业合作社、龙头企业等经营主体，带动和帮助农村扶贫开发对象发展生产。教育部门要加强农村扶贫开发基础教育和职业教育，制定和完善全方位的学生资助体系，提高人民群众的基本文化素质和劳动者技术技能。人力资源社会保障部门要加强农村扶贫开发低收入农户劳动人口的职业技能培训和就业创业指导、服务，推进劳动力转移就业。卫生计生部门要加强农村扶贫开发医疗卫生机构和队伍建设，改善医疗与康复服务设施条件，组织开展诊疗服务、技术培训等帮扶活动，提高农村扶贫开发的医疗技术水平和服务能力。科技部门要建立健全符合农村扶贫开发实际的新型科技服务体系，选派科技人员进行科技帮扶，加强对农村扶贫开发的科技服务，推动科技成果转化。民政、文化、旅游等其他部门要依据各自职责，通过实施救济救助、发展文化事业、促进旅游开发等措施，开展行业扶贫开发工作。

（十五）健全社会力量参与机制。培育践行社会主义核心价值观，弘扬中华民族传统美德，鼓励支持民营企业、社会组织、个人广泛参与扶贫开发。引导社会扶贫重心下移，实行到村到户帮扶，使所有低收入农户都有党员干部或爱心人士结对帮扶。充分发挥工会、共青团、妇联、残联等群众组织作用，有针对性地组织开展扶贫济困活动。充分发挥老促会等特殊作用。充分发挥民主党派在人才和智力扶贫上的优势。充分发挥"10·17"全国扶贫日社会动员作用。实施扶贫志愿者行动计划。大力发展慈善事业，鼓励支持各类慈善组织广泛开展扶贫济困。构建社会扶贫信息服务平台，着力打造扶贫公益品牌，全面及时公开扶贫捐赠信息，提高社会扶贫公信力和美誉度。完善和提升留守儿童、留守妇女、留守老人和残疾人关爱服务体系，引导和鼓励社会力量参与特殊群体关爱服务工作。对扶贫开发作出突出贡献的单位和个人，根据有关规定予以表彰奖励，发挥社会导向作用。

（十六）*大力弘扬自力更生的精神*。脱贫致富奔小康，根本要靠广大干部群众自身努力来实现。经济薄弱村要坚持用发展的办法解决贫困问题，抢抓发展机遇，创新体制机制，主动对接和策应各方帮扶，着力提升内生动力，增强造血功能，加快发展步伐，带动和帮助低收入人口脱贫致富。扶贫先扶志，要加强宣传发动，引导帮扶对象树立自力更生、艰苦奋斗的观念，克服"等、靠、要"思想，切实尊重其主体地位，充分调动每一个人的积极性，依靠自己的辛勤劳动实现增收脱贫。

六、加强脱贫致富奔小康的政策支持

（十七）*加大财政扶贫投入力度*。充分发挥政府投入在扶贫开发中的主体和主导作用，积极开辟新的资金渠道，确保扶贫投入力度与脱贫致富奔小康工程任务相适应。各镇（区、园、街道）要根据本地区扶贫开发工作需要，加大扶贫资金投入。创新财政扶贫资金使用方式，在扶贫开发中推广政府与社会资本合作、政府购买服务等模式。切实加强扶贫资金使用管理，强化财政监督检查和审计、稽查等工作，确保专款专用、发挥效益，让低收入农户得益受惠。建立扶贫资金违规使用责任追究制度，纪检监察部门对扶贫领域虚报冒领、截留私分、贪污挪用、挥霍浪费等违法违规问题，坚决从严惩处。

（十八）*强化金融扶贫支持*。各类金融机构要为农村低收入农户提供免抵押、免担保扶贫小额信贷。鼓励"建农贷"等专项资金，投向扶贫开发项目，支持经济薄弱村发展特色产业和低收入人口就业创业。扩大农业保险覆盖面，支持经济薄弱村发展特色农产品保险。

（十九）*鼓励企业参与扶贫开发*。对企业捐资建设公益性基础设施或社会事业项目，相关费用根据国家规定在税前列支。区在安排企业发展奖补资金、农业龙头企业扶持资金时，优先支持参与扶贫开发成效显著的企业。对扶贫产业项目的建设，在规划、用地、基础设施建设等方面给予支持。把村企挂钩帮扶列入企业创建文明单位的考评内容，区每年对在村企挂钩帮扶中作出突出贡献的先进企业和优秀企业家予以表彰奖励。

（二十）*发挥科技人才支撑作用*。积极开展科技扶贫，推广应用先进适用技术，解决农村发展特色产业关键技术问题。支持农业科技企业领办农村科技服务超市，带动合作社、农户发展乡村特色产业。强化农村基层农技推广体系建设，加强新型职业农民培训和创业致富带头人培训。鼓励各类高层次专业技术人才和高技能人才为农村提供科技咨询、项目合作、技术攻关、人才培养等服务。强化政策激励，鼓励各类人才扎根农村建功立业，对表现优秀的人员在职称评聘等方面给予倾斜。

七、加强实施脱贫致富奔小康工程组织领导

（二十一）*强化扶贫开发工作责任制*。各级党委政府要高度重视扶贫开发工作，强化责任担当，把扶贫开发列入重要议事日程、摆在更加突出位置。区委、区政府承担主体责任，主要负责同志是第一责任人，重点抓好进度安排、项目落地、资金使用、人力调配、推进实施等工作。镇（区、园、街道）党委（工委）、人民政府（管委会、办事处）承担直接责任，党政主要负责同志是直接责任人，要全面落实各项政策措施，做好摸清底数、落实针对性措施、筹措资金、组织实施等工作，确保如期实现脱贫致富奔小康目标。各级领导干部要自觉践行党的群众路线，切实转变作风，把严的要求、实的作风贯穿于扶贫开发工作始终。

（二十二）*发挥基层党组织战斗堡垒作用*。抓好以村党组织为领导核心的村级组织配套建设，集中整顿软弱涣散村党组织，选好配强村级领导班子，突出抓好村党组织带头人队伍建设，充分发挥党员先锋模范作用，提高村党组织的创造力、凝聚力、战斗力。注重选派思想好、作风正、能力强、愿意为群众服务的优秀年轻干部、退伍军人、高校毕业生到经济薄弱村任职。完善村级组织运转经费保障机制，将村干部报酬、办公经费和其他必要支出作为保障重点。对在扶贫一线干出成绩、群众欢迎的驻村干部，要重点培养使用。加快推进经济薄弱村村务监督委员会建设，继续落实好"四议两公开"、村务联席会等制度，健全党组织领导的村民自治机制，通过一事一议民主协商，组织广大群众自觉参与扶贫开发。

（二十三）*扎实做好扶贫开发宣传工作*。坚持正确舆论导向，准确解读党和政府扶贫开发的决策部署、政策举措，生动报道各地各部门精准扶贫、精准脱贫的丰富实践和先进典型，大力营造良好氛围，为扶贫开发提供强大精神动力。创新扶贫开发宣传方式，充分发挥各类传统媒体和新媒体的特点和优势，传播好扶贫济困的正能量。

（二十四）*加强扶贫开发队伍建设*。强化各级扶贫开发领导小组和工作机构建设，充分发挥职能作用。建立扶贫开发领导小组，切实抓好统筹协调、督促落实、检查考核等工作。加强与精准扶贫工作要求相适应的扶贫开发队伍和机构建设，完善区镇两级扶贫开发机构的设置和职能，充实配强扶贫开发工作力量。强化扶贫干部思想作风建设，加大培训力度，全面提升扶贫干部队伍能力水平。

（二十五）*强化扶贫开发法治保障*。要善于运用法治思维和法治方式推进扶贫开发工作，全面贯彻《江苏省农村扶贫开发条例》，在规划编制、项目安排、资金使用、监督管理等方面提高规范化、制度化、法治化水平。严格落实各项法规规定,加强执法检查监督,确保《条例》明确的法定责任履行到位。

全区上下要凝心聚力,开拓创新,扎实工作,确保如期实现脱贫致富奔小康工程目标,为全面建成更高水平的小康社会、探索开启基本实现现代化建设新征程、建设“强富美高”新通州奠定坚实基础。

(通发〔2016〕12 号)

关于印发《通州区推进领导干部能上能下实施办法(试行)》《通州区领导干部改革创新容错纠错实施办法(试行)》《通州区党政干部鼓励激励实施办法(试行)》的通知

通州区推进领导干部能上能下实施办法(试行)

第一章 总 则

第一条 为贯彻党的十八届六中全会精神,落实全面从严治党、从严管理干部要求,建立健全能上能下选人用人机制,加快建设信念坚定、为民服务、勤政务实、敢于担当、清正廉洁的高素质干部队伍,根据《推进领导干部能上能下若干规定(试行)》《江苏省推进领导干部能上能下实施办法(试行)》等党内法规和有关法律法规,结合我区实际,制定本办法。

第二条 本办法所称推进领导干部能上能下,重点是解决干部能下问题。必须坚持党要管党、从严治党,坚持实事求是、公道正派,坚持人岗相适、人尽其才,坚持依法依规、积极稳妥,坚决调整不守纪律规矩、不能进取作为的干部,着力解决为官不正、为官不为、为官乱为等问题,促使领导干部自觉践行“三严三实”要求,推动形成能者上、庸者下、劣者汰的用人导向和从政环境。

第三条 领导干部下的渠道,主要包括调整不适宜担任现职干部、问责追究、到龄免职(退休)、任期届满离任、健康原因调整、违纪违法免职。

第四条 本办法主要规范对有关领导干部的组织调整。涉及违纪违法行为的,按照党的纪律规定和有关法律法规办理。

第五条 本办法适用于区级机关各部门和镇(区、园、街道)党政领导干部。人民团体领导干部、事业单位和国有企业领导人员参照执行。

第二章 调整不适宜担任现职干部

第六条 不适宜担任现职,主要指干部的德、能、勤、绩、廉与所任职务要求不符,不宜在现岗位继续任职。

第七条 调整不适宜担任现职干部,应当根据其一贯表现和工作需要,区分不同情形,采取调离岗位、改任非领导职务、免职、降职等方式进行。

第八条 干部具有下列情形之一,经组织提醒、教育或者函询、诫勉没有改正,被认定为不适宜担任现职的,应及时予以调整。

(一)思想政治素质不过硬、纪律规矩意识淡薄的,主要包含以下情形:

1. 不严格遵守党的政治纪律和政治规矩,政治意识、大局意识、核心意识、看齐意识淡薄,不能在思想上政治上行动上同党中央保持高度一致的;

2. 理想信念不坚定,在重大原则问题上立场动摇,关键时刻经不住考验的;

3. 违背党的民主集中制原则,独断专行或者软弱涣散,在领导班子中搞团团伙伙或者闹无原则纠纷的;

4. 拒不执行或擅自改变组织作出的决定和安排的;

5. 重大问题、重要事项不及时不如实请示报告,导致重大决策、重要工作出现严重问题的,

6. 对上级决策部署不落实甚至阻扰抵制,对全局工作造成不良影响和后果的;

7. 违背新发展理念,脱离实际搞形象工程、违规盲目举债,搞统计造假、虚假实绩的;

8. 严重违反中央八项规定和省、市、区委十项规定精神的;

9. 不严格遵守廉洁自律有关规定,利用职权职务影响谋取私利、干预司法等,产生不良后果的;

10. 不如实报告甚至隐瞒不报个人有关事项的,篡改、伪造个人档案资料的。

(二)为官不为情节较重、干部群众意见较大的,主要包含以下情形:

1. 在面临急难险重任务和事关国家利益、人民生命财产安全等关键时刻不担当、不作为的;

2. 工作消极懈怠,不敢直面矛盾,不愿动真碰硬,敷衍塞责、推诿扯皮,推进党委政府中心任务、重点工作不力,造成不良影响的;

3. 在涉及群众利益的重大项目、重大工程、重大决策中不听取群众意见,对基层的请示诉求不及时办理解决,群众意见比较大的;

4. 随意更改经法定程序作出的发展规划、政策规定等,对遗留问题置之不理的;

5. 不讲团结协作,不顾全大局,片面追求地方或部门

利益的；

6. 能力素质欠缺，不能有效履行职责、按要求完成工作任务，造成单位工作或分管工作连续两年在任职地区或行业考核中处于末位或排名大幅度下滑，或者连续两次受到上级通报批评，或者出现较大失误、干部群众意见较大的；

7. 因履职不到位，领导或分管的社会稳定、安全生产、环境保护、耕地保护、控违拆违、食品药品安全、党风廉政建设等工作连续两年同一项工作被“一票否决”的。

（三）德行表现较差、群众不满意或不认可的，主要包含以下情形：

1. 品行不端，违背社会公德、职业道德、家庭美德、个人品德，不注意公众形象，不讲规矩诚信，放松家庭教育和家风建设的；

2. 投机钻营，热衷于找门路、拉关系，或搞小团体、小圈子的；

3. 在干部德的考核综合评价中被确定为“差”等次的，或被确定为“一般”等次、德上有负面反映且经调查属实的。

（四）干部考核考察中被认定为不称职或者不胜任现职的，主要包含以下情形：

1. 在考核考察中被确定为不称职，或者被确定为基本称职、经诫勉谈话后效果不明显，或者存在不称职得票率超过三分之一、连续三年不称职得票率超过五分之一、连续三年优秀称职得票率列班子成员末位且与其他成员差距较大，经组织认定为不称职的；

2. 试用期满考核不称职得票率或不同意得票率超过三分之一，或者新选拔任用干部在干部选拔任用工作“一报告两评议”中民主评议不满意率超过三分之一，经组织认定为不胜任现职的；

3. 聘任制干部在聘期内因不胜任而解聘的，或者聘期结束后不再聘任的；

4. 在巡察、党政正职“三责联审”、经济责任审计、资源环境责任审计等工作中发现有违纪违规行为，或者在干部考察、民主评议、群众满意度调查、信访举报等工作中，群众反映问题较多，经调查属实，不适宜继续担任现职的。

（五）领导干部有以下情形的，也应进行调整：

1. 配偶已移居国（境）外，或者没有配偶但子女均已移居国（境）外，不适宜担任其所任职务的；

2. 其他一般应予以调离岗位或改任非领导职务的情形。

第九条　调整不适宜担任现职干部，一般按照以下程序进行：

（一）动议。党委（党组）或组织人事部门按照干部管理权限，对照有关情形，提出启动调整不适宜担任现职干部工作的意见。具体可以由党委（党组）负责同志提出，也可由党委（党组）分管负责同志提出，或者由组织人事部门研究提出。

所在单位党委（党组）可以提出启动调整不适宜担任现职干部工作的建议，由党委（党组）负责同志或委托分管负责同志向上级党组织提出，并书面报告有关情况。个人提出启动调整建议的，必须负责地写出书面材料并署名。

（二）考察核实。组织人事部门在综合分析年度考核、平时考核、任职考察、试用期满考察、巡察、审计、个人有关事项报告抽查核实、民主评议、信访举报核实等情况以及社会舆论反映、执纪执法部门、“一票否决”工作牵头单位意见的基础上，通过多种方式有针对性地深入考察核实，作出客观公正评价和准确认定。要注意听取所在单位党委（党组）、上级主管部门或分管领导的意见，注意听取群众反映、了解群众口碑，特别是工作对象、服务对象等相关人员的意见。

（三）提出调整建议。党委（党组）或组织人事部门根据考察核实结果，对不适宜担任现职干部提出调整建议。调整建议包括调整原因、调整方式及调整后相应待遇等内容。提出调整建议前，应当与干部本人谈话，说明调整理由，听取其陈述意见。

（四）组织决定。党委（党组）召开会议集体研究，作出调整决定。作出决定前，应当听取有关方面意见。

（五）谈话。党委（党组）负责同志或组织人事部门负责同志与调整对象进行谈话，宣布组织决定，认真细致做好思想工作。

（六）按照有关规定履行任免程序。对选举和依法任免的干部，按照有关法律法规规定的程序进行。

干部本人对调整决定不服的，可以按照有关规定申请复核或者向上级组织人事部门提出申诉。复核、申诉期间不停止调整决定的执行。从干部调整岗位的次月起，调整其级别和工资待遇。

第十条　对不适宜担任现职干部免职后暂时不安排职务的，可酌情安排临时性、专项性工作；需要学习提高的，由组织安排学习培训。

第十一条　因不适宜担任现职调离岗位、改任非领导职务、免职的，一年内不得提拔；降职的，两年内不得提拔。同时受到党纪政纪处分的，按照影响期长的规定执行。影响期满后，对德才表现和工作实绩突出，因工作需要且经考察符合任职条件的，可以提拔任职。

干部德才素质较好，但因专业知识、能力特长与其职务职位、业务分工不对口、不匹配，或因其他非个人原因不能胜任现职岗位，一般采取平职调整等方式安排到适合其发挥作用的岗位。

第三章　问责追究

第十二条　加大领导干部问责力度。具有下列情形之一的，应当对有关领导干部实行问责：

（一）落实从严治党责任不力，贯彻党风廉政建设责任制不到位，本地区本部门本单位或分管领域在较短时间内连续出现违纪违法问题的；

（二）法治观念淡薄，不依法办事，不按法定程序决策，或依法应当及时作出决策但久拖不决，造成不良影响和后果的；

（三）抓作风建设不力，对本地区本部门本单位或分管领域的形式主义、官僚主义、享乐主义、奢靡之风未能及时有效整改整治，或边整边改边犯、顶风违规违纪问题比较突出的；

（四）履行意识形态工作职责不力，造成严重后果的；

（五）决策严重失误，造成重大损失或恶劣影响的；

（六）因工作失职或管理监督不力，导致本地区本部门本单位或职责范围内发生特别重大事故、事件、案件，或在较短时间内连续发生重大事故、事件、案件，造成重大损失或恶劣影响的；

（七）在行政活动中滥用职权，强令、授意实施违法行政行为，或不作为，引发群体性事件或其他重大事件的；

（八）对群体性、突发性事件处置失当，导致事态恶化，造成恶劣影响的；

（九）违背科学发展要求，造成生态环境和资源严重破坏的；

（十）违反干部选拔任用工作有关规定，本地区本部门本单位或分管领域用人不正之风比较突出，或导致用人失察、失误，造成恶劣影响的；

（十一）对配偶、子女及其配偶和身边工作人员教育管理不严、约束不力，甚至默许其利用自身职权或职务上的影响谋取不正当利益的；

（十二）其他给国家利益、人民生命财产、公共财产造成重大损失或恶劣影响等失职行为的。

第十三条 对有关领导干部实行问责，应当区分不同情况，追究其直接责任、主要领导责任或重要领导责任，情节严重或造成严重后果的要终身追究责任。

第十四条 问责方式及问责程序按照《中国共产党问责条例》和《关于实行党政领导干部问责的暂行规定》执行。

第四章 到龄免职（退休）、任期届满离任、健康原因调整

第十五条 严格执行干部退休制度。干部达到任职年龄界限或退休年龄界限的，应当按照有关规定程序及时办理免职（退休）手续。

确因工作需要延迟免职（退休）的，按照干部管理权限，由党委（党组）研究提出意见，报上一级党组织同意。

第十六条 严格执行《党政领导干部职务任期暂行规定》。任期年限、届数和最高任职年限，一般不得延长。

加强任期内考核和管理，经考核认定不适宜继续任职的，应当中止任期、免去现职，不得以任期未满为由继续留任。干部任期内免职，按照有关规定程序办理。

第十七条 干部因健康原因离岗超过一年，或因健康原因不能正常上班、无法完成本职工作超过一年，或虽未达到一年但对单位工作有严重影响的，应当对其工作岗位进行调整。

对能够承担一定工作任务的，可安排到适当岗位或改任非领导职务。对需要较长时间治疗、不能正常上班的，可免去领导职务。对完全丧失工作能力的，按照有关规定办理退休。

干部恢复健康后，参照原任职务层次作出安排。

第五章 违纪违法免职

第十八条 干部违纪违法，有下列情形之一的，应当按照规定程序及时予以免职：

（一）正在接受纪检监察机关、司法机关立案调查，有证据证明涉嫌严重违纪违法、不宜继续担任现职的；

（二）受到党纪政纪处分，且不宜继续担任现职的；

（三）受到行政处罚，违法行为情节严重、造成不良影响，不宜继续担任现职的。

第六章 责任落实

第十九条 严明工作责任。把推进领导干部能上能下作为全面从严治党、从严管理干部的重要内容，坚持原则、敢于负责，做到真管真严、敢管敢严、长管长严。建立健全工作责任制，党委（党组）承担主体责任，党委（党组）书记是第一责任人，组织人事部门承担具体工作责任，纪检监察机关、法院、检察院、公安、审计、信访等部门和单位做好相关工作。

第二十条 严肃工作纪律。推进领导干部能上能下工作，不得搞好人主义，不得避重就轻、以纪律处分规避组织调整或以组织调整代替纪律处分，不得借机打击报复。对不服从调整决定的干部严肃批评教育，情节严重并造成不良影响的，从严从重处理。

第二十一条 强化日常管理。坚持讲认真的原则，完善经常性措施和预防性机制，防止小毛病演变成大问题。加强对干部的经常性了解，定期分析研判领导班子和干部队伍情况，为提出干部调整意见提供依据。坚持从严管理与关心爱护相结合，对调整下来的干部有针对性地加强教育管理，深入开展谈心谈话，给予关心帮助。

第二十二条 加强督促检查。各级党委（党组）及其组织（人事）部门应加强对推进领导干部能上能下工作的政策宣传和指导督查，将其列为督导巡察和干部选拔任用工作"一报告两评议"的内容，及时了解掌握相关情况，并在一定范围内通报。对工作不力的，严格追究党委（党组）及其组织人事部门主要负责人和相关人员的责任。

第七章 附 则

第二十三条 本办法自发布之日起施行。

通州区领导干部改革创新容错纠错实施办法(试行)

第一章　总　则

第一条　为协调推进“四个全面”战略布局和落实新发展理念,旗帜鲜明为敢于担当的干部担当,为敢于负责的干部负责,引导干部树立与全面深化改革相适应的思想作风和担当精神,既鼓励创新、表扬先进,又允许试错、宽容失误,最大限度调动广大干部的积极性、主动性、创造性,结合我区实际,制定本办法。

第二条　本办法所指容错纠错是指领导干部在推进重大改革、重大创新中,因履职担当、先行先试,未能实现预期目标或出现偏差失误,其主观上出于公心、出发点是为发展、没有违反法纪的主观故意,客观上遵守民主决策程序、工作尽心尽责、没有谋取私利行为的,不作负面评价,及时纠错整改,免于追究其相关责任。

第三条　容错纠错工作应遵循以下原则:

(一)严明纪律规矩,依法依纪,坚守底线;

(二)坚持实事求是,区别对待,宽严相济;

(三)鼓励改革创新,允许试错,宽容失误;

(四)支持干事创业,勇于担当,激发活力。

第四条　本办法适用于区级机关各部门和镇(区、园、街道)党政领导干部。人民团体领导干部、事业单位和国有企业领导人员参照执行。

第二章　容错免责

第五条　有下列情形之一的,可以容错:

(一)在推进全面深化改革过程中,因在上级尚无明确政策限制的探索性试验中先行先试,未达到预期效果、出现失误和错误的;

(二)在保障重大决策部署、重点目标任务顺利推进中,因勇于破除障碍、大力推进工作,促进地方经济发展和社会稳定,造成一定失误和损失的;

(三)在处置突发事件或执行其他急难险重任务中,因主动揽责涉险、积极担当作为,出现一定失误或非议行为的;

(四)因国家法律法规及政策调整,或其他不可抗力、不可预见因素,导致工作出现失误或错误的;

(五)其他符合容错情形的。

上级交办的追责事项和重大安全责任事故除外。

第六条　容错认定按照下列程序进行:

(一)提出申请。领导干部受到问责追责时,认为符合容错情形之一的,经所在单位集体研究后书面向区委、区政府提出申请,也可由本人直接向区委、区政府书面提出申请。

(二)调查核实。区委、区政府受理申请后,由区委督查室、区政府督查室牵头开展调查核实,区纪委(监察局)、区委组织部及其他相关部门根据需要派员参与。调查中应广泛收集相关证据材料,充分听取有关单位或个人的意见,以事实为依据,以法律法规和纪律规定为准绳,形成调查报告。

(三)认定反馈。核实结束后,报经区委、区政府研究批准,作出容错认定结论,并反馈申请人。如有必要,可在一定范围内予以通报。对于不符合容错情形的,应给予解释。

第七条　对经研究同意予以容错的领导干部,可在以下方面免责:

(一)所在单位的年度目标责任制考核及党风廉政建设责任制考核不受影响;

(二)干部提拔任用、职级职称晋升不受影响;

(三)党代表、人大代表、政协委员和后备干部资格不受影响;

(四)个人评优评先不受影响。

第三章　纠错整改

第八条　建立、健全纠错整改机制,对存在错误的干部可采取以下措施:

(一)加强日常监督。对工作中出现的苗头性、倾向性问题,早发现、早提醒、早纠正。对普遍存在的共性问题,及时掌握动态,有针对性地教育引导,完善制度机制。

(二)实施分类处置。通过咬耳扯袖、红脸出汗,开展批评和自我批评,帮助干部认识错误、及时纠偏。对认错态度好、主动挽回损失和影响的,根据规定予以容错免责。对极少数心存侥幸、隐瞒问题、拒不改错、对抗组织的,应当从严处理。

(三)及时纠错整改。督促被容错免责的领导干部和有关单位分析查找原因,制定改进措施,及时纠正偏差和失误,推动问题整改,最大限度消除影响或挽回损失。

第四章　附　则

第九条　容错纠错工作应当准确把握政策界限,坚持把干部在推进改革中因缺乏经验、先行先试出现的失误和错误同明知故犯的违纪违法行为区分开来;把上级尚无明确限制的探索性实验中的失误和错误同上级明令禁止后依然我行我素的违纪违法行为区分开来;把为推动发展的无意过失同为谋取私利的违纪违法行为区分开来,保护改革者、鼓励探索者、宽容失误者、纠正偏差者、警醒违纪者。

第十条　容错纠错工作应将支持改革发展与严格执纪相结合,正确处理执行政策、严明纪律与调动和保护干部积极性的关系,历史辩证地分析干事创业中的失误和偏差,综合考虑问题发生的背景原因、动机目的、政策依据、情节轻重和性质后果等方面因素,认真甄别、准确研判、妥善处置。

第十一条　严明容错的纪律界限,在支持和保护改革创新的同时，严禁打着改革创新旗号搞劳民伤财的“政绩工程”“形象工程”，坚决惩治借改革创新之名徇私舞弊、贪污受贿、假公济私以及严重侵害群众利益等行为。

第十二条　加强容错纠错工作的组织领导，党委、政府和相关部门应切实担负起主体责任，一级为一级负责，上级为下级担当，支持干部放手大胆工作，确保容错纠错工作取得实效。

第十三条　本办法自发布之日起施行。

通州区党政干部鼓励激励实施办法（试行）

第一章　总　则

第一条　为认真贯彻习近平总书记对干部提出的“对党忠诚、个人干净、敢于担当”的要求，激励干部想干事、善创新、敢担当，结合我区实际，制定本办法。

第二条　党政干部鼓励激励工作综合运用年度目标管理绩效考核、领导班子和领导干部考察考核、综合研判等结果，坚持实事求是、客观公正，注重实绩、综合评价，考用结合、奖优罚劣的原则。

第三条　本办法适用于区级机关各部门和镇（区、园、街道）的党政干部。人民团体相关干部，事业单位、国有企业相关人员参照执行。

第二章　鼓励激励办法

第四条　鼓励激励办法包括考核奖励、选拔任用、关心爱护等。

第五条　考核奖励方面：

（一）区级机关部门：按照区级机关部门目标管理绩效考核分组，分为党群及其他部门组、政府部门组和垂直管理部门组。根据年度目标管理绩效考核总分，考核档次为“优”的部门，按照一定的比例确定其党政主要负责人年度考核等次为“优”，当年给予嘉奖，连续三年为“优”的给予记三等功奖励；其领导班子成员年度考核等次“优”的比例提高到20%，全体工作人员年度绩效考核奖及考核津贴在基本奖金基础上人均上浮20%左右。

（二）镇（区、园、街道）：根据年度目标管理绩效考核总分，设一等奖1名，二等奖2名，三等奖3名。当年考核获一、二等奖的单位，给予党政主要负责人记三等功奖励，获三等奖的给予党政主要负责人嘉奖。获一、二、三等奖的镇（区、园、街道）由区委、区政府给予奖励，具体奖励分配方案由镇（区、园、街道）根据区考核实施意见集体研究决定并实施；其领导班子成员年度考核等次“优”的比例提高到20%。镇（区、园、街道）年度考核总分与其机关工作人员年度绩效考核奖及考核津贴的发放标准挂钩，考核总分高于或低于基本分数线的，绩效考核奖及考核津贴根据考核得分相应增加或减少。

（三）根据《公务员奖励规定（试行）》，对在处理突发事件和承担专项重要工作中做出显著成绩和贡献的干部，经审核批准，由区委、区政府给予嘉奖或记三等功奖励，并给予一次性奖金。

第六条　选拔任用方面：

（一）坚持正确选人用人导向。坚持五湖四海、任人唯贤，德才兼备、以德为先，注重实绩、群众公认，强化“信念坚定、为民服务、勤政务实、敢于担当、清正廉洁”的好干部标准，大力选拔任用自觉践行“三严三实”、忠诚干净担当的干部，重点关注作风正派、勇于任事、锐意进取的干部，坚决不用不担当、不负责、不作为的干部，及时调整不适宜、不胜任、不称职的干部，旗帜鲜明地为敢于担当的干部担当，为敢于负责的干部负责，激励各级干部勇挑重担、奋发有为。

（二）加强干部日常分析研判。注重近距离接触干部，把考察的功夫更多下在平时，改变不提拔不考察的现象，更加主动、经常地深入一线，多到基层干部群众中、在乡语口碑里了解干部的现实表现，掌握干部的活情况、新变化，更加精准地识别、评判干部。进一步拓展考察的纵深度和辐射面，采取延伸考察等办法，多方面了解干部情况，为选准用好干部提供依据。在干部选任中综合分析民主推荐结果与干部个人一贯表现，正确对待票数，不简单地以票取人，鼓励干部坚持原则、敢于负责、勇于担当、干事创业。

（三）进一步拓宽选人用人视野。坚持事业为上，以更宽的视野不拘一格选贤任能，不搞论资排辈、平衡照顾，做到以事择人、依岗选人，以实绩论英雄、为发展配干部。重视从基层一线、工作一线、发展一线，从工作困难、矛盾复杂的地方发现和举荐干部。对在贯彻新发展理念、推进“四个全面”中，尤其是在招商引资、项目建设、信访维稳处突等重点工作中作出突出贡献的干部，优先予以提拔使用；贡献特别重大的，可以按照有关规定破格提拔使用。

（四）进一步优化领导班子结构。根据不同地区、不同层次、不同部门的特点，综合考虑年龄结构、知识结构、专业结构、能力结构、气质结构选干部、配班子，使班子分工合理、专业配套、优势互补，切实提高班子的整体功能和决策水平。注重选拔政治素质过硬、驾驭全局能力强、善于抓班子带队伍、工作实绩突出、清正廉洁的优秀干部担任正职。坚持老中青相结合的梯次配备，着眼于班子长远建设，以战略眼光大力培养选拔优秀年轻干部，统筹使用好不同年龄段干部，充分调动各年龄段干部的积极性、主动性和创造性。

第七条　关心爱护方面：

（一）深入开展谈心谈话。党委（党组）及其组织人事部门应经常与所管理的干部谈心谈话，其中主要负责同志与班子成员至少每年谈一次，与下一级单位主要负责同志重点谈，分管领导与所分管部门的主要负责同志及其他班子成员经常谈，班子成员之间相互谈。坚持干部岗位变动必谈，工作生活遇到重大挫折必谈，受到上级表彰奖励必谈，受到批评、处分必谈，思想反常、情绪低落必谈，与同事发生纠纷、班子中闹不团结必谈，主动约谈的干部必谈。谈话时，注意方式方法，把问题谈开、思想谈透。谈话中，注意倾听和引导，关注干部的合理诉求，做好思想疏导工作，着力营造团结和谐、凝心聚力、共谋发展的良好氛围。

（二）加强干部培训锻炼。突出发展导向、需求导向，进一步优化干部教育培训，组织各级各类干部培训班，有针对性地举办"菜单式"选学讲座，分期分批组织干部到党校、行政学院、干部学院、高等院校等开展专题培训，扩大干部培训的覆盖面。区级层面每年组织1—2期重点班次，择优选派干部参训。加大干部挂职锻炼力度，畅通"上挂""下挂"等途径，不断完善干部"成长在一线"培养机制，每年选派一定数量的中青年干部到国家和省市机关、先进发达地区挂职学习，到区重点中心工作一线锻炼，到农村担任驻村"第一书记"。

（三）关注干部任职诉求。在干部考察中设置个人诉求表达环节，听取干部本人对职位和工作的意见，统筹安排长期在艰苦一线、在同一职位长期任职的干部轮岗交流，激发干部内生动力。

（四）关爱干部身心健康。各部门、各单位每年要组织干部开展健康体检，优化体检项目设置，及时了解、掌握干部健康状况，科学调整干部的工作量和工作岗位。定期组织举办健康知识专题讲座，提高干部自我保健意识和疾病防控能力。重视干部心理健康，在干部教育培训中统筹安排心理保健、心理调适等课程，组织专业机构开展多种形式的心理健康辅导和咨询活动，加强干部心理疏导，帮助干部化解不良情绪、调优心理状态，提升压力疏导、心理调适的能力。组织开展形式多样的文化体育活动，引导干部培养健康的兴趣爱好，保持身心健康。

（五）落实干部相关待遇。认真落实公务员职务与职级并行制度，每年6月底和12月底集中组织实施公务员日常职级晋升工作，开辟基层干部职级晋升通道。认真落实干部带薪年休假制度，按省、市规定实施到位。认真落实优秀公务员健康休养制度，按规定推荐和组织年度考核累计三次优秀或连续两次优秀的干部开展健康休养，切实调动广大干部积极性，营造鼓励先进、争当先进的良好氛围。

（六）帮扶特殊困难干部。建立健全因病因灾致困干部的帮扶机制，设立困难干部救助基金，干部本人或直系亲属罹患重大疾病，或其家庭遭遇重大突发事件的，及时探视、慰问，予以关爱和帮扶。每年定期慰问长期因病或其他原因造成家庭困难的干部，对一些失业、无业的干部家属优先安排参加就业技能培训，尽可能解决干部后顾之忧，促其全身心投入工作。

（七）关心曾犯错误干部。对因工作失误受到组织处理或者纪律处分的干部，影响期或处分期已满，本人表现突出、工作需要的，经上级组织人事部门审批后，不影响正常使用。

（八）大力整治恶意信访。对违反信访规定，捏造歪曲事实、诬告陷害干部的，严肃批评教育，情节严重的，依纪依法追究责任。对查无实据的信访问题，在一定范围内澄清事实，消除负面影响，帮助干部恢复名誉。

（九）强化干部精神激励。大力宣传基层干部一心为民、敬业爱岗、甘于奉献的典型事迹，组织开展评先评优活动，在广大党员干部中着力营造崇尚实干、学习先进、勇于创造、争创一流的浓厚氛围。

第三章　附　则

第八条　本办法自发布之日起施行。

（通办发〔2016〕68号）

关于加快南通国家现代农业示范区通州核心区建设的实施意见

为认真贯彻落实党的十八大和十八届三中、四中、五中全会精神，认真落实中央、省、市关于农业农村发展的重要决策部署，主动适应经济新常态，转变农业发展方式，加快南通国家现代农业示范区通州核心区建设步伐，特制定本实施意见。

一、总体要求

以"十三五"规划为指针，紧紧围绕加快南通国家现代农业示范区通州核心区建设的目标，牢固树立创新、协调、绿色、开放、共享发展新理念，积极探索推进农业供给侧结构性改革，形成"更有效率、更有效益、更可持续"的供给，加大创新驱动力度，转变农业发展方式，大力实施农业现代化工程，优化种植结构，提升产业档次，发展高效农业、生态农业，推进农村经济不断壮大、民生事业不断发展、环境面貌不断改善、文明程度不断提升和农民持续增收，实现城乡经济社会协调可持续发展。

二、工作目标

全区农业增加值增幅达4%以上；新建扩建规模农业项目120个以上，实现新增投入量16亿元以上；新增高效设施农业面积1.5万亩；新增高标准农田面积1万亩；新增成片造林面积8000亩；新增家庭农场75家、"全托管"服务经营主体100个以上；力争村营收入村村30万元以上；发展农产品电子商务20个以上；农村居民人均可支配收入增长10%左右。

三、主要措施

（一）凝神聚力，倾力打造现代农业核心区。

1. 大力推进国家现代农业示范区建设。发展壮大一批规模大、特色明显、产出效益高、带动作用强的农业产业园区、产业基地、龙头企业，突出市“863”工程和区“842”工程重点项目建设，拓展规模、提升档次。区级财政安排国家现代农业示范区建设扶持资金，主要投向传统优势产业提升、高效农业拓展、畜牧业转型升级、现代渔业发展，优先扶持承担国家现代农业示范区建设任务的镇村、园区、基地、企业。鼓励各镇（区、园、街道）创建省级以上稻、麦、油菜万亩高产示范片，对参加部省级高产创建获得A级示范片的镇（区、园、街道）予以奖励。创立项目扶持新机制，突出竞争性立项，高效农业拓展项目建设依照“总额控制、建前申报、竞争立项、专家评审、批复实施、建成验收、先验后补、分年拨付”的原则组织实施，申报主体和受奖补主体为项目所在镇（区、园、街道）。具体流程为：由区农委负责编制项目建前申报书和验收申报书，各镇（区、园、街道）向区农委和财政局联合申报，项目申报截止时间为当年5月底，项目验收截止时间为12月10日。列入财政奖补的项目须是经区农委和财政局实地勘察、评审批复后实施的项目，项目的验收，由区农委、财政局和农工办进行联合验收核定。奖补资金兑付充分整合各级财政同类项目补助资金。

2. 着力优化生态养殖业。深入开展六项示范创建，按照生态健康、规模化、智能化要求，对规模养殖场进行更新改造，不断提高规模养殖占比。加强动物防疫监管，全面落实重大疫病防控措施，确保不发生重大动物疫情和畜产品质量安全事故。进一步加强屠宰管理，推进生猪屠宰行业清理整顿。鼓励养殖场畜禽粪便综合利用和沼气发电并网。鼓励集中连片开发，巩固和发展规模渔业。大力发展设施渔业，年新增设施渔业面积0.3万亩以上，重点推广工厂化养殖和池塘工业化养殖，积极推进养殖池塘标准化改造，提高设施和标准化养殖水平。加强高效养殖技术的研究与开发，形成有特色、上规模、高效益的养殖技术模式。加强渔业投入品安全监管，保证产品质量安全。

3. 加快发展农产品加工业。大力推进农业接二连三，延伸产业链，促进农业生产、加工、销售无缝对接，重点拓展农产品产地初加工，积极发展农产品精深加工。引导企业增加加工设施设备投入，提升加工业规模。围绕出口产品增幅目标，加快出口产品基地建设，提高出口农产品加工产值占比。围绕优势、特色产业，加大农产品加工项目招商引资力度，积极争取大公司、大集团来我区投资，着力引进一批带动面广、市场前景好的农产品精深加工项目，力争实现农产品加工龙头型项目新突破，提升农业产业化水平，力争新建扩建投资1000万元以上农产品加工项目6个。

4. 做优生态休闲农业。推进休闲观光农业发展。挖掘培育特色，充分融入农业元素，新建扩建休闲观光项目、核心区、产业带。重点推进通州开沙岛沿江休闲核心区、东部生态观光农业带和沿江风情观光带建设。加快推进通州进鲜港乡村旅游集聚区等重大项目建设。创树观光农业品牌，创建各级各类休闲农业示范点、示范园区、示范企业。

5. 推进农业信息化建设。鼓励园区、基地、企业、家庭农场等经营主体发展智慧农业，推进农业信息化建设，加快信息化应用步伐。支持省市级园区建设信息化公共服务平台，为园区内主体和农户服务。大力发展“互联网＋农业”，对经营主体创建或利用农产品电商平台，给予重点扶持。鼓励发展一村一品一店，积极培植农产品电商专业村。全年新发展销售额20万元以上的农产品电商20个。

（二）积极探索，全面推进农村各项改革创新。

6. 推进农村土地确权和土地流转。做好农村土地承包经营权确权登记颁证工作，建立健全土地承包经营权登记制度和信息应用平台，完善确权登记流程，确保工作质量。区财政对开展确权登记并通过验收合格的村给予资金补助。坚持承包关系稳定，严格依法规范操作，依靠村民民主协商，赋予农民更加充分且有保障的土地承包经营权。加强典型示范引导，发展多种形式的适度规模经营，对当年流转的土地用于种养大户、家庭农场、农业龙头企业、农业园区等农业项目建设并达到一定规模的，以村经济合作社为申报单位申请验收，通过区验收的实行以奖代补。

7. 完善农村产权交易市场体系。加大镇农村产权交易服务中心与镇公共资源交易中心资源的整合力度，切实做到一套班子、两块牌子、一体化运行。进一步优化农村土地承包经营权及农村集体资产交易流程，督促镇村集体资产、资源交易统一使用省农村产权交易信息平台，实现农村产权阳光交易。探索建立土地承包经营权抵押担保风险基金，促进土地承包经营权抵押贷款工作健康有序开展。

8. 培育壮大农业龙头企业。依托粮油、蔬菜等主导产业，通过招商引资、政府扶持、农村能人领办等多种形式，争取一批农产品加工企业落地建设，实现总量扩张。以科技进步和机制创新为动力，积极引导现有企业加大改造升级力度，着力提升创新能力、加工水平，推动企业由小变大、由弱变强，积极争创省市级农业龙头企业。鼓励龙头企业发展连锁直营、物流配送、电子商务等新型流通业态，鼓励在大中型城市设立直销店，拓展通州农副产品销售渠道，全面提升农业龙头企业发展水平。引导龙头企业新建项目向集中区集聚，着力打造农产品加工集中区。加强农业投入品管理和标准化生产，强化农产品质量建设，大力发展无公害农产品、绿色食品和有机食品，重视名牌农产品认定、农产品商标注册、集体商标认定、地理标志认定工作，不断提高品牌知名度，增强产品市场竞争力。

9. 规范提升农民专业合作社。建设一批具有较强示范带动能力的农民合作社。培育成员账户完备、盈余分配合法、财务社务公开的规范社100家，培育市级以上示范社20家。鼓励合作社组织开展专业化、集约化、规模化生产，带动农民调整农业结构，提高种养水平。积极推进“农超对接”“农企对接”“农校对接”，提升合作社营销形态。稳步推进农村社区股份制改革，凡是符合改革条件的村（居），条件成熟一个，改成一个。积极开展土地股份合作社改革，引导土地股份合作社依托专业大户、经营能手及其他农业经营主体，开展自主经营、参股经营或合作经营，培育一批土地股份合作社自主经营示范社。积极开展农村富民综合社试点，引导试点村以集体资产量化的股份、土地承包经营权折股的股份为入社资本，建立农村富民综合社。

10. 鼓励创办家庭农场。家庭农场是以家庭成员为主要劳动力，从事农业规模化、集约化、商品化生产经营，并以农业收入为家庭主要收入来源的新型农业经营主体。要进一步加大政策扶持力度，引导和鼓励种养大户流转耕地，扩大家庭生产经营规模，建设家庭农场，走规模化、高效化和品牌化的发展道路。要进一步加强指导，强化特色经营导向，培育家庭农场特色品牌，丰富服务内容，增强服务能力。鼓励发展智慧农业，对家庭农场自主建立或加入电商平台和采用质量追溯系统的，给予奖励。全年确保新发展家庭农场75家，积极创建省市级示范性家庭农场。

（三）夯实基础，努力提高农村综合服务能力。

11. 加强水生态文明建设。紧紧围绕水利现代化的战略目标，加强防洪减灾、水资源保障、水生态保护、农村水利、水管理服务、水利发展保障“六大体系”建设，重点实施农村河道整治三年行动计划，为全区经济社会发展提供水利支撑和保障。高标准推进农村河道轮浚，疏浚农村河道165条216公里，清淤土方369万立方米。全面完成河道清障工作，通过疏浚淤土、清障整坡、岸坡防护、生态治理等综合措施，恢复河道生态功能，打造良好的水环境。实施生态廊道水环境治理二期工程，打造一条具有通州水乡特色的绿色廊道。开展第二批“水美乡村”创建工作，采取“整村推进”方式对村级水系进行系统整治，实现“河畅、水清、岸绿、景美”。完成第七期中央财政小型农田水利重点县工程建设。持续推进河道长效管理工作，完善管护制度，强化管护队伍建设，落实管护经费，明确管理责任，提升管理效果。深化小型水利工程管理体制改革，创新运行管护机制，实现小型水利工程“产权有归属、管理有载体、运行有机制、工程有效益”。

12. 加快推进农机化建设。落实农机购置补贴政策，推广应用水稻机插秧与秸秆机械化还田集成技术，推广高效植保机械、田园管理机、畜禽水产养殖机械等特色农机具。深入推进以秸秆机械化还田为重点的综合利用工作，加大油菜秸秆还田示范推广力度，新增大中型拖拉机及配套秸秆还田机械100台套以上，创建一批秸秆机械化还田示范村。组织引导家庭农场、农民专业合作社和农机大户等经营主体开展农业生产“全托管”服务，全区新增“全托管”服务组织100个以上，80%以上的村有农业生产“全托管”服务，新建一批粮食烘干中心、标准化农机场库、农机维修示范点。依法落实农机安全生产责任，加强农机安全生产监管执法，规范农机监管行为，加强安全法制教育培训，确保农机安全生产。

13. 加大农业综合开发力度。紧紧围绕发展现代高效农业，大力实施规模开发、效益开发、生态开发，促进农业增效、农民增收。推进高标准农田建设，加大对农业园区扶持力度，打造产业关联度大、精深加工能力强、规模集约水平高、辐射带动面广的现代高效农业园区。建立全区土地治理和产业化项目基本数据库。有机整合农业综合开发项目与水利、农业、林业、科技等农业项目，建成一批土地平整连片、功能完善的高标准农业生产载体，鼓励和引导社会资本投资农业园区建设，增强园区投资力度和承载能力。

14. 培养造就新型职业农民队伍。适应现代农业发展需要，深度开展农民培训，从生产经营需求入手，重点围绕主导产业、特色产业、新兴产业，开展技术培训、创业培训、富余劳动力转移培训、劳动预备制培训，造就一支多层次、多类型的职业农民队伍。全年培训职业农民3000人以上。扶持有生产技能和经营能力的农民工返乡创办家庭农场、领办农民合作社，创办农产品加工、营销企业。

（四）统筹城乡，提升农村各项事业保障水平。

15. 全力推进市级中心镇建设。要强化统筹推进，特色产业先行，以产业集聚人口、提供就业。坚持“四化”同步，加快产城融合，按照“以先进制造业集聚人、现代服务业留住人”的思路，集中力量做大做强主导产业，推进新型工业化。要进一步优化农业空间布局，培育新型农业经营主体，推进农业现代化。要围绕新型城镇化，推动城镇与农村协调发展。要围绕信息化，提升智慧城镇发展水平。坚持特色发展，强化功能支撑。要围绕特色，在功能建设上狠下功夫，形成特色发展、错位发展新局面。对市级年度考核合格且进位的市级中心镇，实行以奖代补，给予专项补助；考核不合格的，不予补助；若连续两年考核不合格的，按市有关规定取消市级中心镇称号及相应的政策待遇。

16. 发展壮大村级集体经济。加大政策扶持力度，全面提升村级集体经济发展水平，力争村级集体经营性收入年增长10%以上。开展集体经济发展村际竞赛活动，根据集体经营收入、村集体净资产、村级债务化解和村级财务规范化管理等四项指标，对综合排名前移幅度最大的前20个村，区财政安排资金进行奖补，专项用于发展村级集体经济。加大对经济薄弱村扶持力度，进一步向增强“造血”功能转变，形成可持续的长效帮扶机制。财政继续安排1000万元到村，支持发展村级经济。鼓励村集体经济组织自建农业设施大棚，通过自主经营、出租、发包等形式实现集体经济增长。深入实施脱贫致富奔小康工程，健全精准扶贫工作机制，做好建档立卡工作，因户因村制宜，分类精准施策。开展促进农村居民增收工作监测体系建设，准确掌握全区农民收入水平、结构和状况，为管理农村社会、组织农民增收提供科学依据。

17. 创新财政金融支农机制。用足用好上级支农强农政策，争取更多的涉农项目和资金。做好政策性农业保险推广工作，凡享受财政补贴的农业项目都必须参加农业保险，高效农业保险金额应达到农业保险保费总收入的60%以上。区财政进一步增加“三农”投入，确保财政支出优先支持农业农村发展，预算内固定资产投资优先投向农业基础设施和农村民生工程。积极鼓励本地业主领办创办各类农业新型经营主体，区财政及相关部门给予扶持奖励。鼓励各类资本参与农村建设和农业开发，加大商业性金融机构支农力度，推动农行“金农贷”、邮储银行“富农贷”“通农贷”、建行“白金卡”等金融服务；依托农村产权交易市场平台，进一步扩大农村土地承包经营权抵押融资规模；鼓励担保机构开展农村担保业务，形成多主体、多渠道的投入机制，为加快“三农”发展提供充足的资金支撑。进一步加大对农业、农业综合开发、水利、国土、环保、一事一议财政奖补等涉农项目资金的整合力度，提高资金使用效益。

四、组织保障

（一）加强组织领导。强化党委统一领导、党政齐抓共管、农村工作综合部门组织协调、有关部门各负其责的领导体制和工作机制。各镇（区、园、街道）要建立农业农村重点工作推进机构和工作机制，制定工作方案，落实工作措施，层层分解，逐项落实。

（二）加大工作力度。各相关部门要把农业农村工作抓实、抓好，充分发挥职能作用，大力推进思路创新、机制创新、管理创新，加强协同配合，全力服务，合力推进。各镇（区、园、街道）、各相关部门要加强调查研究，及时了解和分析农业农村工作中出现的新情况、新问题，根据实际情况调整优化体制机制。

（三）严格督查考核。区政府将加大农业农村各项工作的考核督查力度，同时相关部门要加大对财政奖补资金的审计审核力度，严防截留、骗取涉农资金行为发生。通过督查促推进，严格考核促发展，形成你追我赶、比学赶超的浓烈氛围，切实加快南通国家现代农业示范区通州核心区建设进程，确保完成农业农村工作各项目标任务。

通州区2016年度农业农村项目奖补标准

序号	项目名称	奖补标准
1	农村土地制度改革	以村为单位，对家庭承包农户土地流转当年新增面积累计达到100亩到300亩的补助1万元，300亩（含300亩，下同）到500亩的补助3万元，500亩至1000亩的补助8万元，1000亩至1500亩的补助10万元，1500亩至2000亩的补助15万元，2000亩以上的补助20万元，作为村经济合作社发展基金。
		对按农业部标准开展确权登记并且通过上级验收的村予以每亩30元补助。
2	农村双置换改革	对实施“双置换”改革和综合社试点，当年改制组建的合作社（综合社），运作正常且经营达到一定规模的，实行以奖代补，每家奖补5万元。
3	高效设施农业项目	新建连片钢架大棚净面积500亩以上的项目补助150万元，400亩以上的项目补助100万元，300亩以上的项目补助60万元，200亩以上的项目补助30万元。新建连栋大棚连片面积50亩以上的按每亩1万元标准进行补助。当年新建连片100亩以上“两网一灌”设施，遮阳网原则上每亩奖补50元，防虫网原则上每亩奖补100元，简易喷滴灌含喷灌带原则上每亩奖补50元，标准喷滴灌原则上每亩奖补200元。50亩以上露地园艺作物新发展喷滴灌，补助标准同上。
		参加省部级高产创建获得A级示范片的镇（区、园、街道）予以2万元奖励。
		对当年新增单体农业项目投入外资100万美元以上的项目进行补助，每100万美元补助10万元（同外资奖励政策不重复享受）。
4	优化生态养殖结构	当年新增集中连片面积100亩以上的水产精养基地，一次性补助5万元（属土池钢架大棚温室养殖的，一次性补助10万元）；当年新增集中连片面积200亩以上的水产精养基地，一次性补助10万元（属土池钢架大棚温室养殖的，一次性补助20万元）。当年集中连片50亩以上、单个池塘面积5亩以上养殖池塘进行标准化改造，按每亩2500元予以补助。
		当年建成部省级畜牧生态养殖场，并通过验收的分别奖补3万元、1万元。对养殖场或种植基地为利用养殖场沼液、废水而新购置的运输工具给予购置费50%的补助。
5	农产品加工项目	当年新增（含扩建）的农产品加工项目，按新增固定资产投资额500万~1000万元和1000万元以上的标准，分别奖励业主5万元和8万元。
		加大重大项目奖励力度，对当年新建并完成固定资产投资额3000万元以上的农产品加工项目，一次性奖励15万元（同工业企业新增固定资产项目奖励不重复享受）。
		对新建2000吨以上冷库的农副产品交易市场，一次性奖励20万元；对新建5000平方米以上仓储、配套设施齐全的农产品专业交易市场，一次性奖励20万元。
		对年销售500万美元以上且同比增长超过10%的农产品出口企业，每增加100万美元，奖励10万元，最高奖励不超过30万元。

续表

序号	项目名称	奖补标准
6	生态休闲农业项目	积极创建全国休闲农业与乡村旅游示范县、示范点和省级休闲观光农业示范村，获省级以上表彰认定的奖励10万元。
		对符合土地利用政策，当年新增投资额1000万元以上，种养面积达到70%以上的休闲观光农业项目，一次性补助20万元（同旅游业项目奖励不重复享受）。
7	农业龙头企业	对当年新增在南通、上海等大中型城市设立有一定规模直销店，销售通州农副产品的，奖励3万元。
		对首次获得国家级、省级、市级农业龙头企业称号的农业企业（含农业科技型企业），一次性分别奖励20万元、8万元、5万元。
		对获得省、市表彰“五个一”示范创建的先进企业分别奖励8万元、5万元。
		当年被认定为无公害农产品、绿色食品和有机食品的，分别奖励1万元、2万元、3万元。
		新获准注册的农产品，每个商标奖励2000元。新获国家级、省级名牌农产品称号的，一次性分别奖励10万元、5万元。
8	农民专业合作组织	对经过工商登记并已进入实质性运作的新建农民专业合作组织，每家补助3000元。
		对受到国家、省、市级以上部门表彰的合作社分别奖励10万元、8万元和3万元。
		深入开展“五好”农民合作示范社和产业强社认定工作，对被评为区以上“五好”合作社和产业强社的分别奖励1万元、3万元。
9	鼓励发展家庭农场	对新发展的区级示范家庭农场，面积为100亩~200亩的补助2万元，200亩~500亩的补助3万元，被评为省、市级示范家庭农场的分别一次性补助10万元、8万元。对家庭农场及农业企业自主建立或加入电商平台并采用质量追溯系统的，奖励5万元。
10	市级中心镇建设	通过市年度考核合格且进位的市级中心镇实行以奖代补，每年每镇给予200万元，市和区财政各50%。
11	村级集体经济	对综合排名前移幅度最大的前20个村，区财政安排200万元资金进行奖补。
		安排300万元对经济薄弱村进行扶持，确保实现脱贫攻坚目标。
12	农村居民收入监测	区财政安排配套工作经费每村2万元，共计30万元。

通州区2016年农业农村工作任务分解表

重点工作	序号	主要任务	责任部门	协同部门
（一）凝神聚力，倾力打造现代农业核心区。	1	发展壮大一批规模大、特色明显、产出效益高、带动作用强的农业产业园区、产业基地、龙头企业，重点实施市“863”工程和区“842”工程，完成年度工作目标，新增设施农业面积1.5万亩.	农　委	农工办、财政局、农机局、农资局
	2	深入开展六项示范创建，按照生态健康、规模化、智能化要求，对规模养殖场进行更新改造，不断提高规模养殖占比。生猪规模养殖占比达到省下达指标。加强动物防疫监管，全面落实重大疫病防控措施，确保不发生重大动物疫情和畜产品质量安全事故。	农　委	环保局、市场监管局
	3	大力发展设施渔业，年新增设施渔业面积0.3万亩以上。	农　委	
	4	积极发展农产品精深加工，引导企业增加加工设施设备投入，提升加工业规模，加快出口产品基地建设，提高出口农产品加工产值占比。	农工办	

续表

重点工作	序号	主要任务	责任部门	协同部门
(一)凝神聚力,倾力打造现代农业核心区。	5	加大农产品加工项目招商引资力度,着力引进一批带动面广、市场前景好的农产品精深加工项目,力争新建扩建投资1000万元以上农产品加工项目6个。	农工办	
	6	新建扩建休闲观光项目、核心区、产业带。重点推进通州开沙岛沿江休闲核心区、东部生态观光农业带和沿江风情观光带建设。加快推进通州进鲜港乡村旅游集聚区等重大项目建设。	农　委	服务业发展局、农资局
	7	鼓励园区、基地、企业、家庭农场等经营主体发展智慧农业,推进农业信息化建设,加快信息化应用步伐。新发展销售额20万元以上的农产品电子商务20个。	农　委	
(二)积极探索,全面推进农村各项改革创新。	8	稳步推进农村土地承包经营权确权登记颁证工作,建立健全土地承包经营权登记制度和信息应用平台,完善确权登记流程,确保工作质量。	农工办	
	9	引导土地经营权规范有序流转,发展适度规模经营。	农工办	
	10	进一步优化农村土地承包经营权及农村集体资产交易流程,督促镇村集体资产、资源交易统一使用省农村产权交易信息平台,实现农村产权阳光交易。	农工办	
	11	探索建立土地承包经营权抵押担保风险基金,促进土地承包经营权抵押贷款工作健康有序开展。	农工办	
	12	积极争创省市级农业龙头企业,新增市级以上农业龙头企业5家。	农　委	农工办
	13	强化农产品质量建设,大力发展无公害农产品、绿色食品和有机食品,新增“三品”数量完成省下达任务。	农　委	
	14	建设一批具有较强示范带动能力的农民合作社,培育成员账户完备、盈余分配合法、财务社务公开的规范社100家,市级以上示范社20家。	农工办	
	15	积极推进农村社区股份制改革、土地股份合作社改革,开展农村富民综合社试点。	农工办	
	16	引导和鼓励种养大户流转耕地,建设家庭农场,确保新发展家庭农场75家。	农　委	农机局
(三)夯实基础,努力提高农村综合服务能力。	17	高标准推进农村河道轮浚工程,疏浚农村河道165条216公里,清淤土方369万立方米;整治沟塘464处,183万立方米;整治河坡1355公里。	水利局	
	18	全面完成河道清障工作,加快坝头坝埂拆除后的农路改造及桥涵配套建设,实现水系畅通。	水利局	
	19	开展生态廊道水环境治理二期工程,对沿路河道、沟塘进行综合整治,打造一条具有通州水乡特色的绿色廊道。	水利局	
	20	开展第二批“水美乡村”创建工作,选取一镇九村,采取“整村推进”方式,对村级水系进行系统整治,实现“河畅、水清、岸绿、景美”。	水利局	
	21	完成第七期旱涝保收高标准农田重点县工程,拆建泵站58座,新建防渗渠道113公里,疏浚河道10.9公里,新建护岸6.56公里,河坡绿化46.1公里。	水利局	
	22	持续推进河道长效管理工作,实现水面清洁、岸坡整洁的长效管理目标。	水利局	

续表

重点工作	序号	主要任务	责任部门	协同部门
(三)夯实基础,努力提高农村综合服务能力。	23	深化小型水利工程管理体制改革,创新运行管护机制,明晰工程产权,明确管护主体,落实管护经费。	水利局	
	24	落实农机购置补贴政策,推广应用水稻机插秧与秸秆机械化还田集成技术,推广高效植保机械、田园管理机、畜禽水产养殖机械等特色农机具。	农机局	
	25	深入推进以秸秆机械化还田为重点的综合利用工作,加大油菜秸秆还田示范推广力度,新增大中型拖拉机及配套秸秆还田机械100台套以上,创建一批秸秆机械化还田示范村。	农机局	
	26	组织引导家庭农场、农民专业合作社和农机大户等经营主体开展农业生产"全托管"服务,全区新增"全托管"服务组织100个以上,80%以上的村有农业生产"全托管"服务。	农机局	
	27	新建粮食烘干中心10个以上,新增烘干设备50台套,新建标准化农机库10个。	农机局	
	28	推进高标准农田项目建设,确保完成高标准农田1万亩,力争完成1.5万亩。	农资局	
	29	加大现代农业园区建设,打造产业关联度大、精深加工能力强、规模集约水平高、辐射带动面广的现代高效农业园区。	农资局	
	30	建立全区土地治理和产业化项目基本数据库。	农资局	
	31	加大农业供给侧改革力度,帮助农业龙头企业、家庭农场、专业合作社、农产品电商平台规范化运作,扩大生产规模,提升产品质量,打造特色品牌,拓宽销售渠道,促进传统农业在供给侧(尤其是产品和经营方式)上的转型升级。	农资局	
	32	深度开展农民培训,培训职业农民3000人以上。	农　委	
(四)统筹城乡,提升农村各项事业保障水平。	33	围绕市级中心镇发展目标,坚持稳中求进、好中求快,一着不让强功能、添特色、增活力,着力在做强实力、做优特色上下功夫,打造独具特色、个性鲜明的新型城镇。	农工办	
	34	加大政策扶持力度,全面提升村级集体经济发展水平,力争村级集体经营性收入年增长10%以上。加大对经济薄弱村扶持力度,进一步向增强"造血"功能转变,形成可持续的长效帮扶机制。	农工办	
	35	做好新一轮扶贫开发工作,搞好建档立卡。	农工办	
	36	开展促进农村居民增收工作监测体系建设,准确掌握全区农民收入水平、结构和状况。	农工办	
	37	做好政策性农业保险推进工作,高效农业保险金额达到农业保险保费总收入的60%以上。	农工办	
	38	加大商业性金融支农力度,推动农行"金农贷"、邮储银行"富农贷""通农贷"、建行"白金卡"等金融服务;依托农村产权交易市场平台,进一步扩大农村土地承包经营权抵押融资规模;鼓励担保机构开展农村担保业务。	农工办	
	39	加大对农业、农业综合开发、水利、国土、环保、一事一议财政奖补等涉农项目资金的整合力度,提高资金使用效益。	财政局	

通政发〔2016〕5号

通州区被征地农民社会保障实施细则(试行)

第一章　总　则

第一条　为了规范和统一被征地农民社会保障经办业务规程,根据《江苏省征地补偿和被征地农民社会保障办法》(省政府令第93号)、《江苏省被征地农民社会保障经办规程(试行)》(苏人社发〔2014〕350号)和《南通市通州区征地补偿和被征地农民社会保障办法》(通政发〔2015〕1号)等规定,特制定本细则。

第二条　凡本区2013年12月1日后批准征地,按有关规定要求需安置的劳动年龄段被征地农民,符合企业职工基本养老保险参保条件的,应当参加企业职工基本养老保险(以下简称:企保)。未参加企保的,必须参加城乡居民基本养老保险(以下简称:居保)。

第三条　区人力资源和社会保障局所属的区社会保险经办机构(以下简称:区经办机构)具体承办被征地农民的参保、个人账户管理和养老待遇支付工作。

第二章　工作流程

第四条　相关部门根据《南通市通州区农村集体经济组织成员界定指导意见(试行)》(通农发〔2015〕8号)界定农村集体经济组织成员并在"通州区被征地农民社会保障工作平台"中建立成员名录库。被征地农民名单从名录库中产生,由被征地的农村集体经济组织商定后提出,经所在镇(区、园、街道)人民政府(管委会、办事处)审核,并在被征地农村集体经济组织所在地公示,由区农工办复核后报区政府确定。被征地农民名单确定后,由区农工办将相关材料报送区财政局和人力资源社会保障局。

第五条　村(社区)负责被征地保障对象个人基础信息的采集,填报《南通市通州区被征地农民社会保障基本情况登记表》(附件1)和《南通市通州区被征地农民个人基本情况登记表》(附件2),经被征地农民本人签字(签章或留指纹)确认后,与相关资料一并报所在镇(区、园、街道)人力资源社会保障服务所。

所在镇(区、园、街道)人力资源社会保障服务所负责对人员信息及相关资料进行复核、比对,生成《南通市通州区劳动年龄段被征地农民汇总表》(附件3)和《南通市通州区养老年龄段被征地农民汇总表》(附件4)后,报区经办机构。

区经办机构对所在镇(区、园、街道)人力资源社会保障服务所上报资料进行审核确认。

第六条　被征地农民的姓名、身份证号码、银行账号、特殊参保群体类型、户籍等个人信息发生变更的,本人应携带变更后的相关证件及证明资料,到所在镇(区、园、街道)人力资源社会保障服务所填写《被征地农民个人信息变更登记表》(附件5);镇(区、园、街道)人力资源社会保障服务所审核后报区经办机构复核确认。

第三章　参保规则

第七条　劳动年龄段的被征地农民,由区经办机构负责建立个人分账户,用于代缴参加养老保险的个人缴费部分。

(一)劳动年龄段的被征地农民选择参加企保的,由所在镇(区、园、街道)凭区政府确定的被征地农民名单统一办理参保手续。

1. 被征地农民在企业就业办理企保的,个人分账户暂停代缴,其个人缴费部分可按年度凭社保机构缴费凭证(证明)从个人分账户中退返(以个人分账户资金余额为限)。参加机关事业单位养老保险的可比照处理。未在企业就业的,可以灵活就业人员身份参加企保,由其个人分账户代缴保险费。如个人分账户余额不足,则不足部分由个人承担。

2. 选择参加企保的被征地农民,至男满60周岁、女满55周岁时如缴费年限不满15年(180个月)的,由其本人申请,可以一次性补缴不足年限部分的企业职工基本养老保险费,所需费用从个人分账户中支出,不足部分由个人承担。补缴标准按补缴时适用的本区灵活就业人员缴纳企业职工基本养老保险费的基数和比例执行。

(二)劳动年龄段的被征地农民未选择参加企保的,以及55周岁以上不足60周岁的女性被征地农民,必须参加居保。所在镇(区、园、街道)凭区政府确定的被征地农民名单统一办理参保手续。确定缴费档次时,按其个人分账户资金缴纳保险费至60周岁计算,并根据《南通市通州区城乡居民社会养老保险暂行办法》(通政规〔2011〕5号)规定的缴费档次以就近就高原则确定。所需保险费从其个人分账户中逐年扣缴。

被征地前已参加居保的,从纳入被征地农民社会保障起按本条处理,其原个人账户(不含政府补贴)本息退返个人。

第四章　待遇支付

第八条　养老年龄段被征地农民养老补助金实行社会化发放,从征地补偿安置方案批准次月起,按月及时、足额发放。

第九条　被征地农民达到符合领取企业职工基本养老金条件的,按《江苏省企业职工基本养老保险规定》(省政府令第36号)计发基本养老金。其个人分账户资金如有余额,应一次性支付给本人。

享受企业退休职工基本养老金的被征地农民,不重复享受被征地农民生活补助费、养老补助金、供养直系亲属定期救济费、因工死亡职工供养亲属抚恤金和居保养老金等社会保障待遇。

第十条　参加居保的被征地农民达到60周岁时，按照城乡居民基本养老保险规定计发个人账户养老金。如个人账户养老金低于被征地农民养老补助金标准的，须进行一次性补缴，补缴金额以其补缴后个人账户养老金达到被征地农民养老补助金标准为限，如个人分账户资金全额补缴后个人账户养老金仍低于被征地农民养老补助金标准的，由区财政资金予以补足。补缴后个人分账户资金余额一次性支付给本人。

第十一条　正在享受原居保待遇的被征地农民，自纳入被征地农民社会保障之月起原居保待遇停止发放（不满60周岁的女性被征地农民可继续享受到60周岁止），原个人参保缴费的个人账户（不含政府补贴）余额一次性退还本人。

第十二条　养老年龄段被征地农民户籍发生跨地区迁移的，其保障关系不随户籍迁移，继续在原户籍所在地按月领取养老补助金。

第五章　注销登记

第十三条　被征地农民发生死亡、出国（境）定居等情况的，应依法进行注销登记，其个人分账户资金本息余额一次性结清。

第六章　政策衔接

第十四条　省政府93号令实施后仍在劳动年龄段的原执行省政府26号令并已纳入基本生活保障的被征地农民，可选择参加企保（不含女满55周岁人员），按本区灵活就业人员标准缴纳基本养老保险费，所需费用由个人承担。原基本生活保障待遇仍按原渠道领取。达到符合领取企业基本养老金条件时，按《江苏省企业职工基本养老保险规定》计发基本养老金。原待遇同时终止发放，其个人分账户资金余额一次性结付本人。

第十五条　原执行省政府26号令并已纳入基本生活保障的被征地农民参加企保的（含第十四条参保人员），如达到男60周岁、女55周岁时，缴费年限不满15年（180个月），经本人申请，可参照本细则第七条第（一）款第2点规定补缴。

第七章　资金管理

第十六条　区财政部门设立“被征地农民社会保障资金专户”（即区财政社保专户），用于归集从区国土部门征地预存款账户中划入的被征地农民社会保障费等资金。

第十七条　区经办机构于每月10日前，向区财政部门报送被征地农民社会保障资金用款计划，经区财政部门审核后，按时足额发放被征地农民社会保障待遇。

第十八条　被征地农民社会保障资金参照社会保险基金有关规定管理，单独记账、核算，实现保值增值。

第十九条　区经办机构每年按企保个人账户记账利率标准和结息办法，对被征地农民个人分账户结息。

第二十条　被征地农民可到村（社区）、镇（区、园、街道）查询本人个人分账户记账明细等相关信息。对个人分账户记录有异议的，可向区经办机构提出，区经办机构应及时受理并进行核实处理。

第二十一条　被征地农民领取的保障待遇，由区经办机构委托合作金融机构批量开办银行存折（卡），通过所在村（社区）发放到保障对象，其保障登记证和银行存折（卡）发放，应设立专用领取登记簿，由领取人凭二代身份证签字确认领取。

第二十二条　区经办机构每年应至少对享受征地养老补助金的保障对象进行一次资格认证；没有通过资格认证的，应对其暂停发放养老补助金，待其补办有关手续后，从暂停发放之月起补发并续发养老补助金。

第八章　附　则

第二十三条　本细则各流程由相关职能部门依权限在“通州区被征地农民社会保障工作平台”网上同步办理。

第二十四条　本细则与《南通市通州区征地补偿和被征地农民社会保障办法》（通政发〔2015〕1号）同步实施。

（通政办发〔2016〕28号）

重要文件目录索引

中共通州区委员会

1月11日　关于省委第四巡视组巡视反馈意见整改情况报告

1月14日　关于印发《2016年通州区十件民生实事项目任务分解表》的通知

1月19日　关于召开区委常委班子“三严三实”专题民主生活会的报告

1月25日　关于省委第四巡视组巡视反馈意见整改情况的通报

2月4日　关于表彰2015年度先进集体和先进个人

的决定

3 月 10 日　关于印发《2016 年全区重点工作目标任务分解表》的通知

3 月 18 日　关于印发《2016 年项目建设突破年主题活动实施方案》的通知

3 月 18 日　关于印发《2016 年全区招商引资竞赛活动办法》的通知

3 月 25 日　关于印发《2016 年度镇（区、园、街道）目标管理绩效考核实施意见》的通知

3 月 25 日　关于印发《2016 年度区级机关部门目标管理绩效考核实施意见》的通知

3 月 29 日　中共南通市通州区委常委会 2016 年工作要点

4 月 8 日　关于认真做好镇领导班子换届工作的通知

4 月 27 日　关于实施脱贫致富奔小康工程的意见

6 月 1 日　关于加强新形势下统一战线工作的实施意见

6 月 20 日　关于开展纪念中国共产党建党 95 周年系列活动的通知

6 月 7 日　关于表彰全区统战工作先进集体和先进个人的决定

6 月 29 日　关于表彰全区先进基层党组织、优秀共产党员和优秀党务工作者的决定

8 月 9 日　关于印发《区第十二次党代会工作要点及任务分解》的通知

8 月 29 日　关于南通市通州区文学艺术界联合会第十次代表大会选举结果的批复

8 月 29 日　关于同意调整兴东街道黄金村党组织设置的批复

10 月 19 日　关于江苏蛟龙重工集团等非公有制经济组织设立人民武装部的请示

11 月 23 日　关于促进人才创新创业发展的若干意见（试行）

12 月 15 日　关于表彰 2015 年度教育系统先进个人的决定

12 月 19 日　印发《关于建立全面推进依法治区工作领导责任制的实施办法（试行）》的通知

通州区人民政府

1 月 12 日　关于同意组建南通市通州区创新创业种子基金中心的批复

1 月 29 日　关于加强农村集体聚餐管理的实施意见

2 月 3 日　关于进一步做好防范和处置非法集资工作若干措施的通知

3 月 1 日　关于 2016 年加快南通国家现代农业示范区通州核心区建设的实施意见

3 月 15 日　关于印发《通州区国有土地上房屋征收补偿评估技术细则》的通知

3 月 15 日　关于印发《通州区城区国有土地上房屋征收相关补助标准规定》的通知

3 月 15 日　关于印发《通州区企业拆迁与补偿办法》的通知

4 月 6 日　关于 2016 年度耕地占补平衡补充耕地项目的实施办法

4 月 6 日　关于 2016 年度建设用地复垦整理工作的实施意见

4 月 21 日　关于公布通州区相对集中行政许可权改革试点首批集中事项目录清单的通知

6 月 1 日　关于南通市通州区河道和水利工程管理范围划定实施方案的批复

7 月 4 日　关于促进服务业提升发展若干政策意见（试行）

7 月 4 日　关于促进旅游业加快发展的政策意见（试行）

7 月 4 日　关于进一步加快旅游产业发展的意见

7 月 25 日　关于加快推进建筑产业现代化促进建筑业转型升级的实施意见

7 月 26 日　关于进一步加强全区安全生产监管执法工作的实施意见

8 月 3 日　关于印发南通市通州区创建国家食品安全城市工作实施方案的通知

8 月 10 日　关于推进“先照后证”改革后加强事中事后监管的实施意见

8 月 23 日　关于南通市通州区土地储备规划（2016—2020 年）的批复

9 月 29 日　关于进一步促进全区房地产市场消费的意见

10 月 10 日　关于同意锡通科技产业园欧洲工业园标准厂房二期及 S336 省道项目实施方案的批复

12 月 2 日　关于印发通州区困难残疾人生活补贴和重度残疾人护理补贴制度实施方案的通知

12 月 13 日　关于同意南通市通州区农业水价综合改革实施方案及年度实施计划的批复

12 月 29 日　关于同意建立通州区自然湿地保护小区的批复

12 月 30 日　关于印发《通州区城区机动车辆停放服务收费管理暂行办法》的通知

（顾　鹏）

中共通州区委办公室

1 月 12 日　关于调整南通市通州区公务用车制度改革领导小组成员的通知

1月19日　关于转发区老区开发促进会区扶贫开发协会通州区2016年老区开发和扶贫工作要点的通知

1月29日　关于调整通州区维护稳定工作领导小组成员的通知

2月29日　关于成立南通跨境贸易电子商务试点工作领导小组的通知

2月29日　关于印发《政协南通市通州区委员会2016年协商工作计划》的通知

2月29日　关于调整通州区关心下一代工作委员会成员的通知

3月3日　报批通州区电子政务内网建设方案的请示

3月9日　关于转发区关心下一代工作委员会2016年全区关心下一代工作要点的通知

3月14日　关于印发《关于2016年强化控减越级上访的工作方案》的通知

3月15日　关于转发区委宣传部等部门2016年"博爱在通州、人道万人捐"活动方案的通知

3月17日　关于印发《通州区2016年重大项目投资计划任务分解表》的通知

3月22日　关于调整南通市通州区社会稳定风险评估工作领导小组的通知

3月31日　关于转发区委宣传部2016年全区宣传思想文化工作要点的通知

4月11日　关于印发《通州区从严从实管理干部实施办法(试行)》的通知

4月16日　关于印发《通州区2016年度生态文明建设重点工程项目表》的通知

4月20日　关于印发《2016年度全区作风效能建设考评办法》的通知

4月20日　关于印发《2016年度全区落实党风廉政建设主体责任、监督责任考核办法》的通知

4月20日　关于转发区普法办公室2016年法治宣传教育工作要点的通知

4月27日　关于印发《2016年度全区深化改革重点任务分解表》的通知

4月28日　印发《关于加强基层慈善组织建设的意见》的通知

4月29日　关于印发《2016年度区级机关部门特色重点工作考核项目》的通知

5月3日　关于印发《贯彻落实〈中共南通市通州区委关于贯彻落实党的十八届四中全会精神和省委市委意见全面推进依法治区的实施意见〉重要举措2016年工作要点》的通知

5月9日　印发《关于在全区党员中开展"学党章党规、学系列讲话,做合格党员"学习教育的实施方案》的通知

5月9日　关于印发《2016年民主评议政风行风工作实施意见》的通知

5月11日　关于印发《镇(区、园、街道)纪委(纪工委)书记提名考察办法(试行)》《区纪委派驻纪检组组长提名考察办法(试行)》《区管学校、医院纪委书记提名考察办法(试行)》的通知

5月13日　关于印发《2016年度通州区落实省供给侧结构性改革"1+5"政策意见主要举措分解表》的通知

5月20日　关于印发《2016年度区级机关部门工作目标考核细则》的通知

5月20日　关于成立区项目建设领导小组的通知

5月20日　关于印发《区委办公室"两学一做"学习教育实施方案》的通知

5月31日　关于印发《2016年度镇(区、园、街道)党建、精神文明、民主法治建设等工作考核细则》的通知

6月1日　关于调整通州区高校招生委员会成员的通知

6月1日　关于认真做好2016年高考组织工作的通知

6月2日　关于做好全区先进基层党组织、优秀共产党员和优秀党务工作者推荐工作的通知

6月30日　关于优化2016年度项目建设推进机制的通知

7月8日　关于在全区学习宣传贯彻《习近平总书记在庆祝中国共产党成立95周年大会上的讲话精神》的通知

7月20日　关于确定区委办公室涉密信息系统安全保密管理人员的通知

7月20日　关于调整区委办公室保密工作领导小组和保密工作机构的通知

7月20日　关于调整保密要害部位的请示

7月20日　关于明确区委办公室涉密信息系统安全保密管理机构的通知

7月21日　关于印发《南通市通州区环境监管网格化管理实施方案》的通知

7月22日　关于召开中共南通市通州区第十二次代表大会的通知

7月23日　关于印发《中共南通市通州区委关于省委第一巡视组对南通市委巡视"回头看"情况反馈意见整改工作方案》的通知

8月10日　关于转发区委组织部关于认真做好村(社区)党组织换届工作实施意见的通知

8月22日　关于在全区学习宣传贯彻区第十二次党代会精神的通知

9月13日　关于在全区开展机关干部与建档立卡低收入农户结对帮扶活动的通知

9月21日　关于印发《党委(党组)意识形态工作责任制实施细则》的通知

9月21日　印发《南通市通州区2016年"扫黄打非"行动方案》的通知

9月29日　关于建立意识形态领域情况分析研判联席会议制度的通知

10月14日　关于第三个"全国扶贫日"期间组织开展

访贫问苦调研和结对帮扶活动的通知

10月11日　关于印发《省委书记李强调研中主要关注事项任务落实分解表》的通知

10月20日　关于印发《2016年下半年区级机关部门新增特色重点工作考核项目》的通知

10月20日　关于有关临时机构领导职务调整的通知

10月20日　关于开展2016年慈善募捐活动的通知

10月30日　印发《中共南通市通州区委关于贯彻〈关于加强新形势下统一战线工作的实施意见〉的责任分工方案》的通知

11月4日　关于做好全区第十一届村民委员会和第六届居民委员会换届选举工作的通知

11月9日　关于创建全国科普示范区工作结果的通报

11月14日　关于印发《南通市通州区党政机关办公用房管理暂行办法》的通知

11月29日　关于印发《南通市通州区档案馆收集档案范围实施细则》的通知

12月6日　关于认真学习宣传省第十三次党代会精神的通知

12月6日　关于认真学习宣传党的十八届六中全会精神的通知

12月7日　关于做好全区2017年度重点党报党刊发行工作进一步规范报刊发行秩序的通知

12月8日　关于组织区委宣讲团在全区开展党的十八届六中全会精神宣讲工作的通知

12月19日　关于转发区委宣传部区司法局关于在全区公民中开展法治宣传教育第七个五年规划(2016—2020年)的通知

12月19日　关于2011—2015年全区法治宣传教育工作开展情况的通报

12月19日　印发《法治通州建设重要举措实施规划(2016—2020年)》的通知

12月22日　关于转发区委党史工作办公室区地方志编纂委员会办公室《〈通州年鉴(2017)〉编纂实施方案》的通知

12月23日　关于印发《通州区推进领导干部能上能下实施办法(试行)》《通州区领导干部改革创新容错纠错实施办法(试行)》《通州区党政干部鼓励激励实施办法(试行)》的通知

通州区人民政府办公室

1月5日　关于开展河道和水利工程管理范围划定工作的通知

1月8日　关于成立南通市通州区无锡至南通过江通道公路北接线工程服务指挥部的通知

1月14日　关于印发通州区2016年水利建设与管理意见的通知

1月28日　关于印发通州区政府投资项目工程变更管理实施细则的通知

2月5日　关于印发通州区2016年造林绿化工作实施方案的通知

3月7日　关于印发通州区2016年城镇园林绿化工作实施方案的通知

3月7日　关于印发通州区落实企业安全生产主体责任专项行动计划的通知

3月14日　关于印发南通市通州区区级行政审批责任追究暂行办法的通知

3月14日　关于印发通州区建设工程施工图联合审查实施意见(试行)的通知

3月14日　关于印发通州区规范房屋搬迁补偿安置指导意见的通知

3月16日　关于印发通州区区级以上征迁安置项目考核办法的通知

3月25日　关于印发全区文化事业发展专项资金竞争立项类项目实施办法的通知

3月25日　关于贯彻落实省政府、市政府降低实体经济企业成本意见促进经济平稳发展的通知

3月28日　关于印发2016年公益性应急救护培训实施方案的通知

3月28日　转发区审计局关于部分村(居)涉农资金专项审计调查工作方案的通知

3月31日　关于印发通州区环境保护综合行政执法体制改革试点实施方案的通知

4月6日　关于印发南通市通州区推进江苏省食品安全城市创建实施细则的通知

4月6日　关于印发通州区2016年村庄小游园建设实施方案的通知

4月6日　关于印发通州区第十五届人民代表大会第五次会议《关于推进我区学前教育加快发展的议案》办理工作方案的通知

4月6日　关于印发2016年度南通市通州区覆盖拉网式农村环境综合整治实施方案的通知

4月8日　关于进一步做好农业生产“全托管”工作的意见

4月12日　关于继续开展创建“无访村(居)”“无访镇(区、园、街道)”活动实施方案的通知

4月12日　关于印发南通市通州区被征地农民社会保障实施细则(试行)的通知

4月14日　关于印发通州区2016年燃煤锅炉淘汰、改造工作方案的通知

4月15日　关于在全区继续开展信访积案化解项目化管理的实施意见

4月21日　转发区审计局关于镇级融资平台资金管理和使用情况专项审计调查工作方案的通知

4月22日　关于印发2016年金融工作考核奖励办法(试行)的通知

4月27日　关于印发2016年度镇(区、园、街道)重点经济工作考核细则的通知

4月29日　关于印发2016年全区农村改厕工作方案的通知

5月8日　关于印发通州区工业企业达标排放百日攻坚整治工作方案的通知

5月12日　关于成立通州城区车辆停放收费管理工作领导小组的通知

5月17日　关于印发通州区2016年秸秆禁烧和综合利用工作考核办法的通知

5月17日　关于印发通州区2016年深化行政审批制度改革工作要点的通知

5月17日　关于印发南通市通州区城市建设指挥部重点工程建设业主目标责任制考核办法(试行)的通知

5月17日　关于印发南通市通州区城市建设指挥部城建重点工程施工保障督查考核办法(试行)的通知

5月20日　关于印发通州区2016年秸秆禁烧和综合利用工作意见的通知

5月20日　关于印发2016年度镇(区、园、街道)生态文明建设与镇村建设管理考核细则的通知

5月26日　关于印发南通市通州区环境保护违法违规建设项目清理整治工作方案的通知

5月30日　关于进一步加强建筑垃圾(工程渣土)管理工作的意见

5月30日　关于成立通州区医患纠纷人民调解工作领导小组的通知

6月1日　关于加强行政机关事业单位个人所得税代扣代缴工作的通知

6月3日　关于成立通州区城市(镇)周边永久基本农田划定工作领导小组的通知

6月12日　关于印发南通市通州区食品安全事故应急预案的通知

6月13日　关于建立相对集中行政许可权事项行政审批与监管协调联动工作机制的通知

6月13日　关于印发通州区危险化学品安全专项整治实施方案的通知

6月14日　关于印发通州区投资项目“多评合一”实施意见(试行)的通知

6月27日　关于印发南通富通城市建设有限公司实体化运行改革方案的通知

6月27日　关于印发南通鼎通交通工程有限公司实体化运行改革方案的通知

6月27日　关于印发2016年区级融资主管部门考核办法的通知

6月29日　关于印发2016年通州区企业上市暨新三板挂牌工作实施方案的通知

7月4日　关于做好2016年度水利工程水费征缴工作的通知

7月4日　关于重点优抚对象享受相关优待政策的通知

7月4日　关于进一步强化秸秆禁烧常态化巡查工作的通知

7月4日　关于印发服务业发展专项资金管理办法的通知

7月11日　关于印发2016年全区建筑节能与墙体材料革新工作目标任务分解表的通知

7月11日　关于下达2016年政府投资项目代建及征迁安置任务的通知

7月12日　关于印发通州区小型水利工程管理体制改革实施办法的通知

7月15日　关于促进集约发展提高资源利用率的若干政策意见的通知

7月15日　关于印发通州区“三合一”场所消防安全专项治理工作方案的通知

7月25日　关于印发2016年区级国有公司绩效薪酬考核办法的通知

7月25日　关于执行《南通市人民政府印发〈关于进一步做好新形势下就业创业工作的若干政策措施〉的通知》的通知

7月26日　关于印发南通市通州区水污染防治工作方案的通知

8月4日　关于建立双随机抽查机制加强事中事后监管的实施意见

8月7日　关于印发江苏禹和水利工程建设有限公司实体化运行改革方案的通知

8月14日　关于印发南通市通州区保障G20峰会空气质量工作方案的通知

8月14日　关于印发通州区区级民居征迁安置专项资金包干使用管理办法的通知

8月29日　关于成立工业用地调查和低效产业用地再开发工作领导小组的通知

9月8日　关于印发南通市通州区2016年突出环境问题整治方案的通知

9月18日　关于印发全区食盐市场秩序专项整治行动实施方案的通知

9月18日　关于加强全区食品安全基层责任管理的意见

9月20日　关于开展房屋建筑和市政基础设施工程招标投标改革试点工作方案的通知

9月20日　关于印发南通市通州区城乡居民社会养老保险暂行办法补充意见的通知

10月13日　关于印发通州区生猪屠宰行业清理整顿工作实施方案的通知

10月16日　关于开展随机抽查事项清单编制工作的通知

10月18日　关于印发南通市通州区新能源公交汽车

租赁管理办法的通知

10月20日　关于印发通州区食品安全工作考核评价办法和通州区食品安全工作责任制和责任追究办法的通知

10月24日　关于调整2016年各镇(区、园、街道)一般公共预算收入任务和考核办法的通知

11月8日　关于转发区人力资源社会保障局等部门开展工程建设领域工程款及工资支付情况摸底调查实施方案的通知

11月9日　关于成立区政府教育督导委员会的通知

11月9日　关于公布南通市通州区第八届督学名单的通知

11月14日　关于成立通州区机关事业单位养老保险制度改革领导小组的通知

11月25日　关于印发通州区公共法律服务产品目录的通知

11月25日　关于转发区安监局关于加强安全生产监督管理的实施意见(试行)的通知

11月30日　关于成立华融和生商业广场项目破产重整工作组的通知

12月8日　关于印发通州区畜禽养殖禁养区、限养区布局调整方案的通知

12月9日　关于推进2017年度城乡居民医疗保险工作的实施意见

12月13日　关于印发通州区安全生产"十三五"规划的通知

12月13日　关于通州区中小学校责任督学挂牌督导工作的实施意见

12月20日　关于推进政府网站集约化建设的通知

12月20日　关于印发通州区2015年度退役士兵安置实施方案的通知

12月23日　关于成立通州区粮食安全责任制考核领导小组的通知

12月26日　关于印发2016—2017年度通州区油菜绿色高产高效创建和增产模式攻关实施方案的通知

12月30日　关于印发推广运用市场监管信息平台构建部门联动监管机制实施方案的通知

12月30日　关于印发通州区2017年水利建设与管理意见的通知

12月30日　关于印发通州区农村河道绿化实施办法的通知

12月30日　关于公布区政府部门随机抽查事项清单的通知

(顾　鹏)

通州区人大常委会

1月4日　关于批准南通市通州区人民政府调整2015年财政收支预算的决议的通知

2月1日　关于表彰办理人大代表建议先进单位及个人的决定

4月15日　关于印发《通州区人大常委会关于开展"万名代表小康行"主题实践活动的实施方案》的通知

6月29日　关于印发南通市通州区人民代表大会常务委员会关于开展第七个五年法治宣传教育的决议的通知

8月31日　关于印发环境保护法贯彻实施情况报告审议意见的通知

11月4日　关于印发关于全区农村河道整治工作进展情况报告的审议意见的通知

12月3日　关于印发《南通市通州区人大常委会关于通州区与瑞士希能维尔德市建立友好城市的决定》的通知

12月13日　关于印发南通市通州区第十五届人大常委会第三十八次会议关于批准南通市通州区人民政府调整2016年财政收支预算的决议的通知

12月13日　关于印发2015年区级预算执行和其他财政收支审计中发现主要问题整改情况报告的审议意见的通知

(曹奕伟)

政协通州区委员会

1月4日　关于召开政协南通市通州区第十二届委员会第五次会议的通知

4月29日　关于开展提案办理工作"回头看"活动的通知

7月15日　报送《关于"立足创新升级,推进'通州制造'迈向'通州智造'"的建议案》的函

10月9日　报送《政协通州区委员会关于对区市场监督管理局工作情况民主评议的意见》的函

10月26日　关于做好通州区政协换届工作的请示

12月29日　关于召开政协南通市通州区第十三届委员会第一次会议的通知

12月30日　关于表彰2016年度区政协工作先进集体和优秀个人的决定

(孙崇兰)

统 计 资 料

南通市通州区国民经济和社会发展基本情况

表 49

指　标	计量单位	2015 年	2014 年	为上年%
一、行政区划与面积				
1、行政区划				
镇人民政府	个	12	12	100.0
街道	个	4	4	—
国家级高新技术产业开发区	个	1	1	100.0
村民委员会	个	208	208	100.0
社区居民委员会	个	68	68	100.0
2、辖区总面积	平方公里	1525.74	1525.74	100.0
#陆地面积	平方公里	1351.50	1351.50	100.0
江海水域	平方公里	174.24	174.24	100.0
长江水域	平方公里	49.72	49.72	100.0
黄海水域	平方公里	124.52	124.52	100.0
二、人口与就业				
1. 年末户籍总户数	户	501605	500513	100.2
2. 年末户籍总人口	人	1264194	1265871	99.9
#男性	人	617459	618521	99.8
女性	人	646735	647350	99.9
年平均户籍人口	人	1265033	1266228	99.9
出生人口	人	9289	10164	91.4
#男性	人	4792	5226	91.7
女性	人	4497	4938	91.1
人口出生率	‰	7.34	8.03	—
死亡人口	人	10922	12201	89.5
#男性	人	5868	6528	89.9
女性	人	5054	5673	89.1
人口死亡率	‰	8.63	9.64	—
人口自然增长率	‰	-1.29	-1.61	—
性别比(女=100)	%	95.47	95.55	—
3. 年末常住人口	万人	114.20	114.19	100.0
年平均常住人口	万人	114.20	114.20	100.0
4. 人口城镇化率	%	59.40	57.55	—

续表 49

指　　标	计量单位	2015 年	2014 年	为上年%
三、地区生产总值				
地区生产总值	亿元	1026.66	940.16	109.3
一、按行业分组				
1. 第一产业	亿元	56.41	54.49	101.0
2. 第二产业	亿元	507.36	476.75	109.0
其中:工业	亿元	424.85	395.89	109.7
3. 第三产业	亿元	462.89	408.92	110.7
注:绝对值按当年价格计算,发展速度按可比价格计算。				
四、农业				
1. 农林牧渔业总产值	亿元	97.64	93.23	104.7
2. 主要农副产品产量				
粮食产量	吨	525874	538829	97.6
棉花产量	吨	2244	6457	34.8
油料产量	吨	89180	96574	92.3
蚕茧	吨	223	312	71.5
淡水产品	吨	35800	35360	101.2
肉类	吨	63348	66795	94.8
生猪出栏数	万头	52.3	54.23	96.4
生猪年末存栏数	万头	27.6	28.03	98.5
五、工业				
1. 规模工业主要经济指标				
工业总产值	万元	21128574	19617073	107.7
企业个数	个	735	758	97.0
#亏损企业个数	个	35	42	83.3
亏损企业亏损额	万元	21610	23986	90.1
主营业务收入	万元	21118497	19240890	109.8
成本费用总额	万元	19511013	17813107	109.5
流动资产合计	万元	5081251	4763210	106.7
年末资产总计	万元	10584747	9734886	108.7
所有者权益	万元	5521967	4873647	113.3
利息支出	万元	144847	153463	94.4
利税总额	万元	2386608	2210742	108.0
#利润	万元	1499293	1370722	109.4
应收帐款净额	万元	1224580	1114746	109.9
产成品存货	万元	279200	285826	97.7
工业产品销售率	%	100.6	99.4	—

续表 49

指　　标	计量单位	2015 年	2014 年	为上年%
工业成本费用利润率	%	7.7	7.7	—
全部流动资产周转次数	次	4.16	4.04	102.9
全部流动资产周转天数	天	88.0	90.0	97.8
资产负债率	%	47.8	49.9	—
2. 规模工业主要产品产量				
发电量	万千瓦时	10660	11994	88.9
小麦粉	万吨	59.80	53.93	110.9
精制食用植物油	吨	4304	10720	40.1
啤酒	千升	184213	164546	112.0
纱	吨	147985	146492	101.0
布	万米	74500	66741	111.6
印染布	万米	67641	60252	112.3
服装	万件	28977	27804	104.2
家具	件	1815784	1777369	102.2
纸制品	吨	76568	69986	109.4
塑料制品	吨	186554	218203	85.5
日用玻璃制品	吨	16046	15694	102.2
钢丝绳	吨	107536	130305	82.5
民用钢质船舶	载重吨	667763	886239	75.3
高压开关板	面	6007	5009	119.9
低压开关板	面	8857	8220	107.7
电力电缆	千米	79582	73598	108.1
全社会用电总计	万千瓦时	528694	500091	105.7
一、全行业用电合计	万千瓦时	443516	425046	104.3
第一产业	万千瓦时	7567	6548	115.6
第二产业	万千瓦时	390529	380421	102.7
第三产业	万千瓦时	45420	38077	119.3
二、城乡居民生活用电合计	万千瓦时	85178	75045	113.5
城镇居民	万千瓦时	17575	16083	109.3
农村居民	万千瓦时	67603	58962	114.7
六、建筑业				
1. 企业个数	个	155	156	99.4
#总承包和专业承包	个	132	133	99.2
2、建筑业总产值	万元	14405556	12926973	111.4
#建筑工程产值	万元	13786893	12067217	114.3
安装工程产值	万元	604616	820721	73.7

续表49

指　标	计量单位	2015年	2014年	为上年%
3、竣工产值	万元	12415995	8428586	147.3
4、房屋建筑施工面积	万平方米	14712.57	11989.01	122.7
#本年新开工面积	万平方米	5475.84	4331.62	126.4
房屋竣工面积	万平方米	4010.73	2958.39	135.6
#住宅面积	万平方米	2938.65	2038.88	144.1
5、全年平均人数	人	325100	321412	101.1
6、全员劳动生产率	万元/人	44.31	40.22	110.2
7、固定资产原价	万元	432380	447211	96.7
8、营业收入	万元	11311999	8903044	127.1
9、利润总额	万元	551649	493115	111.9
七、固定资产投资				
一、固定资产投资项目个数	个	951	795	119.6
#工业	个	535	540	99.1
投资完成额	亿元	681.49	597.74	114.0
#工业	亿元	369.59	338.86	109.1
#设备	亿元	255.45	205.49	124.3
二、固定资产投资分组				
按产业分				
第一产业	亿元	3.72	5.06	73.4
第二产业	亿元	369.59	338.86	109.1
#工业	亿元	369.59	338.86	109.1
第三产业	亿元	308.19	253.81	121.4
八、交通、邮电				
（一）交通设施基本情况				
1、公路总里程	公里	3486	3461	100.7
按技术等级分				
高速	公里	88	88	100.0
一级	公里	161	121	133.7
二级	公里	353	350	100.9
三级	公里	209	222	94.0
四级	公里	2675	2671	100.2
等外	公里		10	—
按干线、县乡道分				
国道	公里	143	77	185.3
省道	公里	131	157	83.5
县道	公里	386	376	102.7

续表49

指　　标	计量单位	2015年	2014年	为上年%
乡道	公里	898	898	100.0
村道	公里	1929	1954	98.7
按路面标准分				
高级	公里	3486	3451	101.0
中低级	公里		10	0.0
2、公路桥梁	座	1430	1404	101.9
公路桥梁长度	米	59206	54456	108.7
3、内河航道总里程	公里	570	570	100.0
(二)运输设备及运量				
1、私人汽车拥有量	辆	193253	165620	116.7
2、营业性机动车年末实有数				
(1)载客汽车年末实有数	辆	84	80	105.0
客位	座	3943	3755	105.0
(2)载货汽车年末实有数	辆	4451	4600	96.8
吨位	吨	36221	36714	98.7
3、全社会公路旅客运输				
旅客运输量	万人	478	522	91.6
旅客周转量	万人公里	37374	40814	91.6
4、全社会货物运输				
货物运输量	万吨	1209	1176	102.8
水路	万吨	146	142	102.8
公路	万吨	1063	1034	102.8
货物周转量	万吨公里	277706	264605	105.0
水路	万吨公里	110319	101037	109.2
公路	万吨公里	167387	163568	102.3
(三)邮电业务收量	万元			
邮政业务收入	万元	107616	106060	101.5
固定电话用户	万户	26.00	29.83	87.2
#乡村电话用户	万户	15.64	17.58	89.0
移动电话年末用户	万户	126.01	139.30	90.5
固定宽带接入用户	万户	42.64	31.81	134.0
九、国内贸易				
1. 社会消费品零售总额	万元	3411226	3077332	110.9
# 个体户	万元	1962965	1815437	108.1
2. 批发零售贸易业销售总额	万元	12551485	11157653	112.5
十、对外经济				

续表49

指　　标	计量单位	2015年	2014年	为上年%
1. 对外贸易				
自营进出口总额	万美元	373256	358252	104.2
自营出口总额	万美元	336874	315703	106.7
自营进口总额	万美元	36382	42548	85.5
2. 利用外资				
新办“三资”企业数	个	47	45	104.4
注册外资实际到帐	万美元	24384	24111	101.1
3. 外经合作				
对外承包劳务合同额	万美元	2662	8224	32.4
对外承包劳务营业额	万美元	5509	13643	40.4
当年新派劳务人数	人	389	1013	38.4
年末累计在外人数	人	329	654	50.3
十一、财政				
一般公共预算收入合计(不含滨海)	万元	722155	781560	92.4
1. 增值税(50%)	万元	105507	66332	159.1
#免抵调增	万元	32250	22625	142.5
2. 营业税(50%)	万元	172861	372130	46.5
3. 企业所得税(40%)	万元	72146	60449	119.4
4. 个人所得税(40%)	万元	21060	23788	88.5
基金预算收入	万元	655127	640312	102.3
上划中央收入	万元	329394	329924	99.8
消费税	万元	4621	4572	101.1
增值税(50%)	万元	163399	198996	82.1
企业所得税(60%)	万元	108219	90674	119.3
个人所得税(60%)	万元	31590	35682	88.5
一般公共预算支出(不含滨海)	万元	857521	888415	96.5
基金预算收入支出	万元	656028	644241	101.8
十二、金融				
金融机构存款余额(本外币)	亿元	1420.34	1251.55	113.5
#住户存款	亿元	859.89	803.35	107.0
金融机构贷款余额(本外币)	亿元	748.88	678.04	110.4
#住户贷款	亿元	122.79	103.20	119.0
中长期贷款	亿元	70.55	51.13	138.0
金融机构存款余额(人民币)	亿元	1401.24	1241.73	112.8
#住户存款	亿元	857.14	801.30	107.0
金融机构贷款余额(人民币)	亿元	748.13	676.76	110.5

续表 49

指　　标	计量单位	2015 年	2014 年	为上年%
#住户贷款	亿元	122.77	103.19	119.0
中长期贷款	亿元	70.55	51.13	138.0
十三、人民生活				
1. 城镇非私营单位从业人员年平均工资	元	68785	64799	106.2
城镇住户				
1. 城镇居民人均住房建筑面积	平方米	51.50	49.50	104.0
一、人均全年总收入	元	46249	41921	110.3
#人均全年可支配收入	元	40741	37646	108.2
1、工资性收入	元	24426	22658	107.8
2、经营净收入	元	6039	5566	108.5
3、财产净收入	元	3008	2540	118.4
4、转移净收入	元	7268	6882	105.6
#养老金或离退休金	元	6421	5910	108.6
二、人均全年总支出	元	35081	34695	101.1
#生活消费支出	元	23614	22051	107.1
1、食品烟酒消费支出	元	7178	6719	106.8
2、衣着消费支出	元	1707	1622	105.2
3、居住消费支出	元	3762	3792	99.2
4、生活用品及服务消费支出	元	1336	1220	109.5
5、交通通信消费支出	元	2951	2569	114.9
#交通消费支出	元	2197	1887	116.4
#通信消费支出	元	754	682	110.6
6、教育文化娱乐消费支出	元	4361	3963	110.0
#教育消费支出	元	2447	2224	110.0
#文化娱乐消费支出	元	1914	1739	110.1
7、医疗保健消费支出	元	1576	1496	105.3
8、其他用品和服务消费支出	元	743	670	110.9
2、恩格尔系数(%)	(%)	30.40	30.50	—
3、百户城镇居民主要消费品拥有量				
摩托车	辆	22	35	62.9
助力车	辆	144	147	98.0
家用汽车	辆	55	46	119.6
洗衣机	台	103	96	107.3
电冰箱	台	115	106	108.5
彩色电视机	台	212	200	106.0
家用电脑	台	87	74	117.6

续表49

指　　标	计量单位	2015年	2014年	为上年%
组合音响	套	5	5	100.0
摄像机	架	5	3	166.7
照相机	架	23	24	95.8
中高档乐器	架	6	5	120.0
微波炉	台	98	95	103.2
空调器	台	206	188	109.6
淋浴热水器	台	107	104	102.9
消毒碗柜	台	4	3	133.3
健身器材	套	5	3	166.7
固定电话	部	65	66	98.5
移动电话	部	252	236	106.8
农村住户				
1.农村居民人均住房建筑面积	平方米	66.2	63.7	103.9
一、人均全年总收入	元	26960	23421	115.1
#人均全年可支配收入	元	19929	18361	108.5
1、工资性收入	元	11582	10680	108.4
2、经营净收入	元	5559	5203	106.8
3、财产净收入	元	641	549	116.8
4、转移净收入	元	2147	1929	111.3
#养老金或离退休金	元	1329	1129	117.7
二、人均全年总支出	元	22896	20136	113.7
#生活消费支出	元	14748	13248	111.3
1、食品烟酒消费支出	元	4700	4247	110.7
2、衣着消费支出	元	853	803	106.2
3、居住消费支出	元	2366	2116	111.8
4、生活用品及服务消费支出	元	768	680	112.9
5、交通通信消费支出	元	2339	2039	114.7
#交通消费支出	元	1897	1637	115.9
#通信消费支出	元	442	402	110.0
6、教育文化娱乐消费支出	元	2650	2360	112.3
#教育消费支出	元	1903	1669	114.0
#文化娱乐消费支出	元	747	691	108.1
7、医疗保健消费支出	元	658	608	108.2
8、其他用品和服务消费支出	元	414	395	104.8
2. 恩格尔系数(%)	(%)	31.9	32.1	—
3. 百户农村居民主要消费品拥有量				

续表 49

指　　标	计量单位	2015 年	2014 年	为上年%
洗衣机	台	92	87	105.7
电冰箱	台	101	98	103.1
空调机	台	149	118	126.3
抽油烟机	台	63	57	110.5
微波炉	台	90	89	101.1
热水器	台	93	91	102.2
助力车	辆	178	178	100.0
摩托车	辆	32	48	66.7
家用汽车	部	34	32	106.3
固定电话	部	78	93	83.9
移动电话	台	231	211	109.5
彩色电视机	台	172	163	105.5
照相机	架	12	12	100.0
家用电脑	台	49	65	75.4
十四、社会治安				
1. 火灾事故				
火灾事故发生数	起	385	405	95.1
火灾事故死亡人数	人	2	2	100.0
火灾事故受伤人数	人	2	2	100.0
火灾事故受损失折金额	万元	1050	705	148.9
2. 交通事故				
交通事故发生数	起	189	281	67.3
交通事故死亡人数	人	138	148	93.2
交通事故受伤人数	人	82	201	40.8
交通事故损失金额	万元	55.00	49.00	112.2
3. 立案的刑事案件数	起	4678	4637	100.9
#杀人	起	8	4	200.0
抢劫	起	5	14	35.7
强奸	起	20	13	153.8
盗窃	起	3423	3403	100.6
诈骗	起	920	941	97.8
4. 受理的治安案件数	起	6100	5613	108.7
十五、科教文卫				
(一)科技事业				
普通专业技术人员	人	134025	123773	108.3
#高级	人	6466	5962	108.5

续表49

指　　标	计量单位	2015年	2014年	为上年%
中级	人	27981	25265	110.8
初级	人	58983	51951	113.5
大中专毕业生	人	40595	40595	100.0
（二）科技成果				
1. 获省、市科技进步奖	项	17	21	81.0
南通市科学技术进步奖	项	17	21	81.0
2. 申请专利	件	5357	4512	118.7
#发明专利	件	721	641	112.5
3. 授权	件	4005	4056	98.7
（三）教育事业				
1. 学校数	所	75	76	98.7
普通中学	所	29	30	96.7
高中	所	4	4	100.0
初中	所	25	26	96.2
小学	所	43	42	102.4
特殊教育学校	所	1	1	100.0
普通中等专业学校	所	1	2	50.0
技工学校	所	1	1	100.0
2. 在校学生数	人	85824	86194	99.6
普通中学	人	32746	33785	96.9
高中	人	10273	11931	86.1
初中	人	22473	21854	102.8
小学	人	49215	48244	102.0
特殊教育学校	人	193	123	156.9
普通中等专业学校	人	3398	3784	89.8
技工学校	人	272	258	105.4
3. 招生数	人	21157	20690	102.3
普通中学	人	11083	10541	105.1
高中	人	2974	3354	88.7
初中	人	8109	7187	112.8
小学	人	9021	8698	103.7
特殊教育学校	人	11	7	157.1
普通中等专业学校	人	1028	1186	86.7
技工学校	人	14	258	5.4
4. 毕业生数	人	21592	21376	101.0
普通中学	人	12129	12999	93.3

续表 49

指　　标	计量单位	2015 年	2014 年	为上年%
高中	人	4629	5177	89.4
初中	人	7500	7822	95.9
小学	人	8219	7289	112.8
特殊教育学校	人	13	12	108.3
普通中等专业学校	人	1231	1076	114.4
技工学校	人	0	0	—
5. 教职工人数	人	7833	7920	98.9
普通中学	人	4191	4250	98.6
小学	人	3037	3044	99.8
特殊教育学校	人	51	49	104.1
普通中等专业学校	人	499	504	99.0
技工学校	人	55	73	75.3
6. 专任教师	人	6749	6662	101.3
普通中学	人	3376	3370	100.2
高中	人	1158	1141	101.5
初中	人	2218	2229	99.5
小学	人	2851	2810	101.5
特殊教育学校	人	41	38	107.9
普通中等专业学校	人	426	402	106.0
技工学校	人	55	42	131.0
7. 幼儿园数	所	60	56	107.1
在园幼儿数	人	26572	25114	105.8
教职工人数	人	2251	2060	109.3
#专任教师	人	1369	1235	110.9
幼儿园入园率	%	97.70	97.50	—
8. 小学适龄儿童入学率	%	100.0	100.0	—
小学毕业生升学率	%	99.0	99.0	—
初中毕业生升学率	%	99.7	99.7	—
小学、初中学生毕业率	%	100.0	100.0	—
九年义务教育普及率	%	100.0	100.0	—
（四）广播事业				
有线电视用户	万户	30.76	30.75	100.0
有线电视入户率	%	98.20	98.20	—
数字电视用户	万户	27.84	27.60	100.9
数字电视转换率	%	94.10	90.60	—
（五）文化事业				

续表 49

指　　标	计量单位	2015 年	2014 年	为上年%
公共图书				
机构数	个	1	1	100.0
职工人数	人	12	11	109.1
图书总藏量	册	497564	450769	110.4
#古书	册	3656	3656	100.0
图书	册	430644	388251	110.9
报刊	册	57453	53589	107.2
发放借书证数	个	32896	38453	85.5
总流通人次	千人次	358	342	104.7
书刊外借册次	千册次	452	414	109.2
公用房屋建筑面积	平方米	12143	12143	100.0
#书库	平方米	851	851	100.0
阅览室	平方米	2995	2995	100.0
阅览室座席数	个	382	382	100.0
#少儿阅览室座席数	个	80	80	100.0
（六）卫生事业				
医疗卫生机构数	个	439	450	97.6
1. 医院	个	32	31	103.2
区级医院	个	7	6	116.7
镇（中心）卫生院	个	25	25	100.0
2. 社区卫生服务中心	个	6	6	100.0
3. 村卫生室、社区卫生服务站	个	255	258	98.8
4. 诊所、卫生所、医务室	个	137	147	93.2
诊所	个	94	93	101.1
卫生所	个	16	20	80.0
医务室	个	27	34	79.4
5. 疾病预防控制中心	个	1	1	100.0
6. 卫生监督所	个	1	1	100.0
7. 妇幼保健站	个	1	1	100.0
8. 血站	个	1	1	100.0
9. 卫生学校	个	1	1	100.0
10. 其他	个	3	3	100.0
11. 门诊部	个	1		—
医疗床位数	张	5741	5681	101.1
区级医院	张	3424	3364	101.8
社区卫生服务中心	张	247	247	100.0

续表 49

指　　标	计量单位	2015 年	2014 年	为上年%
镇(中心)卫生院	张	2070	2070	100.0
卫生工作人员	人	7106	7178	99.0
1. 卫生技术人员	人	5681	5680	100.0
2. 其他技术人员	人	94	28	335.7
3. 管理人员	人	276	335	82.4
4. 工勤人员	人	301	324	92.9
5. 乡村医生	人	754	811	93.0
十六、社会保障				
(一)失业保险				
1. 参加失业保险人数	人	96211	94503	101.8
2. 失业保险基金总收入	万元	8705	10389	83.8
#利息收入	万元	492	886	55.5
3. 失业保险基金总支出	万元	11023	7539	146.2
4. 失业保险参保率	%	98.8	98.6	—
5. 年末城镇登记失业人员数	人	3576	4303	83.1
6. 城镇登记失业率	%	1.88	2.52	—
(二)养老保险				
1. 参加养老保险人数	人	365463	377031	96.9
国有	人	19435	20126	96.6
集体	人	58767	60859	96.6
其他	人	68367	69204	98.8
城乡	人	218894	226842	96.5
2. 养老保险基金收入	万元	178482	181145	98.5
国有	万元	18286	16788	108.9
集体	万元	54860	50296	109.1
其他	万元	45269	48075	94.2
城乡	人	60067	65986	91.0
(三)社会福利院				
1. 社会福利院	个	1	1	100.0
年末职工人数	人	6	6	100.0
2. 敬老院	个	18	16	112.5
年末职工人数	人	166	152	109.2
3. 民政登记农村养老服务机构	个	10	12	83.3
年末职工人数	人	68	82	82.9
(四)军队离退休干部休养所	个	1	1	100.0
年末职工人数	人	5	4	125.0

续表 49

指　　标	计量单位	2015 年	2014 年	为上年%
年末休养(含分散休养)人数	人	35	35	100.0
(五)抚恤、补助优抚对象	人	12704	14226	89.3
1. 定期抚恤人数	人	259	293	88.4
烈属	人	146	169	86.4
因公牺牲军人家属	人	29	31	93.5
病故军人家属	人	84	93	90.3
2. 定期补助人数	人	11660	13126	88.8
在乡复员军人	人	830	936	88.7
#抗日	人	44	58	75.9
参战退役人员	人	746	687	108.6
3. 伤残人员	人	788	807	97.6
革命伤残军人	人	747	767	97.4
伤残国家机关人员	人	23	23	100.0
伤残人民警察	人	14	13	107.7
伤残民兵民工	人	4	4	100.0
(六)优待优抚对象户数	户	3469	3600	96.4
(七)城市居民最低生活保障人数	人	1292	1109	116.5
#女性	人	540	491	110.0
在职人员	人	6	6	100.0
登记失业人员	人	33	25	132.0
“三无”人员	人	4	5	80.0
(八)农村居民最低生活保障人数	人	17333	17829	97.2
#女性	人	6581	6807	96.7
老年人	人	8816	9859	89.4
未成年人	人	942	1007	93.5
残疾人	人	2091	2048	102.1
(九)农村居民最低生活保障家庭数	户	11151	11439	97.5
(十)农村五保供养	人	3412	3446	99.0
#女性	人	454	493	92.1
老年人	人	3129	3173	98.6
未成年人	人	2	2	100.0
残疾人	人	539	530	101.7
十七、计划生育				
1. 育龄妇女人数	人	321769	352392	91.3
已婚育龄妇女人数	人	261118	274724	95.0
现家庭仅一孩数	人	175038	197191	88.8

续表 49

指　　标	计量单位	2015 年	2014 年	为上年%
2. 有效领证人数	人	94913	81577	116.3
有效领证率	%	36.35	29.69	—
3. 当年出生人数	人	7965	8035	99.1
#女性	人	3857	3919	98.4
计划内	人	7958	7960	100.0
计划外	人	7	75	9.3
计划生育率	%	99.91	99.07	—
#一孩人数	人	5258	5633	93.3
#二孩人数	人	2649		—
4. 女性初婚人数	人	5598	6937	80.7
#19 周岁及以下	人	69	110	62.7
23 周岁以上	人	4225	5000	84.5
5. 应落实措施人数	人	238172	251401	94.7
采取各种节育措施的人数	人	236439	250380	94.4
节育率	%	90.55	91.14	—
落实率	%	99.27	99.59	—
十八、城建、环保				
城区建设用地面积				
1. 城区面积	平方公里	43.00	43.00	100.0
2. 建城区面积	平方公里	36.97	35.79	103.3
3. 城区建设用地	平方公里	38.80	30.04	129.2
#居住用地	平方公里	9.04	9.00	100.4
城区设施水平				
1. 城区人口密度	人/k ㎡	7174	7070	101.5
2. 人均日生活用水量	升	88.17	83.78	105.2
3. 城区人口用水普及率	%	100.0	100.0	—
4. 燃气普及率	%	100.0	100.0	—
5. 人均拥有道路面积	平方米	19.53	18.96	103.0
6. 排水管道密度	km/k ㎡	11.29	11.06	102.1
城区市政工程				
1. 道路长度	公里	233.64	223.96	104.3
2. 道路面积	万平方米	602.62	576.47	104.5
3. 桥梁数	座	141	139	101.4
4. 路灯盏数	盏	88352	82252	107.4
5. 排水管道长度	公里	417.0	396.0	105.3
6. 污水处理厂	个	1	1	100.0

续表 49

指　　标	计量单位	2015 年	2014 年	为上年%
#污水日处理能力	万吨	5	4	125.0
污水年处理量	万吨	1594	1283	124.2
公共交通				
1. 公交运营车辆	辆	278	301	92.4
2. 运营线路条数	条	46	50	92.0
3. 运营线路网长度	公里	758	876	86.5
4. 运营线路总长度	公里	994	1046	95.0
5. 客运总量	万人次	2463	2662	92.5
6. 出租汽车	辆	191	191	100.0
7. 客运总量	万人次	332	378	87.8
城区供水情况				
1. 年末自来水日生产能力	吨/日	7.5	7.5	100.0
2. 年末供水管道长度	公里	1094	832	131.5
3. 全年供水总量	万吨	3207	2594	123.6
4. 售水量	万吨	2277	1986	114.7
#生产用水	万吨	769	564	136.3
公共服务用水	万吨	5	33	15.2
城区供气情况				
1. 储气能力				
#液化石油气	吨	1460	1460	100.0
天然气	万立方米	29	25	116.0
2. 供气管道长度	公里	555	455	122.0
3. 供气总量				
#液化石油气	吨	726	609	119.2
天然气	万立方米	4895	4040	121.2
城区环境卫生				
1. 实际清扫保洁面积	万平方米	941	849	110.8
#机械清扫	万平方米	724	568	127.5
2. 生活垃圾处理量	万吨	28.2	18.0	156.7
3. 公共厕所	座	63	61	103.3

2015 年南通市通州区各镇（街道）主要经济指标

表 50

地 区	辖区面积（平方公里）	社区居民委员会（个）	村民委员会（个）	年末户籍总人口（人）	一般公共预算收入（万元）	地区生产总值（万元）	工业总产值（万元）	主营业务收入（万元）	利税总额（万元）	固定资产投资完成额（万元）	注册外资实际到账（万美元）	农林牧渔业总产值（万元）	农作物产量（吨）		
													粮食	棉花	油料
金沙街道	66.17	14	9	121410	50081	1106127	237647	237647	25711	344521	600	44434	24854		7007
兴东街镇	30.46	1	9	32801	14568	399491	1015945	1030701	131039	190365	1200	20635	12678		916
先锋街道	26.54		8	37116	21933	385831	781099	791092	86959	207472	622	13719	2899		1808
金新街道	102.41	10	21	153088	130589	1483249	5358975	5417286	543186	2248385	16000	36881	14125	1	10016
西亭镇	69.21	2	9	44141	8620	255085	281187	281071	18683	125379	645	54625	36252	1	3508
二甲镇	66.02	4	8	71354	13975	384780	704243	712248	63584	125788	733	59638	12113	12	10002
东社镇	115.08	5	16	92938	8462	376494	534170	527270	64829	125856	751	119027	39436	201	12341
十总镇	133.17	5	15	83130	12002	463972	933929	943669	131164	169341	759	131474	68357	31	5324
石港镇	110.15	5	10	67091	22114	496710	966170	966170	106005	184115	1019	98529	64943	1	2258
刘桥镇	107.28	2	10	75916	9682	417933	936398	914868	122330	214547	605	94618	64081	31	2175
平潮镇	109.60	6	20	123172	46377	1474060	4187753	4229146	535573	611527	1896	71809	54264	25	3264
五接镇	80.65	2	8	38859	28252	467736	1229186	1143672	124729	244469	2085	22630	20933		1369
兴仁镇	77.56	3	16	83966	19433	814921	1611962	1607070	185905	451902	1324	50852	36537		2917
张芝山镇	49.82	1	9	55006	20013	439749	301143	268988	6583	655151	766	29342	9116		4704
川姜镇	49.86	2	14	58558	38478	1057011	1949063	1958447	234877	620585	3000	26621	9164		3860

服务指南

通州区便民电话

医疗信息电话

人民医院	86524103
中医院	86513381
结核病防治院	82568221
博爱医院	86552448－8803
第三人民医院	82521152
二甲人民医院	82541017
第五人民医院	82501077
第六人民医院	82591099－8803
第七人民医院	86581002
第八人民医院	86571294
金乐医院	82519120
城南医院	82921208
城北医院	86540158
金西医院	86532015
金余医院	82518034
西亭医院	86534319
纱场医院	86535062
余西医院	82544032
余北医院	82543011
袁灶医院	82545007
东社医院	82547044
唐洪医院	86536909
忠义医院	82506204
北兴桥医院	86944015
恒兴医院	82573180
海晏医院	86954380
东余医院	82577006
十总镇医院	82566009
骑岸医院	82567058－88
五总医院	82595048
五甲医院	82563031
庆丰医院	82560352
英雄医院	86585263
新联医院	86584306
石南医院	82596099
五窑医院	82594042
四安医院	86569016
平南医院	86571797
平西医院	86723120
新坝医院	86575097
平东医院	86796732
赵甸医院	86587661
五接医院	86574536
李港医院	86576436
兴仁医院	86562252
横港医院	86683321
兴东镇医院	86638120
南兴医院	82536382
川港医院	86341199
姜灶医院	82533150
先锋医院	86567012

紧急常用电话

公安	110
火警	119
急救中心	120
交通事故	122
水上交通事故	12395
供电	95598

抢修电话

管道煤气	86543595
自来水	86548052

服务热线电话

电信综合服务	10000
电话查询	114
电话报时	12117
法律服务	12348
天气预报	96121
邮政服务	11185
声讯信息服务	168

维权投诉电话

三农服务	12316
环境举报	12369
卫生监督	86512527
物价举报	12358
消费投诉	12315

质量监督	86100491、86102394
药品监督	86512660
渔政监督	86512851

交通咨询电话

航班问询	86560050
火车站问询	85572559
汽车站问询	86545888
华欣客运(出租)	86105449
环宇票务	86117776

新闻热线电话

电视台	86510999
"中国·通州"网	86028085

区级机关有关部门和单位便民服务电话

工商局	86548328
城管局	86547110
质监局	86512394
司法局	80161889
外经局	86115928
审批中心	86524083
环保局	12369
物价局	86515303
建设局	86519228
药监局	86512660
民政局	86512567
安监局	86540603
教育局	86515465
卫生局	86886008
广电局	86102195
供电公司	86544000
交通局	86023013
电信公司	86102300
劳保局	86514191
发改委	86524072
国土局	86513358
国税局	86514662
地税局	86115289(12366)
公安局	110 或 122
计生委	86106713

监督举报电话

作风办　86028236

纠风办　86513540

通州区公交线路

201　通州二院—国盛义乌城

起点首末班　5:40－18:20

终点首末班　6:10－19:00

间隔时间　20 分钟

通州二院、古盐路新园路口、古盐路通掘路口、通州党校、通州北站、人民医院、建设路为民路口、农业银行、中医院、通州小学、银河路八角亭路口、通州邮政、通州行政中心、新世纪大道杏园路口、新世纪大道金桥路口、国盛义乌城北门、国盛义乌城广场

202　金洲路公交回车场—忠孝文化园

起点首末班　6:00－18:40

终点首末班　6:00－18:40

间隔时间　20—30 分钟

金洲路公交回车场、新金路金洲路口、新金路金虹路口、御景湾小区、通州客运站、虹南花苑、为民路建设路口、农业银行、中医院、通州小学、通州幼儿园、星源花苑、珠江路碧华路口、体育中心、南山寺、珠江路玄武湖路口、335 省道珠江路口、335 省道扬子江路口、335 省道 223 省道口、进鲜港、港东路口、红卫河桥西、金余街、二甲交巡警中队、335 省道六甲路口、北二线 335 省道口、四同桥、金余中心南路口、王家桥、北二线海鸥路口、新街村公共服务中心、新街中一路口、新圩路口、四甲路口、东社小公园、东社派出所、东社市场路口、忠孝南路口、忠孝桥、忠孝文化园

203　通州客运站—丁涧店村

起点首末班　5:30－17:40

终点首末班　6:30－18:30

间隔时间　30—60 分钟

通州客运站、建设银行、金沙小学、佳乐花苑、龙昌大道滨河西路口、龙昌大道青岛路口、张灶港村、龙昌大道石江公路口、龙昌大道 345 国道口、黄金村、龙昌大道兴亭路口、紫竹林村、永护村、龙昌大道洋兴公路口、S225 双云路口、庵南、海平路西竖路口、海平路蒋桥路口、庵西十八队、海平路谢东路口、港南村、横港镇东、横港镇、丁涧店村

204　纱场街—华山社区服务中心

起点首末班　6:10－18:00

终点首末班　6:00－17:45

间隔时间　30－60 分钟

纱场街、纱场刑侦中队、纱林路口、纱场居二组、纱场路口、十八总、金北中心路口、金中街、金沙汽修厂、通州党校、通州北站、人民医院、建设路为民路口、农业银行、中国电信、人民公园、金鑫公寓、通州邮政、通州行政中心、首府名邸小区、水榭花都小区、通州公路站、华山花苑、华山社区服务中心

205 金霞北苑—英雄街

起点首末班 6:30－18:00

终点首末班 6:30－17:50

间隔时间 60－70(中午180)分钟

金霞北苑、新通掘路银河路口(奥邦商业广场)、新通掘路新金路口(张家港农商银行)、金苑公寓、新金路朝阳路口、中国电信、建设银行、通州客运站、新金大桥西、新金路厦门路口、新金路青岛路口、季家港、石江路新金路口、双西路口、西亭驾校、长盛路口、亭李路口、老亭南村路口、西亭路口南、海平路石江路西、亭西村、西亭中学路口、蔡店村、何家桥路口、高家桥、阚庵东村服务中心、阚庵东村八组、S225海平路口、庵东路口、阚家庵村、宏安路口、戚家桥村、奋进路口、四安镇、四安车站、四安中学路口、七总路口、碾坊桥、史家庄、米厂路口、温桥村、静室路口、跃林桥、通富路口、玉德路口、东纵路口、严园中心路口、英雄街

206 通州客运站—玄武湖路长江路口

起点首末班 6:10－18:30

终点首末班 6:10－18:30

间隔时间 20—30分钟

通州客运站、通州客运站、虹南花苑、金沙小学、中国电信、中医院、通州小学、通州幼儿园、行政中心北门、通州行政中心、首府名邸小区、水榭花都小区、通州公路站、通掘路朝霞路口(上行无此站点)、通掘路杏园路口、通掘路金桥路口、万和华府小区、金色城品小区、金和家园小区、南山寺、南山湖公园南门、果园铭居、玄武湖路长江路口

207 天霞花苑—华润燃气

起点首末班 6:10－17:40

终点首末班 6:10－17:40

间隔时间 30分钟

天霞花苑、天虹苑、南山颐养中心、金霞北苑、银河路金霞路口(奥邦商业广场)(下行无此站点)、锦绣花苑、银河路八角亭路口、金鑫公寓、人民公园、金沙小学、虹南花苑、通州客运站、御景湾小区、新金路金虹路口、金郊初中、银河家园、泰山公寓西门、银河路石金线路口、石金线碧华路口、通州交警大队、华润燃气

208 金洲路公交回车场—玄武湖路扬子江路口

起点首末班 6:00－17:35

终点首末班 6:40－18:10

金洲路公交回车场、延寿路毓秀山路口、悦慈老年公寓、虹西公共服务中心、龙盛大道毓秀山路口(上行无此站点)、龙盛大道希望路口、佳乐花苑、金沙小学、人民公园、金鑫公寓、通州邮政、政务中心北门、星源花苑、碧华路珠江路口、湘江路碧华路口、万达广场西门、万达广场南门、扬子江路南湖东路口、扬子江路金桥路口、玄武湖路扬子江路口

213 通州客运站—兴仁派出所

起点首末班 5:30－17:40

终点首末班 6:30－18:40

间隔时间 30—60分钟

通州客运站、虹南花苑、为民路建设路口、农业银行、中医院、通州小学、银河路八角亭路口、江海明珠广场、银河桥、银河路毓秀山路口、银河路金洲路口、银河路石金线路口、金西街、张謇学校、高桥、兴金线345国道口、永庆中心路口、永庆东环路口、场东路口、永庆西环路口、新陶金路口、兴亭路龙盛大道口、仙仔庙村、兴东卫生院、兴盛路兴富路口、兴东街办、机场北大门、南通机场、机场路兴土路口、土山桥、天竺山禅寺、老杨家湾村、兴仁中学、民富路口、兴仁卫生院、仁和家园、兴仁派出所

221 胜利桥公交回车场—二甲客运站

起点首末班 5:50－19:30

终点首末班 5:40－19:20

间隔时间 12—20分钟

胜利桥公交回车场、通掘路希望路口、通掘路交通路口、人民医院、建设路为民路口、农业银行、中医院、通州小学、锦绣花苑、金霞路银河路口(奥邦商业广场)(上行无此站点)、金霞路碧华路口、金霞路朝霞路口、金霞路杏园路口、金霞路金桥路口、金霞路335省道口、通灵桥南、通金线钟秀路口、通金线人民路口、金乐路口、元帅庙村公共服务中心、预制场、麒麟村、袁灶西、袁灶街、袁灶东、通甲线明辨西路口、同心桥、杨家桥、十甲东路口、六甲镇村公共服务中心、六甲镇村四组、六甲中心路口、二甲窑厂、三甲居村、二甲农村商业银行、二甲客运站

222 通州北站—二甲客运站

起点首末班 6:00－19:40

终点首末班 5:50－19:40

间隔时间 12—20分钟

通州北站、人民医院、农工商、农业银行、中医院、通州小学、保险公司、通州邮政、通州行政中心、江海皇都小区、金色城品小区、国盛义乌城、义乌城南门、通灵桥、珠江路口、长江路口、外通掘路口、进鲜港、港东路口、农民街、金余、二甲交警中队、金余六甲路口、四同村、油坊路口、头甲桥、余北大桥、余北大桥南、余西中心路口、余西、余西南路口、光明西路口、新玻园区路口、三甲居路口、光明花苑、二甲客运站

223　胜利桥公交回车场—二甲客运站

起点首末班　6:30－18:00

终点首末班　6:00－17:30

胜利桥公交回车场、胜利桥、银河桥、江海明珠、保险公司、锦绣花苑、新通掘路银河路口、新通掘路碧华路口、新通掘路朝霞路口、新通掘路杏园路口、新通掘路金桥路口、南山寺、金桥东路口、运盐河桥、港北村中心南路口、平桥镇村、港界路口、港南北路口、杨港、杨港东、西社庙、严灶中心路口、界牌、喻桥路口、五马路村、四甲校、东社、东社大会堂、忠孝园路口、军民路口、七甲路口、余北六大队、北潭村、余北、余北居委会、斜河桥、余北大桥、余北大桥南、余西中心路、余西、余西南路口、光明西路口、新玻园区路口、光明花苑、二甲客运站

226　古沙路通掘路口—二甲客运站

起点首末班　6:00－18:00

终点首末班　6:00－18:00

间隔时间　20—40 分钟

古沙路通掘路口、翰学苑、通掘路交通路口、通掘路希望路口、通州客运站、胜利桥、银河桥、希望路碧华路口、希望路朝霞路口、希望路杏园路口、希望路金桥路口、书香华府小区、335 省道希望路口（上行无此站点）、世纪大桥、世纪大桥南、东源科技园、人民路金浩路口、通州高级中学、人民路通金线路口、金泰小区、人民路 223 省道口、进东村西路口、进东村东路口、鹏程大道洋海线路口、明辨西路口、明辨东路口、杨家路口、十甲西路口、八甲新路口、光明路北二线路口、新玻园区路口、三甲居路口、光明花苑、二甲客运站

231　金洲路公交回车场—三余公交回车场

起点首末班　5:30－20:00

终点首末班　5:30－20:00

间隔时间　8—20 分钟

金洲路公交回车场、新金路金洲路口、新金路金虹路口、御景湾小区、通州客运站、建设银行、金沙小学、佳乐花苑、瀚学苑、古沙路通掘路口、通州党校、金沙汽修厂、金中街、金北中心路口、十八总、银河变电站、唐洪加油站、三总西路口、二总路口、宏仁气体、杨港街、杨港东、西社庙、严灶中心路口、红卫河桥、喻桥中心路口、五马路村公共服务中心、三金线北二线路口、东社小公园、东社派出所、东社市场路口、忠孝南路口、军民路口、三金线北海线路口、三金线光明路口、忠义新桥、忠义窑厂、苴东中心路口、忠义街、忠义小学路口、忠义桥、德和路口、忠义北桥、德兴居、海门联宏村、新民中心路口、七牌头、三余木材市场、三余油厂、港务公司、三余建设银行、三余车站、三余镇政府、三余人民路海平线路口、三余公交回车场

232　金洲路公交回车场—三余公交回车场

起点首末班　5:50－19:40

终点首末班　5:35－19:40

间隔时间　15—20 分钟

金洲路公交回车场、毓秀山路张园路口、御景湾小区、通州客运站、建设银行、金沙小学、佳乐花苑、瀚学苑、古沙路通掘路口、安康小区、古沙路学林路口、金霞路古沙路口、金霞路古盐路口、光和村、光和中心路口、唐洪加油站、杨港居、腾飞驾校、政合路口、慈云寺、唐洪农贸市场、十总路政中队、庆丰加油站、平海公路通掘路口、唐北桥、盘西西路口、盘西桥、盘舍中心路口、盘舍桥、窑潭桥、七甲桥、平海公路白龙路口、五甲桥、平海公路中和路口、平海公路三马中心路口、平海公路分叉口、海平线合力路口、海平线北兴桥支路口、海平线大兴中心路口、海平线广运红西路口、广运社区公共服务中心、海平线镇西中心路口、三余公交回车场

251　金洲路公交回车场—新华村

起点首末班　6:00－19:00

终点首末班　5:50－19:30

间隔时间　20—35 分钟

金洲路公交回车场、新金路金洲路口、新金路金虹路口、御景湾小区、通州客运站、建设银行、中国电信、新金路朝阳路口、翠园路为民路口、佳苑小区（上行）、翠园路古沙路口、古沙路学林路口、金霞路古沙路口（下行）、金霞路古盐路口、光和村、光和中心路口、唐洪加油站、三总西路口、二总路口、宏仁气体、杨港街、杨港东、西社庙、严灶中心路口、红卫河桥、喻桥中心路口、五马路村公共服务中心、北二线三金线路口、北二线政合路口、横马村公共服务中心、北二线跑沙路口、北二线镇北路口、平和村、北二线平福路口、北二线平和路口、五甲桥、平海公路白龙路口（上行）、白龙大道平海路口、白南路口、白龙禅寺、白龙居二组、白居中心南路口、五新西路口、陈墩中心路口、同灶河北路口、陈中路口、同心路口、五北桥、海五线北二线路口、镇西桥、北兴桥、新华村

252　金洲路公交回车场—新华村

起点首末班　5:45－20:00

终点首末班　5:40－19:40

间隔时间　12—20 分钟

金洲路公交回车场、新金路金洲路口、新金路金虹路口、御景湾小区、通州客运站、建设银行、中国电信、新金路朝阳路口、翠园路为民路口、佳苑小区（上行）、翠园路古沙路口、古沙路学林路口、金霞路古沙路口（下行）、金霞路古盐路口、光和村、光和中心路口、唐洪加油站、三总西路口、二总路口、宏仁气体、杨港街、杨港东、西社庙、严灶中心路口、红卫河桥、喻桥中心路口、五马路村公共服务中心、北二线三金线路口、北二线政合路口、横马村公共服务中心、北二线跑沙路口、北二线镇北路口、平和村、北二线平福路口、北二线平和路口、五甲桥、平海公路白龙路口（上行）、白龙大道平海路口、白南路口、白龙禅寺、白龙居二组、白居中心南路口、五新西路口、陈墩中心路口、同灶河北路口、陈中路

口、同心路口、五北桥、海五线北二线路口、镇西桥、北兴桥、新华村

271　金洲路公交回车场—川港公交回车场

起点首末班　5:30－19:00

终点首末班　6:00－19:00

间隔时间　10—20 分钟

金洲路公交回车场、新金路金洲路口、新金路金虹路口、御景湾小区、通州客运站、建设银行、人民公园、金鑫公寓、通州邮政、通州行政中心、新世纪大道杏园路口、新世纪大道金桥路口、国盛义乌城、世纪大桥南、东源科技园、金浩路人民路口、金浩路金乐路口、金浩路东通线路口、金浩路青年路口、义成新村、磨框村、磨框村南、金浩路温州路口、家纺城客运站北、家纺城客运站南、志南工业区、家纺城小学、川北工业区、川叠路玄同路口、居委北路口、川港、川港东、川港公交回车场

272　瀚学苑—锡通园区公交回车场

起点首末班　6:00－19:00

终点首末班　6:00－19:00

间隔时间　15—30 分钟

古沙路通掘路口、瀚学苑、通掘路交通路口、希望路通掘路口、通州客运站、胜利桥、银河桥、希望路碧华路口、希望路朝霞路口、希望路杏园路口、希望路金桥路口、书香华府小区、335 省道希望路口(上行无此站点)、335 省道金洲路口、335 省道石金线路口(下行无此站点)、通州大桥南、223 省道钟秀路口、五圣桥、223 省道人民路口、223 省道康复路口、复兴桥、223 省道东通线路口、223 省道青年路口(下行无此站点)、姜灶路口、通甲路姜叠路口、姜灶中学、姜灶客运站、新街路姜张路口、姜张路温州路口、三圩埭村社区服务中心、姜张路 345 国道口、姜张路五圩北路口、六圩里、骆化南路口、姜张路庙东路口、塘坊桥、姜张路炮台南路口、通启桥北、张芝山镇政府、通海市场监管局、张芝山客运站、通海中学、张芝山镇、张芝山．锡通园区、锡通园区公交回车场

273　胜利桥公交回车场—南兴客运站

起点首末班　5:30－17:30

终点首末班　6:40－18:40

间隔时间　60 分钟

胜利桥公交回车场、胜利桥、银河桥、政协学校、泰山公寓、金西转盘、石江路碧华西路口、石江路朝霞西路口、新窑桥、石江路金桥西路口、通州大桥北、通州大桥南、五圣殿、五圣桥、复兴村、复兴村十八组、复兴桥、223 线吕通路口、姜灶路口、姜叠路口、姜南桥、姜南村、223 线姜南南路路口、223 线温州路口、三合口桥、双桥村、宝缦家纺、双桥南路口、双启桥、宁启高架南、223 线川港路口、斜桥北路口、斜桥中路口、斜桥南路口、保障村、保障南路口、223 线 336 路口、培德桥北、周南北路口、223 线南兴路口、南兴客运站

275　古沙路通掘路口—周圩新村

起点首末班　6:20－18:20

终点首末班　6:00－18:00

间隔时间　40—50 分钟

古沙路通掘路口、瀚学苑、佳乐花苑、金沙小学、人民公园、金鑫公寓、通州邮政、通州行政中心、新世纪大道杏园路口、新世纪大道金桥路口、国盛义乌城、世纪大桥、335 省道希望路口、335 省道金洲路口、335 省道石金线路口(上行)、通州大桥南、223 省道钟秀路口、钟秀路 223 省道口、正场东、正场路口、钟秀路 345 国道口、钟秀路富民东路口、神州玻璃东路口、钟秀路利民北 2 号路口、钟秀路利民北 1 号路口、高架桥东、高架桥南、利民村 36 组、利民村 32 组、绿博园、双龙路人民路口、双盟社区服务中心、创业路口、先锋街办、富锋路青年路口、先锋幼儿园、周三北路口、周圩新村

276　胜利桥公交回车场—星苏花园

起点首末班　6:00－18:00

终点首末班　5:50－17:40

间隔时间　30－60 分钟

胜利桥公交回车场、胜利桥、银河桥、银河路毓秀山路口、银河路金洲路口、金西横河桥、金洲路碧华路口、金洲路朝霞路口、金洲路杏园路口、金洲路金桥路口、金洲路 335 省道口、335 省道石金线路口(上行)、通州大桥南、223 省道钟秀路口、五圣桥、223 省道人民路口、223 省道康复路口、复兴桥、223 省道东通线路口、223 省道青年路口、223 省道姜叠路口、姜灶南路口、姜南桥、223 省道姜南南路口、223 省道温州路口、三合口桥、223 省道金川大道口、宝缦家纺、双启桥北、双启桥、宁启跨线桥、223 省道川张线路口、斜桥北路口、斜桥中路口、斜桥南路口、保障村、223 省道保障南路口、336 省道 223 省道口、336 省道香樟路口、336 省道锡通大道口、336 省道银杏路口、336 省道枫杨路口、张江公路 336 省道口、民安路口、薛家店、薛家店南、南兴路口北、南兴路口南、三孔桥北、三孔桥、北匡河桥北、中心河桥北、农场、农场场部、星苏花园

281　金霞北苑—石港公交回车场

起点首末班　6:00－19:00

终点首末班　5:40－19:00

间隔时间　12—20 分钟

金霞北苑、锦绣花苑、保险公司、江海明珠、银河桥、胜利桥、通州客运站、新金大桥西、新金路青岛路口、季家港、石江路新金路口、双西路口、西亭驾校、长盛路口、亭李路口、老亭南村路口、西亭路口、环河西路口、跃进桥、跃进路口、周家桥、龙凤桥、龙坝路口、刘园桥、九总渡、三河南路口、骑石路口、思源北横路、石南路口、石南路口北、长港南横路、长港北横路、渔湾居、广慧寺、石港车站、石港镇十字路口、石港人民医院、石港派出所、石港公交回车场

282　**通州客运站—石港公交回车场**

起点首末班　5:40－19:40

终点首末班　5:30－19:40

间隔时间　12—20 分钟

通州客运站、建设银行、中国电信、新金路朝阳路口、翠园路为民路口、佳苑小区(下行无此站点)、翠园路古沙路口、安康小区、古沙路通掘路口、金沙中学、二总港桥、四总港桥、五总港桥、六总港桥北、八总港桥南、蒋家桥路口、九总北桥、九总北路口、同乐路口、王埠三路口、八总洋桥、洋海线海平路口(上行无此站点)、十四总路口、八总桥集居点、洋海线通洋高速桥、骑岸镇敬老院、骑岸南路口、花园路口、人民桥、洋海线骑四线路口、南六总路口、爱民南路口、爱民村、爱民北路口、通雁路口、北三总路口、五总十字街、五总小学、五总西、渡船口、新港坝路口、东场村公共服务中心、东环路口、五石桥东、石东南路口、石新路口、石港派出所、石港人民医院、石港十字街、石港公交回车场

285　**通州客运站—西亭中学**

起点首末班　5:35－17:35

终点首末班　6:20－18:20

间隔时间　30—60 分钟

通州客运站、通州客运站、通掘路交通路口、通州北站、通州中学路口、育才花苑、四总港桥、六总桥北、桂木桥中心路口、桂木桥、桂木桥北、九总北路口、同乐路口、八总桥村、八总洋桥、八总桥人行桥、团跃河路口、通缆桥、亭东大道路口、西亭民营经济区、西亭脆饼厂、西亭职教中心、西亭镇、西亭镇政府、海平路石江路西、亭西村、西亭中学路口、西亭中学

289　**通州客运站—石港公交回车场**

起点首末班　6:15－18:30

终点首末班　6:00－18:00

间隔时间　30—60 分钟

通州客运站、建设银行、中国电信、新金路朝阳路口、金苑公寓、金霞路为民路口、金霞路古沙路口、金霞路古盐路口、光和村、光和中心路口、唐洪加油站、杨港居、腾飞驾校、政合路口、慈云寺、唐洪农贸市场、十总路政中队、庆丰加油站、十总竖河桥、协心大道口、朱灶北路口、三和生态园、滥港路口、雁港路口、骑东路口、建设东路口、海平路建设路支路口、望江河桥、福中路口、洋海线海平路口、十四总路口、八总桥集居点、洋海线通洋高速桥、骑岸镇敬老院、骑岸南路口、花园路口、人民桥、骑四线洋海线路口、腾飞路口、岸西桥、昌东路口、季庄村公共服务中心、庄阳路口、马道中心路口、新农东路口、石金线骑四线路口、马道新横路口、农场新路口、板桥村中心路口、长港南横路口、长港北横路口、渔湾中路石金线口、集贸市场、石港小学、石东集居点、石港派出所、石港人民医院、石港十字街、石港公交回车场

291　**石港公交回车场—平潮客运站**

起点首末班　5:25－19:30

终点首末班　5:40－19:30

间隔时间　15—20 分钟

石港人民医院、石港镇十字路口、石港车站、五平路石江路口、阳光花园、石港工业园、石西、陆家桥东、陆家桥西、花市街东、花市街、花市街村中心路、陈龙港桥东、沈店路口、江海河、蒋一村、向阳路口、段家桥、刘桥东、刘桥中学、刘桥车站、刘桥大桥北、刘桥国家粮库、朱季港、金桥南路口、赵甸路口、谢家桥、新生竖河桥东、新生竖河桥西、尧盛路口、钱家庄、平东转盘、平东镇政府、平东镇派出所、薛平路口、十字渠、凯迪大道、宜和花苑、通州八院、平潮剧场、中行路口、平潮客运站

311　**兴东街办—场东路 335 省道口**

起点首末班　7:00－17:00

终点首末班　7:30－17:30

间隔时间　90—240 分钟

兴东街办、兴盛路兴富路口、兴东卫生院、仙仔庙村、兴亭路龙盛大道口、新陶金路口、永庆西环路口、场东路口、扶东路口、八一路口、场东路北支线路口、陆扶桥村村部、跃进河北路口、新飞北路口、孙李桥中心路口、场东路 335 省道口

322　**二甲客运站—坨墩村村部**

起点首末班　6:20－17:10

终点首末班　7:10－18:00

二甲客运站发班时间:6:20、8:10、9:50、13:00、15:00、17:10

坨墩村发班时间:7:10、9:00、10:40、14:00、16:00、18:00

二甲客运站、创业路口、理治小学、幸福桥、万云寺路余西中心路口、刘家桥东、宝云山村部、周家湾西路余西中心路口、宝云山村三十三组、宝云山村二十七组、余西北路周家湾西路口、宝云山村五组、路中村二十六组、余西北路万寿寺西路口、余西堆场、余北大桥南、北海线 335 省道口、斜河村、余北社区服务中心、余北小学、永乐桥东、坨墩村村部

339　**东社派出所—忠义小学路口**

起点首末班　6:40－17:20

终点首末班　7:20－18:00

东社派出所发班时间:6:40、8:00、9:20、10:40、13:20、14:40、16:00、17:20

忠义小学路口发班时间:7:20、8:40、10:00、11:20、14:00、15:20、16:40、18:00

东社派出所、东社市场路口、忠孝南路口、忠孝桥、忠孝文化园、忠义中心路闸东路口、河东村 7 组、忠义中心路军民路口、河东南北路口、直西二路口、直西路口、忠义大桥、忠义小学路口

351　通如桥—白南路口

起点首末班　6:40－17:00

终点首末班　7:30－17:45

通如桥发班时间:6:40、8:20、10:00、13:30、15:20、17:00。

白南路口发班时间:7:30、9:10、10:50、14:30、16:10、17:45。

通如桥、双墩中心路口、东源科技园、十总路口、十总派出所、施家店桥、蛇场、龙富桥、引水河北路口、庆丰路口、开发路口、圩岸桥、港平桥、庆丰小学、庆丰敬老院、友谊桥、兴隆灶村五十九组、兴隆灶村村部、庆丰横河桥、庆新南路口、庆五路八甲路口、白龙庙居庆五路桥、白南路口

352　通如桥—渡海亭村

起点首末班　6:30－17:30

终点首末班　7:10－18:10

通如桥发车时间:6:30、7:30、8:00、9:00、9:40、11:00、13:00、14:20、15:00、16:00、16:30、17:30;

渡海亭村发车时间:7:10、8:10、8:40、9:40、10:20、11:40、13:40、15:00、15:40、16:40、17:10、18:10

通如桥、双墩村、东源科技园、十总路口、十总镇政府、十总幼儿园、于家坝中心路、汤坝中心路、中心桥、雁港路、盛桥路口、骑北村、为民桥、骑岸闸桥、兴业路口、南六总路口、八总铺子、爱民村、十总路、通雁路口、北三总路口、五总十字街、五总大桥、北六总路口、倒埠、季华厂北路口、堝河边村、渡五路口、渡海亭村

353　通如桥—骑岸粮库

起点首末班　7:00－17:00

终点首末班　7:40－17:40

通如桥发车时间:7:00、8:30、10:20、13:40、15:30、17:00

骑岸粮库发车时间:7:40、9:10、11:00、14:20、16:10、17:40

通如桥、双墩村、东源科技园、十总路口、十总镇政府、十总幼儿园、于家坝中心路、汤坝中心路、中心桥、雁港路、盛桥路口、骑北村、为民桥、骑岸闸桥、腾飞路口、新河西路口、岸西西路口、沧南居、骑岸粮库

363　通州客运站—海平路石江路西

起点首末班　6:00－17:20

终点首末班　6:40－18:00

通州客运站发班时间:6:20、7:50、9:35、14:35、15:50、17:20

海平路石江路西发班时间:7:10、8:40、10:20、15:20、16:40、18:10

通州客运站、通州客运站、通掘路交通路口、通州北站、通州中学路口、育才花苑、四总港桥、六总桥北、桂木桥中心路口、九总路口、李庄二总路口、李庄村、六总路口、通揽桥、亭东大道路口、西亭民营经济区、西亭脆饼厂、西亭职教中心、西亭镇、西亭镇政府、海平路石江路西

371　家纺城客运站—南兴街

起点首末班　6:50－17:00

终点首末班　7:30－17:40

家纺城客运站发班时间:6:50、8:30、10:00、14:00、15:30、17:00

南兴街发班时间:7:30、9:10、10:40、14:40、16:10、17:40

家纺城客运站、家纺城客运站南、志南工业园、家纺城小学、川北工业园、川叠路玄同路口、居委会北路口、川港、川港南路口、川南中路口、川南村九组、川南村村部、光荣北路口、保通北路口、336省道苏通线路口、培德路口、通海中路口、南兴轮窑桥北、南兴轮窑桥、三村北二路口、通海村、南兴医院、南兴街

382　石港公交回车场—新联派出所

起点首末班　5:50－17:50

终点首末班　6:30－18:25

石港公交回车场发班时间:5:50、6:40、7:25、8:00、9:00、10:00、11:00、12:30、14:00、14:50、15:45、16:30、17:20、17:50

新联派出所发班时间:6:30、7:20、8:05、8:40、9:40、10:40、11:40、13:10、14:40、15:30、16:25、17:10、17:55、18:25

石港公交回车场、五平路广慧路口、阳光花苑、石港工业园、石西、陆家桥东、港北路口、志田村九组、致富路口、志田校北路口、志新西路口、九洋河村中心路口、金庄桥、金庄南路口、五窑十字路口、金庄育才路口、四港东路口、四港南路口、四港中路口、四港西路口、江海东路口、砖瓦厂路口、栾甸路口、芦鸭荡路口、极孝路口、极米路口、新联农校、新联派出所

385　石港公交回车场—北渡村

起点首末班　6:00－17:30

终点首末班　6:30－18:00

石港公交回车场发班时间:6:00、7:00、9:00、10:30、13:00、15:00、16:30、17:30

北渡村发班时间:6:30、7:30、9:30、11:00、13:30、15:30、17:00、18:00

石港公交回车场、石港十字街、石港中学、集贸市场、石金线渔湾中路口、广慧寺、石金线海五路口、睹史院村公共服务中心、志石路口、石江公路北延桥、石北横路口、陈窑北路口、石新路口、戴湾中心路口、钻港西路口、钻港东路口、通如西路口、通如中路口、跃进河桥、北渡村

386　平东卫生院—甸北村村部

起点首末班　7:00－17:00

终点首末班　7:40－17:40

平东卫生院发车时间:7:00、8:30、10:00、14:00、15:30、17:00

甸北村村部发车时间:7:40、9:10、10:40、14:40、16:10、17:40

平东卫生院、平东派出所、五平路204国道口、龙门东苑、204国道薛平路口、平东大道204国道口、平东大道张大圩路口、徐田界河桥、周家坝南路口、周坝横河桥、太平南路口、金平路薛平路口、铁路涵洞东、周金桥、镇北环路德才路口、金观堂、甸西中心路口、赵甸村中心路南、赵甸、赵甸农贸市场北、沙坝路口、三八路口、甸北村村部

387　刘桥大桥南—英雄小学

起点首末班　7:00－17:00

终点首末班　7:40－17:40

刘桥大桥南发车时间:7:00、8:30、10:00、14:00、15:30、17:00

英雄小学发车时间:7:40、9:10、10:40、14:40、16:10、17:40

刘桥大桥南、刘桥派出所、王东桥中心路口、王东桥、鲍桥路燕王路口、鲍桥路口、博士路口、慎修中心路口、时三官殿、新中三十组路口、羌渡桥、西南横路羌渡路口、新中校桥、新中村村部、新中高架桥东、西南横路玉龙桥路口、野渡桥、英雄南、英雄北、英雄小学

391　平潮客运站—开沙小区公共服务中心

起点首末班　6:30－18:10

终点首末班　7:20－19:00

平潮客运站发车时间:6:30、8:10、10:00、13:50、16:30、18:10

平潮客运站、平潮地税分局、周港西路口、刘坝中心路口、平五桥、平五路高架桥东、平五路高架桥西、单八圩桥、五接大桥、五接镇、平五河西桥、新村一河西路口、新村二河西路口、馨源路平五路口、馨源路沿江路口、公字河桥、大汐港路口、小李港桥、东沙大道华能路口、东沙大桥北、开沙大道东沙大道口、恒科新材料生活区、江心寺、开沙小区南门、开沙村公共服务中心

395　平潮客运站—弥勒禅寺

起点首末班　7:00－17:00

终点首末班　7:40－17:40

平潮客运站发车时间:7:00、8:30、10:00、14:00、15:30、17:00

弥勒禅寺发车时间:7:40、9:10、10:40、14:40、16:10、17:40

平潮客运站、通西路口、水岸花都小区、华源路口、李家桥、花坝中心路口、丝坝路口、新204国道路口、四十里村村部、移民东路口、牡丹南路口、牡丹北路口、三港南路口、三港中心路口、三港成山路口、任口汽车站、任口大桥、甸西桥、赵甸西、庙中心路口、方池庙路口、弥勒禅寺东、弥勒禅寺

396　长岸村村部—米三桥村村部

起点首末班　7:00－17:00

终点首末班　7:40－17:40

长岸村村部发车时间:7:00、8:30、10:00、14:00、15:30、17:00

米三桥村村部发车时间:7:40、9:10、10:40、14:40、16:10、17:40

长岸村村部、基地路口、文革桥西、韩东路口、高架辅道路口、新联镇区路口、新联十字街、新联客运站、沁园桥、尹家园中心桥、文渡中路西路口、文居路口、秦家路口、文渡中路东路口、文港北路口、米东路口、米三桥村村部

398　团圆村村部—张大圩村

起点首末班　7:00－17:00

终点首末班　7:50－17:50

团圆村村部发车时间:7:00、8:40、10:20、13:40、15:20、17:00

张大圩村发车时间:7:50、9:30、11:10、14:30、16:10、17:50

团圆村村部、团四路336省道口、平潮客运站、振兴北路口、振兴路育才路口、远邦农贸市场、平潮中学、电瓷厂、云台山、平南卫生院、赵坊东路口、赵坊村村部、新捕河东路口、油三圩路口、杨四圩路口、柴五圩路口、桃李路口、李港农贸市场、李港村桥、兴五路沿江路北、李港西路口、李港村公共服务中心、兴五大桥、五接镇、五接大桥、单八圩桥、桃园路南桥、张大圩南路口、桃园北路口、张大圩村

60　通州中学路口—五一路公交停车场

起点首末班　5:30－22:30

终点首末班　5:30－22:30

间隔时间　10分钟,晚间间隔15—30分钟

通州中学路口、翰学苑、通掘路交通路口、通州客运站、胜利桥、银河桥(银河路)、江海明珠、通州邮政、通州行政中心、江海皇都小区、金色城品小区、国盛义乌城、世纪大桥、金西路口、金通公路青岛路口、金通公路石江路口、鑫盛纺织、正场、江华机械、花家渡、花拖路口、圩亭河桥、孙李桥东村、综艺集团、兴东机场路口、兴仁高速路口、威明机械、兴仁路口、虹波机械、江海大道富兴路西、通富大桥南、通富路钟秀路口、项家桥、通富路新胜路口、通富路人民路口、人民东路世伦路东、东晖花园、麦德龙、校西公交停车场、东景国际西、五一路公交停车场

80　胜利桥公交回车场—五一路公交停车场

起点首末班　5:50－20:00

终点首末班　6:00－20:00

间隔时间　5—12 分钟

胜利桥公交回车场、胜利桥、银河桥（银河路）、江海明珠、通州邮政、通州行政中心、江海皇都小区、金色城品小区、国盛义乌城、世纪大桥南、锦绣路金山路口、锦绣路希望路口、新江海河桥西、二大道石江路口、正通路东段路口、正场路口、正通路西路口、富民东路口、神州玻璃东路口、利民北二号路口、利民北一号路口、高架桥东、高架桥西、铁路桥东、钟秀路东快速路口、钟秀路太平路口、钟秀路胜利路口、钟秀路通富路西、钟秀路世伦路口、钟秀路园林路口、南亚塑胶北、通京大道钟秀路南、通京大道人民路北、校西公交停车场、东景国际西、五一路公交停车场

100　胜利桥公交回车场—客运东站

起点首末班　6:00－20:00

终点首末班　6:00－20:00

间隔时间　20—30 分钟

胜利桥公交回车场、胜利桥、银河桥、通掘路碧华路口、通掘路朝霞路口、通掘路杏园路口、通掘路金桥路口、书香华府小区、金西大桥、圣果葡萄酒业、通州大桥南、五圣殿、五圣桥、复兴村、复兴村十八组、复兴桥、223 线吕通路口、姜灶路口、朝东圩村、兴旺桥、永安村、周圩新村、周三北路口、先锋幼儿园、先锋青年东路、城市名人府邸、英伦上院、品尚集团、财通科技园、十六里墩新村、金地国际、青年路太平路西、国际生活广场、车管所、客运东站、世伦路青年路北、客运东站

126　胜利桥公交回车场—火车站

起点首末班　6:030－20:30

终点首末班　6:30－21:00

间隔时间 30—50，晚间 55 分钟

胜利桥公交回车场、希望路通掘路口、希望路龙盛大道口、龙盛大道毓秀山路口、龙盛大道金洲路口、张灶港村、龙盛大道石金线路口、龙盛大道 345 国道口、黄金村、龙盛大道兴亭路口、紫竹林村、永护村、龙盛大道洋兴公路口、225 省道龙盛大道口、葛长路村、幸余路通京大道口、幸余路老江通路东、幸余路国强路口、幸余路江通路口、秦北村、好盈园区、火车站

以上信息仅供参考，如有变化，以中国通州网公告为准。

◆2016 中国十大新闻（之十）◆

稳中求进成为治国理政重要原则

12 月 14 日至 16 日，中央经济工作会议在北京举行。会议提出稳中求进工作总基调是治国理政重要原则。党的十八大以来，从作出经济发展进入新常态的重大判断，到形成以新发展理念为指导、以供给侧结构性改革为主线的政策体系，再到贯彻稳中求进工作总基调，适应经济发展新常态的经济政策框架初步确立。会议指出，2016 年我国经济缓中趋稳、稳中向好，实现“十三五”良好开局。（引自《新华网》）

索 引

说 明

一、本索引采用主题分析法编制,按汉语拼音顺序排列,同音字按声调排列,音调相同按笔画排列,音调形相同则按下一字的音序排列。

二、大事记、附录未作索引。

三、本索引标引词一般采用中心词(关键词)或简称,区直机关、企事业单位和社会团体名称前一般不冠以"通州区""通州""区"字样。栏目(篇目)、分目标题用黑体字标示,表格均注明"(表)"。

四、索引词后的数字表示内容所在页码,数字后的字母 a、b 分别表示左栏、右栏。

五、本索引编有附见系统和参见系统,附见款目在主款目下行空 2 个字排列;标引词后除第一个页码外,其它均为参见页码,部分款目在索引中重复出现。

A

艾伯勒科技 172a
爱国卫生 237b
爱国卫生创建 237b
爱民固边 135b
安全生产督查大队 67b
安全生产监督管理 195a
  基层基础建设 195b
  隐患排查整改 195b
  责任督查强化 196b
安全生产监督管理局 56b
安全生产培训教育 195b
安全生产执法 196b
安全生产专项整治 195b

B

8 家企业入围省建筑业百强 156b
版权管理 218b
宝湾物流 172b
保密办公室 53b
保密工作 88a
保密工作检查 88b
保密管理 88b
保密宣传教育 88a
保 险 180a
标后监督 104b
标准厂房建设 175b
标准化规模养殖场建设 148b
滨海园区公安边防大队 135a
  社会管理创新 135b
  执法执勤 135b
病媒生物控制 238a
补短板增后劲 45b
部、省级高产高效示范片创建 148a

C

财产保险公司　62b　180a
　　环境污染责任险　180a
　　诉讼财产保全责任险　180a
　　医疗责任险　180a
财　政　184b　47b
　　收入　184b　47b
　　服务经济　185a
财政改革　185a
财政管理　185b
财政监督　185b
财政局　55b
残疾儿童康复　247a
残疾人工作　246b
残疾人计算机培训　173a
残疾人就业　247a
残疾人权益维护　247b
残疾人托养　247a
残疾人文体　247a
残疾人证管理　247b
残　联　62a
蚕　桑　149b
测土配方施肥技术推广　148a
产权市场建设　79b
产业项目开工　49b
产业招商　154a
常住人口　239a
陈　斌　269a
陈　曦　270b
陈艳梅　270b
城管执法大队　67b
城管重点工程　224b
城区规划编制　222a
城区绿化建设　222b
城区水环境建设　223a
城区污水处理　224a
城市管理　224b
城市管理局　55b
城市建设　222b
城市综合管理　225a
城乡发展　48b
城乡建设　222
城乡居民收入　239a
城乡居民消费　239b
城镇规划　222a
城镇新增就业　46a
充电站建设　230a
“充电桩”项目　170b
出国（境）管理　98a
出入境管理　141b
初等教育　200a
初中基本情况一览（表）　210
川姜镇　265b　66a
　　经济社会指标　265b
　　省农村电子商务示范镇　266a
　　行政村（社区）基本情况　266b
传染病防治卫生监督　235a
创客空间共建　122a
创斯达并购两家企业　154b
创业载体建设　242b
垂直管理单位　62a
春蕾计划　121a
慈善事业　244a
村（社区）妇代会改建妇联　120b
村级集体经济发展　79a
村卫生室基本药物增补　233a
村卫生室建设　233a
村务治理　244b
村镇规划编制　222a
村镇建设　223b

D

大唐冷热电项目落户　153a　262b
单亲贫困母亲救助项目　121b
党风政风监督员队伍建设　111a
党建工作新模式　74b
党建暨农村工作会议　69b
党派服务中心成立　77b
党史工作　85a
党史工作办公室　54a
党外人士培养工程　77b
党　校　53b
党校工作　85b
　　决策咨询　86b
　　科研成果　86
　　专题宣讲　86b
党性教育进基层　86a
党员干部进社区服务活动　83b
党员干部廉政信息监管　111b
党员干部现代化远程教育办公室　67b
党员教育“一站三网”　74b
档案工作　102a
　　智能库房建设　102b
档案馆　54a
档案局　54a
档案夏令营　102b
地产发展中心　67b
地方海事处　67b
地方税收　186b
　　队伍管理　188a
　　纳税服务　188a
　　特色工作　188b
　　依法行政　187b
　　征管改革　187a
　　组织收入　187a
地方税务局　63a
地方志办公室　54a
地方志工作　94b
地理位置　42a
地震局　57a
电费回收　230a
电　力　47b
电力运行　155a
电商业务　160b
电网建设　229b
电　信　161a　47b
　　品牌服务　161a
　　网络建设　161a
电信公司　63a
电信局　63a
电子商务　168b
电子政务工作　101a
　　内容建设　101a
电子政务管理中心　58a
调查研究　72b
东社镇　257a　64b
　　工业经济增速　257a
　　经济社会指标　257a
　　旅游经济亮点频现　257b
　　生态建设步伐加快　257b

现代农业发展 257a
行政村(社区)基本情况 257b
“东湾三谷”共建友好协议 171b
动物卫生防疫监督 149a
督查方式 88a
督查工作 87b
督查室 52b 54b
督查研判 88a
短缺药品集中采购 236b
对台(湾)工作 84b
对外交流 98a
对外交流服务中心 67b
对外经济 47b
对外经济贸易 167
对外贸易 167a

E

遏制腐败高压态势 110b
2016年高职名录 241a
2016年主要指标 1a
二窎中学 66b
二甲镇 255b 64a
党建工作 256b
高效农业 256a
古镇建设 256a
经济社会指标 255b
民生建设 256a
项目建设 256a
行政村(社区)基本情况 256b
二甲中学 66b

F

发投业务 160b
发展和改革委员会 54b
法学会 62a
法　院 144a
接受监督 145a
司法改革推进 145a
法制办公室 54b
法　治 137
法治通州创建 138b 80b
法治宣传教育 139b 145b
樊小燕 270a
贩卖毒品案 142a
防雷减灾 216b
防汛防旱 229a
防震减灾 215a
房地产开发 47a
房地产市场 225a
房地产行业管理 225a
房地产业 225a
房交会 225b
房屋动迁管理办公室 58a
放射卫生监督管理 235b
非法行医专项整治 235a
非公有制经济人士教育培训 116b
佛教协会换届 99b
服务外包 168b
服务外包企业 168b
服务业 47a
服务业发展局 56b
妇儿维权活动 121a
妇女创业就业行动 120b
妇女联合会 120b 61a
十五届二次执委(扩大)会议 120b
妇幼保健优化整合 232a
妇幼卫生 234a 235a
富港路竣工通车 175b

G

干部信息中心 67b
高标准粮田项目 148a
高标准农田建设 151b
高等教育 201a
高建华调研统计 8a
高洽会(第十二届) 74b
高校毕业生就业创业 241a
高新技术企业 48a
产值 47a
高中基本情况一览(表) 212
歌谣创作大赛颁奖 199b
耕地保护 188b
工程质量 157a
工会法律维权 119a
工会组织自身建设 119b
工商行政管理 190b
服务发展 190b
综合监管 191a
工商业联合会 116a 113 61a
参与招商引资 116b
参政议政 116b
搭建平台促转型 117a
换届 78a
工商银行 62a 177a
工　业 152 47a
增加值 47a
规模工业产值 47a
规模工业利税 47a
“九类行业”产值 47a
生态改善 154a
工业投入 152b
工业用电 155a
工业组织 153b
公　安 140a
基层基础建设 141a
公安局 55a
服务保障项目建设 140b
公共场所控烟 238b
公共场所卫生监督管理 235b
公共机构节能管理 106a
公共气象服务 216a
公共卫生管理优化 231b
公共资源交易管理办公室 57b
公共资源交易管理工作 104a
黑名单制度推行 104a
镇级交易平台 104b
公共资源交易中心 58a
公共自行车工程 97b
公立医院改革 231a
公立医院医药价格综合改革 232b
公路管理 226b
公民思想道德 51a
公务接待 101a
公务用车制度改革 105b
《功夫熊猫》登陆央视少儿频道 123b
供　电 229b
运行维护 229b
供给侧结构性改革 45a

供　水　223b

供销合作贸易　164a

供销合作总社　63b

共青团南通市通州区委员会　119b　61a

　公益品牌活动　120a

　圆梦助学活动　120a

古树名木保护　150a

固定资产投资　184b

顾祖林　270a

关心下一代工作　245b

　参与社会治理　246a

　主题教育　245b

　组织建设　246b

贯彻落实中央、省、市委统战工作会议精神　77a

贯彻习总书记重要讲话座谈会　124b

“光辉的历程”展览　85b

广播电视　218b

　对外宣传　219a

　节目创优　219a

　节目改版　219a

广播电视大学通州学院　66b

广播电视台　57a

归侨侨眷联合会　130a　61a

　联络联系　130b

　联谊活动　130a

　六届五次委员会　130b

　走访慰问　130a

规划管理局通州分局　62b

国防动员　133b

“国际档案日”宣传周　102b

国家安全办公室　53a

国家保密局　53b

国家城癌项目实施　233b

国家级众创空间　170a

国家密码管理局　53b

国家税收　186a

　服务发展　186a

　纳税服务　186b

　依法治税　186a

　征管改革　186b

国家税务局　63a

国家统计局通州调查队　67a

国家外汇管理局通州支局　62a

国家现代农业园区建设　147a

国民经济和社会发展　46

　地区生产总值　46a

　第二产业增加值　46a

　第三产业增加值　46a

　第一产业增加值　46a

　高新技术产业产值及占比 46a

　三次产业结构比例　46a

国民经济执行情况　182a

国土资源管理　188b

　改革试点工作　189a

国土资源局通州分局　62b

国有资产管理　105a

国有资产管理办公室　58a

H

海事管理　226b

海外统战　77b

海洋与渔业局　56a

函件业务　160a

韩瑰恩考察通州　12b

韩菊芳　267a

韩立明调研高铁新城　7a

韩立明调研稳增长　7a

韩立明督查城建工程　8b

韩立明观摩项目　8b

韩立明考察四方冷链　8a

韩立明考察物流园　8a

韩通船舶进出口总额　167a

韩通重工中标温州瓯江口大桥项目　154b

航道管理　226b

行风建设　237a

　监督队伍组建　237a

　品牌创建　237a

　制度建设　237b

航空产业论坛　174a

航天军民融合产业创新促进中心　170b

何某东被害案　142b

和谐劳动关系“三级共创”活动　119a

恒科新材料列入国家重点研发计划　262b

红十字会　61b　130b

　公益宣传　132b

　基础工作　131a

互联网新闻中心　67b

户籍人口　239a

华泰证券　181b

华夏飞机获批加工贸易试点　167b

《滑板少年》研讨会　124b

化妆品安全　195a

环境保护局　55b

环境管理　248a

　法制宣教　248a

环境监测　249b

环境监察　248b

环境信访　249a

环境质量　248a

换届工作　73b

活猪储备监管　162b

J

机构编制办公室　53b

机构编制工作　81b

机关财务服务　106a

机关党的建设　82a

机关工作委员会　53a

机关事务管理工作　105a

　安全保障　105a

　后勤服务　105b

机关事务管理局　53b

机关事业单位档案规范化　102b

机关文化艺术节　83a

机要局　53b

基本救助　243b

基本农田布局　46a

基层纪检组织安全办案能力　112b

基层侨联小组建设　130b

基层卫生岗位练兵技能竞赛　236a

基层医疗卫生机构提标改造　232b

基层中医馆建设　235B

基础团建工程　119b

疾病预防控制中心　67a

集邮业务　160b

计划生育　240a

服务水平提高　231b
关怀帮扶　240a
奖励扶助　240a
计划与投资　182a
计量惠民惠企　194a
记者站　219a
纪检队伍建设　112b
纪检监察　109
法规学习　111b
“两个责任”落实　110a
派驻机构管理　112a
三联防工程　112a
项目建设保障　110b
效能建设　111b
正风肃纪　110b
执法监察　111b
主题教育　111a
主要工作　110a
纪律检查体制改革　112a
技术创新　153a
家纺产业暨现代物流业招商推介会　154a
价格监测　189b
价格检查　190a
价格认定　190b
监察局　55a
监督执纪“四种形态”　110a
茧丝绸监管　162b
检　察　142b
建企“营改增”　156a
建设市场管理　224a
建设银行　62b　177b
服务地方　177b
建筑工程管理局　57b
建筑企业完成指标情况(表)　158b
建筑施工　156a
建筑业　156　47a
产值　47a
增加值　47a
安全生产　157b
获得国家级 QC 奖 8 项　158a
科技教育　157b
获“白玉兰”奖 5 项　157b
获“华东地区优质工程奖”1 项　157b
获“鲁班奖”1 项　157a
获“詹天佑奖”1 项　157a
获“中国安装之星”1 项　157b
健康促进　237b
健康教育　237b
“江海圆梦谷”建成　170a
江海智汇节　171a
江苏联合职业技术学院通州分院成立　199a
江苏银行　178a
姜灶故意杀人案　142a
姜灶中学　67a
降成本提效益　45a
交　通　226a　47b
安全管理　227b
工程建设管理　226b
基础设施建设　226a　97b
交通惠民　227b　97b
交通银行　178a
交通运输局　55b
交通执法　227b
教师队伍　201b
教师发展中心　58b
教　育　197　48a
教育督导　202b
教育督导室　57b
教育局　55a
教育研究　201b
接待办公室　53b
接待工作　101a
秸秆机械化还田　150b
“巾帼文明岗”争创活动　121b
金　融　176　7b
金融工作办公室　54b
金沙街道　250a　63b
城市建设　250b
经济社会指标　250a
社会事业发展　250b
社会治理　251a
项目建设　250b
行政村(社区)基本情况　251a
金沙中学　66b
晋级为四星级高中　199b
金太阳新品发布会　154b
金新街道　251b　63b
行政村(社区)基本情况　252a
经济社会指标　251b
社会事业　252a
维护稳定　252a
金余故意杀人案　142a
金洲路公交智能调度中心建成　228b
进京去省上访集中化解　100b
经济和信息化委员会　54b
经济实体单位　63b
经济体制改革　45a
经济统战　77b
经济综合管理　182
精神文明创建活动　51a
基础性创建　51b
精神文明建设指导委员会办公室　53a
精准扶贫　79b
敬老院达标升级　243b
九三学社南通市通州区委员会　113a
参政成果　113a
服务社会　114a
课题调研　113b
社情民意工作　113b
社员成果　114a
支社活动　114a
组织换届　113a
酒类流通管理　162b
居家呼叫服务　245a
居家养老服务　243b
居民生活　46a
菊花展　97a　223a
瞿云峰　269b
决策督查　88a

K

开沙岛旅游度假区列入省重点　166a
科技成果　215b
科技创新担保基金　45a
科技活动　214b
科技计划实施　214b
科技招商会　214b
科技招商推介会　214b
科普宣传周活动　122a
科学技术协会　121b　61a

招才引智　121b
科学技术　213　48a
进步获奖项目　215
科学技术局　55a
控编减编工作　82a
会计核算中心　67b
控告申诉检察　143b
跨境贸易电子商务　174a
困境儿童保障　244a
困难残疾人补贴　244a
困难职工帮扶　119b

L

“蓝博万”项目　169b
劳动保护和“安康杯”竞赛　119a
劳动就业　242b
纠纷化解　243a
劳模、先进评选宣传　118b
老干部工作　83b
结对服务项目建设　84b
老干部局　53b
老旧小区改造　223a
老龄工作　245a
雷光华调研党员培训　9b
李　明　271a
李学义　267b
李缜考察通州　11a
立体化治安防控体系建设　137b
利用外资　167b
激励考核　167b
联　通　161b
网络通信　161b
粮食产量　46b
粮食局　56a
粮食收购　163b
粮油贸易　163a
基础设施　163a
“全托管”参与　163b
“两学一做”学习教育活动　73b　83a　71a
两作品获全国曲艺金奖　218b
亮化工程　223b
林　业　149b
碳汇监测　150a
有害生物防治　150a
临时救助　243b
领导干部会议　71b
领导干部经济责任审计　193a
领导人物　267a
领导人员名录　52a
“领读者”讲师团成立　218a
刘桥镇　260a　65a
经济社会指标　260a
行政村（社区）基本情况　260b
镇村环境提升　260b
刘桥中学　66b
流动党校　85b
流动人口计生服务　240a
留学人员联谊会成立　78a
6 家企业入围建筑业“双百强”　157a
6 项目列入省重点研发计划　215a
“龙浩航空”落户　174b
陆桂华调研人工湿地　9a
陆志鹏调研高标准农田　9a
陆志鹏调研高铁新城　7a
陆志鹏调研供给侧结构改革　7a
陆志鹏观摩项目　8b
旅　游　162　47a
旅游市场营销　166b
旅游业　165b
绿博园试营业　254a
绿色防控示范基地建设　148a
绿洲皇冠度假村获评省三星级旅游区　166a
罗一民调研绿博园　9b

M

马潭易购电商系统被非法破坏案　142a
矛盾纠纷多元化解工作　138a
贸促会　62a
媒体聚焦通州　2
媒体用稿量位居前列　76a
美国疾控中心代表团调研　233b
棉花产量　46b
免费婚前医学检查　234b
免费孕前优生健康检查　234b
灭火救援　135a
民间商会服务　117a
民商审判　144a
民生资金跟踪监督　193a
民事行政检察　143b
民营经济　154b　46a
民　政　243b
民生银行　179a
民政局　55a
民主促进会南通市通州区支部　114b
参政成果　115a
社会服务　115a
双岗建功　115a
民主党派　113
民主建国会南通市通州区支部　116b
参政议政　116b
服务社会　116b
民族宗教工作　99a
“道风建设年”创建　99b
依法行政　100a
民族宗教局　57a

N

南通高新技术产业开发区　169b　58b
江苏省先进开发区　170a
经济指标　169b
项目建设　169b
商会成立　171b
省级知识产权试点园区　170a
中国压铸产业基地　170a
南通空港产业园　174a　60b
项目建设　174b
跨境电商试点　167b
南通农村商业银行　62b　79a
负债业务转型　179a
体制改革　179b
新兴业务创新　179b
信贷结构优化　179a
南通市供电公司通州营业部　63a
南通市区至开沙岛公交开通　262b
南通四建列“中国企业 500 强”　157a
南通四建研发成果　158b

南通中实农副产品物流中心建设　164a
南通洲际绿博园开园营业　165b
年轻公务员成长计划　74a
“凝心促改革，聚力促率先”主题活动　77a
农超对接　164a
农村产权交易　46a
农村妇女两癌检查　234b
农村工作　78b
农村工作办公室　53b
农村公益电影放映　218a
农村河道整治　229a
农村集体“三资”管理　78b
农村土地承包管理　79a
农村卫生　232b
农村项目改厕　238a
农工民主党南通市通州支部　114b
　“中医同行”服务　114b
农机安全教育　151a
农机购置补贴　150b
农机化技术培训　150b
农机维修监管　151a
农机专项整治　151b
农林牧渔业　46b
　总产值　46b
农民专业合作组织建设　78b
农田水利建设　229a
农　业　147
农业保险　79a
农业发展银行　62b　177b
农业机械　46b
农业机械管理局　57b
农业机械化　150b
农业机械综合保险试点　151a
农业科技服务云平台应用　148b
农业委员会　56a
农业银行　62a　177a
农业资源开发　151b
农业资源开发局　58a
农业综合技术学校　67a

P

票选“通州最美乡镇”　76b
乒乓球运动学校　57b
平安财产保险股份有限公司　180b
　3.0时代新战略　180b
平安通州建设　80a
平安志愿者规范化建设　138a
平潮高级中学　66b
平潮雇凶杀人案　142a
平潮区域医疗联合体试点　97a
平潮医疗联合体试点　236a
平潮镇　261a　65a
　搬迁安置　261b
　经济社会指标　261a
　项目建设　261a
　行政村(社区)基本情况　261b
平价商店　190a
平台和网络防护建设　101a
浦黄忠考察航空产业　12a

Q

7家企业入围省“双百强”　156b
企业安全生产专项行动　196a
企业公有资产管理办公室　58a
企业境外投资　168a
气　候　43a
气候特点　43a
气象局　63a
气象科普宣传　216b
气象事业　216a
气象为农服务体系建设　216b
气象要素(表)　44
气象灾害防御体系建设　216a
汽车零部件项目　170b
钱学森论坛　171a
侨法宣传　130b
侨务工作　98b
侨务引智　98b
侨益维护　98b
禽蛋产量　46b
青年电商创业工程　120a
区长办公会议　95a
区级机关党员轮训　83b
区级机关关工委　246a
区情知识竞赛　102a
区委办公室　52b
区委工作部门　52b
区委直属机构　52b
区域卫生信息化工程实施　232b
区政府办公室　54b
区政协换届　78a
曲艺小剧场新作展演　218a　76b　97a
“去产能”推进　45a
“去杠杆”防风险　45a
去库存稳市场　45a
全国科普日活动　122b
全国名师工作室发展报告首发式　202a
全国中小学校督导创新区核查　198b
全国助残日活动　247a
全省职教论坛　201a
全市幼儿教师课程游戏化培训　200a
“全托管”经营主体建设　151a
群众体育　219b
群众走访权益保障卡发放　100b

R

燃气供应　224a
人才服务中心　67b
人才工作办公室　53a
人才技能培养　240b
人才载体建设　240b
人大部门　54a
人道救助　131b
人　口　239a　46a
人口管理　141b
人力资源和社会保障局　55b
人民调解　145b
人民法院　60b
人民防空　136a
　工程建设管理　136b
　宣传教育　136b
　指挥通信　136a
人民防空办公室　54b
人民检察院　60b
人民生活　239a
人民团体　61a

人民武装 133
安全管理 133b
人民医院 67a
人民银行 62a
人　事 240b
人事管理 240b
人寿保险公司 62b 180b
人文社科知识竞赛 130a
人　物 267
荣誉栏 272
荣誉通州 2
获国务院督察表扬 96b
建成 2 个全国社区教育示范镇 201b
肉类产量 46b
“瑞士森科”签约 169b
“瑞士森科”总裁访通州 11b

S

345 国道南通东绕城段通车 228a
3 家企业进入全国民营企业 500 强 117b 157a
“三位一体”干部管理制度体系 74a
3 项目列入省成果转化资金计划 214b
商　贸 162
商务局 56a
商务领域安全 162b
上海浦东发展银行 179a
上级领导视察 7
上级台办领导调研 85a
上市挂牌企业增 4 家 45a
上市企业(表) 50
少数民族典型培育 99a
社会保障 243a 46a
社会保障卡发放应用 243a
社会管理综合治理办公室 53a
社会矛盾纠纷调处中心 57b
社会生活 239
社会事务 244b
社会团体 118
社会信息管理办公室 53a
社会医疗机构监管 236a
社会治安重点地区排查整治 138b
社会组织 244b
社矫安帮工作 146a
社区建设 244b
社区教育 201a
社区教育工作会议 201b
社区科普益民 122a
社区侨务 98b
社区医生用药知识竞赛 233b
涉法涉诉信访 81a
涉外管理 98b
申银万国证券 181a
沈旭东 268a
审　计 192b
审计局 56b
审判监督 145a
审批流程优化 103b
生产力促进中心 67b
生态红线管控 249b
生态环境 248 48b
生态廊道工程 150a
生态文明建设 248
生猪屠宰行业清理整顿 149a
省“教海深航”征文竞赛颁奖大会 97a 199a
省级食品安全城市创建 194b
省级以上比赛成绩(表) 220
省绿色建筑示范区创建 224a
省全民健身运动会门球大联赛 220b
省市级体育指导员培训 220a
省数字档案室建设 102a
省厅挂牌网络诈骗案 142a
省中小学心理健康教育教师培训 201b
省中职专业课教改研讨会 200b
省重点水利工程 229a
师生书画摄影展 198b
11 家企业入围建筑业“双三十强” 1156b
“十百千万”廉洁宣教工程 111a
十总镇 258a 64b
经济社会指标 258a
现代农业 258b
项目建设 258b
行政村(社区)基本情况 259a
镇村建设 258b
石港科技产业园 175a 60a
经济指标 175a
招商引资 175b
石港旅游文化艺术节 166b
石港镇 259a 64b
公共服务全面优化 259b
经济社会指标 259a
特色镇区建设 259b
行政村(社区)基本情况 260a
石港中学 66b
石油购销 164b
实验小学加盟“中国好老师” 198b
食品安全 194a
食品药品安全信息化惠民工程 194b
食品药品监督管理 194a
稽查执法 194b
“双随机”抽查 195a
《史海浪花》出版发行 85b
市场监督管理局 56b
市场监管文化 191a
市场秩序规范 162a
市级中心镇建设 79b
市民服务热线 101b
市政道路建设 222b
市政公用事业管理中心 58a
示范乡镇卫生院创建 235b
事业单位 66a
事业单位登记管理 82a
事业单位登记管理局 58a
事业单位分类改革 81b
事业单位信用信息体系建设 82a
逝世人物 271a
收费监管 189b
手机摄影大赛 124a
数字化城管监督指挥中心 57b
数字通州 1
双拥工作 244a
双重管理单位 62a
水　利 228b
水产品产量 46b
水价改革 190a
水利改革 229b
水利建设 46b
水利局 56a
水资源管理 229a

顺丰速递获省扶持 163a
司法救助工作 81a
司法局 55a
司法行政 145b
司法行政服务保障 146b
私营企业 46a
四板挂牌企业(表) 50
四方冷链上市 264a
“四风”和腐败问题纠治 110b
4家单位获省示范村卫生室称号 233a
苏、浙、沪警务会议召开 140b
苏科贷 45a

T

台湾工作办公室 53b
台湾事务办公室 53b
太平洋财产保险公司 180b
　车险E理赔 180b
特 载 1
体 育 217a 219b 48a
体育局 56b
“天耀江海幸福通州”歌舞演出 218a
《田梦儿》分享会 123a
《田梦儿》公益巡演 123a
通海中学 67a
通科贷 45a
通 信 160
通洋高速绿色通道景观 150a
“通用航空”展览会 174a
通州滨江新区 172b
　经济指标 172b
通州代表队获省科技竞赛一等奖 198b
通州的一天 1b
通州概览 42
通州高级中学 66a
通州华商村镇银行 180a
通州建总入围“中国承包商80强” 157a
通州开放大学成立 199a
《通州年鉴(2013)》获全国二等奖 101b
通州区人大常委会 89 52a
　二十九次至三十九次会议 89a
　区镇换届选举
　万名代表小康行
　重要工作 92b
　重要会议 89a
　主任会议 91b
通州区人民武装部 133a 60b
通州区人民政府 93 52b
　常务会议 94a
　全体(扩大)会议 94a
　重大活动 96a
　重要会议 94a
通州区十二次党代会报告 14
通州区十二届二次全会讲话 22
通州区十五届人大五次会议 89a
通州区政协 107 52b
　促进团结民主 108b
　关注改革发展 108a
　聚焦民生热点 108a
　强化自身建设 108b
　十二届二十次常委会议 107b
　十二届二十一次常委会议 107b
　十二届十八次常委会议 107b
　十二届十九次常委会议 106b
　十二届五次全体会议 107a
　重要工作 108a
　重要会议 107a
《通州市志》获社科优秀成果特等奖 101b
通州铁军再创辉煌 97b
“通州艺苑”展示周活动 123b
通州中等专业学校 66b
　成为“诚信教育基地” 199a
　获全国文明风采大赛一等奖 199b
　技能大赛创佳绩 201a
　与加拿大威廉教育集团签订合作协议 201a
“童声里的中国”品牌建设与提升研讨会 123b
“童声里的中国·成长的歌谣”创作大赛 123a
统 计 191a
　工作规范 191b
　协调机制 192a
统计局 56b
统计培训 192b
统计职能 192a
统计质量 191b
统一战线工作 77a
　合作共事 77a
统战部 53a
统战工作会议 71a
统战信息宣传 78a
投资增长 47a
图海机械 172b
土地保护 188b
土地储备中心 67b
土地确权登记颁证 46a
土地执法监管 189a
退役安置 244b

W

Werner Held访问通州 12a
外经合作 168a
外事服务 98a
外事工作 98a
外事侨务办公室 54b
“万达广场”开工 170b
万佛健身器材 175b
王平“江苏好人” 51a
王 任 269a
王笑梅获江苏“最美教师”称号 199b
网上科协 122b
为民办实事工程 96a
违规吃请专项整治 112a
违建寺观治理 99a
卫 生 231 48a
卫生改革 232a
　内设机构调整 232a
　职责调整 232a
卫生和计划生育委员会 56b
卫生计生事业发展规划编制 232a
卫生监督所 67a
卫生科技创新 236b
卫生所机构设置 232a
卫生所人员编制调整 232a
卫生执法 235a

卫生职工中等专业学校 67a
未成年人检察工作 142b
未成年人教育 51b
文 化 217a 48a
文化馆总分馆建设 218a
文化广电新闻出版局 56a
文化市场管理 218b
文化艺术 217a
文学艺术界联合会 123a 61a
　第十次代表大会召开 124a
　会员作品(表) 125
　下属协会换届 124a
文明表彰暨作风建设大会 69a
文明城市管理 51a
“我们的中国梦·送欢笑到基层”走进平潮镇 261b
污染防治 248b
吴某出售工业盐被判刑 165a
“五放心”粮店建设 163b
五接镇 262a 65b
　经济社会指标 262a
　行政村(社区)基本情况 263a
武警中队 134a
　帮扶联建 134b
　处置突发事件 134a
　军事训练 134a
　执勤 134a
物价管理 189b
物价局 54b
物业管理 225b

X

西亭脆饼获省老字号创新扶持 163a
西亭高级中学 66b
西亭镇 254b 64a
　河道整治 254a
　经济社会指标 254b
　生态农业旅游发展 254a
　行政村(社区)基本情况 254b
锡通过江通道公路接线工程开工 261a
锡通科技产业园 171b 59b
　经济指标 171b
　基础设施建设 172a
　招商引资 172a
先锋街道 253b 64a
　民生建设 254a
　项目建设 254a
　行政村(社区)基本情况 254b
　经济社会指标 253b
先进集体一览(表) 272
先进人物一览(表) 274
现代高效农业 147a
现代流通体系建设 164a
现代农业发展 78b
现行区划 43b
乡村医生人才队伍建设 233a
相对集中行政许可权改革 81b
香港江苏社团总会考察 11a
项目农业建设 147a
消防大队 134b
　基础建设 134b
　监督与执法 134b
　宣传教育 134b
消费减负 189b
消费维权 191a
“小茉莉花奖”声乐大赛 124a
小学基本情况一览(表) 206
校外教育辅导站建设 245b
“谐美通州”优秀摄影作品展 124a
心理健康咨询站达标验收 234a
新华书店 63b
新经济新社会组织工委 53a
新认定高新企业名单 213b
新三板挂牌企业(表) 50
新生儿疾病免费筛查 234b
新闻信息传播中心 57a
新型职业农民培育 148b
“鑫手相连”志愿者服务队伍 254a
信访工作 100a
信息工作 87a
　服务同级党委 87b
　上报省市信息 87a
信访局 57a
信访总量 100b
信用贯标 154a
兴东街道 252b 63b
　经济社会指标 252b
　民生建设 253a
　项目建设 253a
　行政村(社区)基本情况 253b
兴仁镇 263a 65b
　经济社会指标 263a
　民生事业 264a
　项目建设 263a
　行政村(社区)基本情况 264a
兴仁中学 67a
兴业银行 178b
星级宗教活动场所创建 99a
刑事检察 142b
刑事审判 144a
刑事诉讼监督 143b
刑事执行检察 143b
行政区划 42a
行政审判 144b
行政审批工作 102b
　创新审批新模式 103a
　作风交能提升 103b
行政审批局 57a
行政学校 53b
雄邦压铸建设智能车间 154b
休闲观光农业 147b
徐林锋 268b
徐鸣慰问老党员 8a
徐鸣巡查通州粮食工作 164a
许胜雄到通考察 85a 12b
旭东汽车零部件项目开工 170a
畜牧生产信息化建设 149a
宣传部 53a
宣传工作 74b
选好用好干部 74a
“学党史、听党话、争三好”主题教育活动 85b
“学的课堂”主题研究节 201b
学前教育 200a
学前特级教师团队送教 200a
学校体育 219b
巡察工作 111a

Y

烟草公司通州分公司 63a

烟草专卖 164b
烟草专卖管理 164b
烟草专卖局 63a
严肃换届风气 110b
沿海开发办公室 57b
研究室 52b 54b
盐务管理局 63a
盐 业 164b
  案件查处 165a
  宣传 165a
盐业公司 63a
杨 彬 270b
杨曙东获省“优秀基层医师”称号 233b
杨笑月省作文大赛夺冠 199a
杨岳调研“三农” 10a
“洋眼看江苏——通州行”活动 166a
养殖业 148b
药械安全 194b
业扩报装容量 155b
一般公共财政预算收入 47b
“一方隶属,多方管理”社区党建试点 84a
“一卡一码一号一本”干部教育培训 74a
医教科研 236b
  优秀人才培育 236b
  重点专科建设 236b
医疗服务“三进”活动 132a
医疗服务能力增强 231a
医疗救助 243b
医疗联合体建设 232b
医疗卫生单位情况(表) 238
医学教育培训 236b
医院管理 235b
依法治教 202a
依法治理实践 139a
依法治区 138b
依法治区领导小组办公室 53a
宜家环保木业车间获评省示范 153a
移动通信 161b
  网络建设 161b
  信息化服务 161b
银行业 176a
应急救护培训 131b
应急救援 131a
应用课题研究 129b
拥政爱民 135b
用地节约 189a
优抚工作 244a
优良家风家训展示 84b
优势特色产业 147b
优秀科技人才举荐 122b
优秀社区卫生服务中心创建 235b
邮 政 160 160a 47b
  普惠金融服务 160a
邮政储蓄银行 178a
邮政局 63a
油料产量 46b
幼儿教师普通话培训 200a
幼儿园基本情况一览(表) 203
幼教优课展示 200a
渔业科技入户 149b
虞越嵩 267a
预防保健 233b
预算资金审计 192b
园林绿化管理中心 58a
园区建设 155a
园区开发 169
援企稳岗 243a
院士专家通州行 121b
运 输 47b
运输管理 227a
运输管理处 67b

Z

灾 害 44a
责任督学挂牌督导创新县(市、区) 202b
战备训练 133a
张锋“中国好人” 51a
张家港农村商业银行 179b
张謇杯国际家纺设计大赛 153b 97a
张兴国 268a
张芝山镇 264b 66a
  城镇管理 265a
  经济社会指标 264b
  美丽乡村 265a
  民生事业 265b
  行政村(社区)基本情况 265b
  载体建设 265a
“招标通”保证金管理系统 104b
招商局 58a
招商银行 178b
招商引资 49a
  领证项目 49a
  签约项目 49a
  推进大会 49a
  在谈项目 49a
招投标改革试点 104b
哲学社会科学界联合会 129a 61a
  理论骨干培训 130a
  普及宣传周启动 129b
  优秀成果评奖 129a
  社科知识宣传普及 129b
镇村环境长效管理 224b
镇党委 63b
镇纪委 63b
镇街道概况 250
镇人大 63b
镇政府 63b
征迁安置 225b
证 券 181a
政法保障作用 80a
政法队伍建设 81a
政法工作 80a
政法委员会 53a
政府法制工作 97b
  文件审查 97b
  相对集中行政处罚改革 98a
  行政复议 97b
政府工作报告 27
政府工作部门 54b
政府购买居家养老服务 245a
政府投资项目工程建设中心 57b
政府性投资项目 193a
政府直属机构 54b
政区沿革 42a
政务服务中心 57a
政协工作部门 58b
政治工作 133a
知名人士考察通州 11
知识产权局 55a

执行工作 144b
职工文化建设 118b
职工心理健康咨询服务 119b
职工职业技能比武 118a
职务犯罪查办 143a
职务犯罪预防 143a
职业技术教育 200b
植保科研工作 148a
志愿服务 132a 52a
“志愿服务365”行动 76b
志愿捐献工作 132b
治安重点整治 141a
质量技术监督 193a
技术标准 193b
特种设备 193b
质量监管 193b
智能装备暨船舶海工发展论坛 154a
中等教育 200b
中等职业学校情况一览(表) 212
中共通州区纪律检查委员会 52b
十一届六次全体会议 109b
中共通州区委员会 52a 68
“三严三实”专题民主生活会 69a
重要会议 68b
十二届二次全体会议 72a
十二届一次全体会议 71a
十一届十二次全体会议 70a
十一届十三次全体会议 70a
中国共产党通州区第十二次代表大会 70b
中国南通家纺城 173a 60b
经济指标 173b
人才建设获示范单位称号 173b
市场建设 173a
微供市场 173b
中国人民银行 176a
金融服务
金融生态创建
金融宣传
落实货币政策
外汇管理
维护金融稳定
“中国色织名镇”通过复审 254b
中国银行 62b 177b
中科新材料产业园 171a
中小企业局 55a
中小学生合唱节比赛 199a
中小学校园足球竞赛 199b
中信银行 178b
中医院 67a
钟登华考察联合办学 13a
种植业 147b
种质资源普查 148a
重大动物疫病防控 149a
重大项目建设 184b
重点康复项目 247a
重要会议文件 14
重要天气 44a
朱天玺获“全国优秀少先队员”称号 200b
猪、羊、禽产量 46b
住房保障 225b
住房公积金管理 247b
住房和城乡建设局 55b
“住建杯”主题摄影大赛 123b
专 利 48a
资本运作 49b
资质企业 168a
紫罗兰家纺获评省级旅游点 166a
宗教慈善 99b
综合检验检测中心 67b
综合行政执法体制改革 45b 81b
综合治理 137a
综治平安建设责任制落实 137a
综治三级平台规范化建设 137a
综治信息系统实战应用 137b
总工会 118 61a
送文艺进企业 118b
总商会 61b
邹宁华指导工作 7b
组织部 53a
组织工作 72b
组织工作暨镇领导班子换届工作会议 70a
组织机构名录 52a
“最美”寻访评选活动 120b